www.nwb.de

D1721049

Die Betriebsaufspaltung

► Formen
► Voraussetzungen
► Rechtsfolgen

Begründet von
Prof. Dr. Günter Söffing,
RA, StB, Richter am BFH a.D.

Völlig neu überarbeitet von
Dr. Matthias Söffing, RA FAfStR und
Dr. Lars Micker, BScEc, LL.M.

4., völlig überarbeitete und aktualisierte Auflage

ISBN 978-3-482-**55182**-6 (online)
ISBN 978-3-482-**49974**-6 (print)

4., völlig überarbeitete und aktualisierte Auflage 2010

© Verlag Neue Wirtschafts-Briefe GmbH & Co. KG, Herne 1972
www.nwb.de

Satz: Neufeld Media, Weißenburg i. Bay.
Druck: medienHaus Plump GmbH, Rheinbreitbach

VORWORT

Im Sommer 1999 erschien die erste Auflage der Monographie „Die Betriebsaufspaltung". Das Vorwort des Begründers dieses Werkes, Herrn Prof. Dr. Günter Söffing, zur ersten Auflage lautete: „Allen Unkenrufen zum Trotz ist das Richterrecht „Betriebsaufspaltung" noch nicht tot. Und aller Voraussicht nach wird es auch in absehbarer Zeit noch nicht sterben." Diese Prophezeiung ist eingetreten. Auch über zehn Jahre nach Erscheinen der ersten Auflage steht das Rechtsinstitut der Betriebsaufspaltung wie ein Fels in der Brandung des aufgewühlten und unübersichtlichen Steuerrechts. Alleine in den letzten drei Jahren sind über 200 finanzgerichtliche Entscheidungen ergangen, die sich unmittelbar oder mittelbar mit der Betriebsaufspaltung auseinandersetzen mussten.

Auch wenn der Gesichtspunkt der Gewerbesteuer nicht mehr prägendes Argument für die Betriebsaufspaltung aus der Perspektive der Finanzverwaltung ist, so bestehen nach wie vor eine Vielzahl auch außersteuerlicher Gründe für die Struktur einer Betriebsaufspaltung. Das leidige Thema, dass durch die Betriebsaufspaltung eine Gewerblichkeit geschaffen wird und damit Wertsteigerungen in den Wirtschaftsgütern des Besitzunternehmens steuerverhaftet werden, stellt nach wie vor eine Verkomplizierung des Steuerrechts dar. Dies wird zudem dadurch belegt, dass die Betriebsaufspaltung im Bereich der Umsatzsteuer stets zu beachten ist. Aus diesem Grunde hat die vierte Auflage zu einer inhaltlichen Erweiterung geführt: Es wird nicht nur die Ertragsteuer, sondern auch die Umsatzsteuer dargestellt.

Der Begründer des Werkes ist leider im Jahr 2008 verstorben, dennoch haben die Verfasser versucht, das außergewöhnlich hohe Niveau von Prof. Dr. Günter Söffing – verbunden mit einem jahrzehntelangen Erfahrungsschatz in Theorie und Praxis – aufrechtzuhalten. Wir hoffen weiterhin sowohl dem Praktiker als auch dem Studierenden einen aktuellen und umfassenden Überblick über das Rechtsinstitut der Betriebsaufspaltung mit der vorliegenden Monographie an die Hand zu geben.

Herne, im Juni 2010

Dr. Matthias Söffing
Dr. Lars Micker

5

INHALTSÜBERSICHT

INHALTSVERZEICHNIS

13

ABKÜRZUNGSVERZEICHNIS

A

a.A.	anderer Ansicht
a.a.O.	am angegebenen Ort
Abs.	Absatz
Abschn.	Abschnitt
a.F.	alte Fassung
AG	Aktiengesellschaft
AktG	Aktiengesetz
Anm.	Anmerkung
AO	Abgabenordnung
ArbNehmErfG	Gesetz über Arbeitnehmererfindungen
Art.	Artikel
Aufl.	Auflage
Az	Aktenzeichen

B

BB	Betriebs-Berater (Zeitschrift)
BdF	Bundesminister der Finanzen
BerlinFG	Berlinförderungsgesetz
BetrVerfG	Betriebsverfassungsgesetz
BewG	Bewertungsgesetz
BFH	Bundesfinanzhof
BFHE	Sammlung der Entscheidungen des BFH
BFH/NV	Sammlung der nicht veröffentlichten Entscheidungen des BFH
BGB	Bürgerliches Gesetzbuch
BGH	Bundesgerichtshof
BGHZ	Entscheidungen des Bundesgerichtshofs in Zivilsachen
BiRiLiG	Bilanzrichtlinien-Gesetz
BMF	Bundesfinanzministerium
BStBl I	Bundessteuerblatt Teil I
BStBl II	Bundessteuerblatt Teil II
BuW	Betrieb und Wirtschaft (Zeitschrift)
BVerfG	Bundesverfassungsgericht
BVerfGE	Entscheidungen des Bundesverfassungsgerichts

D

DB	Der Betrieb (Zeitschrift)
DBA	Doppelbesteuerungsabkommen
Diss.	Dissertation
DNotZ	Deutsche Notar-Zeitschrift (Zeitschrift)
DStR	Deutsches Steuerrecht (Zeitschrift)

DStZ	Deutsche Steuer-Zeitung (Zeitschrift)

E

EFG	Entscheidungen der Finanzgerichte (Zeitschrift)
ESt	Einkommensteuer
EStB	Der Ertragsteuerberater (Zeitschrift)
EStDV	Einkommensteuer-Durchführungsverordnung
EStG	Einkommensteuergesetz
EStR	Einkommensteuer-Richtlinien
EuGH	Europäischer Gerichtshof

F

FA	Finanzamt
FG	Finanzgericht
FGO	Finanzgerichtsordnung
FördG	Gesetz über Sonderabschreibungen und Abzugsbeträge im Fördergebiet (Fördergebietsgesetz)
FinVerw	Finanzverwaltung
FR	Finanz-Rundschau (Zeitschrift)

G

GbR	Gesellschaft des bürgerlichen Rechts
GenG	Genossenschaftsgesetz
GesRZ	Der Gesellschafter (Zeitschrift für Gesellschaftsrecht)
GewA	Gewerbearchiv (Zeitschrift)
GewSt	Gewerbesteuer
GewStDV	Gewerbesteuer-Durchführungsverordnung
GewStG	Gewerbesteuergesetz
GG	Grundgesetz
GmbH	Gesellschaft mit beschränkter Haftung
GmbHG	Gesetz betreffend die Gesellschaften mit beschränkter Haftung
GmbHR	GmbH-Rundschau (Zeitschrift)
GmbH-StB	Der GmbH-Steuerberater (Zeitschrift)
GrS	Großer Senat

H

HFR	Höchstrichterliche Finanzrechtsprechung (Zeitschrift)
HGB	Handelsgesetzbuch
h.L.	herrschende Lehre

I

i.d.F.	in der Fassung
INF (Inf)	Information über Steuer und Wirtschaft (Zeitschrift)

InvZulErl	BMF-Schreiben vom 5.5.1977 betr. Gewährung von Investitionszulagen nach dem Investitionszulagengesetz und nach § 19 des Berlinförderungsgesetzes (BStBl I 1977, 246)
InvZulG	Investitionszulagengesetz
i.S.	im Sinne
i.V.m.	in Verbindung mit
JbFSt	Jahrbuch der Fachanwälte für Steuerrecht JZ Juristen-Zeitung (Zeitschrift)

K

KFR	Kommentierte Finanzrechtsprechung (Zeitschrift)
KG	Kommanditgesellschaft
KO	Konkursordnung
KÖSDI	Kölner Steuerdialog (Zeitschrift)
KStG	Körperschaftsteuer

L

LSW	Lexikon des Wirtschafts- und Steuerrechts (Loseblattsammlung)

M

m.E.	meines Erachtens
MittBayNot	Mitteilungen des Bayerischen Notarvereins, der Notarkasse und der Landesnotarkammer Bayern (Zeitschrift)
m.w.N.	mit weiteren Nachweisen

N

NJW	Neue Juristische Wochenschrift (Zeitschrift)
NSt	Neues Steuerrecht von A–Z (Zeitschrift)
NWB	Neue Wirtschafts-Briefe (Zeitschrift)
NZB	Nichtzulassungsbeschwerde
NZG	Neue Zeitschrift für Gesellschaftsrecht

O

OECD-MA	OECD-Musterabkommen
ÖStZ	Österreichische Steuerzeitung (Zeitschrift)
OFD	Oberfinanzdirektion
OFH	Oberster Finanzhof
OHG	Offene Handelsgesellschaft

R

RdNr.	Randnummer
RFH	Reichsfinanzhof
RFHE	Sammlung der Entscheidungen und Gutachten des Reichsfinanzhofs
RG	Reichsgericht
RGZ	Sammlung der Entscheidungen des Reichsgerichts in Zivilsachen

RIW	Recht der internationalen Wirtschaft (Zeitschrift)
RN	Randnummer
Rpfleger	Der Deutsche Rechtspfleger (Zeitschrift)
Rspr.	Rechtsprechung
RStBl	Reichssteuerblatt
RWP	Rechts- und Wirtschaftspraxis, Blattei-Handbuch
Rz.	Randziffer

S

StAnpG	Steueranpassungsgesetz
StB	Der Steuerberater (Zeitschrift)
Stbg	Die Steuerberatung (Zeitschrift)
StbJb	Steuerberater-Jahrbuch
StBKongrRep	Steuerberaterkongress-Report, früher: Steuer-Kongress-Report
StBp (StBP)	Die steuerliche Betriebsprüfung (Zeitschrift)
StEntlG 1999/2000/2002	Steuerentlastungsgesetz 1999/2000/2002
SteuerStud	Steuer und Studium (Zeitschrift)
StLex	Steuer-Lexikon (Loseblattsammlung)
StRK	Steuer-Rechtsprechung in Karteiform
StSem	Steuerseminar
StSenkG	Gesetz zur Senkung der Steuersätze und zur Reform der Unternehmensbesteuerung (Steuersenkungsgesetz)
StuB	Steuern und Bilanzen (Zeitschrift)
StuW	Steuer und Wirtschaft (Zeitschrift)
StVergAbG	Steuervergünstigungsabbaugesetz
StWa	Steuerwarte (Zeitschrift)
StWK	Steuer- und Wirtschafts-Kurzpost (Zeitschrift)

U

u.a.	unter anderem
UmwG	Umwandlungsgesetz
UmwStG	Umwandlungssteuergesetz
UntStFG	Gesetz zur Fortentwicklung der Unternehmensbesteuerung

V

Vfg.	Verfügung
vgl.	vergleiche

W

WachstumsBG	Wachstumsbeschleunigungsgesetz vom 22.12.2009
WEG	Gesetz über das Wohnungseigentum und das Dauerwohnrecht
WiB	Wirtschaftsrechtliche Beratung (Zeitschrift)
WM	Wertpapier-Mitteilungen (Zeitschrift)
Wpg	Die Wirtschaftsprüfung (Zeitschrift)

Z

ZGR	Zeitschrift für Unternehmens- und Gesellschaftsrecht (Zeitschrift)
ZIP	Zeitschrift für Wirtschaftsrecht (Zeitschrift)
ZKF	Zeitschrift für Kommunalfinanzen (Zeitschrift)
ZMR	Zeitschrift für Miet- und Raumrecht (Zeitschrift)
ZPO	Zivilprozessordnung
ZRFG	Zonenrandförderungsgesetz
z.T.	zum Teil

LITERATURVERZEICHNIS

A

Apitz, Betriebsaufspaltung mit Bürogebäuden, GmbH-StB 2002, 198

ders., Betriebsprüfungen bei gemeinnützigen Körperschaften, StBp 2004, 89

Autenrieth, Die Gesetzesgrundlage der Betriebsaufspaltung, DStZ 1989, 280

B

Bachmann, Die internationale Betriebsaufspaltung, Frankfurt 2004

Bärtels, Gewinnverlagerung in der Betriebsaufspaltung als Frage des zugrunde liegenden Besteuerungskonzepts, BB 1991, 1539

Barth, Steuerliche Probleme der Betriebsaufspaltung, DB 1968, 814

ders., Zur neueren Rechtsprechung über die Betriebsaufspaltung, DB 1972, 2230 f.

ders., Betriebsaufspaltung im Steuerrecht, BB 1972, 1360

Bartholomé, Betriebsaufspaltung und Betriebsprüfung, StBp 1963, 281

Baumbach/Hueck, GmbH-Gesetz, 18. Aufl., München 2006

Baumert/Schmidt-Leithoff, Die ertragsteuerliche Belastung der Betriebsaufspaltung nach der Unternehmensteuerreform 2008, DStR 2008, 888

Beckermann/Jarosch, Schlussfolgerungen aus dem Grundsatzurteil des BFH zum Wegfall der Voraussetzungen einer Betriebsaufspaltung für verschiedene Fallgruppen, DB 1984, 2483

Beckschäfer, Grenzbereiche bei Betriebsaufspaltungen, BB 1983, 630

Beisse, Die Betriebsaufspaltung als Rechtsinstitut, Festschrift für Schmidt 1993, 455

Bentler, Das Gesellschaftsrecht der Betriebsaufspaltung, Baden-Baden 1986

Biergans, Betriebsaufspaltung, NWB Fach 18, 2845

Binnewies, Zur Frage der Qualifizierung einer Gütergemeinschaft als Besitzunternehmen sowie der Erstreckung der Gewerbesteuerbefreiung auf das Besitzunternehmen, GmbHR 2007, 48

ders., Aktuelles zur Betriebsaufspaltung, in: Festschrift für Spiegelberger 2009, 15 ff.

Binz, Betriebsaufspaltung bei Dienstleistungsunternehmen, DStR 1996, 565

Birkholz, Die Betriebsaufspaltung im Steuerrecht – Zum Vorlage-Beschluss des IV. Senats des BFH an den Großen Senat IV 87/65 vom 16. 7. 1970 (BStBl II 1971, 182), DStZ/A 1971, 158

ders., Noch einmal: Die Betriebsaufspaltung im Steuerrecht – Ausweitung statt Einschränkung des Begriffs, DStZ/A 1972, 39

ders., Problematische Betriebsaufspaltung, NSt-Betriebsaufspaltung, Darstellung 2 (1973)

ders., Die Betriebsaufspaltung im Steuerrecht, BB 1974, 1477

Bise, Die Betriebsaufspaltung in der Rechtsprechung des Bundesfinanzhofes, DB 1962, 416

ders., Zur Betriebsaufspaltung – Tendenzen nach dem Beschluss des Großen Senats des Bundesfinanzhofes vom 8. 11. 1971, StbJb 1972/73, 207 ff.

Bitz, Schlussfolgerungen aus dem Grundsatzurteil des BFH zum Wegfall der Voraussetzungen einer Betriebsaufspaltung für verschiedene Fallgruppen, DB 1984, 1492

ders., Replik zu Beckermann/Jarosch, DB 1984, 2484

ders., Änderung der Rechtslage bei der Betriebsaufspaltung – Gefahren der Betriebsaufspaltung bei Verbänden/gemeinnützigen Organisationen, DStR 2002, 752

ders., Zur Frage der Betriebsverpachtung oder Betriebsunterbrechung trotz Veränderung des einem eingestellten Betriebsteils dienenden Gebäudes, GmbHR 2006, 778

ders., Zur Frage der Betriebsaufspaltung im Falle eines überlassenen Geschäftslokals eines Filialeinzelhandels als wesentliche Betriebsgrundlage, GmbHR 2009, 728

Blümich, EStG, KStG, GewStG Kommentar (Loseblatt), München

Blumers/Beinert/Witt, Nettobetrachtung und Betriebsaufspaltung, BB 1998, 2505

Boedicker, Gemeinnützige Betriebsaufspaltung, NWB Fach 4, 5173

Böth/Brusch/Harle, Rechtsprechungsübersicht zur Betriebsaufspaltung, StBp 1992, 160, 177 und 200

Böttcher, Zur Betriebsaufspaltung, StuW 1962 Sp. 249

ders., Steuerfragen zur Betriebsaufspaltung, StbJb 1963/64, 123 ff.

Böttcher/Beinert, Die Rechtsprechung zur Betriebsaufspaltung, DB 1966, 1782 ff. und 1821 ff.

Brandenberg, Personengesellschaftsbesteuerung nach dem Unternehmenssteuerfortentwicklungsgesetz – Teil I, II und III, DStZ 2002, 511, 551, 594

Boschert, Die steuerliche Problematik der Betriebsaufspaltung, Düsseldorf 1963

Brandes, Die Behandlung von Nutzungsüberlassungen im Rahmen einer Betriebsaufspaltung unter Gesichtspunkten des Kapitalersatzes und der Kapitalerhaltung, ZGR 1989, 24

ders., Grundpfandrechte und Betriebsaufspaltung, in: Abschied von der Betriebsaufspaltung?, RWS-Forum 5, hrsg. von Priester/Timm, Köln 1990, S. 43 ff.

Brandmüller, Wiederentdeckung der Betriebsaufspaltung, BB 1979, 465

ders., Betriebsaufspaltung und abweichendes Wirtschaftsjahr, BB 1980, 722

ders., Investitionszulage: Vergleichsvolumen bei der Betriebsaufspaltung, BB 1982, 1412

ders., Die Betriebsaufspaltung nach Handels- und Steuerrecht, 7. Aufl., Heidelberg 1997

ders., Betriebsaufspaltung heute – planmäßige Entsorgung, DStZ 1998, 4

ders., Die Betriebsaufspaltung nach der Unternehmensteuerreform 2008 und dem Jahressteuergesetz 2008, in: Festschrift für Spiegelberger 2009, 45 ff.

Braun, Keine erweiterte Kürzung des Gewerbeertrags gem. § 9 Nr. 1 Satz 2 GewStG bei der Betriebsaufspaltung, EFG 2003, 1111

ders., Anwendung der Kürzungsvorschrift des § 9 Nr. 1 Satz 2 GewStG bei Vorliegen einer Betriebsaufspaltung, EFG 2003, 336

Brune/Loose, Investitionszulage: bei Betriebsaufspaltung, DB 1996, 345

Buchheister, Betriebsaufspaltung – Illusion und Wirklichkeit, BB 1996, 1867

Butz-Seidl, Chancen und Risiken einer Betriebsaufspaltung im Lichte der Unternehmensteuerreform, GStB 2007, 240

dies., Optimale „Entsorgung" einer Betriebsaufspaltung, GStB 2007, 444

dies., Einstimmigkeitsabrede bei der Betriebsaufspaltung als Gestaltungsmittel nutzen, GStB 2008, 90

C

Carlé, Die Betriebsaufspaltung im Erbfall, ErbStB 2006, 155

ders., Die Betriebsaufspaltung – ein „Rechtsinstitut" – Kontinuität der Rechtsprechung?, in: Festschrift für Spiegelberger 2009, 55

Claßen, Wiederaufleben eines Verpächterwahlrechts nach Beendigung der Betriebsaufspaltung, EFG 2005, 358

Costede, Mitunternehmerschaft und Betriebsaufspaltung bei der GmbH und Still – Dogmatische und methodische Probleme des einkommensteuerlichen Dualismus, StuW 1977, 208 ff.

Crezelius, Ertragsteuerliche Kernfragen der Gestaltungspraxis bei Personengesellschaften – Aktuelle Betriebsaufspaltung, JbFSt 1991/92, 227

ders., Finanzierungsaufwendungen in der Betriebsaufspaltung, DB 2002, 1124

ders., Betriebsaufspaltung nach der Unternehmenssteuerreform, JbFfSt 2002/2003, 350

D

Dahlheimer, Betriebsaufspaltung – Formen, Vereinbarungen, Besteuerung, Herne/Berlin 1964

Dehmer, Die Betriebsaufspaltung – Steuerrecht, Umwandlung und Bilanzierung, Gesellschafts-, Pacht- und Arbeitsrecht, München 1983

Derlien/Wittkowski, Neuerungen bei der Gewerbesteuer – Auswirkungen in der Praxis, DB 2008, 835

Doege, Aktuelle Beratung von Mitunternehmerschaften: Betriebsaufspaltung, Abfärbung und Unternehmensnachfolge, INF 2007, 345

ders., Abgrenzungsfragen zur Betriebsveräußerung/Betriebsaufgabe und den Steuerermäßigungen gem. §§ 16, 34 EStG, DStZ 2008, 474

Döllerer, Aus der neueren Rechtsprechung des Bundesfinanzhofs zur Betriebsaufspaltung, GmbHR 1986, 165

Döring, Betriebsaufspaltung und notarielle Praxis, DNotZ 1982, 280

Dörner, Verlustverlagerung von Betriebs-GmbH auf Besitzunternehmen bei Betriebsaufspaltungen, INF 1996, 587

Dötsch, Betriebsaufspaltung: Sachliche Verflechtung durch Erbbaurecht – Gewerbesteuerbefreiung, INF 2002, 446

ders., Einzelnes Filialgrundstück ist im Rahmen einer Betriebsaufspaltung grundsätzlich eine wesentliche Betriebsgrundlage, DB 2009, 1329

Donath, Die Betriebsaufspaltung – Steuerliche Grundlagenprobleme – Ausgewählte Fragen des Gesellschafts- und Konzernrechts, Heidelberg 1991

Drüen, Über konsistente Rechtsfortbildung – Rechtsmethodische und verfassungsrechtliche Vorgaben am Beispiel des richterlichen Instituts der Betriebsaufspaltung, GmbHR 2005, 69

Drygala, Der Gläubigerschutz bei der typischen Betriebsaufspaltung, Diss. Gießen 1990

ders., Abschied von der Betriebsaufspaltung?, ZIP(-Report) 1990, 1026

E

Eckhardt, Betriebsaufspaltung, StbJb 1971/72, 116

Eikmeier, Die Rechtsprechung zur Betriebsaufspaltung unter dem Blickwinkel des § 42 AO 1977, Diss. Bochum 1995

Erhart/Ostermayer, Die Betriebsverpachtung im Ganzen, StB 2005, 50

F

Fatouros, Körperschaftsteuerliche Änderungen nach dem StVergAbG, DStZ 2003, 180

Feißt, Gewerbesteuer, Betriebsverpachtung, Betriebsaufspaltung, Zerlegung, LSW 1998, G4/148.1-12

Felix, Die Einmann-Betriebsaufspaltung sowie die Beteiligung an der Besitz-GmbH & Co. KG und der Betriebs-GmbH in der Erbauseinandersetzung, GmbHR 1990, 561

ders., Betriebsaufspaltung und vorweggenommene Erbfolge in der Einkommensteuer, GmbHR 1992, 517

Felix/Heinemann/Carlé/Korn/Streck/Richter, Kölner Handbuch der Betriebsaufspaltung und Betriebsverpachtung, 4. Aufl., Köln 1979

Felix/Heinemann/Korn, Praxisrelevante Schwerpunktfragen zur Betriebsaufspaltung, KÖSDI 1982, 4785

Felix/Korn, Aktuelles zur Betriebsaufspaltung (Betriebsvermögen, Organschaft, Einkunftsarten), DStR 1971, 135

Felix/Söffing/Heinemann/Korn/Streck/Stahl, Betriebsaufspaltung in der Steuerberatung – Schwer- und Schwachpunkte, Köln 1983

Fichtelmann, Die Betriebsaufspaltung im Steuerrecht, INF 1972, 289 ff.

ders., Die Betriebsaufspaltung im Steuerrecht, NWB Fach 18, 2413 und 2659

ders., Die Betriebsaufspaltung – eine praktische Anleitung – LSW Nr. 10 vom 6. 10. 1982, Gruppe 8 S. 1

ders., Aktuelle Fragen der Betriebsaufspaltung, GmbHR 1984, 344

ders., Betriebsaufspaltung im Steuerrecht, 9. Aufl., Heidelberg 1996

ders., Die Erbauseinandersetzung bei der Betriebsaufspaltung im Zivil- und Steuerrecht, GmbHR 1994, 583

ders., Betriebsaufspaltung mit mehreren Besitzunternehmen, GmbHR 1996, 580

ders., Die fehlgeschlagene Betriebsaufspaltung als gewerbliche Betriebsverpachtung oder unschädliche Unterbrechung der gewerblichen Tätigkeit, INF 2000, 4

ders., Betriebsaufspaltung: Grundstücke als wesentliche Betriebsgrundlage, EStB 2005, 421

ders., Ausgewählte Fragen zur Betriebsaufspaltung, GmbHR 2006, 345

Fischer, Gewerbesteuerbefreiung erstreckt sich auch auf Besitzunternehmen, NWB Fach 5, 1603

Forst/Ginsburg, Neue gewerbesteuerliche Hinzurechnung für Mietentgelte, EStB 2008, 31

Frerichs, Teilbetriebsveräußerung und Aufgabe einer bestimmten gewerblichen Tätigkeit im Rahmen einer Betriebsaufspaltung, FR 1997, 465

Frost, Betriebsaufspaltung, Freiburg 1993

G

Gail, Auswirkung von Erbstreitigkeiten auf eine Betriebsaufspaltung, BB 1995, 2502

Gebel, Schenkung von Anteilen an der Betriebskapitalgesellschaft im Zuge einer Betriebsaufspaltung, DStR 1992, 1341

Gebhardt, Mitunternehmerische Betriebsaufspaltung, EStB 2007, 65

ders., Neuregelung der Wegzugsbesteuerung, EStB 2007, 148

Glad, Besondere Bilanzierungsfragen bei Betriebsaufspaltung, GmbHR 1981, 268

Glanegger/Güroff, GewStG Kommentar, 6. Aufl., München 2006

Gluth, Betriebsaufspaltung: Verpachtung des gesamten Betriebs an einen Dritten, GmbHR 2007, 1101

Görden, Betriebsaufspaltung und Betriebsverpachtung, GmbH-StB 2002, 222

Gössner, Kann bei einer Betriebsaufspaltung die Handelsregistereintragung der „Besitzfirma" erhalten werden?, BB 1967, 1274

Gosch, Zur Gewerbesteuerbefreiung und zur sachlichen Verflechtung im Rahmen der Betriebsaufspaltung, StBp 2002, 216

Gothe, Spezialfall einer Betriebsaufspaltung bei Zurechnung von Dividendeneinkünften bei Veräußerung von GmbH-Anteilen, GmbHR 1995, 890

Grieger, Von der höchstrichterlichen Rechtsprechung behandelte einkommen- und körperschaftsteuerliche Fragen der Betriebsaufspaltung, WM 1961, 129

Grobshäuser, Korrespondierende Bilanzierung bei Mitunternehmerschaft und Betriebsaufspaltung, sj 2006, 24

Groh, Die Zukunft der Betriebsaufspaltung, Wpg 1989, 679

ders., Die Betriebsaufspaltung in der Selbstauflösung, DB 1989, 748

Grützner, Bedeutung von Einstimmigkeitsabreden bei Besitzunternehmen für das Vorliegen einer personellen Verflechtung im Rahmen einer Betriebsaufspaltung, StuB 2002, 1106

ders., Anforderungen an die Bildung einer Ansparrücklage, StuB 2008, 479

Gschwendtner, Zur Merkmalübertragung bei der Betriebsaufspaltung, DStR 2002, 869

H

Hachenburg, Gesetz betreffend die Gesellschaften mit beschränkter Haftung (GmbHG), Großkommentar, 8. Aufl., Berlin 1992 ff.

Hagen/Lucke, Gewerbe- und Grundsteuerbefreiung bei Betriebsaufspaltung, StuB 2006, 837

Halaczinsky, Grundsteuer-Kommentar, 2. Aufl., Herne/Berlin 1995

Harle, Die Auswirkungen der Unternehmenssteuerreform 2008 auf die Rechtsformen, BB 2008, 2151

Haverkamp, Betriebsaufspaltung über die Grenze – Ein Steuersparmodell?, IStR 2008, 165

Heinemann/Korn, Beratungsbuch zur Gründung von Betriebsaufspaltungen, Köln 1980

Heinsius, Die Betriebsaufspaltung – Vertragmuster für eine moderne Unternehmensform WRS-Musterverträge, Bd. 2, München 1982

Heinze, Die (Eigenkapital ersetzende) Nutzungsüberlassung in der GmbH-Insolvenz nach dem MoMiG, ZIP 2008, 110

Heißenberg, Steuerkarzinom Betriebsaufspaltung: Weiteres Kapitel einer unendlichen Geschichte, Köln 1993, Arbeitskreis für Steuerrecht GmbH Nr. 39, 90

Herbert, Betriebsaufspaltung und Gemeinnützigkeit, FR 1989, 298

Herrmann/Heuer/Raupach, Einkommensteuer und Körperschaftsteuer Kommentar, Köln (Loseblatt)

Herzig/Kessler, Typologie der Betriebsaufspaltungssachverhalte, Festgabe für Felix, S. 75

Heuermann, Betriebsunterbrechung und Betriebsaufspaltung, StBp 2006, 269

ders., Personelle Verflechtung trotz Selbstkontrahierungsverbot, HFR 2007, 113

Heyel, Die Betriebsaufspaltung, Wiesbaden 1990

Hilbertz, Betriebsaufspaltung und Berücksichtigung von Gewerbeverlusten, StSem 1998, 248

Hitz, Die Betriebsaufspaltung – Ein Überblick, FR 1996, 850

Höhmann, Betriebsaufspaltung bei Wohnungseigentümergemeinschaften, NWB Blickpunkt/Steuern 10/97, 3758

ders., Bürgschaften von Gesellschaftern bei Betriebsaufspaltung als negatives Sonderbetriebsvermögen II, NWB Fach 3, 12293

Hoffmann, Fritz, Die Betriebsaufspaltung in der neueren Rechtsprechung des Bundesfinanzhofes, DStZ/A 1973, 33

Hoffmann, Wolf-Dieter, Steuerfallen bei der Beendigung der Betriebsaufspaltung, GmbH-StB 2005, 282

ders., Probleme und Entwicklungen bei der Betriebsaufspaltung, Harzburger Protokolle 1991, 183

ders., Die doppelte Betriebsaufspaltung, GmbH-StB 1998, 198

Hofmann, Die Betriebsaufspaltung im Grundbuch, NJW 1974, 448

Holzinger, Gewerbesteuerpflicht bei grenzüberschreitender Betriebsaufspaltung, PIStB 2005, 5

Holzwarth, Konzernrechtlicher Gläubigerschutz bei der klassischen Betriebsaufspaltung, Köln 1994

Honert, Willentliche Beendigung einer Betriebsaufspaltung, EStB 2003, 310

Hübner, Interessenkonflikt und Vertretungsmacht, München 1978

Hueck, Die Behandlung von Nutzungsüberlassungen im Rahmen einer Betriebsaufspaltung als Gesellschafterdarlehen?, ZGR 1989, 216

Hüttemann, Gemeinnützigkeits- u. Spendenrecht, Köln 2008

Husmann/Strauch, Zur steuerlich optimalen Gestaltung einer Doppelgesellschaft – Ein erweitertes Wiesbadener Modell, StuW 2006, 221

J

Jacobs, Internationale Unternehmensbesteuerung, 6. Aufl., München 2007

ders., Unternehmensbesteuerung und Rechtsform, 4. Aufl., München 2009

Janssen, Betriebsaufspaltung: Führt Mietverzicht zum Halbabzugsverbot?, GStB 2008, 314

Jarzynska/Klipstein, Die Besteuerungsfolgen der grenzüberschreitenden Betriebsaufspaltung im Lichte der Doppelbesteuerungsabkommen, StB 2009, 239

Jörißen, Die wesentliche Betriebsgrundlage i.R.d. § 7g EStG, EStB 2006, 422

Jost, Betriebsaufspaltung im steuerfreien Bereich gemeinnütziger Körperschaften, DB 2007, 1664

Jurkat, Aktuelle Probleme zum Konzernsteuerrecht und zur Betriebsaufspaltung, JbFSt 1972/73, 228

ders., Probleme und Entwicklungen bei der Betriebsaufspaltung, Harzburger Protokolle 1991, 183

Jurowsky, Die Behandlung von Sonderbetriebsvermögen bei einer mitunternehmerischen Betriebsaufspaltung, sj 2007, 29

K

Kaligin, Die Betriebsaufspaltung, 6. Aufl., Berlin 2008

Kalle, Steuerrechtliche Betriebsaufspaltung und das Recht der verbundenen Unternehmen, Frankfurt 1991

Kanzler, Betriebsverpachtung oder Betriebsunterbrechung trotz Veräußerung des einem eingestellten Betriebsteil dienenden Gebäudes, FR 2007, 800

ders., Gütergemeinschaft als Besitzunternehmen; Gewerbesteuerbefreiung erstreckt sich auf das Besitzunternehmen, FR 2007, 242

ders., Zum neutralen Übergang von einer Betriebsaufspaltung auf eine Betriebsverpachtung, FR 2008, 427

ders., Dauertestamentsvollstrecker ohne eigenen geschäftlichen Betätigungswillen bei Betriebsaufspaltung, FR 2009, 86

Kaufmann, Durchgriffshaftung im faktischen Konzern, Konsequenzen für die Betriebsaufspaltung, NWB Fach 18, 3215

Kempermann, Aktuelle Entwicklung bei der Betriebsaufspaltung, NWB Fach 3, 12501

ders., Betriebsaufspaltung: Beherrschung der Geschäfte des täglichen Lebens als Voraussetzung für personelle Verflechtung, GmbHR 2005, 317

Kessler/Teufel, Die klassische Betriebsaufspaltung nach der Unternehmenssteuerreform, BB 2001, 17

dies., Die umgekehrte Betriebsaufspaltung zwischen Schwestergesellschaften – eine attraktive Rechtsformkombination nach der Unternehmenssteuerreform 2002, DStR 2001, 869

Kirchhof, EStG KompaktKommentar, 8. Aufl., Heidelberg 2008

Kirnberger, Durchgriff der GewSt-Befreiung auf das Besitzunternehmen, EStB 2006, 339

Kirsch, Zinsschranke: Regelungs- und Problembereiche des BMF-Schreibens vom 4.7.2008, sj 2008, Nr. 21, 21

Klaus, Tochtergesellschaften im Gemeinnützigkeitsrecht, SAM 2008, 5

Klinzmann Aufspaltung einer Vermietungstätigkeit als Betriebsaufspaltung, DB 1981, 1360

Knatz, Der Einfluss der Dauertestamentsvollstreckung auf die personelle Verflechtung im Rahmen der Betriebsaufspaltung, DStR 2009, 27

Knobbe-Keuk, Die Betriebsaufspaltung – ein „Rechtsinstitut"?, StbJb 1980/81, 335

dies., Gefährdung der Betriebsaufspaltung durch die Rechtsprechung des BGH?, StBKRep 1993, 153

Knoppe, Betriebsaufspaltung, Heft 52 der Heidelberger Musterverträge, 4. Aufl., Heidelberg 1991

Kobs, Einkommensbesteuerung bei Betriebsaufspaltung, NWB Fach 18, 2139

Koch/Kiwitt, Grenzüberschreitende Betriebsaufspaltung mit einem ausländischen Besitzunternehmen, PIStB 2005, 183

Koewius, Betriebsaufspaltung und abweichendes Wirtschaftsjahr, DB 1981, 1308

Kolbe, Das Besitzunternehmen und die Holding als gewerbliche Unternehmen i.S. des § 14 Abs. 1 Satz 1 KStG n.F.

Korn, Folgerungen aus der neueren Steuerrechtsprechung zur Betriebsaufspaltung für die Steuerpraxis, KÖSDI 1992, 9033

Koster, Zurechnung von Wirtschaftsgütern bei mitunternehmerischer Betriebsaufspaltung, GmbHR 2000, 111

Kratzer, Die Betriebsaufspaltung, NWB Fach 18, 2763

Kratzsch, Aktuelle Entwicklung bei der Betriebsaufspaltung, StB 2007, 89

ders., Betriebsaufspaltung: Anforderungen an die Bildung einer Ansparrücklage nach § 7g EStG, GStB 2008, 232

Kruspe, Gibt es noch einen Ausweg aus der sachlichen Verflechtung bei einer Betriebsaufspaltung?, StuB 2001, 232

L

Lange, Die Betriebsaufspaltung im Steuerrecht, StWa 1972, 129

ders., Die Betriebsaufspaltung im Steuerrecht, StWa 1979, 74 und 96

ders., Personengesellschaften im Steuerrecht, 7. Aufl., Herne 2008

Langenmayr/Dreyßler, Keine erbschaft- oder schenkungsteuerliche Bewertung von Grundstücken nach vereinbarter Miete bei Betriebsaufspaltung – neue Rechtsprechung, DStR 2002, 1555

Lauber-Nöll/Schick, Neue gesellschafts- und arbeitsrechtliche Gesichtspunkte der Betriebsaufspaltung – Bericht über das RWS-Forum 5 „Abschied von der Betriebsaufspaltung?", GmbHR 1990, 333

Lauer, Zur Neuregelung der Grundsätze der Betriebsaufspaltung – Analyse des Urteils des Großen BFH-Senats 2/71 vom 8. 11. 1971, DB 1972, 1311

Lehmann/Marx, Das sanfte Ende der Betriebsaufspaltung, FR 1989, 506

Leingärtner, Zur Frage der Betriebsaufspaltung, INF 1972, 49

ders., Auswirkungen der Rechtsprechung des Großen Senats des BFH zur Betriebsaufspaltung, DStR 1973, 391

Lemaire, Voraussetzungen einer Grundsteuer-Befreiung für Krankenhauszwecke, EFG 2006, 1194

Lenski/Steinberg, Gewerbesteuergesetz Kommentar, Köln (Loseblatt)

Levedag, Die Betriebsaufspaltung im Fadenkreuz der Unternehmensteuerreform 2008 und des Jahressteuergesetzes 2008 – eine Bestandsaufnahme, GmbHR 2008, 281

Lex, Die Mehrheitsbeteiligung einer steuerbegünstigten Körperschaft an einer Kapitalgesellschaft – Vermögensverwaltung oder wirtschaftlicher Geschäftsbetrieb?, DB 1997, 349

Limberg, Grundzüge der Betriebsaufspaltung, SteuerStud 2001, 300

Littmann, Zur Frage der Betriebsaufspaltung, INF 1972, 49

ders., Auswirkungen der Rechtsprechung des Großen Senats des BFH zur Betriebsaufspaltung, DStR 1973, 391

Littmann/Bitz/Pust, Das Einkommensteuerrecht, Stuttgart (Loseblatt)

Lorz, Einfluss einer Dauertestamentsvollstreckung auf die personelle Verflechtung, ZEV 2008, 498

M

Märkle, Neue Rechtsprechung zur Betriebsaufspaltung (Stand 1. 1. 1994), BB 1994, 831

ders., Die Betriebsaufspaltung an der Schwelle zu einem neuen Jahrtausend, BB 2000 Beilage 7

ders., Beratungsschwerpunkt Betriebsaufspaltung – neueste Rechtsprechung und Verwaltungsanweisungen, DStR 2002, 1109

Märkle/Kröller, Das Ende der Betriebsaufspaltung? Anmerkungen zu den Urteilen des Bundesfinanzhofes vom 9. 11. 1983 und vom 13. 12. 1983, BB 1984, 2118

Martin, Die Betriebsaufspaltung im Steuerrecht, StWK, Heft Nr. 15 vom 9. 8. 1979, Gruppe 5 S. 855

Marx, Betriebsaufspaltung – Aktionen des Steuerpflichtigen und Reaktionen des Fiskus, SteuerStud 1990, 408

Menkel, Betriebsaufspaltung und Gewerbesteuer nach der Unternehmensteuerreform 2008, SAM 2008, 85

Meyer/Ball, Erbbaurecht und Betriebsaufspaltung, DB 2002, 1597

Micker, Anwendung von Zebra-Gesellschafts-Regeln bei der Betriebsaufspaltung, FR 2009, 852

Miessl/Wengert, Die Betriebsaufspaltung aus dem Blickwinkel der Steuergerechtigkeit, DB 1995, 111

Mitsch, Fallstricke bei der Unternehmensnachfolge im Falle einer Betriebsaufspaltug, INF 2006, 749

Mössner, Wie lange lebt die Betriebsaufspaltung noch?, Stbg 1997, 1

Mogg, Arbeitsrechtliche Risiken der Betriebsaufspaltung, DStR 1997, 457

Mohr, Aktuelle Gestaltungsfragen zur Betriebsaufspaltung, GmbH-StB 2009, 134

N

Nagels, Betriebsaufspaltung und Kollektivvereinbarungen, Bad Honnef 1979

Neufang, Neue Beratungsprobleme bei der Betriebsaufspaltung, INF 1990, 179

ders., Betriebsaufspaltung zwischen Fremden und Familienangehörigen, 3. Aufl., Freiburg 1991

ders., Die Betriebsaufspaltung, NSt 1994, 11

ders., Betriebsaufspaltung, DStR 1996, 65

P

Pahlke/Koenig, Abgabenordnung, München 2004

Palandt, Bürgerliches Gesetzbuch, 68. Aufl., München 2009

Patt, Errichtung einer Betriebsaufspaltung durch Umwandlung eines Einzelunternehmens, DStR 1994, 1383

ders., Die Betriebsaufspaltung, Voraussetzungen und einkommensteuerliche Rechtsfolge in der Praxis, StWa 1994, 181

ders., Überlassung von Büroräumen in Einfamilienhäusern, EStB 2006, 454

ders., Ertragsteuerliche Besonderheiten bei Beteiligung Angehöriger in Betriebsaufspaltungsfällen, sj 2008, 15

ders., Das Ende einer Betriebsaufspaltung, Nr. 16/17, sj 2008, 20

Pflüger, Aufdeckung aller stillen Reserven bei Begründung einer Betriebsaufspaltung, GStB 2005, 14

ders., Die Betriebsverpachtung im Ganzen als Alternative zur Betriebsaufspaltung, GStB 2005, 407

Philipp, Das Rechtsinstitut der Betriebsaufspaltung im Lichte der neueren Steuerrechtsprechung, DB 1981, 2042

Piltz, Gewerbesteuer: Betriebsaufspaltung über die Grenze, IStR 2005, 173

Priester/Timm, Abschied von der Betriebsaufspaltung?, Köln 1990

R

Rätke, Bilanzierungskonkurrenz bei Schwester-Personengesellschaften und mitunternehmerischer Betriebsaufspaltung, StuB 2006, 22

van Randenborgh, Ist die Betriebsaufspaltung noch zeitgemäß? – 10 Argumente gegen die Betriebsaufspaltung, DStR 1998, 20

Raupach/Wochinger/Puedell, Steuerfragen im Sport: Sponsoring, Betriebsaufspaltung, ausländische Sportler, Stuttgart 1998

Reischauer, Betriebsaufspaltung und Steuerrecht, Diss. Mainz 1968

Richter, Betriebsaufspaltung im mittelständischen Bereich, StBKongrRep 1984, 339

ders., Unternehmensteuerreformgesetz 2008: Gewerbesteuerliche innerorganschaftliche Leistungsbeziehungen, FR 2007, 1042

Ritzrow, Kriterien der Betriebsaufspaltung, hier: Sachliche Verflechtung, StBp 2009, 54

Roellecke, Rechtsstaatliche Grenzen der Steuerrechtsprechung am Beispiel der Betriebsaufspaltung, Festschrift für Duden (1977), S. 481

Rose, Betriebsaufspaltungen oder Teilbetriebsaufgliederung, Grundlagen für einen betriebswirtschaftlichen Besteuerungsvergleich, in: Oettle, Steuerlast und Unternehmenspolitik, Festschrift für K. Barth, Stuttgart 1971, S. 285

Roser, Folgen einer (unbeabsichtigten) Betriebsaufspaltung, EStB 2005, 191

ders., Mittelbare Betriebsaufspaltung – Sonder-BV bei Konzernsachverhalten, EStB 2009, 177

Ruf, Die Betriebsaufspaltung über die Grenze, IStR 2006, 232

S

Sadrinna/Meier, Betriebsaufspaltung und Gemeinnützigkeit, DStR 1988, 737

Salzmann, Die Betriebsaufspaltung ohne Rechtsgrundlage, in: Festschrift für Spiegelberger 2009, 401

Sauer, Betriebsaufspaltung, StBp 1975, 121

ders., Uneigentliche Betriebsaufspaltung, FR 1975, 498

ders., Betriebsaufspaltung, StBKongrRep 1980, 249

Schallmoser, Flugzeuge, Betriebsaufspaltung und Liebhaberei, DStR 1997, 49

Schauhoff, Handbuch der Gemeinnützigkeit, 2. Aufl., München 2005

Schaumberger, Schenkung eines Betriebsgrundstücks unter Nießbrauchsvorbehalt im Rahmen einer Betriebsaufspaltung, StB 2003, 124

Schick, Die Beteiligung einer steuerbegünstigten Körperschaft an Personen- und Kapitalgesellschaften, DB 1999, 1187

ders., Die Betriebsaufspaltung unter Beteiligung steuerbegünstigter Körperschaften und ihre Auswirkung auf die zeitnahe Mittelverwendung, DB 2008, 893

Schießl, Die Veräußerung von unbeweglichem Vermögen im Inland bei grenzüberschreitender Betriebsaufspaltung mit einem ausländischen Besitzunternehmen, StuB 2005, 922

ders., Die Betriebsaufspaltung über die Grenze, StW 2006, 43

ders., Übergang des Geschäftswerts auf die Betriebs-GmbH im Rahmen einer Betriebsaufspaltung, GmbHR 2006, 459

ders., Abziehbarkeit von Aufwendungen bei unentgeltlicher Nutzungsüberlassung eines Wirtschaftsguts im Rahmen einer Betriebsaufspaltung, StuB 2009, 105

Schiffler, Nochmals: Betriebsaufspaltung – Illusion und Wirklichkeit, BB 1996, 2661

ders., Zur Problematik der Betriebsaufspaltung, ÖStZ 1978, 170

ders., Die ertragsteuerliche Behandlung der Betriebsaufspaltung unter besonderer Berücksichtigung des Pachtverhältnisses, Schriften zum österreichischen Abgaberecht, Bd. 14, Wien 1978

Slabon, Probleme der Betriebsaufspaltung im Erbfall und Lösungsmöglichkeiten, ZErb 2006, 49

ders., Die Betriebsaufspaltung in der notariellen Praxis, NotBZ 2006, 157

Schmidt, K., Gesellschaftsrecht, 3. Aufl., Köln, Berlin, Bonn, München 1997

Schmidt, Ludwig, In den Grenzbereichen von Betriebsaufgabe, Betriebsverpachtung, Betriebsaufspaltung und Mitunternehmerschaft, DStR 1979, 671 und 699

ders., Einkommensteuergesetz Kommentar, 18. Aufl., München 1998

ders., Einkommensteuergesetz Kommentar, 23. Aufl., München 2004

ders., Einkommensteuergesetz Kommentar, 28. Aufl., München 2009

Schmitt, Unternehmensbesteuerung: Einkommensteuerliche Zweifelsfälle, Stbg 2003, 1

Schnell, Die Betriebsaufspaltung in Besitzpersonen- und Betriebskapitalgesellschaft im Einkommen- und Körperschaftsteuerrecht, Diss. Erlangen-Nürnberg 1967

Schoor, Betriebsaufspaltung im Steuerrecht, StWa 1983, 10

ders., Die Betriebsaufspaltung in steuerlicher Sicht, NSt 1984 Nr. 1 – 2, Betriebsaufspaltung, Darstellung 1

ders., Betriebsaufspaltung, StBp 1997, 60

ders., Bargründung einer GmbH und anschließende Betriebsaufspaltung, StSem 1998, 228

ders., Bilanzierung bei zunächst fälschlich nicht erkannter Betriebsaufspaltung, StSem 1998, 253

ders., Bilanzierung bei zunächst nicht erkannter Betriebsaufspaltung, StBp 2002, 208 ders., Personelle Verflechtung bei der Betriebsaufspaltung und Einstimmigkeitsprinzip, StBP 2003, 42

ders., Echte und unechte Betriebsaufspaltung: Ausgewählte Problemfälle und Gestaltungsmerkmale, StuB 2007, 24

ders., Praxisrelevante Problemfälle und aktuelle Rechtsentwicklungen bei Betriebsaufspaltung, Stbg 2007, 269

ders., Beratungsaspekte und Gestaltungsmöglichkeiten bei einer Betriebsverpachtung im Ganzen, INF 2007, 110

Schotthöfer, Die Aufspaltung handwerklicher Betriebe, GewA 1983, 120

Schreiber, Konzernrechnungslegungspflichten bei Betriebsaufspaltung und GmbH & Co. KG, Diss. Kiel 1989

ders., Konzernrechnungslegungspflichten bei Betriebsaufspaltung und GmbH & Co. KG, Wiesbaden 1989

Schröder, Die steuerpflichtige und die steuerbegünstigte GmbH im Gemeinnützigkeitsrecht, DStR 2008, 1069

Schuhmann, Die Betriebsaufspaltung im Blickwinkel der steuerlichen Außenprüfung, StBp 1981, 265

ders., Gewinnrealisierung bei der Betriebsaufspaltung, StBp 1983, 14

ders., Zur Betriebsaufspaltung aus der Sicht des neueren Schrifttums, StBp 1993, 253

ders., Die umsatzsteuerliche Organschaft und die Betriebsaufspaltung, UVR 1997, 68

Schulze-Osterloh, Gläubiger- und Minderheitenschutz bei der steuerlichen Betriebsaufspaltung, ZGR 1983, 123

Schulze zur Wiesche, Die Betriebsaufspaltung in der BFH-Rechtsprechung der letzten beiden Jahre, GmbHR 1994, 98

ders., Die Betriebsaufspaltung unter Berücksichtigung des StSenkG und des UntStFG sowie der neueren Rechtsprechung, WPg 2003, 90

ders., Freiberufliche Mitunternehmerschaft und Betriebsaufspaltung, BB 2006, 75

ders., Betriebsaufspaltung: Umfang von Betriebsvermögen und Sonderbetriebsvermögen der Besitzgesellschaft, StB 2006, 55

ders., Beteiligungen als Sonderbetriebsvermögen II, DStZ 2007, 602

ders., Anteile an einer Betriebs-GmbH und an der Komplementär-GmbH als wesentliche Betriebsgrundlage des Sonderbetriebsvermögens, GmbHR 2008, 238

Schwarz, Abgabenordnung, Freiburg (Loseblatt)

Schwedhelm/Wollweber, Typische Beratungsfehler in Umwandlungsfällen und ihre Vermeidung, BB 2008, 2208

Schwendy, Anm. zum BFH-Urteil vom 27. 9. 1979 - IV R 89/76, DStZ 1980, 118

Seer, Gewerbesteuerliche Merkmalübertragung als Sondergesetzlichkeit bei der Betriebsaufspaltung, BB 2002, 1833

Seer/Söffing, G., Merkmalübertragung bei der Betriebsaufspaltung, DB 2003, 2457

Seiler, Nutzungsüberlassung, Betriebsaufspaltung und Unterkapitalisierung im Lichte von § 32a Abs. 3 GmbHG, Frankfurt/Main 1991

Seithel, Zweifelsfragen zur Betriebsaufspaltung, DStR 1971, 140

ders., Neue BFH-Rechtsprechung zur Betriebsaufspaltung, FR 1977, 166

ders., Neue Aspekte zur Betriebsaufspaltung durch das Mitbestimmungsgesetz, GmbHR 1979, 113

Söffing, G., Ausgeuferte Betriebsaufspaltung: Systematik, Modellfälle, Grundsatzbedenken in Einzelpunkten, KÖSDI 1984, 575

ders., Umstrukturierung von Betriebsaufspaltungen, DStR 1992, 633

ders., Sonderbetriebsvermögen bei der Betriebsaufspaltung und der Vererbung von Mitunternehmeranteilen, StbJb 1992/93, 151

ders., Betriebsaufspaltung: Beherrschung einer GbR durch deren alleinigen Geschäftsführer? – Zugleich eine Besprechung des BFH-Urteils vom 1. 7. 2003 - VIII R 24/01, BB 2004, 1303

ders., Aktuelles zur Betriebsaufspaltung, BB 2006, 1529

ders., Freiberuflich tätige Personengesellschaft – Betriebsaufspaltung, Abfärbevorschrift, Sonderbetriebsvermögen, DB 2006, 2479

Söffing, M., Grundsatzentscheidungen: Behandlung von Wirtschaftsüberlassungsverträgen (§ 13 EStG), FR 1993, 506

Sölch/Ringleb, Umsatzsteuer, München (Loseblatt)

Sowka, Betriebsverfassungsrechtliche Probleme der Betriebsaufspaltung, DB 1988, 1318

SP, Die Betriebsaufspaltung auf dem Weg der Besserung?, DStR 1993, 429

Späth, Verschwiegenheitspflicht eines Steuerberaters bei gleichzeitiger Betreuung von Betriebs- und Besitzgesellschaft, DStR 1991, 167

Spiegelberger, Die Betriebsaufspaltung in der notariellen Praxis, MittBayNot 1980, 97; 1981, 53 und 1982, 1

Stahl, Betriebsaufspaltung in der Betriebsprüfung, FR 1980, 83

ders., Beratungsfeld echte und unechte Betriebsaufspaltung, KÖSDI 2003, 13794

Stahl/Fuhrmann, Entwicklungen im Steuerrecht der Organschaft, NZG 2003, 250

Stamm/Lichtinghagen, Steuerneutrale Beendigung der Betriebsaufspaltung, StuB 2007, 205

dies., Der Nutzungsvorteil im Rahmen einer Betriebsaufspaltung, StuB 2007, 857

Stapelfeld, Die aktuelle BFH-Rechtsprechung der Büro- und Verwaltungsgebäude, DStR 2002, 161

Steinhauff, Bilanzierungskonkurrenz bei mitunternehmerischer Betriebsaufspaltung, NWB Fach 3, 9907

ders., Betriebsunterbrechung im engeren Sinne bei vormaligem Besitzunternehmen, NWB Fach 3, 14321

Strahl, Betriebsaufspaltung nach der Unternehmensteuerreform, StbJb 2001/2002, 137

ders., Betriebsaufspaltung: Verflechtung, Auswirkungen der Unternehmensteuerreform und Entstrickung, KÖSDI 2008, 16027

Strahl/Bauschatz, Betriebsaufspaltung im Steuer- und Zivilrecht, NWB Fach 3, 11921

Streck, KStG Kommentar, 7. Aufl., München 2008

Streck/Mack/Schwerthelm, Betriebsaufspaltungsprobleme bei Gemeinnützigkeit, AG 1998, 518

T

Theisen, Neue Aspekte zur Betriebsaufspaltung durch das Mitbestimmungsgesetz? Eine Replik zu R. Seithel in: GmbHR 1979, 113, GmbHR 1979, 186

Thiel/Rödder; Nutzung eines Mitunternehmererlasses und der Betriebsaufspaltungsgrundsätze für eine Umstrukturierung, FR 1998, 401

Thissen, Betriebsaufspaltung in der Landwirtschaft, StSem 1996, 123

Tiedtke/Gareiss, Die Betriebsaufspaltung im Spiegel der neueren Rechtsprechung, GmbHR 1991, 202

Tiedtke/Szczesny, Gesetzlicher Vertrauensschutz bei Beendigung einer Betriebsaufspaltung – BMF-Schreiben vom 7. 10. 2002 zur Bedeutung von Einstimmigkeitsabreden bei Besitzunternehmen, DStR 2003, 757

Tiedke/Wälzholz, Zum Teilbetriebsbegriff bei Betriebsaufspaltung und -verpachtung, BB 1999, 765

Tillmann, Vorweggenommene Erbfolge bei Betriebsaufspaltung, GmbHR 1973, 260

ders., Betriebsaufspaltung und Beteiligung von Mitarbeitern – Zivilrechtliche Überlegungen, GmbHR 1992, 30, 98

ders., Betriebsaufspaltung, StKongrRep 1980, 265

Tipke/Kruse, Abgabenordnung Finanzgerichtsordnung, Köln (Loseblatt)

Tipke/Lang, Steuerrecht, 20. Aufl., Köln 2010

Troll, Grundsteuergesetz, 7. Aufl., München 1997

Trossen, Sachliche Verflechtung bei Betriebsaufspaltung, GmbH-StB 2002, 221

U

Uelner, Betriebseinbringung in eine Kapitalgesellschaft bei Betriebsaufspaltung oder Betriebsverpachtung, DB 1970, 2048

Uffelmann/Fröhlich, Betriebsaufspaltung, in: Aktuelle Fachbeiträge aus Wirtschaftprüfung und Beratung, Stuttgart 1991

V

Vernekohl, Mitunternehmerische Betriebsaufspaltung: Vernichtung von Sonderbetriebsvermögen, ErbBstg 2007, 137

W

Wacker, Handbuch der Steuervorteile: A. 6 Möglichkeiten und Grenzen der Betriebsaufspaltung (Doppelgesellschaft), 1985

Wälzholz, Aktuelle Probleme der Betriebsaufspaltung, GmbH-StB 2008, 304

Wagner, Geschäftsveräußerung auch bei langfristiger Verpachtung von Betriebsgrundstücken, INF 2003, 12

Walther, Besitzfirma – Betriebsfirma. Die Aufspaltung des Unternehmens in Besitz und Betrieb, 22. Aufl., Wiesbaden 1976

Weber, Die Bruchteilsgemeinschaft als Besitzunternehmen im Rahmen einer mitunternehmerischen Betriebsaufspaltung, FR 2006, 572

Weber-Grellet, Hinrichtung der Betriebsaufspaltung?, DStR 1984, 618

Wehrheim, Die Betriebsaufspaltung in der Finanzrechtsprechung, Wiesbaden 1989

ders., Die Betriebsaufspaltung im Spannungsfeld zwischen wirtschaftlicher Einheit und richterlicher Selbständigkeit, BB 2001, 913

Wehrheim/Rupp, Die Neuerungen bei der Gewerbesteuer im Zuge der Unternehmensteuerreform 2008 und deren Konsequenzen für die Betriebsaufspaltung, BB 2008, 920

Weilbach, Zivilrechtlicher Sündenfall bei der Betriebsaufspaltung: Kann Nutzungsüberlassung dem Eigentum gleichgestellt werden?, GmbHR 1991, 56

Wendt, Die Betriebsaufspaltung im Steuerrecht nach neuestem Stand, GmbHR 1973, 33

ders., Die Betriebsaufspaltung nach dem Beschluss des Großen Senats vom 8. 11. 1971, GmbHR 1975, 18

ders., Betriebsaufspaltung, StKongrRep 1978, 219

ders., Aktuelle Fragen zur Betriebsaufspaltung, GmbHR 1983, 20

ders., Einkünfteermittlung: Keine Zwangsbetriebsaufgabe bei erneuter Verpachtung eines ganzen Betriebs nach Beendigung einer unechten Betriebsaufgabe, FR 2002, 825

ders., Abgrenzung zwischen (Sonder-)Betriebsvermögen der Besitzpersonengesellschaft und des überlassenden Gesellschafters bei der Betriebspersonengesellschaft bei einer mitunternehmerischen Betriebsaufspaltung, FR 2006, 25

ders., Betriebsunterbrechung beim vormaligen Besitzunternehmen, FR 2006, 828

Weßling, Nutzbarmachung der erweiterten Kürzung des Gewerbeertrags gem. § 9 Nr. 1 Satz 2 GewStG für gewerbliche Unternehmen mit eigenem Grundbesitz, DStR 1993, 266

Wien, Betriebsaufspaltung quo vadis? Chancen, Gestaltung und Tendenzen, DStZ 2001, 196

Winnefeld, Bilanz-Handbuch, 4. Aufl., München 2006

Woerner, Die Betriebsaufspaltung auf dem Prüfstand – eine kritische Bestandsaufnahme aus aktueller Sicht, BB 1985, 1609

Wesselbaum-Neugebauer, Die GmbH & Co. KG versus Betriebsaufspaltung – Vermeidung einer gewerbesteuerlichen Doppelbesteuerung, GmbHR 2007, 1300

Wien, Steuerbefreiung und Steuerermäßigung gemeinnütziger Körperschaften und die neuen Buchführungspflichten für Pflegeeinrichtungen, FR 1997, 366

Wilde/Moritz, Beendigung der grundstücksbezogenen Betriebsaufspaltung beim Unternehmenskauf, GmbHR 2008, 1210

Wolf/Hinke, Handbuch der Betriebsaufspaltung, Köln 1980/92

Z

Zartmann, Überblick über die steuerliche Situation bei der Betriebsaufspaltung und ihre Vor- und Nachteile aus heutiger Sicht, RWP-Blattei 14 St-R D Betriebsaufspaltung I Überblick

Zehnpfennig in: Beck'sches Handbuch der Personengesellschaften, 2. Aufl., München 2002, § 22 „Betriebsaufspaltung"

Zöllner, Die Schranken mitgliedschaftlicher Stimmrechtsmacht bei den privatrechtlichen Personenverbänden, München 1963

ohne Verfasser, Aktuelle Fragen aus der Praxis der Betriebsprüfung – Betriebsaufspaltung, StBp 1971, 175

ohne Verfasser, Zur Abgrenzung von Betriebsveräußerung, Betriebsaufgabe und Betriebsaufspaltung, StBp 1978, 132

ohne Verfasser, Betriebsaufspaltung bei einer Handelsvertretung, GmbHR 1995, 891

ohne Verfasser, Verlustabzug: Betriebsausgabenabzug bei Überlassung wesentlicher Betriebsgrundlagen für Gegenleistung unterhalb der eigenen Aufwendungen des Besitzunternehmens, GmbHR 2002, 846

ohne Verfasser, Zinsschranke, § 4h EStG, JbFfSt 2008/2009, 382

A. Problemstellung und Entwicklung des Instituts der Betriebsaufspaltung

I. Einleitung

Nach dem allgemeinen Sprachgebrauch liegt eine Betriebsaufspaltung stets dann vor, wenn ein Unternehmen in zwei oder mehrere selbständige Unternehmen aufgespalten wird; sei es, dass bestimmte betriebliche Funktionen (z. B. Produktion) in dem einen Betrieb und andere betriebliche Funktionen (z. B. Vertrieb) in einem anderen Betrieb durchgeführt werden, sei es, dass alle betrieblichen Funktionen in einem Betrieb zusammengefasst sind (Betriebsunternehmen), während das andere Unternehmen (Besitzunternehmen) lediglich das Anlagevermögen oder Teile davon hält, mit dem das Betriebsunternehmen arbeitet.   1

Die Aufspaltung eines einheitlichen Unternehmens in zwei selbständige Unternehmen kann in verschiedener Weise erfolgen. Es können z. B. zwei Teilbetriebe verselbständigt werden. Es kann aber auch die Produktion oder der Vertrieb oder ein anderer Betriebsteil ausgegliedert und in einem anderen, meist neu gegründeten Unternehmen verselbständigt werden.   2

Steuerrechtlich interessiert vor allem die Art der Betriebsaufspaltung, bei der aus einem Einzelunternehmen oder einer Personengesellschaft die betriebliche Tätigkeit ausgegliedert und meist zusammen mit dem Umlaufvermögen auf eine neugegründete – manchmal auch schon bestehende – Kapitalgesellschaft oder Personengesellschaft übertragen wird. Das bisherige einheitliche Unternehmen behält lediglich das Anlagevermögen oder Teile davon zurück (Besitzunternehmen) und vermietet oder verpachtet diese Wirtschaftsgüter an die Kapitalgesellschaft oder Personengesellschaft (Betriebsunternehmen).   3

BEISPIEL: ▶ A betreibt eine Maschinenfabrik in der Rechtsform eines Einzelunternehmens. Dieses Unternehmen spaltet er wie folgt auf: Er gründet eine GmbH und überträgt auf diese den Betrieb der Maschinenfabrik einschließlich des Umlauf- und Anlagevermögens, jedoch ohne das Fabrikgrundstück, auf dem die Maschinenfabrik betrieben wird. Dieses Grundstück behält er in seinem Eigentum und vermietet es an die GmbH.   4

Fragestellung:

Erzielt A durch die Vermietung des Grundstücks an die „abgespaltene" GmbH Einkünfte aus Vermietung und Verpachtung oder Einkünfte aus Gewerbebetrieb?

II. Das Grundproblem der Betriebsaufspaltung

5   Damit ist bereits das Grundproblem der Betriebsaufspaltung aufgezeigt. Es besteht in der Frage, ob der Rest des bisherigen Unternehmens, in dem jetzt nur noch eine Vermietungstätigkeit ausgeübt wird, nach der Abspaltung der GmbH weiterhin als sog. **Besitzunternehmen** ein Gewerbebetrieb bleibt oder ob A durch diese Vermietertätigkeit nur noch Einkünfte aus Vermietung und Verpachtung erzielt.

6   Bleibt der Rest des bisherigen gewerblichen Unternehmens ein Gewerbebetrieb, dann muss A im Zeitpunkt der Begründung der Betriebsaufspaltung die stillen Reserven des zurückbehaltenen Fabrikgrundstücks nicht versteuern. Die **Einkünfte** des Besitzunternehmens sind weiterhin solche **aus Gewerbebetrieb** und unterliegen der Gewerbesteuer. Nach dem Entstehen der Betriebsaufspaltung bei den verpachteten Wirtschaftsgütern entstehende stille Reserven müssten ebenso wie die vor der Betriebsaufspaltung entstandenen und noch vorhandenen stillen Reserven bei einer späteren Realisierung vom Besitzunternehmen versteuert werden.

7   Sind hingegen die **Einkünfte** des A aus der Vermietung des Fabrikgrundstücks solche **aus Vermietung und Verpachtung**, dann braucht A zwar keine Gewerbesteuer mehr zu bezahlen, muss aber im Zeitpunkt der Abspaltung der GmbH die stillen Reserven des Fabrikgrundstücks versteuern, weil der „Restbetrieb" kein Gewerbebetrieb mehr ist und mithin das Grundstück im Rahmen der Betriebsübertragung auf die GmbH entnommen worden ist. Die nach dem Entstehen der Betriebsaufspaltung bei den verpachteten Wirtschaftsgütern entstehenden stillen Reserven würden bei ihrer späteren Realisierung nicht der Einkommensteuer unterliegen, soweit sich nicht aus der – u. E. bedenklichen – Regelung des § 23 Abs. 1 Nr. 1 EStG etwas anderes ergibt.

8   Nach der Rechtsprechung des BFH verliert in dem vorstehenden Beispiel unter bestimmten Voraussetzungen das bisherige Einzelunternehmen des A durch die Abspaltung der GmbH **nicht** seine Eigenschaft als Gewerbebetrieb. Nach dieser Rechtsprechung, durch die das Institut der Betriebsaufspaltung entwickelt worden ist und die man deshalb als **Betriebsaufspaltungs-Rechtsprechung** bezeichnet, behält vielmehr das bisherige Einzelunternehmen als gewerbliches Besitzunternehmen neben der abgespaltenen GmbH, die als **Betriebsunternehmen** bezeichnet wird, seine Eigenschaft als Gewerbebetrieb.

9   Damit bestehen die Rechtsfolgen der Betriebsaufspaltung in erster Linie also darin, dass eine ihrer Art nach vermietende oder verpachtende Tätigkeit in eine gewerbliche Tätigkeit **umqualifiziert** wird. Der Art seiner Tätigkeit nach ist das

Besitzunternehmen nur vermietend oder verpachtend, also nur vermögensverwaltend tätig. Durch das von der Rechtsprechung entwickelte Institut der Betriebsaufspaltung wird diese Tätigkeit aber – wenn die erforderlichen Voraussetzungen vorliegen – in eine gewerbliche Tätigkeit umqualifiziert.

III. Entwicklung des Instituts der Betriebsaufspaltung

Literatur: *Barth*, Ein bemerkenswertes Jubiläum – fünfzig Jahre Sonderbehandlung der Betriebsaufspaltung ohne gesetzliche Grundlage, BB 1985, 1861; *Carlé*, Die Betriebsaufspaltung – ein „Rechtsinstitut" – Kontinuität der Rechtsprechung?, in: Festschrift für Spiegelberger 2009, 55; *Mössner*, Wie lange lebt die Betriebsaufspaltung noch?, Stbg 1997, 1; *Salzmann*, Die Betriebsaufspaltung ohne Rechtsgrundlage, in: Festschrift für Spiegelberger 2009, 401; *Woerner*, Die Betriebsaufspaltung auf dem Prüfstand, BB 1985, 1609.

In der Rechtsprechung des RFH begegnete man der Betriebsaufspaltung zum ersten Mal im Jahre 1924. Der Leitsatz des RFH-Urteils vom 12. 12. 1924[1] lautet:

„Der Übergang von der KG zur GmbH unter Verpachtung des Unternehmens an die letztere zur Ersparnis der ESt."

In dieser älteren Rechtsprechung ist das Besitzunternehmen nicht als Gewerbebetrieb angesehen worden. Der oder die Inhaber des „Besitzunternehmens" hatten also Einkünfte aus Vermietung und Verpachtung. Das Besitzunternehmen war kein Gewerbebetrieb.

Das änderte sich nach 1933. Den Anstoß zu dieser Änderung gab ein Vortrag, den der damalige Staatssekretär im Reichsfinanzministerium Reinhardt am 23. 10. 1936 gehalten hatte und der unter der Überschrift „Beurteilung von Tatbeständen nach nationalsozialistischer Weltanschauung" im RStBl 1936, 1041 (1051) veröffentlicht worden ist.[2]

Reinhardt hat dort ausgeführt, dass bei der Betriebsaufspaltung durch die Abzüge der Pachtzinsen und der Gehälter für den geschäftsführenden Gesellschafter bei der Betriebs-GmbH die Gewerbesteuer geschmälert werde und dass dies künftig nicht mehr geduldet werden könne, weil eine solche Schmälerung dem Grundsatz der Gleichmäßigkeit der Besteuerung widerspreche.

Aufgrund dieser Meinungsäußerung hat sich die Rechtsprechung des RFH geändert. Zum ersten Mal kommt der Gedanke, dass das Besitzunternehmen ein gewerbliches Unternehmen sein könne, in dem RFH-Urteil vom 26. 10. 1938[3] zum Ausdruck:

10

11

12

---

1 RFH, Urteil v. 12.12.1924 - VI eA 188/24, RFHE 16, 15.
2 Vgl. hierzu u. a. auch *Barth*, BB 1985, 1861, und *Mössner*, Stbg 1997, 1, 2.
3 RFH, Urteil v. 26.10.1938 - VI 501/38, RStBl 1939, 282.

„Im vorliegenden Fall scheint der Beschwerdeführer in engem wirtschaftlichen Zusammenhang mit der GmbH und ihren Teilhabern zu stehen. Wenn dies der Fall ist und die OHG sowie die GmbH von einer Mehrheit derselben Teilhaber beherrscht wird, so dürfte unter Umständen ein einheitlicher Gewerbebetrieb in Frage kommen, zu dem einerseits das von der OHG verwaltete Fabrikgrundstück, ferner auch die GmbH-Anteile, soweit sie im Besitz der Gesellschafter der OHG sind, gehören würden."

13 Und in dem Urteil vom 1. 7. 1942[1] hat der RFH dann kurz und bündig entschieden:

„Ein Fabrikgrundstück, in dem der Eigentümer einen Gewerbebetrieb unterhalten hatte und das er zur Fortsetzung des Betriebs an eine von ihm gegründete und beherrschte AG verpachtete, stellt einen gewerblichen Betrieb des Eigentümers dar."

14 Damit war die Betriebsaufspaltungs-Rechtsprechung geboren, die allerdings zunächst nur die Fälle umfasste, die wir heute unter der Bezeichnung „**echte Betriebsaufspaltung**" verstehen. Wegen des Begriffs der echten Betriebsaufspaltung s. unten unter Rn. 45 ff.

15 Der BFH hat diese Rechtsprechung übernommen und zunächst extensiv fortentwickelt,[2] wobei heute der enge wirtschaftliche Zusammenhang darin gesehen wird, dass aufgrund besonderer sachlicher und personeller Gegebenheiten eine enge wirtschaftliche Verflechtung zwischen Besitzunternehmen und Betriebsunternehmen besteht.[3]

16 In den 80er Jahren ließ sich eine restriktive Entwicklung in der Rechtsprechung des BFH hinsichtlich des Instituts der Betriebsaufspaltung feststellen. Insbesondere wurde versucht, das Merkmal der sachlichen Verflechtung nicht ausufern zu lassen. Danach war jedoch wieder ein gegenläufiger Trend in der Rechtsprechung des BFH zu beobachten, der bis heute anhält.

17 Die Rechtsgrundsätze, die der BFH zur Betriebsaufspaltung aufgestellt hat, sind nach dem Beschluss des BVerfG vom 14. 1. 1969[4] verfassungsrechtlich nicht zu beanstanden. Dabei ist jedoch wesentlich, dass das BVerfG ausdrücklich darauf hingewiesen hat, es könne nicht nachprüfen, ob die Auffassung des BFH über die Gewerbesteuerpflicht des Besitzunternehmens richtig ist, weil sich die verfassungsrechtliche Prüfung darauf beschränken müsse, ob die Entscheidung auf

---

1 RFH, Urteil v. 1.7.1942 - VI 96/42, RStBl 1942, 1081.
2 Vgl. insbesondere den Beschluss des GrS des BFH v. 8.11.1971 - GrS 2/71, BFHE 103, 460, BStBl II 1972, 63, und die Darstellung dieses Beschlusses hinsichtlich Vorgeschichte, Anrufungsfragen und Ausdeutung des Inhalts von *Woerner*, BB 1985, 1609, 1611 f.
3 BFH, Urteil v. 16.6.1982 - I R 118/80, BFHE 136, 287, BStBl II 1982, 662.
4 BVerfG, Beschluss v. 14.1.1969 - 1 BvR 136/62, BStBl II 1969, 389.

einer grundsätzlich unrichtigen Anschauung der Bedeutung der Grundrechte beruhe. Die Subsumtion unter die einfachgesetzlichen Vorschriften bleibt daher Sache der Fachgerichte. In dem Beschluss vom 12. 3. 1985[1] ebenso wie in späteren Entscheidungen[2] hat das BVerfG seine Auffassung, dass die Betriebsaufspaltungs-Rechtsprechung zulässiges Richterrecht ist, bestätigt.

(Einstweilen frei) 18–20

---

1 BVerfG, Beschluss v. 12.3.1985 - 1 BvR 571/81, BStBl II 1985, 475.
2 BVerfG, Beschluss v. 13.1.1995 - 1 BvR 1946/94, HFR 1995, 223; Beschluss v. 25.3.2004 - 2 BvR 944/00, HFR 2004, 691; vgl. auch FG München, Urteil v. 20.3.2007 - 6 K 2112/05 (unter 1. b).

B. Wesen, Rechtfertigung und Verfassungsmäßigkeit der Betriebsaufspaltung

I. Wesen der Betriebsaufspaltung

Literatur: Wehrheim, Die Betriebsaufspaltung im Spannungsfeld zwischen wirtschaftlicher Einheit und richterlicher Selbständigkeit, BB 2001, 913.

21 Nach der Rechtsprechung besteht das Wesen der Betriebsaufspaltung darin, dass eine nach ihrem äußeren Erscheinungsbild nur **vermögensverwaltende** und damit an sich nicht gewerbliche **Tätigkeit**, nämlich das Vermieten und Verpachten von Wirtschaftsgütern, in **eine gewerbliche Tätigkeit umqualifiziert** wird, wenn der Mieter (Pächter) ein Unternehmen betreibt (**Betriebsunternehmen**) und zwischen diesem und dem Vermieter (Verpächter) eine **enge wirtschaftliche Verflechtung** besteht. In einem solchen Fall bezeichnet man die Vermietungs- oder Verpachtungstätigkeit als **Besitzunternehmen**.

22 Besitzunternehmen und Betriebsunternehmen bilden nicht – wie früher z. T. angenommen wurde – ein einheitliches Unternehmen. Sie sind zwei selbständige Unternehmen.[1]

II. Rechtfertigung der Betriebsaufspaltung

1. Die Reinhardtsche These

23 *Reinhardt*[2] hat die Betriebsaufspaltung unter Hinweis auf die Gleichmäßigkeit der Besteuerung – allein mit der in § 1 StAnpG vorgeschriebenen nationalsozialistischen Betrachtungsweise gerechtfertigt, die jedes beliebige Hinweggehen über das Gesetz ermöglichte.[3]

2. Rechtfertigung durch den Reichsfinanzhof

24 Der RFH ist zwar im Ergebnis der Ansicht von *Reinhardt* gefolgt, hat sich seiner Begründung jedoch nicht angeschlossen.

Der RFH geht anfänglich vielmehr wegen der Beteiligung derselben Personen an mehreren Unternehmen von deren Wirtschaftlichkeit aus, so dass das ursprüngliche Unternehmen nur in anderer Form fortgeführt werde.[4]

---

1 BFH, Beschluss v. 8.11.1971 - GrS 2/71, BFHE 103, 440, BStBl II 1972, 63; BFH, Urteil v. 14.1.1998 - X R 57/93, BB 1998, 1245.
2 Siehe oben unter Rn. 11 f.
3 Siehe ausführlich *Mössner*, Stbg 1997, 1, 3 (linke Spalte).
4 Vgl. auch *Mössner*, Stbg 1997, 1, 3 (rechte Spalte).

Gegen die Tatsache, dass die Vermietung und Verpachtung von Grundstücken eine vermögensverwaltende Tätigkeit sei – so der RFH[1] –, könne sprechen, wenn ein ursprünglich bestehender Gewerbebetrieb „auf eine GmbH abgezweigt" werde. In einem solchen Fall werde die Verpachtung gewerblich, wenn sie in „engem wirtschaftlichen Zusammenhang" bzw. in einer „engen wirtschaftlichen Verflechtung" mit der Betriebsgesellschaft stehe. Dies sei der Fall, wenn dieselben Personen beide Gesellschaften beherrschten. Es liege dann ein „einheitlicher Gewerbebetrieb" vor.

25

Abweichend hiervon hat der RFH in seinem Urteil vom 1. 7. 1942[2] zur Rechtfertigung des Richterrechts „Betriebsaufspaltung" auch die folgenden Überlegungen angestellt: Es sei anzunehmen, dass nach der Betriebsaufspaltung das an das Betriebsunternehmen verpachtete Grundstück noch einen Rest des Betriebsvermögens des vor der Aufspaltung bestehenden einheitlichen Betriebs darstelle. Der Inhaber des Besitzunternehmens beteilige sich hinsichtlich der Verpachtung des Betriebsgrundstücks über den Betrieb des Betriebsunternehmens am wirtschaftlichen Verkehr.

26

3. Rechtfertigung durch den Obersten Finanzhof

Nach 1945 hat sich der OFH in seinem Urteil vom 7. 5. 1947[3] zur Rechtfertigung der Betriebsaufspaltung allein auf die wirtschaftliche Betrachtungsweise berufen. Der OFH hat also lediglich die „nationalsozialistische Betrachtungsweise" durch die „wirtschaftliche Betrachtungsweise" ersetzt.

27

4. Rechtfertigung durch den Bundesfinanzhof

Der BFH[4] hat die Betriebsaufspaltung zunächst mit der Vorstellung von einem einheitlichen Unternehmen gerechtfertigt, das formal in zwei Unternehmen aufgeteilt vom früheren Unternehmer wirtschaftlich fortgesetzt werde.[5] In dem Urteil des BFH vom 8. 11. 1960[6] findet man auch die Vorstellung, es handele sich bei der Betriebsaufspaltung um einen wirtschaftlichen Organismus mit drei Beteiligten.

28

---

1   RFH, Urteile v. 27.4.1938 - VI 136/38, StuW 1938 Nr. 370; v. 30.11.1939 - III 37/38, RStBl 1940, 361; v. 1.7.1942 - VI 96/42, RStBl 1942, 1081.
2   RFH, Urteil v. 1.7.1942 - VI 96/42, RStBl 1942, 1081.
3   OFH, Urteil v. 7.5.1947 - III 4/45 S, StuW 1947 Nr. 24.
4   Das erste Urteil des BFH zur Betriebsaufspaltung datiert v. 22. 1. 1954 - III 232/52 U, BFHE 58, 473, BStBl III 1954, 91.
5   Vgl. auch BFH, Urteile v. 9.12.1954 - IV 346/53 U, BFHE 60, 226, BStBl III 1955, 88; v. 10.4.1956 - I 314/55, HFR 1961, 128; v. 10.5.1960 - I 215/59, HFR 1961, 129; v. 8.11.1960 - I 131/59 S, BFHE 71, 706, BStBl III 1960, 513; v. 24.1.1968 - I 76/64, BFHE 91, 368, BStBl II 1968, 354.
6   BFH, Urteil v. 8.11.1960 - I 131/59 S, BFHE 71, 706, BStBl III 1960, 513.

29 Der GrS des BFH hat in seinem sehr kurzen Beschluss vom 8. 11. 1971[1] die These von einem einheitlichen wirtschaftlichen Unternehmen aufgegeben und an dessen Stelle den von ihm erfundenen einheitlichen geschäftlichen Betätigungswillen gesetzt.[2]

30 Seitdem wird in der Rechtsprechung des BFH – zumindest in der des I. Senats[3] – die Betriebsaufspaltung überwiegend damit gerechtfertigt, dass das Besitzunternehmen deshalb ein Gewerbebetrieb ist, weil der einheitliche geschäftliche Betätigungswille der hinter beiden Unternehmen stehenden Person oder Personengruppe („über das Betriebsunternehmen"[4]) auf die Ausübung eines Gewerbebetriebs gerichtet sei (**personelle Verflechtung**) und dieser Wille in dem Besitzunternehmen durch die Verpachtung einer wesentlichen Betriebsgrundlage an das Betriebsunternehmen (**sachliche Verflechtung**) verwirklicht werde. Kurz und bündig heißt es in dem BFH-Urteil vom 18. 6. 1980:[5] „Der gewerbliche Charakter der Betriebsgesellschaft bestimmt die Qualifikation der Verpachtungstätigkeit." Wegen der Bedenken gegen diese Rechtfertigung der Betriebsaufspaltung s. unten unter Rn. 984 ff.

31 Wegen der Unvereinbarkeit der vorstehend dargestellten Rechtfertigungen der Betriebsaufspaltung mit dem GmbH & Co. KG-Beschluss des GrS vom 25. 6. 1984[6] – siehe hierzu eingehend unten unter Rn. 964 ff. – hat der VIII. Senat in seinem Urteil vom 12. 11. 1985[7] die Rechtfertigung der Betriebsaufspaltungs-Rechtsprechung von der Einkunftsart des Betriebsunternehmens völlig gelöst und ausgesprochen, dass die Behandlung des Besitzunternehmens als Gewerbebetrieb sich allein aus dem von der Tätigkeit des Betriebsunternehmens völlig abstrahierten Merkmal des engen wirtschaftlichen Zusammenhangs ergebe. Es genüge, dass das Besitzunternehmen die Tätigkeit des Vermietens oder Verpachtens entfalte. Die besonderen Umstände zwischen Besitzunternehmen und Betriebsunternehmen seien nicht Teil dieser Tätigkeit, sondern würden ihr nur die Eigenschaft eines Gewerbebetriebs verleihen. Auch diese Rechtfertigung begegnet Bedenken.[8]

---

1 BFH, Beschluss v. 8.11.1971 - GrS 2/71, BFHE 103, 440, BStBl II 1972, 63.
2 Vgl. auch *Mössner*, Stbg 1997, 1, 4 (linke Spalte); siehe ferner unten Rn. 305 ff.
3 BFH, Urteile v. 12.3.1970 - I R 108/66, BFHE 98, 441, BStBl II 1970, 439; v. 18.6.1980 - I R 77/77, BFHE 131, 388, BStBl II 1981, 39, 40; v. 16.6.1982 - I R 118/80, BFHE 136, 287, BStBl II 1982, 662, 663; v. 10.11.1982 - I R 178/77, BFHE 137, 67, BStBl II 1983, 136, 137.
4 So der IV. Senat des BFH in seinen Urteilen v. 10.4.1997 - IV R 73/94, BFHE 183, 127, BStBl II 1997, 569; v. 13.11.1997 - IV R 67/96, BFHE 184, 512, BStBl II 1998, 254.
5 BFH, Urteil v. 18.6.1980 - I R 77/77, BFHE 131, 388, BStBl II 1981, 39.
6 BFH, Beschluss v. 24.6.1984 - GrS 4/82, BFHE 141, 405, BStBl II 1984, 751.
7 BFH, Urteil v. 12.11.1985 - VIII R 240/81, BFHE 145, 401, BStBl II 1986, 296.
8 Vgl. unten Rn. 989 f.

Nicht überzeugend ist auch der Versuch des GrS des BFH in seinem Beschluss vom 8. 11. 1971,[1] eine Rechtfertigung für das Institut der Betriebsaufspaltung durch einen Hinweis auf § 21 Abs. 3 EStG zu finden. Der GrS meint, aus § 21 Abs. 3 EStG ergebe sich, dass es dem Willen des Gesetzgebers entspreche, wenn die Vermietung von Grundbesitz – bei Vorliegen besonderer Umstände – als gewerbliche Tätigkeit angesehen werde. § 21 Abs. 3 EStG bestimmt jedoch nur, dass Vermietungseinkünfte dann einer anderen Einkunftsart zuzurechnen sind, wenn sie zu dieser gehören. Damit wird lediglich die subsidiäre Bedeutung des Anwendungsbereichs des § 21 EStG gegenüber anderen Einkunftsarten geregelt. Mit der Abgrenzung einer gewerblichen Tätigkeit gegenüber einer reinen vermögensverwaltenden Tätigkeit hat dies nichts zu tun.

32

In manchen BFH-Urteilen[2] wird zur Rechtfertigung der Betriebsaufspaltung ein in wertender Betrachtungsweise verstandener Begriff des Gewerbebetriebs angeführt.[3]

33

Schließlich könnte man als Rechtfertigung für die Betriebsaufspaltung auch noch an eine Ableitung der gewerblichen Tätigkeit des Besitzunternehmens aus der gewerblichen Tätigkeit des einheitlichen Gesamtunternehmens denken, das vor der Betriebsaufspaltung bestanden hat. Wenn das Besitzunternehmen als Restunternehmen des bisherigen Einheitsunternehmens fortbesteht, dann besteht auch die Gewerblichkeit des bisherigen Einheitsunternehmens in dem Restbetrieb fort (**Restbetriebsgedanke**).

34

Diese Rechtfertigung für die Betriebsaufspaltung ist in dem BFH-Urteil vom 18. 6. 1980[4] jedoch abgelehnt worden, weil sie versagt, wenn das vor der Betriebsaufspaltung bestehende Gesamtunternehmen kein Gewerbebetrieb war oder wenn ein Fall der unechten Betriebsaufspaltung vorliegt.

35

(Einstweilen frei)

36–38

III. Verfassungsmäßigkeit

Literatur: *Barth*, Das Bundesverfassungsgericht und die Frage der sog. Betriebsaufspaltung, FR 1963, 151; *Döllerer*, Aus der neueren Rechtsprechung des Bundesfinanzhofs zur Betriebsaufspaltung, GmbHR 1986, 165; *Drüen*, Über konsistente Rechtsfortbildung – Rechtsmethodische und verfassungsrechtliche Vorgaben am Beispiel des richterlichen Instituts der Betriebsaufspaltung, GmbHR 2005, 69; *Kirmse*, Das Bundesverfassungsgericht billigt die Rechtsgrundsätze des Bundesfinanzhofes zur Behandlung der Betriebsaufspaltung im Gewerbesteuerrecht – Beschluss des Ersten Senats 1 BvR 136/62 vom 14. 1. 1969, RWP-Blattei St-R D Betriebsaufspaltung II B 2 Einzelfragen; *Labus*, Anm. zum BVerfG-Be-

---

1 BFH, Beschluss v. 8.11.1971 - GrS 2/71, BFHE 103, 440, BStBl II 1972, 63, 64 (rechte Spalte).
2 Z. B. BFH, Urteil v. 17.7.1991 - I R 98/88, BFHE 165, 369, BStBl II 1992, 246.
3 Vgl. unten Rn. 995.
4 BFH, Urteil v. 18.6.1980 - I R 77/77, BFHE 131, 388, BStBl II 1981, 39.

schluss vom 14. 1. 1969, 1 BvR 136/62, BB 1969, 351; *Seer*, Gewerbesteuerliche Merkmal-übertragung als Sachgesetzlichkeit der Betriebsaufspaltung, BB 2002, 1833.

39   Das BVerfG hat die Betriebsaufspaltungs-Rechtsprechung stets als zulässiges Richterrecht angesehen.[1] Insbesondere wurde die fehlende gesetzliche Grundlage seitens der Rechtsprechung nie beanstandet.[2] Zu beachten ist jedoch, dass das Institut der Betriebsaufspaltung im Einzelfall verfassungskonform anzuwenden ist, die Anwendung im Einzelfall also insbesondere den Geboten aus Art. 3 Abs. 1 und Art. 6 GG genügen muss.[3]

40   Im Hinblick auf diese Grundrechte ist nicht zu beanstanden, dass eine **Gütergemeinschaft** Besitzunternehmen im Rahmen einer Betriebsaufspaltung sein kann, da es den Ehegatten freisteht, die Anteile an der Betriebskapitalgesellschaft durch Ehevertrag nach § 1418 Abs. 2 Nr. 1 BGB zum Vorbehaltsgut zu erklären und so die Folgen einer Betriebsaufspaltung zu vermeiden.[4]

41–43 *(Einstweilen frei)*

---

1 Vgl. oben Rn. 17.
2 Vgl. BFH, Beschluss v. 18.7.2006 - X B 206/05, BFH/NV 2006, 1877.
3 Siehe unten Rn. 491 ff.; vgl. ferner die kritischen Stellungnahmen zur Rechtsprechung des BVerfG von *Döllerer*, GmbHR 1986, 165, und *Seer*, BB 2002, 1833; siehe schließlich *Drüen*, GmbHR 2005, 69 ff.
4 BVerfG, Beschluss v. 14.2.2008 - 1 BvR 19/07 (unter IV.), HFR 2008, 754.

C. Formen der Betriebsaufspaltung

I. Allgemeines

Literatur: *Engelhardt*, Betriebsspaltung in Besitzpersonenunternehmen und Betriebskapitalgesellschaft, StWa 1960, 211; *Fichtelmann*, Ausgewählte Fragen zur Betriebsaufspaltung, GmbHR 2006, 345.

Nach der Art und Weise, wie eine Betriebsaufspaltung entsteht, wird zwischen **echter** und **unechter Betriebsaufspaltung** unterschieden. Nach der Rechtsform des Betriebsunternehmens unterscheidet man zwischen der **kapitalistischen** und der **mitunternehmerischen Betriebsaufspaltung**. Allerdings wird z. T. der Terminus „kapitalistische Betriebsaufspaltung" auch für die Fälle verwendet, in denen das Besitzunternehmen eine Kapitalgesellschaft ist. Andere hingegen bezeichnen die Fälle, in denen das Besitzunternehmen eine Kapitalgesellschaft und das Betriebsunternehmen eine Personengesellschaft ist, auch als **umgekehrte Betriebsaufspaltung**. Eine weitere Unterscheidung ist die zwischen **mittelbarer** und **unmittelbarer Betriebsaufspaltung**. Schließlich kann bei grenzüberschreitenden Sachverhalten die **Betriebsaufspaltung über die Grenze** relevant werden.

44

II. Echte Betriebsaufspaltung

Literatur: *Schoor*, Echte und unechte Betriebsaufspaltung: Ausgewählte Problemfälle und Gestaltungsmerkmale, StuB 2007, 24; *Stahl*, Beratungsfeld echte und unechte Betriebsaufspaltung, KÖSDI 2003, 13794.

Eine echte Betriebsaufspaltung liegt vor, wenn ein bisher einheitliches Unternehmen (meist Einzelunternehmen oder Personengesellschaft) in der Weise aufgespalten wird, dass neben dem bisherigen Unternehmen ein neues Unternehmen – meist eine Kapitalgesellschaft – gegründet wird, das den Betrieb des bisherigen einheitlichen Unternehmens fortführt,[1] während das bisherige Unternehmen sein Anlagevermögen ganz oder teilweise zurückbehält und an das neue **Betriebsunternehmen** vermietet oder verpachtet. Das bisherige einheitliche Unternehmen wird dadurch als Restbetrieb zum **Besitzunternehmen**. Bei dem zurückgehaltenen Anlagegegenstand (Anlagegenständen) muss es sich mindestens um **eine wesentliche Betriebsgrundlage** handeln, da andernfalls eine Betriebsveräußerung oder Betriebsaufgabe vorliegt.[2]

45

---

1   BFH, Urteil v. 20.9.1973 - IV R 41/69, BFHE 110, 368, BStBl II 1973, 869; vgl. auch BFH, Beschluss v. 23.1.2008 - I B 136/07, BFH/NV 2008, 1197.
2   BFH, Urteil v. 24.8.1989 - IV R 135/96, BFHE 158, 245, BStBl II 1989, 1041.

46 Nicht erforderlich ist, dass die bisher betriebene einheitliche unternehmerische Tätigkeit eine gewerbliche war. Die Grundsätze der Betriebsaufspaltung sind vielmehr auch dann anzuwenden, wenn Besitz- und Betriebsunternehmen aus einer früheren **freiberuflichen Tätigkeit** hervorgegangen sind.[1]

47 U. E. gilt dies jedoch nur dann, wenn das Betriebsunternehmen als solches ein Gewerbebetrieb ist, z. B. weil es in der Rechtsform einer GmbH geführt wird. Ist hingegen das Betriebsunternehmen kein Gewerbebetrieb, sondern hat es z. B. – in der Rechtsform einer GbR geführt – eine freiberufliche Tätigkeit zum Gegenstand, dann kann u. E. auch das Besitzunternehmen nicht in einen Gewerbebetrieb umqualifiziert werden.[2]

48 Das Gleiche gilt, wenn Besitz- und Betriebsunternehmen aus einem früheren einheitlichen **land- und forstwirtschaftlichen Betrieb** hervorgehen oder wenn eine reine Vermietungs- und Verpachtungstätigkeit aufgespalten wird, also wenn z. B. eine natürliche Person ihre Miethäuser an eine von ihr beherrschte GbR vermietet, die ihrerseits die einzelnen Wohnungen an Dritte vermietet.[3]

49 Ist bei einer echten Betriebsaufspaltung das bisherige Einheitsunternehmen eine Personengesellschaft und das entstehende Betriebsunternehmen eine Kapitalgesellschaft, der die Personengesellschaft ihr Anlagevermögen verpachtet, so behält die Personengesellschaft ihre **Identität**. Allenfalls wird sie im Wege eines „automatischen Formwechsels" von einer OHG oder KG zu einer GbR.[4]

50 Das gilt ohne Ausnahme bis zum In-Kraft-Treten des UmwG 1994 auch für die Fälle, in denen die Personengesellschaft Teile ihres Vermögens auf die Kapitalgesellschaft überträgt. Erst das UmwG 1994 hat die rechtlichen Voraussetzungen für eine Spaltung von Personengesellschaften (§§ 123 ff. UmwG) geschaffen, bei der die Vermögensteile des übertragenden Unternehmens in einem Rechtsakt auf den oder die Übernehmenden übergehen (teilweise Gesamtrechtsnachfolge).[5]

51–53 *(Einstweilen frei)*

III. Unechte Betriebsaufspaltung

Literatur: *Bremm*, Die Betriebsaufspaltung im Blickwinkel der neuen Rechtsprechung (mit Schwerpunkt „unechte Betriebsaufspaltung"), StWa 1989, 143; *Henninger*, Unechte Betriebsaufspaltung, § 2 GewStG, RWP-Blattei 14 St-R D BetrAufspalt. II B l c; *Labus*, Anm. zum BFH-Urteil vom 24. 6. 1969, I 201/64, BB 1970, 116; *List*, Anm. zum BFH-Urteil vom

---

1 BFH, Urteil v. 18.6.1980 - I R 77/77, BFHE 131, 388, BStBl II 1981, 39.
2 Siehe unten Rn. 953 ff.
3 A.A. *Klinzmann*, DB 1981, 1360.
4 BFH, Urteil v. 4.5.2000 - IV B 143/99, BFH/NV 2000, 1336 (rechte Spalte).
5 BFH, Urteil v. 4.5.2000 - IV B 143/99, BFH/NV 2000, 1336 (rechte Spalte).

24. 11. 1978 III R 121/76, DStZ/A 1979, 335; *Mittelbach*, Zweifelsfragen bei der unechten Betriebsaufspaltung, DStZ/A 1974, 361; *Stahl*, Beratungsfeld echte und unechte Betriebsaufspaltung, KÖSDI 2003, 13794.

Eine unechte Betriebsaufspaltung[1] wird angenommen, wenn Besitzunternehmen und Betriebsunternehmen nicht durch die Aufspaltung eines einheitlichen Unternehmens entstanden sind, sondern wenn zu einem bereits bestehenden Betriebsunternehmen ein Besitzunternehmen hinzutritt.

54

BEISPIEL: ➤ Der beherrschende Gesellschafter einer GmbH vermietet dieser ein Grundstück, welches vorher zu seinem Privatvermögen gehörte und fremdvermietet war.

55

Liegen die Voraussetzungen einer Betriebsaufspaltung vor,[2] dann entsteht durch die Grundstücksvermietung an das Betriebsunternehmen eine unechte Betriebsaufspaltung. Die GmbH wird zum **Betriebsunternehmen**. Die in der Vermietung des Grundstücks bestehende Tätigkeit des beherrschenden GmbH-Gesellschafters ist eine gewerbliche Tätigkeit, ist also ein **Besitzunternehmen**.

56

Die unechte Betriebsaufspaltung hat der BFH zum ersten Mal in seinem Urteil vom 3. 11. 1959[3] bejaht. Zur Rechtfertigung dieser ausdehnenden Anwendung des Richterrechts „Betriebsaufspaltung" ist in der Entscheidung ausgeführt: Auch bei der unechten Betriebsaufspaltung liege wirtschaftlich betrachtet ein einheitliches Unternehmen vor, bei dem Anlagevermögen und umlaufendes Vermögen lediglich der Form nach auf ein Besitzunternehmen und ein Betriebsunternehmen aufgeteilt worden seien. Auch bei der unechten Betriebsaufspaltung müsse daher das wirtschaftlich einheitliche Unternehmen steuerlich für die Frage der Art der Einkünfte des Besitzunternehmens und des Betriebsunternehmens einheitlich beurteilt werden.[4]

57

Obgleich der Große Senat des BFH in seinem Beschluss vom 8. 11. 1971[5] entschieden hat, dass es bei der Frage, ob sich das Besitzunternehmen gewerblich betätige, nicht darauf ankommt, ob dieses Unternehmen mit dem Betriebsunternehmen wirtschaftlich ein einheitliches Unternehmen bildet, ist die unechte Betriebsaufspaltung beibehalten worden. Für die Rechtfertigung der unechten Betriebsaufspaltung kann daher heute nur noch in Betracht kommen, dass auch bei ihr dieselben Voraussetzungen vorliegen, die für die Umqualifizierung einer Vermietungstätigkeit in einen Gewerbebetrieb bei der echten Betriebsaufspaltung erforderlich sind. Insoweit ist auf die Ausführungen unten unter

58

---

1 Vgl. BFH, Beschluss v. 8.11.1971 - GrS 2/71, BFHE 103, 440, BStBl II 1972, 63; v. 17.4.2002 - X R 8/00 (unter II.3.c.bb m.w.N.), BFHE 199, 124, BStBl II 2002, 527.
2 Siehe unten Rn 76 ff.
3 BFH, Urteil v. 3.11.1959 - I 217/58 U, BFHE 70, 134, BStBl III 1960, 50.
4 Ebenso BFH, Urteil v. 24.6.1969 - I 201/64, BFHE 97, 125, BStBl II 1970, 17.
5 BFH, Beschluss v. 8.11.1971 - GrS 2/71, BFHE 103, 440, BStBl II 1972, 63.

Rn. 1013 ff. zu Bedenken über die Zulässigkeit der unechten Betriebsaufspaltung zu verweisen.

59–61 *(Einstweilen frei)*

IV. Kapitalistische Betriebsaufspaltung

Literatur: *Kuhsel*, Problembereiche der kapitalistischen Betriebsaufspaltung, DB 1998, 2194; *Schoor*, Kapitalistische Betriebsaufspaltung, StSem 1996, 156; *Wienands*, Anmerkungen zur kapitalistischen Betriebsaufspaltung, DStZ 1994, 623.

62 Von kapitalistischer Betriebsaufspaltung wird gesprochen, wenn das Betriebsunternehmen eine Kapitalgesellschaft ist. Die Fälle, in denen das Besitzunternehmen eine Kapitalgesellschaft ist und die z. T. deshalb auch als kapitalistische Betriebsaufspaltung bezeichnet werden,[1] werden im Folgenden unter dem Terminus umgekehrte Betriebsaufspaltung behandelt.

63 Weil der Begriff „kapitalistische Betriebsaufspaltung" in letzter Zeit in zunehmendem Maße auch zur Bezeichnung der Fälle der „umgekehrten Betriebsaufspaltung" verwendet wird, findet man heute häufig für Gestaltungen, in denen das Betriebsunternehmen eine Kapitalgesellschaft und das Besitzunternehmen ein Personenunternehmen ist, die Bezeichnung **„klassische Betriebsaufspaltung"**.

V. Mitunternehmerische Betriebsaufspaltung

64 Ist das Betriebsunternehmen eine Personengesellschaft, liegt eine mitunternehmerische Betriebsaufspaltung vor.[2]

VI. Umgekehrte Betriebsaufspaltung

Literatur: *van der Bosch*, Die umgekehrte Betriebsaufspaltung, Diss. Köln 1954; *Brendle/Schaaf*, Die umgekehrte Betriebsaufspaltung im Rahmen einer GmbH und Co. KG und ihre ertragsteuerlichen Konsequenzen, GmbHR 1970, 285 ff.; *Kessler/Teufel*, Die umgekehrte Betriebsaufspaltung zwischen Schwestergesellschaften – eine attraktive Rechtsformkombination nach der Unternehmenssteuerreform 2002, DStR 2001, 869; *Schulze zur Wiesche*, Die umgekehrte Betriebsaufspaltung, BB 1989, 815; *Söffing, Günter*, Der Geschäftswert bei Umwandlung einer Kapital- in eine Personengesellschaft und bei der umgekehrten Betriebsaufspaltung, INF A 1966, 121; *o. V.*, GmbH als Organ einer KG – Sog. „umgekehrte Betriebsaufspaltung", DB 1976, 1038.

---

1 Vgl. z. B. BFH, Urteil v. 22.10.1986 - I R 180/82, BFHE 148, 272, BStBl II 1987, 117; *Kuhsel*, DB 1998, 2194; vgl. ferner unten Rn. 65.
2 Vgl. unten Rn. 768 ff.

Unter umgekehrter Betriebsaufspaltung werden die Fälle verstanden, in denen 65
das Besitzunternehmen eine Kapitalgesellschaft und das Betriebsunternehmen
eine Personengesellschaft oder Gemeinschaft ist. Diese Definition wird indes
nicht einheitlich verwandt. Zum Teil wird die Ansicht vertreten, dass die umgekehrte Betriebsaufspaltung dadurch gekennzeichnet ist, dass das Besitzunternehmen vom Betriebsunternehmen beherrscht wird.[1] Unseres Erachtens liegt in
den Fällen einer umgekehrten Betriebsaufspaltung im hier verstandenen Sinn
keine Betriebsaufspaltung vor.[2]

VII. Unmittelbare Betriebsaufspaltung

Eine unmittelbare Betriebsaufspaltung liegt vor, wenn die beide Unternehmen 66
beherrschende Person oder Personengruppe sowohl am Besitzunternehmen als
auch am Betriebsunternehmen unmittelbar, d. h. ohne Zwischenschaltung einer anderen Gesellschaft, beteiligt ist.

VIII. Mittelbare Betriebsaufspaltung

Literatur: *Roser*, Mittelbare Betriebsaufspaltung – Sonder-BV bei Konzernsachverhalten,
EStB 2009, 177.

Von einer mittelbaren Betriebsaufspaltung spricht man, wenn zwischen das Be- 67
triebsunternehmen oder das Besitzunternehmen und die beherrschende Person
oder Personengruppe eine Kapitalgesellschaft oder eine Personengesellschaft
zwischengeschaltet ist.[3]

(Einstweilen frei)   68–71

IX. Betriebsaufspaltung über die Grenze

Von einer Betriebsaufspaltung über die Grenze kann bei grenzüberschreiten- 72
den Miet- oder Pachtverhältnissen gesprochen werden, wenn gleichzeitig die
Voraussetzungen einer Betriebsaufspaltung vorliegen. In Betracht kommen hier
die Fälle eines ausländischen Besitzunternehmens[4] sowie eines ausländischen
Betriebsunternehmens.[5]

(Einstweilen frei)   73–75

---

1   FG Berlin-Brandenburg, Urteil v. 14.6.2007 - 15 K 3202/04 B (nicht rechtskräftig, Az. des BFH: IV R
    43/07).
2   Vgl. unten Rn. 705 ff.
3   Vgl. unten Rn. 468 ff.
4   Vgl. unten Rn. 674 ff.
5   Vgl. unten Rn. 938 ff.

D. Voraussetzungen der Betriebsaufspaltung

Literatur: *Paus*, Die Betriebsaufspaltung: Voraussetzungen und Rechtsfolgen, StWa 1989, 57; *Schneeloch*, Betriebsaufspaltung – Voraussetzungen und Steuerfolgen, DStR 1991, 761 und 804; *Schulze zur Wiesche*, Voraussetzungen einer Betriebsaufspaltung weiterhin umstritten?, Wpg 1985, 579; *ders.*, Betriebsaufspaltung in der jüngsten Rechtsprechung – Voraussetzungen und Konsequenzen, bilanz & buchhaltung, 1992, 267; *o. V.*, Sachliche und personelle Voraussetzungen einer Betriebsaufspaltung, GmbHR 1991, R 86.

I. Allgemeines

76 Schon in dem Urteil des RFH vom 26. 10. 1938[1] wird als Voraussetzung für eine Betriebsaufspaltung, also für die Umqualifizierung des Besitzunternehmens in einen Gewerbebetrieb ein **enger wirtschaftlicher Zusammenhang** zwischen Besitzunternehmen und Betriebsunternehmen gefordert. Ein solcher Zusammenhang wird heute angenommen, wenn zwischen Besitzunternehmen und Betriebsunternehmen eine **sachliche** und **personelle Verflechtung** besteht,[2] d. h. wenn die von einer Einzelperson, einer Gemeinschaft oder einer Personengesellschaft betriebene Vermietung oder Verpachtung (Besitzunternehmen) die Nutzungsüberlassung einer wesentlichen Betriebsgrundlage an eine gewerblich tätige Personengesellschaft oder Kapitalgesellschaft (Betriebsgesellschaft) zum

---

1 RFH, Urteil v. 26.10.1938 - VI 501/38, RStBl 1939, 282.
2 BFH, Entscheidungen v. 10.6.1966 - VI B 31/63, BFHE 86, 590, BStBl III 1966, 598; v. 8.11.1971 GrS 2/71, BFHE 103, 440, BStBl II 1972, 63; v. 29.3.1973 - I R 174/72, BFHE 109, 456, BStBl II 1973, 686; v. 28.6.1973 - IV R 97/72, BFHE 109, 459, BStBl II 1973, 688; v. 20.9.1973 - IV R 41/69, BFHE 110, 368, BStBl II 1973, 869; v. 11.12.1974 - I R 260/72, BFHE 114, 433, BStBl II 1975, 266; v. 15.5.1975 - IV R 100/71, BFHE 116, 90, BStBl II 1975, 791; v. 24.11.1978 III R 121/76, BFHE 127, 214, BStBl II 1979, 366; v. 23.1.1980 - I R 33/77, BFHE 130, 173, BStBl II 1980, 356; v. 1.4.1981 - I R 160/80, BFHE 133, 561, BStBl II 1981, 738; v. 14.1.1982 - IV R 77/79, BFHE 135, 325, BStBl II 1982, 476; v. 16.6.1982 - I R 118/80, BFHE 136, 287, BStBl II 1982, 662; v. 9.11.1983 - I R 174/79, BFHE 140, 90, BStBl II 1984, 212; v. 13.12.1984 - VIII R 19/81, BFHE 143, 106, BStBl II 1985, 601; v. 12.11.1985 - VIII R 240/81, BFHE 145, 401, BStBl II 1986, 296; v. 18.2.1986 - VIII R 125/85, BFHE 146, 266, BStBl II 1986, 611; v. 12.10.1988 - X R 5/86, BFHE 154, 566, BStBl II 1989, 152; v. 26.10.1988 - I R 228/84, BFHE 155, 117, BStBl II 1989, 155; v. 11.7.1989 - VIII R 151/85, BFH/NV 1990, 99; v. 1.12.1989 - III R 94/87, BFHE 159, 480, BStBl II 1990, 500; v. 23.1.1991 - X R 47/87, BFHE 163, 460, BStBl II 1991, 405; v. 27.2.1991 - XI R 25/88, BFH/NV 1991, 454, 455 (linke Spalte); v. 5.9.1991 - IV R 113/90, BFHE 165, 420, BStBl II 1992, 349; v. 12.9.1991 - IV R 8/90, BFHE 166, 55, BStBl II 1992, 347; v. 6.11.1991 - XI 12/87, BFHE 166, 206, BStBl II 1992, 415; v. 12.2.1992 - XI R 18/90, BFHE 167, 499, BStBl II 1992, 723; v. 27.8.1992 - IV R 13/91, BFHE 169, 231, BStBl II 1993, 134; v. 4.11.1992 - XI R 1/92, BFHE 169, 452, BStBl II 1993, 245; v. 26.11.1992 - IV R 15/91, BFHE 171, 490, BStBl II 1993, 876; v. 18.3.1993 - IV R 96/92, BFH/NV 1994, 15, 16 (mittlere Spalte); v. 10.4.1997 - IV R 73/94, BFHE 183, 127, BStBl II 1997, 569; v. 13.11.1997 - IV R 67/96, BStBl II 1998, 254; v. 14.1.1998 - X R 57/93, BFHE 185, 230, BB 1998, 1245; v. 23.9.1998 - XI R 72/97, BFHE 187, 36, BStBl II 1999, 281 m.w.N.; v. 15.10.1998 - IV R 20/98, BFHE 187, 26, BStBl II 1999, 445; v. 21.1.1999 - IV R 96/96 (unter 1.), BFHE 187, 570, BStBl II 2002, 771; v. 7.12.1999 - VIII R 50, 51/96, BFH/NV 2000, 601, 602 (mittlere Spalte); v. 2.2.2000 - XI R 8/99, BFH/NV 2000, 1135 (rechte Spalte); v. 23.1.2001 - VIII R 71/98, BFH/NV 2001, 894, 895 (linke Spalte); v. 18.9.2002 - X R 4/01, BFH/NV 2003, 41, 42 (linke Spalte); v. 3.6.2003 - IX R 15/01, BFH/NV 2003, 1321 (rechte Spalte).

Gegenstand hat (sachliche Verflechtung) und eine Person oder Personengruppe sowohl das Besitzunternehmen als auch das Betriebsunternehmen in dem Sinn beherrscht, dass sie in der Lage ist, in beiden Unternehmen einen einheitlichen geschäftlichen Betätigungswillen durchzusetzen (personelle Verflechtung).[1]

Die bloße Vermietung und Verpachtung von Wirtschaftsgütern, die sich im Re-   77
gelfall nicht als Gewerbebetrieb, sondern als Vermietung und Verpachtung dar-stellt, wird also zur gewerblichen Tätigkeit, wenn die Voraussetzungen einer sachlichen und personellen Verflechtung zwischen dem Besitzunternehmen und dem Betriebsunternehmen vorliegen.[2] Das gilt sowohl für den Fall der ech-ten als auch für den Fall der unechten Betriebsaufspaltung.

(*Einstweilen frei*)   78–80

II. Sachliche Verflechtung

Literatur: *Bitz*, Betriebsaufspaltung: Sachliche Verflechtung bei verpachtetem Grundbesitz nach der neueren Rechtsprechung des BFH, FR 1991, 733; *Bordewin*, Anm. zum BFH-Urteil vom 24. 8. 1989 - IV R135/86, BStBl II 1989, 1014, RWP SG 1.3 S. 3175; *Dötsch*, Betriebs-aufspaltung: Sachliche Verflechtung durch Erbbaurecht – Gewerbesteuerbefreiung, INF 2002, 446; *Heidemann*, Die Nutzungsüberlassung an die GmbH durch ihren Gesellschaf-ter, INF 1990, 409; *ders.*, Nutzungsüberlassung an die GmbH, INF 1992, 562; *ders.*, Sach-liche Verflechtung bei Betriebsaufspaltung, INF 1993, 75; *Jestädt*, Sachliche Verflechtung bei Betriebsaufspaltung als wesentliche Betriebsgrundlage, DStR 1990, 223; *ders.*, Sach-liche Verflechtung bei Betriebsaufspaltung, Grundstück als wesentliche Betriebsgrundla-ge, DStR 1992, 1189; *ders.*, Sachliche Verflechtung bei Betriebsaufspaltung, Grundstück als wesentliche Betriebsgrundlage, DStR 1992, 1189; *Kruspe*, Gibt es noch Auswege aus der sachlichen Verflechtung bei einer Betriebsaufspaltung?, StuB 2001, 232; *Neufang*, Sachliche Voraussetzung der Betriebsaufspaltung im Bereich der Grundstücke, INF 1991, 326; *Pollmann, Erika*, Sachliche Verflechtung bei Betriebsaufspaltung – BFH-Urteil vom 24. 8. 1989 - IV R 135/86, BStBl II 1989, 1014, NWB Fach 18, 3061; *dies.*, Sachliche Verflech-tung bei Betriebsaufspaltung – BFH-Urteile vom 7. 8. 1990 BStBl II 1991, 336, und vom 23. 1. 1991 BStBl II, 405, NWB Fach 3, 7935; *Ritzrow*, Kriterien der Betriebsaufspaltung, hier: Sachliche Verflechtung, StBp 2009, 54; *Söffing, Günter*, Sachliche Verflechtung bei Betriebsaufspaltung, NWB Fach 18, 3021; *ders.*, Die sachliche Verflechtung im Rahmen der Betriebsaufspaltung, DStR 1990, 503; *ders.*, Anm. zum BFH-Urteil vom 24. 8. 1989 - IV R 135/86, BStBl II 1989, 1014, FR 1990, 24; *Trossen*, Sachliche Verflechtung bei Betriebs-aufspaltung, GmbH-StB 2002, 221; *o. V.*, Grundsatzurteil: Zur sachlichen Verflechtung als Tatbestandsvoraussetzung einer Betriebsaufspaltung, DStR 1989, 774.

---

1   BFH, Urteile v. 26.7.1984 - IV R 11/81, BFHE 141, 536, BStBl II 1984, 714; v. 12.11.1985 - VIII R 240/81, BFHE 145, 401, BStBl II 1986, 296; v. 24.8.1989 - IV R 135/86, BFHE 158, 245, BStBl II 1989, 1014.
2   BFH, Urteile v. 12.11.1985 - VIII R 240/81, BFHE 145, 401, BStBl II 1986, 296; v. 18.3.1993 - IV R 96/92, BFH/NV 1994, 15; v. 21.1.1999 - IV R 96/96, BFH/NV 1999, 1033; v. 24.2.2000 - IV R 62/98, BFHE 191, 295, BStBl II 2000, 417.

1. Begriffsbestimmung

81 Eine sachliche Verflechtung ist gegeben, wenn das Besitzunternehmen dem Betriebsunternehmen Wirtschaftsgüter zur Nutzung überlässt, die für das Betriebsunternehmen eine **wesentliche Betriebsgrundlage** darstellen.[1] Das gilt sowohl für die echte als auch für die unechte Betriebsaufspaltung.[2] Unerheblich ist, ob die Nutzungsüberlassung eine schuldrechtliche oder eine dingliche Grundlage hat.[3]

82 Dass die Rechtsprechung die Grundsätze der Betriebsaufspaltung im Wesentlichen für Vermietungs- und Verpachtungsfälle als Grundlage der sachlichen Verflechtung entwickelt hat, beruht allein darauf, dass der Nutzungsüberlassung regelmäßig solche (schuldrechtlichen) Rechtsverhältnisse zugrunde liegen.[4]

83 Durch **persönliche Dienstleistungen** wird **keine** sachliche Verflechtung begründet.[5]

2. Rechtfertigung für die Voraussetzungen der sachlichen Verflechtung

84 Die Rechtfertigung für das Erfordernis des Überlassens einer wesentlichen Betriebsgrundlage als Voraussetzung für die Annahme einer Betriebsaufspaltung besteht darin, dass das Betriebsunternehmen ohne die überlassene wesentliche Betriebsgrundlage seinen Betrieb in der Form, wie es ihn mit Hilfe der überlassenen wesentlichen Betriebsgrundlage führt, nicht fortführen kann und deshalb der oder die Besitzunternehmer auch durch die Überlassung einer wesentlichen Betriebsgrundlage einen beherrschenden Einfluss auf das Betriebsunternehmen ausüben kann bzw. können.[6]

---

1 BFH, Entscheidungen v. 24.2.1967 - VI 169/65, BFHE 88, 319, BStBl III 1967, 387; v. 19.4.1972 - I R 15/79, BFHE 105, 496, BStBl II 1972, 634; v. 20.9.1973 - IV R 41/69, BFHE 110, 236, BStBl II 1973, 869; v. 28.1.1982 - IV R 100/78, BFHE 135, 330, BStBl II 1982, 479; v. 30.7.1985 - VIII R 263/81, BFHE 145, 129, BStBl II 1986, 359; v. 12.11.1985 - VIII R 240/81, BFHE 145, 401, BStBl II 1986, 296; v. 26.1.1989 - IV R 151/86, BFHE 156/138, BStBl II 1989, 455; v. 18.2.1986 - VIII R 125/85, BFHE 146, 266, BStBl II 1986, 611; v. 1.12.1989 - III R 94/87, BFHE 159, 480, BStBl II 1990, 500; v. 23.1.1991 - X R 47/87, BFHE 163, 460, BStBl II 1991, 405; v. 14.1.1998 - X R 57/93, BFHE 185, 230; v. 2.2.2000 - IV R 8/99, BFH/NV 2000, 1135 (rechte Spalte); v. 24.2.2000, BFHE 191, 295, BStBl II 2000, 417; v. 29.8.2001 - VIII R 34/00, BFH/NV 2002, 185, 186 (linke Spalte); v. 19.3.2002 - VIII R 57/99 (unter II. B. 2.), BFHE 198, 137, BStBl II 2002, 662; v. 3.6.2003 - IX R 15/01, BFH/NV 2003, 1321 (rechte Spalte); v. 1.7.2003 - VIII R 24/01, BFHE 2002, 536, BStBl II 2003, 757; v. 10.7.2006 - VIII B 227/05, BFH/NV 2006, 1837.
2 BFH, Urteil v. 18.6.1980 - I R 77/77, BFHE 131, 388, BStBl II 1981, 39.
3 BFH, Urteil v. 19.3.2002 - VIII R 57/99 (unter II.B.2.), BFHE 198, 137, BStBl II 2002, 662.
4 BFH, Urteil v. 19.3.2002 - VIII R 57/99 (unter II.B.2.), BFHE 198, 137, BStBl II 2002, 662.
5 BFH, Urteil v. 26.1.1989 - IV R 151/86, BFHE 156, 138, BStBl II 1989, 455.
6 BFH, Urteil v. 4.11.1992 - XI R 1/92, BFHE 169, 452, BStBl II 1993, 245, 246.

Diese Rechtfertigung für das Merkmal der sachlichen Verflechtung wird durch die Urteile des X. BFH-Senats[1] bestätigt, in denen ausgeführt wird: *„Die Überlassung einer wesentlichen Betriebsgrundlage an das Betriebsunternehmen fungiert als unternehmerisches Instrument der Beherrschung."* 85

In dem BFH-Urteil vom 24. 8. 1989[2] wird die Rechtfertigung auch darin gesehen, dass durch die sachliche Verflechtung gewährleistet werde, dass die Einflussnahme auf beide Unternehmen und ihre Geschäftspolitik koordiniert wird. 86

3. Wesentliche Betriebsgrundlage

Literatur: *Binz, Mark K./Freudenberg/Sorg*, Die „wesentliche Betriebsgrundlage" im Ertragsteuerrecht, DStR 1993, 3; *Dehmer*, Wesentliche Betriebsgrundlage bei der Betriebsaufspaltung, KFR F. 3 EStG § 15, 4/92, S. 75; *Jörißen*, Die wesentliche Betriebsgrundlage i.R.d. § 7g EStG, EStB 2006, 422; *Pollmann, Erika*, Wesentliche Betriebsgrundlagen bei der Betriebsaufspaltung, KFR F. 3 EStG § 15, 11/91, S. 259; *dies.*, Wesentliche Betriebsgrundlage bei Betriebsaufspaltung, KFR F. 3 EStG § 15, 12/92, S. 281; *Richter*, Zum Begriff „Wesentliche Betriebsgrundlagen", FR 1971, 40; *Schoor*, Praxisrelevante Problemfälle und aktuelle Rechtsentwicklungen bei Betriebsaufspaltung, Stbg. 2007, 269; *o. V.*, Betriebsaufspaltung: Wesentliche Betriebsgrundlage und Besitzunternehmen, DB 1975, 477.

a) Allgemeines

Der Begriff „wesentliche Betriebsgrundlage" spielt nicht nur bei der Betriebsaufspaltung, sondern auch bei der Betriebsveräußerung,[3] der Betriebsaufgabe,[4] der Einbringung eines Unternehmens gegen Gewährung von Gesellschaftsrechten nach §§ 20, 24 UmwStG, bei der Betriebsverpachtung und bei der unentgeltlichen Betriebsübertragung i. S. von § 6 Abs. 5 Satz 3 EStG eine Rolle.[5] 87

Anders als bei der Betriebsaufspaltung kommt in den anderen genannten Fällen dem Begriff „wesentliche Betriebsgrundlage" die Bedeutung zu, dass **alle** wesentlichen Betriebsgrundlagen des veräußerten, aufgegebenen, eingebrachten, verpachteten oder unentgeltlich übertragenen Betriebs veräußert, ins Privatvermögen überführt, eingebracht, verpachtet oder übertragen werden müssen. 88

Abweichend hiervon kommt es bei der Betriebsaufspaltung zur Annahme einer sachlichen Verflechtung nur darauf an, dass dem Betriebsunternehmen vom Besitzunternehmen **ein Wirtschaftsgut** zur Nutzung überlassen wird, das für das Betriebsunternehmen **eine wesentliche Betriebsgrundlage** ist. Ausreichend 89

---

1 BFH, Urteile v. 21.8.1996 - X R 25/93, BFHE 181, 284, BStBl II 1997, 44, 46 (linke Spalte); v. 28.11.2001 - X R 50/97, BFHE 197, 254, BStBl II 2002, 363, 364.
2 BFH, Urteil v. 24.8.1989 - IV R 135/86, BFHE 158, 245, BStBl II 1989, 1014.
3 § 16 Abs. 1 EStG.
4 § 16 Abs. 3 EStG.
5 Vgl. BFH, Urteile v. 24.8.1989 - IV R 135/86, BFHE 158, 245, BStBl II 1989, 1014; v. 4.7.2007 - X R 49/06 (unter II. c, aa), BFHE 218, 316, BStBl II 2007, 772.

ist bei der Betriebsaufspaltung also, dass **eine** von mehreren wesentlichen Betriebsgrundlagen der Betriebsgesellschaft überlassen wird.[1] Bei der Betriebsaufspaltung ist folglich eine andere Betrachtungsweise gegeben als in den übrigen Fällen, in denen der Begriff „wesentliche Betriebsgrundlage" eine Rolle spielt.

90 Auch ist die Rechtfertigung für die Voraussetzung wesentliche Betriebsgrundlage beim Einbringen, Verpachten oder Übertragen aller stillen Reserven eine andere als bei der Betriebsaufspaltung. Bei der Betriebsaufspaltung kommt es auf die Frage an, wann eine sachliche Verflechtung zwischen dem Betriebsunternehmen und dem Besitzunternehmern vorliegt. Das ist dann der Fall, wenn das Besitzunternehmen dem Betriebsunternehmen ein Wirtschaftsgut zur Nutzung überlässt, ohne dass das Betriebsunternehmen seinen Betrieb nicht fortführen kann.[2] Ein solches Wirtschaftsgut ist für das Betriebsunternehmen wesentlich.

91 Anderes gilt in den Fällen der Betriebsveräußerung, Betriebsaufgabe, Betriebseinbringung, Betriebsverpachtung und unentgeltlichen Betriebsübertragung. Hier ist entscheidend, ob ein bestehender Betrieb übertragen oder aufgegeben wird. Das ist nur dann der Fall, wenn **alle** wesentlichen Betriebsgrundlagen des betreffenden Betriebs veräußert, unentgeltlich übertragen oder ins Privatvermögen überführt werden.

92 In dem BFH-Urteil vom 20. 9. 1973[3] wird als Rechtfertigung dafür, dass es im Rahmen der Betriebsaufspaltung nicht auf **die**, sondern nur auf **eine** wesentliche Betriebsgrundlage ankommt, darauf hingewiesen, dass im Fall der unechten Betriebsaufspaltung die Überlassung der wesentlichen Betriebsgrundlagen gar nicht möglich ist, weil das Betriebsunternehmen schon vor der Überlassung der Wirtschaftsgüter durch die Besitzgesellschaft bestanden habe. Das ist keine überzeugende Begründung; denn wenn zunächst die Gleichsetzung der unechten Betriebsaufspaltung mit der echten nur deshalb erfolgt ist, weil es die Gleichmäßigkeit der Besteuerung gebiete,[4] dann kann es nicht zulässig sein, Folgerungen für die gesamte Betriebsaufspaltungs-Rechtsprechung aus Besonderheiten herzuleiten, die nur bei der unechten Betriebsaufspaltung vorkommen.

93 Keine Rolle spielt es, ob das dem Betriebsunternehmen zur Nutzung überlassene Wirtschaftsgut auch für das **Besitzunternehmen eine wesentliche Betriebsgrundlage** ist.[5] Demzufolge ist es auch unerheblich, ob das dem Betriebsunter-

---

1 BFH, Beschluss v. 27.9.2006 - X R 28/03, BFH/NV 2006, 2259.
2 Vgl. Rn. 84.
3 BFH, Urteil v. 20.9.1973 - IV R 41/69, BFHE 110, 368, BStBl II 1973, 869.
4 Vgl. BFH, Urteile v. 20.9.1973 - IV R 41/69, BFHE 110, 368, BStBl II 1973, 869; v. 23.7.1981 - IV R 103/78, BFHE 134, 126, BStBl II 1982, 60; v. 12.4.1991 - III R 39/86, BFHE 165, 125, BStBl II 1991, 773; v. 5.9.1991 - IV R 113/90, BFHE 165, 420, BStBl II 1992, 349; v. 24.2.1994 - IV R 8-9/93, BFHE 174, 80, BStBl II 1994, 466.
5 BFH, Urteil v. 14.9.1989 - IV R 142/88, BFH/NV 1990, 522.

nehmen überlassene Wirtschaftsgut keine, nur geringe oder erhebliche **stille Reserven** enthält[1] und ob es vor der Überlassung zum Privatvermögen oder zu einem Betriebsvermögen gehört hat.[2]

Als eine wesentliche Betriebsgrundlage wird nicht nur die **Verpachtung eines ganzen Betriebs**[3] oder eines **Teilbetriebs**, sondern auch die Vermietung und Verpachtung wichtiger einzelner Anlagegegenstände, insbesondere die Vermietung oder Verpachtung von **Grundstücken**[4] angesehen. Vor allem bebaute Grundstücke kommen als eine wesentliche Betriebsgrundlage in Betracht.[5]   94

Deshalb, und weil im Rahmen einer Betriebsaufspaltung meistens bebaute Grundstücke vom Besitzunternehmen dem Betriebsunternehmen zur Nutzung überlassen werden, sind die meisten oberstgerichtlichen Entscheidungen auch zu der Frage ergangen, unter welchen Voraussetzungen ein bebautes Grundstück für das Betriebsunternehmen eine wesentliche Betriebsgrundlage ist. Die Frage, wann ein Wirtschaftsgut für das Betriebsunternehmen eine wesentliche Betriebsgrundlage ist, wird deshalb unten unter Rn. 105 ff. eingehend behandelt werden.   95

b) Gesamtbildbetrachtung

Ob die vom Besitzunternehmen dem Betriebsunternehmen zur Nutzung überlassenen Wirtschaftsgüter eine wesentliche Betriebsgrundlage sind, richtet sich nach den Gegebenheiten des Einzelfalls[6] und ist nach dem Gesamtbild der tatsächlichen und beabsichtigten Nutzung des Streitjahrs zu beurteilen.[7]   96

Es ist Aufgabe des FG, die das Gesamtbild ergebenden Umstände festzustellen und zu würdigen.[8] Es kommt also entscheidend darauf an, dass alle Umstände, die für die Gesamtbildbetrachtung maßgebend sind, bis zum Schluss der mündlichen Verhandlung vor dem FG vorgetragen werden.   97

Bei der Gesamtbildbetrachtung sind nicht die einzelnen Teile eines bebauten Grundstücks für sich, sondern es ist das Grundstück **einheitlich zu beurteilen**.[9]   98

---

1 *Höger*, DB 1987, 349, 350.
2 BFH, Urteil v. 25.7.1968 - IV R 261/66, BFHE 93, 82, BStBl II 1968, 677.
3 BFH, Urteil v. 2.2.2000 - XI R 8/99, BFH/NV 2000, 1135 (rechte Spalte).
4 BFH, Urteile v. 24.6.1969 - I 201/64, BFHE 97, 125, BStBl II 1970, 17; v. 20.9.1973 - IV R 41/69, BFHE 110, 368, BStBl II 1973, 869; v. 12.11.1985 - VIII R 342/82, BFHE 145, 396, BStBl II 1986, 299; Beschluss v. 24.11.2005 - VIII B 73/05, BFH/NV 2006, 540.
5 BFH, Urteile v. 12.11.1985 - VIII R 342/82, BFHE 145, 396, BStBl II 1986, 299; v. 5.6.2008 - IV R 76/05, BStBl II 2008, 858.
6 BFH, Urteil v. 18.6.1980 - I R 77/77, BFHE 131, 388, BStBl II 1981, 39.
7 BFH, Urteile v. 24.6.1969 - I 201/64, BFHE 97, 125, BStBl II 1970, 17; v. 21.5.1974 - VIII R 57/70, BFHE 112, 391, BStBl II 1974, 613; v. 12.11.1985 - VIII R 342/82, BFHE 145, 396, BStBl II 1986, 299; v. 17.11.1992 - VIII R 36/91, BFHE 169, 389, BStBl II 1993, 233, m.w.N.
8 BFH, Urteil v. 17.11.1992 - VIII R 36/91, BFHE 169, 389, BStBl II 1993, 233, m.w.N.
9 BFH, Urteil v. 29.10.1991 - VIII R 77/87, BFHE 166, 82, BStBl II 1992, 334.

99   **BEISPIEL:** ▶ Das Betriebsunternehmen hat den Verkauf von Autoreifen mit und ohne Montage zum Gegenstand. Der Betrieb wird auf einem teilweise bebauten Grundstück ausgeübt, das das Betriebsunternehmen vom Besitzunternehmen angemietet hat. Auf dem Grundstück befinden sich Baulichkeiten für die Verwaltung, das Reifenlager, die Montage sowie Fahrzeugboxen, überdachte und nicht überdachte Flächen.

Lösung:

Nach dem BFH-Urteil vom 29. 10. 1991[1] dürfen die einzelnen Teile des Grundstücks bei der Beantwortung der Frage, ob das Grundstück eine wesentliche Betriebsgrundlage ist, nicht getrennt betrachtet werden.

100   Hinzuweisen ist in diesem Zusammenhang auch auf die BFH-Urteile vom 17. 11. 1992[2](Lagergebäude, Reparaturwerkstatt, Büro- und Verkaufsräume sowie Sozialräume) und vom 18. 3. 1993[3](Sozialräume, Werkstatt und Lagerräume). In diesem Zusammenhang wird auf Rn. 198 (gemischt genutzte Gebäude) verwiesen.

101–104 *(Einstweilen frei)*

c) Bebaute Grundstücke

Literatur: *Braun, Rainer,* Grundstücke im Rahmen der sachlichen Verflechtung bei der Betriebsaufspaltung – Rückblick und Ausblick –, GmbHR 1994, 233; *Fichtelmann,* Betriebsaufspaltung: Grundstücke als wesentliche Betriebsgrundlage, EStB 2005, 421; *Jestädt,* Sachliche Verflechtung bei Betriebsaufspaltung, Grundstück als wesentliche Betriebsgrundlage, DStR 1992, 1189; *Kempermann,* Grundstücke als wesentliche Betriebsgrundlage in der neueren Rechtsprechung zur Betriebsaufspaltung, FR 1993, 593; *Labus,* Anm. zum BFH-Urteil vom 24. 6. 1969, I 201/64, BB 1970, 116; *Mienert,* Überlassung eines Betriebsgrundstücks zur Verwaltung und Nutzung durch eine Kapitalgesellschaft, GmbHR 1974, 140; *o. V.,* Grundstücksvermietung und Besitzunternehmen, DB 1971, 2285; *o. V.,* Vermietung von Anbauten und Besitzunternehmen, DB 1981, 448; *o. V.,* Vermietung eines Betriebsgebäudes auf fremdem Grund und Boden als Betriebsaufspaltung, GmbHR 1991, R 69.

(1) Vorbemerkung

105   Wie bereits oben unter Rn. 95 bemerkt, sind die meisten Entscheidungen des BFH zu der Frage, wann ein Wirtschaftsgut für das Betriebsunternehmen eine wesentliche Betriebsgrundlage ist, für Sachverhalte ergangen, in denen das Besitzunternehmen dem Betriebsunternehmen ein bebautes Grundstück oder einen Teil davon zur Nutzung überlassen hatte. Die von der Rechtsprechung entwickelten Rechtsgrundsätze zur Frage, wann ein Wirtschaftsgut für das Be-

---

1   BFH, Urteil v. 29.10.1991 - VIII R 77/87, BFHE 166, 82, BStBl II 1992, 334.
2   BFH, Urteil v. 17.11.1992 - VIII R 36/91, BFHE 169, 389, BStBl II 1993, 233.
3   BFH, Urteil v. 18.3.1993 - IV R 96/92, BFH/NV 1994, 15.

triebsunternehmen eine wesentliche Betriebsgrundlage ist, werden deshalb im Folgenden auch anhand der Überlassung von Grundstücken dargestellt. Bei dieser Darstellung wird auch zu berücksichtigen sein, dass sich die Rechtsprechung des BFH zu der Frage, wann ein Grundstück eine wesentliche Betriebsgrundlage i. S. der Betriebsaufspaltung ist, in der jüngeren Vergangenheit verschärfend verändert hat.

(2) Die ältere Rechtsprechung

Sowohl die ältere als auch die neuere Rechtsprechung des BFH gehen davon aus, dass ein Grundstück dann eine wesentliche Betriebsgrundlage des Betriebsunternehmens ist, wenn es für den Betrieb nach seiner Art von besonderer Bedeutung ist, also wenn es für die Erfüllung des Betriebszwecks erforderlich ist und es ein besonderes wirtschaftliches Gewicht für die Betriebsführung des Betriebsunternehmen hat (von besonderer Wichtigkeit ist).[1] Dabei ist zu beachten, dass die Begriffe wesentlich, notwendig und unentbehrlich in der Rechtsprechung des BFH im gleichen Sinn gebraucht werden.[2] 106

Unter Berücksichtigung dieser Voraussetzung der sachlichen Verflechtung hat der BFH in seiner älteren Rechtsprechung ein Grundstück nur dann als eine wesentliche Betriebsgrundlage angesehen, wenn es aus der Sicht des Betriebsunternehmens wirtschaftlich einen deutlichen Unterschied macht, ob sich das Grundstück im Eigentum des Unternehmens (des Besitzunternehmens oder des Betriebsunternehmens) befindet und für Zwecke des Betriebsunternehmens **besonders hergerichtet** ist oder ob es von einem Fremden gemietet wurde.[3] 107

Aus dieser Erkenntnis ist von der älteren Rechtsprechung des BFH gefolgert worden, dass ein Grundstück nur dann eine wesentliche Betriebsgrundlage ist, 108

▶ wenn es für die Bedürfnisse des Betriebsunternehmens **besonders hergerichtet** worden war oder

---

1 BFH, Urteile v. 30.10.1974 - I R 40/72, BFHE 114, 85, BStBl II 1975, 232; v. 12.11.1985 - VIII R 240/81, BFHE 145, 401, BStBl II 1986, 296; v. 26.1.1989 - IV R 151/86, BFHE 156, 138, BStBl II 1989, 455; v. 24.8.1989 - IV R 135/86, BFHE 158, 245, BStBl II 1989, 1014; v. 23.1.1991 - X R 47/87, BFHE 163, 460, BStBl II 1991, 405; v. 6.11.1991 - XI R 12/87, BFHE 166, 206, BStBl II 1992, 415; v. 12.2.1992 - XI R 18/90, BFHE 167, 499, BStBl II 1992, 723, m.w.N.; v. 26.3.1992 - IV R 50/91, BFHE 168, 96, BStBl II 1992, 830; v. 4.11.1992 - XI R 1/92, BFHE 169, 452, BStBl II 1993, 245; v. 26.11.1992 - IV R 15/91, BFHE 171, 490, BStBl II 1993, 876; v. 28.1.1993 - IV R 39/92, BFH/NV 1993, 528; v. 18.3.1993 - IV R 96/92, BFH/NV 1994, 15, 16 (rechte Spalte); v. 27.8.1998 - III R 96/96, BFH/NV 1999, 750; v. 15.10.1998 - IV R 20/98, BFHE 187, 26, BStBl II 1999, 445.
2 BFH, Urteil v. 20.9.1973 - IV R 41/69, BFHE 110, 368, BStBl II 1973, 869; v. 12.11.1985 - VIII R 342/82, BFHE 145, 396, BStBl II 1986, 299.
3 BFH, Urteile v. 24.1.1968 - I 76/64, BFHE 91, 368, BStBl II 1968, 354; v. 24.6.1969 - I 201/64, BFHE 97, 125, BStBl II 1970, 17; v. 12.11.1985 - VIII R 342/82, BFHE 145, 396, BStBl II 1986, 299.

▶ wenn es nach **Lage, Größe** oder **Grundriss** für die Bedürfnisse des Betriebsunternehmens **besonders geeignet** war.

109   Diese Voraussetzungen waren nicht gegeben, ein Grundstück war also keine wesentliche Betriebsgrundlage, wenn es jederzeit durch die Beschaffung eines gleichartigen Wirtschaftsguts **ersetzt** werden konnte. Das war der Fall, wenn das Betriebsunternehmen in der Lage war, jederzeit am Markt ein für seine Belange gleichwertiges bebautes Grundstück anzumieten oder zu kaufen, so dass bei einer Kündigung des Mietverhältnisses durch das Besitzunternehmen der Betrieb des Betriebsunternehmens ohne auch nur vorübergehende Stilllegung und sonstige Beeinträchtigung fortgeführt werden kann[1] (sog. **Austauschbarkeits-Rechtsprechung**).

110   Die vorstehend dargestellten Rechtsgrundsätze sind im Laufe der 90er Jahre des vorigen Jahrhunderts von der BFH-Rechtsprechung verschärft worden. Erste Anzeichen für eine solche Verschärfung sind bereits in dem Urteil des IV. Senats des BFH vom 24. 8. 1989[2] zu erkennen. Nach dieser Entscheidung ist ein Grundstück eine wesentliche Betriebsgrundlage i. S. der Betriebsaufspaltung, wenn es zum Anlagevermögen gehört und für den Betriebsablauf unerlässlich ist, so dass ein Erwerber des Betriebs diesen nur mit Hilfe dieses Wirtschaftsguts in der bisherigen Form fortführen kann.

111   Ausdrücklich aufgegeben hat der X. Senat des BFH die Austauschbarkeits-Rechtsprechung mit seinem Urteil vom 26. 5. 1993,[3] weil – so die Begründung – die Austauschbarkeit keinen sachlichen Grund habe, nichts über die allein beachtliche wirtschaftliche Bedeutung des konkret genutzten Grundstücks für das Betriebsunternehmen aussage und weil ein Betriebsunternehmen auch dann auf ein genutztes Grundstück angewiesen sein könne und auf dieses aus betrieblichen Gründen nicht verzichten könne, wenn die betriebliche Tätigkeit auf einem anderen Grundstück fortgeführt werden könne.

(3) Die neuere Rechtsprechung

112   Nach der neueren Rechtsprechung des BFH ist jedes Grundstück, das die **räumliche und funktionale Grundlage** für die Geschäftstätigkeit des Betriebsunter-

---

1   BFH, Urteile v. 29.10.1991 - VIII R 77/87, BFHE 166, 82, BStBl II 1992, 334; v. 26.3.1992 - IV R 50/91, BFHE 168, 96, BStBl II 1992, 830.
2   BFH, Urteil v. 24.8.1989 - IV R 135/86, BFHE 158, 245, BStBl II 1989, 1014; vgl. auch BFH, Urteil v. 4.11.1992 - XI R 1/92, BFHE 169, 452, BStBl II 1993, 245; v. 27.8.1998 - III R 96/96, BFH/NV 1999, 758, 759 (rechte Spalte).
3   BFH, Urteil v. 26.5.1993 - X R 78/91, BFHE 171, 467, BStBl II 1993, 718; vgl. auch BFH, Urteil v. 27.8.1998 - III R 96/96, BFH/NV 1998, 758, 759 (rechte Spalte); v. 2.3.2000 - IV B 34/99, BFH/NV 2000, 1084, 1085 (linke Spalte).

nehmens bildet und es ihr ermöglicht, seinen Geschäftsbetrieb aufzunehmen und auszuüben, eine wesentliche Betriebsgrundlage.[1] Ob dies der Fall ist, lässt sich nur aus der inneren betrieblichen Struktur des Betriebsunternehmens beantworten.[2] Dabei sind nicht einzelne Teile eines Grundstücks für sich, sondern ist das gesamte Grundstück als Einheit zu betrachten.[3]

Von diesem Grundsatz ausgehend, ist nach Ansicht des IV. Senats des BFH[4] ein Grundstück dann eine wesentliche Betriebsgrundlage, wenn es nach dem Gesamtbild der Verhältnisse zur Erreichung des Betriebszwecks erforderlich ist und besonderes Gewicht für die Betriebsführung hat.   113

Nach dem Urteil des X. Senats des BFH vom 2. 4. 1997[5] soll eine wesentliche Betriebsgrundlage immer dann vorliegen, wenn das Grundstück für das Betriebsunternehmen wirtschaftlich nicht nur von geringer Bedeutung ist.[6] Davon soll auszugehen sein, wenn das Betriebsunternehmen auf das Grundstück angewiesen ist, weil es ohne ein Grundstück dieser Art nicht fortgeführt werden kann.[7]   114

Zwischen beiden Umschreibungen besteht im Ergebnis kein Unterschied. Es muss also – wie dies auch der IX. Senat in seinem Urteil vom 3. 6. 2003[8] tut – davon ausgegangen werden, dass nach der neueren Rechtsprechung des BFH ein Grundstück nur dann keine wesentliche Betriebsgrundlage ist, wenn es für das Betriebsunternehmen keine oder nur eine **geringe wirtschaftlich Bedeutung**   115

---

1   BFH, Urteile v. 19.3.2002 - VIII R 57/99, BFHE 198, 137, BStBl II 2002, 662, 665 (rechte Spalte); v. 18.9.2002 - X R 4/10, BFH/NV 2003, 41; v. 3.6.2003 - IX R 15/01, BFH/NV 2003, 1321 (rechte Spalte); v. 1.7.2003 - VIII R 24/01 unter II.2.b, BFHE 202, 535, BStBl II 2002, 757; Beschluss v. 19.12.2007 - I R 111/05, BFHE 220, 152, BStBl II 2008, 536.
2   BFH, Urteil v. 18.9.2002 - X R 4/01, BFH/NV 2003, 41, 42 (mittlere Spalte).
3   BFH, Urteil v. 29.10.1991 - VIII R 77/78, BFHE 166, 82, BStBl II 1992, 334.
4   BFH, Urteile v. 24.8.1989 - IV R 135/86, BFHE 158, 245, BStBl II 1989, 1014; v. 3.4.2001 - IV B 111/00, BFH/NV 2001, 1252 (rechte Spalte).
5   BFH, Urteil v. 2.4.1997 - X R 21/93, BFHE 183, 100, BStBl II 1997, 565.
6   So auch BFH, Urteil v. 19.3.2002 - VIII R 57/99 (unter II.B.2.b.aa), BFHE 198, 137, BStBl II 2002, 662.
7   BFH, Urteile v. 3.4.2001 - IV B 111/00, BFH/NV 2001, 1252 (rechte Spalte), unter Hinweis auf BFH, Urteil v. 26.5.1993 - X R 78/91, BFHE 171, 467, BStBl II 1993, 718; v. 2.4.1997 - X R 21/93, BFHE 183, 100, BStBl II 1997, 565; v. 27.8.1998 - III R 96/96, BFH/NV 1999, 758; BFH, Urteil v. 5.6.2008 - IV R 76/05, BStBl II 2008, 858.
8   BFH, Urteil v. 3.6.2003 - IX R 15/01, BFH/NV 2003, 1321 (rechte Spalte).

hat.[1] Jedes Grundstück, auf das das Betriebsunternehmen angewiesen ist, weil es ohne ein Grundstück dieser Art nicht fortgeführt werden kann,[2] ist also eine wesentliche Betriebsgrundlage.

116   Eine besondere Gestaltung für den jeweiligen Unternehmenszweck des Betriebsunternehmens (**branchenspezifische Herrichtung und Ausgestaltung**) ist **nicht** mehr erforderlich.[3] Ohne Belang sind Maßstäbe, die von außen ohne Bezug auf die Betriebsstruktur an das Grundstück angelegt werden.

117   So spielt es keine Rolle, ob das Grundstück auch von anderen Unternehmen genutzt werden könnte oder ob ein Ersatzgrundstück gekauft oder angemietet werden könnte.[4] Unerheblich ist auch, ob das Grundstück und die aufstehenden Baulichkeiten ursprünglich für die Zwecke eines anderen Betriebs genutzt und vom Kläger ohne nennenswerte Investitionen und Veränderungen in den Dienst der Betriebsgesellschaft gestellt werden.[5]

118   Damit hat sich der X. Senat – allerdings ohne Zustimmung des VIII. Senats und ohne Anrufung des GrS – von dem Schuldgebäudeurteil[6] distanziert.

119   Unerheblich ist auch, ob das Betriebsunternehmen von einem anderen gemieteten oder gekauften Grundstück aus hätte betrieben werden können, weil – so der X. Senat – mit solchen hypothetischen Betrachtungen die Bedeutung derjenigen Umstände ausgeräumt werde, „die im konkreten Fall – nach dem maßgeblichen Gesamtbild[7] der Eingliederung des Grundstücks in die innere Struktur des jeweiligen Betriebsunternehmens (...) – das sachliche Gewicht des betreffenden Grundstücks für das Betriebsunternehmen begründen".[8]

---

1   BFH, Urteile v. 2.4.1997 - X R 21/93, BFHE 183, 100, BStBl II 1997, 565; v. 13.7.1998 - X B 70/98, BFH/NV 1999, 39; v. 27.8.1998 - III R 96/96, BFH/NV 1999, 758; v. 2.3.2000 - IV B 34/99, BFH/NV 2000, 1084; v. 23.5.2000 - VIII R 11/99, BFHE 192, 474, BStBl II 2000, 621; v. 16.10.2000 - VIII B 18/99, BFH/NV 2001, 438, 439 (linke Spalte); v. 23.1.2001 - VIII R 71/98, BFH/NV 2001, 894, 895 (linke Spalte); v. 3.4.2001 - IV B 111/00, BFH/NV 2001, 1252; v. 19.12.2001 - III B 117/00, StuB 2002, 558; v. 19.3.2002 - VIII R 57/99 (unter II.B.2.b.aa), BFHE 198, 137, BStBl II 2002, 662; v. 11.2.2003 - IX R 43/01, BFH/NV 2003, 910; v. 18.9.2002 - X R 4/01, BFH/NV 2003, 41, 42 (mittlere Spalte), m.w.N.; v. 3.6.2003 - IX R 15/01, BFH/NV 2003, 1321 (rechte Spalte); Beschluss v. 24.11.2005 - VIII B 73/05, BFH/NV 2006, 540; Beschluss v. 19.12.2007 - I R 111/05 (unter II. 1. b. aa.), BFHE 220, 152, BStBl II 2008, 536.
2   BFH, Urteile v. 26.5.1993 - X R 78/91, BFHE 171, 476, BStBl II 1993, 718; v. 3.6.2003 - IX R 15/1, BFH/NV 2003, 1321 (rechte Spalte), m.w.N.
3   BFH, Urteile v. 18.9.2002 - X R 4/01, BFH/NV 2003, 41, 43 (linke Spalte); v. 3.6.2003 - IX R 15/01, BFH/NV 2003, 1321, 1322 (mittlere Spalte).
4   BFH, Urteil v. 18.9.2002 - X R 4/01, BFH/NV 2003, 41, 42 (mittlere Spalte).
5   BFH, Urteil v. 18.9.2002 - X R 4/01, BFH/NV 2003, 41, 42 (rechte Spalte).
6   BFH, Urteil v. 25.10.1982 - VIII R 339/82, BFHE 154, 539.
7   Siehe oben unter Rn. 96 ff.
8   BFH, Urteil v. 18.9.2002 - X R 4/01, BFH/NV 2003, 41, 43 (linke Spalte).

Es spielt auch keine Rolle mehr, ob ein Grundstück nach seiner Lage für das Betriebsgrundstück besonders geeignet oder branchenspezifisch hergerichtet oder ausgestaltet ist.[1]

120

Nach dem BFH-Urteil vom 3. 6. 2003[2] hat z. B. ein Gebäudeteil für eine Betriebs-GmbH, die den Einzel- und Großhandel mit medizinischen Gebrauchsgütern betreibt, wirtschaftliches Gewicht, wenn der abgemietete Gebäudeteil als Betriebssitz und zur Aufnahme der Geschäftsleitung erforderlich war, um die Mitarbeiter, die technischen Anlagen für die Verkaufstätigkeit sowie die Reparaturwerkstatt aufzunehmen.

121

Schließlich liegt die erforderliche sachliche Verflechtung nach der neueren Rechtsprechung auch dann vor, wenn das bebaute Grundstück zwar nicht die einzige, aber doch eine von mehreren wesentlichen Betriebsgrundlagen ist.[3]

122

(Einstweilen frei)

123–125

(4) Kritische Bemerkungen zur neueren Rechtsprechung

Die neuere Rechtsprechung des BFH überdehnt die Bedeutung des Merkmals einer wesentlichen Betriebsgrundlage im Rahmen der Betriebsaufspaltung. Es dient, wie in dem BFH-Urteil vom 4. 11. 1992[4] ausgeführt, der Feststellung, ob die das Besitzunternehmen beherrschende Person oder Personengruppe auch über die Vermietung oder Verpachtung eines Grundstücks an das Betriebsunternehmen auf dieses einen beherrschenden Einfluss ausüben kann. Ein solcher beherrschender Einfluss, der die Rechtfertigung für die Voraussetzung der sachlichen Verflechtung ist, ist bei der Vermietung oder Verpachtung eines Grundstücks, das jederzeit ausgetauscht werden kann, nicht gegeben;[5] denn wenn das Betriebsunternehmen in der Lage ist, seinen Betrieb jederzeit mit einem anderen gleichartigen Grundstück fortzuführen, dann kann über die Vermietung oder Verpachtung kein beherrschender Einfluss ausgeübt werden.

126

Diese Überlegung fehlt in dem Urteil vom 26. 5. 1993. Hätte der BFH diese Überlegungen angestellt, dann hätte er auch darin eine sachliche Rechtfertigung für das Merkmal der Austauschbarkeit erkennen müssen. Dass die hier dargestellten Überlegungen in der neueren Rechtsprechung des BFH fehlen, ergibt

127

---

1 BFH, Urteile v. 18.9.2002 - X R 4/01, BFH/NV 2003, 41, 43 (linke Spalte); v. 3.6.2003 - IX R 15/01, BFH/NV 2003, 1321 (rechte Spalte).
2 BFH, Urteil v. 3.6.2003 - IX R 15/01, BFH/NV 2003, 1321 (rechte Spalte).
3 BFH, Beschluss v. 27.9.2006 - X R 28/03, BFH/NV 2006, 2259; vgl. bereits oben Rn. 89.
4 BFH, Urteil v. 4.11.1992 - X R 1/92, BFHE 169, 452, BStBl II 1993, 245, 246.
5 Vgl. BFH, Urteil v. 12.11.1985 - VIII R 342/82, BFHE 145, 396, BStBl II 1986, 299.

sich aus der in dem BFH-Urteil vom 26. 5. 1993[1] vertretenen Meinung, die Austauschbarkeit habe keinen sachlichen Grund, weil sie nichts über die allein beachtliche wirtschaftliche Bedeutung des konkret genutzten Grundstücks für das Betriebsunternehmen aussage.

128 Der BFH hat damit – möglicherweise unbewusst, vielleicht aber auch bewusst – das Merkmal der sachlichen Verflechtung zwischen Besitzunternehmen und Betriebsunternehmen – unter Beibehaltung dieser Bezeichnung – aufgegeben. An seine Stelle ist das verflechtungsunabhängige Merkmal der wesentlichen Betriebsgrundlage für das Betriebsunternehmen getreten. Mit anderen Worten kommt es nach der neueren Rechtsprechung nicht mehr darauf an, ob die Person oder Personengruppe, die das Besitzunternehmen beherrscht, auch über die Schiene einer „sachlichen Verflechtung" auf das Besitzunternehmen Einfluss nehmen kann.

129 Der BFH hat in dem Urteil vom 26. 5. 1993 des Weiteren nicht berücksichtigt, dass es sich bei dem Merkmal der Austauschbarkeit nicht um ein eigenständiges Merkmal zur Annahme einer wesentlichen Betriebsgrundlage handelt, sondern dass damit lediglich die Voraussetzungen der besonderen Herrichtung konkretisiert werden sollen. Denn ein Grundstück, das jederzeit am Markt gemietet oder gekauft werden kann, ist nicht für den Betrieb des Betriebsunternehmens besonders hergerichtet.

130 Nicht zweifelsfrei erscheint schließlich auch die Argumentation des BFH, ein Betriebsunternehmen könne auch dann auf ein genutztes Grundstück angewiesen sein, wenn es seine betriebliche Tätigkeit in einem anderen Grundstück fortführen kann. Dagegen spricht, dass es bei der bisherigen Austauschbarkeits-Rechtsprechung nicht auf die Möglichkeit der Fortführung des Betriebs auf einem anderen Grundstück ankam, sondern allein darauf, ob das Betriebsunternehmen sich ein solches Grundstück am Markt jederzeit durch Anmieten oder Ankauf beschaffen konnte. Wenn aber die Möglichkeit der Beschaffung besteht, dann ist nach den Gesetzen der Logik das Betriebsunternehmen nicht mehr auf das bisher genutzte Grundstück angewiesen.

131 Die zur Rechtfertigung der Rechtsprechungs-Änderung angeführten Gründe sind daher aus unserer Sicht nicht vollumfänglich überzeugend. Hierfür spricht schließlich auch, dass die neuere Rechtsprechung nur schwerlich mit der Forderung des GrS in seinem Beschluss vom 8. 11. 1971[2] vereinbar erscheint, wonach

---

1   BFH, Urteil v. 26.5.1993 - X R 78/91, BFHE 171, 467, BStBl II 1993, 718; vgl. auch BFH, Urteile v. 27.8.1998 - III R 96/96, BFH/NV 1998, 758, 759 (rechte Spalte); v. 2.3.2000 - IV B 34/99, BFH/NV 2000, 1084, 1085 (linke Spalte).
2   BFH, Beschluss v. 8.11.1971 - GrS 2/71, BFHE 103, 440, BStBl II 1972, 63.

an das Vorliegen der Voraussetzungen der Betriebsaufspaltung strenge Anforderungen zu stellen sind.

(Einstweilen frei) 132–135

(5) Heutige Bedeutung der älteren Rechtsprechung

Der älteren Rechtsprechung kommt heute noch insoweit Bedeutung zu, als bebaute Grundstücke, die sie als eine wesentliche Betriebsgrundlage angesehen hat, auch nach der neueren Rechtsprechung wesentliche Betriebsgrundlagen sein dürften. Wegen einzelner Fälle, in denen nach der älteren und neueren Rechtsprechung bebaute Grundstücke wesentliche Betriebsgrundlagen sind, wird auf die Ausführungen unter Rn. 149 ff. verwiesen. 136

(6) Anwendung der neueren Rechtsprechung auf andere Wirtschaftsgüter als Grundstücke

Zweifelhaft ist, ob die verschärfende neuere Rechtsprechung nur für Grundstücke oder für alle Wirtschaftsgüter gilt, die einem Betriebsunternehmen bei gegebener personeller Verflechtung zur Nutzung überlassen werden. Für eine Beschränkung auf Grundstücke könnte die in der neueren Rechtsprechung gewählte Formulierung: „(...) räumliche und funktionale Grundlage für die Geschäftstätigkeit der Betriebsgesellschaft (...)" sprechen. Beide Voraussetzungen, räumlich und funktional müssen also kumulativ vorliegen und die Verwendung des Wortes „räumlich" kann sich nur auf unbewegliche Wirtschaftsgüter beziehen, da bewegliche Wirtschaftsgüter grundsätzlich räumlich nicht gebunden sind und mithin auch keine räumliche Grundlage bilden können. 137

Andererseits aber lässt sich kein Grund dafür finden, für die Annahme einer wesentlichen Betriebsgrundlage für Immobilien von anderen Grundsätzen auszugehen als für Mobilien. Für die folgenden Betrachtungen wird deshalb davon ausgegangen, dass die neuere Rechtsprechung nicht nur für Grundstücke, sondern auch für alle anderen dem Betriebsunternehmen überlassenen Wirtschaftsgüter gilt. Endgültig wird die Frage aber nur durch eine Entscheidung des BFH beantwortet werden können. 138

(7) Keine oder nur geringe wirtschaftliche Bedeutung

Literatur: *Leingärtner*, Zur Frage, ob ein Grundstück dann keine wesentliche Betriebsgrundlage als Voraussetzung der sachlichen Verflechtung bei der Betriebsaufspaltung ist, wenn es für die Betriebsgesellschaft von geringer wirtschaftlicher Bedeutung ist, RWP-Blattei, SG 1–3 S. 1617.

(7.1) Die ältere Rechtsprechung

139 Nach der älteren Rechtsprechung ist ein bebautes Grundstück keine wesentliche Betriebsgrundlage, wenn es im Verhältnis zu anderen in gleicher Weise vom Betriebsunternehmen genutzten bebauten Grundstücken keine oder nur eine geringe (untergeordnete) wirtschaftliche Bedeutung hat;[1] denn in einem solchen Fall können die Besitzgesellschafter auf das Betriebsunternehmen keinen beherrschenden Einfluss durch die Grundstücksvermietung ausüben.[2]

140 Die Voraussetzung „untergeordnete Bedeutung" ist z. B. dann erfüllt, wenn das Grundstück im Verhältnis zu in gleicher Weise genutzten Grundstücken nur eine geringe Größe hat.[3] Nach dem BFH-Urteil vom 4. 11. 1992[4] ist ein Grundstück in einer Größe von 22 v. H. im Verhältnis zu den anderen in gleicher Weise genutzten Grundstücken nicht mehr von nur untergeordneter Bedeutung. Aus dem in dem Urteil enthaltenen Hinweis auf das BFH-Urteil vom 28. 3. 1985[5] kann geschlossen werden, dass bei 12 v. H. ein Grundstück nur von geringer Größe ist.

141 Grundstücke eines Betriebsunternehmens, die in gleicher Weise genutzt werden, sind z. B. alle mit Fabrikationsanlagen bebauten Grundstücke oder alle Grundstücke, die für Lagerzwecke verwendet werden, oder alle Verwaltungszwecken dienenden Grundstücke.

142 Bei unterschiedlicher Art der Grundstücksnutzung, z. B. Nutzung zu Fabrikationszwecken, Lager- oder Verwaltungszwecken wird auch die Art der Benutzung zu berücksichtigen sein. So kommt z. B. bei einem Fabrikationsbetrieb den zu Fabrikationszwecken genutzten Grundstücken im Einzelfall möglicherweise eine größere Bedeutung zu als Grundstücken, die nur zu Lager- oder Verwaltungszwecken genutzt werden.[6]

143 In dem BFH-Urteil vom 4. 11. 1992[7] wird hierzu u. a. ausgeführt: „Bei ungleicher Nutzung sind – neben der Grundstücksgröße im Vergleich zu den sonstigen Grundstücken der Betriebsgesellschaft – die Art der Nutzung (...), nach Ansicht des erkennenden Senats (BFH/NV 1992, 312) zusätzlich die Lage, der

---

1 BFH, Urteile v. 4.11.1992 - X R 1/92, BFHE 169, 452, BStBl II 1993, 245, m.w.N.; v. 26.5.1993 - X R 78/81, BFHE 171, 476, BStBl II 1993, 718; v. 31.8.1995 - VIII B 21/93, BFHE 178, 379, BStBl II 1995, 890; v. 13.2.1996 - VIII R 39/92, BFHE 180, 278, BStBl II 1996, 409; v. 4.12.1997 - III R 23/94, BFH/NV 1998, 1001, 1002 (mittlere Spalte); v. 27.8.1998 - III R 96/96, BFH/NV 1999, 758; v. 18.9.2002 - X R 4/01, BFH/NV 2003, 41; OFD München v. 21.12.1994, DB 1995, 188; OFD Cottbus v. 30.1.1995, FR 1995, 288.
2 BFH, Urteile v. 4.11.1992 - X R 1/92, BFHE 169, 452, BStBl II 1993, 245, m.w.N.
3 BFH, Urteile v. 12.11.1985 - VIII R 342/82, BFHE 145, 396, BStBl II 1986, 299; v. 26.3.1992 - IV R 50/91, BFHE 168, 96, BStBl II 1992, 830; v. 4.11.1992 - X R 1/92, BFHE 169, 452, BStBl II 1993, 245.
4 BFH, Urteil v. 4.11.1992 - XI R 1/92, BFHE 169, 452, BStBl II 1993, 245.
5 BFH, Urteil v. 28.3.1985 - IV R 88/81, BFHE 143, 559, BStBl II 1985, 508.
6 BFH, Urteil v. 12.11.1985 - VIII R 342/82, BFHE 145, 396, BStBl II 1986, 299.
7 BFH, Urteil v. 4.11.1992 - X R 1/92, BFHE 169, 452, BStBl II 1993, 245.

Grundriss und Zuschnitt sowie die Funktion des Grundstücks für den hierauf unterhaltenen Betrieb zu berücksichtigen und einer Gesamtwürdigung zu unterziehen (...). Dies kann zur Folge haben, dass ein verhältnismäßig kleines Grundstück für die Betriebsgesellschaft von besonderem Gewicht ist, umgekehrt aber auch, dass einem flächenmäßig großem Grundstück, das an das Betriebsunternehmen von dem Besitzunternehmen vermietet worden ist, angesichts der betrieblichen Nutzung und Funktionsart für das Betriebsunternehmen nur geringe Bedeutung zukommt."

(7.2) Die neuere Rechtsprechung

In der neueren Rechtsprechung des BFH[1] ist insofern stillschweigend eine Änderung eingetreten, als nicht mehr auf die Vergleichbarkeit mit anderen in gleicher Weise vom Betriebsunternehmen genutzten Grundstücke abgestellt wird. In diesem Sinne wird in dem Urteil des X. Senats des BFH vom 18. 9. 2002[2] ausgeführt:

„Keine wesentliche Betriebsgrundlage ist dem gemäß ein Betriebsgrundstück, das für das Betriebsunternehmen keine oder nur eine geringe wirtschaftliche Bedeutung hat. (...) Eine (nicht nur geringe) wirtschaftliche Bedeutung in diesem Sinne ist nach der Rechtsprechung des erkennenden Senats (...) insbesondere anzunehmen, wenn das Betriebsunternehmen in seiner Betriebsführung auf das ihm zur Nutzung überlassene Grundstück angewiesen ist, weil

▶ die Betriebsführung durch die Lage des Grundstücks bestimmt wird oder

▶ das Grundstück auf die Bedürfnisse des Betriebes zugeschnitten ist, vor allem, wenn die aufstehenden Baulichkeiten für die Zwecke des Betriebsunternehmens hergerichtet oder gestaltet worden sind oder

▶ das Betriebsunternehmen aus anderen innerbetrieblichen Gründen ohne ein Grundstück dieser Art den Betrieb nicht fortführen könnte."

Nach der neueren Rechtsprechung hat ein Grundstück für das Betriebsunternehmen also nur dann keine oder nur eine geringe wirtschaftliche Bedeutung, wenn der Betrieb des Betriebsunternehmens nicht auf das betreffende Grundstück angewiesen ist, weil er auch ohne ein Grundstück dieser Art fortgeführt werden kann.[3] Wesentlich für die Annahme, dass ein Grundstück nicht nur eine

144

145

---

1 BFH, Urteile v. 2.4.1997 - X R 21/93, BFHE 183, 100, BStBl II 1997, 565; v. 13.7.1998 - X B 70/98, BFH/NV 1999, 39; v. 2.3.2000 - IV B 34/99, BFH/NV 2000, 1084; v. 23.5.2000 - VIII R 11/99, BFHE 192, 474, BStBl II 2000, 621; v. 23.1.2001 - VIII R 71/98, BFH/NV 2001, 894; v. 3.4.2001 - IV B 111/00, BFH/NV 2002, 1252; v. 19.12.2001 - III B 117/00, StuB 2002, 558; v. 11.2.2003 - IX R 43/01, BFH/NV 2003, 910.
2 BFH, Urteil v. 18.9.2002 - X R 4/01, BFH/NV 2003, 41.
3 BFH, Urteil v. 11.2.2003 - IX R 43/01, BFH/NV 2003, 910 (rechte Spalte), m.w.N.

geringe wirtschaftliche Bedeutung hat, ist danach, ob das Grundstück die räumliche und funktionale Grundlage für die Geschäftstätigkeit der Betriebsgesellschaft bildet und es ihr ermöglicht, ihren Geschäftsbetrieb aufzunehmen und auszuüben.[1]

146–148 *(Einstweilen frei)*

(8) Einzelfälle

149   Der BFH hat in seiner Rechtsprechung in folgenden Fällen Grundbesitz als eine wesentliche Betriebsgrundlage des Betriebsunternehmens angesehen:

(8.1) Hotels, Restaurants, Cafés, Einzelhandelsunternehmen, Kaufhäuser

Literatur: *Bordewin*, Anm. zum BFH-Urteil vom 5. 9. 1991 - IV R 113/90, BStBl II 1992, 349, RWP SG 1.3 S. 3836.

150   Hotelgrundstücke,[2] Restaurants[3] und Cafés[4] sowie Einzelhandelsgeschäfte[5] und Kaufhausgrundstücke[6] sind für das Betriebsunternehmen eine wesentliche Betriebsgrundlage, weil – so die ältere Rechtsprechung – hier die Grundstücke nach ihrer Lage für den Betrieb besonders geeignet sind.[7]

151   Das FG Nürnberg[8] hat auch das Geschäftslokal eines alteingesessenen **Reisebüros** als wesentliche Betriebsgrundlage angesehen.

152   Wesentliche Betriebsgrundlagen werden nach dem BFH-Urteil vom 10. 4. 1997[9] auch in folgendem Fall zur Nutzung überlassen: Ein mit einer **Hotelanlage** bebautes Grundstück ist nach dem WEG in einzelne Hotelappartements aufge-

---

1   BFH, Urteil v. 11.2.2003 - IX R 43/01, BFH/NV 2003, 910 (rechte Spalte), m.w.N.
2   BFH, Urteile v. 25.7.1968 - IV R 261/66, BFHE 93, 82, BStBl II 1968, 677; v. 30.10.1974 - I R 40/72, BFHE 114, 85, BStBl II 1975, 232; v. 5.9.1991 - IV R 113/90, BFHE 165, 420, BStBl II 1992, 349; v. 12.9.1991 - IV R 8/90, BFHE 166, 55, BStBl II 1992, 347; v. 27.8.1992 - IV R 13/91, BFHE 169, 231, BStBl II 1993, 134; v. 4.11.1992 - XI R 1/92, BFHE 169, 452, BStBl II 1993, 245.
3   BFH, Urteile v. 12.9.1991 - IV R 8/90, BFHE 166, 55, BStBl II 1992, 347; v. 4.11.1992 - XI R 1/92, BFHE 169, 452, BStBl II 1993, 245.
4   BFH, Urteil v. 5.9.1991 - IV R 113/90, BFHE 165, 420, BStBl II 1992, 349.
5   BFH, Urteile v. 25.7.1968 - IV R 261/66, BFHE 93, 82, BStBl II 1968, 677; v. 24.6.1969 - I 201/64, BFHE 97, 125, BStBl II 1970, 17; v. 12.12.1969 - III R 198/64, BFHE 98, 450, BStBl II 1970, 395; v. 21.5.1974 - VIII R 57/70, BFHE 112, 391, BStBl II 1974, 613; v. 24.11.1978 - III R 121/76, BFHE 127, 214, BStBl II 1979, 366; v. 24.8.1989 - IV R 135/86, BFHE 158, 245, BStBl II 1989, 1014; v. 5.9.1991 - IV R 113/90, BFHE 165, 420, BStBl II 1992, 349; v. 12.9.1991 - IV R 8/90, BFHE 166, 55, BStBl II 1992, 347; v. 12.2.1992 - XI R 18/90, BFHE 167, 499, BStBl II 1992, 723; v. 4.11.1992 - XI R 1/92, BFHE 169, 452, BStBl II 1993, 245; vgl. auch OFD Cottbus v. 30.1.1995, FR 1995, 288; OFD München v. 21.12.1994, DB 1995, 118 ff.
6   BFH, Urteile v. 24.6.1969 - I 201/64, BFHE 97, 125, BStBl II 1970, 17; v. 12.12.1969 - III R 198/64, BFHE 98, 450, BStBl II 1970, 395; v. 24.11.1978 - III R 121/76, BFHE 127, 214, BStBl II 1979, 366.
7   BFH, Urteile v. 24.8.1989 - IV R 135/86, BFHE 158, 245, BStBl II 1989, 1014; v. 5.9.1991 - IV R 113/90, BFHE 165, 420, BStBl II 1992, 349.
8   FG Nürnberg, Urteil v. 12.11.1997, EFG 1999, 330.
9   BFH, Urteil v. 10.4.1997 - IV R 73/94, BFHE 183, 127, BStBl II 1997, 569.

teilt worden. Die Eigentümer der Appartementwohnungen haben als Eigentümergemeinschaft (§ 10 WEG) aufgrund einer Gebrauchsregelung (§ 15 WEG) einer aus ihnen bestehenden Betriebs-GmbH ihr Gemeinschaftseigentum (Hotelrezeption, Büro- und Wirtschaftsräume, Liegewiese, Tiefgarage, Aufenthalts- und Leseräume, Hotelhalle und Hotelbar) zur Nutzung zu überlassen. Ihre als Sonderbetriebsvermögen bei der Eigentümergemeinschaft zu behandelnden Appartementwohnungen haben die Wohnungseigentümer aufgrund der sich aus der Gebrauchsregelung ergebenden Verpflichtung an die Betriebs-GmbH vermietet.

Nach dem BFH-Urteil vom 12. 2. 1992[1] ist nach diesen Grundsätzen selbst das Geschäftslokal einer **Getränkeeinzelhandels-GmbH** eine wesentliche Betriebsgrundlage, weil ein Geschäft dieser Art nicht ohne Verkaufs- und Lagerraum geführt werden kann und das Geschäftslokal auch die Eigenart dieses Betriebs prägt.

(Einstweilen frei)   153–155

(8.2) Verbrauchermarkt und Kurheimbetrieb

Nach dem BFH-Urteil vom 23. 7. 1981[2] sind auch für besondere Zwecke eines **Verbrauchermarktes** errichtete Gebäude eine wesentliche Betriebsgrundlage. Das Gleiche gilt für den Grundbesitz und das Heimgebäude eines **Kurheimbetriebs**.[3]   156

In dem Urteil vom 4. 11. 1992[4] hat der BFH ausgeführt, dass das für einen **Lebensmittelsupermarkt** errichtete Gebäude eine wesentliche Betriebsgrundlage sei, weil es nach Ausgestaltung, Größe und Grundriss (Verkaufs-, Kühl-, Lager- und Personalräume, das Vorhandensein des Kundenparkplatzes) auf die besonderen Bedürfnisse des Betriebsunternehmens zugeschnitten sei.   157

(Einstweilen frei)   158–160

(8.3) Fabrikgrundstücke

Literatur: *Söffing, Günter,* Fabrikgrundstück als wesentliche Betriebsgrundlage bei Betriebsaufspaltung, FR 1992, 170; *ders.,* Anm. zum BFH-Urteil vom 26. 3. 1992 - IV R 50/91, BStBl II 1992, 830, FR 1992, 592.

---

1   BFH, Urteil v. 12.2.1992 - XI R 18/90, BFHE 167, 499, BStBl II 1992, 723.
2   BFH, Urteil v. 23.7.1981 - IV R 103/78, BFHE 134, 126, BStBl II 1982, 60.
3   BFH, Urteil v. 18.6.1980 - I R 77/77, BFHE 131, 388, BStBl II 1981, 39.
4   BFH, Urteil v. 4.11.1992 - XI R 1/92, BFHE 169, 452, BStBl II 1993, 245.

161 Fabrikgrundstücke sind regelmäßig für das Betriebsunternehmen eine wesentliche Betriebsgrundlage;[1] denn – so die ältere Rechtsprechung – bei ihnen sind die Gebäude durch ihre Gliederung oder sonstige Bauart in der Regel dauernd für den Betrieb eingerichtet oder nach Lage, Größe und Grundriss auf den Betrieb des Betriebsunternehmens zugeschnitten.[2]

162 Die neuere Rechtsprechung kommt bereits in dem Urteil vom 5. 9. 1991[3] dadurch zum Ausdruck, dass in ihm die Ansicht vertreten wird, ein Fabrikgebäude sei in allen Fällen eine wesentliche Betriebsgrundlage. Im Gegensatz hierzu steht die ältere Rechtsprechung, nach der bei einem Fabrikgrundstück, das in unmittelbarem zeitlichen Zusammenhang mit seiner Vermietung an das Betriebsunternehmen errichtet worden ist[4] oder das ursprünglich für die Zwecke eines anderen Betriebs errichtet wurde, später vom Besitzunternehmen erworben und unmittelbar danach an das Betriebsunternehmen vermietet wird,[5] nur vermutet wird, dass es eine wesentliche Betriebsgrundlage ist.[6]

163 Die für Fabrikgrundstücke geltenden Grundsätze finden auch auf eine **Halle**, die sowohl der Lagerung von Handelswaren als auch der Produktion als auch der Reparatur dient, Anwendung.[7]

Der Beurteilung einer Fabrikhalle als wesentliche Betriebsgrundlage steht nicht entgegen, wenn es sich bei dem aufstehenden Gebäude um eine **Systemhalle**, d. h. um eine Halle handelt, die infolge von Umbaumöglichkeiten vielseitig verwendbar ist.[8]

164 Zusammenfassend kann man sagen, dass ein zu Fabrikationszwecken genutztes Grundstück nach der neueren Rechtsprechung nur dann keine wesentliche Betriebsgrundlage ist, wenn das aufstehende Gebäude lediglich eine untergeordnete Bedeutung hat.

165–167 *(Einstweilen frei)*

---

1 BFH, Urteile v. 12.3.1970 - I R 108/66, BFHE 98, 441, BStBl II 1970, 439; v. 8.11.1971 - GrS 2/71, BFHE 103, 440, BStBl II 1972, 63; v. 2.8.1972 - IV 87/65, BFHE 106, 325, BStBl II 1972, 796; v. 11.12.1974 - I R 260/72, BFHE 114, 433, BStBl II 1975, 266; v. 15.5.1975 - IV R 89/73, BFHE 116, 277, BStBl II 1975, 781; v. 26.6.1975 - IV R 59/73, BFHE 116, 160, BStBl II 1975, 700; v. 24.2.1981 - VIII R 159/78, BFHE 132, 472, BStBl II 1981, 379; v. 12.9.1991 - IV R 8/90, BFHE 166, 55, BStBl II 1992, 347.
2 BFH, Urteil v. 26.3.1992 - IV R 50/91, BFHE 168, 96, BStBl II 1992, 830.
3 BFH, Urteil v. 5.9.1991 - IV R 113/90, BFHE 165, 420, BStBl II 1992, 349.
4 BFH, Urteil v. 5.9.1991 - IV R 113/90, BFHE 165, 420, BStBl II 1992, 349; v. 28.1.1993 - IV R 39/92, BFH/NV 1993, 528.
5 BFH, Urteil v. 26.3.1992 - IV R 50/91, BFHE 168, 96, BStBl II 1992, 830.
6 BFH, Urteil v. 12.9.1991 - IV R 8/90, BFHE 166, 55, BStBl II 1992, 347; vgl. auch OFD Cottbus v. 30.1.1995, FR 1995, 288; OFD München v. 21.12.1994, DB 1995, 118 ff.
7 BFH, Urteil v. 28.1.1993 - IV R 39/92, BFH/NV 1993, 528.
8 BFH, Urteile v. 5.9.1991 - IV R 113/90, BFHE 165, 420, BStBl II 1992, 349; v. 28.1.1993 - IV R 39/92, BFH/NV 1993, 528, m.w.N.

(8.4) Reparaturwerkstatt

Nach dem BFH-Urteil vom 24. 8. 1989[1] sind bei einer Kfz-Reparaturwerkstatt die Hallen für die Werkstatteinrichtungen und für die Bevorratung mit Kfz-Teilen, die Räume für den Aufenthalt von Kunden, Personal und für Verwaltungsarbeiten, Freiflächen für die An- und Abfahrt sowie Abstellplätze für neue und reparierte Fahrzeuge wesentliche Betriebsgrundlagen für das Betriebsunternehmen.

168

Im gleichen Zusammenhang steht das BFH-Urteil vom 26. 11. 1992,[2] nach dem für einen Kfz-Handel mit Reparaturbetrieb Werkstatt, Ausstellungsraum, Büro- und Sozialraum, Tankanlage und Abstellflächen jedenfalls dann, wenn sie auf zusammenhängenden Grundstücken errichtet sind, eine wesentliche Betriebsgrundlage bilden.

169

(Einstweilen frei)

170–172

(8.5) Bürogebäude, Verlagsgebäude, Lagerhallen und Ladenlokale

Literatur: *Apitz*, Betriebsaufspaltung mit Bürogebäuden, GmbH-StB 2002, 198; *Bitz*, Zur Frage der Betriebsaufspaltung im Falle eines überlassenen Geschäftslokals eines Filialeinzelhandels als wesentliche Betriebsgrundlage, GmbHR 2009, 728; *Dötsch*, Einzelnes Filialgrundstück ist im Rahmen einer Betriebsaufspaltung grundsätzlich eine wesentliche Betriebsgrundlage, DB 2009, 1329; *Fischer, P.*, Sachliche Verflechtung durch Vermietung eines Bürogebäudes; *Kempermann*, Bürogebäude als wesentliche Betriebsgrundlage, DStR 1997, 1441; *Märkle*, Die Betriebsaufspaltung an der Schwelle zu einem neuen Jahrtausend, VII. Bürogebäude als wesentliche Betriebsgrundlage, BB 2000 Beilage 7, 9 ff.; *Patt*, Überlassung von Büroräumen in Einfamilienhäusern, EStB 2006, 454; *Richter/Stangel*, Die sachliche Verflechtung bei Bürogebäuden im Spiegel der jüngsten Rechtsprechung – eine kritische Bestandsaufnahme, BB 2000, 1166; *Stapelfeld*, Die aktuelle BFH-Rechtsprechung der Büro- und Verwaltungsgebäude, DStR 2002, 161; *Valentin*, Das Bürogebäude als wesentliche Betriebsgrundlage, DStR 1996, 241.

Bürogebäude wie z. B. ein Verlagsgebäude, waren nach der älteren Rechtsprechung des BFH regelmäßig keine wesentlichen Betriebsgrundlagen im Rahmen der Betriebsaufspaltung.[3] Die Begründung dafür bestand darin, dass eine büromäßige Nutzung keine besonderen Einrichtungen erfordert und deshalb ein Bürogebäude auch nicht für die Zwecke der Büronutzung besonders hergerichtet werden muss und eine büromäßige Nutzung eines Gebäudes es auch nicht erforderlich macht, dass das Gebäude eine besondere Lage, Größe oder einen bestimmten Grundriss haben muss.

173

---

1 BFH, Urteil v. 24.8.1989 - IV R 135/86, BFHE 158, 245, BStBl II 1989, 1014.
2 BFH, Urteil v. 26.11.1992 - IV R 15/91, BFHE 171, 490, BStBl II 1993, 876.
3 BFH, Urteile v. 11.11.1970 - I R 101/69, BFHE 100, 411, BStBl II 1971, 61; v. 12.11.1985 - VIII R 342/82, BFHE 145, 396, BStBl II 1986, 299; v. 24.8.1989 - IV R 135/86, BFHE 158, 245, BStBl II 1989, 1014; OFD Cottbus v. 30.1.1995, FR 1995, 288; OFD München v. 21.12.1994, DB 1995, 118 ff.

174 Bereits in dem Urteil des X. Senats des BFH vom 2. 4. 1997[1] kommt zum Ausdruck, dass dieser Senat an der dargestellten Rechtsprechung, wonach Bürogebäude keine wesentliche Betriebsgrundlage sind, nicht mehr festhalten will. Das ergibt sich aus den folgenden Urteilsausführungen:

„Der I. Senat des BFH hat auf Anfrage mitgeteilt, ein Rechtssatz des Inhalts, dass auch die Vermietung eines Bürogebäudes zur bloßen büro- und verwaltungsmäßigen Nutzung eine sachliche Verflechtung begründe, weiche von seinem Urteil in BFHE 100, 411, BStBl II 1971, 61 ab und dass er einer solchen Abweichung nicht zustimme. Der IV. Senat hat auf Anfrage ausgeführt, dass eine Auffangklausel, aufgrund derer jedwedes betrieblich genutzte Grundstück als wesentliche Betriebsgrundlage anzusehen sei, durch die Zustimmung des Senats zum Urteil des X. Senats in BFHE 171, 476, BStBl II 1993, 718 nicht gedeckt sei; (...)".

175 Anschließend führt der X. Senat in dem Urteil in Form eines obiter dictum aus, er lasse die Frage unerörtert, ob er der Unterscheidung zwischen „reinen", zu ausschließlich büro- oder verwaltungsmäßigen Nutzung vermieteten/verpachteten Bürogebäuden und sonstigen Gebäuden folgen könnte. Im Streitfall komme es darauf nicht an, weil es sich hier um ein zum Zwecke der büro- und verwaltungsmäßigen Nutzung durch das Betriebsunternehmen neu errichtetes Bürogebäude handele, dessen baulicher Zuschnitt für die besonderen Bedürfnisse des Betriebsunternehmens gestaltet worden sei.

176 Nach den in dem Urteil des X. Senats wiedergegebenen Feststellungen des FG war bei der Errichtung des Bauwerks auf die besondere Eigenart des Betriebsunternehmens (Werbeagentur) und auf die geplanten Betriebsabläufe Rücksicht genommen worden und nicht nur ein allgemein verwendbarer Zweckbau errichtet worden. Das Gebäude habe nach seiner äußeren und inneren Gestaltung – Außenanlagen, Fassadengestaltung – Mitarbeitern und Dritten „das Besondere der Werbeagentur" vermitteln sollen. Nach dem eigenen Selbstverständnis verlange der Unternehmenszweck als „Denkfabrik" Ideenreichtum und Kreativität. Das äußere Erscheinungsbild des Gebäudes sollte die Aufmerksamkeit der Kunden wecken. Auch das Innere des Gebäudes weise auf seine besondere Verwendung hin.

177 In dem BFH-Beschluss vom 2. 3. 2000[2] wird in einem obiter dictum die Ansicht vertreten, die Frage, ob und unter welchen Voraussetzungen Gebäude, die ausschließlich büromäßig genutzt werden, als wesentliche Betriebsgrundlage an-

---

1 BFH, Urteil v. 2.4.1997 - X R 21/93, BFHE 183, 100, BStBl II 1997, 565.
2 BFH, Beschluss v. 2.3.2000 - IV B 34/99, BFH/NV 2000, 1084.

zusehen sind, sei noch nicht abschließend entschieden. Es bestand insofern also Rechtsunsicherheit.[1]

Eine ähnliche steuerverschärfende Tendenz wie das Urteil des X. Senats vom 2. 4. 1997[2] weist das Urteil des VIII. Senats vom 23. 5. 2000[3] auf, in dem entschieden worden ist, dass ein Büro- und Verwaltungsgebäude jedenfalls dann eine wesentliche Betriebsgrundlage ist, wenn es die räumliche und funktionale Grundlage für die Geschäftstätigkeit der Betriebsgesellschaft bildet.

178

Zur Begründung wird in dem Urteil ausgeführt: Ein Grundstück sei eine wesentliche Betriebsgrundlage, wenn es für die Betriebsgesellschaft wirtschaftlich von nicht nur geringer Bedeutung sei. Eine hinreichende wirtschaftliche Bedeutung sei anzunehmen, wenn der Betrieb auf das Grundstück angewiesen sei, weil er ohne ein Grundstück dieser Art nicht fortgeführt werden könne. Ob dies auch für „reine" Büro- und Verwaltungsgebäude gelte, sei strittig. Übereinstimmung bestehe jedoch in der Rechtsprechung des BFH insoweit, dass Gebäude jedenfalls dann eine wesentliche Betriebsgrundlage seien, wenn ein neu errichtetes Gebäude zum Zwecke der büro- und verwaltungsmäßigen Nutzung an die Betriebsgesellschaft vermietet wird, für deren Zwecke es hergerichtet oder gestaltet worden ist. Denn auch Bürogebäude könnten eine besondere wirtschaftliche Bedeutung für das Betriebsunternehmen haben.

179

Entsprechend diesen Grundsätzen hat der VIII. Senat in dem zu entscheidenden Fall ein Bürogebäude als wesentliche Betriebsgrundlage angesehen, weil die Betriebs-GmbH das Gebäude für ihr Ingenieur- und Planungsbüro benötigte, das Gebäude für diese Zwecke geeignet und für die Betriebsführung der Betriebs-GmbH von besonderem Gewicht sei. Letztere Voraussetzung sei erfüllt, da die Betriebs-GmbH – unabhängig vom baulichen Zuschnitt des Bürogebäudes und seiner örtlichen Lage – ohne das Gebäude nur bei einschneidender Änderung ihrer Organisationsform hätte fortgeführt werden können. Unerheblich sei, dass die betrieblichen Anforderungen auch von einem anderen Gebäude hätten erfüllt werden können.

180

Entsprechend der in den vorbesprochenen BFH-Urteilen sich andeutenden verschärfenden Rechtsprechungsänderung hat der VIII. Senat des BFH[4] entschieden, dass ein Bürogebäude (Verwaltungsgebäude) unabhängig vom Gegenstand des Unternehmens immer dann eine wesentliche Betriebsgrundlage ist, wenn es den räumlichen und funktionalen Mittelpunkt der Geschäftstätigkeit

181

---

1 Siehe auch *Richter/Stangel*, BB 2000, 1166.
2 BFH, Urteil v. 2.4.1997 - X R 21/93, BFHE 183, 100, BStBl II 1997, 565.
3 BFH, Urteil v. 23.5.2000 - VIII R 11/92, DB 2000, 2354.
4 BFH, Urteile v. 23.5.2000 - VIII R 11/99, BFHE 192, 474, BStBl II 2000, 621; v. 16.10.2000 - VIII B 18/99, BFH/NV 2001, 438; v. 23. 1. 2001 - VIII R 71/98, BFH/NV 2001, 894.

des Betriebsunternehmens bildet. Nicht erforderlich sei, dass das Gebäude in der Weise hergerichtet wird, dass es ohne bauliche Veränderungen für ein anderes Unternehmen nicht verwendbar ist oder dass die betrieblichen Anforderungen auch von einem anderen Verwaltungsgebäude hätten erfüllt werden können oder das angemietete Gebäude auch für andere Zwecke hätte genutzt werden können.[1]

182   Bürogebäude sind heute also in aller Regel wesentliche Betriebsgrundlagen i. S. der Betriebsaufspaltungs-Rechtsprechung, es sei denn, das Bürogebäude hat für das Betriebsunternehmen keine oder nur eine geringe wirtschaftliche Bedeutung.

183   In Konsequenz dieser Rechtsprechungsverschärfung geht der BFH davon aus, dass selbst **einzelne Büroräume** eine wesentliche Betriebsgrundlage darstellen können.[2] Der BFH sah beispielsweise die sachliche Verflechtung in dem Fall als gegeben an, in dem ein Teil eines normalen Einfamilienhauses von den Gesellschaftern der Betriebs-GmbH an diese als Büro (Sitz der Geschäftsleitung) vermietet wird. Dies gelte auch dann, wenn die Räume für die Zwecke des Betriebsunternehmens nicht besonders hergerichtet und gestaltet sind. Eine Einschränkung könne dieser Grundsatz allenfalls dann erfahren, wenn der Gebäudeteil die in **§ 8 EStDV** genannten Grenzen **unterschreitet**. Hierzu passt, dass solche Büroräume als unwesentlich anzusehen sind, die nur einen Anteil von 7,45 v. H. an der Gesamtnutzfläche haben.[3] Hieraus kann gleichwohl nicht geschlossen werden, dass jeder Nutzungsanteil unter 10 v. H. dazu führt, dass eine wesentliche Betriebsgrundlage zu verneinen ist. Maßgeblich bleibt eine räumliche und funktionale Betrachtung, was der BFH nur wenig später festgehalten hat.[4]

184   Auch eine **Büroetage** kann nach neuer Rechtsprechung eine wesentliche Betriebsgrundlage sein.[5] Die funktionale Wesentlichkeit der Büroetage ergab sich im Streitfall daraus, dass die Betriebs-GbR dort ihre steuerberatende Tätigkeit ausübte. Unerheblich ist, dass ein Teil dieser Tätigkeit außerhalb der Büroetage ausgeübt wurde.

---

1   BFH, Urteil v. 23.1.2001 - VIII R 71/98, BFH/NV 2001, 894, 895 (linke Spalte); Beschluss v. 24.11.2005 - VIII B 73/05, BFH/NV 2006, 540.
2   BFH, Urteile v. 13.7.2006 - IV R 25/05, BFHE 214, 343, BStBl II 2006, 804; v. 14.12.2006 - III R 64/05 (unter II. 3. a)), BFH/NV 2007, 1659; v. 8.2.2007 - IV R 65/01 (unter II. 2. b), BFHE 216, 412, BFH/NV 2007, 948.
3   BFH, Urteil v. 13.12.2005 - XI R 45/04, BFH/NV 2006, 1453.
4   Vgl. unten Rn. 186.
5   BFH, Urteil v. 10.6.2008 - VIII R 79/05, BFHE 222, 320, BStBl II 2008, 863.

Auf die Wesentlichkeit (bezogen auf den Gesamtbetrieb) stellt eine neue Ent-   185
scheidung des BFH zur Verpachtung eines **Ladenlokals** ab.[1] Während die Vorinstanz dessen Betriebsgrundlageneigenschaft noch verneint hatte, weil die pachtende Betriebs-GmbH in dem Ladenlokal lediglich eine ihrer insgesamt zehn
Filialen betrieb,[2] ist nach Ansicht des BFH das einzelne Geschäftslokal eines Fi-
lialeinzelhandelsbetriebs in aller Regel auch dann eine wesentliche Betriebsgrundlage, wenn auf das Geschäftslokal weniger als 10 v. H. der gesamten Nutz-
fläche des Unternehmens entfällt.

Der BFH ist damit wieder von einer etwas großzügigeren Handhabung abge-   186
rückt.[3] Auf das Flächen- bzw. Nutzungsverhältnis kommt es damit in keinem
Fall an. Ebenso soll irrelevant sein, ob die betreffende Filiale lediglich Verluste
zum Gesamtergebnis beigesteuert hat bzw. wie viel Umsatz dort erwirtschaftet
wird. Auf die Frage, warum eine 10 v. H.-Grenze, die im Steuerrecht in der Regel
zwischen wesentlich und unwesentlich unterscheidet, ausgerechnet bei der Betriebsaufspaltung keine Anwendung finden soll, gibt der BFH keine Antwort.

Wesentliche Betriebsgrundlage ist des Weiteren das **Dachgeschoss** eines mehr-   187
stöckigen Hauses, wenn es zusammen mit den übrigen Geschossen die räumliche und funktionale Grundlage für den Betrieb bildet.[4] Dies gilt unabhängig
davon, dass das Dachgeschoss nur als Arbeitsplatz für Teilzeitkräfte dient und
dort keine Geschäftsleitungstätigkeiten ausgeübt werden.

(Einstweilen frei)   188–191

Hinsichtlich des **zeitlichen Anwendungsbereichs** der neueren schärferen Recht-   192
sprechung zur Behandlung von Büro- und Verwaltungsgebäuden als wesentliche Betriebsgrundlage hat die Finanzverwaltung mit den BMF-Schreiben vom
18. 9. 2001,[5] vom 20. 12. 2001[6] und vom 11. 6. 2002[7] folgende **Übergangsregelung** erlassen:

▶ Steuerliche Konsequenzen aus der geänderten Rechtsprechung sind auf Antrag erst für die Zeit nach dem 31. 12. 2002 zu ziehen.

▶ Wird der Antrag gestellt und bestehen die Voraussetzungen für die Annahme einer Betriebsaufspaltung über den 31. 12. 2002 hinaus fort, sind

---

1 BFH, Urteil v. 19.3.2009 - IV R 78/06, BFHE 224, 428; a.A. *Bitz*, GmbHR 2009, 728.
2 FG Köln, Urteil v. 9.3.2006, EFG 2006, 832; zur grundsätzlich möglichen Annahme einer wesentlichen Betriebsgrundlage bei einem Friseurlokal vgl. FG Saarland, Urteil v. 13.9.2005 - 1 K 62/01.
3 Siehe oben Rn. 183.
4 BFH, Urteil v. 14.2.2007 - XI R 30/05, BFHE 216, 559, BStBl II 2007, 524.
5 BMF v. 18.9.2001, BStBl I 2001, 634.
6 BMF v. 20.12.2001, BStBl I 2002, 88.
7 BMF v. 11.6.2002, BStBl I 2002, 647; zum Vertrauensschutz vgl. auch BFH, Urteil v. 10.6.2008 -
   VIII R 79/05, BFHE 222, 320, BStBl II 2008, 863.

die Wirtschaftsgüter beim Besitzunternehmen zum 1. 1. 2003 mit den Werten anzusetzen, mit denen sie zu Buche stehen würden, wenn von Anfang an zutreffend eine Betriebsaufspaltung angenommen worden wäre. Werden die Wirtschaftsgüter mit den Restwerten aufgrund der tatsächlich in Anspruch genommenen AfA angesetzt, wird dies von der Finanzverwaltung nicht beanstandet.

▶ Wird der Antrag gestellt, und sind die Voraussetzungen für die Annahme einer Betriebsaufspaltung vor dem 1. 1. 2003 weggefallen, ist die neuere Rechtsprechung nicht anzuwenden.

193 Auch reine **Lagerhallen** sind nach Ansicht der neuen Rechtsprechung regelmäßig wesentliche Betriebsgrundlagen i. S. der Betriebsaufspaltungs-Rechtsprechung, auch wenn es stets auf die tatrichterliche Würdigung im Einzelfall ankommt.[1]

194 Die früher von der Finanzverwaltung[2] vertretene gegenteilige Ansicht dürfte überholt sein. Das ergibt sich wohl auch aus dem Urteil des III. Senat des BFH,[3] in dem entschieden worden ist, dass eine **Betriebshalle mit Büroanlagen** eine wesentliche Betriebsgrundlage ist, weil das Hallengrundstück in der gegebenen Größe für die Zwecke des Betriebsunternehmens eingerichtet und geeignet war und sich aus der Art seines Einsatzes für das Betriebsunternehmen ergab, dass die Halle zur Erreichung des Betriebszwecks des Betriebsunternehmens erforderlich war. Letzteres hat der III. Senat des BFH daraus geschlossen, dass mit Ausnahme der von dem Betriebsunternehmen durchgeführten Bauarbeiten alle betrieblichen Tätigkeiten einschließlich der Verwaltung und Geschäftsführung auf diesem Grundstück abgewickelt wurden und sich auf dem Grundstück sämtliche für den Betrieb erforderlichen Büro- und Sozialräume, Lagerflächen und Parkplätze befanden.

195–197 *(Einstweilen frei)*

(8.6) Gemischt genutzte Gebäude

198 Ein von einer Betriebs-GmbH genutztes Gebäude, das Lager- Betriebs- und Verwaltungsräume umfasst, ist regelmäßig als wesentliche Betriebsgrundlage anzusehen.[4] Das gilt insbesondere dann, wenn es in einem zeitlichen Zusammenhang mit seiner Vermietung an das Betriebsunternehmen errichtet worden ist.

---

1 BFH, Beschlüsse v. 3.4.2001 - IV B 111/00, BFH/NV 2001, 1252; v. 13.9.2004 - XI B 10/04, BFH/NV 2005, 199.
2 OFD Cottbus v. 30.1.1995, FR 1995, 288; OFD München v. 21.12.1994, DB 1995, 118 ff.
3 BFH, Urteil v. 27.8.1998 - III R 96/96, BFH/NV 1999, 758.
4 BFH, Beschluss v. 2.3.2000 - IV B 34/99, BFH/NV 2000, 1084.

Verwiesen wird hierzu auf die obigen Ausführungen unter Rn. 96 ff. (**Gesamt-bildbetrachtung**).

d) Unbebaute Grundstücke

Literatur: *Märkle*, Die Betriebsaufspaltung an der Schwelle zu einem neuen Jahrtausend, X.1.b. Unbebaute Grundstücke als wesentliche Betriebsgrundlage, BB 2000 Beilage 7, 14; *o. V.*, Betriebsaufspaltung: Reservegelände und Besitzpersonenunternehmen, DB 1975, 326; *o. V.*, Betriebsaufspaltung: Sachliche Verflechtung auch durch Überlassung unbebauter Grundstücke möglich, Stbg 1990, 449.

Die vorstehend dargestellten Grundsätze über bebaute Grundstücke als wesentliche Betriebsgrundlage gelten grundsätzlich auch für unbebaute Grundstücke,[1] nur mit dem im tatsächlichen Bereich liegenden Unterschied, dass unbebaute Grundstücke in einem geringeren Umfang als bebaute Grundstücke die räumliche und funktionale Grundlage für die Geschäftstätigkeit des Betriebsunternehmens bilden.   199

So ist z. B. ein unbebautes Grundstück, dass 35 km von der Betriebsstätte des Betriebsunternehmens entfernt liegt und überwiegend als Lager für Produktionsabfälle genutzt wird, – jedenfalls nach der älteren Rechtsprechung[2] – keine wesentliche Betriebsgrundlage für das Betriebsunternehmen.[3]   200

Wird ein unbebautes Grundstück vom Besitzunternehmer an das Betriebsunternehmen vermietet und ist dieses unbebaute Grundstück für sich gesehen keine wesentliche Betriebsgrundlage, so wird es zur wesentlichen Betriebsgrundlage, wenn es mit Zustimmung des Besitzunternehmens vom Betriebsunternehmen mit einem **Gebäude bebaut** wird, das auf die Bedürfnisse des Betriebsunternehmens zugeschnitten bzw. für die Zwecke des Betriebsunternehmens nach Lage, Größe oder Grundriss besonders geeignet ist.[4]   201

Das Gleiche gilt für den Fall, dass das Besitzunternehmen dem Betriebsunternehmen ein im Rohbau fertig gestelltes Gebäude zur Nutzung überlässt, in dem das Betriebsunternehmen die für seine Bedürfnisse noch fehlenden Vorrichtungen einbaut.[5]   202

Und in dem Urteil vom 5. 9. 1991[6] hat der BFH ganz allgemein ausgesprochen, dass es unerheblich ist, ob die besondere Gestaltung des Grundstücks für die   203

---

1   BFH, Urteil v. 24.2.2000 - IV R 62/98, BFHE 191, 295, BStBl II 2000, 417.
2   Siehe oben unter Rn. 106 ff.
3   FG Münster, Urteil v. 25.7.1996, EFG 1997, 203 (Revision eingelegt, Az des BFH: X R 143/96).
4   BFH, Urteile v. 24.8.1989 - IV R 135/86, BFHE 158, 245, BStBl II 1989, 1014; v. 23.1.1991 - X R 47/87, BFHE 163, 460, BStBl II 1991, 405.
5   BFH, Urteil v. 23.1.1991 - X R 47/87, BFHE 163, 460, BStBl II 1991, 405.
6   BFH, Urteil v. 5.9.1991 - IV R 113/90, BFHE 165, 420, BStBl II 1992, 349.

Zwecke des mietenden Betriebsunternehmens teilweise vom Besitz- und teilweise vom Betriebsunternehmen vorgenommen worden ist.

204 In allen vorbeschriebenen Fällen spielt es keine Rolle, ob die aus den Baumaßnahmen des Betriebsunternehmens hervorgehenden Bauten oder Gebäudeteile in das Eigentum des Besitzunternehmens übergehen; denn die Umqualifizierung des unbebauten Grundstücks zu einer wesentlichen Betriebsgrundlage erfolgt allein schon durch die Gestaltung der Baumaßnahmen durch das Besitzunternehmen.[1]

205–207 *(Einstweilen frei)*

e) Bewegliche Wirtschaftsgüter

Literatur: *Ritzrow*, Kriterien der Betriebsaufspaltung, hier: Sachliche Verflechtung, StBp 2009, 54; *Schallmoser*, Flugzeuge, Betriebsaufspaltung und Liebhaberei, DStR 1997, 49.

208 Auch bewegliche Wirtschaftsgüter des Anlagevermögens können (ebenso wie bei der Betriebsveräußerung, der Betriebsaufgabe und der Betriebsverpachtung) eine wesentliche Betriebsgrundlage darstellen.[2] Das dürfte – jedenfalls nach der älteren Rechtsprechung – in der Regel zwar nicht für einzelne Wirtschaftsgüter, wohl aber für eine ganze maschinelle Einrichtung oder für das ganze Anlagevermögen zutreffen.

209 So hat z. B. das FG Düsseldorf[3] rechtskräftig entschieden, dass die Sachgesamtheit von Maschinen, Werkzeugen und Fahrzeugen auch bei einem **Stuckateurbetrieb**, bei dem Können der Mitarbeiter und dem technischen Know-how besondere Bedeutung zukommt, wesentliche Betriebsgrundlage ist.

210 Der BFH hat in folgenden Fällen eine wesentliche Betriebsgrundlage angenommen:

▶ bei einem Fabrikationsbetrieb die Betriebsvorrichtungen und die Maschinen nebst dem notwendigen Zubehör,[4]

▶ die Maschinen und die Geschäftsausstattung einer Druckerei,[5]

▶ die Spinnereimaschinen einer Kammgarnspinnerei,[6]

---

1 BFH, Urteil v. 23.1.1991 - X R 47/87, BFHE 163, 460, BStBl II 1991, 405.
2 BFH, Urteile v. 6.3.1997 - XI R 2/96, BFHE 183, 85, BStBl II 1997, 460; v. 2.2.2000 - XI R 8/99, BFH/NV 2000, 1135 (rechte Spalte); Beschluss v. 26.6.2007 - X B 69/06 (unter 1. b), BFH/NV 2007, 1707.
3 FG Düsseldorf, Urteil v. 25.9.2003, EFG 2004, 41.
4 BFH, Urteil v. 13.12.1983 - VIII R 90/81, BFHE 140, 526, BStBl II 1984, 474, 479.
5 BFH, Urteil v. 27.3.1987 - III R 214/83, BFH/NV 1987, 578, 579 (mittlere Spalte).
6 BFH, Urteil v. 25.6.1970 - IV 350/64, BFHE 99, 479, BStBl II 1970, 719, 720 (rechte Spalte).

▶ bei einem Schlosserei- und Metallbauunternehmen die Betriebsausstattung, die Werkzeuge und die Geschäftswagen,[1]

▶ die Standardmaschinen eines Fabrikationsbetriebs[2] und

▶ bei der Dreschmaschine einer Lohndrescherei.[3]

Je nach Branche und Eigenart des Betriebs sowie nach den besonderen Umständen im Einzelfall hat der BFH die Maschinen und Einzeleinrichtungen einer Metzgerei[4] und einer Bäckerei, Konditorei mit Café-Restaurant und Hotel[5] als Betriebsvermögensgegenstände von untergeordneter Bedeutung beurteilt.   211

Nach dem BFH-Urteil von 29. 10. 1992[6] sind das Inventar und der Warenbestand, die kurzfristig wiederbeschafft werden können, *keine* wesentlichen Betriebsgrundlagen. Gleiches gilt nach der älteren Rechtsprechung für einzelne kurzfristig wiederbeschaffbare Maschinen auch bei Fabrikationsbetrieben.[7]   212

Zweifelhaft ist, ob die neue verschärfende Rechtsprechung des BFH,[8] die nur zu Grundstücken ergangen ist,[9] sich auch auf die Behandlung einzelner beweglicher Wirtschaftsgüter als wesentliche Betriebsgrundlage auswirkt.   213

BEISPIEL: ▶ A ist an einer Druckerei-GmbH mit 70 v. H. beteiligt. Er hat an die GmbH eine Druckmaschine vermietet, die für diese ein wirtschaftliches Gewicht hat, weil die Maschine die funktionelle Grundlage für die Geschäftstätigkeit der GmbH ist. Eine Druckmaschine gleicher Art und Güte kann die GmbH am Markt jederzeit mieten oder kaufen.   214

Lösung:

Nach der älteren Rechtsprechung des BFH war die Druckmaschine für die GmbH keine wesentliche Betriebsgrundlage, weil sie für deren Betrieb nicht besonders hergerichtet und jederzeit ersetzbar war. Nach der neueren Rechtsprechung ist es zumindest zweifelhaft, ob die Druckmaschine nicht doch eine wesentliche Betriebsgrundlage ist, weil sie für die Betriebs-GmbH eine funktionale Grundlage bildet.[10]

Die Frage, ob die verschärfende neuere Rechtsprechung des BFH zum Problem der sachlichen Verflechtung bei der Überlassung von Grundstücken vom BFH   215

---

1   BFH, Urteil v. 30.4.1985 - VIII R 203/80, BFH/NV 1986, 21.
2   BFH, Urteil v. 12.6.1996 - XI R 56, 57/95, BFHE 180, 436, BStBl II 1996, 527.
3   BFH, Beschluss v. 13.9.1994 - X B 157/94, BFH/NV 1995, 385.
4   BFH, Urteil v. 14.12.1978 - IV R 106/75, BFHE 127, 21, BStBl II 1979, 300, 302.
5   BFH, Urteil v. 7.8.1979 - VIII R 153/77, BFHE 129, 325, BStBl II 1980, 181, 184.
6   BFH, Urteil v. 29.10.1992 - III R 5/92, BFH/NV 1993, 233.
7   Z.B. BFH, Urteil v. 26.5.1993 - X R 101/90, BFHE 171, 468, BStBl II 1993, 710.
8   Siehe oben unter Rn. 112 ff.
9   Siehe oben unter Rn. 105 ff.
10 Vgl. oben unter Rn. 112.

auch auf die Vermietung von beweglichen Wirtschaftsgütern angewendet wird, kann – auch unter Berücksichtigung des Beschlusses vom 18. 5. 2004[1] – noch nicht abschließend beantwortet werden. Nach diesem Beschluss sind bewegliche Wirtschaftsgüter dann eine wesentliche Betriebsgrundlage, wenn sie zur Erreichung des Betriebszwecks erforderlich sind und ein besonderes wirtschaftliches Gewicht für die Betriebsführung haben.[2]

216 Das ist vor allem für Wirtschaftsgüter des Anlagevermögens anzunehmen, die für den Betriebsablauf unerlässlich sind, so dass ein Pächter des Betriebs diesen nur mit ihrer Hilfe in der bisherigen Form fortführen könnte.[3] Das könnte dafür sprechen, dass es auch hier nicht mehr auf die kurzfristige Wiederbeschaffbarkeit ankommt, so dass regelmäßig auch ein einzelnes Wirtschaftsgut (z. B. eine einzelne Maschine), die jederzeit wiederbeschafft werden kann, infolge der Verschärfung der bisherigen Rechtsprechung eine wesentliche Betriebsgrundlage ist, wenn sie zur Erreichung des Betriebszwecks erforderlich ist und ein besonderes wirtschaftliches Gewicht für die Betriebsführung hat.

217 Andererseits aber wird in dem Beschluss vom 18. 5. 2004[4] ausgeführt:

„Zusammenfassend lässt sich festhalten, dass die Rechtsprechung selbst bei Produktionsunternehmen (...) einzelne Maschinen, die kurzfristig wieder zu beschaffen waren, nicht als wesentliche Betriebsgrundlagen eingestuft hat; eine andere Beurteilung wurde dann für notwendig erachtet, wenn durch die Veräußerung des gesamten Maschinenparks eine Produktion schlechterdings ausgeschlossen ist (...). Nichts anderes kann auch für Montage- und Reparaturbetriebe gelten. Im Streitfall hat das Finanzgericht (FG) auf der Grundlage dieser Rechtsprechung festgestellt, dass die Lkw-Kastenwagen mit Werkzeugausstattung nicht als wesentliche Betriebsgrundlage einzustufen sind."

Das spricht eher für die Beibehaltung der bisherigen Rechtsprechung bei beweglichen Wirtschaftsgütern.

218–221 *(Einstweilen frei)*

f) Immaterielle Wirtschaftsgüter

Literatur: *Brandenberg*, Betriebsaufspaltung und Behandlung des Firmenwerts, JbFSt 1990, 235; *Fichtelmann*, Ausgewählte Fragen zur Betriebsaufspaltung, GmbHR 2006, 345; *Hoffmann, Fritz*, Anm. zum BFH-Urteil IV R 16/69 vom 9. 7. 1970, GmbH-R 1972, 95; *Irm-*

---

1 BFH, Beschluss v. 18.5.2004 - X B 167/03, BFH/NV 2004, 1262.
2 Vgl. auch BFH, Urteile v. 12.6.1996 - XI R 56, 57/95, BFHE 180, 436, BStBl II 1996, 527; v. 18.5.2004 - X B 167/03, BFH/NV 2004, 1262 (rechte Spalte); v. 2.12.2004 - III R 77/03, BStBl II 2005, 340.
3 BFH, Urteile v. 24.8.1989 - IV R 135/86, BFHE 158, 245, BStBl II 1989, 1014; v. 18.5.2004 - X B 167/03, BFH/NV 2004, 1262, 1263 (linke Spalte).
4 BFH, Beschluss v. 18.5.2004 - X B 167/03, BFH/NV 2004, 1262, 1263 (mittlere Spalte).

ler, Erfindervergütungen im Falle der Betriebsaufspaltung, BB 1976, 1266; *ders.*, Zur einkommen- und gewerbesteuerlichen Behandlung von Erfindervergütungen bei Betriebsaufspaltung, BB 1978, 397; *ders.*, Erfindervergütungen bei Betriebsaufspaltung, BB 1980, 1468; *Kreß, Brigitte*, Betriebsaufspaltung und andere steuerliche Probleme bei Erfindern, DB 1978, 610; *Rosenau*, Kann ein Fabrikantenerfinder, der seine Erfindungen in der aus einer Betriebsaufspaltung hervorgegangenen Betriebs-GmbH verwertet, die Tarifvergünstigungen der Erfinderverordnung in Anspruch nehmen?, DB 1971, 1933; *Zinken*, Erfindervergünstigung trotz Betriebsaufspaltung?, BB 1972, 1226; *o. V.*, Betriebsaufspaltung: Übergang vom Besitzunternehmen zur Betriebsaufspaltung, DB 1970 S. 276; *o. V.*, Zur Nichterfassung von Besitzunternehmen, DB 1970, 904; *o. V.*, Verwertung von Erfindungen und Betriebsaufspaltung, DB 1973, 550; *o. V.*, Erfindervergünstigung: Es bedeutet keine Auswertung im fremden Betrieb, wenn der Erfinder die Erfindung gegen Lizenz in seiner durch Betriebsaufspaltung entstandenen GmbH auswertet, DB 1974, 265.

(1) Geschützte Erfindungen

Auch immaterielle Wirtschaftsgüter können eine wesentliche Betriebsgrundlage sein,[1] sofern die Umsätze des Betriebsunternehmens in erheblichem Umfang auf diesen Wirtschaftsgütern beruhen. Hierher rechnen z. B. **Schutzrechte**, zu denen insbesondere **Patente** gehören.[2] Den von *Ahmann*[3] hiergegen geäußerten Bedenken hat sich der BFH nicht angeschlossen.[4]

> **BEISPIEL:** ▶ A betreibt eine Fabrik zur Herstellung von Rohren in der Rechtsform einer GmbH. Daneben ist A in einem von ihm betriebenen freiberuflichen Unternehmen tätig. Er macht im Rahmen dieses Unternehmens eine bahnbrechende Erfindung zur Herstellung von Rohren. Die Erfindung wird patentiert. A überlässt seiner GmbH die alleinige Verwertung der Erfindung gegen Entgelt.

Lösung:

Die der Betriebs-GmbH zur Nutzung überlassene patentierte Erfindung ist für die GmbH eine wesentliche Betriebsgrundlage, zumindest dann, wenn die Umsätze der Betriebs-GmbH in erheblichem Umfang auf der Ausnutzung der **Erfindung** beruhen.[5]

222

223

224

---

1 BFH, Urteil v. 2.2.2000 - XI R 8/99, BFH/NV 2000, 1135 (rechte Spalte).
2 BFH, Entscheidungen v. 1.6.1978 - IV R 152/73, BFHE 125, 280, BStBl II 1978, 545; v. 22.1.1988 - III B 9/87, BFHE 152, 539, BStBl II 1988, 537; v. 26.1.1989 - IV R 151/86, BFHE 156, 138, BStBl II 1989, 455; v. 24.8.1989 - IV R 135/86, BFHE 158, 245, BStBl II 1989, 1014; v. 6.11.1991 - XI R 12/87, BFHE 166, 206, BStBl II 1992, 415; v. 23.9.1998 - XI R 72/97 (unter II. 1. b)), BFHE 187, 36, BStBl II 1999, 281, 282 (linke Spalte); v. 20.7.2005 - X R 22/02, BFHE 210, 345, BStBl II 2006, 457; v. 2.2.2006 - XI B 91/05, BFH/NV 2006, 1266.
3 *Ahmann*, DStR 1988, 595.
4 BFH, Urteil v. 26.1.1989 - IV R 151/86, BFHE 156, 138, BStBl II 1989, 455.
5 BFH, Urteile v. 20.9.1973 - IV R 41/69, BFHE 110, 368, BStBl II 1973, 869; v. 1.6.1978 - IV R 152/73, BFHE 125, 280, BStBl II 1978, 545; v. 26.1.1989 - IV R 151/86, BFHE 156, 138, BStBl II 1989, 455; v. 11.7.1989 - VIII R 151/85, BFH/NV 1990, 99; v. 14.9.1989 - IV R 142/88, BFH/NV 1990, 522; v. 6.11.1991 - XI R 12/87, BFHE 166, 206, BStBl II 1992, 415.

225 Ob die überlassenen Schutzrechte eine wesentliche Betriebsgrundlage sind oder nicht, richtet sich nach den Umsätzen, die das Betriebsunternehmen aufgrund der überlassenen Schutzrechte erzielt. Die Produktion des Betriebsunternehmens muss in erheblichem Umfang auf den Schutzrechten basieren.[1] In der Rechtsprechung[2] wird hierzu ein Umsatzanteil von 25 v. H. als ausreichend angesehen.

226 Für die Beantwortung der Frage, ob ein überlassenes Patent eine wesentliche Betriebsgrundlage ist, spielt es keine Rolle, ob das Betriebsunternehmen auf der Grundlage der Erfindung selbst produziert oder ob es sich auf die weitere Verwertung der Erfindung beschränkt.[3]

(2) Ungeschützte Erfindungen

Literatur: *Fichtelmann,* Ausgewählte Fragen zur Betriebsaufspaltung, GmbHR 2006, 345; *Pietsch,* Nutzung eines ungeschützten Erfinderrechts im Rahmen der Betriebsaufspaltung, StSem 1995, 116.

227 Die Frage, ob auch nicht patentierte Erfindungen als wesentliche Betriebsgrundlagen im Rahmen der Betriebsaufspaltung in Betracht kommen können, wird vom BFH nicht einheitlich beantwortet. Nach dem BFH-Urteil vom 25. 10. 1988[4] ist eine nicht geschützte Erfindung keine wesentliche Betriebsgrundlage, weil sie von jedermann ausgenutzt werden darf. Das Betriebsunternehmen kann also auch bei Kündigung des zwischen ihm und dem Besitzunternehmen bestehenden Lizenzvertrags die ihm durch diesen Vertrag überlassene Erfindung weiter für sich nutzen.

228 Der XI. Senat des BFH hingegen hat mit Urteil vom 6. 11. 1991[5] unter Hinweis auf das BFH-Urteil vom 1. 6. 1978[6] entschieden, dass nicht patentierte Erfindungen eine wesentliche Betriebsgrundlage sein können, jedenfalls dann, wenn der Nutzungswillige auf den Abschluss eines Lizenzvertrags mit dem Besitzunternehmen angewiesen ist.

---

1 BFH, Urteile v. 20.9.1973 - IV R 41/69, BFHE 110, 368, BStBl II 1973, 869; v. 1.6.1978 - IV R 152/73, BFHE 125, 280, BStBl II 1978, 545; v. 26.1.1989 - IV R 151/86, BFHE 156, 138, BStBl II 1989, 455; v. 11.7.1989 - VIII R 151/85, BFH/NV 1990, 99; v. 6.11.1991 - XI R 12/87, BFHE 166, 206, BStBl II 1992, 415; v. 20.7.2005 - X R 22/02, BFHE 210, 345, BStBl II 2006, 457.
2 BFH, Urteile v. 20.9.1973 - IV R 41/69, BFHE 110, 368, BStBl II 1973, 869; v. 23.9.1998 - XI R 72/97, BFHE 187, 36, BStBl II 1999, 281, 282 (linke Spalte).
3 BFH, Urteil v. 6.11.1991 - XI R 12/87, BFHE 166, 206, BStBl II 1992, 415.
4 BFH, Urteil v. 25.10.1988 - VIII R 339/82, BFHE 154, 539.
5 BFH, Urteil v. 6.11.1991 - XI R 12/87, BFHE 166, 206, BStBl II 1992, 415.
6 BFH, Urteil v. 1.6.1978 - IV R 152/73, BFHE 125, 280, BStBl II 1978, 545.

Und in den Urteilen des BFH vom 21. 10. 1988[1] und vom 26. 8. 1993[2] wird auf die   229
Unterscheidung zwischen geschützter und nicht geschützter Erfindung nicht
eingegangen und werden demzufolge begründungslos auch ungeschützte Erfindungen als wesentliche Betriebsgrundlage behandelt.

Im Übrigen ist zu beachten, dass die Zugehörigkeit einer ungeschützten Erfin-   230
dung zu einem Betriebsvermögen in dem Urteil vom 26. 8. 1993 nicht mit der
Gewerblichkeit des Besitzunternehmens aufgrund der Betriebsaufspaltungs-
Rechtsprechung, sondern damit begründet worden ist, dass das „Besitzunternehmen" von sich aus schon eine gewerbliche Tätigkeit ausübte.[3]

Es besteht also die Gefahr, dass nach der oben unter Rn. 105 ff. dargestellten   231
Rechtsprechungsänderung heute auch ungeschützte Erfindungen, wenn sie die
funktionale Grundlage für die Geschäftstätigkeit des Betriebsunternehmens
bilden und damit für dieses von wirtschaftlichem Gewicht sind, sich als wesentliche Betriebsgrundlage darstellen. Folgt man dem, erscheint es auf der anderen Seite jedoch als konsequent, ein **Auslaufen des Patentschutzes** *nicht* als
Beendigung der sachlichen Verflechtung anzusehen.[4]

(Einstweilen frei)   232–235

(3) Urheberrechte, Marken und sonstige Schutzrechte

Auch Urheberrechte und sonstige Schutzrechte (vgl. z. B. den Fall des BFH-Ur-   236
teils vom 1. 6. 1994[5]) können wesentliche Betriebsgrundlage im Rahmen einer
Betriebsaufspaltung sein. Gleiches soll für **Marken** gelten.[6]

(Einstweilen frei)   237–239

(4) Kundenstammrecht, Handelsvertretervertrag, Firmenwert, Konzessionen

Als wesentliche Betriebsgrundlage können auch andere immaterielle Wirt-   240
schaftsgüter wie ein **Kundenstammrecht** oder **Handelsvertreterverträge**[7] in
Betracht kommen. Auch ein verpachteter **Firmenwert** kann eine wesentliche

---

1   BFH, Urteil v. 21.10.1988 - III R 258/84, BFH/NV 1989, 321.
2   BFH, Urteil v. 26.8.1993 - I R 86/92, BFHE 172, 341, BStBl II 1994, 168.
3   BFH, Urteil v. 26.8.1993 - I R 86/92, BFHE 172, 341, BStBl II 1994, 168.
4   A.A. *Fichtelmann*, GmbHR 2006, 345, 347.
5   BFH, Urteil v. 1.6.1994 - X R 81/90, BFH/NV 1995, 154.
6   *Wacker*, in: Schmidt, EStG Kommentar, 28. Aufl. 2009, § 15, Rn. 808.
7   FG München, Urteil v. 20.3.2007 - 6 K 2112/05.

Betriebsgrundlage sein,[1] und zwar auch im Fall einer unentgeltlichen Nutzungsüberlassung.[2]

241 Hingegen soll nach einem Urteil des FG Münster[3] die entgeltliche Überlassung der Ausnutzung von **Handelsvertreterrechten** unter Zurückbehaltung des Kundenstammes und des Ausgleichsanspruchs nach § 89b HGB keine sachliche Verflechtung im Rahmen einer Betriebsaufspaltung begründen können, weil das Handelsvertreterrecht für sich allein nicht übertragbar sei.

242 Auch Konzessionen zur Betreibung des gewerblichen Kraftdroschkenverkehrs (**Taxikonzessionen**) sind eine wesentliche Betriebsgrundlage einer Betriebs-GmbH, deren Gegenstand u. a. der Betrieb von gewerblichem Kraftdroschkenverkehr ist.[4]

243–245 *(Einstweilen frei)*

(5) Warenzeichen, Rezepte, Know-how

Literatur: *Sauer*, zur steuerlichen Behandlung von Know-how-Vergütungen bei Betriebsaufspaltung, StBp 1976, 5.

246 Nach dem BFH-Urteil vom 20. 9. 1973[5] können selbst Warenzeichen, Rezepte und Know-how als wesentliche Betriebsgrundlage in Betracht kommen.

247–249 *(Einstweilen frei)*

(6) Umlaufvermögen

250 Umlaufvermögen stellt keine wesentliche Betriebsgrundlage dar. Nach der älteren Rechtsprechung wurde dies damit gerechtfertigt, dass Umlaufvermögen jederzeit austauschbar ist. Nach Aufgabe der Austauschbarkeits-Rechtsprechung[6] wird man darauf abzustellen haben, dass die Grundsätze der Betriebsaufspaltung sich nur auf Wirtschaftsgüter des Anlagevermögens beziehen können, weil Wirtschaftsgüter des Umlaufvermögens, also Wirtschaftgüter, die zum

---

1 BFH, Urteile v. 31.3.1971 - I R 111/69, BFHE 102, 73, BStBl II 1971, 536; v. 14.1.1998 - X R 57/93, BFHE 185, 230; v. 27.3.2001 - I R 42/00, BFHE 195, 536, BStBl II 2001, 771; v. 30.1.2002 - X R 56/99, BFHE 197, 535, BStBl II 2002, 387; v. 13.12.2005 - XI R 45/04, BFH/NV 2006, 1453; v. 8.2.2007 - IV R 65/01 (unter II. 2. b), BFHE 216, 412, BFH/NV 2007, 1004; Beschluss v. 26.6.2007 - X B 69/06 (unter 1. a), BFH/NV 2007, 1707; vgl. auch BFH, Urteil v. 5.6.2008 - IV R 79/05 (unter II. 3. a aa), BFHE 222, 20, BStBl II 2009, 15.
2 BFH, Beschluss v. 26.6.2007 - X B 69/06 (unter 1. a), BFH/NV 2007, 1707.
3 FG Münster, Urteil v. 26.10.1994, EFG 1995, 360.
4 FG Münster, Urteil v. 11.5.1995, EFG 1996, 434.
5 BFH, Urteil v. 20.9.1973 - IV R 41/69, BFHE 110, 368, BStBl II 1973, 869; vgl. auch BFH, Urteil v. 1.6.1978 - IV R 152/73, BFHE 125, 280, BStBl II 1978, 545.
6 Siehe oben unter Rn. 109.

Verbrauch oder zur Veräußerung bestimmt sind, nicht zur Nutzung überlassen werden können.

4. Überlassung von Wirtschaftsgütern

a) Abgrenzung der Nutzungsüberlassung zur Veräußerung

Da nur die Überlassung zur Nutzung, nicht aber auch die Veräußerung von Wirtschaftsgütern eine sachliche Verflechtung begründet, müssen beide Sachverhalte voneinander abgegrenzt werden.

Schwierigkeiten können hier insbesondere bei der Abgrenzung der Überlassung zur Nutzung oder Veräußerung von immateriellen Wirtschaftsgütern auftreten. Maßgebend für diese Abgrenzung ist allein, ob nach den vertraglichen Vereinbarungen[1] wirtschaftlich gesehen Rechte zeitlich begrenzt überlassen oder aber endgültig übertragen werden sollen.[2] Unerheblich hingegen ist, ob schuldrechtliche oder dingliche Nutzungsrechte vereinbart worden sind.[3]

Auch die Übertragung eines Patents selbst beseitigt nicht den Charakter einer Nutzungsüberlassung, sofern die Patentübertragung nicht endgültig erfolgen soll.[4] Ist ungewiss, ob und wann eine Rechtsübertragung enden wird, so ist ebenfalls nur eine zeitlich begrenzte Rechtsübertragung anzunehmen. Andererseits liegt keine zeitlich begrenzte Rechtsübertragung vor, wenn ein Rückfall der übertragenen Rechte nicht in Betracht kommt.[5]

In dem BFH-Beschluss vom 22. 1. 1988[6] hat der BFH eine zeitliche Begrenzung angenommen, weil nach den getroffenen Vereinbarungen im Verzugsfall, bei Eröffnung des Vergleichsverfahrens oder des Konkurs- bzw. Insolvenzverfahrens das übertragene Recht ersatzlos an das Besitzunternehmen zurückfallen sollte.

Das FG Münster hat in seinem Urteil vom 4. 5. 1999[7] eine nur zeitlich begrenzte Überlassung eines gewerblichen Schutzrechts auch für den Fall angenommen, dass der Überlassende auf den Rückfall des Rechts keinen Einfluss nehmen kann und die Übertragung lediglich für den Fall der Vertragsverletzung vereinbart worden ist.

251

252

253

254

---

1 BFH, Urteil v.- 7.12.1977 I R 54/75, BFHE 124, 175, BStBl II 1978, 355.
2 BFH, Beschluss v. 22.1.1988 - III B 9/87, BFHE 152, 539, BStBl II 1988, 537.
3 BFH, Urteil v. 7.12.1977 - I R 54/75, BFHE 124, 175, BStBl II 1978, 355; Beschluss v. 22.1.1988 - III B 9/87, BFHE 152, 539, BStBl II 1988, 537.
4 BFH, Beschluss v. 22.1.1988 - III B 9/87, BFHE 152, 539, BStBl II 1988, 537.
5 BFH, Entscheidungen v. 23.5.1979 - I R 163/77, BFHE 128, 213, BStBl II 1979, 757; v. 22.1.1988 - III B 9/87, BFHE 152, 539, BStBl II 1988, 537; FG Münster, Urteil v. 4.5.1999, EFG 1999, 1282, 1283 (linke Spalte).
6 BFH, Beschluss v. 22.1.1988 - III B 9/87, BFHE 152, 539, BStBl II 1988, 537.
7 FG Münster, Urteil v. 4.5.1999, EFG 1999, 1282.

255 Keine Überlassung zur Nutzung liegt vor, wenn es sich bei der Erfindung um eine sog. **Diensterfindung** i. S. des § 4 Abs. 2 ArbNehmErfG handelt, weil in einem solchen Fall das Betriebsunternehmen die Erfindung gem. § 6 ArbNehmErfG in Anspruch nehmen kann und demzufolge alle Rechte an der Diensterfindung nach § 7 Abs. 1 ArbNehmErfG auf das Betriebsunternehmen übergehen.[1]

256–258 *(Einstweilen frei)*

b) Nutzungsüberlassung eines fremden Wirtschaftsguts

259 Nicht erforderlich ist, dass die überlassene wesentliche Betriebsgrundlage dem Besitzunternehmen gehört. Die Voraussetzung „Überlassen einer wesentlichen Betriebsgrundlage" kann vielmehr auch dann erfüllt sein, wenn das Besitzunternehmen dem Betriebsunternehmen Wirtschaftsgüter zur Nutzung überlässt, die ihm selbst von Dritten zur Nutzung überlassen worden sind.[2] In einem solchen Fall gehört allerdings nicht das überlassene Wirtschaftsgut, sondern nur das Nutzungsrecht an dem überlassenen Wirtschaftsgut zum Betriebsvermögen des Besitzunternehmens.

260 Stehen dem Vermieter/Verpächter weder dingliche noch schuldrechtliche Rechte an der wesentlichen Betriebsgrundlage zu, kann eine Betriebsaufspaltung nicht angenommen werden. Das ergibt sich aus der Formulierung des BFH, dass der Vermieter bzw. Verpächter zur Nutzungsüberlassung „befugt" sein muss.[3]

261 Auch Wirtschaftsgüter, die zum **Sonderbetriebsvermögen** eines Gesellschafters des Besitzunternehmens gehören und die dem Betriebsunternehmen zur Nutzung überlassen worden sind, können eine wesentliche Betriebsgrundlage sein.[4]

262 Dabei spielt es bei bestehender Betriebsaufspaltung keine Rolle, ob das dem Gesellschafter der Besitzgesellschaft gehörende Wirtschaftsgut dem Betriebsunternehmen von der Besitzgesellschaft oder unmittelbar von dem Besitzgesellschafter zur Nutzung überlassen wird.[5] In dem dem Urteil des FG Münster vom 5. 12. 1995 zugrunde liegenden Fall hatte der Gesellschafter einer Besitz-

---

1 BFH, Urteil v. 26.1.1989 - IV R 151/86, BFHE 156, 138, BStBl II 1989, 455.
2 BFH, Urteile v. 11.8.1966 - IV R 219/64, BFHE 86, 621, BStBl III 1966, 601; v. 17.3.1987 - VIII R 36/84, BFHE 150, 356, BStBl II 1987, 858; v. 12.10.1988 - X R 5/86, BFHE 154, 566, BStBl II 1989, 152; v. 24.8.1989 - IV R 135/86, BFHE 158, 245, BStBl II 1989, 1014; FG Niedersachsen, Urteil v. 20.6.2007, EFG 2007, 1584.
3 BFH, Urteil v. 12.10.1988 - X R 5/86, BFHE 154, 566, BStBl II 1989, 152; kritisch *Fichtelmann*, GmbHR 2006, 345, 348.
4 BFH, Urteile v. 15.5.1975 - IV R 100/71, BFHE 116, 90, BStBl II 1975, 791; v. 10.4.1997 - IV R 73/94, BFHE 183, 127, BStBl II 1997, 569.
5 FG Münster, Urteil v. 5.12.1995, EFG 1996, 272.

gesellschaft durch einen unmittelbar mit der Betriebs-GmbH abgeschlossenen Lizenzvertrag dieser ein Erfinderrecht zur Nutzung überlassen.

(Einstweilen frei)   263–265

c) Art der Nutzungsüberlassung

Literatur: *Fichtelmann*, Betriebsaufspaltung bei unentgeltlicher Nutzungsüberlassung durch das Besitzunternehmen – Anm. zu dem BFH-Urteil vom 24. 4. 1991 - X R 84/88, GmbHR 1991, 442; *ders.*, Ausgewählte Fragen zur Betriebsaufspaltung, GmbHR 2006, 345; *Lersch/Schaaf*, Kann auch die unentgeltliche Überlassung von Wirtschaftsgütern an eine Betriebs-GmbH zur Annahme eines Besitzunternehmens i. S. der Betriebsaufspaltung führen?, FR 1972, 440; *Märkle*, Die Betriebsaufspaltung an der Schwelle zu einem neuen Jahrtausend, X.1.a. Unentgeltlichkeit der Überlassung kein Betriebsaufspaltungshindernis, BB 2000 Beilage 7, 13 f.; *Schmidt, Karsten*, Nutzungsüberlassung, Eigenkapitalersatz und materielle Unterkapitalisierung, ZIP 1993, 161; *Stamm/Lichtinghagen*, Der Nutzungsvorteil im Rahmen einer Betriebsaufspaltung, StuB 2007, 857.

Eine wesentliche Betriebsgrundlage wird überlassen, wenn sie vom Besitzunternehmen an das Betriebsunternehmen **vermietet, verpachtet** oder **verliehen** wird.[1]   266

Es reicht also auch die **unentgeltliche Überlassung** aus.[2] In diesem Fall erzielt das Besitzunternehmen zwar keine Einnahmen aus Vermietung und Verpachtung. Trotzdem ist bei ihm das für die Annahme eines Gewerbebetriebs erforderliche Merkmal der **Gewinnerzielungsabsicht** erfüllt, weil bei einer Betriebsaufspaltung regelmäßig die Beteiligung der beherrschenden Person oder Personengruppe am Betriebsunternehmen zum Betriebsvermögen des Besitzunternehmens gehört und demzufolge – bezogen auf die beherrschende Person oder Personengruppe – Ausschüttungen aus dem Betriebsunternehmen und Nutzungsentgelte des Betriebsunternehmens an das Besitzunternehmen weitgehend austauschbar sind. Wird kein Nutzungsentgelt gezahlt, ist der zur Ausschüttung zur Verfügung stehende Betrag entsprechend größer. Dies wirft Fragen hinsichtlich der Anwendung von § 3c Abs. 2 EStG auf, welche später zu erläutern sind.[3]   267

Im Rahmen einer Betriebsaufspaltung ist beim Besitzunternehmen eine Gewinnerzielungsabsicht nur dann zu verneinen, wenn die beherrschende Person oder Personengruppe mit den vereinbarten Nutzungsentgelten und den tatsächlichen und möglichen Ausschüttungen auf Dauer gesehen keine Kosten-   268

---

1   BFH, Urteil v. 24.4.1991 - X R 84/88, BFHE 164, 385, BStBl II 1991, 713.
2   BFH, Urteile v. 24.4.1991 - X R 84/88, BFHE 164, 385, BStBl II 1991, 713; v. 30.3.2006 - IV R 31/03, BFHE 212, 563, BStBl II 2006, 652; FG Düsseldorf, Urteil v. 28.2.2007, EFG 2007, 1503; a.A. *Schulze zur Wiesche*, BB 1997, 1229, 1230 (linke Spalte).
3   Vgl. unten Rn. 1527 ff.

deckung erwarten kann.[1] Sind Nur-Betriebs-Gesellschafter vorhanden, dürfen in diesem Zusammenhang die an diese möglichen Gewinnausschüttungen nicht mitberücksichtigt werden.[2]

269 Für die Auffassung, dass eine Betriebsaufspaltung auch in den Fällen einer unentgeltlichen Überlassung von Wirtschaftsgütern vorliegt, spricht folgende Überlegung: Würde man eine Betriebsaufspaltung verneinen, würden die stillen Reserven der an das Betriebsunternehmen vermieteten Wirtschaftsgüter nicht der Einkommensteuer unterliegen. Das wäre mit dem Sinn und Zweck der Betriebsaufspaltung nicht vereinbar. Denn dieser besteht nicht nur darin, die mit den überlassenen Wirtschaftsgütern erwirtschafteten Gewinne der Gewerbesteuer zu unterwerfen, sondern auch die stillen Reserven der überlassenen Wirtschaftsgüter einkommensteuerrechtlich zu erfassen.

270 Allerdings passt die vom BFH für die Annahme einer Gewinnerzielungsabsicht im Falle einer unentgeltlichen Überlassung gegebene Begründung nicht für die Fälle, in denen am Besitzunternehmen auch **Nur-Besitz-Gesellschafter** beteiligt sind; denn ein Nur-Besitz-Gesellschafter ist nicht auch am Betriebsunternehmen beteiligt und erhält mithin auch keine Gewinnausschüttungen aus der Betriebsgesellschaft. Er kann also kein Mitunternehmer des Besitzunternehmens sein, wenn die Überlassung von Wirtschaftsgütern an das Betriebsunternehmen unentgeltlich erfolgt.[3]

271 Die Überlassung wesentlicher Betriebsgrundlagen kann auch aufgrund einer **Gebrauchsregelung** nach § 15 WEG erfolgen. Das ist z. B. der Fall, wenn sich die Teilhaber einer Wohnungseigentümergemeinschaft in einer solchen Gebrauchsregelung verpflichten, statt individueller Vermietungen nur die einheitliche Vermietung an einen bestimmten Mieter vorzunehmen.[4]

272–274 *(Einstweilen frei)*

d) Erbbaurecht und Nießbrauch

Literatur: *Fichtelmann*, Das Erbbaurecht als wesentliche Betriebsgrundlage bei der Betriebsaufspaltung, DStZ 1991, 131; *Märkle*, Die Betriebsaufspaltung an der Schwelle zu einem neuen Jahrtausend, VI. Erbbaurecht als wesentliche Betriebsgrundlage, BB 2000 Beilage 7, 9; *Meyer/Ball*, Erbbaurecht und Betriebsaufspaltung, DB 2002, 1597; *Schaumberger*, Schenkung eines Betriebsgrundstücks unter Nießbrauchsvorbehalt im Rahmen einer Betriebsaufspaltung, StB 2003, 124; *o. V.*, Besitzpersonenunternehmen und Erbbaurechtsbestellung, DB 1974, 1048.

---

1 BFH, Urteile v. 24.4.1991 - X R 84/88, BFHE 164, 385, BStBl II 1991, 713; v. 14.1.1998 - X R 57/93, BFHE 185, 230, BB 1998, 1245.
2 BFH, Urteil v. 14.1.1998 - X R 57/93, BFHE 185, 230, BB 1998, 1245.
3 Vgl. BFH, Beschluss v. 25.6.1984 - GrS 4/82, BFHE 141, 405, BStBl II 1984, 751.
4 BFH, Urteil v. 10.4.1997 - IV R 73/94, BFHE 183, 127, BStBl II 1997, 569.

Auch in den Fällen, in denen das Besitzunternehmen dem Betriebsunterneh- 275
men an einer wesentlichen Betriebsgrundlage ein Erbbaurecht bestellt, liegt
eine Überlassung i. S. der Betriebsaufspaltung vor.[1] Zwar erwirbt das Betriebsunternehmen zivilrechtlich mit dem Erbbaurecht ein eigenes dingliches Recht,
kraft dessen es das Wirtschaftgut, an dem das Erbbaurecht bestellt ist, nutzt.
Von diesem Standpunkt aus kann man nicht von einem „Überlassen zur Nutzung" durch das Betriebsunternehmen sprechen.

Abweichend von dieser Zivilrechtslage wird im Steuerrecht eine Erbbaurechts- 276
bestellung aber lediglich als Überlassung eines Grundstücks auf Zeit, vergleichbar einem Miet- oder Pachtverhältnis, angesehen.[2] Hiervon ausgehend hat auch
der BFH[3] entschieden, dass es sich bei einer Erbbaurechtsbestellung um eine
„Überlassung" von Wirtschaftsgütern seitens des Besitzunternehmens an das
Betriebsunternehmen handelt.

Zur Begründung wird in dem Urteil u. a. ausgeführt: Zwar sei das Erbbaurecht 277
ein immaterielles Wirtschaftsgut, das entgeltlich erworben, veräußert oder ver-
erbt werden könne; und das auf der Grundlage dieses Rechts erstellte Gebäude
werde zivilrechtlich Eigentum des Erbbauberechtigten. Das ändere aber nichts
daran, dass es für die Dauer seines Bestandes ein fortwährendes Nutzungsverhältnis mit Nutzungsbefugnis beim Berechtigten und Duldungspflichten beim
Besteller begründe. Dieses Nutzungsverhältnis – und nicht sein verdinglichter
Vollzug – sei auch die Grundlage für die sachliche Verflechtung des Besitzunternehmens mit dem Unternehmen der Betriebsgesellschaft. Denn es ermögliche
den hinter den beiden Unternehmen stehenden Personen – neben der durch
die persönliche Verflechtung gewährleisteten gesellschaftsrechtlichen Durchsetzung ihres Willens in beiden Unternehmen – eine laufende tatsächliche Einflussnahme auf die Betriebsführung des Betriebsunternehmens. Das Nutzungsverhältnis diene dazu, den Betrieb der Betriebsgesellschaft als funktionierende
Einheit zu erhalten.

Gleiches gilt für die Fälle, in denen ein Besitzunternehmen dem Betriebsunter- 278
nehmen an einer wesentlichen Betriebsgrundlage ein **Nießbrauchsrecht** bestellt; denn steuerrechtlich wird auch die Nießbrauchsbestellung als Nutzungsüberlassung behandelt.[4]

(Einstweilen frei) 279–281

---

1   BFH, Urteil v. 19.3.2002 - VIII R 57/99 (unter II.B.2.a), BFHE 198, 137, BStBl II 2002, 662.
2   U.a. BFH, Urteile v. 17.4.1985 - I R 132/81, BFHE 144, 213, BStBl II 1985, 617; v. 19.3.2002 - VIII R
    57/99 (unter II.B.2.a.aa), BFHE 198, 137, BStBl II 2002, 662.
3   BFH, Urteil v. 19.3.2002 - VIII R 57/99, BFHE 198, 137, BStBl II 2002, 662.
4   BFH, Urteil v. 27.6.1978 - VIII R 54/74, BFHE 125, 535, BStBl II 1979, 332.

e) Zwischenvermietung (mittelbare Nutzungsüberlassung)

Literatur: *Märkle*, Die Betriebsaufspaltung an der Schwelle zu einem neuen Jahrtausend, VIII. Gestaltungsmissbrauch bei Zwischenvermietung aus Haftungsgründen, BB 2000 Beilage 7, 11 f.

(1) Allgemeines

282 Wird ein Wirtschaftsgut, das für das Betriebsunternehmen eine wesentliche Betriebsgrundlage ist, von der Person oder der Personengruppe, die das Betriebsunternehmen beherrscht, an einen Dritten (Zwischenmieter) zur Nutzung überlassen, und überlässt der Dritte seinerseits das Wirtschaftsgut dem Betriebsunternehmen, so liegt grundsätzlich keine Überlassung im Sinne der Betriebsaufspaltung vor.

283 Etwas anderes gilt allerdings dann, wenn die Nutzungsüberlassung der wesentlichen Betriebsgrundlage an das Betriebsunternehmen nicht diesem, sondern der das Betriebsunternehmen beherrschenden Person oder Personengruppe zuzurechnen ist, die die wesentliche Betriebsgrundlage dem Dritten zur Nutzung überlassen hat.

284 Dies kann der Fall sein,

▶ wenn der Dritte gegenüber der das Betriebsunternehmen beherrschenden Person oder Personengruppe verpflichtet ist, die wesentliche Betriebsgrundlage an das Betriebsunternehmen weiterzuvermieten[1] oder

▶ wenn der zwischengeschaltete Dritte mit der Person oder Personengruppe, die das Betriebsunternehmen beherrscht, identisch ist.[2]

(2) Verpflichtung des Zwischenmieters zur Weitervermietung an das Betriebsunternehmen

285 Dem BFH-Urteil vom 28. 11. 2001,[3] mit dem über einen solchen Fall der Verpflichtung eines Zwischenmieters entschieden worden ist, lag – vereinfacht dargestellt – folgender Sachverhalt zugrunde: E war Eigentümer eines Grundstücks. Er vermietete dieses am 1. 7. 1981 an die E-GmbH, deren alleinige Anteilseignerin seine Schwester S war. Die E-GmbH durfte das Grundstück nur durch Weitervermietung nutzen. Sie vermietete es deshalb sofort (am 1. 7. 1981) an die A-GmbH, an der E mit 98 v. H. beteiligt war.

---

1 BFH, Urteil v. 28.11.2001 - X R 50/97, BFHE 197, 254, BStBl II 2002, 363.
2 FG Nürnberg, Urteil v. 30.1.2002, EFG 2002, 632.
3 BFH, Urteil v. 28.11.2001 - X R 50/97, BFHE 197, 254, BStBl II 2002, 363.

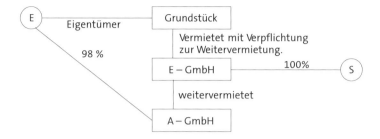

Zwar war in dem Zwischenmietvertrag zwischen E und der E-GmbH nicht ausdrücklich vereinbart worden, dass das Grundstück nur an die A-GmbH weitervermietet werden durfte. Der X. Senat des BFH hat aber unterstellt, dass nach der Interessenlage der Beteiligten der Zwischenmietvertrag einen solchen Inhalt hat.

Die Begründung des Urteils geht davon aus, dass – wie der Senat bereits in seinem Urteil vom 21. 8. 1996[1] ausgesprochen habe – die Überlassung einer wesentlichen Betriebsgrundlage an das Betriebsunternehmen „als unternehmerisches Instrument der Beherrschung" fungiere und dass sich der Begriff „Beherrschung" nicht ausschließlich an zivilrechtlichen Gegebenheiten orientieren dürfe. Vielmehr sei er ein an wirtschaftlichen Gegebenheiten orientierter Begriff, der auch den Fall abdecke, dass der Besitzunternehmer durch einen Vertrag mit dem Zwischenvermieter dafür Sorge trage, dass dem Betriebsunternehmen eine wesentliche Betriebsgrundlage zur Nutzung überlassen werde. Demzufolge sei nach den allgemeinen Grundsätzen steuerlicher Tatbestandsverwirklichung die Nutzungsüberlassung von der E-GmbH an die A-GmbH subjektiv dem E zuzurechnen; denn den Tatbestand der Einkunftsart Vermietung und Verpachtung verwirkliche, wer die rechtliche und tatsächliche Macht habe, eines der in § 21 Abs. 1 EStG genannten Wirtschaftsgüter einem anderen entgeltlich auf Zeit zu überlassen. Auf die Frage, ob die Zwischenvermietung ein Missbrauch von Gestaltungsmöglichkeiten des Rechts sei (§ 42 AO), komme es daher nicht an.   286

Es kann dahingestellt bleiben, ob dieser Begründung des X. Senats unter rechtsstaatlicher Betrachtungsweise zugestimmt werden kann. Bedenken bestehen deshalb, weil die Urteilsbegründung auf einer Sachverhaltsfiktion beruht, für   287

1   BFH, Urteil v. 21.8.1996 - X R 25/93, BFHE 181, 284, BStBl II 1997, 44.

die es nach dem heute geltenden Recht nur die Vorschrift des § 42 AO gibt. Dem Ergebnis des Urteils ist trotzdem zuzustimmen, weil dieses sich auch bei einer Anwendung des § 42 AO erreichen lässt. Bei der Zwischenvermietung an die E-GmbH handelt es sich um eine unangemessene rechtliche Gestaltung, weil es keinen sachlichen Grund dafür gibt, dass E das Grundstück nicht direkt an die A-GmbH zur Nutzung überlassen hat. Die Zwischenvermietung an die E-GmbH kann daher nur den Grund haben, durch eine Vermeidung der Betriebsaufspaltung Steuern zu sparen.

(3) Wirtschaftliche Identität des Zwischenvermieters und der das Betriebsunternehmen beherrschenden Person oder Personengruppe

288   Nach einem Urteil des FG Nürnberg vom 30. 1. 2002[1] führt eine mittelbare Nutzungsüberlassung einer wesentlichen Betriebsgrundlage an das Betriebsunternehmen auch dann zu einer sachlichen Verflechtung, wenn der zwischengeschaltete Dritte derjenige ist, der die personelle Verflechtung begründet und sämtliche Vertragsverhältnisse steuern kann, also wenn der zwischengeschaltete Dritte wirtschaftlich mit der Person oder Personengruppe identisch ist, die das Betriebsunternehmen beherrscht.

289   Dem Urteil lag folgender Sachverhalt zugrunde: S war der alleinige Anteilseigener der A-GmbH. S und die A-GmbH waren Gesellschafter der S-GbR, deren Zweck die Verwaltung des Z-Grundstücks war. Die S-GbR vermietete das Grundstück an ein Einzelhandelsunternehmen (Großhandel) des S. Diese vermiete das Grundstück an die H-GmbH weiter, die auf dem Grundstück einen Fachmarkt betrieb. Alleiniger Anteilseigener der H-GmbH war S.

---

1   FG Nürnberg, Urteil v. 30.1.2002, EFG 2002, 395.

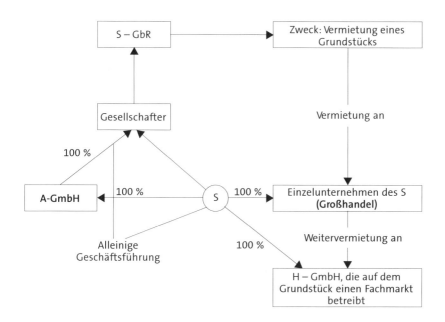

Das FG Nürnberg hat sein Urteil mit der im Steuerrecht geltenden wirtschaftli- 290
chen Betrachtungsweise begründet. Danach seien zivilrechtliche Gestaltungen
unerheblich, wenn tatsächlich etwas anderes belegt sei. Dieser Grundsatz würde – so das FG weiter – nach dem BFH-Urteil vom 28. 11. 2001 - X R 50/97 auch
dann gelten, wenn sich die Herrschaft über das Besitzunternehmen nur mittelbar auswirke. Auch in einem solchen Fall sei von einer Orientierung an den
wirtschaftlichen Gegebenheiten auszugehen.

Gegen diese Begründung bestehen die gleichen rechtsstaatlichen Bedenken wie 291
gegen die Begründung des vorstehend[1] erörterten Urteils des X. BFH-Senats. Es
gibt im heute geltenden deutschen Steuerrecht außerhalb des § 42 AO keine gesetzliche Grundlage für eine Sachverhaltsumdeutung nach der wirtschaftlichen
oder irgendeiner anderen Betrachtungsweise.

Dieser Ansicht ist wohl auch *Braun*,[2] der die Entscheidung des FG Nürnberg als 292
einen Anwendungsfall des § 42 AO versteht. Das jedenfalls ergibt sich aus seiner folgenden Urteilsanmerkung: „Das FG hat einen ‚Königsweg‘ beschritten:
Beherrscht die zwischengeschaltete Person kraft gesellschaftsrechtlicher Ver-

---

1 Siehe oben Rn. 286.
2 Anmerkung zu dem Urteil des FG Nürnberg in EFG 2002, 633.

quickungen das Gesamtgeschehen, liegt ein Fall des § 42 AO vor, so dass letztlich derjenige als Besitzunternehmen qualifiziert wird, in dessen Eigentum das Grundstück steht."

(4) Überlassung an Dritten zur eigenen Nutzung

293 Schließlich ist aber auch auf ein Urteil des BFH vom 28. 6. 2006[1] hinzuweisen, welches den Anwendungsbereich mittelbarer Nutzungsüberlassungen im Rahmen einer Betriebsaufspaltung begrenzt. In dem vom BFH zu entscheidenden Fall war ein Grundstück einer zwischengeschalteten Personengesellschaft zunächst unentgeltlich zur eigenen Nutzung durch die Personengesellschaft überlassen worden. Erst nach dieser eigenen Nutzung vermietete die Personengesellschaft das Grundstück an eine Betriebs-GmbH weiter. Das Vorliegen der notwendigen sachlichen Verflechtung hat der BFH hier überzeugend mit dem Hinweis verneint, dass es nicht als rechtsmissbräuchlich zu werten sei, wenn der Kläger die Nutzungsvorteile aus dem Grundstück – auch nach Vermietung an die Betriebs-GmbH – wie bisher der Personengesellschaft als Gesellschafterbeitrag zugute kommen lassen wollte.

(5) Eigene Ansicht

294 Wird ein Wirtschaftsgut, das für das Betriebsunternehmen eine wesentliche Betriebsgrundlage ist, von der Person oder Personengruppe, die das Betriebsunternehmen beherrscht, nicht unmittelbar, sondern in der Weise mittelbar zur Nutzung überlassen, dass das Wirtschaftsgut zunächst an einen Dritten zur Nutzung überlassen wird, dann kann eine unmittelbare Überlassung im Sinne der Betriebsaufspaltung nur dann angenommen werden, wenn ein Anwendungsfall des § 42 AO vorliegt.

295 Das ist regelmäßig der Fall,

▶ wenn der Dritte zur Weitervermietung an das Betriebsunternehmen verpflichtet ist oder

▶ der Dritte mit der das Betriebsunternehmen beherrschenden Person oder Personengruppe wirtschaftlich identisch ist

und ein sachlicher Grund für die Zwischenvermietung fehlt.

296–298 *(Einstweilen frei)*

---

1 BFH, Urteil v. 28.6.2006 - XI R 31/05 (unter II. 4.), BFHE 214, 302, BStBl II 2007, 378.

5. Schlussbemerkung

Während in der Rechtsprechung des BFH in den 80er Jahren, insbesondere in dem Urteil des VIII. Senats vom 12. 11. 1985[1] eine eher restriktive Auslegung des Merkmals der sachlichen Verflechtung erkennbar war,[2] ist seit Beginn der 90er Jahre ein entgegengesetzter Trend der Rechtsprechung des BFH zu beobachten,[3] der bis heute zu einer verschärfenden Rechtsprechungsänderung geführt hat. Es sind also Fälle denkbar, in denen – ohne Sachverhaltsänderungen – nach der älteren Rechtsprechung keine sachliche Verflechtung und damit auch keine Betriebsaufspaltung vorlag, nach der neueren Rechtsprechung aber eine solche anzunehmen ist.

(Einstweilen frei)   300–302

III. Personelle Verflechtung

Literatur: *Felix*, Gewerbesteuerpflichtiges Besitzunternehmen bei Vermietung wesentlicher Betriebsgrundlagen durch GmbH-Gesellschafter, die nicht Mitunternehmer sind, an die GmbH und Co.?, GmbHR 1971, 147; *Fichtelmann*, Die Bedeutung von Stimmrechtsvereinbarungen für die personelle Verflechtung bei der Betriebsaufspaltung, DStZ 1990, 371; *ders.*, Ausgewählte Fragen zur Betriebsaufspaltung, GmbHR 2006, 345; *Fischer, P.*, Personelle Verflechtung und vereinbarte Einstimmigkeit, NWB F. 3, 9995; *Gosch*, Beherrschungsidentität bei der Betriebsaufspaltung, StBp 1994, 197; *Grieger*, Keine vollkommene Personenidentität bei der Betriebsaufspaltung – Beschluss des Großen Senats des BFH vom 8. 11. 1971 - GrS 2/71, RWP-Blattei 14 Steuer-R D Betriebsaufspaltung II B 3a Einzelfragen; *Heidemann*, Die Nutzungsüberlassung an die GmbH durch ihren Gesellschafter, INF 1990, 409; *ders.*, Nutzungsüberlassung an die GmbH, INF 1992, 562; *Heidner*, Stimmrechtsvereinbarungen bei der Betriebs-GmbH als Indiz für eine personelle Verflechtung im Rahmen einer Betriebsaufspaltung, DB 1990, 73; *Henninger*, Beteiligungsverhältnisse und Besitzunternehmen – Zugleich eine Besprechung des BFH-Urteils I 231/63 vom 3. 12. 1969, FR 1970, 369; *Heuermann*, Personelle Verflechtung trotz Selbstkontrahierungsverbot, HFR 2007, 113; *Jüsgen*, Die Beteiligungsidentität bei der Betriebsaufspaltung – Bemerkungen zum BFH-Urteil IVR 16/1969 vom 9. 7. 1970, FR 1971, 147; *Kratzsch*, Aktuelle Entwicklung bei der Betriebsaufspaltung, StB 2007, 89; *Laule*, Voraussetzungen für die personelle Verflechtung, KFR F. 5 GewStG § 2, 1/93, S. 109; *Schoor*, Personelle Verflechtung bei der Betriebsaufspaltung und Einstimmigkeitsprinzip, StBP 2003, 42; *Schulze zur Wiesche*, Betriebsaufspaltung und Minderheitsgesellschafter, BB 1987, 1301; *ders.*, Grenze für das Vorliegen einer Betriebsaufspaltung enger gesteckt, bilanz & buchhaltung 1989, 335; *Söffing, Günter*, Personelle Verflechtung bei der Betriebsaufspaltung – BFH-Urteil vom 10. 12. 1991 - VIII R 71/87, NWB Fach 3, 8331; *ders.*, Personelle Verflechtung bei Betriebsaufspaltung (§ 15 Abs. 2 EStG), FR 1994, 470; *Stahl*, Beratungsfeld echte und unechte Betriebsaufspaltung III. Die personelle Verflechtung, KÖSDI 2003, 13794, 13797; *o. V.*, Minderbeteiligungen und Besitzpersonenunternehmen, DB 1972, 1848.

---

1   BFH, Urteil v. 12.11.1985 - VIII R 342/82, BFHE 145, 396, BStBl II 1986, 299.
2   Vgl. auch *Schmidt*, FR 1986, 189.
3   Vgl. insbesondere BFH, Urteil v. 23.1.1991 - X R 47/87, BFHE 163, 460, BStBl II 1991, 405.

1. Begriff

303 Eine personelle Verflechtung zwischen Besitzunternehmen und Betriebsunternehmen liegt vor, wenn hinter den beiden rechtlich selbständigen Unternehmen eine Person oder Personengruppe steht, die in Bezug auf beide Unternehmen einen „**einheitlichen geschäftlichen Betätigungswillen**" hat und in der Lage ist, diesen in beiden Unternehmen durchzusetzen.[1] An diese Voraussetzung sind nach Auffassung des GrS des BFH strenge Anforderungen zu stellen,[2] was in der Rechtsprechung des BFH nicht immer beachtet wird.

304 Kann eine Person oder Personengruppe ihren einheitlichen geschäftlichen Betätigungswillen sowohl im Betriebsunternehmen als auch im Besitzunternehmen durchsetzen, dann spricht man auch von **Beherrschungsidentität**.[3]

2. Der einheitliche geschäftliche Betätigungswille

Literatur: *Grieger*, Anm. zum BFH-Urteil vom 2. 8. 1972, IV 87/65, DStZ/A 1972, 389; *Leingärtner*, Der einheitliche geschäftliche Betätigungswille als Kriterium der Betriebsaufspaltung, FR 1972, 449; *Reuss*, Betriebsaufspaltung im Steuerrecht – Neue Probleme bei der Beherrschungsfrage zwischen Besitzunternehmen und Betriebsgesellschaft, BB 1972, 1131; *Söffing, Günter*, Der Beherrschungswille bei der Betriebsaufspaltung, BB 1998, 397; *ders.*, Aktuelles zur Betriebsaufspaltung, BB 2006, 1529; *Sonnenschein*, Der einheitliche geschäftliche Betätigungswille bei der steuerrechtlichen Betriebsaufspaltung und das Gesellschaftsrecht, in: Festschrift für Stimpel, S. 533.

---

1 BFH, Entscheidungen v. 8.11.1971 - GrS 2/71, BFHE 103, 440, BStBl II 1972, 63; v. 14.1.1982 - IV R 77/79, BFHE 135, 325, BStBl II 1982, 476; v. 16.6.1982 - I R 118/80, BFHE 136, 287, BStBl II 1982, 662; v. 11.11.1982 - IV R 117/80, BFHE 137, 357, BStBl II 1983, 299; v. 9.11.1983 - I R 174/79, BFHE 140, 90, BStBl II 1984, 212; v. 25.4.1985 - IV R 36/82, BFHE 144, 20, BStBl II 1985, 622; v. 30.7.1985 - VIII R 263/81, BFHE 145, 129, BStBl II 1986, 359; v. 26.1.1989 - IV R 151/86, BFHE 156, 138, BStBl II 1989, 455; v. 18.2.1986 - VIII R 125/85, BFHE 146, 266, BStBl II 1986, 611; v. 1.12.1989 - III R 94/87, BFHE 159, 480, BStBl II 1990, 500; v. 27.2.1991 - XI R 25/88, BFH/NV 1991, 454, 455 (mittlere Spalte); v. 10.12.1991 - VIII R 71/87, BFH/NV 1992, 551; v. 27.8.1992 - IV R 13/91, BFHE 169, 231, BStBl II 1993, 134; v. 26.11.1992 - IV R 15/91, BFHE 171, 490, BStBl II 1993, 876; v. 28.1.1993 - IV R 39/92, BFH/NV 1993, 528; v. 18.3.1993 - IV R 96/92, BFH/NV 1994, 15, 16 (mittlere Spalte); v. 24.2.1994 - IV R 8 - 9/93, BFHE 174, 80, BStBl II 1994, 466; v. 21.8.1996 - X R 25/93, BFHE 181, 284, BStBl II 1997, 44; v. 29.1.1997 - XI R 23/96, BFHE 182, 216, BStBl II 1997, 437; v. 15.10.1998 - IV R 20/98, BFHE 187, 26, BStBl II 1999, 445; v. 21.1.1999 - IV R 96/96 (unter 1.), BFHE 187, 570, BStBl II 2002, 771; v. 7.12.1999 - VIII R 50, 51/96, BFH/NV 2000, 601, 602 (mittlere Spalte); v. 24.2.2000 - IV R 62/98, BFHE 191, 295, BStBl II 2000, 417; v. 29.8.2001 - VIII R 34/00, BFH/NV 2002, 185, 187 (linke Spalte); v. 28.11.2001 - X R 50/97 (unter II.3.), BFHE 197, 254, BStBl II 2002, 363; v. 1.7.2003 - VIII R 24/01 (unter II.2.b), BFHE 202, 535, BStBl II 2003, 757; vgl. auch BFH, Urteil v. 13.12.1984 - VIII R 19/81, BFHE 143, 106, BStBl II 1985, 601; Beschluss v. 10.12.2007 - XI B 162/06, BFH/NV 2008, 384.

2 BFH, Entscheidungen v. 8.11.1971 - GrS 2/71, BFHE 103, 440, BStBl II 1972, 63; v. 21.8.1996 - X R 25/93, BFHE 181, 284, BStBl II 1997, 44; v. 19.10.2006 - IV R 22/02 (unter II. 1. b), BFHE 215, 268, BFH/NV 2007, 149.

3 BFH, Entscheidungen v. 8.11.1971 - GrS 2/71, BFHE 103, 440, BStBl II 1972, 63; v. 24.2.2000 - IV R 62/98, BFHE 191, 295, BStBl II 2000, 417.

a) Allgemeines

Es ist bisher noch nicht abschließend geklärt, auf was sich der einheitliche ge- **305**
schäftliche Betätigungswille beziehen muss. Selbstverständlich ist ein einheitlicher geschäftlicher Betätigungswille gegeben, wenn der Besitzunternehmer
in der Lage ist, jede einzelne Maßnahme der Geschäftsführung bei dem Betriebsunternehmen unmittelbar durch seine Willensentscheidung zu bestimmen. Das ist stets der Fall, wenn eine **Einmann-Betriebsaufspaltung**[1] oder eine
Einheits-Betriebsaufspaltung[2] vorliegt.

Anders kann es sich jedoch bei der **Mehrpersonen-Betriebsaufspaltung**[3] verhal- **306**
ten, nämlich dann, wenn innerhalb des Betriebsunternehmens oder des Besitzunternehmens unterschiedliche Stimmrechtsverhältnisse für verschiedene Geschäfte vereinbart worden sind.

Nach dem BFH-Urteil vom 28. 1. 1982[4] erfordert in derartigen Fällen der „ein- **307**
heitliche Betätigungswille" nicht, dass **jede einzelne Maßnahme der Geschäftsführung** bei dem Betriebsunternehmen unmittelbar durch eine Willensentscheidung der das Besitzunternehmen beherrschenden Person oder Personengruppe
bestimmt ist. Es genügt, wenn sich aufgrund der Befugnis, die Mitglieder der
geschäftsführenden Organe der Betriebsgesellschaft bestimmen und abbe-
rufen zu können, auf Dauer nur ein geschäftlicher Betätigungswille entfalten
kann, der vom Vertrauen der das Besitzunternehmen beherrschenden Personen getragen ist und demgemäß mit deren geschäftlichen Betätigungswillen
grundsätzlich übereinstimmt.

Demzufolge kann auch zwischen einem Besitzunternehmen und einer **Betriebs-** **308**
AG, jedenfalls soweit diese nicht den Vorschriften des Mitbestimmungsgeset-
zes, sondern nur den Bestimmungen des § 76 BetrVerfG 1952 unterliegt, eine
personelle Verflechtung bestehen.[5]

Nach dem BFH-Urteil vom 28. 1. 1982 besteht aufgrund der vorstehenden Über- **309**
legungen auch ein einheitlicher geschäftlicher Betätigungswille zwischen einer
GmbH, deren Geschäftsanteile in vollem Umfang von einer **AG** gehalten werden, und dem Mehrheitsaktionär dieser AG, der unmittelbar oder durch eine
GbR, die er beherrscht, der GmbH wesentliche Betriebsgrundlagen überlässt.[6]

---

1   Vgl. unten Rn. 345.
2   Vgl. unten Rn. 346.
3   Vgl. unten Rn. 351 ff.
4   BFH, Urteil v. 28.1.1982 - IV R 100/78, BFHE 135, 330, BStBl II 1982, 479; v. 28.11.2001 - X R 50/97
    (unter II.3.), BFHE 197, 254, BStBl II 2002, 363.
5   BFH, Urteil v. 28.1.1982 - IV R 100/78, BFHE 135, 330, BStBl II 1982, 479.
6   Anm. zu dem Urteil v. 28.1.1982 - IV R 100/78, a.a.O.: *Fichtelmann* in StRK-Anm., GewStG § 2 Abs. 1
    R.348 sowie *o.V.* in StBp 1982, 179 und *Le* in RWP, Akt. Rspr. Nr. 70/82.

310 Bedenken gegen diese Folgerungen bestehen insofern, weil sie mit der vom GrS des BFH geforderten strengen Anforderung an die Voraussetzung der personellen Verflechtung wohl nicht vereinbar sind.

311–313 *(Einstweilen frei)*

b) Geschäfte des täglichen Lebens

314 Erstmals in dem BFH-Urteil vom 12. 11. 1985[1] ist ausgesprochen worden, dass es für eine Beherrschung im Sinne der Betriebsaufspaltung auf das für die Geschäfte des täglichen Lebens maßgebende Stimmrechtsverhältnis ankommt. Auch in späteren Urteilen[2] des BFH wird diese Ansicht vertreten.

315 Dabei weist der IV. Senat in seinem Urteil vom 27. 8. 1992[3] darauf hin, dass die dargestellte Meinung nur dahingehend zu verstehen sei, dass dort, wo das Mehrheitsprinzip für die Geschäfte des täglichen Lebens gilt, die Mehrheit der Stimmen auch dann zur Beherrschung ausreicht, wenn in besonderen Fällen Einstimmigkeit oder eine qualifizierte Mehrheit vereinbart worden ist.

316 In Übereinstimmung mit dieser Ansicht hat der IV. Senat des BFH in seinem Urteil vom 10. 4. 1997[4] entschieden, dass der Mehrheitsherrschaft in einer **Wohnungseigentümergemeinschaft** Grenzen gesetzt sind, etwa in der Art, dass für bauliche Veränderungen und Aufwendungen, die über die ordnungsgemäße Instandhaltung oder Instandsetzung des gemeinschaftlichen Eigentums hinausgehen, gem. § 22 Abs. 1 WEG Einstimmigkeit erforderlich ist. Maßgeblich ist vielmehr, dass zur ordnungsgemäßen Verwaltung (§ 21 Abs. 3 WEG) und der Regelung eines ordnungsgemäßen Gebrauchs (§ 15 Abs. 2 WEG) Mehrheitsentscheidungen genügen.

317 Dem Urteil des BFH vom 30. 11. 2005[5] lag der folgende Sachverhalt zugrunde: Der Kläger war Eigentümer eines Grundstücks. Ein auf diesem Grundstück befindliches Ladengeschäft hatte er an eine GmbH vermietet, die darin ein Einzelhandelsgeschäft betrieb. An der GmbH waren der Kläger mit 70 v. H. und S mit 30 v. H. beteiligt. Für Gesellschafterbeschlüsse war eine ¾-Mehrheit erforderlich. Der Kläger war alleiniger Geschäftsführer der GmbH.

---

1 BFH, Urteil v. 12.11.1985 - VIII R 240/81, BFHE 145, 401, BStBl II 1986, 296.
2 BFH, Urteile v. 27.8.1992 - IV R 13/91, BFHE 169, 231, BStBl II 1993, 134; v. 21.8.1996 - X R 25/93, BFHE 181, 284, BStBl II 1997, 44, m.w.N.; v. 10.4.1997 - IV R 73/94, BFHE 183, 127, BStBl II 1997, 569.
3 BFH, Urteil v. 27.8.1992 - IV R 13/91, BFHE 169, 231, BStBl II 1993, 134; ebenso BFH, Urteil v. 24.2.2000 - IV R 62/98, BFHE 191, 295, BStBl II 2000, 417.
4 BFH, Urteil v. 10.4.1997 - IV R 73/94, BFHE 183, 127, BStBl II 1997, 569.
5 BFH, Urteil v. 30.11.2005 - X R 56/04, BFHE 212, 100, BStBl II 2006, 415.

Der BFH nimmt hier trotz fehlender stimmrechtsmäßiger Beherrschung die für die Betriebsaufspaltung notwendige personelle Verflechtung an. Der Kläger habe nämlich seinen Willen in der Betriebs-GmbH mit gesellschaftsrechtlichen Mitteln durchsetzen können, weil ihm die Geschäftsführung nicht gegen seinen Willen habe entzogen werden können und er die Geschäfte des täglichen Lebens beherrschte. | 318

Die Entscheidung macht deutlich, dass das Erfordernis der personellen Verflechtung von der Rechtsprechung nicht so streng beurteilt wird, wie dies nach den Aussagen des GrS an sich erwartet werden konnte.[1] Es stellt vielmehr eine recht großzügige Beurteilung dar, wenn als Geschäft des täglichen Lebens auch die Nutzungsüberlassung wesentlicher Betriebsgrundlagen angesehen wird. Eine Betriebsaufspaltung liegt aber nach der Rechtsprechung immerhin dann nicht vor, wenn die Geschäftsführung dem Geschäftsführer gegen seinen Willen entzogen werden kann. | 319

BEISPIEL: ▶ A ist alleiniger Eigentümer eines Grundstücks, das er an die ABC-GmbH vermietet. A ist zwar alleiniger Geschäftsführer der GmbH; er hält jedoch nur $\frac{1}{3}$ ihrer Anteile. Weitere Gesellschafter sind B und C, die jeweils $\frac{1}{3}$ der Anteile halten. Die Beschlüsse der GmbH sind mit einfacher Mehrheit zu fassen. | 320

Lösung:

Eine personelle Verflechtung scheidet aus, da B und C dem A jederzeit die Geschäftsführung entziehen können. Er kann damit seinen Willen in der Betriebs-GmbH nicht durchsetzen. | 321

Für die Annahme einer personellen Verflechtung ist es auf der anderen Seite jedoch wieder unschädlich, wenn ein Gesellschafter-Geschäftsführer nicht vom **Selbstkontrahierungsverbot** des § 181 BGB befreit ist. So hat der BFH eine personelle Verflechtung zwischen einer GbR und einer Betriebs-GmbH für den Fall angenommen, dass der Gesellschafter-Geschäftsführer der GbR, der alleiniger Geschäftsführer der GmbH ist, von der GbR nicht vom Verbot des Selbstkontrahierens befreit ist, aufgrund seiner beherrschenden Stellung in der Betriebs-GmbH aber bewirken kann, dass auf Seiten der GmbH nicht er selbst, sondern ein anderer (z.B. ein Prokurist) auftritt.[2] | 322

(Einstweilen frei) | 323–324

---

1 Vgl. BFH, Entscheidungen v. 8.11.1971 - GrS 2/71, BFHE 103, 440, BStBl II 1972, 63; v. 21.8.1996 - X R 25/93, BFHE 181, 284, BStBl II 1997, 44; v. 19.10.2006 - IV R 22/02 (unter II. 1. b), BFHE 215, 268, BFH/NV 2007, 149.
2 BFH, Urteil v. 24.8.2006 - IX R 52/04, BFHE 215, 107, BStBl II 2007, 165.

c) Das Überlassungsverhältnis

325 In einem gewissen Widerspruch zu der vorstehend unter Rn. 314 ff. dargestellten Rechtsprechung steht die Meinung des IV. Senats des BFH in dem Urteil vom 27. 8. 1992.[1] Dort ist ausgeführt:

> „Das Erfordernis, dass hinter dem Besitz- wie auch hinter dem Betriebsunternehmen eine Person oder Personengruppe stehen muss, die in Bezug auf beide Unternehmen einen einheitlichen geschäftlichen Betätigungswillen durchsetzen kann, bezieht sich insbesondere auf das hinsichtlich der wesentlichen Betriebsgrundlagen bestehende Pachtverhältnis (sachliche Verflechtung). Dieses Pachtverhältnis soll nicht gegen den Willen der Person oder der Personengruppe, die das Besitzunternehmen beherrscht, aufgelöst werden können. Gerade aber die Auflösung dieses Pachtverhältnisses gehört zu den Geschäften, die über den gewöhnlichen Betrieb eines Handelsgeschäfts hinausgehen."

326 Unseres Erachtens ist diese Auffassung des IV. Senats mit der Rechtsprechung über die Maßgeblichkeit des für Geschäfte des täglichen Lebens geltenden Stimmrechtsverhältnisses nur dann vereinbar, wenn man folgende Ansicht vertritt: Das für die Geschäfte des täglichen Lebens vereinbarte (oder mangels einer solchen Vereinbarung gesetzlich geltende) Stimmrechtsverhältnis ist auch hinsichtlich der Durchsetzung eines einheitlichen Betätigungswillens maßgebend, wenn das gleiche Stimmrechtsverhältnis auch hinsichtlich des Rechtsverhältnisses gilt, das die Überlassung einer wesentlichen Betriebsgrundlage zum Gegenstand hat. Dem steht nicht entgegen, wenn für andere Angelegenheiten, z. B. die Auflösung der Gesellschaft oder besondere Geschäfte Einstimmigkeit oder eine qualifizierte Mehrheit vereinbart worden ist. Allerdings darf sich diese Einstimmigkeit oder qualifizierte Mehrheit nicht auf das Überlassungsverhältnis beziehen.

327 Ist hingegen für die Geschäfte des täglichen Lebens das einfache Mehrheitsprinzip vereinbart, hingegen für die Begründung, Änderung und Beendigung des Überlassungsverhältnisses Einstimmigkeit erforderlich, dann muss es für die Entscheidung der Frage, ob eine personelle Verflechtung vorliegt, auf die Einstimmigkeit ankommen, weil ansonsten hinsichtlich des nach der Ansicht des IV. Senats maßgebenden Überlassungsverhältnisses keine Beherrschung denkbar ist. Außerdem kann die Person oder Personengruppe, die das Besitzunternehmen beherrscht, nur so auch über die Überlassung einer wesentlichen Betriebsgrundlage[2] einen Einfluss auf das Betriebsunternehmen ausüben.

---

1 BFH, Urteil v. 27.8.1992 - IV R 13/91, BFHE 169, 231, BStBl 1993, 134; ebenso BFH, Urteil v. 24.2.2000 - IV R 62/98, BFHE 191, 295, BStBl II 2000, 417.
2 Vgl. oben Rn. 87 ff.

Allerdings ist diese Folgerung aus der BFH-Rechtsprechung nicht mit dem Er-   328
gebnis des Urteils des X. Senats des BFH vom 21. 8. 1996[1] vereinbar. Zwar wird
in diesem Urteil auch davon ausgegangen, dass es für die Annahme einer Beherrschungsidentität auf das für die Geschäfte des täglichen Lebens maßgebende Stimmrechtsverhältnis ankommt und dass sich der Beherrschungswille
– also die Stimmrechtsmacht – auf das Nutzungsverhältnis der wesentlichen
Betriebsgrundlage beziehen muss. Unverständlicherweise kommt der X. Senat
anschließend jedoch zu dem Ergebnis, dass eine Einstimmigkeitsvereinbarung
für Gesellschafterbeschlüsse, die die Überlassung der wesentlichen Betriebsgrundlagen betreffen, unbeachtlich sein soll, wenn für die „Geschäfte des täglichen Lebens" nur das Mehrheitsprinzip maßgebend ist.

Ob es hingegen ausreicht, wenn der Besitzunternehmer nur hinsichtlich des   329
Überlassungsverhältnisses auch in der Betriebsgesellschaft seinen Willen
durchsetzen kann, ist zweifelhaft. Hiergegen bestehen insofern Bedenken, weil
in einem solchen Fall durch andere Maßnahmen in der Betriebsgesellschaft, auf
die der Besitzunternehmer keinen Einfluss hat, das Betriebsunternehmen in einer Weise umgestaltet werden kann, dass die Überlassung der wesentlichen
Betriebsgrundlage seitens des Betriebsunternehmens überflüssig wird.

(Einstweilen frei)   330–332

d) Testamentsvollstrecker

Literatur: *Felix*, Anm. zum BFH-Urteil vom 13. 12. 1984 - VIII R 237/81, BFHE 143, 138,
BStBl II 1985, 657, StRK R 3 GewStG 1978 § 2 Abs. 1 BetrAufsp; *Kanzler*, Dauertestamentsvollstrecker ohne eigenen geschäftlichen Betätigungswillen bei Betriebsaufspaltung, FR
2009, 86; *Knatz*, Der Einfluss der Dauertestamentsvollstreckung auf die personelle Verflechtung im Rahmen der Betriebsaufspaltung, DStR 2009, 27; *Leingärtner*, Zur Frage, ob
der für die Annahme einer Betriebsaufspaltung erforderliche einheitliche Betätigungswille der hinter beiden Unternehmen (Betriebsgesellschaft und Besitzunternehmen) stehenden Personen durch einen Testamentsvollstrecker ersetzt werden kann, RWP-Blattei
– SG 1–3 S. 1308; *Lorz*, Einfluss einer Dauertestamentsvollstreckung auf die personelle
Verflechtung, ZEV 2008, 498; *Söffing, Günter*, Keine personelle Verflechtung durch Testamentsvollstreckung bei Betriebsaufspaltung – BFH-Urteil vom 13. 12. 1984 - VIII R 237/81,
BStBl II 1985, 394, NWB Fach 18, 2761; *o. V.*, Testamentsvollstreckung und Besitz-Perso-
nenunternehmen, DB 1973, 28.

Der einheitliche Betätigungswille der hinter beiden Unternehmen stehenden   333
Person oder Personengruppe kann nach dem BFH-Urteil vom 13. 12. 1984[2] nicht

---

1   BFH, Urteil v. 21.8.1996 - X R 25/93, BFHE 181, 284, BStBl II 1997, 44; siehe auch FG Nürnberg, Urteil
    v. 28.6.2005, DStRE 2006, 671 (nicht rechtskräftig, Az des BFH: VIII B 201/05).
2   BFH, Urteil v. 13.12.1984 - VIII R 237/81, BFHE 143, 138, BStBl II 1985, 657; Anm. zu dem Urteil: *Le*
    in RWP, Akt. Inf. Steuerrecht SG 1.3; *Felix*, StRK-Anm., GewStG 1978 § 2 Abs. 1 Betriebsaufspaltung
    R.3; *o.V.*, HFR 1985, 322.

durch einen Testamentsvollstrecker ersetzt werden; denn ein Testamentsvollstrecker ist nicht in der Lage, hinsichtlich der Erbengemeinschaft, zu der ein Betriebsunternehmen und ein Besitzunternehmen gehört, einen einheitlichen geschäftlichen Betätigungswillen zu entwickeln, weil er nur die Stellung eines Treuhänders hat. Seine Stellung ist in gewisser Beziehung der eines gesetzlichen Vertreters angenähert. Der Herr des Nachlasses ist der Erbe. Der Testamentsvollstrecker ist nur sein Verwalter. Er verfolgt keine eigenen Interessen. Er muss widerstreitende Interessen des Erben berücksichtigen. Die Testamentsvollstreckung kann daher einen einheitlichen geschäftlichen Betätigungswillen nicht *begründen*.

334 Dem BFH-Urteil vom 13. 12. 1984 lag folgender Sachverhalt zugrunde:

Frau M und ihr Bruder M waren Erben nach ihrer Mutter. Frau M hatte allein die Betriebs-GmbH geerbt. Das Besitzunternehmen gehörte in ungeteilter Erbengemeinschaft Frau M und M je zur Hälfte. Es waren bis zur Auseinandersetzung der Erbengemeinschaft zwei Testamentsvollstrecker eingesetzt worden.

335 Anders liegt der Fall, mit dem sich der BFH in seiner Entscheidung vom 5. 6. 2008[1] zu befassen hatte. Im Gegensatz zu dem zuvor geschilderten Fall ging es hier nicht um die *Begründung* einer personellen Verflechtung, sondern um den Streit, ob eine *bereits bestehende* Beherrschungsidentität durch die Testamentsvollstreckung aufgehoben wird.

336 Der BFH verneinte dies und entschied, dass das Handeln eines Testamentsvollstreckers den Erben auch im Rahmen der Beurteilung der personellen Verflechtung von Besitzunternehmen und Betriebsunternehmen zuzurechnen ist. Zur Begründung weist der IV. Senat darauf hin, dass der Erbe mit der Annahme der Erbschaft (oder deren Nichtausschlagung) zum Ausdruck bringe, dass er auch die mit der Ernennung eines Testamentsvollstreckers verbundene Beschränkung seiner Verwaltungs- und Verfügungsrechte gegen sich gelten lassen will. Eine personelle Verflechtung ist damit immer dann anzunehmen, wenn ihre Voraussetzungen ungeachtet einer Testamentsvollstreckung vorliegen.

337 Die Entscheidung des BFH ist aus Sicht des Steuerpflichtigen in den meisten Fällen vorteilhaft. Würde nämlich die bereits bestehende Beherrschungsidentität durch die Testamentsvollstreckung aufgehoben, würde dies im Ergebnis zu einer Betriebsaufgabe mit den daraus entstehenden Nachteilen führen.

338–340 *(Einstweilen frei)*

---

1 BFH, Urteil v. 5.6.2008 - IV R 76/05, BStBl II 2008, 858; ebenso FG Münster, Urteil v. 3.3.2005, EFG 2005, 1109; ablehnend *Knatz*, DStR 2009, 27, 28 f.

e) Zwangsverwaltung, gerichtlicher Vergleich, Insolvenz

In den Fällen einer Zwangsverwaltung, eines gerichtlichen Vergleichs oder einer   341
Insolvenz kann nicht von einem einheitlichen geschäftlichen Betätigungswillen
durch den Zwangsverwalter, Vergleichsverwalter oder Insolvenzverwalter ausgegangen werden, wenn der Verpächter einer wesentlichen Betriebsgrundlage
mit dem pachtenden Betriebsunternehmen nichts zu tun hat, sondern für beide
Bereiche, Pächter und Verpächter, lediglich zufällig dieselbe Person als Verwalter
eingesetzt wird.[1]

(Einstweilen frei)   342–344

3. Durchsetzung des einheitlichen geschäftlichen Betätigungswillens

Literatur: *Birkholz*, Anm. zum BFH-Urteil I R 184/70 vom 18. 10. 1972, FR 1972, 539; *Lange*,
Anm. zum Beschluss des Großen Senats des BFH vom 8. 11. 1971, BB 1972, 31; *o. V.*, Beteiligungsverhältnisse sowie Beginn und Ende von Besitzunternehmen, DB 1970, 1350; *o. V.*,
Durchsetzung des geschäftlichen Betätigungswillens bei Betriebsaufspaltung, GmbHR
1998, 1029.

a) Die Einmann-Betriebsaufspaltung

Die Durchsetzbarkeit eines einheitlichen geschäftlichen Betätigungswillens   345
(Beherrschung) ist in den Fällen, in denen das Besitzunternehmen ein **Einzelunternehmen** ist, gegeben, wenn der Besitzunternehmer auch alleiniger Inhaber
der Betriebs-GmbH ist. Der Inhaber des Einzelunternehmens kann hier seinen
einheitlichen geschäftlichen Betätigungswillen ungehindert sowohl im Besitzunternehmen als auch im Betriebsunternehmen durchsetzen. Man spricht hier
von **Einmann-Betriebsaufspaltung**. Bei dieser steht der Annahme einer personellen Verflechtung nach Auffassung des BFH nicht entgegen, wenn an den Anteilen der Betriebs-GmbH ein **Nießbrauchsrecht** bestellt und dem Nießbraucher
eine **Stimmrechtsvollmacht** erteilt wird.[2]

b) Einheits-Betriebsaufspaltung

Problemlos ist die Durchsetzung des einheitlichen geschäftlichen Betätigungs-   346
willens auch in den Fällen der sog. Einheits-Betriebsaufspaltung, also in den
Fällen, in denen die Anteile an der Betriebsgesellschaft zum Gesellschaftsvermögen des Besitzunternehmens gehören.[3] Hier setzt die Person oder Personen-

---

1 Vgl. BFH, Urteile v. 6.3.1997 - XI R 2/96, BFHE 183, 85, BStBl II 1997, 460; v. 5.6.2008 - IV R 76/05
   (unter II. 2. c. cc. (3)), BStBl II 2008, 858.
2 BFH, Beschluss v. 2.7.2009 - X B 230/08; siehe auch Rn. 278.
3 Siehe oben Rn. 305.

gruppe, die Besitzunternehmer ist, ihren einheitlichen geschäftlichen Betätigungswillen über das Besitzunternehmen in dem Betriebsunternehmen durch. Hier besteht also – wie bei einer Organschaft – ein Über- und Unterordnungsverhältnis. Das Besitzunternehmen hat die Stellung einer Muttergesellschaft. Das Betriebsunternehmen hat die Stellung einer Tochtergesellschaft.

347 In anderen Betriebsaufspaltungsfällen als denen der Einheits-Betriebsaufspaltung besteht zwischen Besitz- und Betriebsunternehmen kein Über- und Unterordnungsverhältnis, sondern ein **Gleichordnungsverhältnis**. Die Beteiligung am Betriebsunternehmen gehört nicht zum Gesellschaftsvermögen des Besitzunternehmens, sondern sie gehört der Person (den Personen) die das Besitzunternehmen beherrscht (beherrschen). Beide Unternehmen, Besitzunternehmen und Betriebsunternehmen werden von einer übergeordneten Person oder Personengruppe beherrscht. *Woerner*[1] spricht insofern von einer **Dreieckskonstruktion**.

348–350 *(Einstweilen frei)*

c) Die Mehrpersonen-Betriebsaufspaltung

Literatur: *Neumann*, Anm. zum BFH-Beschluss GrS 2/71 vom 8. 11. 1971, FR 1972, 160.

(1) Überblick

351 Bei der Mehrpersonen-Betriebsaufspaltung gehören die Anteile am Betriebsunternehmen und/oder am Besitzunternehmen mehreren Personen. Die Mehrpersonen-Betriebsaufspaltung kann in drei verschiedenen Formen auftreten:

▶ auf der Seite des Besitzunternehmens ist nur eine Person beteiligt, während auf der Seite des Betriebsunternehmens mehrere Personen beteiligt sind,

▶ auf der Seite des Besitzunternehmens sind mehrere Personen beteiligt, während auf der Seite des Betriebsunternehmens nur eine Person beteiligt ist, und

▶ sowohl auf der Seite des Besitzunternehmens als auch auf der Seite des Betriebsunternehmens sind mehrere Personen beteiligt.

352 Die Beteiligung mehrerer Personen kann auf der Seite des Besitzunternehmens in der Form einer Personengesellschaft oder einer Gemeinschaft (nach Ansicht des BFH und der Finanzverwaltung auch in der Form einer Kapitalgesellschaft[2])

---

1 *Woerner*, DB 1985, 1609, 1613.
2 Siehe hierzu unten Rn. 705 ff.

erfolgen. Die Beteiligung auf der Seite des Betriebsunternehmens ist in der Form einer Kapitalgesellschaft oder einer Personengesellschaft möglich.[1]

(2) Das Stimmrechtsverhältnis

Literatur: *Centrale-Gutachtendienst*, Vermeidung einer Betriebsaufspaltung trotz Stimmrechtsbeteiligung abweichender Gewinnbezugsrechte; *o. V.*, Beteiligungsverhältnisse bei Betriebsaufspaltung, GmbHR 1994, 608; *o. V.*, Abweichende Gewinnverteilung im Rahmen einer Betriebsaufspaltung, GmbHR 1995, 650.

(2.1) Allgemeines

Sind am Besitzunternehmen oder am Betriebsunternehmen mehrere Personen beteiligt, so kommt es für die Beantwortung der Frage, ob eine Beherrschung im Sinne der Durchsetzbarkeit eines einheitlichen Betätigungswillens vorliegt, grundsätzlich auf das Stimmrechtsverhältnis[2] und darauf an, ob für die maßgebenden Gesellschafterbeschlüsse eine einfache Mehrheit, eine qualifizierte Mehrheit oder Einstimmigkeit erforderlich ist. Dem steht bei einer **Betriebs-GmbH** nicht entgegen, dass hier die Geschäftsführung nicht den Gesellschaftern, sondern dem **Geschäftsführer** obliegt; denn in einer GmbH können – was für die Durchsetzung eines einheitlichen geschäftlichen Betätigungswillen ausreicht – die Gesellschafter den Geschäftsführer jederzeit in ihrem Sinne anweisen oder durch einen anderen ersetzen und damit die Geschäftsführung beeinflussen.

353

(2.2) Das Stimmrecht

Während der Wille einer natürlichen Person durch den Willensentschluss dieser Person gebildet wird, kann der Wille einer Gesellschaft oder einer Gemeinschaft nur durch einen Beschluss der Gesellschafter oder Teilhaber der Gemeinschaft zustande kommen. Das Recht der einzelnen Gesellschafter oder Teilhaber an dem Zustandekommen eines solchen Beschlusses (**Gesellschafterbeschluss**) mitzuwirken, ist das **Stimmrecht** des einzelnen Gesellschafters (Teilhabers).

354

Der Umfang des Stimmrechts eines Gesellschafters (Gemeinschafters) ergibt sich aus dem Gesellschaftsvertrag (der Vereinbarung der Teilhaber) oder – wenn gesellschaftsrechtliche Vereinbarungen über das Stimmrecht nicht vorhanden sind – aus dem Gesetz.[3]

355

---

1 Siehe unten Rn. 764 ff.
2 BFH, Urteile v. 1.12.1989 - III R 94/87, BFHE 159, 480, BStBl II 1990, 500; v. 1.2.1990 - IV R 91/89, BFH/NV 1990, 562; v. 26.11.1992 - IV R 15/91, BFHE 171, 490, BStBl II 1993, 876; v. 29.1.1997 - XI R 23/96, BFHE 182, 216, BStBl II 1997, 437; v. 15.10.1998 - IV R 20/98, BFHE 187, 26, BStBl II 1999, 445; v. 29.8.2001 - VIII B 15/01, BFH/NV 2002, 185 (linke Spalte).
3 Siehe unten Rn. 440 ff.

356 Gehören Grundstücke oder andere Wirtschaftsgüter zum **Gesamtgut** von Ehegatten, die in **Gütergemeinschaft** (§ 1416 BGB) leben, so sind beide **Ehegatten** je zu ½ an dem Wirtschaftsgut beteiligt.[1] Zum Gesamtgut gehören auch Gesellschaftsanteile an einer Kapitalgesellschaft, wenn die in Gütergemeinschaft lebenden Ehegatten eine GmbH gründen. Das mit solchen GmbH-Anteilen verbundene Stimmrecht übt derjenige Ehegatte aus, dem die Verwaltung des Gesamtguts zusteht. Er muss dabei auch die Interessen des anderen Ehegatten berücksichtigen, dem die Mitwirkungsrechte nach §§ 1423 bis 1425 BGB und das sich aus § 1435 Satz 2 BGB ergebende Informationsrecht zustehen.

357 Weichen **das Stimmrechtsverhältnis** und **das Verhältnis der Vermögensbeteiligung** voneinander ab, so kommt es auf den Umfang des Stimmrechts an.[2] Das Verhältnis des Stimmrechts ist auch dann maßgebend, wenn die **Gewinnverteilungsabrede** abweichend vom Stimmrechtsverhältnis und vom Verhältnis der Vermögensbeteiligung geregelt ist.

358 Streitig ist, wem das Stimmrecht für den Fall zusteht, dass ein **Nießbrauchsrecht** an einem Gesellschaftsanteil der Betriebs- oder Besitzgesellschaft bestellt ist. Wegen der zivilrechtlichen Streitfrage, inwieweit die Nießbrauchsbestellung an einem Gesellschaftsanteil auf die Ausübung des Stimmrechts Einfluss hat, wird auf die Ausführungen von *Karsten Schmidt*[3] verwiesen.

359 Die vom BFH[4] vertretene Ansicht, das Nießbrauchsrecht stehe der Annahme einer Betriebsaufspaltung nicht entgegen, ist in dieser Allgemeinheit zweifelhaft. Es kommt vielmehr darauf an, wie das Nießbrauchsrecht ausgestaltet ist und tatsächlich gehandhabt wird. Steht dem Nießbraucher aufgrund besonderer Vereinbarungen auch das Stimmrecht zu – was allerdings bei einer GmbH wegen des Verbots der Stimmrechtsabspaltung nicht möglich ist – so kann die Stimmrechtsmacht nicht zur Annahme einer personellen Verflechtung dem Gesellschafter zugerechnet werden, der seinen Anteil mit einem Nießbrauchsrecht belastet hat.

360 Hat der Eigentümer eines **GmbH-Anteils** diesen unter „Vorbehalt der Stimmrechte und sonstiger Verwaltungsrechte" auf einen Dritten übertragen, so führt dies nicht dazu, dass dem Veräußerer des Anteils die Stimmrechte bei der Beantwortung der Frage, ob eine personelle Verflechtung besteht, weiterhin zu-

---

1 BFH, Urteil v. 26.11.1992 - IV R 15/91, BFHE 171, 490, BStBl II 1993, 876.
2 *Streck*, in: Kölner Handbuch, Rn. 213.
3 *Schmidt, K.*, Gesellschaftsrecht, 3. Aufl., § 61 II. 3., S. 1825.
4 BFH, Urteil v. 1.10.1996 - VIII R 44/95, BFHE 182, 327, BStBl II 1997, 530; Beschluss v. 2.7.2009 - X B 230/08.

zurechnen sind; denn der Vorbehalt widerspricht dem gesellschaftsrechtlichen Verbot der isolierten Abspaltung von Stimmrechten.[1]

(*Einstweilen frei*)   361–363

(2.3) Einfache Mehrheit

(2.3.1) Personenmehrheit beim Besitz- oder Betriebsunternehmen

Soweit für Gesellschafterbeschlüsse die einfache Mehrheit ausreicht, ist eine **Beherrschung** eines Unternehmens grundsätzlich bei einer Beteiligung von **mehr als 50 v. H.** gegeben.[2] Die früher vom I. Senat des BFH vertretene Meinung, dass eine Beteiligung von **75 v. H.** erforderlich ist, ist aufgegeben worden.[3]   364

Maßgebend für die Frage, ob eine Beteiligung von mehr als 50 v. H. vorliegt, ist sowohl beim Besitzunternehmen als auch beim Betriebsunternehmen das **Stimmrechtsverhältnis**.[4]   365

BEISPIEL:

	BesitzU	BetrU
A	100 v. H.	über 50 v. H.
B	0 v. H.	unter 50 v. H.
	100 v. H.	100 v. H.

Lösung:

Es liegt Betriebsaufspaltung vor, wenn in dem Betriebsunternehmen die Gesellschafterbeschlüsse mit einfacher Mehrheit gefasst werden; denn A beherrscht dann das Betriebsunternehmen und kann im Besitzunternehmen seinen geschäftlichen Betätigungswillen durchsetzen, weil er hier über 100 v.H. Stimmrechtsmacht verfügt.

---

1 BFH, Urteil v. 1.10.1996 - VIII R 44/95, BFHE 182, 327, BStBl II 1997, 530.
2 Siehe u.a. BFH, Urteile v. 2.8.1972 - IV R 87/65, BFHE 106, 325, BStBl II 1972, 796; v. 23.11.1972 - IV R 63/71, BFHE 108, 44, BStBl II 1973, 247; v. 20.9.1973 - IV R 41/69, BFHE 110, 368, BStBl II 1973, 869; v. 11.12.1974 - I R 260/72, BFHE 114, 433, BStBl II 1975, 266; v. 28.11.1979 - I R 141/75, BFHE 129, 279, BStBl II 1980, 162; v. 1.4.1981 - I R 160/80, BFHE 133, 561, BStBl II 1981, 738; v. 14.1.1982 - IV R 77/79, BFHE 135, 325, BStBl II 1982, 476; v. 16.6.1982 - I R 118/80, BFHE 136, 287, BStBl II 1982, 662; v. 26.7.1984 - IV R 11/81, BFHE 141, 536, BStBl II 1984, 714; v. 13.12.1984 - VIII R 19/81, BFHE 143, 106, BStBl II 1985, 601; v. 27.11.1985 - I R 115/85, BFHE 145, 221, BStBl II 1986, 362; v. 18.2.1986 - VIII R 125/85, BFHE 146, 266, BStBl II 1986, 611.
3 BFH, Urteile v. 28.11.1979 - I R 141/75, BFHE 129, 279, BStBl II 1980, 162; v. 16.6.1982 - I R 118/80, BFHE 136, 287, BStBl II 1982, 662; v. 27.11.1985 - I R 115/85, BFHE 145, 221, BStBl II 1986, 362.
4 Vgl. oben Rn. 353 ff.

BEISPIEL:

	BesitzU	BetrU
A	über 50 v. H.	100 v. H.
B	unter 50 v. H.	0 v. H.
	100 v. H.	100 v. H.

Auch hier liegt eine personelle Verflechtung vor; denn A kann sowohl im Betriebsunternehmen als auch im Besitzunternehmen seinen einheitlichen geschäftlichen Willen durchsetzen.

366 Keine Betriebsaufspaltung liegt hingegen in dem folgenden Fall vor:

BEISPIEL:

	BesitzU	BetrU
A	100 v. H.	50 v. H.
B	0 v. H.	50 v. H.
	100 v. H.	100 v. H.

Zwar beherrscht hier A das Besitzunternehmen, er kann im Betriebsunternehmen aber seinen geschäftlichen Betätigungswillen nicht durchsetzen; denn er kann mit seinen 50 v. H. Stimmenanteilen den Gesellschafter B nicht überstimmen.[1] Dies gilt grundsätzlich selbst dann, wenn sowohl der Alleingesellschafter der Betriebs-GmbH als auch der nicht an der Betriebs-GmbH beteiligte Besitzgesellschafter Geschäftsführer der Betriebs-GmbH ist.[2]

367–370 *(Einstweilen frei)*

(2.3.2) Personenmehrheit bei beiden Unternehmen

(2.3.2.1) Die Personengruppentheorie

371 Es ist bereits erwähnt worden, dass es für die Beherrschung von Besitzunternehmen und Betriebsunternehmen ausreicht, wenn an beiden Unternehmen mehrere Personen beteiligt sind, die infolge ihrer Einheit und ihrer Doppelstellung auch ohne entsprechende vertragliche Bindungen in der Lage sind, beide Unternehmen nach Maßgabe ihrer Gesamtbeteiligung zu beherrschen (**Personengruppentheorie**[3]).

---

1 BFH, Urteile v. 13.12.1984 - VIII R 19/81, BFHE 143, 221, BStBl II 1985, 601; v. 27.2.1991 - XI R 25/88, BFH/NV 1991, 454, 455 (mittlere Spalte); v. 30.11.2005 - X R 56/04, BFHE 212, 100, BStBl II 2006, 415; v. 2.9.2008 - X R 32/05, BFHE 224, 217, BStBl II 2009, 634.
2 BFH, Urteil v. 7.12.1999 - VIII R 50, 51/96, BFH/NV 2000, 601.
3 BFH, Entscheidungen v. 2.8.1972 - IV 87/65, BFHE 106, 325, BStBl II 1972, 796; v. 28.5.1991 - IV B 28/90, BFHE 164, 543, BStBl II 1991, 801; v. 21.1.1999 - IV R 96/96, BFHE 187, 570, BStBl II 2002, 771; v. 24.2.2000 - IV R 62/98, BFHE 191, 295, BStBl II 2000, 417; v. 7.1.2008 - IV B 24/07, BFH/NV 2008, 784.

BEISPIEL: ▶   372

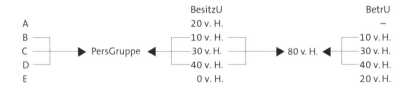

	BesitzU		BetrU
A	20 v. H.		–
B	10 v. H.		10 v. H.
C	30 v. H.	PersGruppe ◀ ... ▶ 80 v. H. ◀	30 v. H.
D	40 v. H.		40 v. H.
E	0 v. H.		20 v. H.

Betriebsaufspaltung ist nach der Personengruppentheorie gegeben, weil die Personengruppe B, C und D an beiden Unternehmen mit 80 v. H. beteiligt ist.

Der Personengruppentheorie steht die zur Anerkennung eines Arbeitsverhältnisses zwischen Ehegatten ergangene Entscheidung des BVerfG vom 7. 11. 1995[1] nicht entgegen. Das BVerfG hat es in diesem Beschluss für unzulässig erklärt, einen bereits als erwiesen erachteten Sachverhalt der Besteuerung nur deshalb nicht zugrunde zu legen, weil eines von mehreren, für den Nachweis des Sachverhalts in Betracht kommenden Indizien nicht gegeben ist. Ein Indiz darf nach dieser Entscheidung nicht in der Weise zu einem Tatbestandsmerkmal verselbständigt werden, dass das Fehlen dieses Merkmals den an sich als erfüllt angesehenen Tatbestand entfallen lässt. Mit anderen Worten, wird ein Tatbestandsmerkmal als erfüllt angesehen, kommt es nicht mehr darauf an, ob auch das fragliche Indizmerkmal gegeben ist.   373

Die Anteilsmehrheit der Sowohl-als-auch-Gesellschafter ist bei der Betriebsaufspaltung das entscheidende Tatbestandsmerkmal für die Annahme einer personellen Verflechtung. Deshalb ist es hier grundsätzlich unerheblich, ob der einheitliche geschäftliche Betätigungswille auch aus anderen Umständen abgeleitet werden könnte. Solche Umstände sind deshalb nicht geeignet, die aufgrund der Beteiligungsverhältnisse angenommene personelle Verflechtung „entfallen" zu lassen.[2]   374

(2.3.2.2) Beteiligungsidentität und unterschiedliche Beteiligungsverhältnisse

Literatur: *Märkle,* Die Betriebsaufspaltung an der Schwelle zu einem neuen Jahrtausend, Personelle Verflechtung bei Gesellschafteridentität, aber ungleicher Beteiligung an Besitz- und Betriebsgesellschaft, BB 2000 Beilage 7, 7.

---

1 BVerfG, Beschluss v. 7.11.1995 - 2 BvR 802/90, BStBl II 1996, 34; *Pezzer,* StbJb 1996/97, 25, 42.
2 BFH, Urteil v. 24.2.2000 - IV R 62/98, BFHE 191, 295, BStBl II 2000, 417.

375 Der einheitliche geschäftliche Betätigungswille tritt am klarsten zutage, wenn – wie in dem vorstehenden Beispiel – an beiden Unternehmen **dieselben Personen** im **gleichen Verhältnis beteiligt** sind (**Beteiligungsidentität**).[1]

Erforderlich ist dies für die Annahme einer personellen Verflechtung aber nicht; denn es können auch andere Umstände zu einem „einheitlichen geschäftlichen Betätigungswillen" hinsichtlich der beiden Unternehmen führen.[2] Demzufolge ist ein einheitlicher geschäftlicher Betätigungswille nicht nur dann vorhanden, wenn an beiden Unternehmen dieselben Personen im gleichen Verhältnis beteiligt sind, sondern auch dann, wenn die an den beiden Unternehmen beteiligten Personen an diesen mit **unterschiedlichen Quoten beteiligt** sind.[3] Erforderlich ist nur, dass die „Person oder Personengruppe,[4] die das Besitzunternehmen tatsächlich beherrscht, in der Lage ist, auch in der Betriebsgesellschaft ihren Willen durchzusetzen"(**Beherrschungsidentität**).[5] Ob diese Voraussetzungen, an die **strenge Anforderungen** zu stellen sind, vorliegen, ist nach den Verhältnissen des einzelnen Falls zu entscheiden.[6]

376 **BEISPIEL:** ▶ An dem Besitzunternehmen ist A mit 30 v. H. beteiligt, B mit 40 v. H., C mit 20 v. H. und D mit 10 v. H. Am Betriebsunternehmen sind A mit 30 v. H., B mit 30 v. H., D mit 10 v. H. und E mit 30 v. H. beteiligt.

---

1 BFH, Entscheidungen v. 8.11.1971 - GrS 2/71, BFHE 103, 440, BStBl II 1972, 63; v. 16.6.1982 - I R 118/80, BFHE 136, 287, BStBl II 1982, 662; v. 5.9.1991 - IV R 113/90, BFHE 165, 420, BStBl II 1992, 349; v. 15.10.1998 - IV R 20/98, BFHE 187, 26, BStBl II 1999, 445; v. 24.2.2000 - IV R 62/98, BFHE 191, 295, BStBl II 2000, 417; v. 14.8.2001 - IV B 120/00, BFH/NV 2002, 1561 (rechte Spalte f.); v. 29.8.2001 - VIII R 34/00, BFH/NV 2002, 185, 187 (linke Spalte).
2 BFH, Urteil v. 16.6.1982 - I R 118/80, BFHE 136, 287, BStBl II 1982, 662.
3 BFH, Urteile v. 2.8.1972 - IV 87/65, BFHE 106, 325, BStBl II 1972, 796; v. 11.12.1974 - I R 260/72, BFHE 114, 433, BStBl II 1975, 266; v. 28.1.1993 - IV R 39/92, BFH/NV 1993, 528; v. 18.3.1993 - IV R 96/92, BFH/NV 1994, 15, 16 (mittlere Spalte); v. 24.2.1994 - IV R 8-9/93, BFHE 174, 80, BStBl II 1994, 466; v. 21.8.1996 - X R 25/93, BFHE 181, 284, BStBl II 1997, 44; v. 15.10.1998 - IV R 20/98, BFHE 187, 26, BStBl II 1999, 445.
4 Siehe hierzu auch unten Rn. 375 ff.
5 BFH, Urteile v. 8.11.1971 - GrS 2/71, BFHE 103, 440, BStBl II 1972, 63; v. 28.1.1982 - IV R 100/78, BFHE 135, 330, BStBl II 1982, 479; v. 16.6.1982 - I R 118/80, BFHE 136, 287, BStBl II 1982, 662; v. 9.11.1983 - I R 174/79, BFHE 140, 90, BStBl II 1984, 212; v. 24.2.2000 - IV R 62/98, BFHE 191, 295, BStBl II 2000, 417; v. 29.8.2001 - VIII R 34/00, BFH/NV 2002, 185, 187 (linke Spalte).
6 BFH, Entscheidungen v. 8.11.1971 - GrS 2/71, BFHE 103, 440, BStBl II 1972, 63; v. 30.7.1985 - VIII R 263/81, BFHE 145, 129, BStBl II 1986, 359.

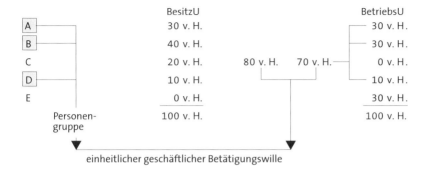

einheitlicher geschäftlicher Betätigungswille

Es liegt in diesem Fall eine personelle Verflechtung vor; denn die Personengruppe A, B und D bilden nach der Rechtsprechung des BFH[1] eine „durch gleichgerichtete Interessen geschlossene Personengruppe", und diese ist mit über 50 v. H. sowohl am Betriebsunternehmen als auch am Besitzunternehmen beteiligt.　377

Eine personelle Verflechtung liegt nach dem BFH-Urteil vom 15. 5. 1975[2] auch in dem folgenden Beispiel vor:　378

BEISPIEL:

		BesitzU	BetrU
A	Personen-	80 v. H.	50 v. H.
B	gruppe	20 v. H.	50 v. H.
		100 v. H.	100 v. H.

Auf der gleichen Ebene liegt das BFH-Urteil vom 24. 2. 2000,[3] dem folgende Beteiligungsverhältnisse zugrunde lagen:　379

	BesitzU	BetrU
M	40 v. H.	60 v. H.
F	60 v. H.	40 v. H.
	100 v. H.	100 v. H.

Der BFH hat hier entschieden, dass ein einheitlicher geschäftlicher Betätigungswille regelmäßig auch dann anzunehmen sei, wenn die einzigen Gesellschafter des Besitz- und Betriebsunternehmens in der Weise an beiden Unternehmen

---

1　BFH, Urteil v. 16.6.1982 - I R 118/80, BFHE 136, 287, BStBl II 1982, 662.
2　BFH, Urteil v. 15.5.1975 - IV R 89/73, BFHE 116, 277, BStBl II 1975, 781.
3　BFH, Urteil v. 24.2.2000 - IV R 62/98, BFHE 191, 295, BStBl II 2000, 417.

beteiligt sind, dass der eine Gesellschafter über die Mehrheit der Anteile am Besitzunternehmen verfügt, der andere dagegen über die Mehrheit der Anteile am Betriebsunternehmen.[1]

380 Keine Betriebsaufspaltung hingegen ist in folgendem Fall gegeben:

BEISPIEL:

	BesitzU	BetrU
A	50 v. H.	–
B	–	50 v. H.
C	50 v. H.	–
D	–	50 v. H.
	100 v. H.	100 v. H.

Betriebsaufspaltung ist hier nicht gegeben, weil weder eine Person noch eine Personengruppe an beiden Unternehmen mit mehr als 50 v. H. beteiligt ist.

381 Die vorstehend dargestellten Grundsätze gelten auch für den Fall, dass nicht die Beteiligung selbst, sondern die **Stimmrechte** der Beteiligten abweichend vom Beteiligungsverhältnis unterschiedlich geregelt sind.[2]

382–385 *(Einstweilen frei)*

(2.3.2.3) Rechtfertigung der Personengruppentheorie

Literatur: *Grieger*, Anm. zum BFH-Urteil vom 2. 8. 1972, IV 87/65, DStZ/A 1972, 389.

386 Die Personengruppentheorie beruht auf der **Vermutung**, dass mehrere Personen, die sowohl an dem Besitzunternehmen als auch am Betriebsunternehmen beteiligt sind, **gleichgerichtete** Interessen haben und deshalb ihre Rechte auch gleichgerichtet ausüben.

387 Diese Vermutung wird von den folgenden Überlegungen getragen:

▶ Nur bei der Verfolgung gleichgerichteter Interessen können die Sowohl-als-auch-Gesellschafter ihren Willen in beiden Unternehmen (dem Besitz- und dem Betriebsunternehmen) durchsetzen.[3]

▶ Ohne das Vorhandensein eines gleichgerichteten Betätigungswillens kann die Aufspaltung eines Unternehmens in eine Betriebsgesellschaft und ein Besitzunternehmen nicht vorgenommen werden.[4]

---

1 Siehe auch BFH, Urteil v. 29.8.2001 - VIII R 34/00, BFH/NV 2002, 185, 187 (linke Spalte).
2 BFH, Urteil v. 14.8.2001 - IV B 120/00, BFH/NV 2001, 1561, 1562 (linke Spalte).
3 BFH, Urteile v. 24.2.2000 - IV R 62/98, BFHE 191, 295, BStBl II 2000, 417; v. 29.8.2001 - VIII R 34/00, BFH/NV 2002, 185, 187 (mittlere Spalte).
4 FG Baden-Württemberg, Urteil v. 14.11.1996, EFG 1997, 532.

▶ Die Gesellschafter des Betriebsunternehmens sind nicht zufällig zusammengekommen, sondern sie haben sich auch beim Besitzunternehmen zur Verfolgung eines bestimmten wirtschaftlichen Zwecks zusammengefunden, so dass ihr Handeln durch gleichgerichtete Interessen bestimmt wird.[1]

▶ Die Missachtung der Interessen eines Sowohl-als-auch-Gesellschafters, der an einem der beiden Unternehmen nur geringfügig beteiligt ist, würde zur Blockierung der Willensbildung in dem anderen Unternehmen und damit zum Zerbrechen der ganzen Doppelgesellschaft führen.[2]

▶ Unerheblich sei, ob die mit entgegengesetzten Mehrheitsverhältnissen an dem Besitz- und Betriebsunternehmen beteiligten Personen **Eheleute** seien oder nicht; denn der Interessengleichklang ergebe sich nicht aus der ehelichen Beziehung, sondern aus dem zweckgerichteten Zusammenschluss derselben Personen in beiden Unternehmen.[3]

Es kommt nicht darauf an, welchen Einfluss jeder einzelnen Person oder Personengruppe innerhalb des „aufgespaltenen Unternehmens" zukommt. Deshalb ist es auch nicht erforderlich, dass die einzelnen Personen der Personengruppe am Besitzunternehmen und Betriebsunternehmen im **gleichen Verhältnis** beteiligt sind. Ausschlaggebend ist, dass die Gruppe in sich durch die Gleichrichtung ihrer Interessen einen geschlossenen Block bildet und auf diese Weise in der „Doppelgesellschaft" ihren Willen tatsächlich durchsetzen kann.[4] Durch die Gleichrichtung der Interessen wird die Personengruppe also als eine Einheit bei der Willensbildung angesehen.

388

Abgesehen von den Fällen einer extrem konträren Beteiligung der Sowohl-als-auch-Gesellschafter[5] lässt sich – nach Ansicht des BFH[6] – aus einer unterschiedlichen Beteiligung ein Interessengegensatz auch deshalb nicht herleiten, weil die an beiden Unternehmen beteiligten Personen nicht zufällig zusammengekommen seien, sondern sich zur Verfolgung eines bestimmten betrieblichen Zwecks auch beim Besitzunternehmen zusammengefunden hätten und deshalb eine zwischen den Gesellschaftern abgestimmte Willensbildung erforderlich sei, solange die – bewusst gebildete – Doppelgesellschaft Bestand haben solle.

389

---

1   BFH, Entscheidungen v. 28.5.1991 - IV B 28/90, BFHE 164, 543, BStBl II 1991, 801; v. 24.2.2000 - IV R 62/98, BFHE 191, 295, BStBl II 2000, 417.
2   BFH, Urteil v. 24.2.2000 - IV R 62/982000, BFHE 191, 295, BStBl II 2000, 417.
3   BFH, Urteil v. 29.8.2001 - VIII R 34/00, BFH/NV 2002, 185, 187 (mittlere Spalte).
4   BFH, Urteile v. 16.6.1982 - I R 118/80, BFHE 136/287, BStBl II 1982, 662; v. 26.11.1992 - IV R 15/91, BFHE 171, 490, BStBl II 1993, 876.
5   Vgl. hierzu unten Rn. 403 ff.
6   BFH, Urteile v. 2.8.1972 - IV 87/65, BFHE 106, 325, BStBl II 1972, 796; v. 18.3.1993 - IV R 96/92, BFH/NV 1994, 15, 16 (mittlere Spalte).

390   In den Fällen, in denen eine Personengruppe aus Ehegatten oder Eltern und Kindern besteht, steht der Beschluss des BVerfG vom 12. 3. 1985[1] der Anwendung der Personengruppentheorie nicht entgegen.

391–393 *(Einstweilen frei)*

(2.3.2.4) Widerlegung der Vermutung gleichgerichteter Interessen

Literatur: *Fichtelmann*, Anm. zum BFH-Urteil vom 15. 5. 1975, IV R 89/73, StRK-Anm. R 323 zu § 2 Abs. 1 GewStG.

394   Die Vermutung, dass die sowohl an dem Besitzunternehmen als auch am Betriebsunternehmen beteiligten Personen gleichgerichtete Interessen haben, kann **widerlegt** werden, wenn ständige **Interessengegensätze**, die verschiedene Ursachen haben können (z. B. Ausgestaltung der Gesellschaftsrechte, unterschiedliche Stimmrechte, wirtschaftliche oder familiäre Gegensätze), nicht nur möglich, sondern **konkret nachweisbar** sind.[2] Der früher vom I. Senat vertretene Standpunkt, wonach die Möglichkeit von Interessengegensätzen ausreichend sein sollte, ist aufgegeben worden.[3]

395   Der Nachweis einer konkreten Interessenkollision ist z. B. möglich

▶ durch Rechtsstreitigkeiten zwischen den zu der Personengruppe gehörenden Personen,

▶ durch ein bestimmtes Verhalten eines Gesellschafters in der Gesellschafterversammlung oder

▶ durch Streitigkeiten bei der Geschäftsführung.

396   Aus **Meinungsverschiedenheiten** und Interessengegensätzen in **untergeordneten Fragen** zwischen den Gesellschaftern kann nicht auf das Fehlen eines einheitlichen geschäftlichen Betätigungswillens geschlossen werden,[4] denn derartige Meinungsverschiedenheiten ändern nichts an der Tatsache, dass die an beiden Unternehmen beteiligten Personen durch ihre gleichgerichteten Interessen schon der Natur der Sache nach eine geschlossene Personengruppe und damit eine Einheit darstellen, deren einheitliches Handeln wirtschaftlich gesehen

---

1   BVerfG, Beschluss v. 12.3.1985 - 1 BvR 571/81, BVerfGE 69, 188, BStBl II 1985, 475.
2   BFH, Urteile v. 15.5.1975 - IV R 89/73, BFHE 116, 277, BStBl II 1975, 781; v. 16.6.1982 - I R 118/80, BFHE 136, 287, BStBl II 1982, 662; v. 5.9.1991 - IV R 113/90, BFHE 165, 420, BStBl II 1992, 349; v. 28.1.1993 - IV R 39/92, BFH/NV 1993, 528; v. 10.4.1997 - IV R 73/94, BFHE 183, 127, BStBl II 1997, 569; v. 14.8.2001 - IV B 120/00, BFH/NV 2001, 1561, 1562 (linke Spalte); Beschluss v. 7.1.2008 - IV B 24/07, BFH/NV 2008, 784.
3   BFH, Urteil v. 16.6.1982 - I R 118/80, BFHE 136, 287, BStBl II 1982, 662.
4   BFH, Urteile v. 11.12.1974 - I R 260/72, BFHE 114, 433, BStBl II 1975, 266; v. 24.2.2000 - IV R 62/98, BFHE 191, 295, BStBl II 2000, 417; Beschluss v. 7.1.2008 - IV B 24/07, BFH/NV 2008, 784.

keines Nachweises bedarf.[1] Das gilt nicht nur bei **Beteiligungsidentität**, sondern auch bei unterschiedlicher Beteiligung am Besitz- und Betriebsunternehmen.[2]

Bei einem Gesellschaftsverhältnis zwischen einem verwitweten Elternteil und **397** den Kindern genügt die Wiederverheiratung des Elternteils allein nicht, um das Vorhandensein von Interessengegensätzen nachzuweisen.[3] Es genügt auch nicht, wenn die Beteiligten auf eine Bestimmung in der Satzung der GmbH verweisen, derzufolge deren Geschäftsführer für bestimmte Geschäfte der **Zustimmung der (personengleichen) Gesellschafter** bedürfen.[4] Auch gelegentliche Meinungsverschiedenheiten innerhalb einer **Eigentümergemeinschaft** über Jahresabrechnungen und Entlastung des Verwalters genügen nicht.

Die Vermutung gleichgerichteter Interessen wird auch nicht dadurch widerlegt, **398** dass bei einer jeweils zweigliedrigen Besitz- und Betriebsgesellschaft der eine Gesellschafter beim Besitzunternehmen und der andere beim Betriebsunternehmen **Geschäftsführer** ist.

Entscheidend ist, dass der für das Betriebsunternehmen und das Besitzunter- **399** nehmen wirtschaftlich an sich erforderliche Betätigungswille, ohne dessen An- nahme eine Betriebsaufspaltung nicht vorgenommen werden würde, in allen wesentlichen Fragen durch die Geltendmachung einseitiger, der Interessenge- meinschaft zuwiderlaufender Interessen einzelner nachweisbar nicht verwirk- licht werden kann.[5] Die an der Betriebsgesellschaft beteiligten Gesellschafter des Besitzunternehmens müssen sich bei der Willensbildung gegenseitig blo- ckieren und damit die Geschlossenheit ihrer „Gruppe" aufheben.[6]

(Einstweilen frei) **400–402**

(2.3.2.5) Extrem konträre Beteiligungsverhältnisse

Literatur: *Grieger*, Anm. zum BFH-Urteil vom 2. 8. 1972, IV 87/65, DStZ/A 1972, 389; *Labus*, Anm. zum BFH-Urteil vom 23. 11. 1972, IV R 63/71, BB 1973, 375.

Ein einheitlicher geschäftlicher Betätigungswille liegt außerdem auch dann **403** nicht vor, wenn die **Beteiligungen** bei der Besitzgesellschaft und der Betriebs- gesellschaft der Höhe nach in **extrem konträrer Weise** voneinander abweichen. In einem solchen Fall ist die Zusammenfassung der Gesellschafter zu einer be- herrschenden Gruppe ausgeschlossen,[7] weil sich in einem solchen Fall Interes-

---

1 BFH, Urteil v. 24.2.2000 - IV R 62/98, BFHE 191, 295, BStBl II 2000, 417.
2 BFH, Urteil v. 24.2.2000 - IV R 62/98, BFHE 191, 295, BStBl II 2000, 417.
3 BFH, Urteil v. 16.6.1982 - I R 118/80, BFHE 136, 287, BStBl II 1982, 662.
4 BFH, Urteil v. 5.9.1991 - IV R 113/90, BFHE 165, 420, BStBl II 1992, 349.
5 BFH, Urteil v. 28.1.1993 - IV R 39/92, BFH/NV 1993, 528.
6 BFH, Urteil v. 10.4.1997 - IV R 73/94, BFHE 183, 127, BStBl II 1997, 569.
7 BFH, Urteile v. 2.8.1972 - IV 87/65, BFHE 106, 325, BStBl II 1972, 796; v. 23.11.1972 - IV R 63/71, BFHE 108, 44, BStBl II 1973, 247; v. 11.12.1974 - I R 260/72, BFHE 114, 433, BStBl II 1975, 266.

senlagen herausstellen können, die im Ergebnis wirtschaftlich einer Fremdverpachtung des Besitzunternehmens entsprechen würden.[1]

BEISPIEL:

	BesitzU	BetrU
A	90 v. H.	10 v. H.
B	10 v. H.	90 v. H.
	100 v. H.	100 v. H.

404 Hingegen bestehen keine konträren Beteiligungsverhältnisse, wenn z. B. die beiden Gesellschafter an der Besitzgesellschaft im Verhältnis 50 : 50, an der Betriebs-GmbH dagegen im Verhältnis 88 : 12 beteiligt sind.[2] Ein weiteres Beispiel für das Nichtvorliegen von der Höhe nach in extremer Weise entgegengesetzten Beteiligungen enthält das BFH-Urteil vom 20. 9. 1973,[3] in welchem eine personelle Verflechtung in einem Fall angenommen worden ist, in dem innerhalb einer Personengruppe eine engere Gruppe in der Besitzgesellschaft die einfache Mehrheit (60 v. H.) und in der Betriebs-Kapitalgesellschaft eine qualifizierte Mehrheit (99,27 v. H.) besaß.

405 Das FG Baden-Württemberg[4] hat in einem Fall, in dem an der Betriebs-GmbH A mit 55 v. H. und B mit 45 v. H. und an dem Besitzunternehmen A mit 45 v. H. und B mit 55 v. H. beteiligt waren, keine konträre Beteiligung angenommen.

406 Aus den BFH-Urteilen vom 24. 2. 1994[5] und vom 13. 12. 2005[6] ist zu entnehmen, dass bei einer Beteiligung von zwei Gesellschaftern am Besitzunternehmen im Verhältnis 50 : 50 ein extrem konträres Beteiligungsverhältnis selbst dann abzulehnen ist, wenn einer der Gesellschafter am Betriebsunternehmen nur ganz geringfügig (unter 1 v. H.) beteiligt ist. Auch bei einem Beteiligungsverhältnis von 60 : 40 am Besitzunternehmen und von 40 : 60 am Betriebsunternehmen liegt keine extrem unterschiedliche Beteiligung vor.[7]

407–409 *(Einstweilen frei)*

(2.3.2.6) Erbengemeinschaften

Die Personengruppentheorie gilt nach dem BFH-Urteil vom 28. 1. 1993[8] auch in den Fällen, in denen die Sowohl-als-auch-Gesellschafter ihre Beteiligungen

---

1 FG Baden-Württemberg, Urteil v. 14.11.1996, EFG 1997, 532.
2 BFH, Urteil v. 11.12.1974 - I R 260/72, BFHE 114, 433, BStBl II 1975, 266.
3 BFH, Urteil v. 20.9.1973 - IV R 41/69, BFHE 110, 236, BStBl II 1973, 869.
4 FG Baden-Württemberg, Urteil v. 14.11.1996, EFG 1997, 532.
5 BFH, Urteil v. 24.2.1994 - IV R 8 - 9/93, BFHE 174, 80, BStBl II 1994, 466.
6 BFH, Urteil v. 13.12.2005 - X R 50/03 (unter II. 3. b. cc), BFH/NV 2006, 1144.
7 BFH, Urteil v. 24.2.2000 - IV R 62/98, BFHE 191, 295, BStBl II 2000, 417.
8 BFH, Urteil v. 28.1.1993 - IV R 39/92, BFH/NV 1993, 528.

durch **Erbfolge** erworben haben, also eine **Erbengemeinschaft** bilden. Zur Rechtfertigung der Personengruppentheorie[1] wird für die Fälle von Erbengemeinschaften in dem BFH-Urteil vom 28. 1. 1993[2] darauf hingewiesen, dass hier die Miterben nicht „zufällig" zusammengekommen seien, sondern bereits der Erblasser die Entscheidung getroffen habe, die wesentlichen Betriebsgrundlagen des Betriebsunternehmens von einem ihm gehörenden Besitzunternehmen zu mieten. Diese Entscheidung sei – so der BFH weiter – für die Erben maßgeblich.

Hieraus folgt, dass sich eine Betriebsaufspaltung, die zwischen Besitzunternehmer und Betriebs-GmbH bestand, nach dem Tod des Besitzeinzelunternehmers und dem Übergang des Nachlasses auf mehrere Erben unter diesen in Mitunternehmerschaft als Besitzgesellschaft fortsetzt, wenn die Beteiligungsverhältnisse nicht extrem unterschiedlich sind oder Interessengegensätze bestehen.[3]   411

(Einstweilen frei)   412–414

(2.4) Qualifizierte Mehrheit und Einstimmigkeit

Literatur: *Butz-Seidl*, Einstimmigkeitsabrede bei der Betriebsaufspaltung als Gestaltungsmittel nutzen, GStB 2009, 90; *Fischer, P.*, Personelle Verflechtung und vereinbarte Einstimmigkeit, NWB Fach 3, 9995; *Grützner*, Bedeutung von Einstimmigkeitsabreden bei Besitzunternehmen für das Vorliegen einer personellen Verflechtung im Rahmen einer Betriebsaufspaltung, StuB 2002, 1106; *Märkle*, Die Betriebsaufspaltung an der Schwelle zu einem neuen Jahrtausend, Kann das Einstimmigkeitserfordernis der persönlichen Verflechtung entgegenstehen? – Trotz neuer Rechtsprechung weiterhin Rechtsunsicherheit, BB 2000 Beilage 7, 4 ff.; *Meier*, Nur-Besitzgesellschafter und Einstimmigkeitsprinzip bei Prüfung der personellen Verflechtung im Rahmen der Betriebsaufspaltung – Auswirkungen des Meinungsstreits zwischen BFH-Rechtsprechung und der Auffassung der Finanzverwaltung, FR 1992, 676; *Neumann*, Die Einstimmigkeitsfälle bei der Betriebsaufspaltung – BMF-Schreiben vom 7. 10. 2002 unzutreffend oder nur missverständlich?; *Schmidt, Ludwig*, Anm. zum BFH-Urteil vom 9. 11. 1983 - I R 174/79, FR 1984, 122; *Schoor*, Personelle Verflechtung bei der Betriebsaufspaltung und Einstimmigkeitsprinzip, StBP 2003, 42; *Söffing, Günter*, Betriebsaufspaltung und Einstimmigkeit – BFH vom 29. 10. 1987 - VIII R 5/87, BStBl II 1989, 9, NWB Fach 18, 2935; *ders.*, Beherrschung einer GbR durch deren alleinigen Geschäftsführer – zugleich eine Besprechung des BFH-Urteils vom 1. 7. 2003 - VIII R 24/01, BB 2004, 1303; *Tiedtke/Szczeny*, Gesetzlicher Vertrauensschutz bei Beendigung einer Betriebsaufspaltung – BMF-Schreiben vom 7. 10. 2002 zur Bedeutung von Einstimmigkeitsabreden bei Besitzunternehmen, DStR 2003, 757.

(2.4.1) Allgemeines

Es ist bereits darauf hingewiesen worden, dass eine Betriebsaufspaltung nur   415
dann angenommen werden kann, wenn sowohl das Betriebsunternehmen als

---

1 Vgl. oben Rn. 386 ff.
2 BFH, Urteil v. 28.1.1993 - IV R 39/92, BFH/NV 1993, 528.
3 BFH, Urteil v. 21.4.2005 - III R 7/03, BFH/NV 2005, 1974.

auch das Besitzunternehmen von einer Person oder Personengruppe beherrscht wird, und dass eine solche Beherrschung grundsätzlich eine stimmrechtmäßige Beteiligung von mehr als 50 v. H. (einfache Mehrheit) voraussetzt. Eine solche Mehrheit reicht jedoch nicht aus, wenn aufgrund einer gesellschaftsrechtlichen Vereinbarung oder aufgrund des Gesetzes für Gesellschafterbeschlüsse eine einfache Mehrheit nicht ausreicht, sondern eine qualifizierte Mehrheit oder gar Einstimmigkeit erforderlich ist.

(2.4.2) Die Einstimmigkeitsrechtsprechung

416 Hiervon ausgehend hat der I. Senat des BFH bereits in seinem Urteil vom 9. 11. 1983[1] zutreffend entschieden, dass keine personelle Verflechtung im Sinne einer Betriebsaufspaltung vorliegt, wenn die das Betriebsunternehmen beherrschende Person oder Personengruppe an einer Besitz-GbR zwar mit $\frac{2}{3}$ beteiligt ist, aber nach dem Gesellschaftsvertrag die Gesellschafterbeschlüsse einstimmig gefasst werden müssen; denn in einem solchen Fall reicht die **Stimmrechtsmacht** der betreffenden Person oder Personengruppe, die das Betriebsunternehmen beherrscht, nicht aus, um im Besitzunternehmen ihren Willen durchsetzen zu können (Einstimmigkeitsrechtsprechung).

417 Das gilt selbst dann, wenn ein nicht an beiden Unternehmen beteiligter Gesellschafter möglicherweise gleichgerichtete Interessen wie die beherrschende Personengruppe hat. Ein solcher Gesellschafter hat im eigenen Interesse gehandelt, wobei sein Interesse lediglich mit dem der beherrschenden Personengruppe in der Vergangenheit möglicherweise übereingestimmt hat.[2]

418 Diesem Ergebnis kann nicht entgegengehalten werden, dass der Besitzgesellschafter, der nicht an dem Betriebsunternehmen beteiligt ist (**Nur-Besitz-Gesellschafter**)[3] möglicherweise im Interesse der beherrschenden Personengruppe – der **Sowohl-als-auch-Gesellschafter**[4] gehandelt haben könnte.[5] Denn die Vermutung „gleichgerichteter Interessen" bezieht sich nur auf die Sowohl-als-auch-Gesellschafter.[6]

---

1 BFH, Urteil v. 9.11.1983 - I R 174/79, BFHE 140, 90, BStBl II 1984, 212; Anm.: *Le* in RWP, Akt. Inf. Steuerrecht S 1.3; *o. V.*, INF 1984, 211; *o. V.*, KÖSDI 1984, 5391; *L. Schmidt*, FR 1984, 122, und *Felix* in StRK-Anm., GewStG 1978 § 2 Abs. 1 Betriebsaufspaltung R.1.
2 BFH, Urteil v. 10.12.1991 - VIII R 71/87, BFH/NV 1992, 551.
3 Siehe unten Rn. 459 f.
4 Siehe unter Rn. 460 f.
5 FG Baden-Württemberg, Urteil v. 4.2.1998, EFG 1998, 943, 944 (rechte Spalte).
6 Siehe Rn. 386 ff.

Die spätere Rechtsprechung des BFH[1] hat an der Einstimmigkeits-Rechtsprechung festgehalten.   419

Unvereinbar mit dieser Rechtsprechung ist das Urteil des FG München vom   420
24. 4. 1996,[2] dem folgender Sachverhalt zugrunde liegt: Im Gesellschaftsvertrag einer GbR war vereinbart worden, dass für Geschäfte, die der gewöhnliche Betrieb des Gewerbes der Gesellschaft mit sich bringt, eine **Einzelgeschäftsführungs- und Einzelvertretungsbefugnis** jedes Gesellschafters besteht. Nach Ansicht des FG München soll eine daneben vereinbarte Einstimmigkeitsabrede der Annahme einer personellen Verflechtung nicht entgegenstehen, weil zu den Geschäften des täglichen Lebens auch das An- und Vermieten von Wirtschaftsgütern gehöre und damit jeder Gesellschafter kraft seiner Einzelgeschäftsführungsbefugnis in diesem Bereich seinen einheitlichen geschäftlichen Betätigungswillen trotz der bestehenden Einstimmigkeitsvereinbarung durchsetzen könne.

Dieser Auffassung kann nicht zugestimmt werden. Sie verkennt, dass es nach   421
der Rechtsprechung des BFH für die Annahme einer personellen Verflechtung auf die Stimmrechtsmacht und nicht auf die Geschäftsführungsbefugnis ankommt. Dass die Ansicht des BFH richtig ist, ergibt sich aus der Tatsache, dass durch Gesellschafterbeschluss jedes Geschäft des täglichen Lebens verhindert werden kann, welches der Geschäftsführer einer Gesellschaft aufgrund seiner Geschäftsführungsbefugnis ausüben kann.[3]

Bedenken bestehen auch gegen das BFH-Urteil vom 1. 7. 2003,[4] in dem entschie-   422
den worden ist, der alleinige Gesellschafter-Geschäftsführer einer Betriebs-GbR könne diese auch dann beherrschen, wenn die Gesellschafterbeschlüsse einstimmig gefasst werden müssen. Dem Urteil lag folgender Sachverhalt zugrunde: An einer GbR waren zunächst HW mit 60 v. H. und AK mit 40 v. H. beteiligt. Zweck der Gesellschaft war die Errichtung und Vermietung eines Bürogebäudes an die T-GmbH. An dieser waren HW und AK mit 62,5 v. H. beteiligt. Das Bürogebäude ist 1991 fertiggestellt und 1994 für die betrieblichen Zwecke der T-GmbH ausgebaut worden.

---

1 BFH, Urteile v. 9.11.1983 - I R 174/79, BFHE 140, 90, BStBl II 1984, 212; v. 29.10.1987 - VIII R 5/87, BFHE 151, 457, BStBl II 1989, 96; v. 10.12.1991 - VIII R 71/87, BFH/NV 1992, 551; v. 21.1.1999 - IV R 96/98, BFHE 187, 570, BStBl II 2002, 771; v. 11.5.1999 - VIII R 72/96 (unter II.1.a), BFHE 188, 397, BStBl II 2002, 722; v. 15.3.2000 - VIII R 82/98, BFHE 191, 390, BStBl II 2002, 774; v. 1.7.2003 - VIII R 24/01 (unter II.2.b.aa), BFHE 202, 535, BStBl II 2003, 757.
2 FG München, Urteil v. 24.4.1996, EFG 1996, 748; ähnlich FG Nürnberg, Urteil v. 28.6.2005, DStRE 2006, 671.
3 Vgl. auch FG Düsseldorf, Urteil v. 12.4.1996, EFG 1996, 704.
4 BFH, Urteil v. 1.7.2003 - VIII R 24/01, BFHE 202, 535, BStBl II 2003, 757.

Kurz nach der Fertigstellung des Gebäudes haben HW und AK aus ihren Gesellschaftsanteilen jeweils 5 v. H. des Gesellschaftskapitals unentgeltlich auf ihre Ehefrauen übertragen. Die Gesellschaftsanteile durften nur mit Zustimmung aller Gesellschafter veräußert werden. Gesellschafter-Beschlüsse waren einstimmig zu fassen. Alleiniger Geschäftsführer der GbR war HW. Die Ehefrauen hatten ihren Ehemännern bereits 1979 bzw. 1984 Generalvollmacht erteilt.

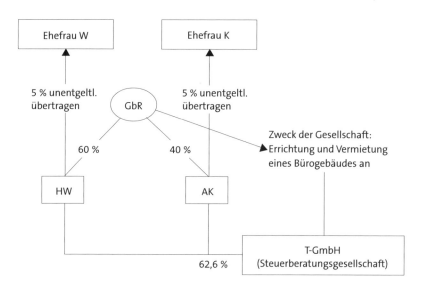

423 Der VIII. Senat hat seine Entscheidung wie folgt begründet: Bei der Allein-Geschäftsführungsbefugnis eines GbR-Gesellschafters seien die übrigen Gesellschafter gem. § 710 BGB von der Geschäftsführung ausgeschlossen. Das habe zur Folge, dass die übrigen Gesellschafter in Geschäftsführungs-Angelegenheiten nicht tätig werden dürften. Die übrigen Gesellschafter hätten in diesen Angelegenheiten auch kein Widerspruchsrecht, könnten dem Gesellschafter-Geschäftsführer keine Weisungen erteilen, und ihr Stimmrecht beschränke sich auf Beschlüsse in anderen Angelegenheiten als denen der Geschäftsführung. Die Geschäftsführungsbefugnis eines GbR-Geschäftsführers schließe die Möglichkeit ein, über ein von der GbR vermietetes Wirtschaftsgut zu verfügen; denn die von der Geschäftsführung ausgeschlossenen Gesellschafter hätten keinen Einfluss auf Verwaltungsgeschäfte einer GbR. Zu diesen Verwaltungsgeschäften gehörten alle rechtlichen und tatsächlichen Maßnahmen, soweit es sich nicht um sog. Grundlagengeschäfte handelte, also um Geschäfte, die zu einer Ände-

rung des Bestandes oder der Organisation der GbR führten. Der BFH sei bisher in ständiger Rechtsprechung davon ausgegangen, dass eine nach der Begründung einer Betriebsaufspaltung vorgenommene Vermietung eines Grundstücks kein Grundlagengeschäft sei, weil für eine solche Vermietung kein Gesellschafterbeschluss erforderlich sei. Demzufolge beherrsche HW die Besitz-GbR. Allerdings beherrsche er allein nicht auch die Betriebs-GmbH (T-GmbH). Dieses stehe der Annahme einer persönlichen Verflechtung jedoch nicht entgegen, weil er zusammen mit AK eine Personengruppe bilde. Diese könnte in der T-GmbH aufgrund ihrer Stimmrechte und in der GbR aufgrund der Geschäftsführungsbefugnisse des HW ihren einheitlichen geschäftlichen Betätigungswillen durchsetzen.

Gegen diese Begründung bestehen insbesondere deshalb Bedenken, weil sie darauf beruht, dass im Streitfall die Vermietung des Grundstücks kein Grundlagengeschäft sei. Damit unvereinbar ist, dass im Streitfall der Gesellschaftszweck der GbR die Vermietung des von der GbR errichteten Bürogebäudes an die T-GmbH war. Die Kündigung des zwischen der GbR und der T-GmbH bestehenden Mietverhältnisses hätte also gegen den Gesellschaftszweck der GbR verstoßen. Aus diesem Grunde war HW aufgrund seiner Geschäftsführungsbefugnis zu einer solchen Kündigung nicht befugt; denn nach der in dem Besprechungsurteil zitierten Ansicht von *Sprau*,[1] ist der Inhalt und der Umfang der Geschäftsführungsbefugnis durch den Gesetzeszweck begrenzt. Der Gesellschafter-Geschäftsführer einer GbR darf also aufgrund seiner Geschäftsführungsbefugnis keine Geschäfte vornehmen, die dem Gesellschaftszweck zuwiderlaufen. Bei solchen Geschäften handelt es sich nicht um Geschäfte des täglichen Lebens, sondern um Grundlagengeschäfte. Das hat der VIII. Senat nicht hinreichend berücksichtigt.

424

(Einstweilen frei)

425–427

(2.4.3) Die Meinung der Finanzverwaltung

Die Finanzverwaltung hatte durch Schreiben vom 29. 3. 1985[2] und vom 23. 1. 1989[3] zunächst versucht, die Einstimmigkeits-Rechtsprechung dadurch zu verwässern, dass sie die Auffassung vertrat, es reiche für die personelle Verflechtung aus, wenn die Mehrheitspersonengruppe zwar nicht rechtlich, aber doch tatsächlich in der Lage sei, ihren unternehmerischen Willen in der Besitz-

428

---

1 Vgl. *Sprau*, in: Palandt, Bürgerliches Gesetzbuch, 68. Aufl. 2009, vor § 709, Rn. 1.
2 BMF v. 29.3.1985, BStBl I 1985, 121.
3 BMF v. 23.1.1989, BStBl I 1989, 39.

gesellschaft durchzusetzen.[1] Es sollte also mit Hilfe der faktischen Beherrschung die Einstimmigkeits-Rechtsprechung aus den Angeln gehoben werden.

429 Das aber war und ist nicht möglich, weil eine faktische Beherrschung – wie unten unter Rn. 535 ff. dargelegt – nach der neuen Rechtsprechung des BFH und der Aufgabe der Vermutungs-Rechtsprechung[2] – wenn überhaupt – nur noch in ganz extremen Ausnahmefällen zur Anwendung kommen kann.

430 Wohl deshalb und weil der BFH an seiner Einstimmigkeits-Rechtsprechung festgehalten hat, hat die Finanzverwaltung durch das BMF-Schreiben vom 7. 10. 2002[3] ihre frühere Ansicht aufgegeben.[4] Der neuen Verwaltungsanweisung ist zu entnehmen, dass die Betriebsgesellschafter ihren Willen in der Besitzgesellschaft nur ausnahmsweise durch eine faktische Beherrschung durchsetzen können. Wörtlich heißt es unter III. des bezeichneten BMF-Schreibens:

„Ist an der Besitzgesellschaft neben der mehrheitlich bei der Betriebsgesellschaft beteiligten Person oder Personengruppe mindestens ein weiterer Gesellschafter beteiligt (Nur-Besitzgesellschafter) und müssen Beschlüsse der Gesellschafterversammlung wegen vertraglicher oder gesetzlicher Bestimmungen einstimmig gefasst werden, ist eine Beherrschungsidentität auf vertraglicher oder gesellschaftlicher Grundlage und damit eine personelle Verflechtung nicht gegeben.

431 Die mehrheitlich beteiligte Person oder Personengruppe ist infolge des Widerspruchsrechts des nur an der Besitzgesellschaft beteiligten Gesellschafters nicht in der Lage, ihren geschäftlichen Betätigungswillen in der Besitzgesellschaft durchzusetzen.

Dies gilt jedoch nur, wenn das Einstimmigkeitsprinzip auch die laufende Verwaltung der vermieteten Wirtschaftsgüter, die sog. Geschäfte des täglichen Lebens, einschließt. Ist die Einstimmigkeit nur bezüglich der Geschäfte außerhalb des täglichen Lebens vereinbart, wird die personelle Verflechtung dadurch nicht ausgeschlossen (BFH-Urteil vom 21. 8. 1996, BStBl II 1997, 44)."

432 Es muss darauf hingewiesen werden, dass die in dem letzten Absatz wiedergegebene Verwaltungsmeinung insoweit nicht mit dem BFH-Urteil vom 21. 1. 1999[5] und dem BFH-Urteil vom 1. 7. 2003[6] übereinstimmt, als es in diesen Urteilen heißt, dass das Einstimmigkeitsprinzip jedenfalls dann gelte, wenn auch die lau-

---

1 Vgl. BFH, Urteil v. 21.1.1999 - IV R 96/96, BFHE 198, 570, BStBl II 2002, 771.
2 Siehe unten Rn. 491 ff.
3 BMF v. 7.10.2002, BStBl I 2002, 1028.
4 Siehe unter V. Abs. 2 des BMF-Schreibens v. 7.10.2002, BStBl I 2002, 1028.
5 BFH, Urteil v. 21.1.1999 - IV R 96/96, BFHE 187, 570, BStBl II 2002, 771.
6 BFH, Urteil v. 1.7.2003 - VIII R 24/01, BFHE 202, 535, BStBl II 2003, 757.

fende Verwaltung der vermieteten Wirtschaftsgüter, die sog. Geschäfte des täglichen Lebens, von diesem Prinzip erfasst werden.

Für die Fälle, in denen bisher aufgrund der BMF-Schreiben vom 29. 3. 1985[1] und vom 23. 1. 1989[2] steuerlich vom Vorliegen einer Betriebsaufspaltung ausgegangen worden ist, nach der Rechtsprechung und der neuen Verwaltungsanweisung aber keine Betriebsaufspaltung vorliegt, sind unter V. des BMF-Schreibens vom 7. 10. 2002[3] Übergangsregelungen getroffen worden.   433

Dort wird u. a. die Auffassung vertreten, dass § 174 Abs. 3 AO die Rechtsgrundlage dafür bietet, bestandskräftige Steuerbescheide in der Weise zu ändern, dass ein Entnahmegewinn steuerlich berücksichtigt wird, den das Finanzamt seinerseits wegen Nichtanwendung der BFH-Rechtsprechung zur Bedeutung von Einstimmigkeitsabreden bei der Betriebsaufspaltung nicht erfasst hat. Dieser Sichtweise ist der BFH mit überzeugender Argumentation entgegengetreten.[4]   434

(Einstweilen frei)   435–437

(2.4.4) Folgerungen aus der Einstimmigkeitsrechtsprechung für Besitzgesellschaften

Literatur: *Felix*, Anm. zum BFH-Urteil vom 12. 11. 1985 - VIII R 240/81, BStBl. II 1986, 296, StRK – Anm. EStG 1975 § 15 Abs. 1 Nr. 2 BetrAufsp. R 8; *Höhmann*, Betriebsaufspaltung bei Wohnungseigentümergemeinschaften, NWB 1997, 3758; *Weber*, Die Bruchteilsgemeinschaft als Besitzunternehmen im Rahmen einer mitunternehmerischen Betriebsaufspaltung, FR 2006, 572; *Wendt*, Abgrenzung zwischen (Sonder-)Betriebsvermögen der Besitzpersonengesellschaft und des überlassenden Gesellschafters bei der Betriebspersonengesellschaft bei einer mitunternehmerischen Betriebsaufspaltung, FR 2006, 25.

Das Urteil vom 9. 11. 1983[5] ist zwar nur für den Fall ergangen, dass das Besitzunternehmen eine **GbR** ist. Es gilt aber auch für die Fälle, in denen das Besitzunternehmen eine **OHG** oder **KG** ist. Es gilt ferner auch für andere Rechtsformen, die für das Besitzunternehmen in Betracht kommen, nämlich **Bruchteilsgemeinschaften, Erbengemeinschaften** und **Gütergemeinschaften**.   438

Die Einstimmigkeitsrechtsprechung gilt außerdem nicht nur für Fälle, in denen Einstimmigkeit vereinbart worden ist, sondern auch dann, wenn bei fehlenden Vereinbarungen über das Stimmrechtsverhältnis Einstimmigkeit gesetzlich vorgeschrieben ist.[6] Insoweit gilt im Einzelnen Folgendes: 439

---

1   BMF v. 29.3.1985, BStBl I 1985, 121.
2   BMF v. 23.1.1989, BStBl I 1989, 39.
3   BMF v. 7.10.2002, BStBl I 2002, 1028.
4   BFH, Beschluss v. 18.8.2005 - IV B 167/04, BFHE 210, 210, BStBl II 2006, 158.
5   BFH, Urteil v. 9.11.1983 - I R 174/79, BFHE 140, 90, BStBl II 1984, 212.
6   BMF v. 7.10.2002 (unter II. vor 1.), BStBl I 2002, 1028.

440 Wird das Besitzunternehmen als **GbR** geführt, steht die Führung der Geschäfte den Gesellschaftern nur gemeinschaftlich zu. Für jedes Geschäft ist nach § 701 Abs. 1 BGB die Zustimmung aller Gesellschafter erforderlich.[1] Hier gilt also bei fehlender abweichender Vereinbarung das Einstimmigkeitsprinzip.

441 Ist das Besitzunternehmen eine **OHG**, bedarf es für die über den gewöhnlichen Betrieb hinausgehenden Handlungen des Beschlusses aller Gesellschafter (§ 116 Abs. 2 HGB). Dieser Beschluss ist einstimmig zu fassen.[2] Auch hier ist also gesetzlich Einstimmigkeit vorgeschrieben. Für Handlungen, die den gewöhnlichen Betrieb des Handelsgewerbes betreffen, also für die Geschäfte des täglichen Lebens, kommt es bei einer OHG darauf an, wem die Geschäftsführung zusteht.

442 ▶ Nach § 114 Abs. 1 HGB sind bei einer OHG alle Gesellschafter zur Geschäftsführung berechtigt und verpflichtet. In diesem Fall ist nach § 115 Abs. 1 Teilsatz 1 HGB zwar jeder Gesellschafter allein zum Handeln, also zur Vornahme von Geschäften des täglichen Lebens berechtigt. Jeder Gesellschafter kann aber aufgrund seiner Geschäftsführungsbefugnis der Vornahme der Handlungen eines anderen Gesellschafters widersprechen. Geschieht dies, hat die Handlung, der widersprochen wird, zu unterbleiben (§ 155 Abs. 1 Teilsatz 2 HGB). Deshalb kann man bei einer OHG, bei der alle Gesellschafter zur Geschäftsführung befugt sind, auch hinsichtlich der Geschäfte des täglichen Lebens von der Geltung des Einstimmigkeitsprinzips sprechen.

443 ▶ Gültigkeit hat dieses Prinzip bei der OHG selbstverständlich auch dann für die Geschäfte des täglichen Lebens, wenn alle Gesellschafter zur Geschäftsführung befugt sind und nach den getroffenen gesellschaftsrechtlichen Vereinbarungen die Geschäfte des täglichen Lebens nur einstimmig vorgenommen werden dürfen (§ 115 Abs. 2 HGB).

444 ▶ Ist bei einer OHG ein Gesellschafter oder sind mehrere Gesellschafter von der Geschäftsführung ausgeschlossen, so haben diese hinsichtlich der von einem oder allen zur Geschäftsführung berechtigten Gesellschafter vorgenommenen Handlung des gewöhnlichen Geschäftsbetriebs kein Widerspruchsrecht. Hier besteht also hinsichtlich der Geschäfte des täglichen Lebens das Einstimmigkeitsprinzip nicht.

445 Bei **Kommanditgesellschaften** gilt das Einstimmigkeitsprinzip, soweit es um die Änderung oder Aufhebung des Miet- oder Pachtvertrags mit der Betriebsgesellschaft geht, weil es sich insoweit um außergewöhnliche Geschäfte handelt, die

---

1 BFH, Urteil v. 11.5.1999 - VIII R 72/96 (unter II.1.a), BFHE 188, 397, BStBl II 2002, 722; BMF v. 7.10.2002 (unter II.1.), BStBl I 2002, 1028.
2 BMF v. 7.10.2002 (unter II.2.), BStBl I 2002, 1028.

der Zustimmung aller Gesellschafter bedürften (§ 164 HGB).[1] Für die Geschäfte des täglichen Lebens ist dagegen die Zustimmung der Kommanditisten nicht erforderlich; insoweit gilt bei einer KG das Einstimmigkeitsprinzip nicht.[2]

Ist das Besitzunternehmen eine **Bruchteilsgemeinschaft**, so gelten die Vorschriften der §§ 744, 745 BGB. Nach § 744 Abs. 1 BGB steht zwar die Verwaltung des gemeinsamen Gegenstandes den Teilhabern gemeinschaftlich zu. Das bedeutet **Einstimmigkeit**. Von diesem Grundsatz enthält jedoch § 745 Abs. 1 BGB eine Ausnahme. Danach kann eine der Beschaffenheit des gemeinschaftlichen Gegenstandes entsprechende ordnungsmäßige Verwaltung und Benutzung mit **Stimmenmehrheit** beschlossen werden. Zu einer wesentlichen Veränderung des gemeinschaftlichen Gegenstandes hingegen ist wiederum **Einstimmigkeit** erforderlich.[3]

446

Der VIII. Senat des BFH hat sich in dem Urteil vom 12. 11. 1985[4] der Meinung des IV. Senats[5] angeschlossen und ausgesprochen, dass für die Beantwortung der Frage, ob eine personelle Verflechtung zwischen einer Bruchteilsgemeinschaft als Besitzunternehmen und einem Betriebsunternehmen vorliegt, davon auszugehen sei, dass die Vermietung eines Wirtschaftsguts von einer Bruchteilsgemeinschaft an ein Betriebsunternehmen mit einfacher Mehrheit der Teilhaber beschlossen werden kann.

447

Daraus folgt: Ist eine Person oder eine Personengruppe, die die Betriebsgesellschaft beherrscht, mit mehr als 50 v. H. an dem in der Rechtsform einer Bruchteilsgemeinschaft betriebenen Besitzunternehmen beteiligt, so ist eine personelle Verflechtung zu bejahen, wenn keine Vereinbarung zwischen den Teilhabern darüber getroffen worden ist, dass die Vermietung der gemeinsamen Wirtschaftsgüter nur einstimmig (mit qualifizierter Mehrheit, die die betreffende Person oder Personengruppe nicht erreicht) erfolgen darf.

448

Ist hingegen eine solche **Einstimmigkeitsvereinbarung** getroffen worden, dann kann eine personelle Verflechtung nicht angenommen werden, wenn an dem Besitzunternehmen ein Teilhaber beteiligt ist, der nicht gleichzeitig auch am Betriebsunternehmen beteiligt ist. Es besteht insoweit also de facto ein **Wahlrecht**.[6] Hinzuweisen ist auch auf das BFH-Urteil vom 29. 10. 1987,[7] in dem unter Hinweis auf das BFH-Urteil vom 9. 11. 1983[8] entschieden worden ist, dass

449

---

1 BFH, Urteil v. 27.8.1992 - IV R 13/91, BFHE 169, 231, BStBl II 1993, 134.
2 BMF v. 7.10.2002 (unter II.3.), BStBl I 2002, 1028.
3 § 745 Abs. 3 Satz 1 BGB.
4 BFH, Urteil v. 12.11.1985 - VIII R 240/81, BFHE 145, 401, BStBl II 1986, 296.
5 BFH, Urteil v. 2.8.1972 - IV 87/65, BFHE 106, 325, BStBl II 1972, 796.
6 Siehe BFH, Beschluss v. 19.10.2007 - IX B 163/06, BFH/NV 2008, 212.
7 BFH, Urteil v. 29.10.1987 - VIII R 5/87, BFHE 151, 457, BStBl II 1989, 96.
8 BFH, Urteil v. 9.11.1983 - I R 174/79, BFHE 140, 90, BStBl II 1984, 212.

keine personelle Verflechtung gegeben ist, wenn der Alleingesellschafter der Betriebs-GmbH an dem Besitzunternehmen, das die Rechtsform einer Bruchteilsgemeinschaft hat, mit $^2/_3$ beteiligt ist und in der Gemeinschaft in Bezug auf die Rechtsgeschäfte mit der GmbH Einstimmigkeit vereinbart wurde.

450   Mit BMF-Schreiben vom 23. 1. 1989[1] waren die Finanzämter angewiesen worden, diese Rechtsprechung nicht zu beachten, weil in ihr die Frage der faktischen Beherrschung nicht erörtert worden sei. Diese Verwaltungsanweisung ist mittlerweile aufgehoben worden.[2]

451   Bei der **Erbengemeinschaft** besteht nach § 2038 BGB die gleiche Rechtslage wie bei der Bruchteilsgemeinschaft.[3]

452   Bei der **Gütergemeinschaft** hingegen ist kraft Gesetzes immer Einstimmigkeit erforderlich, wenn beide Ehegatten das Gesamtgut gemeinschaftlich verwalten. Ist in einem solchen Fall nur ein Ehegatte an der Betriebsgesellschaft beteiligt, liegt keine Betriebsaufspaltung vor, es sei denn, es sind besondere Beweisanzeichen[4] vorhanden, die ausnahmsweise eine Zusammenrechnung der Ehegattenanteile in dem Besitzunternehmen rechtfertigen.

453–455 *(Einstweilen frei)*

(2.4.5) Folgerungen aus der Einstimmigkeitsrechtsprechung für qualifizierte Mehrheiten

456   Die Überlegungen, auf denen die Einstimmigkeitsrechtsprechung beruht, zwingen dazu, eine personelle Verflechtung auch in anderen Fällen zu verneinen, in denen Betriebsgesellschafter trotz einer stimmrechtsmäßigen Beteiligung von über 50 v. H. an dem Besitzunternehmen in diesem ihren geschäftlichen Betätigungswillen nicht durchsetzen können. Das ist z. B. der Fall, wenn die das Betriebsunternehmen beherrschenden Gesellschafter an der Besitzgesellschaft zwar mit 60 v. H. beteiligt sind, hier aber ihren geschäftlichen Betätigungswillen deshalb nicht durchsetzen können, weil für Gesellschafterbeschlüsse eine qualifizierte Mehrheit von 66 $^2/_3$ v. H. erforderlich ist.

457   Die Durchsetzbarkeit eines einheitlichen geschäftlichen Betätigungswillens ist also immer nur dann möglich, wenn die hinter beiden Unternehmen stehende Person oder Personengruppe über so viele Stimmen verfügt, wie bei zur Durchsetzbarkeit des einheitlichen Betätigungswillens erforderlich sind.

---

1   BMF v. 23.1.1989, BStBl I 1989, 39.
2   BMF v. 7.10.2002 (unter V. Abs. 2), BStBl I 2002, 1028.
3   BFH, Urteil v. 13.12.1983 - VIII R 90/81, BFHE 140, 526, BStBl II 1984, 474.
4   Vgl. unten Rn. 493 ff.

Keine personelle Verflechtung i. S. der Betriebsaufspaltung liegt demzufolge vor, wenn die das Betriebsunternehmen beherrschende Person oder Personengruppe an einer Besitz-GbR zwar mehrheitlich beteiligt ist (z. B. mit 66 $\frac{2}{3}$ v. H.), aber nach dem handelsrechtlich maßgebenden Stimmrechtsverhältnis die Gesellschafterbeschlüsse mit einer Mehrheit von 75 v. H. gefasst werden müssen; denn in einem solchen Fall reicht die Stimmrechtsmacht der an beiden Unternehmen beteiligten Person oder Personengruppe nicht aus, um im Besitzunternehmen ihren einheitlichen geschäftlichen Betätigungswillen durchzusetzen.[1]

(2.4.6) Auswirkungen der Einstimmigkeitsrechtsprechung auf Betriebsgesellschaften

Die eben dargestellten Grundsätze gelten auch für die Betriebsgesellschaft, wenn dort für Gesellschafterbeschlüsse Einstimmigkeit oder eine qualifizierte Mehrheit erforderlich ist.[2]

458

Allerdings ist hier zu beachten, dass dann, wenn die Betriebsgesellschaft die Rechtsform einer GmbH hat – was meist der Fall ist – nach § 47 Abs. 1 GmbHG für Gesellschafterbeschlüsse nur die einfache Stimmenmehrheit erforderlich ist, soweit keine anderen gesellschaftsrechtlichen Vereinbarungen vorliegen.

(2.4.7) Bedeutung der Einstimmigkeitsrechtsprechung

Die Bedeutung der Einstimmigkeitsrechtsprechung besteht darin, dass die Beteiligten durch die Gestaltung der Stimmrechtsverhältnisse in den Fällen, in denen am Besitzunternehmen auch Nur-Besitz-Gesellschafter bzw. am Betriebsunternehmen auch Nur-Betriebs-Gesellschafter beteiligt sind, de facto ein **Wahlrecht** haben, ob sie eine Betriebsaufspaltung herbeiführen oder nicht.

459

Dabei ist unter einem **Nur-Besitz-Gesellschafter** eine an der Besitzgesellschaft beteiligte Person zu verstehen, die an der Betriebsgesellschaft nicht beteiligt ist. Auf der Seite des Betriebsunternehmens entspricht dem Nur-Besitz-Gesellschafter **der Nur-Betriebs-Gesellschafter**. Er ist nur am Betriebsunternehmen, nicht auch am Besitzunternehmen beteiligt. Im Gegensatz zu dem Nur-Besitz-Gesellschafter und dem Nur-Betriebs-Gesellschafter steht der **Sowohl-als-auch-Gesellschafter**, also der Gesellschafter, der sowohl am Betriebsunternehmen als auch am Besitzunternehmen beteiligt ist.

460

---

1 BFH, Urteile v. 21.1.1999 - IV R 96/96, BFHE 187, 570, BStBl II 2002, 771; v. 11.5.1999 - VIII R 72/96, BFHE 188, 397, BStBl II 2002, 772; v. 7.12.1999 - VIII R 50, 51/96, BFH/NV 2000, 601, 602 (mittlere Spalte); v. 15.3.2000 - VIII R 82/98, BFHE 191, 390, BStBl II 2002, 774.
2 BFH, Urteil v. 7.12.1999 - VIII 50, 51/96, BFH/NV 2000, 601, 602 (mittlere Spalte).

461 Ist das Besitzunternehmen eine **Personengesellschaft**, an der auch Nur-Besitz-Gesellschafter beteiligt sind,[1] dann wird eine Betriebsaufspaltung vermieden, wenn keine Vereinbarungen über das Stimmrechtsverhältnis getroffen werden bzw. wenn in Übereinstimmung mit den gesetzlichen Regelungen Einstimmigkeit vereinbart wird; denn in einem solchen Fall können die Sowohl-als-auch-Gesellschafter im Besitzunternehmen ihren einheitlichen geschäftlichen Betätigungswillen nicht durchsetzen. Das „Besitzunternehmen" hat Einkünfte aus Vermietung und Verpachtung.

462 Zur Frage, ob in einem solchen Fall ein **Gestaltungsmissbrauch nach § 42 AO** vorliegen kann, wird auf das BFH-Urteil vom 7. 12. 1999[2] verwiesen. Wird im Besitzunternehmen hingegen eine **Stimmrechtsvereinbarung** getroffen, die es den Sowohl-als-auch-Gesellschaftern ermöglicht, bei Gesellschafterbeschlüssen ihren Willen durchzusetzen, dann liegt eine Betriebsaufspaltung vor, und das Besitzunternehmen hat gewerbliche Einkünfte. Eine solche Stimmrechtsvereinbarung liegt noch nicht vor, wenn die Nur-Besitz-Gesellschafter die Ausübung ihres Stimmrechts mit der beherrschenden Personengruppe abgestimmt oder in anderer Weise ihre Gesellschafterstellung im Interesse der beherrschenden Gesellschafter wahrgenommen haben.[3]

463 Ist das Besitzunternehmen eine **Bruchteilsgemeinschaft** oder eine **Erbengemeinschaft** und sind ein oder einige Teilhaber nicht am Betriebsunternehmen beteiligt (**Nur-Besitz-Teilhaber**), so besteht ebenfalls de facto ein **Wahlrecht**. Wird keine Vereinbarung getroffen oder wird einfache Stimmenmehrheit vereinbart, die die Sowohl-als-auch-Gesellschafter erreichen, dann liegt eine Betriebsaufspaltung vor. Wird Einstimmigkeit oder wird eine solche Mehrheit vereinbart, die die Sowohl-als-auch-Gesellschafter nicht erreichen, dann liegt keine Betriebsaufspaltung vor.

464 Für das **Betriebsunternehmen** gilt Entsprechendes, wobei zu beachten ist, dass ein Betriebsunternehmen meist in der Rechtsform einer GmbH geführt wird und dass nach dem Gesetz (§ 47 Abs. 1 GmbHG) bei einer GmbH die Gesellschafterbeschlüsse mit einfacher Mehrheit gefasst werden. Einstimmigkeit kann hier also nur durch gesellschaftsrechtliche Vereinbarungen erreicht werden.[4]

465–467 *(Einstweilen frei)*

---

1 Vgl. zur Einstimmigkeit bei Vorhandensein eines Nur-Besitz-Gesellschafters auch *Herzig/Kessler*, DB 1986, 2402.
2 BFH, Urteil v. 7.12.1999 - VIII R 50, 51/96, BFH/NV 2000, 601, 603 (mittlere Spalte).
3 BFH, Urteil v. 10.12.1991 - VIII R 71/87, BFH/NV 1992, 551.
4 BFH, Urteil v. 27.2.1991 - XI R 25/88, BFH/NV 1991, 454, 455 (mittlere Spalte).

4. Mittelbare Beherrschung

Literatur: *o. V.*, Betriebsaufspaltung bei Zwischenschaltung einer Stiftung, Anm. zum BFH-Urteil v. 16. 6. 1982 - I R 118/80, StBp 1983, 21.

a) Einführung

Es gibt Fälle, in denen die beherrschende Person oder Personengruppe nicht unmittelbar am Betriebsunternehmen oder Besitzunternehmen beteiligt ist, sondern nur mittelbar dadurch, dass zwischen sie und das Betriebsunternehmen bzw. das Besitzunternehmen eine andere Kapitalgesellschaft oder Personengesellschaft zwischengeschaltet ist.

468

BEISPIEL: A ist alleiniger Anteilseigner der X-GmbH. Diese ist mit 99 v. H. an einer Betriebs-Kapitalgesellschaft beteiligt. A ist ferner alleiniger Anteilseigner der Y-GmbH. Diese ist mit 99 v. H. an einer Besitz-Personengesellschaft beteiligt, die ein Fabrikgrundstück an die Betriebs-Kapitalgesellschaft vermietet hat.

469

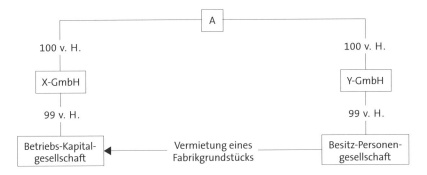

Es fragt sich, ob auch in diesen Fällen eine Beherrschung durch A möglich ist, so dass eine personelle Verflechtung vorliegt.

b) Mittelbare Beherrschung auf der Seite des Betriebsunternehmens

Literatur: *Schaaf*, Betriebsaufspaltung bei mittelbarer Beteiligung der Gesellschafter des Besitzunternehmens an der Betriebsgesellschaft, RWP-Blattei 1974, 14 Steuer-R D Betriebsaufspaltung II B 5, Einzelfragen, Mittelbare Beteiligung der Gesellschafter.

Auf der Seite des Betriebsunternehmens reicht eine mittelbare Beherrschung aus, wenn die das Besitzunternehmen beherrschende Person oder Personengruppe in dem zwischengeschalteten Unternehmen ihren einheitlichen geschäftlichen Betätigungswillen aufgrund ihrer Stimmrechtsmacht durchsetzen kann und das zwischengeschaltete Unternehmen seinerseits aufgrund seiner Stimmrechtsmacht in dem Betriebsunternehmen in der Lage ist, diesen Betäti-

470

gungswillen auch im Betriebsunternehmen zu verwirklichen. Das gilt jedenfalls dann, wenn die Beherrschung durch eine Kapitalgesellschaft vermittelt wird.[1]

471 Der BFH hat in diesem Fall eine Betriebsaufspaltung angenommen.[2] Es ist grundsätzlich gleichgültig, ob es sich bei der zwischengeschalteten Kapitalgesellschaft um eine GmbH oder eine AG handelt.[3] Nach dem BFH-Urteil vom 16. 6. 1982[4] sind die vorstehend dargestellten Grundsätze auch bei der Zwischenschaltung einer **Stiftung** anzuwenden.

472 Auch bei Zwischenschaltung einer **Personengesellschaft** ist auf der Seite des Betriebsunternehmens eine mittelbare Beherrschung möglich, wenn die das Betriebsunternehmen beherrschende Person oder Personengruppe in der zwischengeschalteten Personengesellschaft ihren einheitlichen geschäftlichen Betätigungswillen durchsetzen kann und die Personengesellschaft ihrerseits in der Lage ist, diesen Willen auch in dem Betriebsunternehmen aufgrund ihrer Stimmrechtsmacht zu verwirklichen.

c) Mittelbare Beherrschung auf der Seite des Besitzunternehmens

(1) Das BFH-Urteil vom 27. 8. 1992

473 Auf der Seite des Besitzunternehmens hat der BFH in seinem Urteil vom 27. 8. 1992[5] eine nur mittelbare Beherrschung durch eine GmbH für nicht ausreichend angesehen, weil die das Betriebsunternehmen beherrschende Person nicht Gesellschafter des Besitzunternehmens war und ein Durchgriff durch die zwischen diese Person und das Besitzunternehmen zwischengeschaltete GmbH nicht möglich gewesen sei.

474 **BEISPIEL:** ➤ A ist Alleinanteilseigner einer Betriebs-GmbH und einer weiteren GmbH, der X-GmbH. Diese ist mit 90 v. H. an der C-GbR beteiligt. Weiterer Gesellschafter der C-GbR mit 10 v. H. ist C. Die C-GbR hat an die Betriebs-GmbH eine wesentliche Betriebsgrundlage vermietet.

---

1 BFH, Entscheidungen v. 22.1.1988 - III B 9/87, BStBl II 1988, 537; v. 27.8.1992 - IV R 13/91, BFHE 169, 231, BStBl II 1993, 134, m.w.N.; v. 20.7.2005 - X R 22/02, BStBl II 2006, 457; v. 29.11.2007 - IV R 82/05 (unter II. 2. d), BFHE 220, 98, BStBl II 2008, 471.
2 BFH, Urteil v. 14.8.1974 - I R 136/70, BFHE 114, 98, BStBl II 1975, 112.
3 BFH, Urteile v. 1.4.1981 - I R 160/80, BFHE 133, 561, BStBl II 1981, 738; v. 28.1.1982 - IV R 100/78, BFHE 135, 330, BStBl II 1982, 479.
4 BFH, Urteil v. 16.6.1982 - I R 118/80, BFHE 136, 287, BStBl II 1982, 662.
5 BFH, Urteil v. 27.8.1992 - IV R 13/91, BFHE 169, 231, BStBl II 1993, 134.

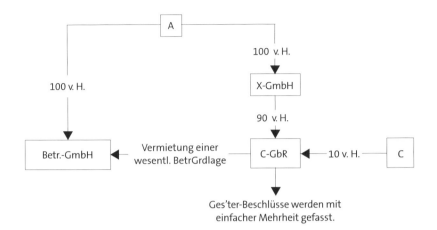

Lösung:

Nach dem BFH-Urteil vom 27. 8. 1992 liegt keine Betriebsaufspaltung vor, weil A nicht Gesellschafter der C-GbR ist und ein Durchgriff durch die X-GmbH nicht möglich sei. Diese Auffassung ist durch spätere Rechtsprechung des BFH bestätigt worden.[1]

(2) Kritik und das BFH-Urteil vom 28. 11. 2001

U. E. bestehen gegen diese Ansicht des BFH Bedenken; denn die Begründung, warum auf der Seite des Betriebsunternehmens eine mittelbare Beherrschung ausreicht, rechtfertigt wohl auch die Annahme einer mittelbaren Beherrschung auf der Seite des Besitzunternehmens.[2] Hinzu kommt, dass die Frage der mittelbaren Beherrschung einer Untergesellschaft mit der Frage des Durchgriffs durch eine Kapitalgesellschaft oder eine mitunternehmerische Personengesellschaft nicht das Geringste zu tun hat.

475

Im Übrigen passt das Urteil vom 27. 8. 1992 nicht zum BFH-Urteil vom 28. 11. 2001,[3] in dem eine mittelbare Beteiligung auf der Seite des Besitzunternehmens in folgendem – hier vereinfacht dargestellten – Sachverhalt angenommen worden ist:

BEISPIEL: A war Eigentümer eines Grundstücks, das für die A-GmbH, an der A mit 98 v. H. beteiligt war, eine wesentliche Betriebsgrundlage bildete. A hatte das Grund-

476

---

1 BFH, Urteil v. 15.4.1999 - IV R 11/98, BFHE 188, 412, BStBl II 1999, 532; vgl. auch BFH, Beschluss v. 18.4.2006 - VIII B 83/05, BFH/NV 2006, 1464.
2 Ebenso *Wacker*, in: Schmidt, EStG Kommentar, 28. Aufl. 2009, § 15, Rn. 835; *Reiß*, in: Kirchhof, EStG KompaktKommentar, 8. Aufl. 2008, § 15, Rn. 94.
3 BFH, Urteil v. 28.11.2001 - X R 50/97, BFHE 197, 254, BStBl II 2002, 363.

stück jedoch nicht unmittelbar an die A-GmbH, sondern an die E-GmbH vermietet, die es ihrerseits an die A-GmbH weitervermietet hatte.

In dem Mietvertrag zwischen A und der E-GmbH war eine Verpflichtung der E-GmbH an die A-GmbH zwar nicht ausdrücklich erwähnt worden. Der BFH hat trotzdem eine mittelbare Beherrschung angenommen, weil nach der Interessenlage der Beteiligten für die E-GmbH nur eine Weitervermietung des Grundstücks an die A-GmbH in Betracht kam. Zu dem Begriff „Beherrschung" i. S. der Betriebsaufspaltung hat der BFH in diesem Zusammenhang ausgeführt, dass die Auslegung dieses Begriffs sich nicht ausschließlich an zivilrechtlichen Gegebenheiten orientieren dürfe, weil die Fähigkeit der das Besitzunternehmen beherrschenden Personen, ihren geschäftlichen Betätigungswillen in der Betriebsgesellschaft durchzusetzen, nicht notwendig einen bestimmten Anteilsbesitz an der Betriebsgesellschaft erfordere. Der vor allem an den wirtschaftlichen Gegebenheiten orientierte Begriff des „Beherrschens" decke auch Fälle ab, in denen der Besitzunternehmer durch einen Vertrag mit dem Zwischenvermieter dafür Sorge trage, dass dem Betriebsunternehmen eine wesentliche Betriebsgrundlage überlassen werde.

(3) Folgerungen aus dem Urteil vom 27. 8. 1992

(3.1) Zwischenschaltung einer mitunternehmerischen Personengesellschaft

477 Das Urteil vom 27. 8. 1992 müsste auch für den Fall der Zwischenschaltung einer mitunternehmerischen Personengesellschaft gelten, weil nach dem Beschluss des GrS vom 25. 2. 1991[1] eine mitunternehmerische Personengesellschaft ebenso wie eine Kapitalgesellschaft eine – wenn auch nur eingeschränkte – Steuersubjektivität besitzt und mithin ein „Durchgriff" durch sie nicht möglich ist. Wenn man bei einer GmbH fälschlicherweise auf das Durchgriffsverbot abstellte, müsste man dies folgerichtig auch bei einer mitunternehmerischen Personengesellschaft tun.

---

1 BFH, Beschluss v. 25.2.1991 - GrS 7/89, BFHE 163, 1, BStBl II 1991, 691.

(3.2) Sonderbetriebsvermögen II

Bei einer unmittelbaren Betriebsaufspaltung sind die dem Besitzunternehmer   478
gehörenden Anteile an der Betriebs-Kapitalgesellschaft notwendiges Betriebsvermögen im Besitzunternehmen. Handelt es sich bei dem Besitzunternehmen
um eine Personengesellschaft oder eine Gemeinschaft, sind die Anteile der Gesellschafter (Teilhaber) an der Betriebs-Kapitalgesellschaft deren notwendiges
Sonderbetriebsvermögen II bei dem Besitzunternehmen.[1]

Diese Rechtsfolge konnte nach dem Urteil vom 27. 8. 1992[2] vermieden wer-   479
den, wenn zwischen die das Betriebsunternehmen beherrschende Person oder
Personengruppe und das eine wesentliche Betriebsgrundlage vermietende Besitzunternehmen eine Kapitalgesellschaft oder eine mitunternehmerische Personengesellschaft zwischengeschaltet wurde. Denn durch diese Zwischenschaltung verlor die Person oder Personengruppe, die ohne die Zwischenschaltung
Besitzunternehmer gewesen wäre, ihre Stellung als Mitunternehmer des Besitzunternehmens. Die Folge war, dass die Person oder Personengruppe im Besitzunternehmen kein Sonderbetriebsvermögen mehr haben konnte.

(3.3) Der Nur-Besitz-Gesellschafter

Mit dem Urteil vom 27. 8. 1992[3] konnte auch das Problem des sog. Nur-Besitz-   480
Gesellschafters[4] gelöst werden. Nach der sog. Mitgegangen-Mitgefangen-Recht-
sprechung des BFH[5] ist auch ein solcher Nur-Besitz-Gesellschafter Mitunternehmer der Besitz-Personengesellschaft, obwohl er mit dem Betriebsunternehmen
nicht personell verbunden ist.

Diese Eigenschaft verlor der Nur-Besitz-Gesellschafter jedoch sofort, wenn zwischen die Sowohl-als-auch-Gesellschafter, also zwischen die Gesellschafter, die
sowohl am Besitzunternehmen als auch am Betriebsunternehmen beteiligt
sind, und das Besitzunternehmen eine Kapitalgesellschaft oder eine mitunternehmerische Personengesellschaft zwischengeschaltet wurde.

Durch diese Zwischenschaltung wurde die Betriebsaufspaltungslage zerstört.   481
Der Nur-Besitz-Gesellschafter hatte durch die Vermietung einer wesentlichen
Betriebsgrundlage an das Betriebsunternehmen keine Einkünfte aus Gewerbe-
betrieb mehr, sondern nur noch solche aus Vermietung und Verpachtung. Der
Nur-Besitz-Gesellschafter hatte auch kein Betriebsvermögen mehr; denn das
Besitzunternehmen war kein Gewerbebetrieb mehr, sondern hatte nur eine

---

1 Vgl. die Ausführungen unter Rn. 1094 ff.
2 BFH, Urteil v. 27.8.1992 - IV R 13/91, BFHE 169, 231, BStBl II 1993, 134.
3 BFH, Urteil v. 27.8.1992 - IV R 13/91, BFHE 169, 231, BStBl II 1993, 134.
4 Vgl. unten Rn. 1078 ff.
5 Vgl. unten Rn. 1078.

vermögensverwaltende Tätigkeit zum Gegenstand. Für die Sowohl-als-auch-Gesellschafter verwandelte sich diese vermögensverwaltende Tätigkeit erst auf der Ebene der zwischengeschalteten Kapitalgesellschaft oder der zwischengeschalteten mitunternehmerischen Personengesellschaft zu einer gewerblichen. Das Besitzunternehmen war hier also eine sog. Zebragesellschaft.

482–485 *(Einstweilen frei)*

5. Zusammenrechnung von Angehörigenanteilen

Literatur: *Buchbinder*, Die „enge Wirtschaftsgemeinschaft" als neues Tatbestandsmerkmal der Betriebsaufspaltung (BFH-Urteil vom 24. 7. 1986 - IV R 98 - 99/85, BStBl 1986 II S. 913), SteuerStud 1987, 202; *Dehmer*, Betriebsaufspaltung – Zusammenrechnung von Ehegattenanteilen –/Zusammenrechnung trotz Stimmrechtsausschlusses, KFR F. 3 EStG § 15, 7/89, S. 255; *ders.*, Betriebsaufspaltung – Zusammenrechnung von Ehegattenanteilen – Beweisanzeichen für gleichgerichtete Interessen, KFR F. 3 EStG § 15, 8/89, S. 289; *Kuhfuß*, Betriebsaufspaltung im Familien-Verbund, GmbHR 1990, 401; *Patt*, Ertragsteuerliche Besonderheiten bei Beteiligung Angehöriger in Betriebsaufspaltungsfällen, sj 2008, 15; *Pollmann, Erika*, Personelle Verflechtung bei Familien-Betriebsaufspaltung, KFR F. 3 EStG § 15, 15/91, S. 351; *Theisen*, Ehe und Betriebsaufspaltung, GmbHR 1981, 216; *o. V.*, Keine Betriebsaufspaltung, wenn Personen, die das Betriebsunternehmen beherrschen, die Ehegatten der Personen sind, die das Besitzunternehmen beherrschen – Gewerbesteuerpflichtige Betriebsverpachtung bei Beibehaltung des Unternehmerrisikos durch die Verpächter, DB 1982, 881; *o. V.*, Beteiligung von Angehörigen des Besitzunternehmers an Betriebs-GmbH, GmbHR 1991, R 85; *o. V.*; Angehörigenbeteiligung bei Betriebsaufspaltung, GmbHR 1998, 1077.

a) Die Rechtslage bis März 1985

486 Bei der Beantwortung der Frage, ob eine Person oder Personengruppe am Besitzunternehmen und am Betriebsunternehmen mit mehr als 50 v. H. stimmrechtsmäßig beteiligt ist, wurden nach der bis März 1985 herrschenden Rechtsprechung des BFH[1] die Beteiligungen von **Ehegatten** sowie von **Eltern** und **minderjährigen Kindern** zusammengerechnet, weil nach der Lebenserfahrung widerlegbar **vermutet** wurde, dass ein Ehegatte die Rechte des anderen Ehegatten und seiner minderjährigen, wirtschaftlich von ihm abhängigen Kinder, die ebenfalls an der Besitz- und Betriebsgesellschaft beteiligt waren, in Gleichrichtung mit seinen eigenen Interessen wahrnimmt.[2]

Beispiel für die Zusammenrechnung von Ehegattenanteilen:

487 **BEISPIEL:** An der Betriebs-GmbH sind A mit 49 v. H. und B mit 51 v. H. beteiligt. An der Besitzgesellschaft ist B nur mit 40 v. H. und seine Ehefrau mit 60 v. H. beteiligt.

---

1 Vgl. u.a. BFH, Urteile v. 18.10.1972 - I R 184/70, BFHE 107, 142, BStBl II 1973, 27; v. 1.4.1981 - I R 160/80, BFHE 133, 561, BStBl II 1981, 738.
2 BFH, Urteil v. 1.4.1981 - I R 160/80, BFHE 133, 561, BStBl II 1981, 738.

Werden die Anteile der **Ehegatten** nicht zusammengerechnet, so kann B in der Besitzgesellschaft seinen geschäftlichen Betätigungswillen nicht durchsetzen. Es liegt keine
Betriebsaufspaltung vor. Anderes gilt hingegen, wenn die Anteile des B und seiner Ehefrau zusammengerechnet werden.

> **BEISPIEL:** ▶ für die Zusammenrechnung von Eltern- und Kinderanteilen:
> Am Besitzunternehmen waren A mit 40 v. H., seine Ehefrau mit 20 v. H. sowie B mit   488
> 40 v. H. beteiligt. Die Beteiligung an der Betriebs-GmbH betrug: A 40 v. H., Kind A
> 20 v. H. und C 40 v. H.

Lösung:

Die Beteiligung von Frau A am Besitzunternehmen wurde dem A ebenso zuge-   489
rechnet wie die Beteiligung des Kindes A an der Betriebs-GmbH, so dass A an
beiden Unternehmen mit 60 v. H. beteiligt war und somit eine personelle Verflechtung bestand.

Bei der Beteiligung **volljähriger Kinder, anderer Verwandter** und **Verschwäger-**   490
ter des Unternehmers galt die Vermutung der Interessengleichrichtung dagegen nicht.[1]

b) Die Rechtslage ab März 1985

Die **Vermutungs-Rechtsprechung** des BFH hat das BVerfG durch seinen Be-   491
schluss vom 12. 3. 1985[2] hinsichtlich der Zusammenrechnung von Ehegattenanteilen für verfassungswidrig erklärt. Es sei, so hat das BVerfG ausgeführt, mit
Art. 3 Abs. 1 i. V. m. Art. 6 Abs. 1 GG unvereinbar, wenn bei der Beurteilung
der personellen Verflechtung zwischen Besitz- und Betriebsunternehmen als
Voraussetzung für die Annahme einer Betriebsaufspaltung von der Vermutung
ausgegangen werde, Ehegatten würden gleichgerichtete Interessen verfolgen,
weil diese Vermutung zu einer Schlechterstellung von Ehegatten gegenüber Ledigen führte, was nicht zulässig sei.[3]

Eine Zusammenrechnung von Ehegattenanteilen ist heute demzufolge nur   492
noch möglich, wenn die Ehegatten eine Personengruppe[4] bilden oder wenn besondere Beweisanzeichen für eine zusätzlich zur Ehe bestehende Wirtschaftsgemeinschaft zwischen den Ehegatten gegeben sind.[5]

---

1   BFH, Urteil v. 18.10.1972 - I R 184/70, BFHE 107, 142, BStBl II 1973, 27.
2   BVerfG, Beschluss v. 12.3.1985 - 1 BvR 571/81, BVerfGE 69, 188, BStBl II 1985, 475; BFH, Urteil v.
    15.10.1998 - IV R 20/98, BFHE 187, 26, BStBl II 1999, 445.
3   Vgl. auch BFH, Urteile v. 27.11.1985 - I R 115/85, BFHE 145, 221, BStBl II 1986, 362; v. 18.2.1986 -
    VIII R 125/85, BFHE 146, 266, BStBl II 1986, 611.
4   Siehe oben Rn. 371 ff.
5   BFH, Urteile v. 27.2.1991 - XI R 25/88, BFH/NV 1991, 454, 455 (mittlere Spalte); v. 15.10.1998 -
    IV R 20/98, BFHE 187, 26, BStBl II 1999, 445; v. 24.2.2000 - IV R 62/98, BFHE 191, 295, BStBl II 2000,
    417; FG Köln, Urteil v. 24.9.2008, EFG 2009, 102; siehe auch nachfolgende Urteile unter Rn. 494 ff.

c) Zusätzliche Beweisanzeichen

Literatur: *Tillmann*, Die Suche nach Beweisanzeichen, Folgen aus den Beschlüssen des BVerfG zur Ehegatten-Betriebsaufspaltung, GmbHR 1985, 83; *Unverricht*, Beweisanzeichen für die Annahme einer personellen Verflechtung bei Eheleuten als Voraussetzung einer Betriebsaufspaltung, DB 1989, 995.

(1) Allgemeines

493 Das BVerfG hat am Ende seines Beschlusses ausgeführt, dass die Tatsache des Bestehens einer Ehe bei der Feststellung des Vorliegens einer personellen Verflechtung nicht völlig außer Betracht zu lassen ist. „Wenn" – so der Beschluss wörtlich – „aber zusätzlich zur ehelichen Lebensgemeinschaft Beweisanzeichen vorliegen, die für die Annahme einer personellen Verflechtung durch gleichgerichtete wirtschaftliche Interessen sprechen, wäre der Einwand unbegründet, Verheiratete seien gegenüber Ledigen schlechter gestellt". Eine Zusammenrechnung von Ehegattenanteilen ist danach nur noch dann möglich, wenn zusätzlich zur Ehe Beweisanzeichen (konkrete Umstände) vorliegen, die für die Annahme einer personellen Verflechtung durch gleichgerichtete wirtschaftliche Interessen sprechen.[1] Das BVerfG hat allerdings nicht gesagt, was es unter „zusätzlichen Beweisanzeichen" versteht.

(2) Die BFH-Urteile vom 27. 11. 1985 und vom 18. 2. 1986

494 Der I. Senat des BFH hat zu der Frage, wann zusätzliche Beweisanzeichen vorliegen, bereits kurze Zeit nach dem Ergehen des BVerfG-Beschlusses Stellung genommen.[2]

Danach sind die folgenden Umstände *keine* besonderen Beweisanzeichen:

▶ Jahrelanges **konfliktfreies Zusammenwirken** der Eheleute innerhalb der Betriebsgesellschaft und der Besitzgesellschaft;[3]

▶ die Ehefrau hat die Mittel, mit denen sie sich an der Betriebsgesellschaft ihres Mannes beteiligt, von diesem **schenkweise** erhalten. Der BFH begründet die Irrelevanz der Herkunft der Mittel damit, dass auch in den Fällen, in denen die Ehefrau die Mittel für ihre Beteiligung von ihrem Ehemann im Wege einer Schenkung erhalten hat, ihre Beteiligung ein eigenes Gewicht habe, was durch die Zuschreibung von Gewinnen und Verlusten auf dem Kapitalkonto oder einem ähnlichen Konto zum Ausdruck komme. Im Laufe der Zeit

---

1 BFH, Urteile v. 30.7.1985 - VIII R 263/81, BFHE 145, 129, BStBl II 1986, 359; v. 18.2.1986 - VIII R 125/85, BFHE 146, 266, BStBl II 1986, 611.
2 BFH, Urteil v. 27.11.1985 - I R 115/85, BFHE 145, 221, BStBl II 1986, 362.
3 Siehe auch BFH, Urteil v. 11.5.1999 - VIII R 72/96 (unter II.1.b), BFHE 188, 397, BStBl II 2002, 722.

trete die Tatsache, dass die Mittel für die Beteiligung aus einer Schenkung des Ehemanns stammten, immer mehr in den Hintergrund.

Für eine Beteiligung der Ehefrau am Besitzunternehmen dürfte nichts anderes gelten;

▶ der Ehemann führt die Geschäfte der Betriebsgesellschaft und verfügt über die **erforderliche Fachkenntnis** dazu, wodurch er der Betriebsgesellschaft das Gepräge gibt.[1] Nach Ansicht des I. Senats spielen Fachkenntnisse deshalb keine ausschlaggebende Rolle, weil es auch unter Fremden üblich ist, dass sich jemand, wenn er die Möglichkeit dazu erhält, an einem Unternehmen beteiligt, dessen Inhaber ein Erfolg versprechender Fachmann auf seinem Gebiet ist. Damit dürfte der I. Senat auch zum Ausdruck bringen wollen, dass er die Entscheidung des IV. Senats vom 29. 7. 1976[2] zur faktischen Beherrschung[3] nach dem Ergehen des BVerfG-Beschlusses vom 12. 3. 1985 nicht mehr für zutreffend hält;

▶ die Ehefrau ist als **Alleinerbin** des Ehemannes eingesetzt;

▶ die Ehegatten leben im Güterstand der **Zugewinngemeinschaft**;

▶ der Ehemann hat die Beteiligung seiner Frau in der Absicht begründet, ihr dadurch eine **Alterssicherung zu geben.**

Für die drei letztgenannten Fälle hat der BFH als Begründung angeführt, dass diese Umstände nicht notwendigerweise eine volle Übereinstimmung der Interessen der Ehefrau mit denen ihres Mannes bedingen oder die Ehefrau in wirtschaftlichen Dingen stets der Meinung ihres Mannes ist.   495

Selbstverständlich gelten diese Grundsätze auch, wenn an die Stelle der Ehefrau der Ehemann tritt.

Sind neben den an einer Betriebsgesellschaft oder einer Besitzgesellschaft beteiligten Eltern auch noch volljährige Kinder beteiligt und kann nicht ausgeschlossen werden, dass die Kinder zusammen mit einem Elternteil in der Lage sind, ihren eigenen Willen durchzusetzen, so kann in einem solchen Fall von einem Interessengleichklang zwischen den Ehegatten um so weniger gesprochen werden.[4]   496

Der VIII. Senat des BFH hat sich in dem Urteil vom 18. 2. 1986[5] ausdrücklich der vorerwähnten Rechtsprechung des I. Senats angeschlossen und zusätzlich aus-   497

---

1   Vgl. auch FG Köln, Urteil v. 24.9.2008 (unter 1. d), EFG 2009, 102.
2   BFH, Urteil v. 29.7.1976 - IV R 145/72, BFHE 119, 462, BStBl II 1976, 750.
3   Vgl. unten Rn. 535 ff.
4   BFH, Urteil v. 27.11.1985 - I R 115/85, BFHE 145, 221, BStBl II 1986, 362.
5   BFH, Urteil v. 18.2.1986 - VIII R 125/85, BFHE 146, 266, BStBl II 1986, 611.

geführt, dass die in einem Gesellschaftsvertrag getroffene Vereinbarung, wonach ein Mietverhältnis nur bei gemeinsamem Handeln beider Ehegatten gekündigt werden kann, nicht zu dem Schluss zwingt, dass die Eheleute auch in anderen Geschäften des täglichen Lebens nur gemeinsam handeln.

498 Aus den BFH-Urteilen vom 27. 11. 1985[1] und vom 18. 2. 1986[2] kann entnommen werden, dass eine zusätzlich zur Ehe bestehende, eine Zusammenrechnung von Ehegattenanteilen rechtfertigende Wirtschaftsgemeinschaft zwischen Ehegatten nur in Ausnahmefällen vorliegt, z. B. dann,

▶ wenn die Ehegatten vereinbart haben, dass der nur am Besitzunternehmen beteiligte Ehegatte immer im gleichen Sinne stimmen muss wie der andere Ehegatte (**Stimmrechtsbindung**) oder

▶ wenn der Nur-Besitz-Gesellschafter-Ehegatte dem anderen Ehegatten eine **unwiderrufliche Vollmacht** zur Stimmrechtsausübung erteilt hat.[3]

499 Eine **jederzeit widerrufliche Vollmacht** hingegen dürfte kein besonderes Beweisanzeichen i.S. des BVerfG-Beschlusses vom 12. 3. 1985[4] sein.

500 *Felix*[5] meint, ein Beweisanzeichen für zusätzlich zur Ehe gleichlaufende Interessen sei auch, wenn Mieten nicht oder nicht rechtzeitig gezahlt oder die Einkünfte aus dem Vermietungsvermögen und aus der Betriebsgesellschaft zwischen den Ehegatten vermischt würden. Hiergegen bestehen – jedenfalls bei der Betriebsaufspaltung – Bedenken. Insbesondere aus dem Vermischen von Ehegatteneinkünften darf nicht der Schluss gezogen werden, dass auch im Bereich der Einkünfteerzielung ein Interessengleichklang zwischen den Ehegatten besteht.

(3) Das Urteil des IV. Senats vom 24. 7. 1986

501 Der IV. Senat[6] hat als besonderes Beweisanzeichen angesehen, wenn die Ehegatten die wirtschaftlichen Verhältnisse mehrerer Unternehmen planmäßig gemeinsam gestalten. Im Gegensatz zum I. und VIII. Senat hat der IV. Senat damit versucht, den Begriff der „besonderen Beweisanzeichen" in profiskalischer Richtung auszudehnen.

502 Dem Urteil lag – vereinfacht dargestellt – folgender Sachverhalt zugrunde:

---

1 BFH, Urteil v. 27.11.1985 - I R 115/85, BFHE 145, 221, BStBl II 1986, 362.
2 BFH, Urteil v. 18.2.1986 - VIII R 125/85, BFHE 146, 266, BStBl II 1986, 611; siehe auch BFH, Urteil v. 11.5.1999 - VIII R 72/96 (unter II.1.b), BFHE 188, 397, BStBl II 2002, 722.
3 Vgl. hierzu auch *Woerner*, DStR 1986, 735, 740.
4 BVerfG, Beschluss v. 12.3.1985 - 1 BvR 571/81, BVerfGE 69, 188, BStBl II 1985, 475.
5 *Felix*, KÖSDI 1985, 5976, 5978.
6 BFH, Urteil v. 24.7.1986 - IV R 98 - 99/85, BFHE 147, 256, BStBl II 1986, 913.

A und Frau A sind verheiratet. Sie waren bis Ende 1966 an der X-GmbH (Kfz-Reparatur und -Handel) beteiligt, und zwar A mit 80 v. H. und Frau A mit 20 v. H. Außerdem waren sie an der Z-GmbH (Kfz-Handel) beteiligt. Ende 1966 übertrug A seinen Anteil an der Z-GmbH auf seine Frau A. Diese übertrug gleichzeitig ihren Anteil an der X-GmbH an A. Von 1967 an waren mithin A zu 100 v. H. an der X-GmbH und Frau A zu 100 v. H. an der Z-GmbH beteiligt. A war außerdem alleiniger Anteilseigner der B-GmbH, der C-GmbH und der D-GmbH. Die C-GmbH übernahm 1970 die vor dem Konkurs stehende Fa. C. Die D-GmbH übernahm 1970 den Betrieb der Fa. D. A und Frau A waren je zu ½ Eigentümer der Grundstücke 1, 2 und 3. Diese waren mit Werkshallen und Bürogebäuden bebaut und an die X-GmbH vermietet. Ein Grundstück 4 wurde von A und Frau A 1968 je zu ½ erworben und an die B-GmbH vermietet. Das Betriebsgrundstück der aufgekauften Fa. C (Grundstück 5) erwarben A und Frau A 1970 je zur Hälfte von den ehemaligen Inhabern der Fa. C und vermieteten es an die C-GmbH. Ein Grundstück 6 erwarben die Eheleute 1970 ebenfalls zu je ½. Sie vermieteten es an die D-GmbH. Ein 1969 von den Eheleuten je zur Hälfte erworbenes Grundstück 7 wurde 1971 an die Z-GmbH vermietet. A und B erwarben noch weitere Grundstücke je zu ½.

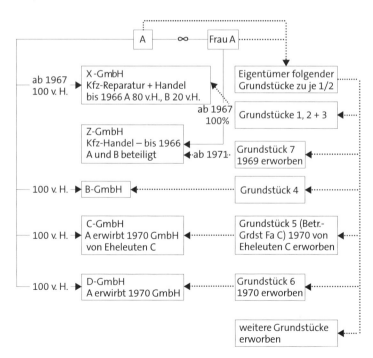

503 Der IV. Senat hat in diesem Fall aufgrund folgender Überlegungen das Vorliegen eines „besonderen Beweisanzeichens" bejaht und die Anteile der Eheleute an den Besitzgemeinschaften zusammengerechnet: Das Vorgehen der Eheleute bei der A-GmbH und beim Erwerb der weiteren Firmen und der dazugehörigen Grundstücke zeige ein planmäßiges, gemeinsames Handeln, das für die Annahme gleichgerichteter wirtschaftlicher Interessen spreche. Der Umschichtung der Beteiligungsverhältnisse bei den Betriebsunternehmen X-GmbH und Z-GmbH sei keine entsprechende Umschichtung der Beteiligungsverhältnisse bei den Besitzunternehmen gefolgt. Dieses planmäßige Handeln sei nur möglich gewesen, weil die Ehegatten über die Gemeinschaft der Ehe hinaus bewusst eine zusätzliche enge **Zweck- und Wirtschaftsgemeinschaft** hätten eingehen wollen und eingegangen seien.

504 Wörtlich heißt es in dem Urteil:

„Die sachliche Grundlage ihrer gleichgerichteten wirtschaftlichen Interessen waren die zahlreichen in ihrem gemeinsamen Miteigentum befindlichen bzw. hinzuerworbenen Grundstücke, die teils den Betriebs-GmbHs des Klägers, teils der Betriebs-GmbH der Klägerin und teils anderen Zwecken dienen. Diese nach dem Willen beider Ehegatten geschaffene und weiter verfolgte gemeinschaftliche sachliche Grundlage und deren Funktion als wesentliche Betriebsgrundlage der genannten Betriebsgesellschaften würde auch bei Nichtehegatten eine enge Wirtschaftsgemeinschaft mit gleichgerichteten Interessen begründen."

505 Der IV. Senat konstruiert also allein daraus, dass zwei Personen, die Alleinanteilseigner verschiedener GmbHs sind, gemeinsam Grundstücke erwerben, die sie an diese oder jene ihnen gehörende Betriebs-GmbH vermieten, einen Rechtsbindungswillen dieser Personen, der auf die Gründung einer die Gesamttätigkeit dieser Personen umfassende GbR gerichtet ist. Dabei spielt es nach Auffassung des IV. Senats keine Rolle, ob die beiden Beteiligten verheiratet sind oder nicht.

506 Das Urteil des IV. Senats vom 24. 7. 1986[1] zeigt eine überschießende Tendenz,[2] was schon an der Verwendung der Bezeichnung Zweck- und Wirtschaftsgemeinschaft zum Ausdruck kommt, ohne dass klar umrissen wird, was unter einer solchen Gemeinschaft zu verstehen ist. Soll eine solche Gemeinschaft eine GbR sein, die aufgrund des Verhaltens der Eheleute zustande kommt und zu deren Gesellschaftsvermögen alle GmbH-Anteile und alle Grundstücksbeteiligungen der Eheleute gehören?

---

1 BFH, Urteil v. 24.7.1986 - IV R 98-99/85, BFHE 147, 256, BStBl II 1986, 913.
2 Ähnlich auch Anm. *o.V.* in KÖSDI 1986, 6539; a.A. *Woerner*, DStR 1986, 735, 741.

Darüber hinaus bestehen auch Zweifel, ob – wie der IV. Senat meint – der dem Urteil zugrunde liegende Sachverhalt wirklich auch bei Nichtehegatten eine „enge Wirtschaftgemeinschaft mit gleichgerichteten Interessen" begründet. Und schließlich ist noch darauf hinzuweisen, dass es zumindest sehr zweifelhaft ist, ob die Entscheidung des IV. Senats mit dem vom GrS in dessen Beschluss vom 8. 11. 1971[1] aufgestellten Grundsatz vereinbar ist, wonach an die Voraussetzungen der personellen Verflechtung strenge Anforderungen zu stellen sind.

507

(4) Das Urteil des VIII. Senats vom 17. 3. 1987

Es ist zu begrüßen, dass der VIII. Senat mit seinem Urteil vom 17. 3. 1987[2] einer ausufernden Rechtsprechung hinsichtlich des Merkmals eines zusätzlichen Beweisanzeichens einen Riegel vorgeschoben hat. Dem Urteil des VIII. Senats lag folgender – vereinfacht dargestellter – Sachverhalt zugrunde:

508

A und Frau A sind verheiratet. A betrieb bis 1970 einen Kfz-Einzelhandel. Ende 1970 gründete er zusammen mit seiner Frau eine GmbH. A war mit 90 v. H., Frau A mit 10 v. H. beteiligt.

509

A und seine Frau hatten verschiedene Grundstücke als Miteigentümer je zu ½ erworben. Die Mittel für die Grundstückskäufe brachten die Eheleute aus ihrem gemeinschaftlichen Vermögen auf. Alle Grundstücke wurden von A und seiner Frau für Zwecke der GmbH bebaut und an diese ab 1971 vermietet. Zur Durchführung der Bebauung nahmen A und seine Frau als Gesamtschuldner einen Kredit auf. Ende 1971 verkaufte Frau A ihren GmbH-Anteil für 5.000 DM an ihren Mann. Gleichzeitig schenkte dieser seiner Frau je $^1/_{100}$ Miteigentumsanteil an allen Grundstücken.

---

1 BFH, Beschluss v. 8.11.1971 - GrS 2/71, BFHE 103, 440, BStBl II 1972, 63.
2 BFH, Urteil v. 17.3.1987 - VIII R 36/84, BFHE 150, 356, BStBl II 1987, 858.

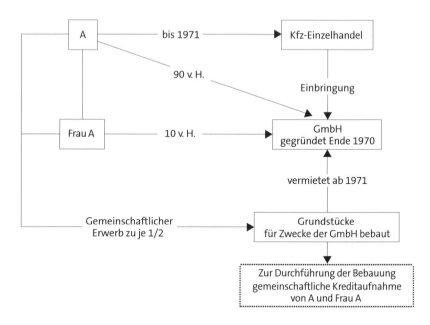

510 Der VIII. Senat hat ab 1972, also für die Zeit, in der A allein an der Betriebs-GmbH beteiligt war, wegen des Fehlens einer personellen Verflechtung keine Betriebsaufspaltung angenommen. Eine personelle Verflechtung liegt nicht vor, weil nach Auffassung des VIII. Senats keine besonderen Beweisanzeichen vorhanden sind, die eine Zusammenrechnung der Ehegattenanteile A und Frau A an dem Besitzunternehmen rechtfertigen.

511 Im Streitfall lägen – so der VIII. Senat – keine dem Urteil des IV. Senats vom 24. 7. 1986[1] vergleichbaren „besonderen Umstände" vor. Vielmehr handele es sich bei dem zu beurteilenden Sachverhalt

▶ zum Teil um Tatsachen, die nach den beiden Grundsatzentscheidungen des I. und VIII. Senats vom 27. 11. 1985[2] und vom 18. 2. 1986[3] keine besonderen Umstände seien, und

▶ zum Teil um solche, aus denen kein Schluss auf das Vorliegen gleichgerichteter Interessen möglich sei.

---

1 BFH, Urteil v. 24.7.1986 - IV R 98-99/85, BFHE 147, 256, BStBl II 1986, 913.
2 BFH, Urteil v. 27.11.1985 - I R 115/85, BFHE 145, 221, BStBl II 1986, 362.
3 BFH, Urteil v. 18.2.1986 - VIII R 125/85, BFHE 146, 266, BStBl II 1986, 611.

Gegen das Bestehen **einer Zweck- und Wirtschaftsgemeinschaft** im Sinne des Urteils des IV. Senats führt der VIII. Senat folgende Argumente an: 512

▶ Durch den Zusammenhang des Verkaufs der GmbH-Anteile von Frau A an A für 5.000 DM und der schenkweisen Übertragung von $^1/_{100}$ Miteigentumsanteilen an den Grundstücken ergäbe sich, dass beide Geschäfte zusammen als ein einheitlicher entgeltlicher Vorgang zu bewerten seien.

▶ Die Tatsache, dass der IV. Senat sein Ergebnis auf die Häufung besonderer Umstände gestützt habe, würde es verbieten, gleichgerichtete Interessen bereits dann anzunehmen, wenn Ehegatten, wie es anders gar nicht möglich sei, die zur Spaltung eines Unternehmens erforderlichen Verträge „planmäßig und gemeinsam" abschließen.

(5) Zusammenfassung

Die Entscheidung des IV. Senats vom 24. 7. 1986[1] ist nicht frei von Bedenken; denn im Kern war in dem zugrunde liegenden Sachverhalt weiter nichts geschehen, als dass dem Ehemann im Wesentlichen alle Betriebsgesellschaften gehörten und der diesen dienende Grundbesitz von Mann und Frau gemeinsam erworben worden war. Man hätte hier genauso zu einem anderen Ergebnis kommen können. 513

Nach richtiger Ansicht kommen als besondere Beweisanzeichen nur außerhalb der Ehe liegende Umstände in Betracht, die auch bei Nichtverheirateten auf das Vorliegen gleichgerichteter Interessen schließen lassen. Ein solches besonderes Beweisanzeichen ist z. B. gegeben, wenn die Ehegatten vereinbart haben, dass der nur am Besitzunternehmen beteiligte Ehegatte immer im gleichen Sinne stimmen muss wie der andere Ehegatte (**Stimmrechtsbindung**).[2] Nach dem BFH-Urteil vom 1. 12. 1989[3] können nämlich nur besondere Umstände ausnahmsweise eine Zusammenfassung von Ehegattenanteilen rechtfertigen. Außerdem ist stets die verfassungsrechtliche Problematik im Auge zu behalten: Je großzügiger Beweisanzeichen angenommen werden, desto näher liegt auch ein Verstoß gegen Art. 3 Abs. 1 i.V.m. Art. 6 Abs. 1 GG. Deren Kernaussage, Eheleute nicht zu benachteiligen, bleibt jedoch gewahrt, wenn man – wie im hier verstandenen Sinne – lediglich außerhalb der Ehe liegende Umstände als Beweisanzeichen berücksichtigt. 514

---

1   BFH, Urteil v. 24.7.1986 - IV R 98-99/85, BFHE 147, 256, BStBl II 1986, 913.
2   Vgl. allgemein *Fichtelmann*, GmbHR 2006, 345 f.
3   BFH, Urteil v. 1.12.1989 - III R 94/87, BFHE 159, 480, BStBl II 1990, 500.

d) Feststellungslast

515 Während unter der Herrschaft der Vermutungs-Rechtsprechung der Steuerpflichtige zur Vermeidung der Zusammenrechnung von Angehörigenanteilen im Rahmen der Betriebsaufspaltung nachweisen musste, dass zwischen den betreffenden Angehörigen entgegen der Vermutung kein Interessengleichklang bestand (Widerlegung der Vermutung), muss seit dem BVerfG-Beschluss vom 12. 3. 1985[1] nach dem im Steuerrecht geltenden Grundsatz der **objektiven Beweislast** (Feststellungslast) das Vorliegen zusätzlicher Beweisanzeichen im vorstehenden Sinn von demjenigen dargelegt und nachgewiesen werden, der sich auf das Bestehen einer Betriebsaufspaltung beruft. Das dürfte in der Regel die Finanzverwaltung sein.

516–518 *(Einstweilen frei)*

e) Anwendung auf Anteile minderjähriger Kinder

519 Die vorstehend unter Rn. 491 ff. dargestellten Grundsätze gelten nicht nur für die Zusammenrechnung von Ehegattenanteilen, sondern auch für die Zusammenrechnung von Anteilen eines Elternteils mit Anteilen minderjähriger Kinder.

f) Folgen der Rechtsprechungsänderung

520 Ist in einem Fall, in dem eine Betriebsaufspaltung bisher angenommen worden ist, aufgrund des Beschlusses des BVerfG vom 12. 3. 1985 keine Betriebsaufspaltung mehr anzunehmen, so sind dadurch alle stillen Reserven im Besitzunternehmen rückwirkend frei geworden; denn aufgrund der Rechtsprechungsänderung ist das Besitzunternehmen niemals ein Betrieb gewesen. Seine Wirtschaftsgüter waren niemals Betriebsvermögen.

521 Eine weitere Konsequenz des Wegfalls der Vermutungs-Rechtsprechung besteht darin, dass – weil nur dadurch eine Benachteiligung von Ehegatten vermieden wird – lediglich solche besonderen Beweisanzeichen zu einer Anteilszusammenrechnung wegen Interessengleichklangs führen können, die, wenn sie zwischen fremden Dritten vorliegen würden, auch bei ihnen zu einer Zusammenrechnung von Anteilen führen.[2]

522 Anderer Ansicht ist *Woerner*,[3] der meint, das BVerfG habe selbst zu erkennen gegeben, dass gerade die eheliche Wirtschaftsgemeinschaft eine steuerlich günstige Gestaltung der wirtschaftlichen Verhältnisse der Ehegatten ermög-

---

1 BVerfG, Beschluss v. 12.3.1985 - 1 BvR 571/81, BVerfGE 69, 188, BStBl II 1985, 475.
2 Vgl. BFH, Urteil v. 24.7.1986 - IV R 98-99/85, BFHE 147, 256, BStBl II 1986, 913; ebenso wohl *Herzig/Kessler*, DB 1986, 2402, 2403.
3 *Woerner*, DStR 1986, 735, 739.

liche: das komme durch die Formulierung „zusätzlich zur ehelichen Lebensgemeinschaft" zum Ausdruck. Der Formulierung „zusätzlich zur ehelichen Lebensgemeinschaft" muss – wenn man die von *Woerner* gezogene Konsequenz für richtig hält – entgegengehalten werden, dass sie gegen den Schutz der Ehe verstößt, weil lediglich bedingt durch den Bestand der Ehe Umstände (nämlich zusätzliche Beweisanzeichen) zu einer Zusammenrechnung von Ehegattenanteilen und damit zu einer Schlechterstellung von Ehegatten führen, die bei Nichtehegatten – beim Vorliegen dieser Umstände – nicht erfolgen würde. Ein derart inkonsequentes Ergebnis kann der erkennende Senat des BVerfG in seiner Mehrheit nicht gewollt haben.

Und schließlich folgt aus der Aufgabe der Vermutungs-Rechtsprechung auch noch, dass die Zusammenrechnung von Anteilen im Rahmen der Betriebsaufspaltung nicht nur auf Ehegatten beschränkt ist, sondern auch bei fremden Dritten möglich ist.   523

> **BEISPIEL:** ▶ A ist Alleinanteilseigener der Betriebs-GmbH. Diese hat von der AB-GbR eine wesentliche Betriebsgrundlage gepachtet. An der AB-GbR sind die beiden Freunde A und B je zu ½ beteiligt. B hat sich zugunsten des A verpflichtet, in der GbR stets so zu stimmen, wie A es verlangt.

(Einstweilen frei)   524–526

6. Wiesbadener Modell

Literatur: *Dehmer*, Betriebsaufspaltung – Wiesbadener Modell – Faktische Beherrschung in Ausnahmefällen, KFR F. 3 EStG § 15, 2/89, S. 103; *Felix*, Keine Betriebsaufspaltung bei fehlender Ehegattenbeteiligung, GmbHR 1973, 184; *ders.*, Anm. zum BFH-Urteil vom 30. 7. 1985 - VIII R 263/81, BStBl II 1986, 359, StRK-Anm. GewStG 1978 § 2 Abs. 1 BetrAufsp. R.7; *Hanraths*, Ehegattengrundstücke und Betriebsaufspaltung – Stellungnahme zu den Ausführungen von Schulze zur Wiesche in DB 1982, 1689, DB 1982, 2267; *Husmann/Strauch*, Zur steuerlich optimalen Gestaltung einer Doppelgesellschaft – Ein erweitertes Wiesbadener Modell, StuW 2006, 221; *Leineweber*, Betriebsaufspaltung in der Form der sog. Null-Beteiligung zwischen Ehegatten, NWB Fach 18, 2671; *Schulze zur Wiesche*, Ehegattengrundstücke und Betriebsaufspaltung, DB 1982, 1689; *ders.*, Nochmals zur Betriebsaufspaltung bei Ehegattengrundstücken, DB 1983, 413; *ders.*, Betriebsaufspaltung und betrieblich genutztes Grundstück des anderen Ehegatten, BB 1984, 2184; *Söffing, Günter*, Keine Betriebsaufspaltung beim Wiesbadener Modell – BFH-Urteil vom 30. 7. 1985 - VIII R 263/81, BStBl II 1986, 359, NWB Fach 18, 2787; *Stahl*, Aufspaltung von Familienunternehmen nach dem „Wiesbadener Modell" – Steuerrecht – KÖSDI 1978, 2985.

Beim Wiesbadener Modell handelt es sich um Fälle, in denen ein Ehegatte in einem Betriebsunternehmen seinen geschäftlichen Betätigungswillen durchsetzen kann und dieses Betriebsunternehmen eine wesentliche Betriebsgrundlage von dem anderen Ehegatten gemietet hat.   527

528   **BEISPIEL:** ▶ Der Ehemann A ist allein Anteilseigner einer Betriebs-GmbH. Die Ehefrau ist Alleineigentümerin eines Grundstücks, das sie an die GmbH vermietet hat und in dem die GmbH ihr Unternehmen betreibt.

529   Hier liegt keine Betriebsaufspaltung vor.[1] Dies ergab sich nicht schon aus der Aufgabe der Vermutungs-Rechtsprechung;[2] denn beim Vorliegen „zusätzlicher Beweisanzeichen"[3] ist eine Zusammenrechnung von Ehegattenanteilen auch noch nach Aufgabe dieser Rechtsprechung möglich. Selbst aber wenn besondere Beweisanzeichen vorliegen, kommt nach dem BFH-Urteil vom 30. 7. 1985[4] beim Wiesbadener Modell keine personelle Verflechtung in Betracht, weil eine solche stets voraussetzt, dass die Ehegatten nebeneinander an wenigstens einem Unternehmen, also entweder an dem Besitzunternehmen oder an dem Betriebsunternehmen beteiligt sind; denn zusammengerechnet werden können

530   immer nur die Anteile an einem Unternehmen.

Wie schon ausgeführt, setzt das Wiesbadener Modell voraus, dass ein Ehegatte nur am Besitzunternehmen, der andere Ehegatte hingegen nur an der Betriebsgesellschaft beteiligt ist. Folglich greift das Wiesbadener Modell nicht, wenn in **Gütergemeinschaft** lebende Ehegatten zum **Gesamtgut** gehörende wesentliche Betriebsgrundlagen an die Betriebsgesellschaft vermieten, wenn an dieser nur ein Ehegatte beteiligt ist, die Gesellschaftsbeteiligung aber ebenfalls zum Gesamtgut im Sinne des § 1416 Abs. 1 BGB gehört.[5] Liegen diese Voraussetzungen vor, liegt in dem obigen Beispiel eine Betriebsaufspaltung vor, was wiederum durch Bestimmung der wesentlichen Betriebsgrundlage bzw. der Gesellschaftsbeteiligung zum Sonder- oder Vorbehaltseigentum vermieden werden kann.

531   Schließlich ist darauf hinzuweisen, dass das Wiesbadener Modell zwar zu Lebzeiten der Ehegatten eine Betriebsaufspaltung ausschließt, eine solche jedoch nach Ableben eines Ehegatten entstehen kann. Dies ist etwa bei der Umsetzung eines Berliner Testaments der Fall, in dem sich die Ehegatten gegenseitig zu Alleinerben einsetzen. Zu Lasten des überlebenden Ehegatten entsteht dann eine Betriebsaufspaltung.[6]

532–534 *(Einstweilen frei)*

---

1   BFH, Urteile v. 30.7.1985 - VIII R 263/81, BFHE 145, 129, BStBl II 1986, 359; v. 9.9.1986 - VIII R 198/84, BFHE 147, 463, BStBl II 1987, 28; v. 12.10.1988 - X R 5/86 (unter 2. b), BFHE 154, 566, BStBl II 1989, 152.
2   Siehe oben Rn. 491 ff.
3   Siehe oben Rn. 493 ff.
4   BFH, Urteil v. 30.7.1985 - VIII R 263/81, BFHE 145, 129, BStBl II 1986, 359.
5   BFH, Urteil v. 19.10.2006 - IV R 22/02, BFH/NV 2007, 149.
6   *Nagel*, in: Lange, Personengesellschaften im Steuerrecht, 7. Aufl. 2008, Rn. 3391.

7. Faktische Beherrschung

Literatur: *Dehmer*, Betriebsaufspaltung – Wiesbadener Modell – Faktische Beherrschung in Ausnahmefällen, KFR F. 3 EStG § 15, 2/89, S. 103; *Fichtelmann*, Anm. zum Urteil des BFH IV R 145/72 vom 29. 7. 1976, BStBl 1976 II 750 in: StRK-Anm., GewStG § 2 Abs. 1 R. 332; *Pannen*, Entwicklungstendenzen bei der Betriebsaufspaltung – Das ungelöste Problem der faktischen Beherrschung des Besitzunternehmens, DB 1996, 1252; *Märkle*, Die Betriebsaufspaltung an der Schwelle zu einem neuen Jahrtausend, Lebt das „Institut" der faktischen Beherrschung noch?, BB 2000 Beilage 7, 7 ff.; *Söffing, Günter*, Die faktische Betriebsaufspaltung, DStZ 1983, 443; *ders.*, Anm. zum BFH-Urteil vom 26. 7. 1984 - IV R 11/81, FR 1985, 22; *Thoma*, Dauerthema Betriebsaufspaltung: Notizen zum Kriterium der „tatsächlichen Beherrschung", bilanz & buchhaltung 1987, 347; *Roschmann/Frey*, Betriebsaufspaltung und Stimmbindungsverträge.

a) Einleitung

Ein weiteres Problem im Rahmen der personellen Verflechtung ist das der sog. faktischen Beherrschung. | 535

Grundsätzlich setzt die Annahme einer Betriebsaufspaltung voraus, dass die das Besitzunternehmen beherrschende Person oder Personengruppe an dem Besitzunternehmen und dem Betriebsunternehmen **stimmrechtsmäßig beteiligt** ist.[1] D. h. die Durchsetzbarkeit des einheitlichen geschäftlichen Betätigungswillens im Besitzunternehmen und im Betriebsunternehmen muss grundsätzlich aufgrund einer **rechtlichen Beteiligung** an diesen Unternehmen möglich sein.

Im Gegensatz hierzu ist in der Literatur[2] zum Teil die Auffassung vertreten worden, es sei auch bei fehlender stimmrechtsmäßiger Beherrschung stets eine personelle Verflechtung dann anzunehmen, wenn die Besitzgesellschafter die Betriebsgesellschaft tatsächlich beherrschten. | 536

Gegen die faktische Beherrschungsthese bestehen erhebliche Bedenken, weil sie zur Annahme eines Gewerbebetriebs bei Personen führt, denen das Betriebsunternehmen rechtlich weder mittelbar noch unmittelbar gehört. Das geht weit über den Sinn und Zweck der Betriebsaufspaltung hinaus, mit der vermieden werden soll, dass derjenige, der sein Unternehmen in zwei selbständige ihm gehörende Unternehmen aufspaltet, keine Vorteile gegenüber Einzelunternehmen und Mitunternehmerschaften haben soll, die ihren Betrieb in einem Unternehmen führen. | 537

Ferner spricht gegen die faktische Beherrschung folgende Überlegung: Nach der h. L. kann ein Einzelunternehmen kein Betriebsunternehmen i. S. einer Be- | 538

---

1 BFH, Urteile v. 26.7.1984 - IV R 11/81, BFHE 141, 536, BStBl II 1984, 714; v. 9.9.1986 - VIII R 198/84, BFHE 147, 463, BStBl II 1987, 28.
2 *Wacker*, in: Schmidt, EStG Kommentar, 28. Aufl. 2009, § 15, Rn. 836; *Beisse*, in: Festschrift für L. Schmidt, München 1993, 455, 465; *Bordewin*, NWB Fach 18, 2737.

triebsaufspaltung sein.[1] Folglich kann auch die tatsächliche Beherrschung eines Einzelunternehmens durch einen Dritten niemals zu einer Betriebsaufspaltung zwischen dem Einzelunternehmen und dem Dritten führen. Wenn dem aber so ist, dann ist nicht einsichtig, warum eine faktische Beherrschung bei einer Betriebs-Personengesellschaft oder einer Betriebs-Kapitalgesellschaft möglich sein soll.

539 Es ist auch zweifelhaft, ob die faktische Beherrschungsthese – wie ihre Anhänger immer wieder behaupten – wirklich auf den Beschluss des GrS des BFH vom 8. 11. 1971[2] gestützt werden kann; denn in diesem Beschluss werden zwar die Worte „tatsächlich beherrschen" verwendet, aber nur in dem folgenden Zusammenhang:

540 „Nach Auffassung des Großen Senats genügt es aber auch, dass die Person oder die Personen, die das Besitzunternehmen tatsächlich beherrschen, in der Lage sind, auch in der Betriebsgesellschaft ihren Willen durchzusetzen."

In dieser Formulierung beziehen sich die Worte „tatsächlich beherrschen" nur auf das Besitzunternehmen und nicht auch auf das Betriebsunternehmen. Und im Übrigen ist es wegen des Fehlens jeder Begründung sehr zweifelhaft, ob mit der Formulierung die faktische Beherrschungstheorie bejaht werden sollte.

541 Und schließlich spricht gegen die faktische Beherrschungsthese auch der Umstand, dass sie zu einer erheblichen Rechtsunsicherheit führt.[3] Da der Begriff der faktischen Beherrschung ein unbestimmter Rechtsbegriff ist, wird die Entscheidung bei Streitigkeiten darüber, ob im Einzelfall eine solche vorliegt, erst nach vielen Jahren – durch ein BFH-Urteil – fallen. Stellt man hingegen für die Frage, ob eine personelle Verflechtung vorliegt, auf das Stimmrechtsverhältnis ab, dann kann die Frage nach dem Vorliegen einer Betriebsaufspaltung zweifelsfrei von jedem beantwortet werden.

b) Die Rechtsprechung

(1) Die frühere Rechtsprechung

542 Die frühere Rechtsprechung des BFH neigte der vorstehend dargestellten faktischen Beherrschungsthese zu. Zwar findet sich auch hier schon die Formulierung, dass eine faktische Beherrschung nur in besonderen Ausnahmefällen zur Annahme einer personellen Verflechtung führen könne, doch haben diese Ausnahmefälle eine sehr weite Ausdehnung erfahren.

---

1 Siehe unten Rn. 920.
2 BFH, Beschluss v. 8.11.1971 - GrS 2/71, BFHE 103, 440, BStBl II 1972, 63.
3 Vgl. auch *Streck*, FR 1980, 83, 86.

So ist z. B. in dem Urteil vom 29. 7. 1976[1] eine personelle Verflechtung in folgendem Fall angenommen worden: Eine atypisch stille Gesellschaft, an der die Eheleute A und die Eheleute B beteiligt sind, wird in eine KG umgewandelt. A und B scheiden aus der KG aus. Als Abfindung erhalten sie das Anlagevermögen der KG, das sie in eine GbR einbringen. Die GbR verpachtet das Anlagevermögen an die Betriebs-KG. An dieser sind Frau A mit 60 v. H. und Frau B mit 40 v. H. beteiligt. An der GbR sind A mit 60 v. H. und B mit 40 v. H. beteiligt. A und B sind Angestellte der KG und haben Einzelprokura. Sie sind für die KG in gleicher Weise tätig wie vorher für die atypisch stille Gesellschaft. Die Ehefrauen sind infolge fehlender Sachkenntnis nicht in der Lage, den Betrieb der KG allein zu führen. 543

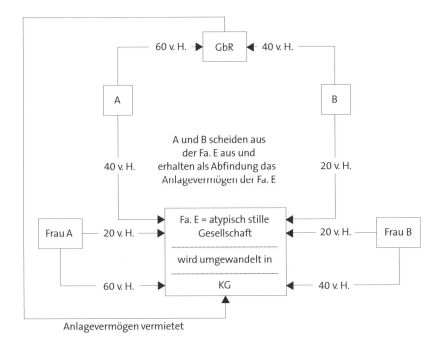

Lösung:

Obwohl A und B an der Betriebs-KG nicht beteiligt sind, also in der KG keine Stimmrechte haben, hat der IV. Senat[2] in diesem Fall Betriebsaufspaltung angenommen, weil die Ehemänner aus fachlichen Gründen eine eindeutige Vor- 544

1 BFH, Urteil v. 29.7.1976 - IV R 145/72, BFHE 119, 462, BStBl II 1976, 750.
2 BFH, Urteil v. 29.7.1976 - IV R 145/72, BFHE 119, 462, BStBl II 1976, 750.

rangstellung in der Betriebs-KG hätten, die es den Gesellschafterinnen der Betriebs-KG, also den Ehefrauen *„im eigenen wohlverstandenen wirtschaftlichen Interesse zwingend nahe legt, sich bei der Ausübung ihrer Rechte als Gesellschafter der Betriebsgesellschaft weitgehend den Vorstellungen der ihnen nahe stehenden Besitzgesellschafter unterzuordnen."*

545 In dem Urteil vom 16. 6. 1982[1] hat der I. Senat des BFH eine Betriebsaufspaltung durch faktische Beherrschung in folgendem – hier vereinfacht dargestellten – Sachverhalt angenommen: An der Besitz-KG waren der Sohn AY (52 Stimmen) und die Töchter BY und CY (je 24 Stimmen) beteiligt. Betriebsgesellschaft war die X-KG. Sie hatte ihr Anlagevermögen von der Besitz-KG gepachtet. An der X-KG waren mit 95 v. H. eine Stiftung und mit 5 v. H. eine die Geschäfte der X-KG führende Y-Verwaltungs-GmbH beteiligt. Geschäftsführer der Y-GmbH waren AY, BY und CY. Die Anteile an der Y-GmbH gehörten der Stiftung. Im Vorstand der Stiftung waren AY, Frau DY (die Mutter der Kinder AY, BY und CY) und ein Dritter. Im Aufsichtsrat der Stiftung waren AY, BY, CY und DY.

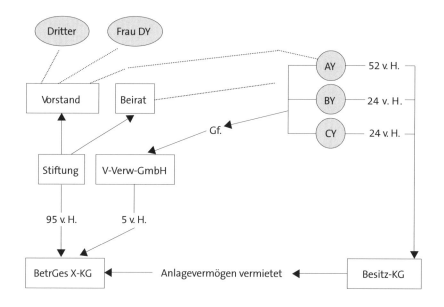

546 Wie aus den beiden vorbezeichneten BFH-Urteilen vom 29. 7. 1976 und vom 16. 6. 1982 zu entnehmen ist, sollte eine faktische Beherrschung zwar nur in

---

1 BFH, Urteil v. 16.6.1982 - I R 118/80, BFHE 136, 287, BStBl II 1982, 662.

Ausnahmefällen zur Annahme einer Betriebsaufspaltung führen. Andererseits aber befinden sich in dem Urteil vom 29. 7. 1976 auch die viel weitergehenden Sätze:

„Denn den geschäftlichen Betätigungswillen in der Betriebsgesellschaft durchzusetzen, erfordert nicht notwendig und ausnahmslos einen bestimmten Anteilsbesitz an der Betriebsgesellschaft. Dies kann auch möglich sein aufgrund einer z. B. durch die Position als Großgläubiger oder durch sonstige Umstände bedingte wirtschaftliche Machtstellung."

(2) Die neuere Rechtsprechung

In der neueren Rechtsprechung des BFH ist eine zunehmende Einschränkung der Annahme einer personellen Verflechtung aufgrund einer faktischen Beherrschung erkennbar.

547

▶ Mit seinem Urteil vom 26. 7. 1984[1] hatte der BFH über folgenden Sachverhalt zu entscheiden:

Der vom Vater als Einzelunternehmen geführte Betrieb wird von einer GmbH fortgeführt, deren Anteile den volljährigen Kindern gehören. Der Vater ist erster Geschäftsführer der GmbH und hat als solcher sehr weitgehende Rechte. Das unbewegliche und ein Teil des beweglichen Anlagevermögens des Einzelunternehmens werden an die GmbH verpachtet. Wahrscheinlich hatte der IV. Senat bei seiner Entscheidung über diesen Sachverhalt selbst erkannt, dass seine Formulierungen in dem Urteil vom 29. 7. 1976[2] sehr weit, wenn nicht zu weit gingen; denn er hat in dem vorstehend wiedergegebenen Sachverhalt keine Betriebsaufspaltung angenommen, weil es an einer Interessenidentität zwischen dem Vater und seinen volljährigen Kindern fehle und der Vater als Fremd-Geschäftsführer der GmbH nicht seine eigenen Interessen durchsetzen könne; denn einem **GmbH-Geschäftsführer** obliege gegenüber der GmbH eine **Treuepflicht**, die es ihm gebiete, fremde Interessen (nämlich die der Anteilseigner der GmbH) wahrzunehmen und diesen fremden Interessen ggf. eigene Interessen unterzuordnen.

▶ Der VIII. Senat hatte in seinem Urteil vom 9. 9. 1986[3] über folgenden Sachverhalt zu entscheiden:

548

---

1 BFH, Urteil v. 9.9.1986 - IV R 11/91, BFHE 141, 536, BStBl II 1984, 714.
2 BFH, Urteil v. 29.7.1976 - IV R 145/72, BFHE 119, 462, BStBl II 1976, 750.
3 BFH, Urteil v. 9.9.1986 - VIII R 198/84, BFHE 147, 463, BStBl II 1987, 28; Anm. zu dem Urteil *G. Söffing*, NWB Fach 18, 2841; *Woerner*, BB 1986, 2322; *o.V.*, HFR 1987, 76; *Leingärtner*, RWP, Akt. Inf. Steuerrecht SG 1.3.

A hatte ein Einzelunternehmen, das durch das Ausscheiden eines Gesellschafters aus einer KG entstanden war. Er verpachtete sein Anlagevermögen an die X-GmbH und verkaufte dieser sein Umlaufvermögen. Die X-GmbH übernahm alle Betriebsschulden und verpflichtete sich zur Zahlung von rd. 3 Mio. DM. A gewährte der X-GmbH diesen Betrag als Darlehen. Als Pacht für das überlassene Anlagevermögen und als Zinsen für das Darlehen erhielt A 7,5 v. H. des Umsatzes der GmbH. Alleinige Gesellschafterin der GmbH war die Ehefrau des A. Geschäftsführer der GmbH waren zunächst die Eheleute A, später Frau A allein.

549 ▶ Der VIII. Senat hat in diesem Fall die Annahme einer faktischen Beherrschung aus folgenden Gründen abgelehnt: A habe in der X-GmbH keine „eindeutige Vormachtstellung auf dem Gebiet der in Frage stehenden geschäftlichen Betätigung" gehabt, die es seiner Ehefrau als Gesellschafterin der Betriebs-GmbH in ihrem „eigenen wohlverstandenen Interesse zwingend nahe gelegt habe, sich bei der Ausübung ihrer Rechte als Gesellschafterin der Betriebsgesellschaft weithin den Vorstellungen" des ihr nahe stehenden Gesellschafters „der Besitzgesellschaft unterzuordnen".[1] Denn Frau A sei hinsichtlich ihrer Betätigung in der X-GmbH nicht völlig fachunkundig gewesen.

Auch aus der Darlehnsgewährung und der Verpachtung des Anlagevermögens könne eine faktische Beherrschung nicht hergeleitet werden.

Soweit Frau A – solange A Mitgeschäftsführer gewesen sei – in Übereinstimmung mit ihrem Mann die Geschäfte geführt habe, könne daraus ebenfalls nicht auf eine faktische Beherrschung der GmbH durch A geschlossen werden; denn dieses übereinstimmende Handeln habe nicht darauf beruht, dass A seiner Frau seinen geschäftlichen Betätigungswillen als Besitzunternehmer aufgezwungen habe, sondern darauf, dass er als Geschäftsführer der GmbH einen Willen verwirklicht habe, der unter Zurückstellung seines geschäftlichen Betätigungswillens als Besitzunternehmer den von ihm wahrzunehmenden Interessen der GmbH entsprochen habe.

550 ▶ Nach dem Urteil des X. Senats vom 12. 10. 1988[2] ist der extreme Ausnahmefall einer faktischen Beherrschung nur dann gegeben, wenn die gesellschaftsrechtlich Beteiligten darauf angewiesen sind, sich dem Willen eines anderen so unterzuordnen, dass sie keinen eigenen geschäftlichen Willen entfalten können.

---

1 Siehe BFH, Urteil v. 29.7.1976 - IV R 145/72, BFHE 119, 462, BStBl II 1976, 750.
2 BFH, Urteil v. 12.10.1988 - X R 5/86, BFHE 154, 566, BStBl II 1989, 152.

Im Einzelnen hat der X. Senat in seiner Entscheidung hierzu ausgeführt: Aus der Bemerkung des GrS in seinem Beschluss vom 8. 11. 1971,[1] es genüge, dass die Person oder Personengruppe, die das Besitzunternehmen tatsächlich beherrsche, in der Lage sei, auch in der Betriebsgesellschaft ihren Willen durchzusetzen, lasse sich die Tragweite der faktischen Beherrschung nicht entnehmen. Auf jeden Fall seien an die Voraussetzung einer faktischen Beherrschung strenge Anforderungen zu stellen. Im Hinblick auf die rechtliche und im Laufe der gesellschaftlichen Entwicklung weiter fortschreitenden tatsächlichen Gleichstellung der Frau (der Ehefrau), könne eine Lage, wie sie der IV. Senat in seinem Urteil vom 29. 7. 1976[2] beschrieben habe, nur in extremen Ausnahmefällen angenommen werden. Wenn sich eine (Ehe-)Frau im Wirtschaftsleben betätige, sei davon auszugehen, dass sie selbständig und eigenverantwortlich tätig werde.

▶ Verpachtet ein Steuerpflichtiger die wesentlichen Grundlagen seines Einzelunternehmens an eine GmbH, deren alleinige Anteilseignerin seine Ehefrau ist, so rechtfertigt dies nach dem Urteil des I. Senats des BFH vom 26. 10. 1988[3] auch dann keine Annahme einer personellen Verflechtung aufgrund einer faktischen Beherrschung, wenn der Steuerpflichtige als Geschäftsführer der GmbH angestellt wird und ihr aufgrund seiner beruflichen Ausbildung und Erfahrung das Gepräge gibt.

551

Für die Durchsetzung eines einheitlichen geschäftlichen Betätigungswillens in dem Besitz- und Betriebsunternehmen sei – so der I. Senat zur Begründung des Urteils – in der Regel die Mehrheit der Stimmen erforderlich. In besonderen Fällen könne allerdings die Fähigkeit, den Willen in dem Betriebsunternehmen durchzusetzen, auch ohne Anteilsbesitz durch eine besondere tatsächliche Machtstellung vermittelt werden. Dazu reiche jedoch die bloße eheliche Beziehung zu dem Mehrheitsgesellschafter der Betriebsgesellschaft nicht aus. Art. 6 GG verbiete die Vermutung, Ehegatten verfolgten regelmäßig gleichgerichtete wirtschaftliche Interessen. Es müssten **zusätzlich** zur ehelichen Lebensgemeinschaft **Beweisanzeichen** für die Annahme einer personellen Verflechtung durch gleichgerichtete wirtschaftliche Interessen sprechen.

Solche zusätzlichen Beweisanzeichen seien beim Vorliegen der folgenden Umstände **nicht** gegeben:

552

---

1 BFH, Beschluss v. 8.11.1971 - GrS 2/71, BFHE 103, 440, BStBl II 1972, 63.
2 BFH, Urteil v. 29.7.1976 - IV R 145/72, BFHE 119, 462, BStBl II 1976, 750.
3 BFH, Urteil v. 26.10.1988 - I R 228/84, BFHE 155, 117, BStBl II 1989, 155.

▶ Jahrelanges konfliktfreies Zusammenwirken der Eheleute innerhalb der Gesellschaft,[1]

▶ Herkunft der Mittel für die Beteiligung der Ehefrau an der Betriebsgesellschaft vom Ehemann,

▶ „Gepräge" der Betriebsgesellschaft durch den Ehemann,

▶ Erbeinsetzung der Ehefrau durch den Ehemann als Alleinerbin, gesetzlicher Güterstand der Zugewinngemeinschaft, beabsichtigte Alterssicherung.

553   Auch aus der Tatsache, dass im Streitfall der Steuerpflichtige Eigentümer des Betriebsvermögens sei, das der GmbH als wesentliche Grundlage ihres Betriebs diene, könne keine personelle Verflechtung hergeleitet werden, weil sich aus der Verpachtung keine über die Verpächterstellung hinausgehende Machtposition in Bezug auf die Durchsetzung eines geschäftlichen Betätigungswillens ergäbe. Das Gleiche gelte hinsichtlich der Stellung des Steuerpflichtigen als alleinvertretungsberechtigter **Geschäftsführer** der **GmbH.** Denn es komme für die personelle Verflechtung nicht auf den Aufgabenbereich als Geschäftsführer, sondern auf die Fähigkeit an, einen bestimmten Betätigungswillen als Gesellschafter durchzusetzen. Diese Fähigkeit werde in der Regel nur durch den **Anteilsbesitz** vermittelt, weshalb sich im Fall der faktischen Beherrschung die tatsächliche Machtstellung auf die Ausübung der Mehrheit der Gesellschafter beziehen müsse.

Aus der Tatsache, dass der Steuerpflichtige aufgrund seines erlernten Berufs und seiner langjährigen Tätigkeit der GmbH das „Gepräge" gegeben habe, könne keine personelle Verflechtung hergeleitet werden, weil dieser Umstand sich nicht auf die Ausübung von Gesellschaftsrechten bezieht.

554   ▶ Dem Urteil des III. Senats vom 1. 12. 1989[2] lag – vereinfacht dargestellt – folgender Sachverhalt zugrunde:

A gründete zusammen mit seiner Ehefrau und seinen drei Kindern im Rahmen einer Aufspaltung seines bisherigen Einzelunternehmens eine GmbH. Gleichzeitig beteiligten sich A, seine Ehefrau und seine Kinder an der GmbH als stille Gesellschafter. Die Mittel, die die Ehefrau und die Kinder für ihre Beteiligung an der GmbH und als stille Gesellschafter benötigten, hatte ihnen A geschenkt. Sein bisheriges Umlaufvermögen (Buchwert 956.000 DM) übertrug A an die GmbH. Nach Abzug der Beträge für die Kapitaleinlagen (200.000 DM) und die stillen Beteiligungen (300.000 DM), mit denen er seine Ehefrau und seine Kinder an der GmbH beteiligt hatte, verblieb ein Restbetrag von 456.000 DM. Diesen stellte A der GmbH verzinslich als Darlehen zur Verfügung. Nach den Bestimmungen

---

1   Vgl. auch BFH, Urteil v. 10.12.1991 - VIII R 71/87, BFH/NV 1992, 551.
2   BFH, Urteil v. 1.12.1989 - III R 94/87, BFHE 159, 480, BStBl II 1990, 500.

des Darlehensvertrags sollten jährlich mindestens 10 v. H. der Darlehenssumme getilgt werden. Außerdem war A berechtigt, „jederzeit Teilbeträge zurückzufordern sofern die GmbH dadurch nicht in finanzielle Schwierigkeiten geriet." In der GmbH waren A und seine Ehefrau jeweils alleinvertretungsberechtigte Geschäftsführer. Beide waren an die Beschlüsse und Weisungen der Gesellschafterversammlung gebunden. A bedurfte „für sämtliche Geschäfte" keiner besonderen Zustimmung der Gesellschafterversammlung.

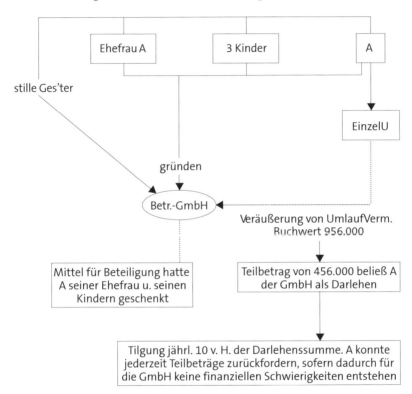

Der III. Senat hat in diesem Fall eine faktische Beherrschung des Klägers aus folgenden Gründen verneint: Die Position eines **Großgläubigers** begründe nur dann eine faktische Machtstellung, wenn er die Geschäftsführung des Unternehmens vollständig übernehme. Nicht ausreichend sei, wenn neben ihm ein zweiter Geschäftsführer vorhanden ist. Das gelte auch dann, wenn der Ehegat-

555

te des Großgläubigers Gesellschafter und zweiter Geschäftsführer ist und seine geschäftsführende Tätigkeit auch ohne den anderen Geschäftsführer ausüben kann. Dass der zweite Geschäftsführer bei gewissen Geschäften an die „Beschlüsse und Weisungen" der Gesellschafterversammlung gebunden sei, sei unerheblich, wenn er die Mehrheit der Anteile besitzt.

556 ▶ Für die Begründung einer faktischen Machtstellung reiche es auch nicht aus, wenn einem Großgläubiger die Möglichkeit eingeräumt werde, neben der Tilgung von jährlich mindestens 10 v. H. der Darlehenssumme jederzeit Teilbeträge zurückzufordern, sofern die GmbH dadurch nicht in finanzielle Schwierigkeiten gerate. Ferner sei für die Annahme einer faktischen Beherrschung nicht ausreichend, wenn der Großgläubiger aus fachlichen Gründen eine eindeutige Vorrangstellung auf dem Gebiet seiner geschäftlichen Betätigung einnehme, aber auch der zweite Gesellschafter-Geschäftsführer über ausreichende Kenntnisse verfüge.

Schließlich führe auch die Tatsache, dass der Kläger seiner Ehefrau und seinen Kindern die Mittel für deren Beteiligung an der GmbH und als stille Gesellschafter geschenkt habe, nicht zur Annahme einer faktischen Beherrschung.

557 ▶ Dem Urteil des XI. Senats des BFH vom 27. 2. 1991[1] lag folgender – vereinfacht dargestellter Sachverhalt – zugrunde: A und B waren zu je ½ an einer Betriebs-GmbH beteiligt. A war Geschäftsführer der GmbH und hatte dieser ein Darlehen gewährt. B war Handlungsbevollmächtigter der GmbH.

Der BFH hat hier eine faktische Beherrschung des A mit folgender Begründung abgelehnt: Eine personelle Verflechtung kraft tatsächlicher Beherrschung sei nur in Ausnahmefällen zu bejahen. Eine solche Ausnahme wäre – was im Streitfall nicht vorliege – nur dann gegeben, wenn B von seiner gesellschaftsrechtlichen Einwirkungsmöglichkeit infolge der Einwirkungsmöglichkeiten des A keinen Gebrauch machen könnte. Die Darlehensgewährung des A rechtfertige nicht die Annahme einer faktischen Beherrschung. Eine solche ergäbe sich auch nicht daraus, dass nur A die fachlichen Kenntnisse für die Führung der Geschäfte der Betriebs-GmbH besessen habe. Denn dadurch sei B nicht an der Wahrnehmung seiner Rechte als Gesellschafter gehindert gewesen.

---

1 BFH, Urteil v. 27.2.1991 - XI R 25/88, BFH/NV 1991, 454.

▶ Der XI. Senat des BFH hat in seinem Urteil vom 29. 1. 1997[1] in folgendem 558
  – vereinfacht wiedergegebenen Sachverhalt – eine faktische Beherrschung
  angenommen:

Der Kläger, ein Bauingenieur, und sein Vater waren mit je 49 v. H. an einer
GmbH beteiligt, deren Unternehmensgegenstand u. a. der Tief-, Hoch- und
Stahlbetonbau war. Alleinvertretungsberechtigter und von der Beschränkung
des § 181 BGB befreiter Geschäftsführer der GmbH war der Kläger. Er war
außerdem von seinem Vater bevollmächtigt worden, ihn in allen Angelegenheiten der GmbH zu vertreten, „alle Willenserklärungen abzugeben,
Rechtsgeschäfte beliebigen Inhalts abzuschließen, insbesondere den
Geschäftsanteil ganz oder teilweise zu veräußern und den Unterzeichneten
in den Versammlungen der Gesellschaft zu vertreten und das Stimmrecht für
ihn auszuüben". Die Vollmacht sollte über den Tod des Vaters hinaus gelten.
1984 verstarb der Vater des Klägers. Er wurde von seiner Ehefrau, der Mutter
des Klägers beerbt. Diese beließ es bei der erteilten Vollmacht ihres verstor-
benen Mannes. Sie übte allerdings in der Folgezeit im Rahmen der Gesellschafterbeschlüsse über den Jahresabschluss, die Ergebnisverwendung und
die Entlastung des Geschäftsführers ihr Stimmrecht aus.

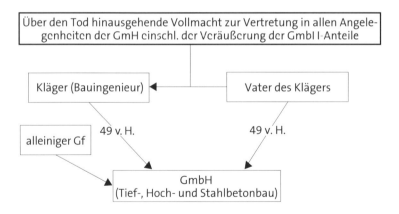

▶ Nach Auffassung des XI. Senats reichen die Umstände, dass der Kläger al- 559
  leiniger, von der Beschränkung des § 181 BGB befreiter Geschäftsführer der
  GmbH war und dass er die Sachkunde für die Führung der GmbH hatte, nicht

---

1   BFH, Urteil v. 29.1.1997 - XI R 23/96, BFHE 182, 216, BStBl II 1997, 437.

zur Annahme einer faktischen Beherrschung aus. Eine solche hat der XI. Senat erst – in Verbindung mit weiteren Umständen – aufgrund der Tatsache angenommen, dass der Kläger jederzeit in der Lage war, die Stimmenmehrheit in der GmbH zu erlangen, indem er aufgrund der ihm erteilten Vollmacht ohne Weiteres die Anteile seiner Mutter erwerben und damit seinen Geschäftsanteil auf 98 v. H. aufstocken konnte. Zwar sei – so der XI. Senat weiter – die Vollmacht widerruflich gewesen. Die im Streitjahr 78-jährige Mutter des Klägers habe von ihrem Widerrufsrecht jedoch keinen Gebrauch gemacht. Der Kläger habe den Geschäftsanteil seiner Mutter jederzeit ohne deren Mitwirkung ganz oder teilweise an sich selbst veräußern können. Er habe dazu weder die Zustimmung seiner Mutter gebraucht, noch habe er diese über eine solche Veräußerung informieren müssen, um ihr Gelegenheit zum Widerruf der Vollmacht zu geben. Da die Mutter die Vollmacht nicht widerrufen habe, sei davon auszugehen, dass sie sich in ihrem eigenen Interesse dem geschäftlichen Betätigungswillen des Klägers untergeordnet habe. Dagegen spreche nicht, dass sie ihr Stimmrecht in der Gesellschafterversammlung selbst wahrgenommen habe; denn sie habe es offensichtlich den Vorstellungen des Klägers entsprechend ausgeübt.

Die Bedenken, die gegen das Urteil sprechen, lassen sich nur im Hinblick auf das hohe Alter der Mutter des Klägers zurückdrängen.

560 ▶ Nach dem BFH-Urteil vom 15. 10. 1998[1] ist eine faktische Beherrschung nur dann anzunehmen, wenn die Gesellschafter des Betriebsunternehmens von ihren gesellschaftsrechtlichen Einwirkungsmöglichkeiten infolge der Einwirkungsmöglichkeiten der hinter dem Besitzunternehmen stehenden Personen keinen Gebrauch machen können. Eine faktische Beherrschung sei daher nicht gegeben, wenn die das Besitzunternehmen beherrschenden Ehemänner der an der GmbH beteiligten Gesellschafterinnen zugleich bei der GmbH angestellt seien, und der GmbH-Vertrag vorsehe, dass die Geschäftsanteile der Ehefrau bei Beendigung des Arbeitsverhältnisses des jeweiligen Ehemannes eingezogen werden könnten.

561 ▶ In dem Urteil heißt es weiter: Daraus, dass die Ehefrauen nicht die zum Betrieb der GmbH erforderlichen Kenntnisse besessen hätten, könne eine faktische Beherrschung nicht hergeleitet werden. Denn hierdurch seien sie nicht an der Wahrnehmung ihrer Rechte als Gesellschafterinnen gehindert worden. Ein anderes Ergebnis lasse sich nicht aus dem BFH-Urteil vom 29. 7. 1976[2] herleiten. Dieses Urteil habe einen Fall betroffen, in dem die

---

1 BFH, Urteil v. 15.10.1998 - IV R 20/98, BFHE 187, 26, BStBl II 1999, 445.
2 BFH, Urteil v. 29.7.1976 - IV R 145/72, BFHE 119, 462, BStBl II 1976, 750.

weiterhin über das Anlagevermögen verfügenden Ehemänner ihren Ehefrauen als Gesellschafterinnen einer KG das Unternehmen überlassen hätten, tatsächlich aber als Angestellte der KG den Betrieb fortgeführt hätten, was den Gedanken nahe gelegt hätte, dass die Ehefrauen treuhänderisch für ihre Ehemänner tätig gewesen seien.

▶ In dem hier besprochenen Urteil hat der BFH es auch abgelehnt, eine faktische Beherrschung deshalb anzunehmen, weil die Ehemänner ihre Ehefrauen zwangsweise als Gesellschafter aus der Betriebs-GmbH hätten entfernen können, denn eine solche zwangsweise Entfernung sei privatrechtlich derart risikobehaftet, dass sie als Druckmittel auf die Ehefrauen nicht geeignet erscheine.   562

▶ Ein besonderer Fall, in dem eine faktische Beherrschung angenommen werden kann, liegt nach dem BFH-Urteil vom 11. 5. 1999[1] nur vor, wenn sich die ausschließlich an der Besitzgesellschaft beteiligten Gesellschafter aus wirtschaftlichen oder anderen Gründen dem Druck der faktisch beherrschenden Gesellschafter unterordnen müssen.   563

▶ Nach dem BFH-Urteil vom 21. 1. 1999[2] sprechen gegen ein generelles Abstellen auf die reine tatsächliche Beherrschung insbesondere folgende Gründe: 564

Erstens ließe sich das tatsächliche Beherrschungsverhältnis nur aus dem Verhalten der Vergangenheit ableiten, was aber keinen sicheren Schluss darauf zuließe, dass dieser Zustand auch künftig fortwirke.

Zweitens sei unklar, welche Anforderungen in diesem Zusammenhang an eine tatsächliche Beherrschung zu stellen seien.

Entschließe sich beispielsweise der jahrelang kooperative Nur-Besitzgesellschafter erstmals, eine von der Mehrheit gewünschte Entscheidung nicht mitzutragen, könnte angenommen werden, dass damit die tatsächliche Beherrschung durch die Mehrheitsgesellschafter ihr Ende gefunden habe. Das würde das sofortige Entfallen der Betriebsaufspaltung bedeuten. Angesichts der weitreichenden Folgen einer Beendigung der Betriebsaufspaltung, insbesondere im Hinblick auf die Besteuerung der stillen Reserven, würde die Betriebsaufspaltung unter solchen Umständen ein unkalkulierbares Risiko darstellen.

▶ Diese Überlegungen, so wird in dem Urteil weiter ausgeführt, würden es jedoch nicht ausschließen, dass in besonderen Ausnahmefällen trotz fehlender rechtlicher Möglichkeiten zur Durchsetzung des eigenen Willens eine   565

---

1 BFH, Urteil v. 11.5.1999 - VIII R 72/96 (unter II.1.b), BFHE 188, 397, BStBl II 2002, 722.
2 BFH, Urteil v. 21.1.1999 - IV R 96/96, BFHE 187, 570, BStBl II 2002, 771.

Person oder Personengruppe ein Unternehmen faktisch beherrschen könne. Eine solche faktische Beherrschung liege dann vor, wenn auf die Gesellschafter, deren Stimme zur Erreichung der im Einzelfall erforderlichen Stimmenmehrheit fehlten, aus wirtschaftlichen oder anderen Gründen Druck dahin gehend ausgeübt werden könne, dass sie sich dem Willen der beherrschenden Person oder Personengruppe unterordnen. Dazu könne es etwa kommen, wenn ein Gesellschafter der Gesellschaft unverzichtbare Betriebsgrundlagen zur Verfügung stelle, die er der Gesellschaft ohne Weiteres wieder entziehen könne. Das Vorliegen solcher besonderen Umstände müsse im Einzelfall festgestellt werden. Jahrelanges konfliktfreies Zusammenarbeiten mit dem Nur-Besitzgesellschafter allein lasse den Schluss auf eine faktische Beherrschung nicht zu. Die **objektive Feststellungslast** habe derjenige zu tragen, der aus der faktischen Beherrschung günstige Rechtsfolgen für sich ableite. Das ist in der Regel die Finanzverwaltung.

566 ▶ In dem BFH-Urteil vom 7. 12. 1999[1] wird darauf hingewiesen, dass allein eheliche Beziehungen zwischen den Gesellschaftern des Betriebsunternehmens und des Besitzunternehmens nicht ausreichen, um eine tatsächliche Machtstellung zu begründen. Das Gleiche gelte – so heißt es in dem Urteil weiter –, wenn die das Betriebsunternehmen beherrschende Ehefrau ihrem Ehemann den größten Teil der von ihm zu erbringenden Einlage geschenkt habe.

567 ▶ Nach dem BFH-Urteil vom 15. 3. 2000[2] ist Voraussetzung für die Annahme einer faktischen Beherrschung eines Besitzunternehmens, dass sich die ausschließlich an der Besitzpersonengesellschaft beteiligten Gesellschafter (Nur-Besitz-Gesellschafter) aus wirtschaftlichen oder anderen Gründen dem Druck der beherrschenden Gesellschafter unterordnen müssen. Das ist nach den weiteren Urteilsausführungen nur dann der Fall, wenn die Nur-Besitz-Gesellschafter von ihren Einwirkungsmöglichkeiten als Gesellschafter und Geschäftsführer auf die Entscheidung des Besitzunternehmens keinen Gebrauch mehr machen können, weil ihnen das Stimmrecht jederzeit entzogen werden kann, sie nach den tatsächlichen Verhältnissen in der Besitzgesellschaft von ihrem Stimmrecht ausgeschlossen sind oder wenn der Sowohl-als-auch-Gesellschafter den Nur-Besitz-Gesellschaftern seinen Willen derart aufzwingen kann, dass die Ausübung der Stimmrechte der Nur-Besitz-Gesellschafter nicht mehr auf ihrem eigenen geschäftlichen Willen beruht. Der mit der Überlassung wesentlicher Betriebsgrundlagen an das Betriebsunter-

---

1 BFH, Urteil v. 7.12.1999 - VIII R 50, 51/96, BFH/NV 2000, 601, 603 (mittlere Spalte).
2 BFH, Urteil v. 15.3.2000 - VIII R 82/98, BFHE 191, 390, BStBl II 2002, 774; vgl. auch FG Niedersachsen, Urteil v. 20.6.2007, EFG 2007, 1584.

nehmen verbundene Druck auf die Geschäftsführung des Betriebsunternehmens rechtfertigt nicht die Annahme einer faktischen Beherrschung.

▶ In dem Beschluss vom 29. 8. 2001[1] wird ausgeführt, dass zur Annahme einer faktischen Beherrschung eine faktische Einwirkung auf die zur Beherrschung führenden Stimmrechte erforderlich ist und dass eine faktische Einwirkung auf die kaufmännische oder technische Betriebsführung, wie sie etwa der Geschäftsführer einer GmbH oder der Vorstand einer AG habe, nicht ausreicht.

568

▶ Aus dem Beschluss des IX. Senats des BFH vom 23. 1. 2002[2] ist zu entnehmen, dass in dem folgenden Fall keine die Annahme einer personellen Verflechtung rechtfertigende faktische Beherrschung vorliegt: A und B waren als Gesellschafter einer GbR Eigentümer eines Grundstücks, das sie an eine GmbH vermietet hatten. Geschäftsführer der GmbH war B. Anteilseigener der GmbH waren ein Sohn von A und eine Tochter von B. Beide hatten bei der Gründung der GmbH jeweils ein unwiderrufliches Angebot abgegeben, ihren GmbH-Anteil jeweils an ihren Vater zum Nennwert zu übertragen.

569

▶ Nach einem Beschluss des X. Senats des BFH scheidet eine faktische Beherrschung der Betriebsgesellschaft durch den Minderheitsgesellschafter außerdem dann aus, wenn dieser mangels Beteiligung am Besitzunternehmen die der Betriebsgesellschaft überlassene wesentliche Betriebsgrundlage nicht als „unternehmerisches Instrument der Beherrschung" gebrauchen kann.[3]

570

(Einstweilen frei)

571–572

Zusammenfassend lässt sich aufgrund der beschriebenen Kasuistik festhalten, dass die neuere Rechtsprechung die Möglichkeit tatsächlicher Beherrschung zutreffend nur in seltenen Ausnahmefällen als gegeben ansieht. Solche Fälle kommen nur in Betracht, wenn die Gesellschafter des Betriebsunternehmens von ihren gesellschaftsrechtlichen Einwirkungsmöglichkeiten infolge der Einflussmöglichkeiten der hinter dem Besitzunternehmen stehenden Personen keinen Gebrauch machen[4] und keinen eigenen geschäftlichen Willen entfalten können.[5]

573

---

1 BFH, Beschluss v. 29.8.2001 - VIII B 15/01, BFH/NV 2002, 185 (linke Spalte f).
2 BFH, Beschluss v. 23.1.2002 - IX B 117/01, BFH/NV 2002, 777.
3 BFH, Beschluss v. 27.9.2006 - X R 28/03, BFH/NV 2006, 2259.
4 Vgl. BFH, Urteile v. 27.2.1991 - XI R 25/88, BFH/NV 1991, 454; v. 1.12.1989 - III 94/87, BFHE 159, 480, BStBl II 1990, 500; v. 15.10.1998 - IV R 20/98, BFHE 187, 260, BStBl II 1999, 445; FG Köln, Urteil v. 24.9.2008 (unter 1. d), EFG 2009, 102.
5 Vgl. FG Saarland, Urteil v. 13.9.2007 - 2 K 1223/03.

574 Dagegen reicht wirtschaftlicher Druck aufgrund schuldrechtlicher Beziehungen – etwa durch die Möglichkeit, ein **Optionsrecht** auszuüben[1] – regelmäßig ebenso wenig aus wie der Umstand, dass de facto jahrelang alle Entscheidungen im Sinne des Besitzunternehmens getroffen worden sind.[2]

575–577 *(Einstweilen frei)*

c) Die Auffassung der Finanzverwaltung

578 Die zunächst von der Finanzverwaltung vertretene Ansicht,[3] nach der bei fehlender rechtlicher Beherrschungsmöglichkeit generell auf die tatsächliche Beherrschungsmöglichkeit abzustellen ist, wurde durch das BMF-Schreiben vom 7. 10. 2002[4] aufgegeben. Unter Gliederungspunkt IV. dieses Schreibens werden die oben unter Rn. 547 ff. wiedergegebenen Ausführungen, die in dem BFH-Urteil vom 21. 1. 1999[5] zum Problem der faktischen Beherrschung enthalten sind, wiederholt.

d) Ergebnis

579 Nach alledem ist der Schluss gerechtfertigt, dass eine faktische Beherrschung des Betriebsunternehmens – wenn überhaupt – heute nur noch in ganz extremen Ausnahmefällen angenommen werden kann, nämlich nur dann, wenn ein Nichtgesellschafter gegenüber der Person oder Personengruppe, die rechtlich sowohl das Besitz- als auch das Betriebsunternehmen beherrscht, eine solche faktische Machtstellung hat, dass die Gesellschafter gezwungen sind, den Willen des faktisch Herrschenden bei der Ausübung ihrer Gesellschaftsrechte, insbesondere bei der Ausübung ihres Stimmrechts, in der Betriebs-GmbH zu befolgen. Eine solche Annahme ist nur beim Vorliegen konkreter Umstände möglich. Ein wohlverstandenes Interesse reicht nicht aus.

Folgende Grundsätze sind zu beachten:

580 ▶ Der Fremdgeschäftsführer einer GmbH (der an der GmbH nicht als Anteilseigner beteiligte Geschäftsführer) kann in der GmbH einen eigenen geschäftlichen Betätigungswillen nicht durchsetzen, weil er stets seine Interessen denen der Anteilseigener, die er treuhänderisch wahrzunehmen hat, hintenanstellen muss.[6]

---

1 FG Nürnberg, Urteil v. 22.8.2007, DStRE 2008, 970, NWB DokID: NAAAC-65210.
2 BFH, Beschlüsse v. 29.8.2001 - VIII B 15/01, BFH/NV 2002, 185; v. 23.1.2002 - IX B 117/01, BFH/NV 2002, 777; vgl. auch *Wacker*, in: Schmidt, EStG Kommentar, 28. Aufl. 2009, § 15, Rn. 839, m.w.N.
3 Siehe hierzu auch BFH, Urteil v. 21.1.1999 - IV R 96/96 (unter 2.), BFHE 187, 570, BStBl II 2002, 771.
4 BMF v. 7.10.2002, BStBl I 2002, 1028.
5 BFH, Urteil v. 21.1.1999 - IV R 96/96, BFHE 187, 570, BStBl II 2002, 771.
6 BFH, Urteil v. 26.7.1984 - IV R 11/81, BFHE 141, 536, BStBl II 1984, 714.

▶ Aus der Position als Großgläubiger heraus kann eine wirtschaftliche Machtstellung nur hergeleitet werden, wenn der Großgläubiger die Geschäftsführung in dem Unternehmen vollständig an sich zieht und im eigenen Interesse ausübt.   581

▶ Aus dem Interesse eines Verpächters oder Darlehensgläubigers am Wohlergehen des Betriebs des Pächters oder Schuldners kann keine Beherrschung dieses Betriebs hergeleitet werden.   582

▶ Für eine faktische Beherrschung nicht ausreichend ist die Zurverfügungstellung von Erfahrungen und Geschäftsbeziehungen.   583

▶ Jahrelanges konfliktfreies Zusammenarbeiten mit dem Nur-Besitzgesellschafter lässt den Schluss auf eine faktische Beherrschung nicht zu.[1]   584

▶ Nicht ausreichend ist auch die Möglichkeit, aufgrund schuldrechtlicher Beziehungen (beispielsweise die Möglichkeit, ein **Optionsrecht** auszuüben) auf die Besitzgesellschafter wirtschaftlichen Druck ausüben zu können.[2]   585

▶ Gestaltungen wie die in dem Urteil des XI. Senats vom 29. 1. 1997[3] sollten vermieden werden.   586

▶ Die objektive Feststellungslast für das Bestehen einer faktischen Beherrschung hat derjenige zu tragen, der daraus für sich günstige Rechtsfolgen herleitet.[4]   587

Bisher von der Rechtsprechung nicht behandelt ist das Problem der faktischen Beherrschung in Fällen, in denen das Betriebsunternehmen in der Rechtsform einer Personengesellschaft geführt wird. Das erklärt sich daraus, dass es solche Fälle (**mitunternehmerische Betriebsaufspaltung**) bis zum Ergehen des BFH-Urteils vom 23. 4. 1996[5] nur in der Form einer mittelbaren Betriebsaufspaltung, also nur ganz selten gab.   588

Abgesehen davon, können die Überlegungen der Rechtsprechung des BFH zur faktischen Beherrschung einer Betriebs-GmbH nicht auf eine **Betriebs-Personengesellschaft** übertragen werden, weil hier eine faktische Beherrschung praktisch zum Verlust der Mitunternehmerinitiative der Personengesellschafter und damit zum Verlust der Miteigentümereigenschaft der betreffenden Gesellschafter führt. Aufgrund der gleichen Überlegungen können die von der Rechtsprechung entwickelten Grundsätze der faktischen Beherrschung einer   589

1   BFH, Urteil v. 21.1.1999 - IV R 96/96, BFHE 187, 570, BStBl II 2002, 771.
2   BFH, Urteil v. 23.1.2002 - IX B 117/01, BFH/NV 2002, 777, 778 (linke Spalte), m.w.N.
3   BFH, Urteil v. 29.1.1997 - XI R 23/96, BFHE 182, 216, BStBl II 1997, 437.
4   BFH, Urteil v. 21.1.1999 - IV R 96/96, BFHE 187, 570, BStBl II 2002, 771.
5   BFH, Urteil v. 23.4.1996 - VIII R 13/95, BFHE 181, 1, BStBl II 1998, 325.

Betriebs-GmbH auch nicht auf eine **Besitz-Personengesellschaft** oder **Besitz-Gemeinschaft** übertragen werden.[1]

590   Ist das Besitzunternehmen ein **Einzelunternehmen**, so sind die vom BFH entwickelten Überlegungen zur faktischen Beherrschung deshalb nicht anwendbar, weil hier die faktische Machtstellung über die an das Betriebsunternehmen vermieteten Wirtschaftsgüter wohl nur dann angenommen werden kann, wenn **wirtschaftliches Eigentum** vorliegt.

591–593 *(Einstweilen frei)*

8. Stimmrechtsausschluss

Literatur: *Bordewin,* Für die Frage der personellen Verflechtung im Rahmen einer Betriebsaufspaltung ist nicht ausschlaggebend, ob der beherrschende Gesellschafter der Betriebskapitalgesellschaft bei Beschlüssen über Geschäfte mit dem ihm zustehenden Besitzunternehmen vom Stimmrecht ausgeschlossen ist, RWP SG 1.3, S. 3022; *Dehmer,* Betriebsaufspaltung – Zusammenrechnung von Ehegattenanteilen –/Zusammenrechnung trotz Stimmrechtsausschlusses, KFR F. 3 EStG § 15, 7/89, S. 255; *Kempermann,* Betriebsaufspaltung: Beherrschung der Geschäfte des täglichen Lebens als Voraussetzung für personelle Verflechtung, GmbHR 2005, 317; *Leingärtner,* Zur Frage, ob es an der personellen Verflechtung zwischen der Grundstücksgemeinschaft und der Betriebs-GmbH als Voraussetzung für die Annahme einer Betriebsaufspaltung fehlt, wenn derjenige, der zu 100 % an der Betriebs-GmbH beteiligt ist, bei der Vornahme von Rechtsgeschäften der Grundstücksgemeinschaft mit der Kapitalgesellschaft von der Ausübung des Stimmrechts in der Gemeinschaft ausgeschlossen ist, RWP-Blattei SG 1 – 3, S. 1620; *Söffing, Günter,* Stimmrechtsausschluss nach § 47 Abs. 4 GmbHG und Betriebsaufspaltung, FR 1989, 448; *o. V.,* Betriebsaufspaltung: Personelle Verflechtung trotz Stimmrechtsausschluss bei Geschäften zwischen Gesellschaft und Gesellschafter, DStR 1989, 355.

594   Im Zusammenhang mit der personellen Verflechtung muss auch das Problem des Stimmrechtsausschlusses behandelt werden.

a) Das Zivilrecht

Nach § 34 BGB ist ein Mitglied eines **Vereins** nicht stimmberechtigt, wenn die Beschlussfassung die Vornahme eines Rechtsgeschäfts mit ihm betrifft. Das betreffende Mitglied darf also bei der Beschlussfassung über ein solches Rechtsgeschäft nicht mitstimmen. Es kann auf der Seite des Vereins hinsichtlich des Abschlusses, der Veränderung oder der Beendigung eines solchen Rechtsgeschäfts seinem Willen keine Geltung verschaffen.

595   Nach § 47 Abs. 4 Satz 2 GmbHG hat ein Gesellschafter einer **GmbH** kein Stimmrecht, wenn die Beschlussfassung die Vornahme eines Rechtsgeschäfts oder die Einleitung oder Erledigung eines Rechtsstreits gegenüber dem Gesellschafter

---

1   Vgl. zu dem Problem auch *Pannen,* DB 1996, 1252.

betrifft. Hier gilt also das Gleiche wie beim Verein. Ähnliche Regelungen finden sich in § 43 Abs. 6 GenG.

Der BGH hat in seinem Urteil vom 29. 3. 1971[1] ausgeführt, die Rechtsprechung habe den Rechtsgedanken, der den vorerwähnten Vorschriften zugrunde liegt, auf die **GbR** und die **OHG** angewendet[2] und auch hier in bestimmten Fällen des Interessenwiderstreits die Stimmenthaltung der Beteiligten gefordert. Auch für **Erbengemeinschaften** sei anerkannt, dass ein Interessenwiderstreit dazu führen könne, einem Miterben in bestimmten ihn betreffenden Angelegenheiten das Stimmrecht zu versagen. 596

§ 34 BGB, § 47 Abs. 4 GmbHG und § 43 Abs. 6 GenG würde zwar das Stimmrecht stets ausschließen, wenn das Vereinsmitglied, der Gesellschafter oder Genosse unmittelbar auf der Gegenseite am Vertrag beteiligt sei. Nicht ausgeschlossen hingegen sei das Stimmrecht, wenn Vertragspartner des Rechtsgeschäfts, über das beschlossen werde, eine juristische Person sei, an der das Vereinsmitglied usw. beteiligt ist. 597

(Einstweilen frei) 598–600

b) Das Besitzunternehmen

Würde man entsprechend dieser zivilrechtlichen Rechtsprechung den in § 34 BGB und § 47 Abs. 4 Satz 2 GmbHG zum Ausdruck kommenden Rechtsgedanken auf die Fälle anwenden, in denen am Besitzunternehmen auch **Nur-Besitz-Gesell-schafter** (Nur-Besitz-Teilhaber) beteiligt sind, dann wäre für diese Fälle das Institut der Betriebsaufspaltung obsolet; denn dann könnten die Sowohl-als-auch-Gesellschafter im Besitzunternehmen wegen ihres Stimmrechtsausschlusses ihren einheitlichen geschäftlichen Betätigungswillen nicht durchsetzen. 601

Der VIII. Senat des BFH glaubte diesen Weg nicht gehen zu können. In dem Urteil vom 12. 11. 1985[3] hat er deshalb unter Berufung auf einige dafür günstige Literaturstellen die Auffassung vertreten, man könne hinsichtlich der entsprechenden Anwendung des § 34 BGB auf **Bruchteilsgemeinschaften** und Personengesellschaften nicht von einer festgefügten zivilrechtlichen Auffassung sprechen, so dass es darauf ankomme, wie die Gesellschafter einer Personengesellschaft oder die Teilhaber einer Bruchteilsgemeinschaft die Frage des Stimmrechtsausschlusses tatsächlich handhaben. 602

---

1 BGH, Urteil v. 29.3.1971 - III ZR 255/68, BGHZ 56, 47.
2 RG, Urteile v. 3.5.1932 - II 438/31, RGZ 136, 236, 245; v. 20.12.1939 - II 88/39, RGZ 162, 370, 373.
3 BFH, Urteil v. 12.11.1985 - VIII R 240/81, BFHE 145, 401, BStBl II 1986, 296.

603 Nach der Rechtsprechung[1] besteht also auch hier de facto ein **Wahlrecht** für die Fälle, in denen am Besitzunternehmen ein oder mehrere **Nur-Besitz-Gesellschafter** (Nur-Besitz-Teilhaber) beteiligt sind. Haben hier die Sowohl-als-auch-Gesellschafter bei der Vermietung oder Verpachtung an die Betriebsgesellschaft auf der Seite des Besitzunternehmens nicht mitgewirkt, dann kann keine Betriebsaufspaltung angenommen werden. Wirken hingegen die Sowohl-als-auch-Gesellschafter bei der Vermietung auf der Seite des Besitzunternehmens mit, dann ergibt sich aus dieser tatsächlichen Handhabung, dass sie vom Stimmrecht nicht ausgeschlossen waren. Eine personelle Verflechtung und damit eine Betriebsaufspaltung ist dann gegeben. Für bereits bestehende Betriebsaufspaltungen kommt es darauf an, ob von den Steuerpflichtigen dargelegt und nachgewiesen wird, ob die Sowohl-als-auch-Gesellschafter(-teilhaber) bei der Vermietung oder Verpachtung mitgewirkt haben oder nicht.

604–606 *(Einstweilen frei)*

c) Das Betriebsunternehmen

(1) Allgemeines

607 Aufgrund der Ausführungen des VIII. Senats in dem Urteil vom 12. 11. 1985[2] sollte man eigentlich annehmen, dass bei einer Betriebs-GmbH, an der auch **Nur-Betriebs-Gesellschafter** beteiligt sind, die Sowohl-als-auch-Gesellschafter infolge des sich für sie aus § 47 Abs. 4 GmbHG ergebenden **Stimmrechtsausschlusses** einen einheitlichen geschäftlichen Betätigungswillen in der Betriebsgesellschaft nicht durchsetzen können und dass demzufolge in diesen Fällen keine personelle Verflechtung vorliegen kann. Denn infolge des Stimmrechtsausschlusses haben die Sowohl-als-auch-Gesellschafter auf der Seite der Betriebs-GmbH keine Möglichkeit, durch Stimmrechtsabgabe in der Gesellschafterversammlung auf den Abschluss, die Veränderung oder die Beendigung eines Miet- oder Pachtvertrags mit dem Besitzunternehmen über eine wesentliche Betriebsgrundlage Einfluss zu nehmen. Sie können hier also ihren einheitlichen geschäftlichen Betätigungswillen nicht durchsetzen.

(2) Das Urteil des IV. Senats vom 26. 1. 1989

608 Anderer Meinung ist jedoch der IV. Senat des BFH, der in seinem Urteil vom 26. 1. 1989[3] entschieden hat, dass eine personelle Verflechtung nicht deshalb

---

1 BFH, Urteil v. 12.11.1985 - VIII R 240/81, BFHE 145, 401, BStBl II 1986, 296.
2 BFH, Urteil v. 12.11.1985 - VIII R 240/81, BFHE 145, 401, BStBl II 1986, 296.
3 BFH, Urteil v. 26.1.1989 - IV R 151/86, BFHE 156, 138, BStBl II 1989, 455; ebenso, aber ohne Begründung, BFH, Urteil v. 21.8.1996 - X R 25/93, BFHE 181, 284, BStBl II 1997, 44.

zu verneinen ist, weil der Sowohl-als-auch-Gesellschafter nach § 47 Abs. 4 Satz 2 GmbHG bei Gesellschafterbeschlüssen, die die Überlassung einer wesentlichen Betriebsgrundlage vom Besitzunternehmen an die Betriebs-GmbH betreffen, auf der Seite der Betriebs-GmbH nicht mitstimmen darf.

Der IV. Senat hat seine Ansicht, dass der Stimmrechtsausschluss der Annahme einer personellen Verflechtung nicht entgegensteht, wie folgt begründet: Aufgrund seiner Mehrheitsbeteiligung an der Betriebs-GmbH könne der Sowohl-als-auch-Gesellschafter – trotz des Umstandes, dass er sich gem. § 47 Abs. 4 GmbHG nicht an Beschlüssen beteiligen dürfe, welche die Vornahme von Rechtsgeschäften zwischen ihm und der GmbH zum Gegenstand haben – in der Betriebs-GmbH mit Mitteln des Gesellschaftsrechts (§ 47 Abs. 1 GmbHG) seinen Willen durchsetzen. Da der Abschluss von Miet- oder Pachtverträgen zwischen einer Betriebs-GmbH und einem Besitzunternehmen zur laufenden Geschäftsführung der GmbH gehöre (§§ 35, 37 GmbHG), bestehe kein Anlass, hierüber einen Beschluss der Gesellschafterversammlung herbeizuführen. 609

Es könne auch auf sich beruhen, wie im Streitfall die Geschäftsführerbefugnis der GmbH geregelt gewesen sei, insbesondere ob der Sowohl-als-auch-Gesellschafter als Geschäftsführer der GmbH dem Verbot des Selbstkontrahierens nach § 181 BGB unterlegen habe, was dem Abschluss von Miet- und Pachtverträgen zwischen ihm und der Betriebs-GmbH entgegengestanden haben würde. Für die personelle Verflechtung sei nur erforderlich, dass diejenigen Personen, die das Besitzunternehmen beherrschten, auch in der Betriebsgesellschaft ihren Willen durchsetzen könnten; auf welchem gesellschaftsrechtlichen Wege dies geschehe, sei unerheblich. Im Streitfall sei sichergestellt, dass sich in der GmbH auf Dauer nur ein geschäftlicher Betätigungswille habe entfalten können, der vom Vertrauen des Sowohl-als-auch-Gesellschafters getragen worden sei und damit auch seine Interessen als Besitzunternehmer berücksichtigt habe. 610

(3) Kritik an dem Urteil des IV. Senats vom 26. 1. 1989

Das Urteil ist nicht logisch. Denn ein Gesellschafter, der von seinem Stimmrecht ausgeschlossen ist, ist nicht in der Lage, mit gesellschaftsrechtlichen Mitteln seinen Willen in der Gesellschaft durchzusetzen, weil als gesellschaftsrechtliche Mittel in erster Linie die Stimmrechte in Betracht kommen. Dass auch der IV. Senat unter „gesellschaftsrechtlichen Mitteln" nur das Stimmrecht versteht, ergibt sich eindeutig aus dem Hinweis auf § 47 Abs. 1 GmbHG. 611

Der IV. Senat begründet die Durchsetzbarkeit eines einheitlichen geschäftlichen Betätigungswillens des Sowohl-als-auch-Gesellschafters auch nicht aus dessen Machtstellung als Geschäftsführer. Er erweckt mit einem Satz lediglich den An- 612 schein als wolle er eine solche Möglichkeit bejahen. Anschließend gibt er durch den Hinweis, es könne dahingestellt bleiben, wie im Streitfall die Geschäftsführungsbefugnis geregelt gewesen sei, aber zu erkennen, dass er die Durchsetzbarkeit des Willens des Sowohl-als-auch-Gesellschafters auch nicht auf dessen Geschäftsführungsbefugnis stützt.

613 Das wäre auch gar nicht möglich, weil durch Gesellschafterbeschlüsse regelmäßig in die Geschäftsführung eingegriffen werden kann und ein Geschäftsführer einer GmbH nicht in seinem Interesse, sondern im Interesse der GmbH handeln muss.

614 Damit bleiben für eine Begründung nur noch die folgenden Ausführungen übrig: Es sei unerheblich, auf welchem gesellschaftsrechtlichen Wege die Personen, die das Besitzunternehmen beherrschen, ihren einheitlichen geschäftlichen Betätigungswillen in der Betriebs-GmbH durchsetzten. Im Streitfall sei sichergestellt,

„dass sich in der GmbH auf Dauer nur ein geschäftlicher Betätigungswille entfalten konnte, der vom Vertrauen des Klägers getragen wurde und damit auch seine Interessen als Inhaber der Erfindungen und Gebrauchsmuster berücksichtigte".

Dem Urteil des IV. Senats fehlt somit eine überzeugende Begründung, warum § 47 Abs. 4 GmbHG im Rahmen der Betriebsaufspaltung nicht ausschlaggebend sein soll.

615 Eine Begründung hierfür lässt sich auch nicht aus der zivilrechtlich umstrittenen Auslegung des § 47 Abs. 4 GmbHG herleiten; denn der Auslegungsstreit bezieht sich nur auf Rechtsgeschäfte mit gesellschaftsrechtlichem Charakter (sog. Sozialakte) wie z. B. die Wahl zum Organmitglied.[1] Bei Rechtsgeschäften mit individualrechtlichem Charakter, also z. B. beim Abschluss eines Miet- oder Pachtvertrags zwischen Gesellschaft und einem Gesellschafter, erfährt § 47 Abs. 4 GmbHG grundsätzlich keine Einschränkung.[2]

616 Berücksichtigt man diese Überlegungen, so ist das Urteil des IV. Senats vom 26. 1. 1989 nur unter dem Gesichtspunkt zu verstehen, dass der IV. Senat unter allen Umständen eine Einschränkung des Anwendungsbereichs der Betriebsaufspaltung vermeiden wollte. Eine solche Einschränkung würde nämlich eintreten, wenn der in § 47 Abs. 4 GmbHG verankerte Stimmrechtsausschluss bei

---

1 Vgl. *Zöllner*, Die Schranken mitgliedschaftlicher Stimmrechtsmacht bei den privatrechtlichen Personenverbänden, 1963, S. 225; *Hübner*, Interessenkonflikt und Vertretungsmacht, S. 265 ff.; *Immenga/Werner*, GmbHR 1976, 54; *Schilling*, in: Festschrift für Ballerstedt, S. 257; *Wilhelm*, JZ 1976, 674.

2 U.a. *Zöllner*, a.a.O., S. 225 ff.

der Durchsetzbarkeit eines einheitlichen geschäftlichen Betätigungswillens in der Betriebs-GmbH in allen Fällen, in denen Nur-Betriebs-Gesellschafter vorhanden sind, zu einer Verneinung einer personellen Verflechtung führen würde, wie dies nach rechtlichen Gesichtspunkten eigentlich geboten wäre.

(Einstweilen frei)   617–619

9. Mehrere Besitzunternehmen

Literatur: *Fichtelmann*, Zur Zulässigkeit einer Betriebsaufspaltung mit mehreren Besitzunternehmen – Mehrfache Betriebsaufspaltung, FR 1983, 78; *ders.*, Betriebsaufspaltung mit mehreren Besitzunternehmen?, GmbHR 1996, 580; *o. V.*, Besitzunternehmen bei mehreren Mietverhältnissen, GmbHR 1971, 242; *o. V.*, Mehrfache Betriebsaufspaltung?, DB 1971, 738; *Hoffmann, Wolf-Dieter*, Die doppelte Betriebsaufspaltung, GmbH-StB 1998, 198.

Die Personen-Gruppen-Theorie[1] beruht auf der widerlegbaren Vermutung, dass   620
mehrere Personen, die sowohl an dem Besitzunternehmen als auch an dem Betriebsunternehmen beteiligt sind, gleichgerichtete Interessen haben und ihre Rechte auch gleichgerichtet ausüben.

Geht man hiervon aus, ergeben sich Schwierigkeiten, beim Vorhandensein von zwei oder noch mehr Besitzunternehmen einen **einheitlichen geschäftlichen Betätigungswillen** zu konstruieren, wenn an den Besitzunternehmen verschiedene Personen beteiligt sind.

BEISPIEL: ▶ An der X-GmbH sind A, B, C, D und E jeweils mit 20 v. H. beteiligt. Die X-   621
GmbH betreibt eine Maschinenfabrik. 50 v. H. des von ihr genutzten Grundbesitzes hat sie von der Y-GbR und 50 v. H. von der Z-GbR gemietet. An der Y-GbR sind A, B und C jeweils mit 33 $\frac{1}{3}$ v. H. und an der Z-GbR C, D und E ebenfalls jeweils mit 33 $\frac{1}{3}$ beteiligt.

---

1   Siehe oben Rn. 371 ff.

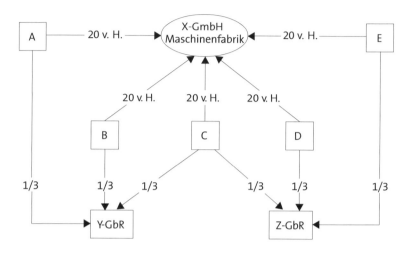

622 Um die Lösung dieses Falles zu finden, sollen zunächst einfachere Beispiele er-örtert werden.

Wenn an einer Betriebs-GmbH A und B je zur Hälfte beteiligt sind, und A der GmbH eine wesentliche Betriebsgrundlage verpachtet, dann liegt keine Betriebsaufspaltung vor. A kann in der Betriebsgesellschaft seinen geschäftlichen Betätigungswillen nicht durchsetzen; denn er ist an der Betriebsgesellschaft nur mit 50 v. H. beteiligt.

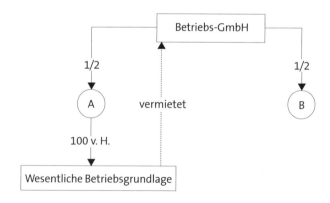

Der Fall ist nicht anders zu beurteilen, wenn zusätzlich auch B an die Betriebs-GmbH eine wesentliche Betriebsgrundlage verpachtet. 623

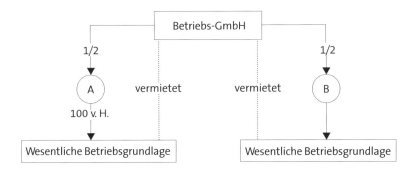

Beide, A und B sind an ihren „Besitzunternehmen" jeweils mit 100 v. H. beteiligt 624 und können dort ihren Willen durchsetzen. Sie können dies aber nicht in der Betriebs-GmbH, weil jeder von ihnen hier nur über die Hälfte der Stimmrechte verfügt, was zur Durchsetzung eines einheitlichen geschäftlichen Betätigungswillens nicht ausreicht. Eine Zusammenrechnung der Stimmen von A und B in der Betriebs-GmbH ist nicht möglich, weil es kein Besitzunternehmen gibt, an dem A und B *gemeinsam* beteiligt sind.

BEISPIEL: ▶ A, B, C und D sind mit je 25 v. H. an der X-GmbH (Betriebsgesellschaft) be- 625 teiligt. An dem Besitzunternehmen I sind A und B mit je 50 v. H. und an dem Besitzunternehmen II sind C und D mit je 50 v. H. beteiligt.

Auch in dem folgenden Fall kann man nicht zu einem anderen Ergebnis kommen:

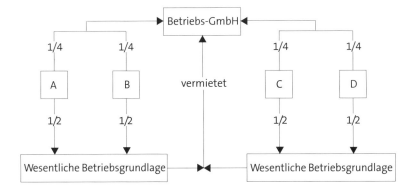

626 Es liegt keine Betriebsaufspaltung vor; denn weder die Personengruppe AB, noch die Personengruppe CD kann in der X-GmbH ihren geschäftlichen Betätigungswillen durchsetzen.

U. E. ist die Durchsetzbarkeit eines einheitlichen geschäftlichen Betätigungswillens auch dann nicht möglich, wenn, wie im Hauptbeispiel, C zusätzlich an der Betriebsgesellschaft und an beiden Besitzunternehmen beteiligt ist. Beim Vorhandensein von zwei Besitzunternehmen (im Beispiel A/B/C einerseits und C/D/E andererseits) sind insgesamt drei Unternehmen vorhanden. In einem solchen Fall bildet die Betriebsgesellschaft jeweils mit einem anderen Besitzunternehmen zusammen eine „Doppelgesellschaft". Es bestehen im Hauptbeispiel also zwei Doppelgesellschaften (X-GmbH und A/B/C einerseits und X-GmbH und C/D/E andererseits) mit je „einem einheitlichen geschäftlichen Betätigungswillen", so dass mathematisch gesehen „zwei einheitliche Betätigungswillen" vorhanden sind.

627 Das reicht unter Berücksichtigung der vom GrS[1] für die Annahme einer personellen Verflechtung verlangten strengen Anforderungen nicht aus; denn „zweimal ein einheitlicher Betätigungswille" sind eben nicht „ein einheitlicher Betätigungswille"; oder anders ausgedrückt, die Beteiligung des C an der Betriebsgesellschaft darf nicht berücksichtigt werden, weil nicht voraussehbar ist, welcher Personengruppe (A/B/C oder C/D/E) er im Konfliktfall seine Stimme geben wird. Man kann nichts vermuten.

628 Für dieses Ergebnis spricht auch die Entscheidung des IV. Senats vom 7. 11. 1985,[2] der folgender Sachverhalt zugrunde lag:

BEISPIEL: An einer Betriebs-GmbH (X-GmbH) waren B (40 v. H.) Frau B (25 v. H.), U (25 v. H.) und D (10 v. H.) beteiligt. Das Unternehmen der X-GmbH wurde auf zwei Grundstücken betrieben. Eines davon gehörte B und U je zur Hälfte. Das andere Grundstück gehörte einer GbR, an der Frau B und U je zur Hälfte beteiligt waren.

---

1   BFH, Beschluss v. 8.11.1971 - GrS 2/71, BFHE 103, 440, BStBl II 1972, 63.
2   BFH, Urteil v. 7.11.1985 - IV R 65/83, BFHE 145, 392, BStBl II 1986, 364.

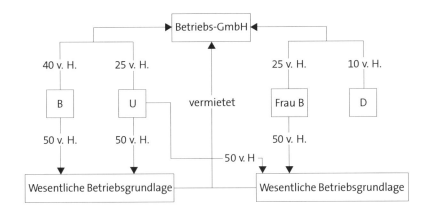

Der IV. Senat hat eine Betriebsaufspaltung zwischen der X-GmbH und der GbR 629
verneint, weil die die GbR beherrschende Personengruppe Frau B und U in der
X-GmbH einen einheitlichen geschäftlichen Betätigungswillen nicht durchsetzen können; denn Frau B und U sind an der GmbH zusammen nur mit 50 v. H.
beteiligt. Dass U zusammen mit B mit 65 v. H. an der GmbH beteiligt ist, ist
unerheblich, weil B nicht zu der die GbR beherrschenden Personengruppe Frau
B/U gehört.

Ob Betriebsaufspaltung zwischen X-GmbH und B/U vorliegt, hatte der IV. Senat 630
nicht zu entscheiden. Gegen eine solche Annahme bestehen Bedenken, wenn
man den vom Großen Senat[1] geforderten strengen Maßstab anlegt. Wegen der
Beteiligung des U an der Personengruppe Frau B/U ist die Vermutung eines Interessengleichklangs zwischen Frau B und U nicht möglich. Es lässt sich nicht
vermuten und nicht voraussehen, welcher Personengruppe U sich im Konfliktfall anschließen wird.

(Einstweilen frei) 631–633

10. Mehrere Betriebsunternehmen

Literatur: *Fichtelmann*, Beendigung einer Betriebsaufspaltung bei mehreren Betriebsgesellschaften, StSem 1997, 115; *Hoffmann, Wolf-Dieter*, Die doppelte Betriebsaufspaltung,
GmbH-StB 1998, 198.

Der IV. Senat des BFH hat in seinem Urteil vom 11. 11. 1982[2] ausgesprochen, 634
eine Betriebsaufspaltung könne auch zwischen einem Besitzunternehmen und

---

1   BFH, Beschluss v. 8.11.1971 - GrS 2/71, BFHE 103, 440, BStBl II 1972, 63.
2   BFH, Urteil v. 11.11.1982 - IV R 117/80, BFHE 137, 357, BStBl II 1983, 299; siehe auch BFH, Urteile
     v. 25.8.1993 - XI R 6/93, BFHE 172, 91, BStBl II 1994, 23; v. 27.1.1994 - IV R 137/91, BFHE 173, 547,
     BStBl II 1994, 477.

mehreren Betriebskapitalgesellschaften bestehen.[1] Diese Auffassung kann aber nur für solche Fälle gelten, in denen – wie in dem vom IV. Senat entschiedenen Fall – in beiden Betriebsgesellschaften und in der Besitzgesellschaft sich ein einheitlicher geschäftlicher Betätigungswille bilden kann.

635   **BEISPIEL:** ▶ S ist Anteilseigner der X-GmbH und der Y-GmbH. Die Anteile an der X-GmbH gehören zu 100 v. H. S, die der Y-GmbH zu 75 v. H. Die restlichen 25 v. H. Anteile an der Y-GmbH hält die X-GmbH. S hat ein ihm allein gehörendes Grundstück an die X-GmbH und an die Y-GmbH vermietet.

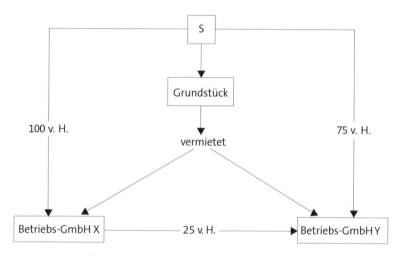

636   U. E. ist die Rechtserkenntnis des IV. Senats aber dann nicht anwendbar, wenn von einem einheitlichen Betätigungswillen in beiden Betriebsgesellschaften nicht mehr gesprochen werden kann, weil in den beiden Gesellschaften unterschiedliche Interessen vorliegen.

637   **BEISPIEL:** ▶ An einer Besitzbruchteilsgemeinschaft sind A, B, C, D und E je mit $\frac{1}{5}$ beteiligt. Sie haben das der Gemeinschaft gehörende Grundstück an die Betriebs-GmbH X und die Betriebs-GmbH Y vermietet. An der X-GmbH sind A, B und C und an der Y-GmbH C, D und E jeweils mit $\frac{1}{3}$ beteiligt.

---

1   Ebenso BFH, Urteil v. 25.11.1997 - VIII R 36/96, BFH/NV 1998, 691, in dem außerdem darauf hingewiesen wird, dass im Fall einer Betriebsaufspaltung zwischen einem Besitzunternehmen und mehreren Betriebsunternehmern ein Teilbetrieb gegeben sein könne, wenn an eine Betriebsgesellschaft räumlich abgrenzbare Grundstücksteile, die ausschließlich dieser Gesellschaft zuzuordnen sind, durch gesonderten Vertrag vermietet werden.

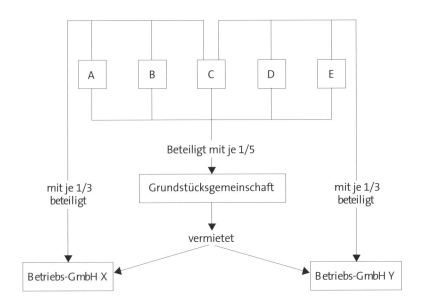

Die Probleme sind hier die gleichen wie in den vorstehend unter Rn. 620 ff. be-   638
handelten Fällen, in denen einer Betriebsgesellschaft mehrere Besitzunternehmen gegenüberstehen. Es kann insoweit auch bei mehreren Betriebsgesellschaften kein einheitlicher Betätigungswille angenommen werden.

(*Einstweilen frei*)   639–641

11. Stille Beteiligung

Literatur: *Böttcher/Hennerkens*, Beteiligungsgleichheit bei Betriebsaufspaltung – Zugleich
ein Beitrag zum BFH-Urteil I 231/63 vom 3. 12. 1969 – RWP-Blattei 14 Steuer – RD Betriebsaufspaltung II B 3 Einzelfragen; *Fichtelmann*, Ausgewählte Fragen zur Betriebsaufspaltung, GmbHR 2006, 345; *Schulze zur Wiesche*, Betriebsaufspaltung und stille Beteiligung, DStR 1993, 1844.

Ob eine stille Beteiligung zu einer Betriebsaufspaltung führen kann, kann nicht   642
allgemein beantwortet werden.

> **BEISPIEL:** Das Betriebsunternehmen ist eine GmbH. A ist an der GmbH als stiller Ge-
> sellschafter beteiligt. Seine Einlage als stiller Gesellschafter beträgt 510.000 €. Das
> Stammkapital der GmbH, deren Alleinanteilseigner B ist, beträgt 490.000 €. A hat ein
> ihm gehörendes Grundstück der GmbH & Still verpachtet.

Lösung:

643 A hat keinerlei Stimmrechte und auch keine Geschäftsführungsbefugnis in der Betriebs-GmbH. Deshalb kann er in diesem Unternehmen keinen einheitlichen geschäftlichen Betätigungswillen durchsetzen. In einem solchen Fall liegt keine Betriebsaufspaltung vor.

644 Hingegen dürfte Betriebsaufspaltung anzunehmen sein, wenn A in der Betriebs-GmbH aufgrund besonderer Vereinbarungen (**atypisch stille Gesellschaft**) Stimmrechte zustehen, die es ihm ermöglichen, seinen einheitlichen geschäftlichen Betätigungswillen durchzusetzen.

645 Betriebsaufspaltung aufgrund faktischer Beherrschung dürfte anzunehmen sein, wenn A zum Geschäftsführer der Betriebs-GmbH bestellt ist und als solcher – aufgrund seiner nicht unerheblichen Beteiligung als stiller Gesellschafter – nicht nur die Interessen des B zu vertreten hat, sondern auch seine eigenen vertreten kann.

646–648 *(Einstweilen frei)*

12. Unterbeteiligung

649 Ebenfalls nicht allgemein kann die Frage beantwortet werden, ob eine Unterbeteiligung zur Annahme einer Betriebsaufspaltung führt. Auch hier kommt es auf die Gestaltung des Einzelfalls an.

> **BEISPIEL:** An der Betriebs-OHG sind A mit 90 v. H. und B mit 10 v. H. beteiligt. A hat an $2/3$ seines Anteils dem C eine Unterbeteiligung eingeräumt. C hat an die Betriebs-OHG eine wesentliche Betriebsgrundlage vermietet.

Lösung:

650 Hat C in der Unterbeteiligungsgesellschaft eine solche Machtstellung, dass er bestimmenden Einfluss auf das Verhalten des A bei der Willensbildung in der Betriebs-OHG ausüben kann, dann kann C auf diesem Wege mit Hilfe der 90 %igen Beteiligung des A auch in der Betriebs-OHG seinen einheitlichen geschäftlichen Betätigungswillen durchsetzen. Es liegt Betriebsaufspaltung vor.

651–653 *(Einstweilen frei)*

13. Gestaltungsmissbrauch

a) Allgemeines

Wann Gestaltungen zur Vermeidung einer personellen Verflechtung miss- 654
bräuchlich i. S. des § 42 AO sind, lässt sich allgemein nicht sagen. Es kommt auf
den Einzelfall an.

b) Das BFH-Urteil vom 13. 3. 1997

(1) Sachverhalt

Der BFH[1] hat bei folgendem – hier vereinfacht dargestellten Sachverhalt – Ge- 655
staltungsmissbrauch i. S. des § 42 AO angenommen: A betrieb zusammen mit
seinen Eltern ein Einzelhandelsgeschäft in der Rechtsform einer KG. Das Grundstück, auf dem dieses Geschäft betrieben wurde, hatten die Eltern 1973 im Wege
der vorweggenommenen Erbfolge unter Nießbrauchsvorbehalt auf A übertragen. In Ausübung dieses Nießbrauchsrechts stellten die Eltern der KG die für das
Einzelhandelsgeschäft erforderlichen Räume zur Verfügung. 1979 schieden die
Eltern aus der KG aus. Zugleich wurde das Nießbrauchsrecht aufgehoben und
durch eine Rente ersetzt. Mit Ablauf des Jahres 1979 wurde das Betriebsvermögen der KG in eine GmbH eingebracht. An dieser war A mit 99 v. H. beteiligt. Im
Januar 1980 räumte A seinen Eltern eine beschränkt persönliche Dienstbarkeit
an den dem Einzelhandelsgeschäft dienenden Räumen ein. In Ausübung dieses
Rechts vermieteten die Eltern die betreffenden Räume an die GmbH. Die vereinbarte Rente wurde nicht geleistet.

Das FA hat die Einräumung der beschränkt persönlichen Dienstbarkeit und 656
die Vermietung der entsprechend belasteten Räume seitens der Eltern an die
GmbH als Gestaltungsmissbrauch angesehen. Die hiergegen gerichtete Klage
hatte keinen Erfolg. Der BFH ist dem FA und dem FG mit im Wesentlichen folgender Begründung gefolgt:

(2) Entscheidungsgründe

Die gewählte Gestaltung habe lediglich der Steuerminderung dienen sollen, 657
weil durch sie die nachteiligen steuerlichen Wirkungen der Betriebsaufspaltung hätten beseitigt werden sollen, die sich aufgrund der zuvor getroffenen
Vereinbarungen ergeben hätten. Andere wirtschaftliche oder sonst beachtliche
nichtsteuerliche Gründe seien nicht geltend gemacht worden und seien auch
nicht erkennbar. Insbesondere sei die Einräumung der beschränkt persönlichen

---

1 BFH, Urteil v. 13.3.1997 - III R 300/94, BFH/NV 1997, 659, 660 (rechte Spalte f).

Dienstbarkeit im Hinblick auf die zuvor getroffene Rentenvereinbarung auch nicht zur Gewährleistung der Altersversorgung der Eltern erforderlich gewesen.

658 Die gewählte Gestaltung sei auch unangemessen, weil üblicherweise ein Grundstückseigentümer, der Räume eines Gebäudes für den Betrieb einer von ihm beherrschten GmbH benötige, nicht zunächst einem Dritten ein Nutzungsrecht einräume, um anschließend die benötigten Räume durch die GmbH zurückzumieten. Unangemessen sei auch, dass im Streitfall eine Rentenverpflichtung durch die Einräumung einer beschränkt persönlichen Dienstbarkeit ersetzt worden sei und damit die Versorgungsberechtigten es übernommen hätten, durch die Vermietung der betreffenden Räume nunmehr selbst die für ihre Altersversorgung notwendigen Einkünfte zu erzielen.

659–661 *(Einstweilen frei)*

E. Besitzunternehmen

Literatur: *Brandmüller*, Betreibt ein Besitzunternehmen noch ein Handelsgewerbe?, BB 1976, 641; *Centrale Gutachtendienst*, Betriebsaufspaltung innerhalb einer GmbH & Co. KG, GmbHR 1997, 739; *Fichtelmann*, Das Besitzpersonenunternehmen in der Betriebsaufspaltung, StLex/II Nr. 3, S. 447; *Gaßner*, Die Genossenschaft als Pacht- und Besitzunternehmen, RPfleger 1980, 409; *Henninger*, Einzelfragen zum Besitzpersonenunternehmen bei Doppelgesellschaften, RWP-Blattei 14 St-R D Betriebsaufspaltung II B 1 Einzelfragen; *ders.*, Zum Beschluss des Großen Senats des BFH über Besitzpersonenunternehmen, RWP-Blattei 14 St-R D Betriebsaufspaltung II B 1b Einzelfragen; *ders.*, Betriebsaufspaltung: Besteuerung von Besitzpersonenunternehmen, DB 1969, 637; *Schmidt, Karsten*, Zur Identität von KG und Besitzgesellschaft, DB 1971, 2345; *Strahl*, Beratungsfeld echte und unechte Betriebsaufspaltung, III. Das Besitzunternehmen als steuerrechtliches Sondergebilde, KÖSDI 2002, 13794, 13799; *Weber*, Die Bruchteilsgemeinschaft als Besitzunternehmen im Rahmen einer mitunternehmerischen Betriebsaufspaltung, FR 2006, 572; *o. V.*, Unterbeteiligungen und Besitzunternehmen, DB 1970, 1105; *o. V.*, Besitzpersonenunternehmen und Personenstandsveränderungen, DB 1973, 1875; *o. V.*, Nochmals: Besitzpersonenunternehmen und Personenstandsveränderungen, DB 1974, 214.

I. Allgemeines

Ein Besitzunternehmen kann im Rahmen einer Betriebsaufspaltung die Rechtsform: 662

▶ eines **Einzelunternehmens**,[1]

▶ einer **Personengesellschaft**,[2]

▶ einer **Gemeinschaft**, die einer gewerblich tätigen Personengesellschaft wirtschaftlich vergleichbar ist,[3] oder

▶ eines **Vereins**[4] haben.

Gemeinschaften die einer gewerblich tätigen Personengesellschaft vergleichbar   663
sind, können **Bruchteilsgemeinschaften** (§§ 741 ff. BGB),[5] **Erbengemeinschaften**[6] und eheliche **Gütergemeinschaften**[7] sein. Bei Letzteren können die Folgen

---

1 Vgl. BFH, Urteile v. 1.4.1981 - I R 160/80, BFHE 133, 561, BStBl II 1981, 738; v. 27.2.1991 - XI R 25/88, BFH/NV 1991, 454, 455 (linke Spalte).
2 BFH, Urteil v. 29.7.1976 - IV R 145/72, BFHE 119, 285, BStBl II 1976, 750.
3 BFH, Urteil v. 14.1.1982 - IV R 77/79, BFHE 135, 325, BStBl II 1982, 476.
4 BFH, Beschluss v. 5.6.1985 - I S 2/85, I S 3/85, BFH/NV 1986, 433; Urteil v. 21.5.1997 - I R 164/94, BFH/NV 1997, 825.
5 BFH, Urteile v. 15.12.1988 - IV R 36/84, BFHE 155, 538, BStBl II 1989, 363; v. 10.11.2005 - IV R 29/04 (unter 2. c), BFHE 211, 305, BStBl II 2006, 173; v. 18.8.2005 - IV R 59/04, BFHE 210, 415, BStBl II 2005, 830; Beschluss v. 2.2.2006 - XI B 91/05, BFH/NV 2006, 1266; FG Niedersachsen, Urteil v. 9.5.2007, EFG 2007, 1595.
6 BFH, Urteile v. 23.10.1986 - IV R 214/84, BFHE 148, 65, BStBl II 1987, 120; v. 21.4.2005 - III R 7/03, BFH/NV 2005, 1974.
7 BFH, Urteil v. 26.11.1992 - IV R 15/91, BFHE 171, 490, BStBl II 1993, 876; BFH, Urteil v. 19.10.2006 - IV R 22/02, BFHE 215, 268, BFH/NV 2007, 149.

einer Betriebsaufspaltung dadurch verhindert werden, dass die Anteile an der Betriebskapitalgesellschaft durch Ehevertrag nach § 1418 Abs. 2 Nr. 1 BGB zum Vorbehaltsgut erklärt werden.[1]

664 Eine **Eigentümergemeinschaft** i. S. des § 10 WEG kann Besitzunternehmen im Rahmen der Betriebsaufspaltung sein, wenn die einzelnen Wohnungen aufgrund einer Gebrauchsregelung (§ 15 WEG) an eine personenidentische Betriebs-GmbH vermietet werden. Dabei ist es steuerlich unerheblich, ob die Eigentümergemeinschaft mit der herrschenden Meinung zivilrechtlich als Bruchteilsgemeinschaft oder als vereinsähnliches Gebilde anzusehen ist.[2]

665 Auf jeden Fall ist eine Eigentümergemeinschaft, deren Teilhaber ihre Wohnungen aufgrund einer Gebrauchsregelung i. S. des § 15 WEG einer Betriebs-GmbH vermieten, wirtschaftlich mit einer Bruchteilsgemeinschaft zu vergleichen, deren Teilhaber ein gemeinschaftliches Grundstück gemeinsam der Betriebsgesellschaft zur Nutzung überlassen und weitere Grundstücke, die ihnen jeweils allein gehören, jeder für sich an die Betriebsgesellschaft vermieten.[3]

666 Die Behandlung von Gemeinschaften als Besitzunternehmen wird vom BFH[4] damit gerechtfertigt, dass eine unterschiedliche Behandlung von Gesellschaften und Gemeinschaften schon deshalb nicht gerechtfertigt ist, weil das Halten und Verwalten eines Grundstücks gleichermaßen Aufgabe einer Grundstücksgemeinschaft und einer Grundstücksgesellschaft sein könne.

667 Entscheidend ist indes, dass eine Gemeinschaft nur dann als gewerbliches Besitzunternehmen behandelt werden kann, wenn die Gemeinschaft gleichzeitig eine Mitunternehmerschaft ist. Da nach dem Wortlaut des § 15 Abs. 1 Satz 1 Nr. 2 Satz 1 EStG aber jede Mitunternehmerschaft eine Gesellschaft voraussetzt, kann eigentlich eine Gemeinschaft keine Mitunternehmerschaft und damit auch kein Besitzunternehmen i. S. der Betriebsaufspaltung sein.

668 Um die von der Rechtsprechung erstrebte Gleichbehandlung von Gesellschaft und Gemeinschaft erreichen zu können, war es daher – wie durch den Beschluss des GrS des BFH vom 25. 6. 1984[5] geschehen – erforderlich, für bestimmte Fälle die Gemeinschaft einer Gesellschaft gleichzustellen, nämlich dann, wenn sie – wie im Rahmen der Betriebsaufspaltung – einer Personengesellschaft wirtschaftlich vergleichbar ist.

1 Vgl. bereits oben Rn. 40.
2 BFH, Urteil v. 10.4.1997 - IV R 73/94, BFHE 183, 127, BStBl II 1997, 569.
3 BFH, Urteil v. 10.4.1997 - IV R 73/94, BFHE 183, 127, BStBl II 1997, 569.
4 BFH, Urteil v. 13.12.1983 - VIII R 90/81, BFHE 140, 526, BStBl II 1984, 474.
5 BFH, Beschluss v. 25.6.1984 - GrS 4/82, BFHE 141, 405, BStBl II 1984, 751.

Die jüngere Rechtsprechung scheint die beschriebene Argumentation ernst zu **669** nehmen. Ihr ist indes nicht die Aussage zu entnehmen, dass eine bloße Gemeinschaft kein Besitzunternehmen i. S. der Betriebsaufspaltung sein kann. Vielmehr argumentiert der BFH damit, dass sich die Bruchteilsberechtigten zumindest **konkludent** zu einer **Gesellschaft bürgerlichen Rechts** zusammengeschlossen haben, wenn sie ein Grundstück als wesentliche Betriebsgrundlage an eine von ihnen beherrschte Betriebsgesellschaft vermieten.[1]

(Einstweilen frei) **670–673**

II. Besitzunternehmen im Ausland

Literatur: *Becker/Günkel*, Betriebsaufspaltung über die Grenze, Festschrift für Ludwig Schmidt, S. 483; *Crezelius*, Die isolierende Betrachtungsweise, insbesondere die grenzüberschreitende Betriebsaufspaltung, StVj 1992, 322; *Gassner*, Betriebsaufspaltung über die Grenze, BB 1973, 1352 ff.; *Gebbers*, Zur Besteuerung der internationalen Betriebsaufspaltung, RIW 1984, 711; *Gebhardt*, Neuregelung der Wegzugsbesteuerung, EStB 2007, 148; *Günkel/Kussel*, Betriebsaufspaltung mit ausländischer Besitzgesellschaft, FR 1980, 553; *Haverkamp*, Betriebsaufspaltung über die Grenze – Ein Steuersparmodell?, IStR 2008, 165; *Holzinger*, Gewerbesteuerpflicht bei grenzüberschreitender Betriebsaufspaltung, PISTB 2005, 5; *Jarzynska/Klipstein*, Die Besteuerungsfolgen der grenzüberschreitenden Betriebsaufspaltung im Lichte der Doppelbesteuerungsabkommen, StB 2009, 239; *Kaligin*, Betriebsaufspaltung über die Grenze, Wpg 1983, 457; *Koch/Kiwitt*, Grenzüberschreitende Betriebsaufspaltung mit einem ausländischen Besitzunternehmen, PISTB 2005, 183; *Piltz*, Betriebsaufspaltung über die Grenze?, DB 1981, 2044; *ders.*, Gewerbesteuer: Betriebsaufspaltung über die Grenze, IStR 2005, 173; *Ruf*, Die Betriebsaufspaltung über die Grenze, IStR 2006, 232; *Schießl*, Die Veräußerung von unbeweglichem Vermögen im Inland bei grenzüberschreitender Betriebsaufspaltung mit einem ausländischen Besitzunternehmen, StuB 2005, 922; *ders.*, Die Betriebsaufspaltung über die Grenze, StW 2006, 43.

1. Rechtslage bis VZ 2008

a) Möglichkeit einer Betriebsaufspaltung über die Grenze

Nicht abschließend geklärt ist die Frage, ob und wieweit eine Betriebsaufspaltung über die Grenze möglich ist.[2] Die Problematik soll anhand des folgenden Beispiels verdeutlicht werden: **674**

BEISPIEL: ▶ Ein ausländisches Unternehmen besitzt in Deutschland ein Grundstück, das gleichzeitig wesentliche Betriebsgrundlage für eine von ihm beherrschte GmbH **675**

---

1 BFH, Urteil v. 18.8.2005 - IV R 59/04, BFHE 210, 415, BStBl II 2005, 830; vgl. auch BFH, Urteil v. 10.11.2005 - IV R 29/04 (unter 2. c), BFHE 211, 305, BStBl II 2006, 173, und BMF v. 7.12.2006, BStBl I 2006, 766.
2 In diesem Sinne BMF v. 24.12.1999, BStBl I 1999, 1076, Tz. 1.2.1.1; *Koch/Kiwitt*, PISTB 2005, 183; *Ruf*, IStR 2006, 232, 234 f.

ist. Für die Grundstücksnutzung zahlt die GmbH dem ausländischen Unternehmen eine Pacht.

676   Fraglich ist, wie die Pachterträge steuerlich zu qualifizieren sind. Hierzu werden verschiedene Auffassungen vertreten, die z. T. zu identischen Ergebnissen führen.[1] Zusammengefasst geht es darum, ob die Pachtzinsen Einkünfte aus Gewerbebetrieb i. S. des § 49 Abs. 1 Nr. 2 EStG oder Einkünfte aus Vermietung und Verpachtung gem. § 49 Abs. 1 Nr. 6 EStG sind.

677   Hat ein Besitzunternehmen keine inländische Betriebsstätte und auch keinen ständigen inländischen Vertreter (§ 49 Abs. 1 Nr. 2 Buchst. a EStG i. V. m. § 13 AO), so kommt das Richterrecht „Betriebsaufspaltung" nicht zur Anwendung.[2] Dies ergibt sich aus der Überlegung, dass das Institut der Betriebsaufspaltung seine Wurzel darin hat, Schmälerungen der Gewerbesteuer zu verhindern.[3] Vor diesem Hintergrund erscheint es konsequent, das Institut der Betriebsaufspaltung in solchen Fällen nicht zur Anwendung kommen zu lassen, in denen ein im Inland betriebener Gewerbebetrieb i. S. des § 2 Abs. 1 Satz 1 GewStG schon begrifflich nicht vorliegen kann. Da Besitz- und Betriebsunternehmen keinen einheitlichen Betrieb bilden, kann ein ausländisches Besitzunternehmen deshalb nur unter den beschriebenen Voraussetzungen (inländische Betriebsstätte oder inländischer Vertreter) gewerblicher Betrieb sein.[4]

678   Fehlen diese Voraussetzungen, hat dies zur Folge, dass die Mieteinnahmen, die ein ausländisches Besitzunternehmen bezieht, beschränkt steuerpflichtige Einkünfte aus Vermietung und Verpachtung i. S. von § 49 Abs. 1 Nr. 6 EStG sind.

b) Konsequenzen für die Einordnung der Einkünfte

679   Aus dem zuvor Gesagten ergibt sich, dass die Miet- bzw. Pachteinnahmen des ausländischen Besitzunternehmens nicht per se als gewerbliche Einkünfte einzustufen sind.[5] Die Frage nach der Gewerblichkeit der Einkünfte ist am Maßstab des § 49 Abs. 1 Nr. 2 Buchst. a EStG, also am Betriebsstättenbegriff, zu beantworten. Ob ein ausländisches Besitzunternehmen eine inländische Betriebsstätte hat, kann unterschiedlich zu beurteilen sein, je nachdem, ob der Betriebsstättenbegriff des § 12 AO oder der Betriebsstättenbegriff des Art. 5 OECD-MA – soweit er in einem mit Deutschland abgeschlossenen DBA übernommen worden ist – anzuwenden ist.

---

1   Zum Meinungsstand *Bitz*, in: Littmann/Bitz/Pust, Das Einkommensteuerrecht, § 15, Rn. 316, m.w.N.
2   *Wacker*, in: Schmidt, EStG, 28. Aufl. 2009, § 15, Rn. 862; a.A. *Ruf*, IStR 2006, 232, 234.
3   Vgl. oben Rn. 11.
4   Vgl. auch unten Rn. 679 ff.
5   Vgl. BFH, Urteil v. 28.7.1982 - I R 196/79, BFHE 136, 547, BStBl II 1983, 77.

Zwar stimmen die in beiden Regelungen enthaltenen generellen Begriffsbe- 680
stimmungen (§ 12 Abs. 1 AO und Art. 5 Nr. 1 OECD-MA) im Wesentlichen überein. Gleiches gilt für die in § 12 Abs. 2 AO und in Art. 5 Nr. 2 bis 4 OECD-MA
enthaltenen Positivkataloge. Der Betriebsstättenbegriff des Art. 5 OECD-MA ist
insofern aber weiter als der des § 12 AO, als jener auch die sog. **Vertreterbe-
triebsstätte** kennt.[1] Das bedeutet, dass nach Art. 5 OECD-MA ein ausländisches
Unternehmen auch dann eine inländische Betriebsstätte hat, wenn ein abhängiger Vertreter anstelle des ausländischen Unternehmens in dessen Betrieb fallende Tätigkeiten im Inland vornimmt, sofern es sich nicht um ganz untergeordnete Hilfstätigkeiten handelt bzw. sich die Tätigkeit auf den Einkauf von Gütern
oder Waren beschränkt und der Vertreter eine Vollmacht besitzt, im Namen des
ausländischen Unternehmens Verträge abzuschließen.[2]

Der Betriebsstättenbegriff des OECD findet nur gegenüber einem Staat Anwen- 681
dung, mit dem ein DBA abgeschlossen worden ist, in dem der Betriebsstättenbegriff des OECD-MA übernommen wurde. Er kann zur Auslegung nationalen
Rechts nicht herangezogen werden.[3]

Sowohl nach § 12 AO als auch nach Art. 5 OECD-MA kommt als Betriebsstätte 682
eines Besitzunternehmens der Ort der Geschäftsleitung in Betracht.[4] Wird der
Betrieb des Besitzunternehmens vom Wohnsitz seines Inhabers geführt, muss
dieser seinen Wohnsitz (§ 8 AO) im Inland haben.[5] Ein inländischer ständiger
Vertreter (§ 13 AO) reicht nicht aus. Das ergibt sich auch aus § 49 Abs. 1 Nr. 2
Buchst. a EStG, wonach beschränkt steuerpflichtige Einkünfte aus Gewerbebetrieb nur dann vorliegen, wenn eine inländische Betriebsstätte unterhalten wird
oder ein ständiger Vertreter bestellt ist.

BEISPIEL: ▶ A hat seinen Wohnsitz in Frankreich. Er ist Eigentümer eines Grundstücks in 683
Deutschland, das eine wesentliche Betriebsgrundlage für die ihm gehörende deutsche
GmbH darstellt. Er verpachtet das Grundstück an die GmbH.

Lösung:

Die Pachtzinsen sind nicht als gewerbliche Einkünfte i. S. des § 49 Abs. 1 Nr. 2 684
Buchst. a EStG zu qualifizieren, da das Besitzunternehmen in Deutschland keine
Betriebsstätte i. S. des § 12 AO unterhält. Eine Gewerbesteuerpflicht scheitert
an § 2 Abs. 1 GewStG (inländische Betriebsstätte). Die Einkünfte sind als Ver-
pachtungseinkünfte i. S. von § 49 Abs. 1 Nr. 6 EStG zu versteuern. Veräußerungs-

---

1 Art. 5 Nr. 5 und 6 OECD-MA.
2 FG Baden-Württemberg, Urteil v. 21.4.2004, EFG 2004, 1384.
3 *Musil*, in: Hübschmann/Hepp/Spitaler, § 12 AO, Rn. 49, mit Rechtsprechungshinweisen.
4 BFH, Urteil v. 28.7.1982 - I R 196/79, BFHE 136, 547, BStBl II 1983, 77, 80 (linke Spalte).
5 *Wacker*, in: Schmidt, EStG, 28. Aufl. 2009, § 15, Rn. 862.

gewinne sind darüber hinaus steuerpflichtig nach § 49 Abs. 1 Nr. 2 Buchst. f EStG.

685 Die Betriebsstätte des Betriebsunternehmens kommt nämlich nicht als Betriebsstätte des Besitzunternehmens in Betracht, da Besitzunternehmen und Betriebsunternehmen zwei getrennte Unternehmen sind.[1]

686 Nach Auffassung des FG Baden-Württemberg[2] hat eine ausländische Besitzgesellschaft einen betriebsstättenbegründenden Vertreter i. S. des OECD-MA auch durch ein inländisches Betriebsunternehmen, wenn dieses über seine Pächterpflichten hinaus die wirtschaftlichen Interessen des verpachtenden Besitzunternehmens hinsichtlich der Erhaltung, Erneuerung oder Erweiterung übernommen hat, also Handlungen vornehmen kann, die in den betrieblichen Bereich des verpachtenden Besitzunternehmens fallen. Als bevollmächtigter abhängiger Vertreter sei ferner ein im Inland wohnender einzelzeichnungsberechtigter Prokurist des im Ausland wohnenden Besitzunternehmers anzusehen, der die Geschäfte des Besitzunternehmens im Inland führe.

687 Hinsichtlich der Beantwortung der Frage, ob eine inländische Betriebsstätte vorliegt oder nicht, kommt es schließlich nicht darauf an, ob der oder die Inhaber des Besitzunternehmens **Inländer** oder **Ausländer** sind.[3]

688–690 *(Einstweilen frei)*

2. Rechtslage ab VZ 2009

691 Einkünfte aus der zeitlich begrenzten Überlassung von Grundbesitz, Sachinbegriffen und Rechten mit Inlandsbezug konnten, wie dargestellt, bislang bei Fehlen einer inländischen Betriebsstätte oder eines ständigen Vertreters nur nach § 49 Abs. 1 Nr. 6 EStG versteuert werden. Durch das **Jahressteuergesetz 2009** ist der Tatbestand des § 49 Abs. 1 Nr. 2 Buchst. f EStG jedoch erweitert worden. Neben Veräußerungseinkünften werden nun auch Einkünfte aus Vermietung und Verpachtung als gewerbliche Einkünfte erfasst.

692 Fraglich ist daher, ob in dem oben genannten Beispielsfall[4] nunmehr Einkünfte aus Gewerbebetrieb i. S. des § 49 Abs. 1 Nr. 2 Buchst. f EStG oder nach wie vor solche aus Vermietung und Verpachtung nach § 49 Abs. 1 Nr. 6 EStG vorliegen, da das Erfordernis einer inländischen Betriebsstätte nunmehr gesetzlich nicht mehr notwendig ist. Gleichwohl sprechen auch vor dem Hintergrund der Geset-

---

1 BFH, Urteil v. 28.7.1982 - I R 196/79, BFHE 136, 547, BStBl II 1983, 77, 80 (linke Spalte).
2 FG Baden-Württemberg, Urteil v. 21.4.2004, EFG 2004, 1384.
3 BFH, Urteil v. 28.7.1982 - I R 196/79, BFHE 136, 547, BStBl II 1982, 77.
4 Oben Rn. 683.

zesänderung die besseren Gründe für eine Einordnung der Einkünfte als solche aus Vermietung und Verpachtung.

Hierfür spricht, dass die Bildung des einheitlichen geschäftlichen Betätigungs- 693
willens im Ausland stattfindet, da das Besitzunternehmen dort ansässig ist. Aufgrund der nach § 49 Abs. 2 EStG vorzunehmenden **isolierenden Betrachtungsweise** muss das Besteuerungsmerkmal des einheitlichen geschäftlichen Willens
aber unberücksichtigt bleiben. Deshalb liegen auch nach der Gesetzesänderung
Einkünfte aus Vermietung und Verpachtung vor, die beschränkt steuerpflichtig
sind, wenn die Voraussetzungen des § 49 Abs. 1 Nr. 6 EStG erfüllt sind. Sie sind
darüber hinaus wegen § 2 Abs. 1 Satz 3 GewStG nicht gewerbesteuerpflichtig.

Abschließend ist darauf hinzuweisen, dass das deutsche Besteuerungsrecht 694
hinsichtlich der Miet- bzw. Pachteinnahmen wegen des in Art. OECD-MA enthaltenen Belegenheitsprinzips in der Regel aufrechterhalten bleibt, wenn nicht
in einzelnen Doppelbesteuerungsabkommen (z. B. im DBA-Spanien) hiervon abgewichen wird.

(Einstweilen frei) 695–697

3. Wegzug des Besitzunternehmens

Problematisch ist, welche Folgen der Wegzug eines Besitzunternehmens ins 698
Ausland nach sich zieht. Man könnte sich hier auf den Standpunkt stellen, dass
eine Betriebsaufgabe i. S. des § 16 Abs. 3 Satz 1 EStG vorliegt.[1]

BEISPIEL: Angenommen sei der Fall aus dem obigen Beispiel[2] mit der Maßgabe, dass 699
A zunächst seinen Wohnsitz in Deutschland hatte und diesen erst später nach Frankreich verlegt hat.

Lösung:

Es könnte hier durch die Aufgabe der unbeschränkten Steuerpflicht des A zu 700
einer Entstrickung seines Besitzunternehmens kommen, zumal seine Einkünfte nach Wegzug Einkünfte aus Vermietung und Verpachtung darstellen (§ 49
Abs. 1 Nr. 6 EStG). Eine solche Rechtsanwendung ist jedoch kaum mit den eu-
roparechtlichen Vorgaben der Niederlassungsfreiheit aus Art. 49 EGV vereinbar.[3] Vielmehr ist im Wege einer europarechtskonformen Auslegung § 16 Abs. 3
EStG so anzuwenden, dass eine effektive Besteuerung der stillen Reserven in
Deutschland erst dann stattfinden darf, wenn sich diese realisiert haben. Die

---

1 Vgl. *Wacker*, in: Schmidt, EStG, 28. Aufl. 2009, § 16, Rn. 175.
2 Oben Rn. 683.
3 Vgl. FG Köln, Urteil v. 18.3.2008, EFG 2009, 259.

Fiktion einer solchen Realisierung allein wegen Aufgabe der unbeschränkten Steuerpflicht verstößt dagegen gegen Art. 49 EGV.[1]

701–704 *(Einstweilen frei)*

III. Das Besitzunternehmen ist eine Kapitalgesellschaft oder Genossenschaft

Literatur: *Ebeling*, Keine Betriebsaufspaltung bei Pachtverträgen zwischen Kapitalgesellschaften, in: A. Raupach (Hrsg.): Ertragsbesteuerung, München 1993; *Klein/Wienands*, Die Kapitalgesellschaft als Besitzgesellschaft im Rahmen der Betriebsaufspaltung zugleich eine Anmerkung zum BFH-Urteil vom 16. 9. 1994 – III R 45/92 –, GmbHR 1995, 499.

705 Eine **Kapitalgesellschaft** kann u. E. kein Besitzunternehmen im Rahmen einer Betriebsaufspaltung sein,[2] weil jede Kapitalgesellschaft kraft Rechtsform stets einen Gewerbebetrieb zum Gegenstand hat.[3] Hier tritt die Rechtsfolge, dass das Besitzunternehmen ein Gewerbebetrieb ist, also nicht durch das Richterrecht Betriebsaufspaltung, sondern kraft Gesetzes ein. Und Gesetzesrecht geht unzweifelhaft Richterrecht vor.

706 Hiervon abweichend geht die Rechtsprechung des BFH in den Urteilen vom 1. 8. 1979[4] und 22. 10. 1986[5] ohne Begründung davon aus, auch eine GmbH könne im Rahmen einer Betriebsaufspaltung Besitzunternehmen sein, wenn die Besitz-Kapitalgesellschaft an dem Betriebsunternehmen mit mehr als 50 v. H. unmittelbar beteiligt sei. Wenn eine solche unmittelbare Beteiligung nicht vorliegt, also wenn keine Einheitsbetriebsaufspaltung gegeben ist, sondern an beiden Kapitalgesellschaften nur dieselbe Person oder Personengruppe beteiligt ist, dann kommt eine Kapitalgesellschaft als Besitzunternehmen nicht in Betracht. Der Besitz-Kapitalgesellschaft könnten – so der BFH – „weder die von ihren Gesellschaftern gehaltenen Anteile an der Betriebs-GmbH noch die mit diesem Anteilsbesitz verbundene Beherrschungsfunktion zugerechnet werden". Eine solche Zurechnung sei ein unzulässiger Durchgriff auf die hinter der Besitz-Kapitalgesellschaft stehenden Personen.[6]

707 Trotz der vorstehend geäußerten Bedenken, dass Gesetzesrecht Richterrecht vorgeht, hat der BFH[7] an der dargestellten Ansicht bisher festgehalten, dass im Rahmen einer Einheits-Betriebsaufspaltung auch eine Kapitalgesellschaft Be-

---

1 Überzeugend *Reiß*, in: Kirchhof, EStG KompaktKommentar, 8. Aufl. 2008, § 16, Rn. 315.
2 A.A. *Wacker*, in: Schmidt, EStG Kommentar, 28. Aufl. 2009, § 15, Rn. 863; *Lange*, StWa 1979, 74, 75; *Leingärtner*, RWP Ausgabe B 1980, 191; *Klempt*, DStR 1981, 188, 191; *Fichtelmann*, FR 1983, 78.
3 § 8 Abs. 2 KStG, § 2 Abs. 2 GewStG.
4 BFH, Urteil v. 1.8.1979 - I R 111/78, BFHE 129, 57, BStBl II 1980, 77.
5 BFH, Urteil v. 22.10.1986 - I R 180/82, BFHE 148, 272, BStBl II 1987, 117.
6 A.A. *Bullinger*, BB 1985, 2171.
7 BFH, Urteil v. 16.9.1994 - III R 45/92, BFHE 176, 98, BStBl II 1995, 75, 78 (rechte Spalte).

sitzunternehmen sein kann. Der BFH begründet seine Ansicht damit, dass im Rahmen der Betriebsaufspaltung weitere Rechtsfolgen möglich seien, die nicht eintreten würden, wenn man die Anerkennung der kapitalistischen Betriebsaufspaltung ablehne. Bei der normalen Betriebsaufspaltung, also in den Fällen, in denen das Besitzunternehmen nicht an dem Betriebsunternehmen beteiligt ist, sondern die Gesellschafter des Besitzunternehmens lediglich auch das Betriebsunternehmen beherrschen, kommt also eine Kapitalgesellschaft nicht als Besitzunternehmen in Betracht.

Nach einem Urteil des FG Berlin-Brandenburg[1] kommt auch eine **Genossenschaft** als Besitzunternehmen im Rahmen einer Betriebsaufspaltung in Betracht. Dies kann als Konsequenz der Rechtsprechung des BFH zu Kapitalgesellschaften verstanden werden, da auch eine Genossenschaft gem. § 17 Abs. 1 GenG juristische Person mit eigenen Rechten und Pflichten ist. Konsequent ist auch die Auffassung des FG, dass es nicht darauf ankommt, ob die Genossen ihren Betätigungswillen in der Betriebsgesellschaft durchsetzen können. Vielmehr ist auf die Einflussmöglichkeiten der Genossenschaft selbst abzustellen.

(Einstweilen frei) 709–711

708

IV. Das Besitzunternehmen erfüllt die Voraussetzungen des § 15 Abs. 2 EStG

Ist das Besitzunternehmen ein Einzelunternehmen oder eine Personengesellschaft, das bzw. die auch ohne das Vorliegen einer sachlichen und personellen Verflechtung, also aufgrund ihrer Tätigkeit gem. § 15 Abs. 2 EStG ein Gewerbebetrieb ist, dann kommen die Rechtsfolgen der Betriebsaufspaltung ebenfalls nicht zum Zuge; denn auch hier ist für eine Umqualifizierung einer Vermietertätigkeit in eine gewerbliche Tätigkeit kein Raum, weil es nichts zum Umqualifizieren gibt. Das Gesetzesrecht, aufgrund dessen das Besitzunternehmen ein Gewerbebetrieb ist (§ 15 Abs. 2 EStG), geht dem Richterrecht vor.

712

Anderer Ansicht ist aber wohl der BFH,[2] der – allerdings ohne Begründung – die Ansicht vertritt, auch eine Personenhandelsgesellschaft, also eine unter § 15 Abs. 1 Satz 1 Nr. 2 Satz 1 EStG fallende Personengesellschaft, könne Besitzunternehmen i. S. der Betriebsaufspaltung sein.

713

(Einstweilen frei) 714–716

---

1 FG Berlin-Brandenburg, Urteil v. 14.6.2007 - 15 K 3202/04 B, NWB DokID: ZAAAC-77350.
2 BFH, Urteil v. 27.8.1992 - IV R 13/91, BFHE 169, 231, BStBl II 1993, 134.

V. Besonderheiten bei der Einheits-Betriebsaufspaltung

Literatur: *Henninger*, Betriebsaufspaltung und Organschaft, § 7a KStG, RWP-Blattei 14 St-R D BetrAufspalt. II B I c; *Klempt*, Betriebsaufspaltung und Organschaft, DStZ 1981, 188; *Kolbe*, Das Besitzunternehmen und die Holding als gewerbliche Unternehmen i.S. des § 14 Abs. 1 Satz 1 KStG n.f.; *Korn*, Erwünschte und unerwünschte Organschaft bei Betriebsaufspaltungen, Stbg 1996, 443; *Pache*, Der Tatbestand der wirtschaftlichen Eingliederung im Ertragsteuer- und im Umsatzsteuerrecht unter besonderer Berücksichtigung der Fallgruppe der Betriebsaufspaltung und der Holdinggesellschaften, GmbHR 1997, 926; *Ranft*, Betriebsaufspaltung und Organschaft (§ 7a KStG), StRK-Anm. KStG § 6 Abs. 1 S. 1 Allg. R. 183; *o. V.*, Organschaftsverhältnis und Betriebsaufspaltung, DB 1975, 2107; *o. V.*, GmbH als Organ einer KG – Sog. „umgekehrte Betriebsaufspaltung", DB 1976, 1038.

1. Das Besitzunternehmen als Holding

717   In diesem Zusammenhang müssen auch die Fälle der sog. Einheitsbetriebsaufspaltung[1] erwähnt werden. Es ist bereits darauf hingewiesen worden, dass bei der Einheitsbetriebsaufspaltung ein Über- und Unterordnungsverhältnis besteht. Das Besitzunternehmen ist dem Betriebsunternehmen übergeordnet.

718   Zu untersuchen ist zunächst, inwieweit ein Besitzunternehmen als **Holding** einzuordnen ist. Die Tätigkeit einer Holding besteht im Halten von Beteiligungen, insbesondere an Kapitalgesellschaften, ggf. in Verbindung mit der Verwaltung des Vermögens und der Wahrnehmung der sich aus der Beteiligung ergebenden Möglichkeiten. Je nach Art der Holding wird **zwischen vermögensverwaltender und geschäftsführender Holding** unterschieden.[2]

Eine verwaltende Holding beschränkt sich darauf, die Beteiligungen in der für Kapitalvermögen üblichen Art und Weise zu verwalten. Sie übt keine gewerbliche Tätigkeit aus, weil sie sich nicht am allgemeinen Wirtschaftsverkehr beteiligt.

719   Eine geschäftsleitende Holding übt über die reine verwaltende Tätigkeit hinaus konzernleitend auch Einfluss auf die Geschäftsführung der Beteiligungsgesellschaften aus. Sie kann daher eine gewerbliche Tätigkeit ausüben, weil sich die einheitliche Leitung eines Konzerns nach der Rechtsprechung des BFH als Teilnahme am allgemeinen wirtschaftlichen Verkehr darstellen kann. Das gilt jedoch nicht, wenn sich die konzernleitende Tätigkeit auf nur eine Beteiligungsgesellschaft beschränkt.

720   Aus diesen Erkenntnissen ergeben sich folgende Konsequenzen für die Einheits-Betriebsaufspaltung: Ist das Besitzunternehmen aufgrund seiner konzernleitenden Funktion eine gewerblich tätige Holding (die Konzernleitung erstreckt

---

1   Siehe oben Rn. 305.
2   Vgl. auch FG München, Beschluss v. 12.9.2000, EFG 2001, 36.

sich auf mehrere Beteiligungsgesellschaften) dann ist für eine Anwendung der Betriebsaufspaltungs-Grundsätze kein Raum. Denn in einem solchen Fall ist das Besitzunternehmen bereits aufgrund seiner Tätigkeit ein Gewerbebetrieb. Es kann daher nicht mehr durch die Betriebsaufspaltung zu einem solchen umqualifiziert werden. Die Betriebsaufspaltung hat hier nur subsidiäre Bedeutung. Allerdings dürfte dieser Fall sehr selten vorkommen.

Ist das Besitzunternehmen hingegen nur eine verwaltende Holding, dann ist es aufgrund des Haltens von Beteiligungen noch kein Gewerbebetrieb. Liegen die Voraussetzungen der Betriebsaufspaltung vor, dann kommt das Rechtsinstitut der Betriebsaufspaltung zur Anwendung, und das Besitzunternehmen wird aufgrund der Betriebsaufspaltung in einen Gewerbebetrieb umqualifiziert. Das Gleiche gilt für eine konzernleitende Holding, wenn sich ihre konzernleitende Funktion auf nur eine Beteiligungsgesellschaft erstreckt, weil in einem solchen Fall – wie dargestellt – die konzernleitende Tätigkeit keine gewerbliche ist. $\qquad$ 721

Die praktische Bedeutung der herausgearbeiteten Unterscheidung besteht darin, dass in dem Fall, in dem das Besitzunternehmen eine geschäftsführende Holding ist, dieses Unternehmen auch ohne das Vorliegen einer sachlichen Verflechtung ein Gewerbebetrieb ist.

(Einstweilen frei) 722–723

2. Verhältnis von Betriebsaufspaltung und Organschaft

a) Körperschaftsteuerliche Organschaft

(1) Rechtslage bis 2000

Bis einschließlich 2000 konnte eine körperschaftsteuerliche Organschaft zwischen Besitz- und Betriebsunternehmen nur in Ausnahmefällen angenommen werden. Voraussetzungen waren nämlich der wirksame Abschluss eines Gewinnabführungsvertrages sowie die finanzielle, wirtschaftliche und organisatorische Eingliederung. Das Erfordernis der **wirtschaftlichen Eingliederung** war nur erfüllt, wenn eine wirtschaftliche Zweckabhängigkeit des beherrschten Unternehmens von dem herrschenden Unternehmen vorlag. Das beherrschte Unternehmen musste folglich den Zwecken des herrschenden Unternehmens dienen, also die gewerblichen Zwecke des herrschenden Unternehmens fördern oder ergänzen. $\qquad$ 724

Dies konnte bei der Betriebsaufspaltung jedoch kaum angenommen werden, wenn das Besitzunternehmen sich darauf beschränkt, wesentliche Betriebsgrundlagen an die Betriebsgesellschaft zu verpachten. Es war damit vielmehr $\qquad$ 725 davon auszugehen, dass das Besitzunternehmen dem Betriebsunternehmen diente und nicht umgekehrt. Die wirtschaftliche Eingliederung eines Betriebsunternehmens in das Besitzunternehmen wurde deshalb folgerichtig von der Rechtsprechung verneint.[1]

726 Von diesem Grundsatz gab es jedoch **Ausnahmen**, etwa für den Fall, dass das Besitzunternehmen eine eigene gewerbliche Tätigkeit entfaltete, die durch den Betrieb des Betriebsunternehmens gefördert wurde, wenn diese Tätigkeit nicht von untergeordneter Bedeutung war. Außerdem wurde die Organschaft bejaht, wenn das Besitzunternehmen die Voraussetzungen einer **geschäftsleitenden Holding**[2] erfüllte.[3]

(2) Rechtslage ab 2001

727 Ab dem Veranlagungszeitraum 2001 sind die Erfordernisse der wirtschaftlichen und organisatorischen Eingliederung weggefallen. Folglich kann eine Organschaft i. S. des § 14 KStG zwischen Besitz- und Betriebsunternehmen nunmehr vorliegen, wenn die Voraussetzung der finanziellen Eingliederung erfüllt ist und zwischen den Gesellschaften ein Gewinnabführungsvertrag auf mindestens fünf Jahre abgeschlossen wird.[4]

728 Die Organschaft zwischen Besitz- und Betriebsunternehmen im Rahmen der Einheits-Betriebsaufspaltung ist folglich nach geltendem Recht relativ einfach herzustellen. In jedem Einzelfall ist mithin zu untersuchen, inwieweit durch eine solche Gestaltung Vorteile generiert werden können.[5] Zum Teil wird angenommen, dass die Organschaft im Rahmen der Betriebsaufspaltung praktisch bedeutungslos ist, da durch sie der Vorteil der Haftungsbegrenzung entfalle.[6] Letzteres trifft zwar wegen der Verlustübernahmeverpflichtung aus § 302 AktG (analog) zu. Ob dadurch die Organschaft als Gestaltungsinstrument gänzlich ausscheidet, erscheint aber zweifelhaft, insbesondere wenn man im Hinblick auf die gewerbesteuerliche Organschaft bedenkt, dass durch sie Vorteile im Rahmen der §§ 8, 9 GewStG erzielt werden können.

---

1 BFH, Urteile v. 18.4.1973 - I R 120/70, BFHE 110, 17; BStBl II 1973, 740; v. 26.4.1989 - I R 152/84, BFHE 157, 127, BStBl II 1989, 668; v. 13.9.1989 - I R 110/88, BFHE 158, 346, BStBl II 1990, 24; v. 28.4.2004 - I R 24/03, BFH/NV 2004, 1671.
2 Vgl. oben Rn. 720.
3 BFH, Urteil v. 17.12.1969 - I 252/64, BFHE 98, 152, BStBl II 1970, 257.
4 Vgl. BFH, Urteil v. 2.9.2009 – I R 20/09, NWB DokID: IAAAD-35580; *Olbing*, in: Streck, KStG Kommentar, 7. Aufl. 2008, § 14, Rn. 32; *Gluth*, in: Herrmann/Heuer/Raupach, Einkommensteuer- und Körperschaftsteuer Kommentar, § 15, Rn. 786.
5 Vgl. unten Rn. 1573, 1577, 1743.
6 *Gluth*, in: Herrmann/Heuer/Raupach, Einkommensteuer- und Körperschaftsteuer Kommentar, § 15, Rn. 786; *Wacker*, in: Schmidt, EStG Kommentar, 28. Aufl. 2009, § 15, Rn. 871.

b) Gewerbesteuerliche Organschaft

Seit dem Veranlagungszeitraum 2002 liegt eine gewerbesteuerliche Organ- 729
schaft gem. § 2 Abs. 2 Satz 2 GewStG dann vor, wenn eine Kapitalgesellschaft
finanziell in das Unternehmen des Organträgers eingegliedert und durch einen
Gewinnabführungsvertrag i. S. des § 291 Abs. 3 AktG verpflichtet ist, ihren gesamten Gewinn an den Organträger abzuführen. Folglich gilt hier das Gleiche,
wie oben zur körperschaftsteuerlichen Organschaft ausgeführt.[1] Vor dem Veranlagungszeitraum 2002 scheiterte die Annahme einer gewerbesteuerlichen
Organschaft im Rahmen einer Betriebsaufspaltung in der Regel an der fehlenden wirtschaftlichen Eingliederung.[2] Auch insoweit kann auf die obigen Ausführungen verwiesen werden.

(Einstweilen frei) 730–732

c) Umsatzsteuerliche Organschaft

Voraussetzung der umsatzsteuerlichen Organschaft i. S. von § 2 Abs. 2 Nr. 2 733
UStG ist zwar, dass die Organgesellschaft finanziell, wirtschaftlich und organisatorisch in das Unternehmen des Organträgers eingegliedert ist. Zu beachten ist aber, dass hier bei einer Betriebsaufspaltung die Voraussetzung der
wirtschaftlichen Eingliederung regelmäßig zu bejahen ist.[3] Eine ausreichende
wirtschaftliche Eingliederung ist hier beispielsweise schon dann anzunehmen,
wenn die Besitzgesellschaft der Betriebskapitalgesellschaft ein Grundstück vermietet bzw. verpachtet, das für die Geschäftstätigkeit der Betriebsgesellschaft
von nicht nur geringer Bedeutung ist.[4]

Es kommt nicht darauf an, ob sich das Betriebsunternehmen jederzeit am Markt 734
ein gleichartiges Grundstück beschaffen könnte.[5] Ausreichend ist ferner, dass
das Grundstück die räumliche und funktionale Grundlage der Geschäftstätigkeit der Organgesellschaft bildet.[6] Bei klassischen Betriebsaufspaltungen mit

---

1   Siehe auch *Gluth*, in: Herrmann/Heuer/Raupach, Einkommensteuer- und Körperschaftsteuer Kom-
    mentar, § 15, Rn. 786.
2   Vgl. etwa FG Berlin-Brandenburg, Urteil v. 19.3.2008, DStRE 2008, 1146; FG Nürnberg, Urteil v.
    25.11.2004 - IV 342/2003 (nicht rechtskräftig, Az. des BFH: X R 46/06).
3   BFH, Urteil v. 9.9.1993 - V R 124/89, BFHE 172, 541, BStBl II 1994, 129; FG Köln, Urteil v. 20.2.2008,
    EFG 2008, 905; FG Niedersachsen, Urteil v. 12.2.2009 - 16 K 311/07, NWB DokID: IAAAD-18891; vgl.
    auch BFH, Urteil v. 14.2.2008 - V R 12/06, BFH/NV 2008, 1365; Beschluss v. 11.11.2008 - XI B 65/08,
    BFH/NV 2009, 235.
4   BFH, Beschlüsse v. 22.11.2001 - V B 141/01, BFH/NV 2002, 550; v. 25.4.2002 - V B 128/01, BFH/NV
    2002, 1058.
5   BFH, Urteil v. 26.5.1993 - X R 78/91, BFHE 171, 476, BStBl II 1993, 718.
6   BFH, Beschluss v. 13.10.2004 - V B 55/04, BFH/NV 2005, 390; vgl. *Klenk*, in: Sölch/Ringleb, Umsatz-
    steuer, § 2, Rn. 122.

einer Kapitalgesellschaft als Betriebsgesellschaft ist eine umsatzsteuerliche Organschaft daher in der Regel zu bejahen.[1]

735   Als Konsequenz ist das Besitzunternehmen Organträger und muss damit sämtliche Umsätze versteuern. Die Pacht- bzw. Mietzahlungen sind als Innenumsätze nicht steuerbar. Die umsatzsteuerlichen Vorzüge betreffen damit zum einen eine technische Vereinfachung.[2]

736   Zum anderen kann sich die umsatzsteuerliche Organschaft vorteilhaft beim Eingreifen von **Steuerbefreiungstatbeständen** nach § 4 UStG auswirken.

737   **BEISPIEL:** ▶ Eine Kommanditgesellschaft beabsichtigt, mit einer GmbH im Rahmen eines Joint Venture zusammenzuarbeiten und für diese Wohngebäude zu errichten. Die Wohnungen sollen von der GmbH als Eigentümerin an Nichtunternehmer zu Wohnzwecken vermietet werden (§ 4 Nr. 12 Buchst. a UStG). Erwartet wird eine jährliche Bausumme (Rechnungspreis für die GmbH) von ca. 10.000.000 € zuzüglich Umsatzsteuer. Bei der Kommanditgesellschaft fallen voraussichtlich 450.000 € Vorsteuern im Jahresdurchschnitt an. Ergeben sich Vorteile, wenn ein Organschaftsverhältnis i. S. von § 2 Abs. 2 Nr. 2 UStG begründet wird?

Lösung:

738   Ohne Begründung einer Organschaft würde die tatsächliche umsatzsteuerliche Belastung 1.900.000 € betragen. Bei Bestehen einer Organschaft mit der Kommanditgesellschaft als Organträgerin wäre die Vermietung dagegen steuerfrei. Die umsatzsteuerliche Belastung würde lediglich 450.000 € betragen.

739–741 *(Einstweilen frei)*

VI. Betriebsaufspaltung und Zinsschranke

Literatur: *Kirsch,* Zinsschranke: Regelungs- und Problembereiche des BMF-Schreibens vom 04.07.2008, sj 2008, Nr. 21, 21; *Levedag,* Die Betriebsaufspaltung im Fadenkreuz der Unternehmensteuerreform 2008 und des Jahressteuergesetzes 2008 – eine Bestandsaufnahme, GmbHR 2008, 281; *Wälzholz,* Aktuelle Probleme der Betriebsaufspaltung, GmbH-StB 2008, 304; *o. V.,* Zinsschranke, § 4h EStG, JbFfSt 2008/2009, 382.

1. Abzugsbeschränkung

742   Gemäß §§ 4h EStG, 8a Abs. 1 KStG wird Zinsaufwand nur noch beschränkt zum Abzug zugelassen (Zinsschranke). Gemäß § 4h Abs. 1 Satz 1 EStG wird dieses Ziel dadurch erreicht, dass die den Zinsertrag übersteigenden Zinsaufwendungen eines Betriebs nur bis zu 30 v. H. des um diesen Zinssaldo sowie die Ab-

---

1   BFH, Beschlüsse v. 14.1.1988 - V B 115/87, BFH/NV 1988, 471; v. 2.10.1990 - V B 80/90, BFH/NV 1991, 417; Urteil v. 9.9.1993 - V R 124/89, BFHE 172, 541, BStBl II 1994, 129; Beschluss v. 6.3.1998 - V B 35/97, BFH/NV 1998, 1268.
2   Vgl. *Reiß,* in: Tipke/Lang, Steuerrecht, 20. Aufl. 2010, § 14, Rn. 133, m.w.N.

schreibungen erhöhten Gewinns (EBITDA) abziehbar sind. Dementsprechend nicht abzugsfähige Zinsaufwendungen können nach § 4h Abs. 1 Satz 2 EStG als Zinsvortrag in den folgenden Veranlagungszeiträumen abgezogen werden. Bei einer Betriebsaufspaltung kann die Zinsschranke daher Relevanz für die echten Darlehensbeziehungen zwischen Besitz- und Betriebsunternehmen sowie Schuldzinsen haben.[1]

2. Ausnahmen vom Abzugsverbot

Das Abzugsverbot gilt nach § 4h Abs. 2 EStG jedoch nicht, wenn der Zinssaldo weniger als 3 Mio. Euro beträgt (Freigrenze),[2] der Betrieb nicht oder nur anteilig zu einem **Konzern** gehört oder der Betrieb zwar zu einem Konzern gehört, seine Eigenkapitalquote aber gleich hoch oder höher ist als die des Konzerns (**Escape-Klausel**). Von diesen Ausnahmen normiert § 8a Abs. 2, 3 KStG wiederum Rückausnahmen schädlicher Gesellschafterfremdfinanzierung.

743

Nicht zweifelsfrei ist die Frage zu beantworten, ob Besitz- und Betriebsunternehmen im Rahmen einer Betriebsaufspaltung einen Konzern i. S. des § 4h Abs. 2 EStG bilden. Hierfür könnte zunächst sprechen, dass § 4h Abs. 3 Sätze 5 und 6 EStG die Konzernzugehörigkeit anhand eines erweiterten Konzernbegriffs bestimmt[3] und die Betriebsaufspaltung damit vom Wortlaut her an sich erfasst ist.[4] Ein Konzern i. S. der Zinsschranke liegt nämlich vor, wenn nach dem zugrunde gelegten Rechnungslegungsstandard ein gemeinsamer Abschluss aufgestellt wird oder ein solcher gemeinsamer Abschluss aufgestellt werden könnte bzw. die Finanz- und Geschäftspolitik des Betriebs mit anderen Betrieben einheitlich bestimmt werden könnte.

744

Gleichwohl vertritt das BMF die Auffassung, dass kein Konzern i. S. der Zinsschranke vorliegt, wenn sich die Gewerblichkeit eines Besitzunternehmens nur aufgrund der personellen und sachlichen Verflechtung mit dem Betriebsunternehmen ergibt.[5] Damit ist wiederum auf den Begriff der Holding zurückzukommen.[6] Ist das Besitzunternehmen als **geschäftsleitende Holding** anzusehen, wird man zu dem Ergebnis kommen, dass es einen Konzern mit dem Betriebsunternehmen bildet. Ist das Besitzunternehmen dagegen als **verwaltende Holding** zu qualifizieren, liegt in aller Regel kein Konzern i. S. der Zinsschranke vor. Wie-

745

---

1 BMF v. 4.7.2008, BStBl I 2008, 718, Tz. 11; *Levedag*, GmbHR 2008, 281, 285 f.
2 Damit werden die meisten Betriebsaufspaltungen nicht in den Anwendungsbereich von § 4h EStG fallen; vgl. *Wälzholz*, GmbH-StB 2008, 304, 308.
3 *Hey*, in: Tipke/Lang, Steuerrecht, 20. Aufl. 2010, § 11, Rn. 52.
4 *Heuermann*, in: Blümich, EStG, KStG, GewStG, § 4h EStG, Rn. 66.
5 BMF v. 4.7.2008, BStBl I 2008, 718, Tz. 63; siehe auch die Gesetzesbegründung: BT-Drucksache 16/4841, 49.
6 Vgl. oben Rn. 717 ff.

derum zu bejahen ist die Konzerneigenschaft bei der **kapitalistischen Betriebsaufspaltung**, da sich die Qualifikation des Besitzunternehmens als gewerblich hier bereits aus dem Gesetz ergibt.[1] Gleiches gilt für eine gewerblich geprägte oder gewerblich tätige Besitzpersonengesellschaft.

746–748 *(Einstweilen frei)*

VII. Gemeinnützige Einrichtungen

Literatur: *Apitz,* Betriebsprüfungen bei gemeinnützigen Körperschaften, StBp 2004, 89; *Bitz,* Änderung der Rechtslage bei der Betriebsaufspaltung – Gefahren der Betriebsaufspaltung bei Verbänden/gemeinnützigen Organisationen, DStR 2002, 752; *Boedicker,* Gemeinnützige Betriebsaufspaltung, NWB Fach 4, 5173; *Herbert,* Betriebsaufspaltung und Gemeinnützigkeit, FR 1989, 298; *Jost,* Betriebsaufspaltung im steuerfreien Bereich gemeinnütziger Körperschaften, DB 2007, 1664; *Karsten,* Tochtergesellschaften im Gemeinnützigkeitsrecht, SAM 2008, 5; *Lex,* Die Mehrheitsbeteiligung einer steuerbegünstigten Körperschaft an einer Kapitalgesellschaft – Vermögensverwaltung oder wirtschaftlicher Geschäftsbetrieb?, DB 1997, 349; *Sadrinna/Meier,* Betriebsaufspaltung und Gemeinnützigkeit, DStR 1988, 737; *Schick,* Die Beteiligung einer steuerbegünstigten Körperschaft an Personen- und Kapitalgesellschaften, DB 1999, 1187; *ders.,* Die Betriebsaufspaltung unter Beteiligung steuerbegünstigter Körperschaften und ihre Auswirkung auf die zeitnahe Mittelverwendung, DB 2008, 893; *Schröder,* Die steuerpflichtige und die steuerbegünstigte GmbH im Gemeinnützigkeitsrecht, DStR 2008, 1069; *Streck/Mack/Schwerthelm;* Betriebsaufspaltungsprobleme bei Gemeinnützigkeit, AG 1998, 518; *Wien,* Steuerbefreiung und Steuerermäßigung gemeinnütziger Körperschaften und die neuen Buchführungspflichten für Pflegeeinrichtungen, FR 1997, 366.

1. Vorüberlegungen

749 Der den §§ 14, 64 und 65 AO zugrunde liegende Konkurrenzgedanke erfordert, dass die Grundsätze der Betriebsaufspaltung auch bei gemeinnützigen Einrichtungen Anwendung finden.[2] Steuerbegünstigte Körperschaften können daher ebenfalls als Betriebsunternehmen im Rahmen einer Betriebsaufspaltung in Betracht kommen.[3] Eine Tätigkeit, die sich äußerlich als Vermögensverwaltung darstellt, ist gleichwohl als steuerpflichtige wirtschaftliche Betätigung anzusehen, wenn die eigentliche wirtschaftliche Tätigkeit im Wege einer Betriebsaufspaltung auf eine selbständige Kapitalgesellschaft ausgegliedert worden ist.[4]

---

1 Vgl. *Levedag,* GmbHR 2008, 281, 286.
2 Vgl. BFH, Urteile v. 5.6.1985 - I S 2/85, BFH/NV 1986, 433; v. 21.5.1997 - I 164/94, BFH/NV 1997, 825.
3 *Boedicker,* NWB Fach 4, 5173, 5177; *Herbert,* FR 1989, 298; a.A. *Sadrinna/Meier,* DStR 1988, 737.
4 OFD Hannover v. 16.2.1995, FR 1995, 293; v. 23.7.1998 - S 2729-87-StO 214.

2. Beteiligungen des steuerbegünstigten Besitzunternehmens

Wenn das Besitzunternehmen steuerbegünstigt ist, muss nach den Grundsätzen der Betriebsaufspaltung beachtet werden, dass die dem Betriebsunternehmen überlassenen wesentlichen Betriebsgrundlagen sowie die Beteiligung am Betriebsunternehmen dem gewerblichen Betrieb des Besitzunternehmens zugeordnet werden.[1] Die Beteiligung an der Betriebskapitalgesellschaft stellt also keine Vermögensverwaltung i. S. des § 14 Satz 3 AO, sondern einen wirtschaftlichen Geschäftsbetrieb dar.[2]

750

3. Vermietungstätigkeit des steuerbegünstigten Besitzunternehmens

Im Hinblick auf die Nutzungsentgelte für die Überlassung der wesentlichen Betriebsgrundlagen sowie die Gewinnausschüttungen des Betriebsunternehmens liegen Betriebseinnahmen vor. Es handelt sich um einen steuerpflichtigen wirtschaftlichen Geschäftsbetrieb.[3] Zu berücksichtigen ist, dass eine Überlassung von Wirtschaftsgütern an die Betriebsgesellschaft gegen ein **geringeres als marktübliches Entgelt** als verbotene Mittelverwendung gem. § 55 Abs. 1 Nr. 3 AO die Gemeinnützigkeit insgesamt gefährden kann.[4]

751

Bei der Gestaltung ist zu beachten, dass die Gemeinnützigkeit nach Auffassung der Finanzverwaltung insgesamt zu versagen ist, wenn die steuerpflichtige wirtschaftliche Tätigkeit der Körperschaft das Gepräge gibt.[5] Maßgeblich ist in erster Linie die Mittelverwendung (insbesondere Zeit- und Personalbedarf).[6]

752

4. Fälle der Unanwendbarkeit von Betriebsaufspaltungsgrundsätzen

Sind sowohl das Besitz- als auch das Betriebsunternehmen steuerbegünstigt, sind die Grundsätze der Betriebsaufspaltung nicht anzuwenden.[7] Gleiches gilt bei Umwandlung gemeinnütziger sozialer Einrichtungen, die bisher als Eigenbetrieb geführt worden sind, in Eigengesellschaften unter Zurückbehaltung wesentlicher Betriebsgrundlagen, wenn die zurückbehaltenen Wirtschaftsgüter einem (neuen) Betrieb gewerblicher Art zuzuordnen sind und sowohl die

753

---

1 OFD Koblenz v. 7.10.2003 - S 0174 A-St 33 1; OFD München v. 29.8.2003 - S 2729-41 St 42.
2 BFH, Urteil v. 30.6.1971 - I R 57/70, BFHE 103, 56, BStBl II 1971, 753.
3 *Schauhoff*, in: Schauhoff, Handbuch der Gemeinnützigkeit, 2. Aufl. 2005, § 6, Rn. 137; *Hüttemann*, Gemeinnützigkeits- u. Spendenrecht, 2008, § 6, Rn. 135.
4 *Hüttemann*, Gemeinnützigkeits- u. Spendenrecht, 2008, § 6, Rn. 136.
5 BMF v. 15.2.2002, BStBl I 2002, 267.
6 OFD Rostock v. 12.7.2002, DStR 2002, 1484; OFD Frankfurt v. 8.12.2004, DStR 2005, 600.
7 OFD Münster v. 26.7.1995, DB 1995, 1785; OFD Hannover v. 23.7.1998, FR 1998, 911; *Schauhoff*, in: Schauhoff, Handbuch der Gemeinnützigkeit, 2. Aufl. 2005, § 19, Rn. 32; *Boedicker*, NWB Fach 4, 5173, 5179; *Apitz*, StBp 2004, 88, 91.

Eigengesellschaft als auch der (neue) Betrieb gewerblicher Art gemeinnützig sind.[1]

754 Schließlich sind die Grundsätze der Betriebsaufspaltung nicht anzuwenden, wenn die Trägerkörperschaft der bisherigen gemeinnützigen Einrichtung die zurückbehaltenen wesentlichen Betriebsgrundlagen der Eigengesellschaft in ihrer Eigenschaft als juristische Person des öffentlichen Rechts verpachtet und daher steuerlich nicht in Erscheinung tretende Verpachtungseinnahmen (Vermögensverwaltung) erzielt.[2]

755–757 *(Einstweilen frei)*

VIII. Gewinnermittlung

Literatur: *Schoor*, Buchführungspflicht bei Betriebsaufspaltung, BBK Fach 4, 1799; *ders.*, Bilanzierung bei zunächst nicht erkannter Betriebsaufspaltung, StBp 2002, 208.

758 Die Art der Gewinnermittlung bei einem Besitzunternehmen richtet sich nach den allgemeinen Vorschriften. § 140 AO findet keine Anwendung, weil ein Besitzunternehmen kein Handelsgewerbe, sondern nur eine Vermietungstätigkeit zum Gegenstand hat und mithin hier die Buchführungs- und Bilanzierungsvorschriften des HGB keine Anwendung finden. Deshalb muss ein Besitzunternehmer nur dann Bücher führen und regelmäßig Abschlüsse machen, wenn er die Grenzen des § 141 Abs. 1 AO (mehr als 500.000 € Umsatz oder mehr als 50.000 € Gewinn) überschreitet und vom FA zur Erfüllung der Buchführungspflicht nach § 141 AO aufgefordert worden ist. Fehlt es an einer dieser Voraussetzungen, hat der Besitzunternehmer ein Wahlrecht, ob er seinen Gewinn durch Überschussrechnung nach § 4 Abs. 3 EStG ermitteln oder ob er freiwillig Bücher führen und Abschlüsse machen will.

759 Wird fälschlicherweise keine Betriebsaufspaltung angenommen, so kann das FA bei einer späteren Korrektur der fehlerhaften Rechtsauffassung nach Auffassung des FG München[3] den Gewinn des Besitzunternehmens nach § 4 Abs. 3 EStG ermitteln, weil der Besitzunternehmer weder nach Handelsrecht Bücher führen und regelmäßig Abschlüsse machen muss, aber vom Finanzamt zur Führung von Büchern und zur Erstellung regelmäßiger Abschlüsse aufgefordert worden ist. Das dem Besitzunternehmer zustehende Wahlrecht soll er nach Auffassung des FG dadurch ausgeübt haben, dass er die Art der vom FA gewählten Gewinnermittlung akzeptiert und nicht beanstandet hat.

---

1 OFD Hannover v. 23.7.1998, FR 1998, 911.
2 OFD Hannover v. 23.7.1998, FR 1998, 911.
3 FG München, Urteil v. 28.6.2000, EFG 2000, 1190 (Revision eingelegt, Az des BFH: XI R 65/00).

Werden Verbindlichkeiten einer Betriebskapitalgesellschaft durch eine Bürg-   760
schaft eines Besitzunternehmens oder durch Grundpfandrechte an Grundstücken des Besitzunternehmens gesichert, so kann das Besitzunternehmen in dem
Zeitpunkt, in dem die Inanspruchnahme aus der gewährten Sicherheit droht, in
Höhe der zu erwartenden Inanspruchnahme eine Rückstellung bilden.[1] Diese
Rechtsansicht stimmt im Grundsatz mit der überein, die vom BFH für den Fall
vertreten wird, dass ein Besitzgesellschafter für Verbindlichkeiten der Betriebsgesellschaft eine Bürgschaft übernimmt.[2]

(Einstweilen frei)   761–763

---

1   BFH, Urteil v. 19.6.2001 - X R 104/98, BFH/NV 2002, 163.
2   Siehe unten Rn. 1132 ff.

F. Betriebsunternehmen

Literatur: *Centrale Gutachtendienst*, Betriebsaufspaltung innerhalb einer GmbH & Co. KG, GmbHR 1997, 739; *Dehmer*, Betriebsaufspaltung auch bei vermögensverwaltender Tätigkeit der Betriebskapitalgesellschaft, KFR F. 3 EStG § 15, 1/89, S. 41.

I. Kapitalgesellschaft als Betriebsunternehmen

Literatur: *Ebeling*, Keine Betriebsaufspaltung bei Pachtverträgen zwischen Kapitalgesellschaften, Festschrift für L. Schmidt, S. 471; *Schmidt, Ludwig*, Einzelfragen des Körperschaftsteuerrechts – Betriebsaufspaltung zwischen Kapitalgesellschaften, JbFSt 1982/83, 343.

764   Unabhängig davon, ob eine mittelbare oder eine unmittelbare Betriebsaufspaltung vorliegt,[1] kann eine Kapitalgesellschaft Betriebsunternehmen sein. In den meisten Fällen ist das Betriebsunternehmen eine **GmbH**. Aber auch **Vor-GmbH**[2] und **AG** können als Betriebsunternehmen in Betracht kommen.[3]

765–767 *(Einstweilen frei)*

II. Personengesellschaften als Betriebsunternehmen (mitunternehmerische Betriebsaufspaltung)

Literatur: *Berz/Müller*, Sonderbetriebsvermögen und mitunternehmerische Betriebsaufspaltung, DStR 1996, 1919; *Bock*, Sonderbetriebsvermögen II und Betriebsaufspaltung, DStZ 2000, 42; *Doege*, Aktuelle Beratung von Mitunternehmerschaften: Betriebsaufspaltung, Abfärbung und Unternehmensnachfolge, INF 2007, 345; *Felix*, Mitunternehmerische Tochter-Betriebsaufspaltung: Nauheimer Modell, KÖSDI 1991, 8493; *Fichtelmann*, Anm. zum Urteil des BFH IV R 145/72 vom 29. 7. 1976, BStBl 1976 II S. 750 in: StRK-Anm., GewStG § 2 Abs. 1 R. 332; *ders.*, Betriebsaufspaltung zwischen zwei Personengesellschaften und der Grundsatz der Subsidiarität im Rahmen des § 15 Abs. 1 Nr. 2 EStG – Anm. zu dem BFH-Urteil vom 18. 7. 1979, I R 199/75, FR 1980, 138; *Gassner*, Betriebsaufspaltung verdrängt Sonderbetriebsvermögen, KFR F. 3 EStG § 15, 1/97, S. 5; *Gebhardt*, Mitunternehmerische Betriebsaufspaltung – Grenzen der neuen Rechtsprechung, NWB Fach 3, 10071; *ders.*, Aktuelle Entwicklungen bei der mitunternehmerischen Betriebsaufspaltung, GmbHR 1998, 1022; *ders.*, Mitunternehmerische Betriebsaufspaltung, EStB 2007, 65; *Gosch*, Zur Bilanzierungskonkurrenz bei der mitunternehmerischen Betriebsaufspaltung, StBp 1996, 303; *Groh*, Sondervergütungen und Sonderbetriebsvermögen bei Leistungen zwischen Schwestergesellschaften, DStR 1996, 673; *Hoffmann, Wolf Dieter*, Die Gewinnermittlungsabsicht als Steuergestaltungsinstrument bei der mitunternehmerischen Betriebsaufspaltung, GmbHR 1998, 824; *Janssen*, Mitunternehmerschaft und Betriebsaufspaltung, BB 1995, 25; *Jurowsky*, Die Behandlung von Sonderbetriebsvermögen bei einer mitunternehmerischen Betriebsaufspaltung, sj 2007, 29; *Kloster/Kloster*, Einkünfte- und Vermögenszuordnung bei der mitunternehmerischen Betriebsaufspal-

---

1   Vgl. oben Rn. 66 ff.
2   BFH, Urteil v. 12.12.2007 - X R 17/05, BFHE 220, 107, BStBl II 2008, 579.
3   BFH, Urteil v. 28.1.1982 - IV R 100/78, BFHE 135, 330, BStBl II 1982, 479.

tung – die Sicht des Rechtsanwenders, BB 2001, 1449; *Knobbe-Keuk*, Aktuelle Rechts- und Steuerprobleme des mittelständischen Unternehmens – IV. Die „mitunternehmerische Betriebsaufspaltung" –, StbJb 1983/84, 88; *Kloster*, Zurechnung von Wirtschaftsgütern bei mitunternehmerischer Betriebsaufspaltung, GmbHR 2000, 111; *Leingärtner*, Zur Frage, ob die Vorschriften des § 15 Abs. 1 Nr. 2 Halbsatz 2 EStG in dem Sinne Vorrang vor dem Rechtsinstitut der mitunternehmerischen Betriebsaufspaltung haben, dass die Rechtsfolgen einer Betriebsaufspaltung verdrängt werden, wenn wesentliche Betriebsgrundlagen unter den tatbestandlichen Voraussetzungen des § 15 Abs. 1 Nr. 2 Halbsatz 2 EStG zur Nutzung überlassen werden, RWP SG 1 – 3, S. 1427; *Neu*, Änderung der Rechtsprechung der mitunternehmerischen Betriebsaufspaltung – Urteilsanalyse und Beratungskonsequenzen zum BFH-Urteil VIII R 13/95 vom 23. 4. 1996, DStR 1996, 1757; *Neufang*, Vorrang der mitunternehmerischen Betriebsaufspaltung vor der Mitunternehmerschaft, INF 1996, 743; *Paus*, Zu den Voraussetzungen einer mitunternehmerischen Betriebsaufspaltung, FR 1982, 532; *ders*., Neues bei der mitunternehmerischen Betriebsaufspaltung, FR 1997, 90; *Pott*, Mitunternehmerische Betriebsaufspaltung: Konsequenzen der Rechtsprechungsänderung auf Freibeträge, Staffelung der Gewerbesteuer-Messzahlen und Hebesätze, ZKF 1997, 247; *Pott/Rasche* „Wiederauferstehung" der unmittelbaren mitunternehmerischen Betriebsaufspaltung? – Anmerkungen zum BFH-Urteil vom 10. 2. 1994 - IV R 37/92, DStR 1994, 933 und 1995, 46; *dies*., Über die neue BFH-Rechtsprechung zum Verhältnis zwischen Sonderbetriebsvermögen und unmittelbarer mitunternehmerischer Betriebsaufspaltung, GmbHR 1997, 481; *dies*., Über die neue BFH-Rechtsprechung zum Verhältnis zwischen Sonderbetriebsvermögen und unmittelbarer mitunternehmerischer Betriebsaufspaltung, DStZ 1999, 127; *Rätke*, Bilanzierungskonkurrenz bei Schwester-Personengesellschaften und mitunternehmerischer Betriebsaufspaltung, StuB 2006, 22; *Rautenberg/Gerbig*, Ergebnisverlagerungen ins Sonderbetriebsvermögen – Möglichkeiten einer neuartigen Betriebsaufspaltung zur Umgehung des § 15a EStG, BB 1982, 342; *Renz*, Nochmals. Die Betriebsaufspaltung zwischen Personengesellschaften, StBp 1983, 20; *Schmidt, Ludwig*, In den Grenzbereichen von Betriebsaufgabe, Betriebsverpachtung, Betriebsaufspaltung und Mitunternehmerschaft, DStR 1979, 671 und 699; *Schoor*; Mitunternehmerische Betriebsaufspaltung, Steuer-Seminar 1997, 13; *Schuhmann*, Die Betriebsaufspaltung zwischen Personengesellschaften, StBp 1982, 181; *ders*., Die mitunternehmerische Betriebsaufspaltung in der Rechtsprechung des BFH, StBp 1983, 206; *Schulze zur Wiesche*, Betriebsaufspaltung und Mitunternehmerschaft im Ertragsteuerrecht, GmbHR 1982, 260; *ders*., Die mitunternehmerische Betriebsaufspaltung, StBp 1984, 40; *ders*., Die mitunternehmerische Betriebsaufspaltung, BB 1997, 1229; *ders*.; Die steuerliche Behandlung der Rechtsbeziehungen zwischen Schwestergesellschaften – Erlass vom 28. 4. 1998, StBp 1998, 314; *ders*., Freiberufliche Mitunternehmerschaft und Betriebsaufspaltung, BB 2006, 75; *Seithel*; Betriebsaufspaltung zwischen Personengesellschaften oder Besteuerung der Mitunternehmer nach § 15 Abs. 1 Ziff. 2 EStG?, FR 1978, 157; *ders*.; Zur steuerlichen Liquidation der mitunternehmerischen Betriebsaufspaltung, DStR 1981, 158; *Söffing, Günter*, Mitunternehmerische Betriebsaufspaltung – Divergenz in der Rechtsprechung des BFH, FR 1998, 358; *ders*., Mitunternehmerische Betriebsaufspaltung – Anmerkungen zum BFH-Urteil vom 24. 11. 1998 VIII R 61/97, DStR 2001, 158; *ders*., Freiberuflich tätige Personengesellschaft – Betriebsaufspaltung, Abfärbevorschrift, Sonderbetriebsvermögen, DB 2006, 2479; *Störzinger*, Mitunternehmerische Betriebsaufspaltung und/oder Mitunternehmerschaft, FR 1981, 587; *Strahl*, Besteuerung der mitunternehmerischen Betriebsaufspaltung, KÖSDI 1998, 11533; *Vernekohl*, Mitunternehmerische Betriebsaufspaltung: Vernichtung von Sonderbetriebsvermögen, ErbBstg 2007, 137; *Wendt*, Mitunternehmerische Betriebsaufspaltung im Steuerrecht, GmbHR 1984, 19.

1. Die früher herrschende Rechtsprechung

768 Nach der bis zum Ergehen des BFH-Urteils vom 23. 4. 1996[1] herrschenden Rechtsprechung[2] hatte in den Fällen der **mitunternehmerischen Betriebsaufspaltung**, also in den Fällen, in denen das Betriebsunternehmen eine Personengesellschaft ist, das Institut der Betriebsaufspaltung gegenüber der Vorschrift des § 15 Abs. 1 Satz 1 Nr. 2 Satz 1 EStG nur subsidiäre Bedeutung. D. h. erfüllte ein Sachverhalt sowohl die Voraussetzungen der Betriebsaufspaltung als auch die des § 15 Abs. 1 Satz 1 Nr. 2 Satz 1 EStG, so kamen nicht die Rechtsfolgen der Betriebsaufspaltung, sondern die des § 15 Abs. 1 Satz 1 Nr. 2 Satz 1 EStG zur Anwendung.

769 **BEISPIEL:** ▶ A ist zusammen mit T und S an der X-KG beteiligt. Der Anteil des A beträgt 60 v. H. Die X-KG betreibt ihren Betrieb in einem Gebäude, welches dem A gehört. A hat das Gebäude an die X-KG vermietet. Für Gesellschafterbeschlüsse in der KG genügt die einfache Mehrheit.

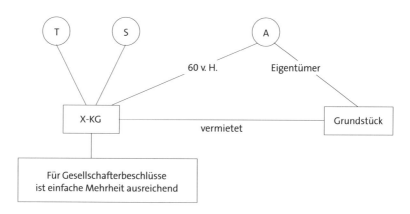

Lösung nach der früher herrschenden Rechtsprechung:

770 Obwohl die Voraussetzungen für eine Betriebsaufspaltung erfüllt sind, lag nach der früher herrschenden Rechtsprechung kein Fall der Betriebsaufspaltung vor, sondern ein Fall des § 15 Abs. 1 Satz 1 Nr. 2 Satz 1 EStG, weil die Betriebsaufspaltung nach der früher herrschenden Rechtsprechung gegenüber § 15 Abs. 1 Satz 1 Nr. 2 Satz 1 EStG nur subsidiäre Bedeutung hatte; d. h. die Betriebsaufspaltung kam nicht zur Anwendung, wenn gleichzeitig die Voraussetzungen des

---

1 BFH, Urteil v. 23.4.1996 - VIII R 13/95, BFHE 181, 1, BStBl II 1998, 325.
2 BFH, Urteile v. 29.7.1976 - IV R 145/72, BFHE 119, 462, BStBl II 1976, 750; v. 25.4.1985 - IV R 36/82, BFHE 144, 20, BStBl II 1985, 622; v. 3.2.1994 - III R 23/89, BFHE 174, 372, BStBl II 1994, 709.

§ 15 Abs. 1 Satz 1 Nr. 2 Satz 1 EStG erfüllt waren. Das vermietete Gebäude war also Sonderbetriebsvermögen des A bei der X-KG. Die Mietzahlungen waren für A Einkünfte aus Gewerbebetrieb in der Form von Sondervergütungen i. S. des § 15 Abs. 1 Satz 1 Nr. 2 Satz 1 Halbsatz 2 EStG.

Etwas anderes galt nur in den Fällen einer mittelbaren Betriebsaufspaltung, wenn zwischen die beherrschende Person oder Personengruppe und die Betriebs-Personengesellschaft eine Kapitalgesellschaft zwischengeschaltet war. 771

BEISPIEL: A ist zu 51 v. H., B ist zu 49 v. H. an der AB-GmbH beteiligt. Zum Betriebsvermögen dieser GmbH gehört eine 60 %ige Beteiligung an der D-GmbH & Co. KG, bei der die Gesellschafterbeschlüsse mit einfacher Mehrheit zu fassen sind. Die KG betreibt ihren Geschäftsbetrieb auf einem Grundstück, das A an sie vermietet hat. 772

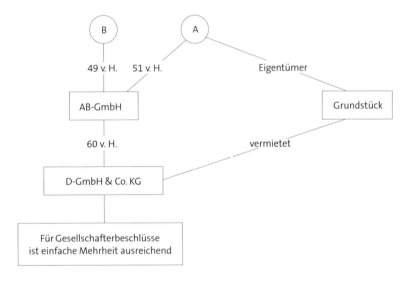

Lösung:

Es ist unstreitig, dass eine GmbH Gesellschafterin und Mitunternehmerin einer Personenhandelsgesellschaft sein kann. Folglich ist in dem vorstehenden Beispiel die AB-GmbH Mitunternehmerin der D-GmbH & Co. KG mit der Folge, dass zwischen A und der GmbH & Co. KG kein mitunternehmerisches Verhältnis besteht. Das Entgelt, das die D-GmbH & Co. KG an A für die Überlassung des Grundstücks zahlt, ist also keine Vergütung „die ein Gesellschafter von der Gesellschaft" erhält. § 15 Abs. 1 Satz 1 Nr. 2 Satz 1 EStG findet keine Anwendung. Folglich ist auch nach der früheren Rechtsprechung der Weg frei für die Prüfung 773 der Frage, ob eine Betriebsaufspaltung vorliegt. Die Frage ist zu bejahen, weil A über die AB-GmbH die D-GmbH & Co. KG beherrscht.

774 Ist zwischen die das Besitzunternehmen beherrschende Person oder Personengruppe und das Betriebsunternehmen eine Personenhandelsgesellschaft zwischengeschaltet, so kam nach der früher herrschenden Rechtsprechung das Institut der Betriebsaufspaltung ebenfalls nicht in Betracht. Zwar ist auch eine Personenhandelsgesellschaft ein – wenn auch eingeschränktes – selbständiges Steuerrechtssubjekt, so dass ein Durchgriff durch sie nicht möglich ist. Es findet hier aber die Fiktion des § 15 Abs. 1 Satz 1 Nr. 2 Satz 2 EStG Anwendung, nach der bei doppelstöckigen Personengesellschaften der an der Untergesellschaft nicht beteiligte Gesellschafter der Obergesellschaft als Mitunternehmer der Untergesellschaft zu behandeln ist.

775 **BEISPIEL:** ➤ A ist zu 51 v. H., B ist zu 49 v. H. an der AB-OHG beteiligt. Zum Betriebsvermögen dieser OHG gehört eine 60 %ige Beteiligung an der D-GmbH & Co. KG. Diese betreibt ihren Geschäftsbetrieb auf einem Grundstück, das A an sie vermietet hat.

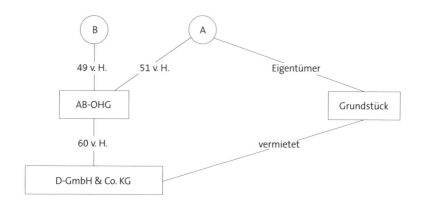

Lösung:

776 Obgleich A nicht an der D-GmbH & Co. KG beteiligt ist, wird er nach § 15 Abs. 1 Satz 1 Nr. 2 Satz 2 EStG als Mitunternehmer dieser Personengesellschaft fingiert, so dass das Entgelt, das die D-GmbH & Co. KG an A für die Überlassung des Grundstücks zahlt, eine Vergütung ist, „die ein Gesellschafter von der Gesellschaft" erhält. § 15 Abs. 1 Satz 1 Nr. 2 Satz 1 EStG findet Anwendung. Folglich war nach der früheren Rechtsprechung die Anwendung der Betriebsaufspaltungs-Grundsätze ausgeschlossen. Eine Personengesellschaft kam auch

bei dieser Gestaltung als Betriebsunternehmen nach der früher herrschenden Rechtsprechung nicht in Betracht.

Das Ergebnis der früher herrschenden Rechtsprechung war, dass eine Personen-gesellschaft im Rahmen der Betriebsaufspaltung nur dann als Betriebsunter-nehmen in Betracht kam, wenn zwischen die das Besitzunternehmen beherr-schende Person oder Personengruppe und die Betriebs-Personengesellschaft eine Kapitalgesellschaft zwischengeschaltet war (mittelbare Betriebsaufspal-tung).

777

In allen anderen Fällen wurde die Anwendung der Betriebsaufspaltung durch die Anwendung des § 15 Abs. 1 Satz 1 Nr. 2 Satz 1 EStG ausgeschlossen.

2. Die abweichende Rechtsprechung des VIII. Senats

a) Das BFH-Urteil vom 23. 4. 1996

Mit seinem Urteil vom 23. 4. 1996[1] ist der VIII. Senat des BFH von der bis dahin herrschenden Rechtsprechung zur mitunternehmerischen Betriebsaufspaltung abgewichen. Der Rechtssatz dieses Urteils lautet:

778

„Die Qualifikation des Vermögens als Gesellschaftsvermögen der Besitzgesell-schaft und der Einkünfte aus der Verpachtung dieses Vermögens als Einkünfte der Gesellschafter der Besitzgesellschaft hat bei einer mitunternehmerischen Betriebsaufspaltung Vorrang vor der Qualifikation des Vermögens als Sonder-betriebsvermögen und der Einkünfte aus der Verpachtung als Sonderbetriebs-einkünfte der Gesellschafter bei der Betriebsgesellschaft (Änderung der Recht-sprechung)."

b) Begründung des Urteils

Zur Begründung der abweichenden Rechtsprechung hat der VIII. Senat ausge-führt: § 15 Abs. 1 Satz 1 Nr. 2 Satz 1 EStG finde keine Anwendung, wenn eine Per-sonenhandelsgesellschaft oder eine gewerblich geprägte Personengesellschaft Dienstleistungen an eine Schwestergesellschaft[2] erbringe oder ihr Wirtschafts-güter zur Nutzung überlasse. Wie in diesen Fällen seien auch bei einer Besitz-gesellschaft die von der Betriebsgesellschaft bezogenen Vergütungen Betriebs-einnahmen bei einem Gewerbebetrieb, nämlich dem des Besitzunternehmens; denn die an sich vermögensverwaltende Tätigkeit des Besitzunternehmens werde infolge des Vorliegens der Voraussetzungen der Betriebsaufspaltung in eine gewerbliche Tätigkeit i. S. des § 15 EStG umqualifiziert. Diese Rechtsfolge

779

---

1 BFH, Urteil v. 23.4.1996 - VIII R 13/95, BFHE 181, 1, BStBl II 1998, 325.
2 Schwestergesellschaften sind solche Personengesellschaften, bei denen die Gesellschafter ganz oder teilweise personenidentisch sind (BMF v. 28.4.1998, BStBl I 1998, 583, unter Nr. 1).

werde nicht durch die Regelung des § 15 Abs. 1 Satz 1 Nr. 2 Halbsatz 2 EStG verdrängt. Vielmehr komme der Qualifikation des Vermögens als Gesellschafts-vermögen der Besitzgesellschaft und der Einkünfte aus der Verpachtung dieses Vermögens als gewerbliche Einkünfte der Gesellschafter der Besitzgesellschaft bei einer mitunternehmerischen Betriebsaufspaltung Vorrang vor der Qualifi-kation des Vermögens als Sonderbetriebsvermögen und der Einkünfte aus der Verpachtung als Sonderbetriebsvermögen der Gesellschafter bei der Betriebs-gesellschaft zu. Deshalb würden für ein Besitzunternehmen die Gründe, die zu einem „Durchgriff" durch das Steuersubjekt „Personengesellschaft" bei nicht-gewerblicher Tätigkeit geführt hätten, nicht zutreffen.

780 Nach dem Urteil des VIII. Senats des BFH ist eine mitunternehmerische Be-triebsaufspaltung also in allen Fällen möglich, in denen zwischen dem Besitz-unternehmen und der Betriebs-Personengesellschaft eine sachliche und perso-nelle Verflechtung besteht; denn nach der abweichenden Rechtsprechung des VIII. Senats soll das Richterrecht Betriebsaufspaltung dem Gesetzesrecht § 15 Abs. 1 Nr. 2 EStG vorgehen.

781–783 *(Einstweilen frei)*

3. Bedenken gegen die Rechtsprechungsänderung

784 Gegen die Rechtsprechungsänderung bestehen erhebliche Bedenken.

a) Kontinuität der Rechtsprechung

Zunächst ist darauf hinzuweisen, dass der GrS des BFH in seinem Beschluss vom 25. 6. 1984[1] ausgeführt hat, dass er der Kontinuität der Rechtsprechung große Bedeutung beimesse und demzufolge eine ständige Rechtsprechung nur aus einem wichtigen Grund, z. B. wegen Änderung der tatsächlichen Verhältnisse, Änderung der Gesetzeslage oder grundlegender Rechtsprechungsänderung, verlassen werden sollte. Ein solcher wichtiger Grund lag im hier besprochenen Fall nicht vor.

785 Ein wichtiger Grund kann insbesondere nicht darin gesehen werden, dass in dem BFH-Urteil vom 22. 11. 1994[2] entschieden worden ist, die Fiktion des § 15 Abs. 3 Nr. 2 EStG – durch die eine vermögensverwaltende Personengesellschaft in eine gewerblich geprägte Personengesellschaft umqualifiziert wird – habe Vorrang vor der Anwendung des § 15 Abs. 1 Nr. 2 EStG. Denn zum einen han-delt es sich hier nicht um eine Rechtsprechungsänderung. Zum Zweiten ist da-

---

1 BFH, Beschluss v. 24.6.1984 - GrS 4/82, BFHE 141, 405, BStBl II 1984, 750, 764 (linke Spalte un-ten).
2 BFH, Urteil v. 22.11.1994 - VIII R 63/93, BFHE 177, 28, BStBl II 1996, 93.

rauf hinzuweisen, dass sich aus dem erwähnten Urteil vom 22. 11. 1994 kein zwingender Grund für eine Änderung der früher herrschenden Rechtsprechung über die steuerrechtliche Behandlung der mitunternehmerischen Betriebsaufspaltung herleiten lässt.

Für das Abweichen des VIII. Senats von der herrschenden Rechtsprechung gibt es auch deshalb keinen wichtigen Grund, weil dieser Senat in seinem Urteil auf die Gründe, die die früher herrschende Rechtsprechung, also den Vorrang des § 15 Abs. 1 Satz 1 Nr. 2 Satz 1 EStG vor dem Institut der Betriebsaufspaltung, rechtfertigen, überhaupt nicht eingeht. Diese Gründe bestehen in folgenden Überlegungen: 786

▶ Weder der Wortlaut des Gesetzes noch seine Zwecksetzung bieten Anhaltspunkte dafür, dass § 15 Abs. 1 Satz 1 Nr. 2 Satz 1 EStG nicht anzuwenden ist, wenn die Überlassung von Wirtschaftsgütern zugleich die Voraussetzungen der Betriebsaufspaltung erfüllt.

▶ Für die Subsidiarität der Betriebsaufspaltung gegenüber § 15 Abs. 1 Satz 1 Nr. 2 Satz 1 EStG spricht auch, dass diese Regelung nicht nur eine Qualifikationsnorm, sondern auch eine Zuordnungsnorm ist.

▶ Das Richterrecht „Betriebsaufspaltung" kann nicht Gesetzesrecht, nämlich die Regelung des § 15 Abs. 1 Satz 1 Nr. 2 Satz 1 EStG, brechen.

In dem BFH-Urteil vom 24. 11. 1998[1] werden diese Überlegungen – nur so können die Urteilsausführungen verstanden werden – mit dem nicht überzeugenden Argument abgetan, die Betriebsaufspaltung sei kein Richterrecht. Die weiteren Ausführungen in dem Urteil, die den Vorrang der Betriebsaufspaltung vor § 15 Abs. 1 Satz 1 Nr. 2 Satz 1 EStG rechtfertigen sollen, beruhen auf dem im Folgenden dargestellten Zirkelschluss.   787

b) Zirkelschluss

Der Kern des Urteils besteht in folgenden Sätzen: 788

„Wie bei dieser (gemeint ist die gewerblich geprägte KG) sind aber auch bei einer Besitzgesellschaft die (...) von der Betriebsgesellschaft bezogenen Vergütungen als Einnahmen bei den Einkünften aus Gewerbebetrieb zu erfassen. Auch für sie treffen deshalb die Gründe, die zu einem „Durchgriff" durch das beschränkt rechtsfähige Steuersubjekt 'Personengesellschaft' bei nichtgewerblicher Tätigkeit geführt haben, nicht zu."

Verständlich ausgedrückt heißt das: Weil die Vergütungen, die eine Betriebs-Personengesellschaft für die Überlassung von Wirtschaftsgütern an die Besitz-

---

1 BFH, Urteil v. 24.11.1998 - VIII R 30/97, BFH/NV 1999, 771, 772 (rechte Spalte).

Personengesellschaft zahlt, bei dieser aufgrund der Betriebsaufspaltungs-Rechtsprechung Betriebseinnahmen sind, findet § 15 Abs. 1 Satz 1 Nr. 2 Satz 1 EStG keine Anwendung.

789 Diese Aussage aber ist ein Zirkelschluss; denn die Vergütungen, die das Besitzunternehmen erhält, sind bei ihm nur infolge der Anwendung des Richterrechts „Betriebsaufspaltung" Betriebseinnahmen. Der VIII. Senat rechtfertigt also die Vorrangstellung des Richterrechts „Betriebsaufspaltung" vor dem Gesetzesrecht „§ 15 Abs. 1 Satz 1 Nr. 2 Satz 1 EStG" mit einer durch die Anwendung der Betriebsaufspaltung eintretenden Rechtsfolge.

Anders ausgedrückt: Es ist unzulässig, die Behandlung der Vergütungen als Betriebseinnahmen aufgrund des Richterrechts „Betriebsaufspaltung" zur Rechtfertigung einer Vorrangstellung des Richterrechts „Betriebsaufspaltung" gegenüber dem Gesetzesrecht „§ 15 Abs. 1 Satz 1 Nr. 2 Satz 1 EStG" zu verwenden. Eine andere Ansicht würde dazu führen, dass jedes Richterrecht, das in seiner Rechtsfolge weitergeht als das Gesetz, das auf denselben Sachverhalt anzuwenden ist, das Gesetzesrecht außer Kraft setzen könnte. Das aber ist nach unserem, auf den Grundsätzen der Gewaltenteilung beruhenden, Rechtsstaat verfassungsrechtlich nicht zulässig.

790 Die Rechtslage ist hier anders als bei der – vom VIII. Senat als Vergleich herangezogenen – Konkurrenz zwischen § 15 Abs. 1 Satz 1 Nr. 2 Satz 1 EStG und § 15 Abs. 3 Nr. 2 EStG; denn in diesem Fall handelt es sich um die Konkurrenz zwischen zwei gesetzlichen Regelungen.

Die vorstehenden Ausführungen zwingen zu dem Schluss, dass man bei der Frage, ob bei einem Sachverhalt, der sowohl die Voraussetzungen des § 15 Abs. 1 Satz 1 Nr. 2 Satz 1 EStG als auch die der Betriebsaufspaltung erfüllt, das eine oder das andere Rechtsinstitut Vorrang hat, nicht berücksichtigt werden darf, dass die Vermietung von Wirtschaftsgütern seitens der das Betriebsunternehmen beherrschenden Person oder Personengruppe an das Betriebsunternehmen eine gewerbliche Tätigkeit ist.

791 Es muss vielmehr davon ausgegangen werden, dass – ohne Anwendung des § 15 Abs. 1 Satz 1 Nr. 2 Satz 1 EStG und ohne Anwendung der Betriebsaufspaltung – die bloße Vermietung keine gewerbliche Tätigkeit ist und die Einkünfte aus dieser Tätigkeit solche aus Vermietung und Verpachtung wären, wenn es weder die Vorschrift des § 15 Abs. 1 Satz 1 Nr. 2 Satz 1 EStG noch das Richterrecht „Betriebsaufspaltung" gäbe. Geht man so vor, dann ist es zwangsläufig, dass das Gesetzesrecht „§ 15 Abs. 1 Satz 1 Nr. 2 Satz 1 EStG" Vorrang vor dem Richterrecht „Betriebsaufspaltung" hat.

Aus den vorstehenden Ausführungen folgt auch, dass aus den zu Schwestergesellschaften ergangenen BFH-Urteilen vom 16. 6. 1994[1] und vom 22. 11. 1996[2]– entgegen der von *Groh*[3] vertretenen Ansicht – keine Rückschlüsse auf die Behandlung der mitunternehmerischen Betriebsaufspaltung gezogen werden können; denn in diesen Entscheidungen geht es nur um die Beziehungen zwischen gewerblich tätigen Personengesellschaften, nicht aber um die Frage, ob eine Personengesellschaft aufgrund von Richterrecht als gewerblich einzustufen ist, oder ob statt dessen Gesetzesrecht, nach dem die Personengesellschaft keine gewerblich tätige Personengesellschaft ist, vorgeht.

792

Als Ergebnis ist also festzuhalten, dass durch die neue Rechtsprechung zur mitunternehmerischen Betriebsaufspaltung der Anwendungsbereich des § 15 Abs. 1 Satz 1 Nr. 2 Satz 1 EStG in unzulässiger Weise eingeschränkt wird.

793

(Einstweilen frei)

794–796

c) Nichtgewerblich tätige Personengesellschaft

Erheblichen Bedenken begegnet auch die in dem Urteil enthaltene Formulierung: „Durchgriff durch das beschränkt rechtsfähige Steuersubjekt 'Personengesellschaft' bei nichtgewerblicher Tätigkeit".

797

Unter den Begriff „nichtgewerblich tätige Personengesellschaft" fallen neben Personengesellschaften, die eine land und forstwirtschaftliche oder eine selbständige Tätigkeit zum Gegenstand haben, auch solche Personengesellschaften, die nur vermögensverwaltend tätig sind. Vermögensverwaltende Personengesellschaften aber sind nach der Rechtsprechung des BFH keine Steuersubjekte, auch keine nur beschränkt rechtsfähigen. Aus diesem Grunde ist bei einer solchen Personengesellschaft ein Durchgriff möglich. Auf eine solche Personengesellschaft findet § 15 Abs. 1 Satz 1 Nr. 2 Satz 1 EStG keine Anwendung. Sie ist keine Mitunternehmerschaft. Auf sie findet die sog. Einheitsbetrachtung keine Anwendung.

§ 15 Abs. 1 Satz 1 Nr. 2 Satz 1 EStG und damit auch die Einheitsbetrachtung finden nur auf mitunternehmerische, also auf solche Personengesellschaften Anwendung, die eine betriebliche Tätigkeit zum Gegenstand haben. Nur diese sind Steuerrechtssubjekte. Nur bei diesen gilt ein Durchgriffsverbot. Es ist daher nicht richtig, im Hinblick auf vermögensverwaltende Personengesellschaften von einem Steuersubjekt zu sprechen.

798

---

1 BFH, Urteil v. 16.6.1994 - IV R 48/93, BFHE 175, 109, BStBl II 1996, 82.
2 BFH, Urteil v. 22.11.1996 - VIII R 63/93, BFHE 177, 28, BStBl II 1996, 93.
3 *Groh*, DStZ 1996, 673, 674.

d) Divergenz zu dem BFH-Urteil vom 3. 2. 1994

799 U. E. bestehen Bedenken, ob – wie bisher allgemein angenommen wird – sich durch das Urteil des VIII. Senats vom 23. 4. 1996[1] die Rechtsprechung des BFH tatsächlich geändert hat; denn die Entscheidung des VIII. Senats weicht von der Entscheidung des III. Senats vom 3. 2. 1994[2] ab, ohne dass der III. Senat einer solchen Abweichung zugestimmt hat.

800 Allerdings geht der VIII. Senat in seinem Urteil vom 23. 4. 1996 davon aus, dass eine Zustimmung des III. Senats nicht erforderlich ist, weil die abweichenden Ausführungen im Urteil des III. Senats vom 3. 2. 1994 nicht zu den die Entscheidung tragenden Gründen gehörten. Gegen diese Ansicht bestehen jedoch Bedenken.

801 Der III. Senat hat in dem bezeichneten Urteil entschieden:

„Veräußert ein Einzelunternehmer das Anlage- und Umlaufvermögen seines Unternehmens an eine GmbH, deren alleiniger Anteilseigner er ist, und beteiligt er sich an deren Unternehmen als atypisch stiller Gesellschafter, so kann der dabei erzielte Veräußerungsgewinn auch dann gewerbesteuerfrei sein, wenn der bisherige Einzelunternehmer wesentliche Betriebsgrundlagen zurückbehält und diese der GmbH zur Nutzung überlässt, ohne die darin enthaltenen stillen Reserven aufzudecken."

802 Zur Begründung seiner Ansicht, dass der erzielte Veräußerungsgewinn nicht der Gewerbesteuer unterliege, hat der III. Senat u. a. ausgeführt:

„Nicht entscheidend ist auch, dass – nach der Meinung des FA – die vom Kläger zurückbehaltenen Wirtschaftsgüter wesentliche Grundlage des mitunternehmerischen Betriebs darstellen. Dies vorausgesetzt, dürften zwar – isoliert betrachtet – im Streitfall die Voraussetzungen einer Betriebsaufspaltung gegeben sein, mit der Folge, dass der Kläger (als Besitzunternehmer) weiterhin auch persönlich gewerbesteuerpflichtig wäre. Sofern sich aber – wie hier – die Überlassung der Betriebsgrundlage zur Nutzung im Rahmen des § 15 Abs. 1 Satz 1 Nr. 2 Halbsatz 2 EStG vollzieht, haben die Vorschriften über die steuerliche Behandlung der Sondervergütungen des Mitunternehmers Vorrang gegenüber dem Rechtsinstitut der Betriebsaufspaltung. Bei der sog. mitunternehmerischen Betriebsaufspaltung werden die Rechtsfolgen der Betriebsaufspaltung verdrängt, wenn sich die Überlassung wesentlicher Betriebsgrundlagen im Anwendungsbereich des Vorrangigen § 15 Abs. 1 Satz 1 Nr. 2 Halbsatz 2 EStG vollzieht (...)."

---

1 BFH, Urteil v. 23.4.1996 - VIII R 13/95, BFHE 181, 1, BStBl II 1998, 325.
2 BFH, Urteil v. 3.2.1994 - III R 23/89, BFHE 174, 372, BStBl II 1994, 709.

Das bedeutet, dass der Kläger im Streitfall auch unter dem Gesichtspunkt der Betriebsaufspaltung nicht mehr persönlich gewerbesteuerpflichtig ist."

Dieser letzte Satz in dem Urteil des III. Senats kann im Zusammenhang mit den vorausgegangenen Ausführungen keinesfalls so verstanden werden, als komme eine persönliche Gewerbesteuerpflicht selbst bei Anwendung der Grundsätze der Betriebsaufspaltung nicht in Betracht. Sinnvollerweise muss der Satz wie folgt ergänzt werden: **803**

„Das bedeutet, dass der Kläger im Streitfall auch unter dem Gesichtspunkt der Betriebsaufspaltung nicht mehr persönlich gewerbesteuerpflichtig ist, weil die Grundsätze der Betriebsaufspaltung infolge ihrer Subsidiarität gegenüber § 15 Abs. 1 Satz 1 Nr. 2 Halbsatz 2 EStG keine Anwendung finden."

Aus den übrigen Ausführungen des III. Senats ergibt sich zweifelsfrei, dass bei Anwendung der Grundsätze der Betriebsaufspaltung sehr wohl eine persönliche Gewerbesteuerpflicht zu bejahen wäre.

Damit aber haben die Ausführungen des III. Senats über die Subsidiarität der Betriebsaufspaltungsgrundsätze gegenüber § 15 Abs. 1 Satz 1 Nr. 2 Satz 1 Halbsatz 2 EStG sehr wohl entscheidungserhebliche Bedeutung und sind nicht nur – wie der VIII. Senat meint – ein obiter dictum. Das aber bedeutet, dass zwischen den beiden hier bezeichneten Urteilen des BFH Divergenz besteht. Der VIII. Senat hätte aufgrund der Vorschriften in § 11 Abs. 2 und Abs. 3 FGO nicht – wie geschehen – entscheiden dürfen.   **804**

Da er es trotzdem getan hat, ergibt sich die Konsequenz, dass jede Entscheidung, die in Zukunft von einem Senat des BFH zur mitunternehmerischen Betriebsaufspaltung getroffen werden wird, eine Divergenzentscheidung ist und zwar entweder gegenüber dem Urteil des III. Senats oder gegenüber dem Urteil des VIII. Senats. Je nachdem von welcher Auffassung der in Zukunft entscheidende Senat abweichen will, muss also der III. Senat oder der VIII. Senat zustimmen. Erfolgt eine solche Zustimmung nicht, muss der in Zukunft entscheidende Senat zwangsläufig den GrS anrufen. Tut er dies nicht, ist sein Urteil mit einer Nichtigkeitsklage[1] anfechtbar, weil – infolge der Abweichung und der Regelung in § 11 FGO – nicht der gesetzliche Richter entschieden hat.   **805**

Eine fatale Situation, die durch eine Fehlinterpretation des Urteils des III. Senats des BFH vom 3. 2. 1994 durch den VIII. Senat des BFH entstanden ist. Sie führt zu einer großen Rechtsunsicherheit, die nur durch einen Nichtanwendungserlass der Finanzverwaltung beseitigt werden könnte.

---

1   § 134 FGO i.V.m. § 578 Abs. 1 und § 579 Abs. 1 Nr. 1 ZPO.

806 Ein solcher Nichtanwendungserlass ist jedoch nicht ergangen. Vielmehr hat sich die Finanzverwaltung der Rechtsprechungsänderung angeschlossen.[1] Allerdings ist nach Ansicht der Finanzverwaltung im Falle einer unentgeltlichen Überlassung von Wirtschaftsgütern auch nach der neuen Rechtsprechung keine mitunternehmerische Betriebsaufspaltung anzunehmen, weil es in diesem Fall an einer Gewinnerzielungsabsicht und damit an einer eigenen gewerblichen Tätigkeit der Besitzpersonengesellschaft fehlt. Nicht betroffen von der neuen Rechtsprechung sind nach dem BMF-Schreiben vom 28. 4. 1998 auch die Fälle der **doppel- oder mehrstöckigen Personengesellschaften**, also derjenigen Fälle, in denen eine Personengesellschaft selbst unmittelbar oder mittelbar an einer anderen Personengesellschaft als Mitunternehmer beteiligt ist. In diesen Fällen verbleibt es bei der Anwendung der gesetzlichen Regelung des § 15 Abs. 1 Satz 1 Nr. 2 Satz 2 EStG zur doppelstöckigen Personengesellschaft.

e) Das BFH-Urteil vom 24. 11. 1998

807 Der VIII. Senat hat mit seinem Urteil vom 24. 11. 1998[2] seine neue Rechtsprechung endgültig bestätigt, allerdings wiederum ohne überzeugende Begründung. Die übrigen Senate des BFH sind – soweit zuständig – dem VIII. Senat gefolgt.[3]

(1) Die Urteilsbegründung

808 In dem Urteil vom 24. 11. 1998[4] wird im Wesentlichen ausgeführt: Die Rechtsfolge, dass die vermögensverwaltende Tätigkeit einer Besitz-GbR infolge der Betriebsaufspaltung als Gewerbebetrieb zu qualifizieren ist, werde nicht durch die Regelung des § 15 Abs. 1 Nr. 2 Halbsatz 2 EStG verdrängt. Dem Einwand der Kläger, § 15 Abs. 1 Satz 1 Nr. 2 Teilsatz 2 EStG erfasse auch die Nutzungsüberlassung durch eine Besitz-Personengesellschaft, könne der Senat nicht folgen. § 15 Abs. 1 Satz 1 Nr. 2 Halbsatz 2 EStG sei darauf gerichtet, Entgelte aufgrund unmittelbarer Leistungsbeziehungen zwischen dem Mitunternehmer und der Mitunternehmerschaft im Gesamtgewinn der Mitunternehmerschaft zu erfassen. Nach dem Zweck der Vorschrift würden ihr auch mittelbare Leistungen unterstehen, die ein Mitunternehmer über einen nicht gewerblich tätigen Personenzusammenschluss gegenüber der Mitunternehmerschaft erbringe. Wenn mit-

---

1 BMF v. 28.4.1998, BStBl I 1998, 583, Tz. 1.
2 BFH, Urteil v. 24.11.1998 - VIII R 61/97, BFHE 187, 297, BStBl II 1999, 483; vgl. auch BFH, Urteil v. 24.11.1998 - VIII R 30/97, BFH/NV 1999, 771.
3 BFH, Urteile v. 26.11.1996 - VIII R 42/94, BFHE 182, 101, BStBl II 1998, 328; v. 3.7.1997 - IV R 31/96, BFHE 183, 509, BStBl II 1997, 690; v. 13.11.1997 - IV R 67/96, BFHE 184, 512, BStBl II 1998, 254; v. 16.12.1997 - VIII R 11/95, BFHE 185, 205, BStBl II 1998, 379; v. 24.11.1998 - VIII R 30/97, BFH/NV 1999, 771; vgl. auch FG Hamburg, Urteil v. 15.2.2008, EFG 2008, 1125.
4 BFH, Urteil v. 24.11.1998 - VIII R 61/97, BFHE 187, 297, BStBl II 1999, 483.

hin der „Durchgriff" durch einen solchen ertragsteuerrechtlich beschränkt rechtsfähigen Personenzusammenschluss (Schwestergesellschaft) nicht unmittelbar dem Gesetz zu entnehmen sei, so müsse er andererseits dann ausgeschlossen sein, wenn die Einbindung mittelbarer Leistungen in den Regelungsbereich des § 15 Abs. 1 Satz 1 Nr. 2 EStG weder aus dem Wortlaut noch aus dem Sinn und Zweck dieser Vorschrift geboten sei. Deshalb sei die Selbständigkeit der Schwestergesellschaft als Gewinnerzielungssubjekt auch dann anzuerkennen, wenn es sich um eine Besitz-Personengesellschaft handelt, die aufgrund der Betriebsaufspaltung gewerblich tätig ist. Mithin schließe die gewerbliche Tätigkeit des Besitzunternehmens die Anwendbarkeit der Hinzurechnungsvorschrift des § 15 Abs. 1 Satz 1 Nr. 2 EStG aus, so dass kein Konkurrenzverhältnis zweier einander widerstreitender Normenbefehle bestehe.

(2) Urteilskritik

Zunächst ist zu dem Urteil anzumerken, dass sich aus ihm keine überzeugende Begründung dafür ergibt, warum der VIII. Senat dem Einwand der Kläger nicht folgen konnte, § 15 Abs. 1 Satz 1 Nr. 2 Halbsatz 2 EStG erfasse auch Nutzungsüberlassungen durch Besitz-Personengesellschaften. Zutreffend geht der VIII. Senat davon aus, dass eine (Besitz-)Personengesellschaft – ohne Anwendung der Betriebsaufspaltungsgrundsätze – nur vermögensverwaltend tätig ist. Eine vermögensverwaltende Personengesellschaft aber ist kein Gewinnermittlungssubjekt. Bei ihr ist daher ein Durchgriff geboten. Ohne Anwendung der Grundsätze der Betriebsaufspaltung wird ein einer Betriebs-Personengesellschaft zur Nutzung überlassenes Wirtschaftsgut mithin nicht von der Besitz-Personengesellschaft, sondern im Durchgriff durch diese von deren Gesellschaftern überlassen. Sind diese Gesellschafter – wie bei der Betriebsaufspaltung üblich – zugleich Mitunternehmer der Betriebs-Personengesellschaft, findet § 15 Abs. 1 Satz 1 Nr. 2 Halbsatz 2 EStG Anwendung.

809

Die Vergütungen, die die Betriebs-Personengesellschaft für die Überlassung eines Wirtschaftsguts an ihre Mitunternehmer als Gesellschafter der vermögensverwaltenden (Besitz-)Personengesellschaft zahlt, sind Sondervergütungen. Die überlassenen Wirtschaftsgüter gehören (ggf. anteilig) als Sonderbetriebsvermögen der Mitunternehmer zum Betriebsvermögen der Betriebs-Personengesellschaft. Nur wenn diese, sich aus dem Gesetz ergebende Rechtsfolge durch das Richterrecht „Betriebsaufspaltung" verdrängt würde, weil durch die Anwendung dieses Richterrechts die vermögensverwaltende (Besitz-)Personengesellschaft in einen Gewerbebetrieb, also in eine Mitunternehmerschaft umfunktioniert wird, kann man zu dem Ergebnis kommen, dass sich Besitz-Personengesell-

810

schaft und Betriebs-Personengesellschaft wie zwei gewerblich tätige Schwestergesellschaften gegenüberstehen.

811 Ein solches Ergebnis aber ist nur möglich, wenn – wie dargestellt – die Rechtsfolgen des § 15 Abs. 1 Satz 1 Nr. 2 Halbsatz 2 EStG durch das Richterrecht „Betriebsaufspaltung" verdrängt werden, also wenn man dem Richterrecht „Betriebsaufspaltung" Vorrang vor dem in § 15 Abs. 1 Satz 1 Nr. 2 Halbsatz 2 EStG verankerten Gesetzesrecht einräumt. Dem Ergebnis des hier besprochenen BFH-Urteils, es bestehe zwischen § 15 Abs. 1 Satz 1 Nr. 2 Halbsatz 2 EStG und dem Richterrecht „Betriebsaufspaltung" keine Normenkonkurrenz, kann daher nicht zugestimmt werden.

812 Nicht zugestimmt werden kann auch den Urteilsausführungen, nach denen der „Durchgriff" durch einen ertragsteuerlich beschränkt rechtsfähigen Personenzusammenschluss nicht unmittelbar dem Gesetzeswortlaut zu entnehmen, sondern das Ergebnis einer teleologischen Auslegung sei. Unter „ertragsteuerrechtlich beschränkt rechtsfähigen Personenzusammenschluss" kann hier wohl nur eine Mitunternehmerschaft verstanden werden, weil nur Mitunternehmerschaften ertragsteuerrechtlich eine beschränkte Rechtsfähigkeit als Gewinnerzielungs- und Gewinnermittlungssubjekt besitzen. Personengesellschaften, die nur vermögensverwaltend tätig sind, also keine Mitunternehmerschaften sind, haben diese Eigenschaften nicht. Bei ihnen ist ein Durchgriff möglich. Bei Mitunternehmerschaften hingegen ist – entgegen den vorstehend wiedergegebenen Urteilsausführungen – nach der Rechtsprechung des BFH[1] ein Durchgriff nicht zulässig.

813 Möglicherweise um ein redaktionelles Versehen handelt es sich bei den beiden in dem Urteil enthaltenen Sätzen, die unter II. 1. des Urteils am Ende des fünften und am Anfang des sechsten Absatzes stehen. Diese Sätze lauten:

„Da der Zweck dieser Vorschrift darin besteht, (....,) unterstehen der Vorschrift auch mittelbare Leistungen, die der Gesellschafter – (...) – über einen nicht gewerblich tätigen Personenzusammenschluss gegenüber der Gesellschaft erbringt.

Ist mithin der „Durchgriff" durch einen solchen ertragsteuerrechtlich beschränkt rechtsfähigen Personenzusammenschluss (Schwestergesellschaft) nicht unmittelbar dem Gesetzeswortlaut zu entnehmen, (......)".

814 Mit der im letzten Absatz des fünften Absatzes enthaltenen Formulierung „*nicht gewerblich tätiger Personenzusammenschluss*" können nur vermögensverwaltende Personengesellschaften gemeint sein, bei denen ein Durchgriff möglich

---

1 BFH, Beschluss v. 25.2.1991 - GrS 7/89, BFHE 163, 1, BStBl II 1991, 691.

ist. Durch die Verwendung der Worte „mithin" und „solche" in dem ersten Satz des sechsten Absatzes sollte man meinen, dass in diesem Folgesatz auch vermögensverwaltende Personengesellschaften angesprochen werden. Das aber ist nicht der Fall, denn in diesem Folgesatz werden infolge der verwendeten Formulierung „ertragsteuerrechtlich beschränkt rechtsfähigen Personenzusammenschluss" Mitunternehmerschaften angesprochen.

Demzufolge sind die hier erörterten beiden Sätze des Urteils wie folgt zu lesen: 815

„§ 15 Abs. 1 Satz 1 Nr. 2 EStG erfasst auch mittelbare Leistungen, die ein Gesellschafter über eine nicht rechtsfähige vermögensverwaltende Personengesellschaft seiner Mitunternehmerschaft erbringt, weil durch eine nur vermögensverwaltende Personengesellschaft ein Durchgriff möglich ist. Ist mithin ein Durchgriff durch eine solche Mitunternehmerschaft, nicht unmittelbar dem Gesetzeswortlaut zu entnehmen (...)".

Das ist in sich widersprüchlich.

Schwer nachvollziehbar ist auch die Schlussfolgerung, die in dem Urteil daraus   816
gezogen wird, dass ein „Durchgriff" durch eine Mitunternehmerschaft nicht zulässig sei. „Demgemäß" – so wird in dem Urteil ausgeführt, also weil ein Durchgriff durch eine Mitunternehmerschaft nicht möglich sei, sei „die (ertragsteuerrechtliche) Selbständigkeit der Schwestergesellschaft (...) auch dann anzuerkennen, wenn es sich um eine Besitzgesellschaft" handele, die während des Bestehens der Betriebsaufspaltung als Gewerbebetrieb anzusehen sei. Schwernachvollziehbar sind diese Urteilsausführungen, weil die Gewerblichkeit der Besitzgesellschaft sich nicht aus dem nicht zulässigen Durchgriff durch eine Mitunternehmerschaft ergibt, sondern allein aus dem Vorliegen der Voraussetzungen der Betriebsaufspaltung herzuleiten ist. Auch damit aber ist demzufolge – entgegen der Ansicht des VIII. Senats – die Konkurrenz zweier einander widerstreitender Normenbefehle, nämlich auf der einen Seite des Gesetzesrechts § 15 Abs. 1 Satz 1 Nr. 2 EStG und des Richterrechts „Betriebsaufspaltung" nicht beseitigt.

Die Bedenken gegen die hier erörterte Rechtsprechung des VIII. Senats bestehen   817
mithin nach wie vor. Auch durch das Urteil vom 24. 11. 1999 sind weder diese Bedenken beseitigt noch die gegen diese Rechtsprechung vorgebrachten Argumente widerlegt worden.

(Einstweilen frei)   818–820

4. Folgerungen aus der Rechtsprechungsänderung

821 Die Rechtsprechungsänderung hat sich z. T. steuerverschärfend ausgewirkt.

a) Der Nur-Besitz-Gesellschafter

Dies gilt insbesondere für die Fälle einer mitunternehmerischen Betriebsaufspaltung, in denen Nur-Besitz-Gesellschafter vorhanden sind.[1]

822 **BEISPIEL:** ▶ A und B betreiben in der Rechtsform einer OHG eine chemische Fabrik. Das Fabrikgrundstück gehört einer GbR, an der A, B und C je zu $\frac{1}{3}$ beteiligt sind. In der GbR genügt für Gesellschafterbeschlüsse die einfache Mehrheit.

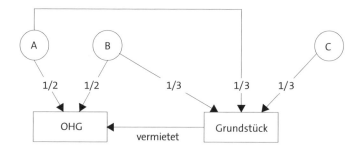

Lösung:

823 Bisher waren die Anteile von A und B an der Grundstücks-GbR Sonderbetriebsvermögen bei der OHG. Der Anteil des C gehörte zu seinem Privatvermögen. Er hatte Einkünfte aus Vermietung und Verpachtung, die nicht der Gewerbesteuer unterlagen. Wurde das vermietete Grundstück veräußert, unterlag der auf C entfallende Veräußerungsgewinn nicht der Einkommensteuer.

824 Nach der Rechtsprechungsänderung ist die GbR als Besitzunternehmen ein Gewerbebetrieb. Die Anteile von A und B an der GbR sind nicht mehr Sonderbetriebsvermögen. Der Gesellschaftsanteil des C gehört nicht mehr zu seinem Privatvermögen, sondern C ist als Mitunternehmer an der Besitz-Personengesellschaft beteiligt. Er hat Einkünfte aus Gewerbebetrieb, die der Gewerbesteuer unterliegen. Wird das vermietete Grundstück veräußert, so unterliegt auch der auf C entfallende Teil des Veräußerungsgewinns der Einkommensteuer.

---

1 Siehe BMF v. 28.4.1998, unter Tz. 2 Buchstabe a, BStBl I 1998, 583, 584 (linke Spalte).

b) Betriebsaufgabefälle

Eine weitere Verschärfung der Besteuerung ist durch die Änderung der Rechtsprechung in folgendem Fall eingetreten: **825**

> **BEISPIEL:** ► A und B sind Gesellschafter einer vermögensverwaltenden GbR. Sie haben
> 1992 ein in Thüringen belegenes gemischt genutztes Gebäude mit 40 Wohnungen und
> einem Geschäftslokal erworben. Das Gebäude haben A und B in den Jahren 1994 voll-
> ständig saniert und modernisiert. Für den dadurch entstandenen Aufwand haben sie
> in den Jahren 1994, 1995 und 1996 je 10 v. H. Sonderabschreibungen nach dem FördG
> vorgenommen. In den Jahren 1997 und 1998 wollen sie jeweils weitere 10 v. H. Sonder-
> abschreibungen vornehmen. A und B waren weiterhin Gesellschafter einer Schlosserei-
> OHG. Die Schlosserei haben sie bis Mitte 1995 in dem Geschäftslokal des erworbenen
> und sanierten Grundstücks betrieben. Ein entsprechender Mietvertrag war zwischen
> der OHG und der GbR abgeschlossen worden.

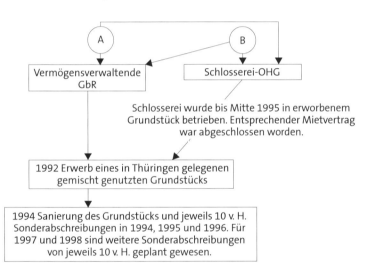

Lösung:

Nach der früheren Rechtsprechung ist das von der GbR an die Schlosserei-OHG **826**
vermietete Geschäftslokal bis Mitte 1995 (bis zur Beendigung des Mietverhältnisses) als Sonderbetriebsvermögen von A und B bei der Schlosserei-OHG behandelt worden.

Nach der Rechtsprechungsänderung, die wie jede Rechtsprechungsänderung in **827**
die Vergangenheit zurückwirkt, ist das vermietete Geschäftslokal jedoch kein
Sonderbetriebsvermögen mehr, vielmehr haben A und B im Rahmen der jetzt

– rückwirkend – bestehenden Betriebsaufspaltung ein gewerbliches Besitzunternehmen. Zum Betriebsvermögen dieses Besitzunternehmens gehört gem. § 15 Abs. 3 Nr. 1 EStG das gesamte 1994 erworbene und sanierte Gebäude. Das hat zur Folge, dass mit der Beendigung des Mietvertrags Mitte 1995 rückwirkend zu diesem Zeitpunkt das Grundstück aus dem Betriebsvermögen des Besitzunternehmens infolge Betriebsaufgabe ins Privatvermögen von A und B übergeht. Da dieser Übergang zum Teilwert erfolgt, werden dadurch die bereits in Anspruch genommenen Sonderabschreibungen automatisch rückgängig gemacht und künftige Sonderabschreibungen können nicht mehr vorgenommen werden, weil die bisherige Bemessungsgrundlage „nachträgliche Herstellungskosten" steuerlich nicht mehr existiert.

c) Abfärbevorschrift

828 (1) In § 15 Abs. 3 Nr. 1 EStG wird bestimmt, dass eine Personengesellschaft, die sowohl vermögensverwaltend als auch gewerblich tätig ist, in vollem Umfang als Gewerbebetrieb gilt. Dieser sog. Abfärbevorschrift kam, unter der Herrschaft der Vorrangstellung des § 15 Abs. 1 Satz 1 Nr. 2 Satz 1 Halbsatz 2 EStG vor den Betriebsaufspaltungsgrundsätzen bei der mitunternehmerischen Betriebsaufspaltung, keine Bedeutung zu.

829 Nachdem aber jetzt das Richterrecht Betriebsaufspaltung der gesetzlichen Regelung des § 15 Abs. 1 Satz 1 Nr. 2 Satz 1 Halbsatz 2 EStG vorgehen soll, erhält die Abfärbevorschrift des § 15 Abs. 3 Nr. 1 EStG auch im Rahmen der mitunternehmerischen Betriebsaufspaltung erhebliche Bedeutung. Darauf wird unter Nr. 2.b des BMF-Schreibens vom 28. 4. 1998 hingewiesen.[1] Die Anwendung der Abfärbevorschrift ist indes auf Tätigkeiten beschränkt, die die Mitunternehmer in ihrer gesamthänderischen Verbundenheit gemeinsam ausüben.[2] Eine gewerbliche Tätigkeit eines einzelnen oder mehrerer Mitunternehmer außerhalb ihrer gesamthänderischen Tätigkeit als Mitunternehmer ist für die Anwendung des § 15 Abs. 3 Nr. 1 EStG daher irrelevant.

830 **BEISPIEL:** ▶ A und B sind zu je ½ sowohl an der Z-Betriebs-KG als auch an einer GbR beteiligt, zu deren Gesellschaftsvermögen 10 Grundstücke gehören. Eines dieser Grundstücke ist an die Z-Betriebs-KG, die übrigen neun Grundstücke sind an fremde Dritte vermietet.

---

1 BMF v. 28.4.1998, BStBl I 1998, 583.
2 BFH, Urteil v. 28.6.2006 - XI R 31/05, BFHE 214, 302, BStBl II 2007, 378; siehe dazu *Söffing*, DB 2006, 2479, 2480 f.

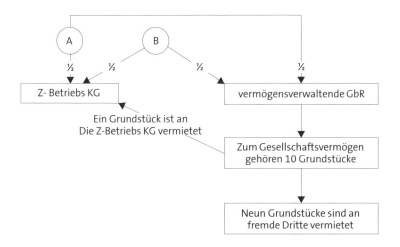

Lösung:

Die Anteile von A und B an dem Grundstück, das sie an die Z-Betriebs-KG vermietet haben, waren nach der früher herrschenden Ansicht Sonderbetriebsvermögen bei der Z-Betriebs-KG. Die übrigen fremdvermieteten Grundstücke gehörten zu ihrem Privatvermögen. Die Mieteinnahmen aus diesen Grundstücken waren Einkünfte aus Vermietung und Verpachtung. 831

Nach der Rechtsprechungsänderung ist das anders. Die Grundstücks-GbR ist als gewerbliches Besitzunternehmen anzusehen. Zum Betriebsvermögen dieses Gewerbebetriebs gehört nicht nur das an die Z-Betriebs-KG vermietete Grundstück, sondern, infolge der Abfärbevorschrift des § 15 Abs. 3 Nr. 1 EStG, auch alle neun fremdvermieteten Grundstücke. 832

Die gleichen Konsequenzen können sich ergeben, wenn eine Gesellschaft, die an sich **land- oder forstwirtschaftlich** oder **freiberuflich** tätig ist und im Rahmen einer Betriebsaufspaltung eine wesentliche Betriebsgrundlage an eine gewerbliche Betriebsgesellschaft vermietet bzw. verpachtet. Auch in diesem Fall sind über die Abfärbevorschrift sämtliche Einkünfte der Besitzgesellschaft als gewerblich zu qualifizieren.[1] 833

BEISPIEL: A, B und C sind gleichberechtigte Gesellschafter der A/B/C-Zahnarzt-GbR. Im Betriebsvermögen der GbR befindet sich ein Grundstück. Dieses wird an die Z-KG vermietet, die (gewerbliche) Labordienstleistungen erbringt. 834

---

1 BFH, Urteil v. 6.11.2003 - IV ER-S-3/03, BStBl II 2005, 376; *Schulze zur Wiesche*, BB 2006, 751.

Lösung:

835 Vorausgesetzt es liegt eine personelle Verflechtung zwischen der GbR und der KG vor, ist eine Betriebsaufspaltung gegeben. Die Mieteinnahmen sind als gewerblich zu qualifizieren und infizieren die an sich freiberuflichen Einkünfte der GbR, so dass deren gesamte Tätigkeit als gewerblich einzustufen ist.

836–838 *(Einstweilen frei)*

839 (2) Andererseits aber kann die neue Rechtsansicht auch vorteilhaft sein, wie sich aus dem folgenden Beispiel ergibt:

> **BEISPIEL:** ▶ A und B sind mit 75 v. H. an der P-KG beteiligt. Die Gesellschafterbeschlüsse dieser Gesellschaft werden mit einfacher Mehrheit gefasst. A und B haben der P-KG zwei ihnen als Miteigentümern gehörende Grundstücke vermietet. Beide Grundstücke enthalten hohe stille Reserven. Eines der vermieteten Grundstücke wird von der P-KG nicht mehr gebraucht und soll deshalb fremdvermietet werden.

Lösung:

840 Nach der bisherigen Rechtsansicht waren beide Grundstücke Sonderbetriebsvermögen. Das hatte zur Folge, dass die Fremdvermietung – soweit nicht die Voraussetzungen für die Annahme von gewillkürtem Sonderbetriebsvermögen vorlagen – zu einer Entnahme des betreffenden Grundstücks und damit zu einer Realisierung der stillen Reserven führte.

841 Nach der neueren Ansicht ist dies nicht mehr der Fall, denn die vermieteten Grundstücke sind kein Sonderbetriebsvermögen mehr, sondern Betriebsvermögen eines eigenständigen Besitzunternehmens, dass sowohl A und B zuzurechnen ist. Ist dieses Besitzunternehmen eine Personengesellschaft, dann findet auf diese die Abfärberegelung des § 15 Abs. 3 Nr. 1 EStG Anwendung. Die Folge ist, dass die Fremdvermietung des einen Grundstücks nicht zu einer Entnahme führt, weil es infolge der Abfärberegelung weiterhin Betriebsvermögen des Besitzunternehmens bleibt.

842–844 *(Einstweilen frei)*

d) Gewerbesteuerbefreiungen

845 Nach § 3 Nr. 20 GewStG sind unter bestimmten Voraussetzungen einige soziale Einrichtungen (z. B. Krankenhäuser und Altenheime) von der Gewerbesteuer befreit. Wird eine solche soziale Einrichtung von einer Personengesellschaft betrieben, und hatten deren Gesellschafter ihrer Gesellschaft Wirtschaftsgüter zur Nutzung überlassen, so waren diese Wirtschaftsgüter nach der bisher herrschenden Meinung Sonderbetriebsvermögen bei der gewerbesteuerfreien sozi-

alen Einrichtung und wurden demzufolge von der Gewerbesteuerfreiheit mit-erfasst.

Nach der jetzt als maßgebend angesehenen Auffassung, sind die zur Nutzung 846 überlassenen Wirtschaftsgüter kein Sonderbetriebsvermögen mehr. Sie gehö-ren vielmehr zum Betriebsvermögen einer eigenständigen Besitz-Personenge-sellschaft. Auf diese fand nach der älteren Rechtsprechung des BFH[1] die Gewer-besteuerbefreiungsvorschrift des § 3 Nr. 20 GewStG keine Anwendung.[2] Diese Rechtsprechung ist jedoch mittlerweile aufgegeben worden.[3] Die steuerver-schärfende Tendenz der neueren Rechtsprechung wurde damit in diesem Punkt wieder rückgängig gemacht.

e) Gewerbesteuerliche Doppelbelastung bei Darlehensgewährung

BEISPIEL: ▶ An der V-Betriebs-KG sind A und B je zu ½ beteiligt. Beide sind Eigentümer 847 eines Grundstücks, das sie an die KG vermietet haben. Gleichzeit haben sie ihrer KG ein Darlehen von 100.000 € gewährt.

Lösung:

Nach der bisherigen Rechtsauffassung gehörten sowohl das vermietete Grund- 848 stück als auch die Darlehensforderung von A und B zu ihren Sonderbetriebsver-mögen bei der KG. Das hatte zur Folge, dass keine Hinzurechnung bezüglich des Entgelts für die Schuld stattfand, weil die Hinzurechnungsvorschrift des § 8 Nr. 1 Buchst. a GewStG auf Darlehensforderungen, die zum Sonderbetriebsver-mögen gehören, keine Anwendung findet.[4]

Nach der geänderten Auffassung des VIII. Senats[5] hingegen sind vermietetes 849 Wirtschaftsgut und Darlehensforderung kein Sonderbetriebsvermögen mehr, sondern gehören zum Betriebsvermögen eines Besitzunternehmens. Die Hinzu-rechnungsvorschrift des § 8 Nr. 1 Buchst. a GewStG findet also Anwendung.[6]

(Einstweilen frei) 850–852

f) Keine Saldierungsmöglichkeit

Bei der Ermittlung des Gewerbeertrags ist von dem Ergebnis der Gesamtbilanz 853 der Personengesellschaft, also von dem Ergebnis auszugehen, dass sich aus den

---

1 Siehe hierzu Rn. 1326 ff.
2 BMF v. 28.4.1998, BStBl I 1998, 583, Tz. 2.c; BFH, Beschlüsse v. 30.9.1991 - IV B 21/91, BFH/NV 1992, 333; v. 18.12.1997 - X B 133/97, BFH/NV 1998, 743.
3 Vgl. unten Rn. 1361 ff.
4 *Hofmeister*, in: Blümich, EStG, KStG, GewStG, § 8 GewStG, Rn. 36; BMF v. 28.4.1998, BStBl I 1998, 583, Tz. 2.d; vgl. auch unten Rn. 1577 ff.
5 BFH, Urteil v. 23.4.1996 - VIII R 13/95, BFHE 181, 1, BStBl II 1998, 325.
6 BMF v. 28.4.1998, BStBl I 1998, 583, Tz. 2.d; siehe unten Rn. 1577.

Sonderbilanzen der Gesellschafter und der nur das Gesellschaftsvermögen umfassenden Steuerbilanz der Personengesellschaft ergibt. Ein Verlust aus einem Sonderbetriebsvermögen ist demzufolge bei der Ermittlung des Gewerbeertrags einer Personengesellschaft mit Gewinnen aus dem Gesellschaftsvermögen auszugleichen.

854 Die Ausgliederung von Sonderbetriebsvermögen in eine eigenständige Besitzgesellschaft aufgrund der Vorrangstellung der Betriebsaufspaltungsgrundsätze vor der Gesetzesregelung des § 15 Abs. 1 Satz 1 Nr. 2 Satz 1 Halbsatz 2 EStG macht eine solche Verlust-/Gewinn-Saldierung unmöglich.[1] Hier greift der Grundsatz, dass jedes Schuldverhältnis für sich betrachtet werden muss und Forderungen sowie Verbindlichkeiten somit grundsätzlich nicht saldiert zu beurteilen sind.[2]

855–857 *(Einstweilen frei)*

g) Sonderabschreibungen, Investitionszulagen

858 Sonderabschreibungen bei Wirtschaftsgütern, die bisher zum Sonderbetriebsvermögen einer Betriebs-Personengesellschaft gehörten, waren von dieser Gesellschaft vorzunehmen. Soweit diese Wirtschaftsgüter nach der neuen Ansicht nicht mehr Sonderbetriebsvermögen sind, sondern zum Betriebsvermögen einer eigenständigen Besitzgesellschaft gehören, ist diese abschreibungsberechtigt.

Entsprechendes gilt hinsichtlich des Antragsrechts bei der Investitionszulage.

859 Eine Verschärfung der Besteuerung tritt dadurch nicht ein, weil nach Ansicht der Finanzverwaltung in beiden Fällen Merkmale, die für die Inanspruchnahme von Sonderabschreibungen oder Investitionszulagen erforderlich sind und beim Betriebsunternehmen verwirklicht werden, jedenfalls dann dem Besitzunternehmen zuzurechnen sind, wenn beide Unternehmen betriebsvermögensmäßig verbunden sind.[3]

860–862 *(Einstweilen frei)*

h) Tarifbegünstigung bei Betriebsveräußerung

863 Eine für Steuerpflichtige günstige Auswirkung hat die Rechtsprechungsänderung in folgendem Fall:

---

1 Vgl. hierzu BMF v. 28.4.1998, BStBl I 1998, 583, Tz. 2.e.
2 BFH, Urteile v. 19.2.1991 - VIII R 422/83, BStBl II 1991, 765; v. 24.1.1996 - I R 160/94, BStBl II 1996, 328.
3 BMF v. 28.4.1998, BStBl I 1998, 583, Tz. 2.f.

BEISPIEL: A ist mit 51 v. H. und B mit 49 v. H. an der H-OHG beteiligt. Gesellschafterbeschlüsse werden mit einfacher Mehrheit gefasst. A hat der OHG ein Grundstück vermietet, das für die OHG eine wesentliche Betriebsgrundlage ist. A veräußert seinen Anteil
an der H-OHG. Das vermietete Grundstück wird jedoch nicht mitveräußert. A überführt
es vielmehr zum Buchwert in einen anderen ihm gehörenden Betrieb.

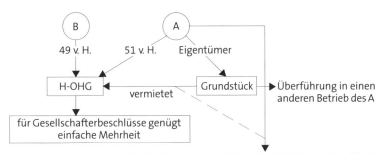

A veräußert seinen Anteil an der H-OHG und überführt
sein Grundstück zum Buchwert in einen anderen ihm
gehörenden Betrieb.

Lösung:

Nach bisheriger Auffassung konnte dem A für den durch die Veräußerung seines   864
Mitunternehmeranteils erzielten Veräußerungsgewinn keine Tarifvergünstigung nach § 34 EStG gewährt werden, weil er nicht alle seinem Mitunternehmeranteil zuzurechnenden stillen Reserven realisiert hatte. Dies ist nach der
neuen Rechtsprechung anders; denn das vermietete Grundstück hat danach
nichts mehr mit dem veräußerten Mitunternehmeranteil zu tun. Es ist kein Sonderbetriebsvermögen bei der H-OHG, sondern Betriebsvermögen eines eigenständigen Besitzunternehmens. Folglich hat A mit der Veräußerung seines Mitunternehmeranteils alle stillen Reserven aufgelöst, so dass ihm die
Tarifvergünstigung des § 34 EStG zusteht.

(*Einstweilen frei*)   865–867

i) Umbuchung

Geht man davon aus, dass die Rechtsprechungsänderung rechtens ist, dann sind   868
in den betroffenen Fällen – wegen der Rückwirkung einer Rechtsprechungsänderung in der Vergangenheit – Wirtschaftsgüter fälschlicherweise als Sonderbetriebsvermögen der Betriebs-Personengesellschaft behandelt worden. Demzufolge ist eine Bilanzberichtigung vorzunehmen.

869 Die fälschlicherweise als Sonderbetriebsvermögen behandelten Wirtschaftsgüter sind zum Buchwert aus dem Sonderbetriebsvermögen bei der Betriebs-Personengesellschaft auszubuchen. Dadurch tritt für den betroffenen Gesellschafter eine erfolgsneutrale Minderung seines Kapitalkontos in seiner Sonderbilanz ein.

870 Gleichzeitig sind dieselben Wirtschaftsgüter mit ihren Buchwerten in die Bilanz der Besitzpersonengesellschaft einzubuchen. Dadurch entsteht für den betreffenden Gesellschafter der Besitz-Personengesellschaft erfolgsneutral ein entsprechend hohes Kapitalkonto.

871–873 *(Einstweilen frei)*

j) AfA-Fortführung

874 Die Besitz-Personengesellschaft hat hinsichtlich der zu Buchwerten übertragenen Wirtschaftsgüter die weitere AfA nach der bisherigen Bemessungsgrundlage und dem bisherigen Absetzungsverfahren zu bemessen.[1]

k) Sonderabschreibungen nach dem Fördergebietsgesetz

875 Die Besitz-Personengesellschaft darf hinsichtlich der zum Buchwert umgebuchten Wirtschaftsgüter Sonderabschreibungen nach dem FördG noch in Höhe und in dem Zeitraum vornehmen, wie es auch die Betriebs-Personengesellschaft noch hätte tun dürfen.

876–878 *(Einstweilen frei)*

l) Behandlung der Nur-Besitz-Gesellschafter

879 Es ist bereits oben unter Rn. 821 ff. darauf hingewiesen worden, dass die neue Rechtsansicht des VIII. Senats des BFH insbesondere für Nur-Besitz-Gesellschafter eine erhebliche Steuerverschärfung bedeutet. Diese Wirkung wird durch die folgende Anordnung der Finanzverwaltung[2] noch verschärft:

„Die o. g. Grundsätze zur Anwendung von R 14 Abs. 2 Satz 2 EStR gelten in diesen Fällen entsprechend mit der Maßgabe, dass es nicht beanstandet wird, wenn die Anteile an den Wirtschaftsgütern des 'Nur-Besitz-Gesellschafters' (...) mit ihren Restwerten angesetzt werden."

---

1 BMF v. 28.4.1998, BStBl I 1998, 583, Tz. 4. Abs. 3 Satz 3.
2 BMF v. 28.4.1998, BStBl I 1998, 583, Tz. 4. Abs. 4.

Das bedeutet, dass die Nur-Besitz-Gesellschafter auch alle vor der Rechtsprechungsänderung bei ihnen entstandenen stillen Reserven bei einer späteren Veräußerung oder Entnahme versteuern müssen.

BEISPIEL: ▶ A ist mit 51 v. H., B mit 49 v. H. an der G-KG beteiligt. Gesellschafterbeschlüsse werden mit einfacher Mehrheit gefasst. Die G-KG hat von einer C-GbR ein Grundstück gemietet. An der C-GbR sind A mit 52 v. H. und seine Ehefrau mit 48 v. H. beteiligt. Das vermietete Grundstück enthält am 1. 1. 1999 10 Mio. € stille Reserven.   880

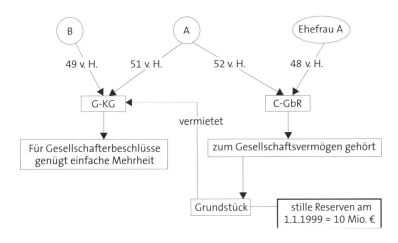

Lösung:

Nach der bisherigen Rechtsansicht war der Anteil des A an dem Grundstück als Sonderbetriebsvermögen zu behandeln. Dadurch waren 52 v. H. der bei dem Grundstück vorhandenen stillen Reserven (= 520.000 €) steuerlich verhaftet. Die auf die Ehefrau A entfallenden stillen Reserven von 480.000 € waren steuerlich nicht verhaftet. Die Rechtsprechungsänderung hat infolge ihrer Rückwirkung zur Folge, dass auch die auf die Ehefrau entfallenden stillen Reserven von 480.000 €, die unter der Herrschaft der früheren Rechtsauffassung entstanden sind, rückwirkend steuerlich verhaftet sind. D. h. bei einer späteren Veräußerung oder Entnahme muss Frau A diese stillen Reserven versteuern.   881

(Einstweilen frei)   882–884

m) Antragsberechtigung bei der Investitionszulage

Die Betriebs-Personengesellschaft bleibt für die Inanspruchnahme der Investitionszulage von Wirtschaftsgütern, die die Besitz-Personengesellschaft vor der   885 erstmaligen Anwendung der neuen Rechtsprechungsgrundsätze angeschafft oder hergestellt und der Betriebs-Personengesellschaft seit der Anschaffung oder Herstellung zur Nutzung überlassen hat, anspruchsberechtigt.[1]

n) Verbleibensvoraussetzungen usw.

886   Nach Ansicht der Finanzverwaltung hat die Änderung der Rechtsprechung allein keine Auswirkungen auf die Zugehörigkeits-, Verbleibens- und Verwendungsvoraussetzungen nach dem InvZulG und dem FördG. Zur Erläuterung dieser Ansicht werden in dem BMF-Schreiben vom 28. 4. 1998[2] zwei Beispiele angeführt, auf die verwiesen wird.

887–889 *(Einstweilen frei)*

5. Übergangsregelungen

890   Das BMF-Schreiben vom 28. 4. 1998[3] enthält unter Nr. 4 Verwaltungsanweisungen über die erstmalige Anwendung der neuen Rechtsprechung zur mitunternehmerischen Betriebsaufspaltung.

Danach gilt der Grundsatz, dass diese neue Rechtsprechung erstmals für Wirtschaftsjahre anzuwenden ist, die nach dem 31. 12. 1998 beginnen. Damit soll den von der Rechtsprechungsänderung betroffenen Steuerpflichtigen Gelegenheit gegeben werden, ihre tatsächlichen Verhältnisse ggf. umzugestalten. Gerichte sind an diese Übergangsregelung indes nicht gebunden.[4]

891   Gleichwohl sind alle Steuerberater aufgerufen, die von ihnen betreuten Personengesellschaften mit Sonderbetriebsvermögen daraufhin zu überprüfen, ob sie von der Rechtsprechungsänderung betroffen werden. Das ist der Fall, wenn die Wirtschaftsgüter, die der Personengesellschaft zur Nutzung überlassen worden sind, für die Personengesellschaft eine wesentliche Betriebsgrundlage sind (sachliche Verflechtung) und die Gesellschafter, denen die überlassenen Wirtschaftsgüter zuzurechnen sind, aufgrund ihrer Stimmrechtsmacht in der Personengesellschaft, in dieser ihren einheitlichen geschäftlichen Betätigungswillen durchsetzen können (personelle Verflechtung).

892   Auf Antrag waren nach der Übergangsregelung die neuen Rechtsgrundsätze auch schon für vor dem 1. 1. 1999 beginnende Wirtschaftsjahre anzuwenden.

---

1   BMF v. 28.4.1998, BStBl I 1998, 583, Tz. 4. Abs. 5.
2   BMF v. 28.4.1998, BStBl I 1998, 583.
3   BMF v. 28.4.1998, BStBl I 1998, 583.
4   Explizit FG Hamburg, Urteil v. 15.2.2008 (unter II. 1.a.), EFG 2008, 1125 (nicht rechtskräftig, Az. des BFH: IV R 15/08).

Voraussetzung hierfür war ein Antrag, der bis zum 31. 12. 1999 gestellt werden musste. Der Antrag konnte nur

▶ einheitlich für alle vor dem 1. 1. 1999 beginnenden Wirtschaftsjahre,

▶ einheitlich für alle Steuerarten einschließlich der Investitionszulage und

▶ einheitlich für alle Beteiligten gestellt werden.

BEISPIEL: ▶ Wie vorstehend unter Rn. 863. Die Veräußerung des Mitunternehmeranteils   893
hat 1994 stattgefunden. Das FA hat die Gewährung der Tarifvergünstigung verweigert.
Die hiergegen gerichtete Klage vor dem FG ist noch anhängig.

Lösung:

Die Beteiligten konnten beantragen, dass die neue Rechtsauffassung für 1994   894
bereits angewendet werden soll. Das hat zur Folge, dass das nicht mitveräußer-
te Grundstück bereits im Veranlagungszeitraum 1994 nicht mehr als Sonderbetriebsvermögen behandelt werden darf und damit die Voraussetzungen des
§ 34 EStG erfüllt sind.

(Einstweilen frei)   895–897

6. Vermeidung der Folgen der Rechtsprechungsänderung

a) Empfehlungen der Finanzverwaltung

Das BMF-Schreiben vom 28. 4. 1998[1] enthält unter Tz. 5 selbst zwei Vorschläge,   898
wie die Annahme einer mitunternehmerischen Betriebsaufspaltung in den Fällen vermieden werden kann, in denen bisher wegen der Vorrangstellung der
gesetzlichen Regelung des § 15 Abs. 1 Satz 1 Nr. 2 Satz 1 Halbsatz 1 EStG keine
Betriebsaufspaltung anzunehmen war.

(1) Erfolgsneutrale Überführung ins Gesellschaftsvermögen

Der erste Vorschlag der Finanzverwaltung geht dahin, die bisher als Sonderbe-   899
triebsvermögen behandelten Wirtschaftsgüter, die für die Betriebs-Personengesellschaft eine wesentliche Betriebsgrundlage sind, vor der erstmaligen Anwendung der neuen Rechtsprechungsansicht zum Buchwert gegen Gewährung von
Gesellschaftsrechten ins Gesellschaftsvermögen der Betriebs-Personengesellschaft zu übertragen. Allerdings dürfen im Zusammenhang mit dieser Übertragung keine Verbindlichkeiten aus dem Sonderbetriebsvermögen ins Gesellschaftsvermögen mitübertragen werden, weil sich die Übernahme von

---

1   BMF v. 28.4.1998, BStBl I 1998, 583.

Verbindlichkeiten als Entgelt darstellt und insoweit keine Buchwertübertragung mehr möglich ist.

(2) Einbringung nach § 24 UmwStG

900   Der zweite Vorschlag der Finanzverwaltung besteht darin, nach der erstmaligen Anwendung der neuen Rechtsprechungsauffassung die Anteile an der Besitz-Personengesellschaft nach § 24 UmwStG gegen Gewährung von Gesellschaftsrechten zu Buchwerten in die Betriebs-Personengesellschaft einzubringen.

901   Gegen diesen Vorschlag bestehen jedenfalls dann Bedenken, wenn Nur-Besitz-Gesellschafter vorhanden sind, oder wenn durch die Anwendung der Abfärbevorschrift des § 15 Abs. 3 Nr. 1 EStG zum Betriebsvermögen der Besitz-Personengesellschaft Wirtschaftsgüter gehören, die zuvor kein Sonderbetriebsvermögen waren.

b) Andere denkbare Vermeidungsmöglichkeiten

(1) Kein volles Entgelt

902   Da nach Auffassung der Finanzverwaltung[1] die neue Rechtsprechungsmeinung keine Anwendung findet, wenn infolge der Vereinbarung eines geringen Nutzungsentgelts bei der Besitz-Personengesellschaft keine Gewinnerzielungsabsicht vorliegt, kann auch durch die Vereinbarung eines entsprechend niedrigen Nutzungsentgelts die Annahme einer mitunternehmerischen Betriebsaufspaltung vermieden werden.

(2) Vermeidung der Anwendung der Abfärbevorschrift

903   Und schließlich ist noch darauf hinzuweisen, dass in den Fällen, in denen bei Anwendung der neuen Rechtsprechungsansicht eine mitunternehmerische Betriebsaufspaltung entsteht, die Anwendung der Abfärberegelung des § 15 Abs. 3 Nr. 2 EStG[2] dadurch vermieden werden kann, dass die vermietende Personengesellschaft in zwei personenidentische Personengesellschaften aufgespalten wird, von denen die eine den Zweck hat, Wirtschaftsgüter an die Betriebs-Personengesellschaft zu vermieten, während der Zweck der anderen in der Fremdvermietung von Wirtschaftsgütern besteht. Bei der Gesellschaft, die dann ausschließlich die gewerbliche Tätigkeit ausüben soll, muss es sich um eine

---

1   BMF v. 28.4.1998, BStBl I 1998, 583 (rechte Spalte).
2   Siehe oben Rn. 828 ff.

Schwestergesellschaft handeln. Es reicht dagegen nicht aus, wenn die gewerbliche Tätigkeit auf eine Untergesellschaft ausgegliedert wird.[1]

(Einstweilen frei)   904–906

7. Keine Anwendung der neuen Rechtsprechungsgrundsätze

a) Entgeltliche und teilentgeltliche Nutzungsüberlassung

Nach Ansicht der Finanzverwaltung soll die Vormachtstellung der Betriebsaufspaltung vor der gesetzlichen Regelung des § 15 Abs. 1 Satz 1 Nr. 2 Satz 1 Halbsatz 2 EStG dann nicht gelten, wenn das Besitzunternehmen dem Betriebsunternehmen eine oder mehrere wesentliche Betriebsgrundlagen unentgeltlich überlassen hat. Zur Begründung wird in dem BMF-Schreiben vom 28. 4. 1998[2] von der Finanzverwaltung angegeben, dass in diesen Fällen keine mitunternehmerische Betriebsaufspaltung vorliegen könne, weil es an einer Gewinnerzielungsabsicht und damit an einer eigenen gewerblichen Tätigkeit der Besitz-Personengesellschaft fehle. Das Gleiche gilt, wenn bei einer teilentgeltlichen Überlassung bei dem Besitzunternehmen keine Gewinnerzielungsabsicht vorliegt.   907

Dieser Begründung steht das BFH-Urteil vom 24. 4. 1991[3] nicht entgegen. In diesem Urteil hat zwar der X. Senat des BFH entschieden, dass auch eine unentgeltliche Nutzungsüberlassung eine Betriebsaufspaltung begründen könne. Nach der Begründung dieses Urteils kann dies aber nur für die Fälle gelten, in denen das Betriebsunternehmen eine Kapitalgesellschaft ist, weil nur in diesen Fällen die Beteiligung der beherrschenden Person oder Personengruppe am Betriebsunternehmen zum Betriebsvermögen des Besitzunternehmens gehört und demzufolge – bezogen auf die beherrschende Person oder Personengruppe – Ausschüttungen aus dem Betriebsunternehmen und Nutzungsentgelte des Betriebsunternehmens an das Besitzunternehmen weitgehend austauschbar sind. Eine solche Austauschbarkeit ist nicht möglich, wenn das Betriebsunternehmen eine Personengesellschaft ist, weil die Anteile an einer Personengesellschaft grundsätzlich nicht Sonderbetriebsvermögen II einer anderen Personengesellschaft sein können.   908

---

1   BFH, Beschluss v. 6.11.2003 - IV ER –S- 3/03, BFHE 207, 462; BStBl II 2005, 376; Urteil v. 6.10.2004 - IX R 53/01, BFHE 207, 466, BStBl II 2005, 383; BMF v. 18.5.2005, BStBl I 2005, 698; *Schulze zur Wiesche*, BB 2006, 75, 77.
2   BMF v. 28.4.1998, BStBl I 1998, 583, Tz. 1.
3   BFH, Urteil v. 24.4.1991 - X R 84/88, BFHE 164, 385, BStBl II 1991, 713.

b) Mehrstöckige Personengesellschaften

909 Keinen Vorrang haben die Betriebsaufspaltungsgrundsätze jedoch dann, wenn die beherrschende Personengruppe die Besitz-Personengesellschaft oder die Betriebs-Personengesellschaft nur mittelbar durch Zwischenschaltung einer anderen Personengesellschaft beherrscht.

Hier können zwei verschiedene Fälle vorkommen. In dem einen Fall besteht auf der Seite des Besitzunternehmens und im anderen Fall auf der Seite des Betriebsunternehmens eine mehrstöckige Personengesellschaft.

(1) Mehrstöckige Personengesellschaft auf der Seite des Besitzunternehmens

910 **BEISPIEL:** A und B sind zu je ½ an der Betriebs-KG beteiligt. Gleichzeitig sind sie zu je ½ an der X-OHG beteiligt. Zum Gesellschaftsvermögen der X-OHG gehört eine Beteiligung von 90 v. H. an der ABC-GbR. Diese hat ein Grundstück an die Betriebs-KG vermietet, das für die Betriebs-KG eine wesentliche Betriebsgrundlage ist.

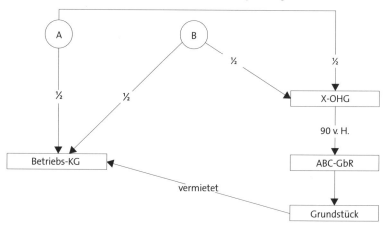

Lösung:

911 Nach Ansicht der Finanzverwaltung finden hier keine Betriebsaufspaltungsgrundsätze Anwendung. Vielmehr sind die gesetzlichen Regelungen zur doppelstöckigen Personengesellschaft in § 15 Abs. 1 Satz 1 Nr. 2 Satz 2 EStG anzuwenden. Diese kommen im Beispielfall jedoch nicht zur Anwendung, weil die ABC-GbR keine Mitunternehmerschaft, sondern nur eine vermögensverwaltende Personengesellschaft ist.

In dem Beispielfall ist also weder ein Anwendungsfall des § 15 Abs. 1 Satz 1 Nr. 2 Satz 2 EStG noch ein Betriebsaufspaltungsfall gegeben, wenn man von dem BFH-Urteil vom 27. 8. 1992[1] ausgeht. Sieht man dieses Urteil aber durch die BFH-Entscheidung vom 28. 11. 2001[2] als überholt an, dann liegt Betriebsaufspaltung vor.[3]

Dass nach dem BFH-Urteil vom 27. 6. 1992[4] kein Betriebsaufspaltungsfall vorliegt, ergibt sich daraus, dass nach diesem Urteil unzutreffenderweise[5] bei der Zwischenschaltung einer GmbH zwischen die das Betriebsunternehmen beherrschende Person oder Personengruppe und das Besitzunternehmen keine Betriebsaufspaltung anzunehmen ist, weil die das Betriebsunternehmen beherrschende Person oder Personengruppe nicht Gesellschafter der Besitzpersonengesellschaft sei und ein Durchgriff durch die zwischengeschaltete GmbH nicht möglich sei. Die gleichen Überlegungen gelten auch für den Fall, dass zwischen die das Betriebsunternehmen beherrschende Person oder Personengruppe und das Besitzunternehmen eine mitunternehmerisch tätige Personengesellschaft zwischengeschaltet ist.

912

(2) Mehrstöckige Personengesellschaft auf der Seite des Betriebsunternehmens

BEISPIEL: ▶ A und B sind je zu ½ Gesellschafter einer Grundstücks-GbR, die ihr Grundstück an die Y-Betriebs-KG vermietet hat. Das Grundstück ist für die Y-Betriebs-KG eine wesentliche Betriebsgrundlage. Die Anteile an der Y-Betriebs-KG gehören zum Gesellschaftsvermögen der X-OHG. An dieser sind A und B ebenfalls je zu ½ beteiligt.

913

---

1 BFH, Urteil v. 27.8.1992 - IV R 13/91, BFHE 169, 231, BStBl II 1993, 134.
2 BFH, Urteil v. 28.11.2001 - X R 50/97, BFHE 197, 254, BStBl II 2002, 363.
3 Siehe oben Rn. 475 ff.
4 BFH, Urteil v. 27.6.1992 - IV R 13/91, BFHE 169, 231, BStBl II 1993, 134.
5 Siehe oben Rn. 475 ff.

Lösung:

914 In diesem Beispiel liegen sowohl die Voraussetzungen des § 15 Abs. 1 Satz 1 Nr. 2 Satz 2 EStG als auch die der Betriebsaufspaltung vor. Letzteres deshalb, weil auf der Seite des Betriebsunternehmens – anders als auf der Seite des Besitzunternehmens – eine mittelbare Beherrschung durch eine zwischengeschaltete Kapitalgesellschaft oder Personengesellschaft für die Annahme einer personellen Verflechtung als ausreichend angesehen wird. § 15 Abs. 1 Satz 1 Nr. 2 Satz 2 EStG findet Anwendung, weil die Y-Betriebs-KG eine mitunternehmerische Personengesellschaft ist.

915 Nun sollte man eigentlich annehmen, dass in entsprechender Anwendung des Urteils des VIII. Senats vom 23. 4. 1996[1] auch in einem solchen Falle die Grundsätze der Betriebsaufspaltung Vorrang vor der gesetzlichen Regelung in § 15 Abs. 1 Satz 1 Nr. 2 Satz 2 EStG haben. Das jedoch lehnt die Finanzverwaltung in dem BMF-Schreiben vom 28. 4. 1998[2] ab. Sie gibt in diesem Fall der gesetzlichen Regelung des § 15 Abs. 1 Satz 1 Nr. 2 Satz 2 EStG den Vorrang vor dem Richterrecht Betriebsaufspaltung.

916 Es besteht also das eigenartige Ergebnis, dass nach Auffassung der Finanzverwaltung das Richterrecht „Betriebsaufspaltung" zwar der gesetzlichen Regelung des § 15 Abs. 1 Satz 1 Nr. 2 Satz 1 Halbsatz 2 EStG, nicht aber auch der gesetzlichen Regelung des § 15 Satz 1 Nr. 2 Satz 2 EStG vorgeht.

917–919 *(Einstweilen frei)*

III. Einzelunternehmen als Betriebsunternehmen

920 Ein Einzelunternehmen kann bei der Betriebsaufspaltung kein Betriebsunternehmen sein.

BEISPIEL: Der Einzelunternehmer A ist an der X-GbR mit 60 v.H. beteiligt. Das Vermögen der X-GbR besteht aus einem Grundstück, das an das Einzelunternehmen des A vermietet ist und hier eine wesentliche Betriebsgrundlage bildet.

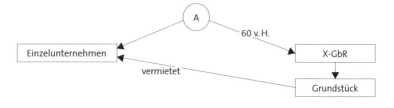

---

1 BFH, Urteil v. 23.4.1996 - VIII R 13/95, BFHE 181, 1, BStBl II 1998, 325; siehe auch oben Rn. 778 ff.
2 BMF v. 28.4.1998, BStBl I 1998, 583.

A muss in seinem Einzelunternehmen seinen Anteil an den überlassenen Wirt- **921** schaftsgütern (§ 39 Abs. 2 Nr. 2 AO) als notwendiges Betriebsvermögen aktivieren.[1] Dadurch gibt es nichts zum Umqualifizieren. Für die Annahme eines Besitzunternehmens und damit auch für die Behandlung eines Einzelunternehmens als Betriebsunternehmen i. S. der Betriebsaufspaltung ist damit kein Platz.

Zu einem anderen Ergebnis müsste man allerdings kommen, wenn man die **922** Überlegungen des Urteils des VIII. Senats des BFH vom 23. 4. 1996[2] auch hier anwenden würde. Eine solche Anwendung ist nicht von der Hand zu weisen; denn wenn man – wie dies der VIII. Senat getan hat – der Betriebsaufspaltungs-Rechtsprechung den Vorrang vor der Behandlung eines Wirtschaftsguts als Sonderbetriebsvermögen einräumt, dann kann man auch der Betriebsaufspaltungs-Rechtsprechung den Vorrang vor der Behandlung eines Wirtschaftsguts als Betriebsvermögen einräumen.

Übertragen auf das vorstehende Beispiel würde dies bedeuten, dass das an das **923** Einzelunternehmen des A vermietete Grundstück nicht zum Betriebsvermögen des Einzelunternehmens gehört, sondern als Besitzunternehmen einen eigenen Gewerbebetrieb neben dem als Betriebsunternehmen anzusehenden Einzelunternehmen bildet.

Ein solches Ergebnis ist jedoch wenig einleuchtend. Es zeigt vielmehr, dass die neue Rechtsprechung zur mitunternehmerischen Betriebsaufspaltung auch unter dem Vergleich mit einem Einzelunternehmen erheblichen Bedenken begegnet.

(Einstweilen frei) **924–926**

IV. Gemeinschaft als Betriebsunternehmen

Auch eine Gemeinschaft kann als Betriebsunternehmen in Betracht kommen, **927** wenn die Gemeinschaft wirtschaftlich einer mitunternehmerisch tätigen Personengesellschaft vergleichbar ist. Hier gelten die gleichen Überlegungen wie in den Fällen, in denen das Betriebsunternehmen die Rechtsform einer Personengesellschaft hat.[3]

(Einstweilen frei) **928–930**

---

1 BFH, Urteil v. 26.1.1978 - IV R 160/73, BFHE 124, 335, BStBl II 1978, 299.
2 Vgl. oben Rn. 778 ff.
3 BFH, Urteil v. 23.4.1996 - VIII R 13/95, BFHE 181,1, BStBl II 1998, 325.

V. Muss das Betriebsunternehmen einen Gewerbebetrieb zum Gegenstand haben?

Literatur: *o. V.*, Besteht die Gewerbesteuerpflicht des Besitzunternehmens nach einer Betriebsaufspaltung auch, wenn der Betriebsinhaber vor der Betriebsaufspaltung freiberuflich tätig war?, DB 1977, 2306.

931 Unstreitig ist, dass ein in der Rechtsform einer Kapitalgesellschaft geführtes Betriebsunternehmen nicht die Voraussetzungen des § 15 Abs. 2 EStG erfüllen muss, seine Tätigkeit sich also nicht als eine gewerbliche darstellen muss. Es genügt, dass es sich um einen Gewerbebetrieb kraft Rechtsform handelt.

932 Handelt es sich bei dem Betriebsunternehmen hingegen um eine Personengesellschaft oder eine wirtschaftlich vergleichbare Gemeinschaft – und diese Fälle sind nach der Rechtsprechungsabweichung des VIII. Senats bei der mitunternehmerischen Betriebsaufspaltung durch das BFH-Urteil vom 23. 4. 1996[1] viel häufiger als früher –, so war es insbesondere in der Literatur noch nicht abschließend geklärt, ob die Annahme einer Betriebsaufspaltung tatbestandsmäßig voraussetzt, dass das Betriebsunternehmen einen Gewerbebetrieb i. S. des § 15 Abs. 2 EStG zum Gegenstand haben muss.

933 Stellte man, wie dies in dem BFH-Urteil vom 12. 11. 1985[2] geschieht, als Rechtfertigung der Betriebsaufspaltungs-Rechtsprechung isoliert das Vorhandensein einer sachlichen und personellen Verflechtung in den Vordergrund, dann musste man zu dem Ergebnis kommen, dass eine Betriebsaufspaltung auch dann anzunehmen ist, wenn das Betriebsunternehmen eine Land- und Forstwirtschaft oder eine selbständige Tätigkeit zum Gegenstand hat.[3] Stellte man hingegen, wie dies in anderen Entscheidungen des BFH geschieht, darauf ab, dass die Gewerblichkeit des Besitzunternehmens aus der Gewerblichkeit des Betriebsunternehmens herzuleiten ist, dann konnte Betriebsaufspaltung nur dann vorliegen, wenn das Betriebsunternehmen einen Gewerbebetrieb zum Gegenstand hat.

934 Diese Sichtweise wird von zwei jüngeren Entscheidungen des BFH gestützt. Danach kann die Vermietung wesentlicher Betriebsgrundlagen an eine Freiberuflergesellschaft nicht zu einer mitunternehmerischen Betriebsaufspaltung führen.[4] Diese Sichtweise ist konsequent. Schließlich würde auch niemand den Ansatz verfolgen, dass eine Betriebsaufspaltung in der Weise möglich ist, dass

---

1 BFH, Urteil v. 23.4.1996 - VIII R 13/95, BFHE 181, 1, BStBl II 1998, 325.
2 BFH, Urteil v. 12.11.1985 - VIII R 240/81, BFHE 145, 401, BStBl II 1986, 296.
3 Vgl. unten Rn. 956 ff.
4 BFH, Beschluss v. 12.5.2004, X R 59/00 (unter B. IV. 5. b), BFHE 206, 179, BStBl II 2004, 607; Urteil v. 10.11.2005, IV R 29/04 (unter 2. d. ee), BFHE 211, 305, BStBl II 2006, 173; a.A. *Reiß*, in: Kirchhof, EStG KompaktKommentar, 8. Aufl. 2008, § 15, Rn. 87.

das vermietende Besitzunternehmen unabhängig von der beruflichen Qualifikation der Besitzgesellschafter Einkünfte i. S. des § 18 EStG erzielt. Wenn keine gewerblichen Einkünfte des Betriebsunternehmens vorliegen, wäre es ähnlich inkonsequent, die Vermietungstätigkeit der Besitzgesellschaft als gewerblich umzuqualifizieren.

(Einstweilen frei)   935–937

VI. Ausländische Betriebsgesellschaft

Aus der Rechtsprechung des BFH ist nicht erkennbar, dass das Institut der Betriebsaufspaltung auf die Fälle beschränkt sein soll, in denen das Betriebsunternehmen im Inland eine Betriebsstätte hat. Daher wird vielfach die Ansicht vertreten, dass dies nicht erforderlich sei und es demzufolge eine **Betriebsaufspaltung über die Grenze** gäbe.[1] Nach anderen Literaturstimmen muss auch das Betriebsunternehmen im Inland eine Betriebsstätte haben.[2]   938

> **BEISPIEL:** Der in Deutschland unbeschränkt steuerpflichtige A ist zu 100 v. H. an der luxemburgischen A-S.à r.l. beteiligt, die Zwischenprodukte für die Stahlindustrie herstellt und vertreibt. Er besitzt gleichzeitig ein Grundstück in Luxemburg, das wesentliche Betriebsgrundlage für die A-S.à r.l. ist und an diese vermietet wird.   939

Fraglich ist, ob die Einkünfte des A solche aus Vermietung und Verpachtung oder als gewerblich zu qualifizieren sind, Da A keine inländische Betriebsstätte i. S. des § 2 Abs. 1 Satz 3 GewStG unterhält, unterliegen seine Einkünfte von vornherein nicht der Gewerbesteuer.   940

Trotzdem weist ein Teil der Literatur mit einigem Recht darauf hin, dass hier der einheitliche geschäftliche Betätigungswille im Inland gebildet wird.[3] Dieser Meinung zufolge wäre das Institut der Betriebsaufspaltung folglich anwendbar, so dass die Einkünfte des A als gewerblich zu qualifizieren wären.   941

Da es sich bei der Betriebsaufspaltung um Richterrecht handelt – ist von einer engen Auslegung auszugehen und zu verlangen, dass auch das Betriebsunternehmen eine inländische Betriebsstätte haben muss. Es ist nämlich zu berücksichtigen, dass § 2 Abs. 1 Satz 1 GewStG eindeutig davon spricht, dass der Gewerbesteuer nur ein solcher Gewerbebetrieb unterliegt, der im Inland betrieben wird. Konkretisierend macht § 2 Abs. 1 Satz 3 GewStG deutlich, dass ein Gewerbebetrieb nur dann im Inland betrieben wird, wenn für ihn im Inland eine Be-   942

---

1 *Ruf*, IStR 2006, 232, 235; vgl. auch oben Rn. 674 ff.
2 *Wacker*, in: Schmidt, EStG, 28. Aufl. 2009, § 15, Rn. 862; *Jacobs*, Internationale Unternehmensbesteuerung, 6. Aufl. 2007, S. 305.
3 *Gluth*, in: Herrmann/Heuer/Raupach, Einkommensteuer- und Körperschaftsteuergesetz, § 15 EStG, Anm. 776; *Kaligin*, Die Betriebsaufspaltung, 6. Aufl. 2008, S. 235 f.

triebsstätte unterhalten wird. Der Sinn der Betriebsaufspaltungslehre besteht darin, Schmälerungen der Gewerbesteuer vorzubeugen. Vor dem Hintergrund dieser Zielsetzung erscheint es logisch, eine Betriebsaufspaltung über die Grenze nur dann zur Anwendung kommen zu lassen, wenn inländische Gewerbesteuer überhaupt anfallen kann, also auch eine inländische Betriebsstätte vorliegt. Das ist hier aber gerade nicht der Fall.[1]

943 Im vorliegenden Beispiel erzielt A daher Einkünfte aus Vermietung und Verpachtung. Im DBA-Fall steht das Besteuerungsrecht wegen des Belegenheitprinzips des Art. 6 OECD-MA in der Regel dem Staat zu, in dem das Grundstück belegen ist, hier also Luxemburg.

944–946 *(Einstweilen frei)*

---

1 Wegen des Begriffs der Betriebsstätte vgl. bereits oben Rn. 679 ff.

G. Rechtsfolgen der Betriebsaufspaltung

Literatur: *Böth/Busch/Harle*, Die Betriebsaufspaltung – Teil II: Steuerliche Konsequenzen und Beendigung der Betriebsaufspaltung, SteuerStud 1992, 131; *Brandenberg*, Betriebsaufspaltung und Behandlung des Firmenwerts, JbFfSt 1990, 235; *Paus*, Die Betriebsaufspaltung: Voraussetzungen und Rechtsfolgen, StWa 1989, 57; *Schneeloch*, Betriebsaufspaltung – Voraussetzungen und Steuerfolgen, DStR 1991, 761 und 804; *Schulze zur Wiesche*, Betriebsaufspaltung in der jüngsten Rechtsprechung – Voraussetzungen und Konsequenzen, bilanz & buchhaltung, 1992, 267; *Wulff*, Ist die gewerbesteuerliche Behandlung des Aufspaltungs-Besitzunternehmens praktisch ein Schlag ins Wasser?, StBp 1970, 88.

I. Grundsätzliches

1. Kein einheitlicher Gewerbebetrieb

Literatur: *Risse*, Betriebsaufspaltung und „einheitlicher Organismus", GmbHR 1970, 178; *Voss*, Ertragsteuerliche Behandlung der Veräußerung von Anteilen an einer Betriebskapitalgesellschaft, DB 1991, 2411.

Die Rechtsfolge der Betriebsaufspaltung besteht nicht darin, dass das Besitzunternehmen und das Betriebsunternehmen als ein **einheitliches gewerbliches Unternehmen** angesehen werden. Besitzunternehmen und Betriebsunternehmen bleiben zwei selbständige Unternehmen,[1] die ihren Gewinn unabhängig voneinander ermitteln. Das gilt selbst bei Personenidentität und gleichen Beteiligungsverhältnissen in beiden Unternehmen.

947

Im Gegensatz hierzu findet sich in den RFH-Urteilen vom 26. 10. 1938[2] und vom 16. 11. 1944[3] die Auffassung, dass im Fall einer Betriebsaufspaltung unter Umständen ein einheitlicher Gewerbebetrieb in Frage kommt. Und in dem BFH-Urteil vom 24. 11. 1978[4] heißt es:

948

„In der älteren Rechtsprechung (…) wurde die gewerbliche Tätigkeit einer Besitzgesellschaft (…) darauf gegründet, dass zwischen der Besitzgesellschaft und der Betriebsgesellschaft wirtschaftlich ein einheitliches Unternehmen gegeben sei (vgl. Entscheidung vom 24. 6. 1969 I 201/64, BStBl II 1970, 17)."

Diese Auffassung ist durch den Beschluss des GrS des BFH vom 8. 11. 1971[5] aufgegeben worden.

949

---

1   BFH, Entscheidungen v. 8.11.1971 - GrS 2/71, BFHE 103, 440, BStBl II 1972, 63; v. 23.1.1980 - I R 33/77, BFHE 130, 173, BStBl II 1980, 356; v. 5.2.1981 - IV R 165–166/77, BFHE 132, 466, BStBl II 1981, 376; v. 16.6.1982 - I R 118/80, BFHE 136, 287, BStBl II 1982, 662; v. 17.7.1991 - I R 98/88, BFHE 165, 369, BStBl II 1992, 246; v. 14.1.1998 - X R 57/93, BFHE 185, 230, BFH/NV 1998, 1160; v. 2.2.2005 - II R 4/03, BFHE 208, 421, BStBl II 2005, 426.
2   RFH, Urteil v. 26.10.1938 - VI 501/38, RStBl 1939, 282.
3   RFH, Urteil v. 16.11.1944 - III 22/44, RStBl 1945, 34.
4   BFH, Urteil v. 24.11.1978 - III R 121/76, BFHE 127, 214, BStBl II 1979, 366.
5   BFH, Beschluss v. 8.11.1971 - GrS 2/71, BFHE 103, 440, BStBl II 1972, 63.

Eine Konsequenz der Tatsache, dass bei der Betriebsaufspaltung zwei Unternehmen vorhanden sind, ist, dass das im Wege der Betriebsaufspaltung entstandene Betriebsunternehmen ohne Einvernehmen mit dem FA ein vom Kalenderjahr **abweichendes Wirtschaftsjahr** wählen kann, weil keine Umstellung eines Wirtschaftsjahrs, sondern eine Neugründung der abgespaltenen Betriebsgesellschaft vorliegt.[1]

950–952 *(Einstweilen frei)*

2. Umqualifizierung des Besitzunternehmens

Literatur: *Bordewin*, Gewerbliche Einkünfte der Besitzpersonengesellschaft bei Betriebsaufspaltung, NWB Fach 3, 10449; *Dürkes*, Die Doppelgesellschaft, BB 1949, 65 und 266; *Keuk, Brigitte*, Gewerbesteuerpflicht des Besitzunternehmens bei Betriebsaufspaltung?, DB 1974, 205.

953 Die Rechtsfolge der Betriebsaufspaltung besteht nach der Rechtsprechung des BFH insbesondere darin, dass eine Vermietungs- oder Verpachtungstätigkeit in eine gewerbliche Tätigkeit (in einen Gewerbebetrieb) umqualifiziert wird.[2] Der Inhaber bzw. die Gesellschafter des Besitzunternehmens haben keine **Einkünfte aus Vermietung und Verpachtung**, sondern **gewerbliche Einkünfte**. Die ihm bzw. ihnen gehörenden Wirtschaftsgüter gehören nicht zum Privatvermögen, sondern sind Betriebsvermögen. Das Besitzunternehmen unterliegt der **Gewerbesteuer.**[3]

954 Das gilt nach der Rechtsprechung des BFH[4] auch für diejenigen Gesellschafter des Besitzunternehmens, die an der Betriebsgesellschaft nicht beteiligt sind (**Nur-Besitz-Gesellschafter**).[5] Ist das Besitzunternehmen eine Bruchteilsgemeinschaft, gilt nichts anderes. Wegen der Bedenken gegen diese Auffassung wird auf die Ausführungen unter Rn. 1082 ff. verwiesen.

955 Der Umqualifizierung des Besitzunternehmens in einen Gewerbebetrieb steht nichts entgegen, wenn die Betriebskapitalgesellschaft aus einem vor der Betriebsaufspaltung bestehenden freiberuflich tätigen Gesamtunternehmen hervorgegangen ist.[6] In dem dem Urteil vom 18. 6. 1980 zugrunde liegenden Sach-

---

1 BFH, Urteile v. 27.9.1979 - IV R 89/76, BFHE 129, 25, BStBl II 1980, 94; v. 17.7.1991 - I R 98/88, BFHE 165, 369, BStBl II 1992, 246; *Brandmüller*, BB 1980, 722; *Koevius*, DB 1981, 1308.
2 BFH, Urteile v. 16.6.1982 - I R 118/80, BFHE 136, 287, BStBl II 1982, 662; v. 10.4.1997 - IV R 73/94, BFHE 183, 127, BStBl II 1997, 569; v. 14.1.1998 - X R 57/93, BFHE 185, 230, BB 1998, 1245; v. 15.10.1998 - IV R 20/98, BFHE 187, 26, BStBl II 1999, 445; v. 14.9.1999 - III R 47/98, BStBl II 2000, 255.
3 BFH, Urteil v. 26.1.1989 - IV R 151/86, BFHE 156, 138, BStBl II 1989, 455.
4 BFH, Urteil v. 2.8.1972 - IV R 87/65, BFHE 106, 325, BStBl II 1972, 796; v. 12.11.1985 - VIII R 240/81, BFHE 145, 401, BStBl II 1986, 296.
5 Vgl. hierzu auch *Wendt*, GmbHR 1983, 20, 25; *Micker*, FR 2009, 852.
6 BFH, Urteil v. 18.6.1980 - I R 77/77, BFHE 131, 388, BStBl II 1981, 39.

verhalt hatte eine Heilpädagogin ein Kinderkurheim betrieben. Die Einkünfte daraus waren als solche aus selbständiger Arbeit behandelt worden. Später gründete die Heilpädagogin zusammen mit ihrem Ehemann eine GmbH, die den Betrieb des früheren Einzelunternehmens fortführte. Das unbewegliche Vermögen des früheren Einzelunternehmens wurde an die GmbH verpachtet.

De Rechtsfolge der Umqualifizierung eines vermögensverwaltenden Besitzunternehmens tritt nicht ein, wenn das Betriebsunternehmen kein gewerbliches Unternehmen ist, sondern eine **Land- und Forstwirtschaft** oder eine **selbständige Tätigkeit** zum Gegenstand hat.[1]

956

BEISPIEL: ▶ An dem in Form einer GbR geführten land- und forstwirtschaftlichen Betrieb L sind A mit 60 v. H. und B mit 40 v. H. beteiligt. A hat an die GbR ein Grundstück vermietet.

Die Grundstücksvermietung ist in dem Beispielsfall – obgleich die Voraussetzungen für eine Betriebsaufspaltung (sachliche und personelle Verflechtung) vorliegen – keine land- und forstwirtschaftliche Betätigung, sondern nur Vermietung und Verpachtung. Zwar würden bei einer Anwendung der Betriebsaufspaltungsgrundsätze auf Fälle, in denen das Betriebsunternehmen eine Land- und Forstwirtschaft oder eine selbständige Tätigkeit zum Gegenstand hat, auch die zum Vermögen des Besitzunternehmens gehörenden Wirtschaftsgüter hinsichtlich ihrer Substanzvermehrung der Einkommensteuer unterliegen. Das Institut der Betriebsaufspaltung ist aber nur für den Gewerbebetrieb entwickelt worden. Es hat keine gesetzliche Grundlage und ist deshalb reines Richterrecht, was nicht extensiv ausgelegt werden darf. Für diese Ansicht spricht auch der in dem BFH-Urteil vom 18. 6. 1980[2] enthaltene Satz:

957

„Der gewerbliche Charakter der Betriebsgesellschaft bestimmt die Qualifikation der Vermietertätigkeit."

Soweit sich gegen die hier vertretene Auffassung Zweifel aus den BFH-Urteilen vom 12. 11. 1985[3] und vom 18. 2. 1986[4] ergaben, dürfte der BFH diese mittlerweile selbst ausgeräumt haben.[5]

958

---

1 Vgl. auch oben Rn. 931 ff.
2 BFH, Urteil v. 18.6.1980 - I R 77/77, BFHE 131, 388, BStBl II 1981, 39.
3 BFH, Urteil v. 12.11.1985 - VIII R 240/81, BFHE 145, 401, BStBl II 1986, 296.
4 BFH, Urteil v. 18.2.1986 - VIII R 125/85, BFHE 146, 266, BStBl II 1986, 611.
5 BFH, Beschluss v. 12.5.2004, X R 59/00 (unter B. IV. 5. b), BFHE 206, 179, BStBl II 2004, 607; Urteil v. 10.11.2005 - IV R 29/04 (unter 2. d. ee), BFHE 211, 305, BStBl II 2006, 173; vgl. bereits oben Rn. 934.

959 Nach dem BFH-Urteil vom 13. 10. 1983[1] tritt eine Umqualifizierung des Besitz-unternehmens auch dann ein, wenn eine Betriebsgesellschaft, die kraft Rechts-form ein Gewerbebetrieb ist, von der **Gewerbesteuer befreit** ist.

960–962 *(Einstweilen frei)*

II. Bedenken gegen die Umqualifizierung

Literatur: *Söffing, Günter*, Ausgeuferte Betriebsaufspaltung: Systematik, Modellfälle, Grundsatzbedenken in Einzelpunkten, KÖSDI 1984, 5756; *Thissen*, Betriebsaufspaltung in der Landwirtschaft, StSem 1996, 123; *Weilbach*, Zivilrechtlicher Sündenfall bei der Be-triebsaufspaltung: Kann Nutzungsüberlassung dem Eigentum gleichgestellt werden?, GmbHR 1991, 56.

1. Allgemeines

963 Gegen die Umqualifizierung des Besitzunternehmens in einen Gewerbebetrieb bestehen aus verschiedenen Gründen, insbesondere wegen des GmbH & Co. KG-Beschlusses des GrS des BFH vom 25. 6. 1984[2] und wegen des Fehlens der für die Annahme eines Gewerbebetriebs (§ 15 Abs. 2 EStG) erforderlichen Vor-aussetzung der Beteiligung am allgemeinen wirtschaftlichen Verkehr bei dem Besitzunternehmen Bedenken.

2. Der GmbH & Co. KG-Beschluss

Literatur: *Felix*, Über einige Auswirkungen des „GmbH & Co. KG-Beschlusses 1984 des Gro-ßen Senats" auf das Rechtsinstitut der Betriebsaufspaltung, DStZ 1984, 575; *ders.*, Anm. zum BFH-Urteil vom 12. 11. 1985 – VIII R 240/81, BStBl II 1986, 296, StRK – Anm. EStG 1975 § 15 Abs. 1 Nr. 2 BetrAufsp. R 8.

964 Die Rechtsprechung des BFH – zumindest die des I. Senats[3] – hat die Betriebs-aufspaltung stets damit gerechtfertigt, dass das Besitzunternehmen deshalb ein Gewerbebetrieb ist, weil der einheitliche geschäftliche Betätigungswille der hinter beiden Unternehmen stehenden Person oder Personengruppe auf die Ausübung eines Gewerbebetriebs gerichtet sei und dieser Wille in dem Besitz-unternehmen durch die Verpachtung einer für das Betriebsunternehmen we-sentlichen Betriebsgrundlage verwirklicht werde.

965 Nach dieser Rechtfertigung der Betriebsaufspaltung sind es letztlich also drei Merkmale, die die Umqualifizierung des Besitzunternehmens in einen Gewer-bebetrieb bewirken:

---

1 BFH, Urteil v. 13.10.1983 - I R 187/79, BFHE 139, 406, BStBl II 1984, 115.
2 BFH, Beschluss v. 25.6.1984 - GrS 4/82, BFHE 141, 405, BStBl II 1984, 751.
3 BFH, Urteile v. 12.3.1970 - I R 108/66, BFHE 98, 441, BStBl II 1970, 439; v. 18.6.1980 - I R 77/77, BFHE 131, 388, BStBl II 1981, 39, 40; v. 16.6.1982 - I R 118/80, BFHE 136, 287, BStBl II 1982, 662, 663; v. 10.11.1982 - I R 178/77, BFHE 137, 67, BStBl II 1983, 136.

▶ die gewerbliche Betätigung des Betriebsunternehmens,

▶ die personelle Verflechtung zwischen Betriebsunternehmen und Besitzunternehmen durch die hinter beiden stehende Person oder Personengruppe und

▶ der Umstand, dass das verpachtete Wirtschaftsgut für das gewerblich tätige Betriebsunternehmen eine wesentliche Betriebsgrundlage ist.

Sind diese außerhalb des Besitzunternehmens liegenden Voraussetzungen vorhanden, dann wird zwar nicht – worauf in dem BFH-Urteil vom 12. 11. 1985[1] zutreffend hingewiesen wird – die gewerbliche Tätigkeit der Betriebsgesellschaft dem Besitzunternehmen „zugerechnet". Aber die Person oder Personengruppe, die hinter beiden Unternehmen steht und in beiden Unternehmen mit einem einheitlichen geschäftlichen Betätigungswillen handelt, wird auch im Besitzunternehmen gewerblich tätig, weil dieser einheitliche geschäftliche Betätigungswille dann, wenn die Betriebsgesellschaft ein Gewerbebetrieb ist, auf eine gewerbliche Betätigung ausgerichtet ist. Diese Auffassung dürfte auch *Woerner*[2] mit der Formulierung zum Ausdruck bringen:

„Die Qualifikation des Besitzunternehmens ist letztlich bestimmt durch den Endzweck, zu dem es von dem Unternehmer oder den Unternehmern eingesetzt wird."

(Einstweilen frei) 967–976

Diese Rechtfertigung der Betriebsaufspaltungs-Rechtsprechung, auf die in dem BFH-Urteil vom 12. 11. 1985[3] nicht eingegangen wird, macht es schwer, zu einer Vereinbarkeit dieser Rechtsprechung mit dem GmbH & Co. KG-Beschluss des GrS des BFH vom 25. 6. 1984[4] zu kommen. Der GrS hat in diesem Beschluss ausgesprochen, dass die Art der Einkünfte der Gesellschafter einer Personengesellschaft in erster Linie durch die Tätigkeit der Gesellschafter in ihrer gesamthänderischen Verbundenheit, mithin durch die Tätigkeit der Gesellschaft bestimmt wird. Und an einer anderen Stelle des Beschlusses heißt es:

„Bei der Frage nach dem Vorliegen eines gewerblichen Unternehmens der Personengesellschaft ist allein auf deren Tätigkeit, wie sie sich in der gemeinschaftlichen Tätigkeit ihrer Gesellschafter darstellt, abzustellen." Außerhalb dieser Tätigkeit liegende Umstände dürfen bei der Bestimmung der Einkunftsart einer Personengesellschaft nicht berücksichtigt werden.

966

977

---

1 BFH, Urteil v. 12.11.1985 - VIII R 240/81, BFHE 145, 401, BStBl II 1986, 296.
2 *Woerner*, BB 1985, 1609, 1612.
3 BFH, Urteil v. 12.11.1985 - VIII R 240/81, BFHE 145, 401, BStBl II 1986, 296.
4 BFH, Beschluss v. 25.6.1984 - GrS 4/82, BFHE 141, 405, BStBl II 1984, 751.

978 Diese Rechtsansicht hat den GrS in seinem GmbH & Co. KG-Beschluss vom 25. 6. 1984 zu dem Ergebnis geführt, dass eine ihrer Art nach vermögensverwaltend tätige GmbH & Co. KG selbst dann nur Einkünfte aus Vermietung und Verpachtung hat, wenn an ihr nur Kapitalgesellschaften, also nur solche Personen beteiligt sind, die – weil sie kraft Rechtsform Gewerbetreibende sind – nur gewerblich handeln können. Denn die Gewerblichkeit der an einer nur vermögensverwaltend tätigen Personengesellschaft beteiligten Kapitalgesellschaften liegt außerhalb der Tätigkeit der Personengesellschaft und hat deshalb auf die Bestimmung der Art der Tätigkeit der Personengesellschaft keinen Einfluss.

979 Überträgt man diesen Rechtsgrundsatz auf die Betriebsaufspaltungs-Rechtsprechung, so liegt der Schluss nahe, dass die vorstehend angeführten drei Merkmale, die die Umqualifizierung der Besitzgesellschaft bewirken, auch außerhalb der Besitzpersonengesellschaft liegen. Denn weder die gewerbliche Betätigung des Betriebsunternehmens noch die personelle Verflechtung (die Durchsetzbarkeit eines einheitlichen geschäftlichen Betätigungswillens) noch die sachliche Verflechtung (Vermietung einer für die Betriebsgesellschaft wesentlichen Betriebsgrundlage) hat mit der Tätigkeit der Betriebsgesellschaft etwas zu tun.

3. Das BFH-Urteil vom 12. 11. 1985

a) Die Begründung des Urteils

980 Trotz dieser Unvereinbarkeit kommt der VIII. Senat in dem Urteil vom 12. 11. 1985[1] zu dem Ergebnis, der Beschluss des GrS vom 25. 6. 1984[2] mit der Betriebsaufspaltungs-Rechtsprechung vereinbar ist. Zur Begründung dieser Ansicht wird ausgeführt:

981 (1) Die Rechtsprechung zur Betriebsaufspaltung rechne nicht die gewerbliche Tätigkeit der Betriebsgesellschaft der Besitzgesellschaft zu. Sie beruhe vielmehr darauf, dass die Vermietung oder Verpachtung beim Vorliegen einer sachlichen und personellen Verflechtung der Besitzgesellschaft und der Betriebsgesellschaft nicht mehr als Vermögensverwaltung, sondern als eine gewerbliche Tätigkeit anzusehen sei.

982 (2) Die Auffassung des GrS im Beschluss vom 25. 6. 1984, dass sich die Art der Einkünfte der Gesellschafter einer Personengesellschaft regelmäßig nach der Tätigkeit der Gesellschaft bestimmt, hindere nicht die Annahme einer personellen Verflechtung in den Fällen, in denen die Anteile an der Betriebs-Kapitalge-

---

1 BFH, Urteil v. 12.11.1985 - VIII R 240/81, BFHE 145, 401, BStBl II 1986, 296.
2 BFH, Beschluss v. 25.6.1984 - GrS 4/82, BFHE 141, 405, BStBl II 1984, 751.

sellschaft nicht der Besitzgesellschaft, sondern deren Gesellschaftern gehörten. Denn bei der Prüfung der personellen Verflechtung sei auch das Sonderbetriebsvermögen der Personengesellschaft zu berücksichtigen. Sonderbetriebsvermögen liege vor, wenn Wirtschaftsgüter der Gesellschafter dazu bestimmt und geeignet seien, dem Betrieb der Gesellschaft zu dienen. Im Fall der Betriebsaufspaltung genüge es, dass die Anteile an der Betriebs-Kapitalgesellschaft dazu dienten, den einheitlichen geschäftlichen Betätigungswillen in der Betriebs-Kapitalgesellschaft durchzusetzen. Das träfe auf die Anteile an der Betriebs-Kapitalgesellschaft zu, die den Gesellschaftern der Besitz-Personengesellschaft gehörten.

(3) Obgleich es sich bei der sachlichen Verflechtung um eine Voraussetzung handele, die im Unternehmen der Betriebsgesellschaft verwirklicht werde, dürfe sie berücksichtigt werden. Denn das Abstellen auf die Tätigkeit der Personengesellschaft bei der Bestimmung der Art der Einkünfte ihrer Gesellschafter bedeute nicht, dass die besonderen Umstände, die die Annahme einer gewerblichen Tätigkeit durch Vermietung oder Verpachtung rechtfertigten, ausschließlich in der Besitzgesellschaft vorhanden sein müssten. Es genüge, dass die Besitzgesellschaft die Tätigkeit des Vermietens oder Verpachtens entfalte. Die besonderen Umstände der sachlichen Verflechtung und der personellen Verflechtung seien nicht Teil dieser Tätigkeit, sondern verliehen ihr lediglich die Eigenschaft eines Gewerbebetriebs.

983

b) Kritische Überlegungen

(1) Gegen die Auffassung des VIII. Senats in seinem Urteil vom 12. 11. 1985[1] bestehen aufgrund der folgenden Überlegungen Bedenken: Wenn man, wie es der VIII. Senat tut, die Rechtfertigung der Behandlung des Besitzunternehmens als Gewerbebetrieb von dem Charakter des Betriebsunternehmens als Gewerbebetrieb völlig löst und allein die von der Art der Tätigkeit des Betriebsunternehmens abstrahierten Merkmale der sachlichen und personellen Verflechtung als maßgeblich ansieht, um das Besitzunternehmen zu einem Gewerbebetrieb zu machen,[2] dann hat dies zur Folge, dass sich auch in dem folgenden Beispiel die Grundstücksverpachtung als ein Gewerbebetrieb darstellt:

984

BEISPIEL: ▶ Die X-GbR betreibt eine Land- und Forstwirtschaft. An ihr sind A mit 40 v. H. und B mit 60 v. H. beteiligt. B hat Grundstücke an die X-GbR verpachtet, welche für diese Gesellschaft eine wesentliche Betriebsgrundlage sind.

985

---

1 BFH, Urteil v. 12.11.1985 - VIII R 240/81, BFHE 145, 401, BStBl II 1986, 296.
2 Vgl. auch BFH, Urteil v. 8.3.1989 - X R 9/86, BFHE 156, 443, BStBl II 1989, 714.

Lösung:

986 Zwischen B und der X-GbR liegen die Voraussetzungen einer sachlichen und personellen Verflechtung vor, so dass die Vermietungstätigkeit des B ein Gewerbebetrieb ist, obgleich die Mieterin, die X-GbR, kein Gewerbebetrieb, sondern nur eine Land- und Forstwirtschaft betreibt.

Vom Sinn und Zweck der Betriebsaufspaltung her gesehen, besteht in diesem Beispiel aber überhaupt kein Grund dafür, das Besitzunternehmen als Gewerbebetrieb zu behandeln. Es ist keine Rechtfertigung dafür vorhanden, warum bei der Aufspaltung eines Betriebs der Land- und Forstwirtschaft in ein Betriebsunternehmen und ein Besitzunternehmen dieses als Restbetrieb des bisherigen einheitlichen land- und forstwirtschaftlichen Unternehmens als Gewerbebetrieb behandelt werden soll.

987 (2) Abgesehen davon ist der Widerspruch zum GmbH & Co. KG-Beschluss durch eine Loslösung der Einkunftsart des Besitzunternehmens von der des Betriebsunternehmens und ein bloßes Abstellen auf die Merkmale der sachlichen und personellen Verflechtung – so wie es der VIII. Senat tut – nicht aus der Welt; denn auch die Merkmale einer sachlichen und personellen Verflechtung liegen nicht im Tätigkeitsbereich des Besitzunternehmens, sondern außerhalb desselben.

988 (3) Für die sachliche Verflechtung ergibt sich dies aus den folgenden Überlegungen: Eine sachliche Verflechtung ist dann gegeben, wenn die vom Besitzunternehmen an das Betriebsunternehmen vermieteten oder verpachteten Wirtschaftsgüter eine wesentliche Betriebsgrundlage für das Betriebsunternehmen sind. Dieses Merkmal ist unstreitig in dem Betriebsunternehmen und nicht im Besitzunternehmen verwirklicht. Der Umstand, dass die vermieteten oder verpachteten Wirtschaftsgüter für das Betriebsunternehmen eine wesentliche Grundlage sind, hat mit der gemeinschaftlichen Tätigkeit der Gesellschafter der Besitzgesellschaft also nichts zu tun.

989 In dem Urteil vom 12. 11. 1985[1] wird zur Lösung dieses Widerspruchs die Auffassung vertreten, dass das Abstellen auf die gemeinschaftliche Tätigkeit der Gesellschafter des Besitzunternehmens nicht bedeutet, dass die besonderen Umstände der sachlichen Verflechtung und der personellen Verflechtung ausschließlich in der Besitzgesellschaft vorhanden sein müssten. Die sachliche Verflechtung und die personelle Verflechtung seien nicht Teil der Tätigkeit des Vermietens oder Verpachtens des Besitzunternehmens, sondern würden dieser Tätigkeit lediglich die Eigenschaft eines Gewerbebetriebs verleihen.

---

1 BFH, Urteil v. 12.11.1985 - VIII R 240/81, BFHE 145, 401, BStBl II 1986, 296.

Das aber ist keine Begründung, die mit dem Beschluss des GrS vom 25. 6. 1984[1] vereinbar wäre; denn nach der früheren, durch diesen Beschluss aufgegebenen Gepräge-Rechtsprechung waren die besonderen Umstände, die zur Annahme eines Gewerbebetriebs bei der an und für sich nur vermögensverwaltend tätigen GmbH & Co. KG führten, nämlich die Gewerblichkeit der allein persönlich haftenden und geschäftsführenden Kapitalgesellschaft, auch nicht Teil der Vermietungs- oder Verpachtungstätigkeit der GmbH & Co. KG, sondern prägten diese Tätigkeit lediglich als eine gewerbliche, verliehen also dieser Tätigkeit lediglich den Charakter einer gewerblichen. Dass dabei zwischen „Verleihen" und „Prägen" kein Unterschied besteht, wird niemand bestreiten können.

990

(4) Hinsichtlich der personellen Verflechtung ist das Abstellen des VIII. Senats auf die Behandlung der Anteile der Personengesellschafter an der Betriebs-Kapitalgesellschaft als Sonderbetriebsvermögen II aus folgenden Gründen nicht geeignet, den Widerspruch gegenüber dem GmbH & Co. KG-Beschluss[2] zu beseitigen: Wie in dem Urteil vom 12. 11. 1985[3] zutreffend ausgeführt wird, liegt nach der Rechtsprechung des BFH Sonderbetriebsvermögen vor, wenn Wirtschaftsgüter der Gesellschafter dazu bestimmt und geeignet sind, dem Betrieb der Gesellschaft zu dienen.

991

Dabei muss jedoch berücksichtigt werden, dass dies nur dann gilt, wenn die Gesellschafter Mitunternehmer sind, also wenn die Personengesellschaft einen Betrieb zum Gegenstand hat. Die Gesellschafter einer Personengesellschaft können, wenn die Personengesellschaft nur vermögensverwaltend tätig ist, kein Sonderbetriebsvermögen haben. Das Vorhandensein von Wirtschaftsgütern der Gesellschafter einer vermögensverwaltenden Personengesellschaft, die dazu bestimmt und geeignet sind, der Vermögensverwaltung der Personengesellschaft zu dienen, kann entgegen der in dem Urteil vom 12. 11. 1985[4] zum Ausdruck kommenden Ansicht keinen Betrieb der Personengesellschaft begründen.

992

Mit anderen Worten, die Erweiterung des Betriebsvermögens einer Personengesellschaft um das Kapital und die Wirtschaftsgüter, welche die Gesellschafter der Gesellschaft zur Nutzung überlassen haben, setzt das Vorhandensein von Betriebsvermögen voraus, aber kann es nicht begründen. Die Existenz eines Betriebs ist die Voraussetzung für die Annahme von Sonderbetriebsvermögen und nicht umgekehrt. Das bedeutet, dass bei der Prüfung der personellen Verflechtung Wirtschaftsgüter, die der Personengesellschaft von ihren Gesellschaftern

993

---

1 BFH, Beschluss v. 25.6.1984 - GrS 4/82, BFHE 141, 405, BStBl II 1984, 751.
2 BFH, Beschluss v. 25.6.1984 - GrS 4/82, BFHE 141, 405, BStBl II 1984, 751.
3 BFH, Urteil v. 12.11.1985 - VIII R 240/81, BFHE 145, 401, BStBl II 1986, 296.
4 BFH, Urteil v. 12.11.1985 - VIII R 240/81, BFHE 145, 401, BStBl II 1986, 296.

überlassen worden sind (bei der Betriebsaufspaltung die Anteile an der Betriebskapitalgesellschaft), nur berücksichtigt werden können, wenn zuvor feststeht, dass als Folge des Vorliegens einer sachlichen und personellen Verflechtung das Besitzunternehmen ein Gewerbebetrieb ist.

994 (5) U. E. ist also durch das Urteil des VIII. Senats vom 12. 11. 1985[1] die Divergenz zwischen dem GmbH & Co. KG-Beschluss und der Betriebsaufspaltungsrechtsprechung nicht beseitigt worden.

c) Wertende Betrachtungsweise

995 Auch der in dem BFH-Urteil vom 17. 7. 1991[2] unter Hinweis auf *L. Schmidt* angestellte Versuch, die Betriebsaufspaltung mit einem „in wertender Betrachtungsweise verstandenen Begriff des Gewerbebetriebs" zu rechtfertigen, ist nicht akzeptabel, weil nicht erkennbar ist, worin der Unterschied zwischen einem Gewerbebetrieb i. S. des § 15 Abs. 2 Satz 1 EStG und einem „in wertender Betrachtungsweise zu verstehenden Gewerbebetrieb" bestehen soll.

4. Lösungsvorschlag

Literatur: *Micker*, Anwendung von Zebra-Gesellschafts-Regeln bei der Betriebsaufspaltung, FR 2009, 852; *Söffing, Günter*, Gedanken zur Rechtfertigung der Betriebsaufspaltung, DStR 1996, 1225.

996 Der aufgezeigte Widerspruch zwischen der Betriebsaufspaltungs-Rechtsprechung und dem GmbH & Co. KG-Beschluss des GrS lässt sich vielleicht mit Hilfe folgender Überlegungen lösen: Eine Besitzgesellschaft selbst hat keine gewerblichen Einkünfte, sondern nur solche aus Vermietung und Verpachtung. Auf der Ebene der Gesellschafter jedoch werden die ihnen zugerechneten Anteile an den Vermietungs- und Verpachtungseinkünften wegen der in der Person der betreffenden Gesellschafter vorhandenen Merkmale der sachlichen und personellen Verflechtung in gewerbliche Einkünfte umqualifiziert, wie dies auch bei einer an einer vermögensverwaltenden Personengesellschaft beteiligten Kapitalgesellschaft oder dann der Fall ist, wenn eine natürliche Person ihre Beteiligung an der vermögensverwaltenden Personengesellschaft in einem Betriebsvermögen hält (**Zebragesellschaft**).

997 Wie in diesen Fällen liegt auch bei der Betriebsaufspaltung der Grund für die Umqualifizierung in der Person eines Gesellschafters. Nur sind bei der Betriebsaufspaltung nicht die Rechtsform des Gesellschafters bzw. das Halten der Beteiligung in einem Betriebsvermögen, sondern seine beherrschende Stellung so-

---

1 BFH, Urteil v. 12.11.1985 - VIII R 240/81, BFHE 145, 401, BStBl II 1986, 296.
2 BFH, Urteil v. 17.7.1991 - I R 98/88, BFHE 165, 369, BStBl II 1992, 246.

wohl im Betriebsunternehmen als auch im Besitzunternehmen und die Vermietung einer wesentlichen Betriebsgrundlage ausschlaggebend. Diese Umstände führen beim Gesellschafter zur Annahme eines Gewerbebetriebs, zu dessen Betriebsvermögen sowohl seine Beteiligung an der Betriebsgesellschaft als auch an der Besitzgesellschaft gehören.

Eine solche Konstruktion würde auch das unten unter Rn. 1078 ff. behandelte Problem der **Nur-Besitz-Gesellschafter** lösen; denn bei diesen wäre – weil die Voraussetzungen der sachlichen und personellen Verflechtung nicht vorliegen – kein Gewerbebetrieb anzunehmen. Bei ihnen würden folglich die ihnen aus der Besitzgesellschaft anteilig zuzurechnenden Vermietungseinkünfte nicht umqualifiziert. 998

Die vorgeschlagene Lösung würde der Behandlung eines Steuerpflichtigen beim gewerblichen Grundstückshandel entsprechen, der an mehreren vermögensverwaltenden Personengesellschaften beteiligt ist. 999

BEISPIEL: A ist an der AB-GbR, der AC-GbR und der AD-GbR beteiligt. Jede dieser Gesellschaften hat innerhalb von fünf Jahren drei Grundstücke erworben und wieder veräußert. A selbst hat in diesem Zeitraum keine Grundstücksgeschäfte getätigt. 1000

Lösung:

Nach dem Beschluss des GrS des BFH vom 3. 7. 1995[1] sind alle drei Personengesellschaften nur vermögensverwaltend tätig, weil sie die Drei-Objekt-Grenze nicht überschritten haben. Die Grundstücksaktivitäten der drei Gesellschaften werden aber dem Gesellschafter A zugerechnet, so dass bei A ein gewerblicher Grundstückshandel vorliegt, obgleich er selbst keine Grundstücke veräußert hat. 1001

(Einstweilen frei) 1002–1004

5. Beteiligung am allgemeinen wirtschaftlichen Verkehr

a) Allgemeines

Nach der in § 15 Abs. 2 Satz 1 EStG enthaltenen Legaldefinition ist für die Annahme eines Gewerbebetriebs u. a. die Beteiligung am allgemeinen wirtschaftlichen Verkehr erforderlich. Dieses Merkmal ist erfüllt, wenn eine Tätigkeit – Güter oder Leistungen – am Markt gegen Entgelt für Dritte äußerlich erkennbar 1005

---

1 BFH, Beschluss v. 3.7.1995 - GrS 1/93, BFHE 178, 86, BStBl II 1995, 617.

angeboten wird.[1] Der Steuerpflichtige muss am Markt gegen Entgelt Güter oder Leistungen anbieten.

1006 Dieses Merkmal ist bei einem Besitzunternehmen nicht gegeben. Denn ein Besitzunternehmen bietet die Vermietung von Wirtschaftsgütern nicht am Markt an. Es ist nicht bereit, das an das Betriebsunternehmen vermietete Wirtschaftsgut auch an einen Dritten zu vermieten. Eine Vermietung kommt – unter den Voraussetzungen der Betriebsaufspaltung – für das Besitzunternehmen nur an das Betriebsunternehmen in Betracht.[2]

1007 Wenn die Rechtsprechung trotzdem beim Besitzunternehmen einen Gewerbebetrieb annimmt, dann ist das nur erklärbar, wenn dem Besitzunternehmen entweder die Beteiligung des Betriebsunternehmens am allgemeinen wirtschaftlichen Verkehr zugerechnet wird oder wenn man es als fortwirkenden Betrieb des vor der Betriebsaufspaltung bestehenden einheitlichen Betriebs ansieht.

b) Zurechnung der Beteiligung am allgemeinen wirtschaftlichen Verkehr des Betriebsunternehmens

1008 Nachdem die frühere Ansicht, nach der bei einer Betriebsaufspaltung Betriebsunternehmen und Besitzunternehmen als wirtschaftlich einheitliches Unternehmen betrachtet wurden, aufgegeben worden ist, wird heute einhellig davon ausgegangen, dass Besitzunternehmen und Betriebsunternehmen zwei selbständige Betriebe sind. Beide also müssen die Voraussetzungen des § 15 Abs. 2 Satz 1 EStG erfüllen. Beide müssen sich also selbständig, nachhaltig mit Gewinnerzielungsabsicht am allgemeinen wirtschaftlichen Verkehr beteiligen.

1009 Es gibt keine gesetzliche Vorschrift, wonach eines dieser Merkmale, das beim Betriebsunternehmen erfüllt ist, auch dem Besitzunternehmen zugerechnet werden kann. Durch Richterrecht kann eine solche fehlende gesetzliche Regelung nicht ersetzt werden, weil es sich bei dem Steuerrecht um Eingriffsrecht handelt und hier eine verschärfende Gesetzesauslegung verboten ist.[3]

Um eine solche verschärfende Gesetzesauslegung aber handelt es sich, wenn man allein aufgrund der von der Rechtsprechung erfundenen Voraussetzung einer personellen und sachlichen Verflechtung das nur beim Betriebsunterneh-

---

1 U.a. BFH, Urteile v. 20.12.1963 - VI R 313/62 U, BFHE 78, 352, BStBl III 1964, 137; v. 9.7.1986 - I R 85/83, BFHE 147, 245, BStBl II 1986, 851; v. 6.3.1991 - X R 39/88, BFHE 164, 53, BStBl II 1991, 631; v. 12.7.1991 - III R 47/88, BFHE 165, 498, BStBl II 1992, 143, 146; v. 28.10.1993 - IV R 66–67/91, BFHE 173, 313, BStBl II 1994, 463; *Mössner*, Stbg 1997, 1, 4 (rechte Spalte).
2 *Mössner*, Stbg 1997, 1, 4 (rechte Spalte).
3 Vgl. hierzu *Gluth*, in: Herrmann/Heuer/Raupach, Einkommensteuer- und Körperschaftsteuergesetz Kommentar, § 15 EStG, Anm. 773, m.w.N.; *Mössner*, Stbg 1997, 1, 5.

men vorhandene Merkmal der Beteiligung am allgemeinen wirtschaftlichen Verkehr auch dem Besitzunternehmen zurechnet, so wie es der XI. Senat des BFH in seinem Urteil vom 23. 9. 1998[1] mit den Worten: *„das Besitzunternehmen beteiligt sich über das Betriebsunternehmen am allgemeinen wirtschaftlichen Verkehr, (...)"* getan hat.

Im Übrigen verbietet sich eine Zurechnung des beim Betriebsunternehmen verwirklichten Tatbestandsmerkmals der Beteiligung am allgemeinen wirtschaftlichen Verkehr beim Betriebsunternehmern auch nach dem vom GrS des BFH[2] aufgestellten Rechtsgrundsatz, nach dem sich die Art der Einkünfte der Gesellschafter einer Personengesellschaft allein durch die Tätigkeit der Gesellschaft, hier also allein durch die Tätigkeit der Besitzgesellschaft, bestimmt.[3]   1010

c) Zurechnung der Betriebseigenschaft des früheren einheitlichen Betriebs

(1) Echte Betriebsaufspaltung

Nun könnte allerdings die fehlende Voraussetzung der Beteiligung am allgemeinen wirtschaftlichen Verkehr durch folgende Überlegungen ersetzt werden: Der bis zum Beginn der Betriebsaufspaltung bestehende einheitliche Gewerbebetrieb geht durch die Betriebsaufspaltung nicht unter, sondern er besteht nach der Betriebsaufspaltung in der Form eines Restbetriebs als Besitzunternehmen fort, wenn zwischen diesem Restbetrieb (Besitzunternehmen) und dem Betriebsunternehmen eine personelle und sachliche Verflechtung besteht. Nur aufgrund dieses **Restbetriebsgedankens** ist es auch möglich, hinsichtlich des „Restbetriebs" infolge der Betriebsaufspaltung keine Betriebsaufgabe anzunehmen und die Versteuerung der im Restbetrieb (dem Besitzunternehmen) verbliebenen stillen Reserven zu vermeiden.[4]   1011

Besteht aber der Restbetrieb – zugunsten des Steuerpflichtigen – fort, so müssen auch die nach § 15 Abs. 2 Satz 1 EStG für die Annahme eines Gewerbebetriebs erforderlichen Voraussetzungen und damit auch die Voraussetzung der Beteiligung am allgemeinen wirtschaftlichen Verkehr als fortbestehend angesehen werden.   1012

(2) Unechte Betriebsaufspaltung

Allerdings sind diese Überlegungen nicht anwendbar auf die Fälle der unechten Betriebsaufspaltung; denn in diesen Fällen gibt es keinen vorausgegangenen   1013

---

1 BFH, Urteil v. 23.9.1998 - XI R 72/97, BFHE 187, 36, BStBl II 1999, 281.
2 BFH, Urteil v. 25.6.1984 - GrS 4/82, BFHE 141, 404, BStBl II 1984, 751.
3 Vgl. oben Rn. 964 ff.
4 Vgl. BFH, Urteil v. 16.4.1991 - VIII R 63/87, BFHE 164, 513, BStBl II 1991, 832 (rechte Spalte).

einheitlichen Gewerbebetrieb, der als durch die Betriebsaufspaltung fortbestehender Restbetrieb angesehen werden könnte.

In den Fällen der unechten Betriebsaufspaltung entsteht das Besitzunternehmen vielmehr originär im Zeitpunkt der Überlassung einer wesentlichen Betriebsgrundlage an das Betriebsunternehmen. Hier lässt sich die Gewerblichkeit der „Vermietertätigkeit" daher nicht mit dem Gedanken des Fortbestehens eines früheren einheitlichen Betriebs als Restbetrieb rechtfertigen.

1014   Man muss daher zu dem Ergebnis kommen, dass sich das Bestehen der Voraussetzung „Beteiligung am allgemeinen wirtschaftlichen Verkehr" für die Fälle der echten Betriebsaufspaltung allenfalls mit dem „Restbetriebsgedanken" rechtfertigen lässt. Hingegen gibt es für die Fälle der unechten Betriebsaufspaltung keine Rechtfertigung. Aus diesem Grund werden in letzter Zeit in zunehmendem Maße Bedenken gegen die unechte Betriebsaufspaltung geltend gemacht.[1]

1015–1017 *(Einstweilen frei)*

III. Umfang der Umqualifizierung

Literatur: *Neufang*, Umfang des Betriebsvermögens beim Besitzunternehmen einer Betriebsaufspaltung, GmbHR 1992, 358; *o. V.*, Besteht die Gewerbesteuerpflicht des Besitzunternehmens nach einer Betriebsaufspaltung auch, wenn der Betriebsinhaber vor der Betriebsaufspaltung freiberuflich tätig war?, DB 1977, 2306.

1018   Der Umfang der Umqualifizierung der Vermietungstätigkeit in ein gewerbliches Besitzunternehmen ist unterschiedlich, je nachdem, ob das Besitzunternehmen ein Einzelunternehmen, eine Personengesellschaft oder eine Gemeinschaft ist.

1. Das Besitzunternehmen ist ein Einzelunternehmen

a) Grundsätzliches

Literatur: *Märkle*, Die Betriebsaufspaltung an der Schwelle zu einem neuen Jahrtausend, XIII. Bilanzsteuerliche Behandlung von Wirtschaftsgütern, die neben der (den) die Betriebsaufspaltung begründenden wesentlichen Betriebsgrundlage(n) an Betriebsgesellschaft/Dritte zur Nutzung überlassen werden, BB 2000 Beilage 7, 19 ff.

1019   Ist das Besitzunternehmen ein Einzelunternehmen, dann gehören zum notwendigen Betriebsvermögen dieses Besitzunternehmens alle Beziehungen, die ihre Grundlage im einheitlichen geschäftlichen Betätigungswillen innerhalb des Be-

---

1   *Gluth*, in: Herrmann/Heuer/Raupach, Einkommensteuer- und Körperschaftsteuergesetz Kommentar, § 15 EStG, Anm. 773; *Felix*, StB 1997, 145; *Mössner*, Stbg 1997, 1 ff.; *G. Söffing*, DStR 1996, 1225 ff.

sitz- und Betriebsunternehmens haben, also auf der Betriebsaufspaltung beruhen.[1] Notwendigerweise zum Betriebsvermögen eines Besitz-Einzelunternehmens gehören also

▶ die Wirtschaftsgüter, die das Besitzunternehmen dem Betriebsunternehmen zur Nutzung überlassen hat,[2]

▶ die dem Besitzunternehmer gehörenden Anteile an der Betriebs-Kapitalgesellschaft[3] und

▶ regelmäßig auch Darlehensforderungen des Besitzunternehmens oder des Besitzunternehmers gegen das Betriebsunternehmen.[4]

b) Dem Betriebsunternehmen überlassene Wirtschaftsgüter

Liegen die Voraussetzungen der Betriebsaufspaltung vor, d. h. ist neben einer personellen Verflechtung auch eine sachliche Verflechtung gegeben, weil die das Betriebsunternehmen beherrschende Person oder Personengruppe dem Betriebsunternehmen eine wesentliche Betriebsgrundlage zur Nutzung überlassen hat, so gehören zum Betriebsvermögen des Besitzunternehmens nicht nur die Wirtschaftsgüter, die für das Betriebsunternehmen eine wesentliche Betriebsgrundlage sind, sondern auch solche dem Betriebsunternehmen überlassene Wirtschaftsgüter, die für sich gesehen keine wesentlichen Betriebsgrundlagen sind, wenn die Überlassung dieser Wirtschaftsgüter in einem unmittelbaren wirtschaftlichen Zusammenhang mit der Überlassung wesentlicher Betriebsgrundlagen steht.[5]

1020

BEISPIEL: ▶ A ist alleiniger Anteilseigner einer GmbH, die ihren Betrieb in einem Gebäude betreibt, das ihr A vermietet hat. Mitvermietet worden ist eine Fensterreinigungsanlage für das Gebäude.

1021

Lösung:

Die Fensterreinigungsanlage ist für die GmbH keine wesentliche Betriebsgrundlage. Sie steht aber in unmittelbarem Zusammenhang mit der Vermietung des Gebäudes, das eine wesentliche Betriebsgrundlage für die GmbH ist.

1022

---

1 BFH, Urteile v. 23.1.1980 - I R 33/77, BFHE 130, 173, BStBl II 1980, 356; v. 23 7.1981 - IV R 103/78, BFHE 134, 126, BStBl II 1982, 60.
2 BFH, Urteile v. 21.9.1977 - I R 39–40/74, BFHE 123, 464, BStBl II 1978, 67; v. 6.11.1991 - XI R 12/87, BFHE 166, 206, BStBl II 1992, 415.
3 BFH, Urteil v. 21.5.1974 - VIII R 57/70, BFHE 112, 391, BStBl II 1974, 613.
4 BFH, Urteile v. 7.3.1978 - VIII R 38/74, BFHE 124, 533, BStBl II 1978, 378; v. 10.11.1994 - IV R 15/93, BFHE 176, 535, BStBl II 1995, 452.
5 BFH, Entscheidungen v. 30.4.1975 - I R 111/73, BFHE 115, 500, BStBl II 1975, 582; v. 23.1.1991 - X R 47/87, BFHE 163, 460, BStBl II 1991, 405; v. 23.9.1998 - XI R 72/97, BFHE 187, 36, BStBl II 1999, 281, 282; v. 2.2.2000 - XI R 8/99, BFH/NV 2000, 1135, 1136 (linke Spalte); v. 3.5.2005 - X B 125/04, NWB DokID: QAAAB-55625; v. 20.4.2005 - X R 58/04, BFH/NV 2005, 1774; v. 14.12.2006 - III R 64/05, BFH/NV 2007, 1659.

1023 Der BFH hat in seinem Urteil vom 23. 9. 1998[1] diese Auffassung damit gerechtfertigt, dass ein unmittelbarer Zusammenhang zwischen der Überlassung des Fertigungsgebäudes (der wesentlichen Betriebsgrundlage) und der Überlassung des Patentes und des Know-how (nicht wesentliche Betriebsgrundlagen) deshalb gegeben sei, weil die Patentüberlassung wie die Grundstücksüberlassung derselben gewerblichen Betätigung des A am allgemeinen wirtschaftlichen Verkehr diene und daher die Grundstücksüberlassung ergänze und so die Marktchancen des Betriebsunternehmens steigere.

1024 Das FG Münster[2] hat diese Rechtsprechung auf die Fälle ausgedehnt, in denen mehrere vermietete wesentliche Betriebsgrundlagen **teilweise** ihre Eigenschaft als wesentliche Betriebsgrundlage verlieren. In dem Urteilsfall hatte der Besitzunternehmer seiner Betriebs-GmbH Grundstücke und Patente zur Nutzung überlassen. Das FG hat die Patente auch noch zum Betriebsvermögen des Besitzunternehmens gerechnet, nachdem sie keine wesentliche Betriebsgrundlage mehr bildeten, weil das Besitzunternehmen durch die Grundstücksvermietung fortbestand. Der BFH[3] hat das Urteil des FG Münster bestätigt.

1025 Ist ein Grundstück mit **Werkswohnungen** bebaut und ist nur ein Teil dieser Wohnungen an Arbeitnehmer des Betriebsunternehmens, ein anderer Teil an Fremde vermietet, so besteht das Gebäude aus zwei Wirtschaftsgütern, nämlich aus einem eigenbetrieblich genutzten (an das Betriebsunternehmen vermieteten) Teil und einem zu fremden Wohnzwecken vermieteten Teil. Nur jener Gebäudeteil ist notwendiges Betriebsvermögen des Besitzeinzelunternehmens.[4]

1026 Ausnahmsweise sollen nach dem BFH-Urteil vom 23. 10. 1986[5] auch fremdvermietete Wirtschaftsgüter zum Betriebsvermögen eines Besitzunternehmens gehören, nämlich dann, wenn diese Wirtschaftsgüter bei dem ursprünglich als Einzelunternehmen geführten vor der Betriebsaufspaltung bestehenden Gesamtunternehmen als **gewillkürtes Betriebsvermögen** behandelt worden sind und – so die Begründung des BFH – der Inhaber des ursprünglichen Gesamtunternehmens

„diese Grundstücke als Bestandteil des Besitzunternehmens zurückbehalten und dadurch erreicht hat, dass eine sonst anzunehmende Betriebsaufgabe und damit eine Gewinnverwirklichung entsprechend § 16 Abs. 3 EStG vermieden wurde. Damit bleibt auch der fremdvermietete Grundstücksteil Betriebsvermögen der Besitzgesellschaft."

1 BFH, Urteil v. 23.9.1998 - XI R 72/97, BFHE 187, 36, BStBl II 1999, 281, 282 (rechte Spalte).
2 FG Münster, Urteil v. 17.9.1997, EFG 1998, 96.
3 BFH, Urteil v. 23.9.1998 - XI R 72/97, BFHE 187, 36, BStBl II 1999, 281.
4 Vgl. hierzu auch BFH, Urteil v. 21.9.1977 - I R 39–40/74, BFHE 123, 464, 126, BStBl II 1978, 67.
5 BFH, Urteil v. 23.10.1986 - IV R 214/84, BFHE 148, 65, BStBl II 1987, 120.

Diese Begründung ist nicht überzeugend; denn Betriebsaufspaltung ist nicht deshalb anzunehmen, weil keine Betriebsaufgabe erfolgt ist. Es hätte näher gelegen, eine Entnahme der fremdvermieteten Wirtschaftsgüter durch schlüssiges Handeln im Zeitpunkt der Entstehung der Betriebsaufspaltung anzunehmen oder die fremdvermieteten Wirtschaftsgüter deshalb weiterhin als Betriebsvermögen zu behandeln, weil sie nicht entnommen worden sind. **1027**

Werden **verschiedenartige Wirtschaftsgüter** (z. B. Grundstücke und Patente) einem Betriebsunternehmen zur Nutzung überlassen, so besteht nur ein einheitliches Besitzunternehmen, wenn die überlassenen Wirtschaftsgüter denselben Besitzunternehmern gehören.[1] Wegen der Fälle in denen die überlassenen Wirtschaftsgüter verschiedenen Besitzunternehmern gehören wird auf Rn. 620 ff. verwiesen. **1028**

Wird ein zum Betriebsvermögen des Besitzunternehmens gehörendes Wirtschaftsgut vom Besitzunternehmer an Dritte veräußert oder unentgeltlich übertragen, und vermietet der Dritte das Wirtschaftsgut weiter an die Betriebs-GmbH, so scheidet das Wirtschaftsgut aus dem Betriebsvermögen des Besitzunternehmens aus.[2] **1029**

Zahlt das Betriebsunternehmen dem Inhaber des Besitzunternehmens eine **Vergütung für seine Tätigkeit** im Dienst des Betriebsunternehmens, so gehört diese Vergütung nicht zum Gewinn des Besitzunternehmens, sondern ist bei dessen Inhaber Einkunft aus nichtselbständiger Tätigkeit.[3] **1030**

(Einstweilen frei) **1031–1033**

c) Die Anteile an der Betriebs-Kapitalgesellschaft als Betriebsvermögen des Besitzunternehmens

Literatur: *Barth*, Werden GmbH-Anteile bei Betriebsaufspaltung zu Betriebsvermögen? (Zur Grundsatz-Entscheidung des IV. Senats des BFH IV R 139/67 vom 15. 11. 1967), GmbHR 1967, 14 ff.; *Henninger*, Verdeckte Gewinnausschüttung bei Betriebsaufspaltungen, GmbHR 1968, 251 ff.; *Mitsch*, Fallstricke bei der Unternehmensnachfolge im Falle einer Betriebsaufspaltung, INF 2006, 749; *Schorr*, Einlage von GmbH-Anteilen bei Gründung einer Betriebsaufspaltung, StSem 1996, 57; *Schulze zur Wiesche*, Beteiligungen als Sonderbetriebsvermögen II, DStZ 2007, 602; *ders.*, Anteile an einer Betriebs-GmbH und an der Komplementär-GmbH als wesentliche Betriebsgrundlage des Sonderbetriebsvermögens, GmbHR 2008, 238; s. auch Rn. 1116 ff.

Es steht außer Frage, dass bei einer Einmann-Betriebsaufspaltung[4] die 100 %ige Beteiligung des Besitzunternehmers an der Betriebs-Kapitalgesellschaft zum **1034**

---

1 FG Münster, Urteil v. 17.9.1997, EFG 1998, 96.
2 FG Baden-Württemberg, Urteil v. 6.3.1996, EFG 1997, 56.
3 BFH, Urteil v. 9.7.1970 - IV R 16/69, BFHE 99, 533, BStBl II 1970, 722.
4 Siehe oben Rn. 345.

Betriebsvermögen des Besitzunternehmens gehört; denn diese Beteiligung dient dem Besitzunternehmen.[1] Die Anteile sind darüber hinaus wesentliche Betriebsgrundlagen i. S. des § 16 EStG, weil sie die Durchsetzung des einheitlichen geschäftlichen Betätigungswillens gewährleisten und damit im Dienst einer gesicherten Vermögensnutzung durch das Besitzunternehmen stehen.[2] Dies ist für die Frage bedeutsam, ob eine nach §§ 16, 34 EStG privilegierte Veräußerung vorliegt oder eine (nicht privilegierte) Veräußerung einzelner Wirtschaftsgüter des Betriebs:

1035 Die Veräußerung eines Betriebs i. S. dieser Vorschrift setzt nämlich voraus, dass **alle** wesentlichen Betriebsgrundlagen Gegenstand der Veräußerung sind. Für das Vorliegen einer steuerbegünstigten Betriebsveräußerung ist es daher notwendig, dass auch die Anteile an der Betriebsgesellschaft veräußert werden.

1036 Wenn das Besitzunternehmen in **Teilbetriebe** aufgegliedert ist, kann die Beteiligung an dem Betriebsunternehmen weder insgesamt noch quotal einem Teilbetrieb zugeordnet werden.[3] Wird also ein Teilbetrieb veräußert und bleiben die Anteile an der Betriebs-GmbH Betriebsvermögen, so liegt keine steuerbegünstigte Teilbetriebsveräußerung oder Teilbetriebsaufgabe vor.[4]

1037 Die Anteile der Betriebs-Kapitalgesellschaft gehören auch dann zum Betriebsvermögen des Besitzunternehmens, wenn der Inhaber mit weniger als 100 v. H. an der Betriebs-Kapitalgesellschaft beteiligt ist. In diesen Fällen gehört sein unter 100 v. H. liegender Anteil an der Betriebs-Kapitalgesellschaft zum Betriebsvermögen des Besitz-Einzelunternehmens.

1038 Ebenfalls zum notwendigen Betriebsvermögen des Besitzunternehmens gehören dessen Anteile an einer **anderen Kapitalgesellschaft**, welche intensive und dauerhafte Geschäftsbeziehungen zur Betriebskapitalgesellschaft unterhält.[5] Solche Geschäftsbeziehungen sind nämlich geeignet, das operative Geschäft der Betriebskapitalgesellschaft in erheblichem Maß zu fördern.

1039 Mit der Frage, wann ein Anteil an einer Kapitalgesellschaft, durch den eine Betriebs-Personengesellschaft (mittelbar) beherrscht wird, zum Betriebsvermögen eines Besitz-Einzelunternehmens gehört, hat sich der BFH in dem Urteil vom

---

1 Siehe u.a. BFH, Urteile v. 14.9.1999 - III R 47/98, BFHE 190, 315, BStBl II 2000, 255; v. 2.9.2008 - X R 32/05, BFHE 224, 217, BStBl II 2009, 634; Beschlüsse v. 20.3.2006 - X B 192/05, BFH/NV 2006, 1093; v. 24.9.2008 - X B 192/07, BFH/NV 2009, 43.
2 BFH, Urteile v. 23.7.1981 - IV R 103/78, BFHE 134, 126, BStBl II 1982, 60; v. 4.7.2007 - X R 49/06 (unter II. c. cc), BFHE 218, 316, BStBl II 2007, 772.
3 *Schulze zur Wiesche*, GmbHR 2008, 238, 239.
4 BFH, Urteil v. 4.7.2007 - X R 49/06, BFHE 218, 316, BStBl II 2007, 772.
5 BFH, Urteil v. 20.4.2005 - X R 2/03, BFHE 210, 29, BStBl II 2005, 694.

23. 7. 1981[1] beschäftigt. Der Entscheidung lag folgender – vereinfacht darge-stellter – Sachverhalt zugrunde:

A (80 v. H.) und B (20 v. H.) waren Gesellschafter der X-KG. Diese war mit 90 v. H.   1040
an der A-GmbH beteiligt. Die restlichen 10 v. H. der Beteiligung an der A-GmbH
gehörten dem A. A war außerdem mit 100 v. H. an der C-GmbH und mit 24 v. H.
an der B-GmbH beteiligt. An der B-GmbH waren außerdem die minderjährigen
Kinder des A mit zusammen 26 v. H. und ein Dritter mit 50 v. H. beteiligt. An der
Y-KG waren beteiligt: die A-GmbH und die B-GmbH mit je 49 v. H. und die C-
GmbH mit 2 v. H. A hatte der Y-KG ein Grundstück vermietet.

Die Vermietung des Grundstücks von A an die Y-KG stellt sich bei A als Besitz-   1041
Einzelunternehmen dar. Zum Betriebsvermögen dieses Einzelunternehmens gehören die Beteiligungen des A an der A-GmbH (10 v. H.) und an der C-GmbH
(100 v. H.), weil A durch diese Beteiligungen die Betriebs-Personengesellschaft
(Y-KG) beherrscht.

Anders verhält es sich mit dem Anteil des A an der B-GmbH. Hier verfügt A   1042
– selbst unter Berücksichtigung der Anteile seiner minderjährigen Kinder – nicht
über mehr als die Hälfte der Stimmrechte. Diese Beteiligung ist daher zur Beherrschung der Y-KG nicht geeignet. Also gehören diese Anteile nicht zum Betriebsvermögen des Besitzunternehmens.

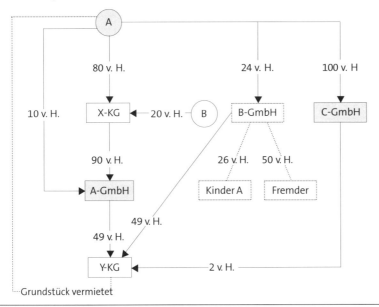

1   BFH, Urteil v. 23.7.1981 - IV R 103/78, BFHE 134, 126, BStBl II 1982, 60.

1043   Auch die in den Anteilen der Betriebskapitalgesellschaft ruhenden **stillen Reserven** gehören zum Betriebsvermögen des Besitzunternehmens, soweit dieses beteiligt ist. Die Zulassung eines Dritten zur **Kapitalerhöhung** bei der Betriebskapitalgesellschaft bewirkt daher gem. §§ 4 Abs. 1 Satz 2, 6 Abs. 1 Nr. 4 EStG bei dem Besitzunternehmen eine **Entnahme** in Höhe der Differenz zwischen dem Wert des übernommenen Anteils abzüglich der geleisteten Einlage.[1]

1044   Gleiches gilt, wenn ein bisher schon an der Betriebskapitalgesellschaft, nicht aber an der Besitzgesellschaft beteiligter **Angehöriger** seine Beteiligungsquote vergrößern kann.[2]

1045   **BEISPIEL:** ► A ist Inhaber des Besitzunternehmens. An der Betriebs-GmbH waren zunächst A zu 80 v.H. und sein Sohn B zu 20 v.H. beteiligt. Später beschloss die Gesellschafterversammlung der Betriebs-GmbH eine Kapitalerhöhung um 100.000 €. A und B übernahmen die neuen Stammeinlagen, so dass nach der Kapitalerhöhung A nur noch mit 60 v.H. und B zu 40 v.H. an der Betriebs-GmbH beteiligt waren.

Lösung:

1046   20 v.H. der stillen Reserven der Betriebs-GmbH sind im Zuge der Kapitalerhöhung als Entnahme auf B übergegangen. Der Gewinn des A ist um den entsprechenden Entnahmegewinn zu erhöhen.

1047–1049 *(Einstweilen frei)*

d) Darlehensforderungen

Literatur: *Neufang*, Darlehensverträge und Betriebsaufspaltung, StBp 1989, 86; *Pietsch*, Gesellschafterdarlehen an die Betriebs-GmbH im Rahmen einer Betriebsaufspaltung, StSem 1996, 298; *o. V.*, Betriebsaufspaltung: Darlehensforderung gegen Betriebs-GmbH – Zugehörigkeit zum notwendigen Betriebsvermögen des Besitzunternehmens, DB 1973, 2373; *o. V.*, Betriebsaufspaltung: Qualifikation von Darlehen, die vom Inhaber des Besitzunternehmens an die Betriebsgesellschaft gewährt werden – Betriebs- oder Privatvermögen?, DB 1980, 1371.

1050   Gewährt der Inhaber eines Besitz-Einzelunternehmens dem Betriebsunternehmen ein Darlehen, so gehört die Darlehensforderung nicht in jedem Fall zum Betriebsvermögen des Besitzunternehmens. Die Zugehörigkeit der Darlehensforderung zum Betriebsvermögen lässt sich nicht schon deshalb bejahen, weil die Beteiligung an der Betriebsgesellschaft notwendiges Betriebsvermögen des Besitzunternehmens ist oder weil die Mittel für die Darlehensgewährung aus Gewinnausschüttungen der Betriebsgesellschaft stammen.[3]

---

1   BFH, Urteil v. 17.11.2005 - III R 8/03, BFHE 212, 72, BStBl II 2006, 287.
2   BFH, Urteil v. 15.12.2005 - III R 35/04, BFH/NV 2006, 1262; FG München, Urteil v. 29.12.2005, EFG 2006, 490.
3   BFH, Urteil v. 7.3.1978 - VIII R 38/74, BFHE 124, 533, BStBl II 1978, 378.

Die Zurechnung der Darlehensforderung zum Betriebsvermögen und damit auch die Behandlung der Darlehenszinsen als Betriebseinnahmen beim Besitzunternehmen ist dann gerechtfertigt, 1051

▶ wenn das Darlehen im **Zusammenhang mit der Betriebsaufspaltung gewährt** wurde und seine Grundlage in dem einheitlichen geschäftlichen Betätigungswillen des Besitzunternehmers auch in der Betriebsgesellschaft hat[1] oder

▶ wenn das Darlehen dazu dient, die **Vermögens- und Ertragslage der Betriebsgesellschaft zu verbessern** und damit den Wert der Beteiligung des Besitzunternehmens an der Betriebsgesellschaft zu erhalten oder zu erhöhen.[2]

Wegen der Fälle, in denen ausnahmsweise Darlehensforderungen wegen privater Veranlassung nicht zum Betriebsvermögen gehören ist auf das BFH-Urteil vom 10. 11. 1994[3] zu verweisen.

(Einstweilen frei) 1052–1054

e) Betriebseinnahmen beim Besitzunternehmen

Literatur: *Hoffmann, Fritz,* Anm. zum BFH-Urteil IV R 16/69 vom 9. 7. 1970, GmbHR 1972, 95.

(1) Die **Pachteinnahmen (Mieteinnahmen)**, die das Besitzunternehmen von der Betriebsgesellschaft erhält, sind infolge der Zugehörigkeit der verpachteten Wirtschaftsgüter zum Betriebsvermögen des Besitzunternehmens keine Einkünfte aus Vermietung und Verpachtung, sondern solche aus Gewerbebetrieb. Das gilt grundsätzlich auch für alle anderen Betriebseinnahmen, die das Besitzunternehmen von der Betriebsgesellschaft erhält.[4] Demzufolge sind in dem BFH-Urteil vom 24. 1. 1968[5] **Kapitalerträge** aus der zum Betriebsvermögen des Besitzunternehmens gehörenden Beteiligung an der Betriebs-GmbH dem Gewerbeertrag des Besitzunternehmens zugerechnet worden.[6] Der Anspruch auf solche Kapitalerträge (**Gewinnausschüttungen**) entsteht in dem Zeitpunkt, in dem die Gesellschafter der Betriebs-GmbH eine Gewinnausschüttung beschließen. Dieser Zeitpunkt ist auch maßgebend für die Qualifikation der Einkunftsart, wenn die Beteiligung an der Betriebs-GmbH vor der Fassung des **Gewinnverteilungsbeschlusses** vom Privatvermögen ins Betriebsvermögen des 1055

---

1 BFH, Urteil v. 21.5.1974 - VIII R 57/70, BFHE 112, 391, BStBl II 1974, 613.
2 BFH, Urteile v. 7.3.1978 - VIII R 38/74, BFHE 124, 533, BStBl II 1978, 378; v. 10.11.1994 - IV R 15/93, BFHE 176, 535, BStBl II 1995, 452; v. 20.4.2005 - X R 2/03, BFHE 210, 29, BStBl II 2005, 694; v. 10.11.2005 - IV R 13/04, BFHE 211, 294, BStBl II 2006, 618.
3 BFH, Urteil v. 10.11.1994 - IV R 15/93, BFHE 176, 535, BStBl II 1995, 452.
4 BFH, Urteil v. 11.8.1966 - IV R 219/64, BFHE 86, 621, BStBl III 1966, 601.
5 BFH, Urteil v. 24.1.1968 - I 76/64, BFHE 91, 368, BStBl II 1968, 354.
6 Siehe auch BFH, Urteil v. 14.9.1999 - III R 47/98, BFHE 190, 315, BStBl II 2000, 255.

Besitzunternehmens übergegangen ist, und auch für die Beurteilung der Frage, wem die Einnahmen aus dem **Gewinnauszahlungsanspruch** zustehen.[1] Des Weiteren wird auf die Ausführungen unten unter Rn. 1391 ff. verwiesen.

1056   **BEISPIEL:** ▶ W ist alleiniger Anteilseigner der W-GmbH. Am 24. 8. 1993 erwirbt W ein Grundstück, das an die W-GmbH verpachtet ist. W setzt den Pachtvertrag fort. Am 19. 12. 1993 beschließt W als Gesellschafter der W-GmbH eine Gewinnausschüttung für 1992. Am 21.12. wird der Gewinn an W ausbezahlt.

Lösung:

1057   Der Gewinnauszahlungsanspruch für das Wirtschaftsjahr 1992 ist durch den Gewinnverteilungsbeschluss vom 19. 12. 1993 entstanden. In diesem Zeitpunkt gehörte die Beteiligung des W an der W-GmbH bereits zum Betriebsvermögen seines Besitzunternehmens, welches am 24. 8. 1993 durch den Erwerb des an die W-GmbH verpachteten Grundstücks durch unechte Betriebsaufspaltung entstanden war. Infolgedessen handelt es sich bei dem ausgeschütteten Gewinn für 1992 um gewerbliche Betriebseinnahmen des W in seinem Besitzunternehmen, obgleich die Beteiligung des W an der W-GmbH 1992 noch zu seinem Privatvermögen gehört hatte.

1058   Soweit eine Darlehensforderung zum Betriebsvermögen eines Besitzunternehmens gehört, sind die von dem Betriebsunternehmen gezahlten **Zinsen** Betriebseinnahmen. Das Gleiche gilt für **Avalprovisionen** und **verdeckte Gewinnausschüttungen**, die dem Besitzunternehmen vom Betriebsunternehmen zufließen.[2]

1059   (2) Etwas anderes gilt nur dann, wenn die Leistungen der Betriebsgesellschaft nicht spezifisch auf der Betriebsaufspaltung beruhen.[3] Deshalb gehören Zahlungen, die die Betriebsgesellschaft an den Inhaber des Einzelunternehmens als **Vergütung für seine Tätigkeit** im Dienst der Betriebsgesellschaft leistet, nicht zum Gewinn des Besitzunternehmens, sondern sind bei dessen Inhaber Einkünfte aus nichtselbständiger Arbeit.[4]

1060   Auch Darlehenszinsen, die das Betriebsunternehmen an das Besitzunternehmen für Darlehen bezahlt, die nach den oben unter Rn. 1050 ff. genannten Grundsätzen nicht zum Betriebsvermögen des Besitzunternehmens gehören,

---

1   BFH, Urteil v. 14.9.1999 - III R 47/98, BFHE 190, 315, BStBl II 2000, 255.
2   BFH, Urteil v. 21.5.1974 - VIII R 57/70, BFHE 112, 391, BStBl II 1974, 613; siehe hierzu *Kaligin*, Die Betriebsaufspaltung, 6. Aufl. 2008, S. 213 ff.
3   BFH, Urteil v. 21.5.1974 - VIII R 57/70, BFHE 112, 391, BStBl II 1974, 613.
4   BFH, Urteile v. 9.7.1970 - IV R 16/69, BFHE 99, 533, BStBl II 1970, 722; v. 23.1.1980 - I R 33/77, BFHE 130, 173, BStBl II 1980, 356.

sind keine Betriebseinnahmen des Besitzunternehmens, sondern Einnahmen des Inhabers des Besitzunternehmens aus Kapitalvermögen.

(3) Keine Betriebseinnahmen bei einer Besitzgesellschaft sind nach dem BFH-Urteil vom 1. 10. 1996[1] die Anteile der Besitzgesellschafter an den Mieteinnahmen einer **Grundstücksgemeinschaft**, an der sie mit 50 v. H. beteiligt sind, wenn die Grundstücksgemeinschaft und nicht die Besitzgesellschaft ein Grundstück an die Betriebsgesellschaft vermietet hat, weil – so die Begründung des BFH – eine Bruchteilsgemeinschaft wie eine Personengesellschaft als solche nicht nur selbständiges „Subjekt der Gewinnerzielung", sondern auch selbständiges „Subjekt der Erzielung von Überschüssen aus Vermietung und Verpachtung" sein kann, soweit sie die Merkmale des Besteuerungstatbestandes des § 21 EStG erfüllt. Etwas anderes soll nach dem Urteil nur dann gelten, wenn die Vermietung durch die Grundstücksgemeinschaft an die Betriebsgesellschaft durch die Besitzgesellschaft veranlasst ist, weil sich in diesem Fall die anteiligen Mieteinnahmen als Sonderbetriebseinnahmen der Besitzgesellschafter darstellten.

1061

Dem Urteil ist im Ergebnis zuzustimmen, wenn die Anteile der Besitzgesellschafter an der Grundstücksgemeinschaft nicht zum Gesellschaftsvermögen der Besitzgesellschaft gehören. Gehören hingegen die Anteile an der Grundstücksgesellschaft zum Gesellschaftsvermögen der Besitzgesellschaft, dann sind die anteiligen Mieteinnahmen bei dieser Gesellschaft auch Betriebseinnahmen.

1062

(Einstweilen frei)

1063–1065

2. Das Besitzunternehmen ist eine Personengesellschaft

Literatur: *Fichtelmann*, Anm. zum BFH-Urteil vom 15. 5. 1975, IV R 89/73, StRK-Anm. R 323 zu § 2 Abs. 1 GewStG; *Märkle*, Die Betriebsaufspaltung an der Schwelle zu einem neuen Jahrtausend, X.3. Abfärberegelung auch in der Besitzgesellschaft, BB 2000 Beilage 7, 14 f.

a) Die nicht an das Betriebsunternehmen vermieteten Wirtschaftsgüter

Ist das Besitzunternehmen eine Personengesellschaft, dann gehören, anders als bei einem Besitz-Einzelunternehmen, nicht nur die an das Betriebsunternehmen zum Gebrauch überlassenen Wirtschaftsgüter zum Betriebsvermögen der Besitz-Personengesellschaft, sondern auch alle anderen Wirtschaftsgüter der Besitzgesellschaft, also auch diejenigen, die an fremde Dritte vermietet sind. Das ist eine zwangsläufige Folge der in § 15 Abs. 3 Nr. 1 EStG enthaltenen Regelung, wonach eine Personengesellschaft, die teils gewerblich, teils nichtgewerb-

1066

---

1 BFH, Urteil v. 1.10.1996 - VIII R 44/95, BFHE 182, 327, BStBl II 1997, 530.

lich tätig ist, insgesamt Einkünfte aus Gewerbebetrieb erzielt (**Infektionstheorie – Abfärbetheorie**).[1]

1067 Zum gewerblichen Betriebsvermögen einer Besitz-Personengesellschaft gehören also alle Wirtschaftsgüter die zum **Gesellschaftsvermögen** und zu **den Sonderbetriebsvermögen** der Gesellschafter dieser Personengesellschaft gehören. Die Zugehörigkeit zum Betriebsvermögen ist hier also nicht auf die Wirtschaftsgüter beschränkt, die an das Betriebsunternehmen vermietet oder verpachtet sind.[2] Das gilt nicht nur für Personenhandelsgesellschaften, sondern auch für BGB-Gesellschaften unabhängig davon, ob es sich um eine Innengesellschaft oder eine Außengesellschaft handelt.[3]

1068 **BEISPIEL:** ▶ A und B sind jeweils mit 30 v. H. an der X-GmbH beteiligt. Gleichzeitig betreiben sie in der Rechtsform einer KG die Vermietung von zehn Bürogebäuden. Eines dieser Bürogebäude ist an die X-GmbH vermietet und ist für diese eine wesentliche Betriebsgrundlage.

Lösung:

1069 Auch die neun fremdvermieteten Gebäude gehören zum Betriebsvermögen des Besitzunternehmens.[4] Diese Wirkung ist eine Folge der in § 15 Abs. 3 Nr. 1 EStG zum Ausdruck kommenden sog. „Infektionstheorie", die besagt, dass eine teilweise gewerbliche Betätigung einer Personengesellschaft zur Folge hat, dass die Gesellschaft in vollem Umfang gewerblich tätig ist.

1070 Wegen eines weiteren Beispiels sei verwiesen auf das BFH-Urteil vom 21. 9. 1977.[5] In dem Urteilsfall war von einer Besitz-Personengesellschaft ein Mietwohngebäude teilweise an **Werksangehörige** des Betriebsunternehmens, teilweise an fremde Dritte vermietet worden.

1071 Die Abfärbewirkung tritt selbst dann ein, wenn die im Vermieten an das Betriebsunternehmen bestehende Tätigkeit der Besitz-Personengesellschaft im Verhältnis zu der übrigen an sich nicht gewerblichen Tätigkeit der Besitz-Personengesellschaft nur **geringfügig** ist.[6] Allerdings soll bei einem „**äußerst geringen Anteil**" originär gewerblicher Einkünfte aus Gründen der Verhältnismäßigkeit

---

1 BFH, Urteile v. 13.11.1997 - IV R 67/96, BFHE 184, 512, BStBl II 1998, 254; v. 24.11.1999 - VIII R 61/97, BFHE 187, 297, BStBl II 1999, 483.
2 BFH, Urteil v. 13.11.1997 - IV R 67/96, BFHE 184, 512, BStBl II 1998, 254; Beschluss v. 8.9.2005 - IV B 23/04, BFH/NV 2006, 51.
3 BFH, Urteil v. 13.11.1997 - IV R 67/96, BFHE 184, 512, BStBl II 1998, 254.
4 BFH, Urteil v. 16.6.1982 - I R 118/80, BFHE 136, 287, BStBl II 1982, 662.
5 BFH, Urteil v. 21.9.1977 - I R 39–40/74, BFHE 123, 464, BStBl II 1978, 67.
6 BFH, Urteile v. 10.8.1994 - I R 133/93, BFHE 175, 357, BStBl II 1995, 171; v. 13.11.1997 - IV R 67/96, BFHE 184, 512, BStBl II 1998, 254.

keine Infektion zu erfolgen haben.[1] Diese Einschränkung, die eine Reihe von Fragen aufwirft,[2] dürfte für das Institut der Betriebsaufspaltung von sehr untergeordneter Bedeutung sein.

Die Infektion kann dadurch vermieden werden, dass eine zweite Personengesellschaft gegründet wird, zu deren Gesellschaftsvermögen die fremdvermieteten Wirtschaftsgüter gehören. Das ist selbst dann möglich, wenn an beiden Personengesellschaften dieselben Gesellschafter im selben Verhältnis beteiligt sind.[3] Beide Gesellschaften unterscheiden sich durch ihre verschiedenen Zwecke. Der Zweck der einen Gesellschaft ist auf Vermietung und Verpachtung, der der anderen auf einen Gewerbebetrieb gerichtet. Selbstverständlich müssen beide Gesellschaften auch getrennte Buchführungen haben. — 1072

Eine weitere Möglichkeit, wie die Anwendung der Abfärbevorschrift des § 15 Abs. 3 Nr. 1 EStG im Rahmen der Betriebsaufspaltung vermieden werden kann, kann aus dem BFH-Urteil vom 27. 8. 1998[4] entnommen werden. Dem Urteil lag – vereinfacht dargestellt – folgender Sachverhalt zugrunde: — 1073

An der Betriebs-GmbH sind A mit $3/4$ und B mit $1/4$ beteiligt. Beiden gehört außerdem ein bebautes Grundstück (A $7/8$ und B $1/8$). Das Grundstück besteht aus zwei Wirtschaftsgütern, nämlich einem betrieblich genutzten und einem Wohnzwecken dienenden Teil. Der Wohnzwecken dienende Teil ist von der Grundstücksgemeinschaft A/B an Dritte vermietet. Den betrieblich genutzten Teil hat eine GbR an die Betriebs-GmbH vermietet, an der A mit $3/4$ und B mit $1/4$ beteiligt sind. — 1074

Der zu Wohnzwecken genutzte Teil des Grundstücks gehört nicht zum Gesellschaftsvermögen der Besitz-GbR und auch nicht zum Sonderbetriebsvermögen deren Gesellschafter.

---

1 BFH, Urteile v. 11.8.1999 - XI R 12/98, BStBl II 2000, 229 (Anteil von 1,25 v.H. nicht ausreichend für Infektion); v. 29.11.2001 - IV R 91/99, BStBl II 2002, 221.
2 Vgl. etwa *Reiß*, in: Kirchhof, EStG KompaktKommentar, 8. Aufl. 2008, § 15, Rn. 144.
3 BFH, Urteile v. 10.11.1983 - IV R 86/80, BFHE 140, 44, BStBl II 1984, 152; v. 8.12.1994 - IV R 7/92, BFHE 176, 555, BStBl II 1996, 264; v. 13.11.1997 - IV R 67/96, BFHE 184, 512, BStBl II 1998, 254.
4 BFH, Urteil v. 27.8.1998 - IV R 77/97, BFHE 186, 422, BStBl II 1999, 279.

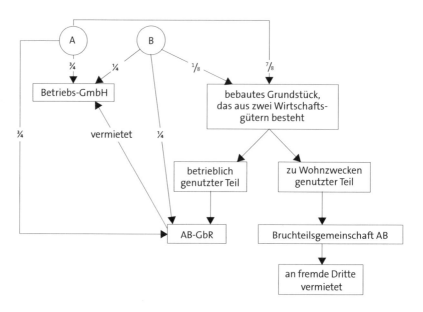

1075–1077 *(Einstweilen frei)*

b) Nur-Besitz-Gesellschafter

Literatur: *Fichtelmann*, Anm. zum Urteil des BFH IV R 145/72 vom 29. 7. 1976, BStBl 1976 II S. 750 in: StRK-Anm., GewStG § 2 Abs. 1 R. 332; *Mannhold*, Körperschaftsteuerreform und Gewerbesteuerpflicht der Nur-Besitz-„Unternehmer" von Betriebsaufspaltungen, GmbHR 1979, 256; *Meier*; „Nur-Besitzgesellschafter und Einstimmigkeitsprinzip bei Prüfung der personellen Verflechtung im Rahmen der Betriebsaufspaltung – Auswirkungen des Meinungsstreits zwischen BFH-Rechtsprechung und der Auffassung der Finanzverwaltung, FR 1992, 676; *Micker*, Anwendung von Zebra-Gesellschafts-Regeln bei der Betriebsaufspaltung, FR 2009, 852; *o. V.*, Mitvermieter als Besitzunternehmer?, DB 1972, 2089; *o. V.*, Betriebsaufspaltung: Sind an der Betriebs-GmbH nichtbeteiligte Mitvermieter Besitzunternehmer?, DB 1975, 376; *o. V.*, Betriebsaufspaltung: Mitvermieter als Besitzunternehmer?, DB 1980, 1371.

(1) Die Mitgegangen-Mitgefangen-These

1078   Die heutige Betriebsaufspaltungs-Rechtsprechung dehnt die Umqualifizierungswirkung auch auf die sog. Nur-Besitz-Gesellschafter aus, also auch auf die Gesellschafter der Besitz-Personengesellschaft, die nicht am Betriebsunternehmen beteiligt sind.

BEISPIEL: A und B sind je zu 50 v. H. Anteilseigner der Betriebs-GmbH. An dem Besitzunternehmen aber sind sie nur mit 70 v. H. beteiligt. Die restlichen 30 v. H. gehören dem C.

1079

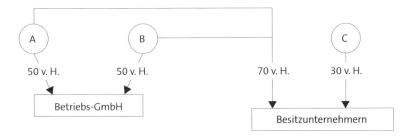

Lösung:

Obwohl C nicht an der Betriebs-GmbH beteiligt ist, hat auch er hinsichtlich seines Gewinnanteils aus der Besitzgesellschaft Einkünfte aus Gewerbebetrieb. Der IV. Senat hat diese Mitgegangen-Mitgefangen-These in seinem Urteil vom 2. 8. 1972[1] wie folgt gerechtfertigt: Die Einordnung der Besitzgesellschaft als Gewerbebetrieb sei von der Mehrheit der Gesellschafter abhängig, die auch die Betriebsgesellschaft beherrschten. Die Minderheit der Gesellschafter, die an der Betriebsgesellschaft nicht beteiligt sind, teilten diese nach der beherrschenden Mehrheit ausgerichtete Zuordnung in der Besitzgesellschaft, solange sie ihr angehörten, von der Möglichkeit ihres Ausscheidens also keinen Gebrauch machten.

1080

Der VIII. Senat[2] hat diese Rechtsprechung für den Fall übernommen, dass nicht alle Teilhaber einer Grundstücksgemeinschaft an dem Betriebsunternehmen beteiligt sind und dazu ausgeführt: Der einem Besitzteilhaber zustehende Anteil an der Betriebs-GmbH diene dazu, in der Grundstücksgemeinschaft und in der GmbH einen einheitlichen geschäftlichen Betätigungswillen durchzusetzen. Er sei daher Sonderbetriebsvermögen der Grundstücksgemeinschaft geworden. Das führe zur Umqualifizierung der Einkünfte der Grundstücksgemeinschaft in gewerbliche Einkünfte, da diese Einkünfte allen Teilhabern zuzurechnen seien. Dieses Ergebnis werde durch den Beschluss des GrS vom 25. 6. 1984[3] bestätigt; denn nach diesem Beschluss komme es bei der Bestimmung der Einkunftsart der Gesellschafter einer Personengesellschaft oder der Teilhaber einer Gemeinschaft regelmäßig auf die Tätigkeit der Gesellschaft oder Gemeinschaft an.

1081

---

1   BFH, Urteil v. 2.8.1972 - IV 87/65, BFHE 106, 325, BStBl II 1972, 796.
2   BFH, Urteil v. 12.11.1985 - VIII R 240/81, BFHE 145, 401, BStBl II 1986, 296.
3   BFH, Beschluss v. 25.6.1984 - GrS 4/82, BFHE 141, 405, BStBl II 1984, 751.

(2) Bedenken gegen die Mitgegangen-Mitgefangen-These

1082 Unseres Erachtens ist die Mitgegangen-Mitgefangen-These nicht mit dem Beschluss des GrS vom 25. 6. 1984[1] vereinbar.[2] Zwar ist es richtig, dass sich nach diesem Beschluss die Einkunftsart der Gesellschafter der Personengesellschaft nach der Tätigkeit der Personengesellschaft bestimmt. Der VIII. Senat hat aber nicht berücksichtigt, dass nach dem Beschluss vom 25. 6. 1984 die Tätigkeit einer Personengesellschaft gleich der Tätigkeit ist, die ihre Gesellschafter in ihrer gesamthänderischen Bindung gemeinsam ausüben.

1083 Geht man hiervon aus, dann ist beim Vorhandensein eines Nur-Besitz-Gesellschafters eine Umqualifizierung der vermögensverwaltenden Tätigkeit des Besitzunternehmens in eine gewerbliche schon deshalb nicht möglich, weil die Gesellschafter eines Besitzunternehmens, an dem auch Nur-Besitz-Gesellschafter beteiligt sind, gemeinsam nicht gewerblich tätig sein können, da die Nur-Besitz-Gesellschafter nicht die Eigenschaft der Sowohl-als-auch-Gesellschafter haben, die das Handeln der Besitzgesellschaft zu einer qualifizierten, also einer gewerblichen Vermietung machen könnte. In einem solchen Fall kann also das Besitzunternehmen als solches nur auf dem kleinsten gemeinsamen Nenner, also nur vermietend und verpachtend, und damit vermögensverwaltend tätig sein. Es fehlt an einer personellen Verflechtung zwischen dem Betriebsunternehmen und den gesamthänderisch verbundenen Gesellschaftern des Besitzunternehmens (= der Besitz-Personengesellschaft).

1084 Da nach dem GmbH & Co. KG-Beschluss – wie dargestellt – die Einkunftsart einer Personengesellschaft sich nach der gemeinsamen Tätigkeit ihrer Gesellschafter bestimmt, kann die Mitgegangen-Mitgefangen-These damit nicht vereinbar sein; denn sie besagt, dass die Einkunftsart einer Personengesellschaft gerade nicht nach der gemeinsamen Tätigkeit ihrer Gesellschafter, sondern nach der Mehrheit ihrer Gesellschafter zu bestimmen ist.

Der VIII. Senat löst in seinem Urteil vom 12. 11. 1985[3] diesen Widerspruch nicht. Er nimmt zu dem Problem keine Stellung.

1085 Zur Rechtfertigung der Mitgegangen-Mitgefangen-These kann auch nicht – wie *Woerner*[4] es tut – auf § 15 Abs. 3 Nr. 1 EStG hingewiesen werden; denn diese Vorschrift besagt lediglich, dass wenn eine Personengesellschaft, d. h. wenn alle ihre Gesellschafter in ihrer gesamthänderischen Verbundenheit, nur ein wenig gewerblich tätig sind, ihre gesamte Tätigkeit als Gewerbebetrieb gilt. Hingegen

---

1 BFH, Beschluss v. 25.6.1984 - GrS 4/82, BFHE 141, 405, BStBl II 1984, 751.
2 Vgl. zum Ganzen *Micker*, FR 2009, 852.
3 BFH, Urteil v. 12.11.1985 - VIII R 240/81, BFHE 145, 401, BStBl II 1986, 296.
4 *Woerner*, DStR 1986, 735, 737.

betrifft die Vorschrift nicht den Fall, dass ein Teil der Gesellschafter einer Personengesellschaft gewerblich tätig ist, ein anderer Teil nicht. Wäre § 15 Abs. 3 Nr. 1 EStG so auszulegen, wie *Woerner* meint, wäre der Beschluss des GrS des BFH vom 25. 6. 1984[1] nicht richtig.

Zu welchen unverständlichen Ergebnissen die Einbeziehung der Nur-Besitz-Gesellschafter in den Kreis der Gewerbetreibenden führt, zeigt sich an dem folgenden Beispiel.

1086

BEISPIEL: ➤ A, B und C betreiben in der Rechtsform einer GbR die Vermietung eines Bürohauses. A und B sind an der GbR mit je 30 v. H. und C mit 40 v. H. beteiligt. Für Gesellschafterbeschlüsse in der GbR reicht nach dem Gesellschaftsvertrag die einfache Mehrheit aus. Das Bürohaus ist an die X-GmbH vermietet. An dieser GmbH ist der O mit 60 v. H. beteiligt. O stirbt. A und B erben den GmbH-Anteil des O.

Lösung:

Nach der Rechtsprechung werden allein durch die Erbschaft, die A und B machen, die Einkünfte des C, die bis zum Tode des O solche aus Vermietung und Verpachtung waren, zu gewerblichen. Mit dem Tode des O wird der Anteil des C einem Betriebsvermögen zugerechnet.

1087

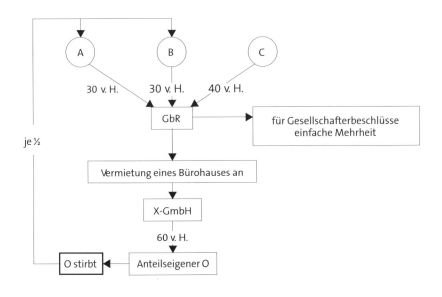

---

1   BFH, Beschluss v. 25.6.1984 - GrS 4/82, BFHE 141, 405, BStBl II 1984, 751.

Verkauft später A 15 v. H. seines Anteils an der X-GmbH, wodurch die beherrschende Stellung der Personengruppe A und B in der X-GmbH und damit auch die personelle Verflechtung zwischen der X-GmbH und der GbR wegfällt, verliert C nach der heutigen Rechtsprechung wieder seine Stellung als Gewerbetreibender und wird zum einfachen Vermieter mit der Konsequenz, dass er die mittlerweile entstandenen stillen Reserven versteuern muss. Die Einkunftsart des C hinsichtlich seiner Einkünfte aus der GbR hat nach der heutigen Rechtsprechung also zweimal aufgrund des Verhaltens Dritter gewechselt. Das kann nicht richtig sein.

1088 Solange die Rechtsprechung trotz erheblicher Bedenken daran festhält,[1] dass auch ein Nur-Besitz-Gesellschafter gewerbliche Einkünfte erzielt, muss zur Vermeidung dieser Rechtsfolge in unserem Beispiel folgende Konstruktion erwogen werden: Die GbR wird in eine Bruchteilsgemeinschaft umgewandelt. A und B gründen eine neue GbR und bringen in diese die Anteile der Bruchteilsgemeinschaft ein. C, der an der GbR nicht beteiligt ist, überlässt dieser gegen ein angemessenes Entgelt die Nutzung des Gebäudes hinsichtlich seines Anteils an diesem Gebäude. Die GbR vermietet anschließend das Gebäude an die GmbH.

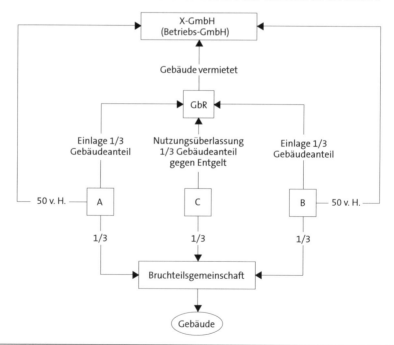

---

1   Vgl. oben Rn. 1082 ff.

Als Besitzunternehmen kommt nur die GbR in Betracht, so dass nur die Anteile des A und B an dem vermieteten Gebäude Betriebsvermögen sind. Bei der GbR ist zwar die ganze von der GmbH vereinnahmte Miete Betriebseinnahme. Dieser Betriebseinnahme steht aber die an C zu zahlende Miete als Betriebsausgabe gegenüber, so dass dieser Teil der Miete nicht der Gewerbesteuer unterliegt.

1089

Eine Steuerumgehung kann in dieser Konstruktion nicht gesehen werden, denn der BFH[1] selbst hat die Möglichkeit zugelassen, dass der Nur-Besitz-Gesellschafter zur Vermeidung seiner Gewerbesteuerpflicht aus der Besitzgesellschaft ausscheidet. Insoweit ist auch auf die Ausführungen oben unter Rn. 1078 ff. zu verweisen.

1090

(Einstweilen frei)

1091–1093

c) Sonderbetriebsvermögen

Literatur: *Bock*, Sonderbetriebsvermögen II und Betriebsaufspaltung, DStZ 2000, 42; *Höhmann*, Bürgschaften von Gesellschaftern bei Betriebsaufspaltung als negatives Sonderbetriebsvermögen II, NWB F. 3, 12293; *Lutterbach*, Sonderbetriebsvermögen II bei Betriebsaufspaltung – Anmerkung zu den BFH-Urteilen vom 23. 9. 1998 XI R 72/97, vom 13. 10. 1998 VIII R 46/95 und vom 10. 6. 1999 IV R 21/98, DB 1999, 2332; *Schmidt, Ludwig*, Anm. zum BFH-Urteil vom 23. 1. 1980 – I R 33/77, FR 1980, 331; *Schoor*, Einlage von GmbH-Anteilen bei Gründung einer Betriebsaufspaltung, StSem 1996, 156; *Schulze zur Wiesche*, Betriebsaufspaltung: Umfang von Betriebsvermögen und Sonderbetriebsvermögen der Besitzgesellschaft, StB 2006, 55; *Söffing, Günter*, Sonderbetriebsvermögen bei der Betriebsaufspaltung und der Vererbung von Mitunternehmeranteilen, StbJb 1992/93, 151.

(1) Überlassung von Wirtschaftsgütern

Die Abfärbewirkung des § 15 Abs. 3 Nr. 1 EStG[2] tritt nicht nur dann ein, wenn das Besitzunternehmen dem Betriebsunternehmen Wirtschaftsgüter überlässt, die zum Gesellschaftsvermögen der Besitzgesellschaft gehören, sondern auch dann, wenn es sich um Wirtschaftsgüter des Sonderbetriebsvermögens des Besitzunternehmens handelt.[3]

1094

> **BEISPIEL:** Eine in der Rechtsform einer GbR aus A und B bestehende Praxissozietät hat von einer anderen GbR, an der die Gesellschafter der Praxissozietät beteiligt sind, ein Grundstück gemietet. Die Praxissozietät vermietet das Grundstück weiter an eine GmbH, deren Anteilseigner ebenfalls die Gesellschafter der Praxissozietät sind.

1095

---

1   BFH, Urteil v. 2.8.1972 - IV 87/65, BFHE 106, 325, BStBl II 1972, 796.
2   Siehe auch oben Rn. 828 ff.
3   BFH, Urteile v. 13.11.1997 - IV R 67/96, BFHE 184, 512, BStBl II 1998, 254; v. 17.12.2008 - IV R 65/07, BFH/NV 2009, 469.

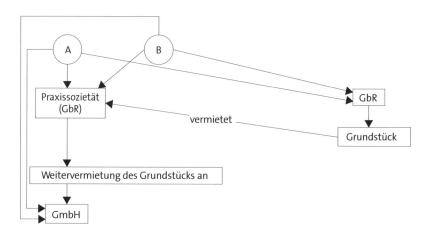

Lösung:

1096 Die Praxissozietät erzielt Einkünfte aus selbständiger Arbeit, also betriebliche Einkünfte. Auf sie findet § 15 Abs. 1 Satz 1 Nr. 2 EStG infolge der Verweisung in § 18 Abs. 4 Satz 2 EStG Anwendung. Die Praxissozietät hat mithin Betriebsvermögen und kann damit auch Sonderbetriebsvermögen haben. Das von ihr angemietete Grundstück gehört zum Sonderbetriebsvermögen. Durch die Vermietung dieses Grundstücks an die GmbH entsteht eine Betriebsaufspaltung mit der Wirkung, dass die Vermietung gewerblich ist. Das wiederum hat zur Folge, dass die gesamte Tätigkeit der Praxissozietät gem. § 15 Abs. 3 Nr. 1 EStG gewerblich wird.

1097 Hinsichtlich der Frage, ob dieses Ergebnis vermeidbar ist, wenn die GbR, zu deren Gesellschaftsvermögen das Grundstück gehört, dieses direkt an die GmbH vermietet hätte, siehe unten unter Rn. 1100 ff.

1098 **BEISPIEL:** Zum Gesellschaftsvermögen einer GbR gehören die Grundstücke 2, 3 und 4. An der GbR sind A (51 v. H.) und B (49 v. H.) beteiligt. A und B sind gleichzeitig Anteilseigner der X-GmbH mit zusammen über 50 v. H. A hat das Grundstück 4, das ihm allein gehört, der GbR zur Nutzung überlassen. B hat das ihm allein gehörende Grundstück 5 der GbR zur Nutzung überlassen. Die GbR hat die Grundstücke 1 bis 4 an die X-GmbH und das Grundstück 5 an einen fremden Dritten vermietet.

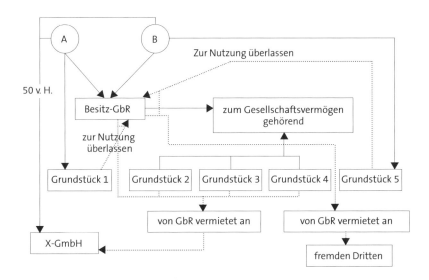

Lösung:

Alle fünf Grundstücke gehören zum gewerblichen Betriebsvermögen der Besitz-GbR. 1099

Die Zugehörigkeit des fremdvermieteten Grundstücks 5 zum Betriebsvermögen der Besitz-GbR kann dadurch vermieden werden, dass dieses Grundstück von B direkt an den fremden Dritten verpachtet wird. Das Grundstück 5 gehört dann nicht zum Sonderbetriebsvermögen des B bei der Besitz-GbR, sondern zu seinem Privatvermögen.[1] Hinsichtlich dieses Grundstücks liegen folglich auch keine gewerblichen Einkünfte vor, sondern solche aus Vermietung und Verpachtung. Hinsichtlich des Grundstücks 1 lässt sich ein solches Ergebnis durch eine Direktvermietung ebenfalls erreichen, es sei denn, A wäre mit über 50 v. H. an der Betriebs-GmbH beteiligt. Für diesen Fall würde zwischen ihm und der GmbH eine Betriebsaufspaltung vorliegen.

Für die Fälle, in denen ein Gesellschafter einer Besitz-Personengesellschaft ein 1100 ihm allein gehörendes Wirtschaftsgut unmittelbar dem Betriebsunternehmen zur Nutzung überlässt, entsteht die Frage, ob das betreffende Wirtschaftsgut als Sonderbetriebsvermögen II des überlassenden Gesellschafters bei der Besitz-Personengesellschaft zu behandeln ist. Die Beantwortung dieser Frage ist davon abhängig, ob der Einsatz des Wirtschaftsguts im Betriebsunternehmen letztlich

---

1 Siehe hierzu aber auch unten Rn. 1100 ff.

durch den Betrieb der Besitz-Personengesellschaft oder durch eine anderweitige (eigenbetriebliche oder private) Tätigkeit des Gesellschafters veranlasst ist, mit anderen Worten, ob der Besitzgesellschafter mit der unmittelbaren Überlassung des Wirtschaftsguts an das Betriebsunternehmen sein eigenes wirtschaftliches Interesse verfolgt, oder damit seine Beteiligung an der Besitz-Personengesellschaft stärkt. Hingegen sind der Wert des überlassenen Wirtschaftsguts und dessen Bedeutung für die Betriebsführung des Betriebsunternehmens keine geeigneten Kriterien für die Beantwortung der aufgeworfenen Frage.[1]

1101 Ein wesentliches Indiz für einen Veranlassungszusammenhang der Nutzungsüberlassung mit den betrieblichen Interessen der Besitz-Personengesellschaft, also für die Behandlung des überlassenen Wirtschaftsguts als Sonderbetriebsvermögen II, soll nach dem BFH-Urteil vom 13. 10. 1998[2] sein, wenn der Betriebs-GmbH ein Wirtschaftsgut zu Bedingungen überlassen wird, die nicht den unter Fremden üblichen entsprechen oder wenn die Nutzungsüberlassung von der Dauer der Beteiligung an der Betriebs-GmbH abhängig ist oder wenn ein enger zeitlicher Zusammenhang zwischen dem Abschluss des Überlassungsvertrags über das Wirtschaftsgut und der Begründung der Betriebsaufspaltung besteht oder wenn das Wirtschaftsgut schon vor der Betriebsaufspaltung an den bisherigen Betriebsinhaber für die betrieblichen Zwecke des Unternehmens vermietet worden war und nach seiner Zweckbestimmung auch nur an den jeweiligen Betriebsinhaber vermietet werden konnte.[3]

1102 Anderes kann nach dem zitierten Urteil anzunehmen sein, wenn der Überlassungsvertrag mit der Betriebs-GmbH erst längere Zeit nach der Begründung der Betriebsaufspaltung abgeschlossen wird oder wenn bei der Überlassung eines Grundstücks durch eine Eigentümergemeinschaft die Gesellschafter der Besitzgesellschaft zivilrechtlich keinen Einfluss auf die Beschlüsse der Grundstücksgemeinschaft über die Verwaltung des Grundstücks nehmen können.

1103 Entsprechend diesen Grundsätzen hat der BFH bereits in einem Urteil vom 15. 5. 1975[4] entschieden, dass in dem folgenden Fall bei der unmittelbaren Vermietung eines Grundstücks von einem Gesellschafter der Besitzgesellschaft an die Betriebs-GmbH das unmittelbar verpachtete Grundstück als Sonderbe-

---

1 BFH, Urteile v. 1.10.1996 - VIII R 44/95, BFHE 182, 327, BStBl II 1997, 530; v. 13.10.1998 - VIII R 46/95, BFHE 187, 426, BStBl II 1999, 357; v. 17.12.2008 - IV R 65/07 (unter II. 2. c. cc), BFHE 224, 91, BStBl II 2009, 371.
2 BFH, Urteil v. 13.10.1998 - VIII R 46/95, BFHE 187, 425, BStBl II 1999, 357; v. 17.12.2008 - IV R 65/07, BFH/NV 2009, 645; vgl. auch BFH, Urteil v. 10.6.1999 - IV R 21/98, BFHE 189, 117, BStBl II 1999, 715.
3 Siehe auch BFH, Urteil v. 17.12.2008 - IV R 65/07, BFHE 224, 91, BStBl II 2009, 371.
4 BFH, Urteil v. 15.5.1975 - IV R 89/73, BFHE 116, 277, BStBl II 1975, 781.

triebsvermögen dieser Gesellschafter bei der Besitz-Personengesellschaft anzusehen ist:

An dem bisherigen Einheitsunternehmen, einer OHG, waren fünf Gesellschafter beteiligt. Der mit dem Betriebsgebäude bebaute Grundbesitz gehörte einer aus drei Gesellschaftern bestehenden Grundstücksgemeinschaft. Diese hatte den Grundbesitz an die OHG verpachtet. Als die bisherige Einheits-OHG in eine Betriebs-GmbH und ein Besitzunternehmen aufgespalten wurde, trat die Betriebs-GmbH in den mit der Grundstücksgemeinschaft bestehenden Mietvertrag über den Grundbesitz ein. Der BFH hat den Grundbesitz als Sonderbetriebsvermögen des Besitzunternehmens behandelt. Zur Begründung ist in dem Urteil ausgeführt:

1104

„Verpachtet eine OHG im Rahmen der Betriebsaufspaltung das gesamte ihr gehörende Betriebsvermögen an eine Betriebs-GmbH und wird dabei auch das Betriebsgrundstück, das einigen Gesellschaftern der OHG zu Miteigentum gehört, von diesen an die GmbH vermietet, so gehören die Einkünfte aus der Vermietung des Grundstücks zum gewerblichen Steuerbilanzgewinn der OHG, wenn das Grundstück mit seinen speziellen Gebäulichkeiten und Anlagen, aufgrund seiner nicht geänderten betrieblichen Zweckbestimmung, als Beitrag der betreffenden Gesellschafter zur Förderung auch des neuen gemeinsamen Gesellschaftszwecks Betriebsvermögen der OHG (Sonderbetriebsvermögen) geblieben ist."

1105

Zu erwähnen ist in diesem Zusammenhang auch noch das BFH-Urteil vom 27. 8. 1998.[1] Das Urteil betraf einen Fall, in dem zwei Brüdern, die sowohl am Betriebsunternehmen als auch am Besitzunternehmen beteiligt waren, ein Grundstück als Bruchteilseigentum gehörte. Dieses Grundstück, das kein Gesellschaftsvermögen des Besitzunternehmens war, hatten die Brüder (teilweise) unmittelbar an die Betriebs-GmbH vermietet. Der BFH hat entschieden, dass der vermietete Grundstücksteil kein Sonderbetriebsvermögen bei dem Besitzunternehmen ist.

1106

---

[1] BFH, Urteil v. 27.8.1998 - IV R 77/97, BFHE 186, 422, BStBl II 1999, 279.

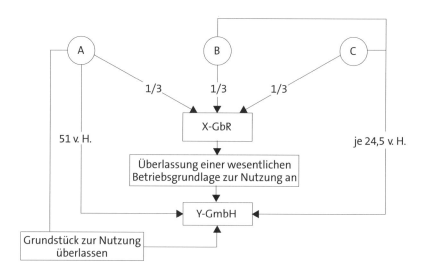

1107   Schließlich hatte sich der BFH mit Urteil vom 17. 12. 2008[1] mit dem Fall zu be-
schäftigen, dass der Kommanditist einer Besitzpersonengesellschaft ein Grundstück zu Alleineigentum erworben hatte, das er der Betriebs-GmbH überließ.
Der BFH verneinte hier die Zugehörigkeit des Grundstücks zum Sonderbetriebsvermögen II bei der Besitzpersonengesellschaft, weil nach den Tatsachenfest-
stellungen der Vorinstanz der Kommanditist seine eigenen wirtschaftlichen Interessen verfolgte und nicht seine Beteiligung an der Besitzpersonengesellschaft
stärkte. Insbesondere liege keines der Indizien vor, das für den notwendigen
Veranlassungszusammenhang sprechen könnte.

1108   Bisher noch nicht entschieden ist die Frage, wie zu verfahren ist, wenn auch
hinsichtlich der unmittelbaren Überlassung einer wesentlichen Betriebsgrundlage von einem Gesellschafter der Besitz-Personengesellschaft an ein Betriebsunternehmen die Voraussetzungen der Betriebsaufspaltung erfüllt sind, also
wenn zwei Besitzunternehmen vorliegen.

1109   **BEISPIEL:** ➤ A, B und C sind zu je $\frac{1}{3}$ Gesellschafter der X-GbR. Diese hat der Y-GmbH eine
wesentliche Betriebsgrundlage zur Nutzung überlassen. An der Y-GmbH sind A mit
51 v. H. und B und C mit je 24,5 v. H. beteiligt. A hat der Y-GmbH ein Grundstück zur
Nutzung überlassen.

---

1   BFH, Urteil v. 17.12.2008 - IV R 65/07, BFHE 224, 91, BStBl II 2009, 371.

Lösung:

Zweifellos besteht zwischen der X-GbR (Besitz-Personengesellschaft) und der Y-GmbH (Betriebsunternehmen) eine Betriebsaufspaltung. Die Voraussetzungen für eine Betriebsaufspaltung sind aber auch im Verhältnis zwischen A und der Y-GmbH gegeben; denn neben der Personengruppe A, B und C beherrscht auch A allein die Y-GmbH. Nach den Ausführungen oben unter Rn. 620 ff. bestehen erhebliche Bedenken, ob in einem solchen Fall, in dem zwei Besitzunternehmen vorhanden sind, überhaupt auch nur eine Betriebsaufspaltung vorliegt.

1110

Gelöst werden kann das Problem nur dadurch, dass man – entgegen der neueren Rechtsprechung des BFH – hinsichtlich der Vorrangstellung der Betriebsaufspaltung gegenüber § 15 Abs. 1 Satz 1 Nr. 2 Teilsatz 2 EStG[1] – hier die zwischen A und der Y-GmbH bestehende Betriebsaufspaltung ignoriert und das von A der Y-GmbH unmittelbar überlassene Wirtschaftsgut ggf. als Sonderbetriebsvermögen II des A bei der X-GbR (Besitzunternehmen) behandelt.

1111

Wenn es sich bei dem Betriebsunternehmen nicht um eine Kapital-, sondern um eine Personengesellschaft handelt, an der der überlassende Gesellschafter beteiligt ist, sind die oben unter Rn. 1100 ff. dargestellten Grundsätze nicht anwendbar. Das überlassene Wirtschaftsgut stellt in diesem Fall Sonderbetriebsvermögen I des Gesellschafters bei der Betriebspersonengesellschaft dar. Diese Zuordnung geht der als Sonderbetriebsvermögen II bei der Besitz-Personengesellschaft vor.[2]

1112

(Einstweilen frei)

1113–1115

(2) Die Anteile an der Betriebs-Kapitalgesellschaft als notwendiges Sonderbetriebsvermögen II des Besitzunternehmers

Literatur: *Färber*, Verdeckte Gewinnausschüttungen und Verrechnungskonten bei Betriebsaufspaltung, BuW 1994, 186; *Grieger*, Anteile an der Betriebs-GmbH als notwendiges Betriebsvermögen, BB 1960, 1377; *Schulze zur Wiesche*, Verdeckte Gewinnausschüttung und Betriebsaufspaltung, DStR 1991, 137; s. auch Rn. 1034 ff.

Der BFH[3] hat in ständiger Rechtsprechung entschieden, dass die einem Besitzgesellschafter gehörenden Anteile an der Betriebs-Kapitalgesellschaft zum notwendigen Sonderbetriebsvermögen II des betreffenden Gesellschafters bei der Besitzgesellschaft gehören. Der BFH[4] rechtfertigt dies mit dem einheitlichen ge-

1116

---

1 Siehe oben Rn. 778 ff.
2 BFH, Urteil v. 18.8.2005 - IV R 59/04, BFHE 210, 415, BStBl II 2005, 830.
3 BFH, Urteile v. 23.7.1981 - IV R 103/78, BFHE 134, 126, BStBl II 1982, 60; v. 12.2.1992 - XI R 18/90, BFHE 167, 499, BStBl II 1992, 723.
4 Vgl. u.a. BFH, Urteile v. 21.5.1974 - VIII R 57/70, BFHE 112, 391, BStBl II 1974, 613; v. 8.3.1989 - X R 9/86, BFHE 156, 443, BStBl II 1989, 714.

schäftlichen Betätigungswillen der sowohl am Besitzunternehmen als auch am Betriebsunternehmen beteiligten Person oder Personengruppe.

1117 Hiergegen könnten gewisse Bedenken erhoben werden, weil diese Rechtfertigung nicht aus der üblichen von der Rechtsprechung entwickelten Definition des Begriffs „Sonderbetriebsvermögen II" abgeleitet werden kann.

Im Einkommensteuerrecht versteht man unter Sonderbetriebsvermögen II Wirtschaftsgüter, die dem Gesellschafter einer Personengesellschaft gehören und zur Begründung oder Stärkung der Beteiligung des betreffenden Gesellschafters an der Personengesellschaft eingesetzt werden.[1] Dieser Begriff des Sonderbetriebsvermögens II stimmt – wie sich aus dem vorgenannten BFH-Urteil ergibt – mit dem für die Einheitsbewertung des Betriebsvermögens geltenden Begriff des Sonderbetriebsvermögens II überein, der – ausgehend von § 95 Abs. 1 BewG – voraussetzt, dass die dem Gesellschafter einer Personengesellschaft gehörenden Wirtschaftsgüter dem Hauptzweck der Personengesellschaft dienen. Das ist z. B. bei einer GmbH & Co. KG dann nicht der Fall, wenn die Tätigkeit der Komplementär-GmbH, an der ein Kommanditist beteiligt ist, nicht auf die Geschäftsführung der KG beschränkt ist und die von der GmbH daneben ausgeübte Tätigkeit nicht nur von ganz untergeordneter Bedeutung ist.[2]

1118 Aus dieser Begrenzung des Sonderbetriebsvermögens II könnte man unter Umständen entgegen der bisherigen Rechtsprechung herleiten, dass auch eine Betriebs-Kapitalgesellschaft über ihre Verbindung mit dem Besitzunternehmen hinaus in einem erheblichen Umfang tätig ist und demzufolge – wie bei der GmbH & Co. KG – die Anteile an der Betriebs-Kapitalgesellschaft nicht Sonderbetriebsvermögen II sein können.

1119 Gehören bei einer Betriebsaufspaltung die Anteile eines Besitzgesellschafters an der Betriebskapitalgesellschaft zu seinem Sonderbetriebsvermögen bei der Besitzgesellschaft, so sind damit auch die auf diese Anteile entfallenden Gewinnausschüttungen Sonderbetriebseinnahmen des betreffenden Mitunternehmers.[3]

1120–1122 *(Einstweilen frei)*

(3) Darlehensforderungen

1123 Ist das Besitzunternehmen eine Personengesellschaft und steht ihm eine Darlehensforderung gegen die Betriebs-Kapitalgesellschaft zu, so gehört diese Dar-

---

1 BFH, Urteil v. 31.10.1989 - VIII R 374/83, BFHE 159, 434, BStBl II 1990, 677, m.w.N.
2 BFH, Urteile v. 7.12.1984 - III R 35/79, BFHE 143, 87, BStBl II 1985, 236; v. 7.5.1986 - II R 137/79, BFHE 147, 70, BStBl II 1986, 615.
3 BFH, Urteil v. 31.10.2000 - VIII R 19/94, BFH/NV 2001, 447, 448 (linke Spalte).

lehensforderung regelmäßig zum notwendigen Betriebsvermögen der Besitz-Personengesellschaft.[1] Etwas anderes soll nach dem BFH-Urteil vom 7. 3. 1978[2] nur dann gelten, wenn festgestellt werden kann, dass für die Darlehenshingabe lediglich private Zwecke maßgebend waren, z. B. der Wunsch nach einer besseren Kapitalanlage. In diesem Zusammenhang ist auch auf das BFH-Urteil vom 19. 10. 2000[3] hinzuweisen.

In Fortführung dieser Grundsätze hat der BFH entschieden, dass auch ein Darlehen, das die Besitzpersonengesellschaft einem Geschäftspartner der Betriebs-GmbH gewährt, grundsätzlich als betrieblich veranlasst angesehen und damit dem notwendigen Betriebsvermögen der Besitzgesellschaft zugeordnet werden muss.[4] Etwas anderes könne nur gelten, wenn zwischen Besitzgesellschafter und Geschäftspartner **persönliche Beziehungen** bestehen, ein wirtschaftlicher Nutzen des Darlehens für die Betriebs-GmbH nicht zu erkennen ist und außerdem das Darlehen unter Bedingungen gewährt wurde, unter denen die Besitzgesellschaft einem fremden Dritten keine finanziellen Mittel zur Verfügung gestellt haben würde. Liegen diese Voraussetzungen vor, ist das Darlehen als **Entnahme** zu behandeln. | 1124

Ist Darlehensgläubiger nicht die Besitz-Personengesellschaft, sondern einer ihrer Gesellschafter, so ist bisher noch nicht abschließend entschieden, ob auch hier regelmäßig die Darlehensforderung zum Betriebsvermögen der Besitz-Personengesellschaft – in der Form von Sonderbetriebsvermögen II – gehört. Der BFH hat in seinem Urteil vom 10. 11. 1994[5] festgehalten, dass das jedenfalls dann der Fall ist, wenn der Gesellschafter der Besitzgesellschaft der Betriebs-GmbH bei deren Gründung ein Darlehen zu nicht marktüblichen Bedingungen gewährt und die Laufzeit des Darlehens an die Dauer der Beteiligung des Gesellschafters an der GmbH gebunden ist. | 1125

Das FG München versteht in seinem Urteil vom 28. 7. 1999[6] das BFH-Urteil vom 10. 11. 1994[7] so, dass auch bei der Gewährung eines Darlehens von einem Gesellschafter der Besitz-Personengesellschaft an das Betriebsunternehmen zu unterscheiden sei, ob die Darlehensgewährung lediglich durch eigene (private | 1126

---

1 BFH, Urteile v. 10.11.1994 - IV R 15/93, BFHE 176, 535, BStBl II 1995, 452, 453 (rechte Spalte); v. 18.12.2001 - VIII R 27/00, BFHE 197, 483, BStBl II 2002, 733, 735 (linke Spalte); v. 25.11.2004 - IV R 7/03, BFHE 208, 207, BStBl II 2005, 354.
2 BFH, Urteile v. 7.3.1978 - VIII R 34/74, BFHE 124, 533, BStBl II 1978, 378.
3 BFH, Urteil v. 19.10.2000 - IV R 73/99, BFHE 193, 354, BStBl II 2001, 335.
4 BFH, Urteil v. 25.11.2004 - IV R 7/03 (unter 1. d), BFHE 208, 207, BStBl II 2005, 354.
5 BFH, Urteil v. 10.11.1994 - IV R 15/93, BFHE 176, 535, BStBl II 1995, 452; siehe auch FG Hamburg, Urteil v. 28.11.2006, EFG 2007, 761.
6 FG München, Urteil v. 28.7.1999, EFG 1999, 1210.
7 BFH, Urteil v. 10.11.1994 - IV R 15/93, BFHE 176, 535, BStBl II 1995, 452; ebenso FG Hamburg, Urteil v. 28.11.2006, EFG 2007, 761.

oder berufliche) Interessen des Gesellschafters veranlasst ist oder (auch) durch betriebliche Interessen der Besitz-Personengesellschaft. Im letzteren Fall soll das Darlehen stets zum Sonderbetriebsvermögen II gehören, weil es der Stärkung der Beteiligung des Gesellschafters an der Besitz-Personengesellschaft diene. Ein solches betriebliches Interesse liegt nach Ansicht des FG München immer dann vor, wenn ein Darlehen nach Art eines **Zero-Bonds** verzinslich ist.

1127   Die gegen das Urteil eingelegte Revision hatte aus den folgenden Gründen keinen Erfolg:[1] Die Darlehensforderung eines Gesellschafters eines Besitzunternehmens gehört immer dann zu dessen Sonderbetriebsvermögen II, wenn die Gewährung des Darlehens durch die betrieblichen Interessen der Besitzgesellschaft veranlasst ist. Indizien dafür sind das Fehlen fremdüblicher Darlehensbedingungen und ein enger zeitlicher Zusammenhang zwischen dem Abschluss des Darlehensvertrages und der Begründung der Betriebsaufspaltung.

1128   Auf das Indiz fehlender fremdüblicher Darlehensbedingungen hebt schließlich auch das FG Hamburg ab.[2] Einschränkend hebt es jedoch hervor, dass die Darlehen für die Betriebsgesellschaft in der Weise wesentlich sein müssen, dass sie die wirtschaftliche Existenzgrundlage der Besitzgesellschaft sicherstellen. Danach ist folglich im Einzelfall zu untersuchen, ob der Betriebsgesellschaft nicht auf anderem Wege ausreichende liquide Mittel zur Verfügung standen. In diesem Fall wird die Existenzgrundlage der Besitzgesellschaft durch die Hingabe des Darlehens gerade nicht sichergestellt.

1129–1131 *(Einstweilen frei)*

(4) Besicherung von gegen das Betriebsunternehmen gerichteten Forderungen durch einen Besitzgesellschafter

1132   Zum negativen Sonderbetriebsvermögen II eines Gesellschafters der Besitzgesellschaft können auch **Bürgschaften** gehören, die ein Gesellschafter des Besitzunternehmens für Verbindlichkeiten des Betriebsunternehmens übernommen hat, wenn die Übernahme der Bürgschaft zu nicht marktüblichen (fremdüblichen) Bedingungen erfolgt.[3] Rückstellungen für Verpflichtungen aus derartigen Bürgschaften sind daher in der Sonderbilanz des betreffenden Gesellschafters auszuweisen. Das Gleiche gilt für die mit den Bürgschaftsverpflichtungen kor-

---

1 BFH, Urteil v. 19.10.2000 - IV R 73/99, BFHE 193, 354, BStBl II 2001, 335.
2 FG Hamburg, Urteil v. 28.11.2006, EFG 2007, 761, mit Hinweis auf BFH, Urteil v. 10.6.1999 - IV R 21/98, BFHE 189, 117, BStBl II 1999, 715; vgl. auch BFH, Urteil v. 17.12.2008 - IV R 65/07, BFHE 224, 91, BStBl II 2009, 371.
3 BFH, Urteil v. 18.12.2001 - VIII R 27/00, BFHE 197, 483, BStBl II 2002, 733.

respondierenden Befreiungs- und Ersatzansprüche, wenn diese denn bilanziell auszuweisen sind.[1]

Die Zugehörigkeit von Gesellschafterbürgschaften zum Sonderbetriebsvermö- **1133** gen II ergibt sich nach Ansicht des BFH[2] daraus, dass die Bürgschaften dazu dienen, die Vermögens- und Ertragslage der Betriebsgesellschaft zu verbessern. Sie stärkten dadurch – so der BFH weiter – zugleich die Beteiligung des Gesellschafters an der Besitzgesellschaft auf zweifache Weise: Zum einen diene die Bürgschaft der Stützung der Betriebsgesellschaft zur Sicherung und Erhaltung der laufenden Pachteinnahmen des Besitzunternehmens.

Zum anderen führe die Bürgschaft auch zu einer Stärkung der Mitunternehmer- **1134** stellung des Gesellschafters in der Besitzgesellschaft, indem die Bürgschaften – gleichsam reflexartig – den Wert der zum Sonderbetriebsvermögen II des Gesellschafters gehörenden Anteile an der Betriebskapitalgesellschaft erhalte oder sogar erhöhe. Letzteres erhelle auch aus der Erwägung, dass sich die Kapitalgesellschaft infolge der Unentgeltlichkeit der Bürgschaftsübernahme Aufwendungen erspare und ein dadurch verursachter höherer Gewinn zu Ausschüttungen führen könne, die im Hinblick auf die Zugehörigkeit der Anteile zum Sonderbetriebsvermögen Sonderbetriebseinnahmen darstellten und damit den Gesamtgewinn des Besitzunternehmens erhöhten.

Wird der Besitzgesellschafter-Bürge später aus der Bürgschaft in Anspruch ge- **1135** nommen, so stellt sich der ihm dadurch entstehende Aufwand nicht als **nachträgliche Anschaffungskosten** dar, sondern ist als Betriebsausgaben sofort abziehbar. Die Rechtsprechung zu § 17 EStG steht dem nicht entgegen, weil der vom BFH für den Bereich des § 17 EStG entwickelte normenspezifische erweiterte Anschaffungskostenbegriff über den Anschaffungskostenbegriff des § 255 Abs. 1 HGB hinausgeht und außerhalb des § 17 EStG nicht anwendbar ist.[3]

(Einstweilen frei) **1136–1138**

(5) Gewillkürtes Sonderbetriebsvermögen

Literatur: *Henninger*, Beim Besitzunternehmen kann auch ein gewillkürtes Betriebsvermögen anerkannt werden, RWP-Blattei 14 Steuer-R D Betriebsaufspaltung II B 1a.

Wirtschaftsgüter, die den Gesellschaftern einer Besitz-Personengesellschaft ge- **1139** hören, können auch gewillkürtes Betriebsvermögen sein.[4] Das gilt auch für fremdvermieteten Grundbesitz, soweit er durch eine unmissverständliche Be-

---

1 BFH, Urteil v. 18.12.2001 - VIII R 27/00, BFHE 197, 483, BStBl II 2002, 733, 735 (linke Spalte).
2 BFH, Urteil v. 18.12.2001 - VIII R 27/00, BFHE 197, 483, BStBl II 2002, 733, 735 (rechte Spalte).
3 BFH, Urteil v. 18.12.2001 - VIII R 27/00, BFHE 197, 483, BStBl II 2002, 733, 735 (rechte Spalte).
4 BFH, Urteil v. 27.8.1998 - IV R 77/97, BFHE 186, 422, BStBl II 1999, 279.

kundung der Zuordnungsentscheidung als Betriebsvermögen des Besitzunternehmens ausgewiesen wird. Das ist regelmäßig der Fall, wenn das Grundstück in der Bilanz der Besitz-Personengesellschaft als Betriebsvermögen ausgewiesen wird und wenn die Aufwendungen als betrieblicher Aufwand behandelt werden.[1]

1140–1144 *(Einstweilen frei)*

3. Das Besitzunternehmen ist eine Gemeinschaft

Literatur: *Höhmann,* Betriebsaufspaltung bei Wohnungseigentümergemeinschaften, NWB Blickpunkt Steuern 10/97, 3758.

1145 Ist das Besitzunternehmen eine Gemeinschaft (Bruchteilsgemeinschaft, Erbengemeinschaft usw.), so gelten grundsätzlich die obigen Ausführungen unter Rn. 1066 ff. Allerdings hat das FG Rheinland-Pfalz[2] entschieden, dass die von den Mitgliedern einer **Erbengemeinschaft** (Besitzunternehmen) der Betriebs-GmbH gewährten Darlehen regelmäßig zum Privatvermögen der Kreditgeber gehören.

1146 Lediglich die Ausführungen unter Rn. 1066 ff. finden in den Fällen, in denen ein Besitzunternehmen eine Gemeinschaft ist, keine Anwendung, weil die Abfärberegelung des § 15 Abs. 3 Nr. 1 EStG auf Gemeinschaften keine Anwendung findet. Für die Zugehörigkeit von Wirtschaftsgütern zum Betriebsvermögen einer Besitzgemeinschaft gilt das Gleiche wie in den Fällen, in denen das Besitzunternehmen ein Einzelunternehmen ist. Fremdvermietete Grundstücke gehören hier also niemals zum Betriebsvermögen des Besitzunternehmens.

1147 **BEISPIEL:** ► Erben nach E sind je zu $\frac{1}{3}$ A, B und C. Zum Gesamthandsvermögen der Erbengemeinschaft gehören fünf Fabrikgrundstücke, von denen das Grundstück 1 an die X-GmbH vermietet ist. Die Miterben A und B erwerben in ihrem Privatvermögen je 50 v. H. Anteile an der X-GmbH.

Lösung:

1148 Vom Zeitpunkt des Anteilserwerbs an wird die Vermietung des Grundstücks 1 ein gewerbliches Besitzunternehmen. Die Grundstücke 2 bis 5 hingegen bleiben Privatvermögen der Erbengemeinschaft.

1149 Auch in den Fällen, in denen das Besitzunternehmen eine Gemeinschaft ist, gilt also wie bei Personengesellschaften nach der Rechtsprechung des BFH[3] der Grundsatz, dass auch diejenigen Miteigentümer des an die Betriebsgesellschaft

---

1 BFH, Urteil v. 27.10.1993 - XI R 5/93, BFH/NV 1994, 472.
2 FG Rheinland-Pfalz, Urteil v. 13.2.1986, EFG 1986, 437.
3 BFH, Urteil v. 2.8.1972 - IV 87/65, BFHE 106, 325, BStBl II 1972, 796.

verpachteten Wirtschaftsguts, die nicht an der Betriebsgesellschaft beteiligt sind (**Nur-Besitz-Gemeinschafter**), gewerbliche Mitunternehmer der als Besitzunternehmen anzusehenden Gemeinschaft sind.

BEISPIEL: ➤ A (60 v. H.) und B (40 v. H.) sind Miteigentümer eines Grundstücks, das an   1150
die X-GmbH verpachtet worden ist. A ist gleichzeitig zu 52 v. H. Anteilseigner der X-GmbH.

Lösung:

Die Grundstücksgemeinschaft AB ist ein gewerbliches Besitzunternehmen, zu   1151
dessen Betriebsvermögen auch der 40 %ige Grundstücksanteil des B gehört.

Der VIII. Senat des BFH[1] hat diese Auffassung bestätigt und damit die Rechtspre-   1152
chung des IV. Senats[2] für den Fall übernommen, dass nicht alle Teilhaber einer
Grundstücksgemeinschaft an der Betriebsgesellschaft beteiligt sind. Zur Begründung hat der VIII. Senat ausgeführt: Die nur einem Teilhaber zustehenden
Anteile an der Betriebs-GmbH dienten dazu, in der Grundstücksgemeinschaft
und in der GmbH einen einheitlichen geschäftlichen Betätigungswillen durchzusetzen. Sie seien daher Sonderbetriebsvermögen der Grundstücksgemeinschaft. Das führe zur Umqualifizierung der Einkünfte der Grundstücksgemeinschaft in gewerbliche, da diese Einkünfte allen Teilhabern zuzurechnen seien.
Dieses Ergebnis werde durch den Beschluss des GrS des BFH vom 25. 6. 1984[3]
bestätigt; denn nach diesem Beschluss komme es bei der Bestimmung der Einkunftsart der Gesellschafter einer Personengesellschaft oder der Teilhaber einer
Gemeinschaft regelmäßig auf die Tätigkeit der Gesellschaft oder Gemeinschaft
an. Wegen der Bedenken gegen diese Argumentation wird auf die Ausführungen unter Rn. 963 ff. und Rn. 1082 ff. verwiesen.

(Einstweilen frei)   1153–1155

IV. Korrespondierende Bilanzansätze

Literatur: *Grobhäuser*, Korrespondierende Bilanzierung bei Mitunternehmerschaft und
Betriebsaufspaltung, sj 2006, 24; *Schaaf*, Zur Bewertung der Pachterneuerungsforderung
und -rückstellung bei Betriebsaufspaltung, RWP-Blattei 1974, 14 Steuer-R, D Betriebsaufspaltung II B 6, Einzelfragen, Bewertung der Pachterneuerungsforderung; *ders.*, Bewertung
von Forderungen und Verbindlichkeiten bei Betriebsaufspaltung (§ 6 ESt), RWP-Blattei
1975, 14 Steuer-R, D Betriebsaufspaltung II B 7, Einzelfragen, Bewertung von Forderungen
und Verbindlichkeiten; *Schmidt, Ludwig*, Grundsatzurteil: Bilanzierung von Rechtsbeziehungen zwischen Besitzunternehmen und Betriebsgesellschaft bei Betriebsaufspaltung,
FR 1989, 396; *Woerner*, Die „korrespondierende Bilanzierung" von Wirtschaftsgütern bei

---

1   BFH, Urteil v. 12.11.1985 - VIII R 240/81, BFHE 145, 401, BStBl II 1986, 296.
2   BFH, Urteil v. 2.8.1972 - IV 87/65, BFHE 106, 325, BStBl II 1972, 796.
3   BFH, Beschluss v. 25.6.1984 - GrS 4/82, BFHE 141, 405, BStBl II 1984, 751.

der Betriebsaufspaltung – Zur Problematik einer wertenden Betrachtungsweise bei der Auslegung von Gesetzen, in: Handelsrecht und Steuerrecht, Festschrift für Döllerer, Düsseldorf 1988, 741; *o. V.*, Sachwertdarlehen und Pachtanlagenerneuerung bei Betriebsaufspaltung, DB 1973, 2424; *o. V.*, Betriebsaufspaltung – Bilanzierung der Mietgegenstände bei Besitzunternehmen, Anm. zum BdF-Erlass vom 26. 12. 1973 - IV B 2 - S 2179–2/73, BB 1974, 25; *o. V.*, Sachwertdarlehen und Pachtanlagenerneuerung bei Betriebsaufspaltung, DB 1976, 699.

1. Die frühere Rechtsprechung des BFH

1156 Eine weitere Rechtsfolge der Betriebsaufspaltung ist nach der früheren Rechtsprechung des BFH die Notwendigkeit der korrespondierenden Bilanzansätze beim Besitz- und Betriebsunternehmen.

1157 **BEISPIEL:** A verpachtet sein Einzelunternehmen an die A-GmbH, deren alleiniger Anteilseigner er ist. Nach dem Pachtvertrag werden alle Wirtschaftsgüter des Anlagevermögens (Buchwert 1,2 Mio. €) und alle Waren – Rohstoffe, Hilfsstoffe und sonstige Waren – (Buchwert 800.000 €) verpachtet. Die A-GmbH ist verpflichtet, das Anlagevermögen instandzuhalten und zu erneuern und den an sie übergegangenen Warenbestand in gleicher Menge und Beschaffenheit durch ständige Neuanschaffungen zu erhalten. Nach Pachtende ist das verpachtete Betriebsvermögen in einem, den vorstehend genannten Verpflichtungen entsprechendem Zustand zurückzugeben.

Lösung:

1158 Die A-GmbH darf die gepachteten Anlagegüter nicht aktivieren. Sie muss aber für ihre Verpflichtung zum kostenlosen Ersatz eine **Rückstellung** bilden. Die Höhe dieser Rückstellung wird durch die Abnutzung der gepachteten Wirtschaftsgüter während der Pachtzeit und durch die Wiederbeschaffungskosten bestimmt. Hinsichtlich der „verpachteten" Waren muss die A-GmbH ihre Sachleistungsverpflichtung auf Warenrückgabe passivieren.

1159 A muss hinsichtlich des verpachteten Anlagevermögens seinen **Ersatzbeschaffungsanspruch** und hinsichtlich der „verpachteten" Waren seinen **Sachleistungsanspruch** aktivieren. Beide Aktivposten müssen nach der Rechtsprechung des BFH[1] betragsmäßig mit den entsprechenden Passivposten bei der A-GmbH übereinstimmen.

1160 Der BFH[2] hat diese **Korrespondenzthese** wie folgt begründet: Der für das Rechtsinstitut der Betriebsaufspaltung kennzeichnende einheitliche geschäftliche Betätigungswille für zwei zivilrechtlich selbständige Unternehmen gebiete es – auch im Hinblick auf das verfassungsrechtliche Gebot, wirtschaftlich gleichartige Sachverhalte grundsätzlich auch steuerrechtlich gleich zu behandeln –,

---

1 BFH, Urteil v. 26.6.1975 - IV R 59/73, BFHE 116, 160, BStBl II 1975, 700.
2 BFH, Urteil v. 26.6.1975 - IV R 59/73, BFHE 116, 160, BStBl II 1975, 700.

unabhängig, welche Rechtsgrundsätze bei Betriebsverpachtungen zwischen Fremden Gültigkeit hätten, vom Besitzunternehmen einen Wertansatz zu verlangen, der dem Wertansatz für den Ansatz einer entsprechenden Verpflichtung bei dem Betriebsunternehmen entspräche. Im Hinblick auf die gegebene wirtschaftliche Einheit der formal-juristisch getrennten Unternehmen könne es keine unterschiedlichen Wertansätze geben.[1]

2. Kritik an der früheren Rechtsprechung

Woerner[2] lehnt die Korrespondenzthese des BFH im Wesentlichen aus folgenden Gründen ab: Die verfassungsrechtliche Argumentation des IV. Senates laufe auf eine verfassungskonforme Auslegung hinaus, wobei allerdings nicht gesagt werde, welche Vorschrift verfassungskonform ausgelegt werden solle. In Betracht dafür könne nur § 6 Abs. 1 EStG kommen, wonach Wirtschaftsgüter grundsätzlich mit den Anschaffungs- oder Herstellungskosten anzusetzen seien. Höhere Werte dürften nicht angesetzt werden. Die Korrespondenz-These des BFH laufe jedoch auf einen über den Anschaffungs- oder Herstellungskosten liegenden Wert beim Besitzunternehmen, nämlich einen Ansatz mit den Wiederbeschaffungskosten, hinaus. Das sei durch eine verfassungskonforme Auslegung nicht gedeckt; denn diese sei nur „bis zur Grenze des Wortlauts (möglichen Wortsinns)" einer Vorschrift zulässig. 1161

Es sei auch falsch, wenn der IV. Senat zwei zur selbständigen Bilanzierung verpflichtete Unternehmen mit einem Einzelunternehmen vergleiche; denn bei einem Einzelunternehmen könnten die Probleme einer korrespondierenden Bilanzierung nicht auftreten. Die Korrespondenz-These des BFH vernachlässige die zweite Komponente der Betriebsaufspaltung, nämlich die sachliche Verflechtung. Fehle diese, so bestehe keine Betriebsaufspaltung und es brauche – trotz vorhandener personeller Verflechtung – nicht korrespondierend bilanziert zu werden. 1162

Der Kritik von *Woerner* ist zuzustimmen. Das sich angeblich aus Art. 3 GG ergebende Gebot einer korrespondierenden Bilanzierung läuft im Ergebnis darauf hinaus, dass Richterrecht Gesetzesrecht bricht. Das ist unmöglich. Der IV. Senat hat seine Kompetenz überschritten. Er hält § 6 Abs. 1 EStG in den Fällen der korrespondierenden Bilanzierung für mit der Verfassung nicht vereinbar und wendet ihn nicht an. 1163

---

1 BFH, Urteile v. 2.11.1965 - I 51/61 S, BFHE 84, 171, BStBl III 1966, 61; v. 21.12.1965 - IV 228/64 S, BFHE 84, 407, BStBl III 1966, 147; v. 23.6.1966 - IV 75/64, BFHE 86, 625, BStBl III 1966, 589; v. 26.6.1975 - IV R 59/73, BFHE 116, 160, BStBl II 1975, 700.
2 *Woerner*, in: Handelsrecht und Steuerrecht, Festschrift für Döllerer, S. 741, 746 ff.

1164 Die Berufung des IV. Senats auf den einheitlichen geschäftlichen Betätigungswillen muss auch als überholt angesehen werden; denn in späteren Entscheidungen hat der BFH in ähnlichen Fällen nicht auf den einheitlichen geschäftlichen Betätigungswillen abgestellt, sondern die Tatsache als entscheidend
angesehen, dass es sich bei Besitzunternehmen und Betriebsunternehmen um
zwei selbständige Unternehmen handelt.[1] In dem Urteil des I. Senats vom
13. 10. 1983[2] ist unter Hinweis darauf, dass es sich bei Besitzunternehmen und
Betriebsunternehmen um zwei selbständige Unternehmen handele, einem Besitzunternehmen, welches ein Sanatorium an die Betriebsgesellschaft verpachtet hatte, die Befreiung nach § 11 GewStDV 1968 versagt worden, obwohl bei
dem Betriebsunternehmen die Voraussetzungen für die Gewerbesteuerbefreiung vorlagen. Hätte der I. Senat den vorhandenen einheitlichen geschäftlichen
Betätigungswillen in den Vordergrund gestellt, hätte er zu einem anderen Ergebnis kommen müssen. Der VIII. Senat hat in seinem Urteil vom 12. 11. 1985[3]
hinsichtlich der Gewerbesteuerfreiheit einer Internatsschule diese Rechtsprechung des I. Senats übernommen.

1165 Würde man unter diesen Umständen die Korrespondenzthese des IV. Senats als
noch geltend ansehen, so müsste sich der BFH den Vorwurf gefallen lassen,
ohne überzeugende Begründung einmal den als Richterrecht kreierten „einheitlichen geschäftlichen Betätigungswillen" und ein anderes Mal den sich aus dem
Gesetz ergebenden Umstand, dass es sich bei Besitzunternehmen und Betriebsunternehmen um zwei rechtlich selbständige Unternehmen handelt, in den
Vordergrund zu stellen und entscheidungserheblich sein zu lassen.

1166 Die Korrespondenzthese des IV. Senats ist heute also überholt. Das Besitzunternehmen muss seine Ansprüche nach § 6 Abs. 1 EStG und nicht korrespondierend
mit dem entsprechenden Verpflichtungsansatz beim Betriebsunternehmen
ausweisen.

3. Das BFH-Urteil vom 8. 3. 1989

1167 Ein Wandel in der Rechtsprechung des BFH kann aus dem Urteil des X. Senats
vom 8. 3. 1989[4] entnommen werden. Hier wird ausgeführt, es gäbe keinen allgemeinen Grundsatz, nach dem bei einer Betriebsaufspaltung durchgängig korrespondierend bilanziert werden müsse. Die frühere, eine korrespondierende
Bilanzierung zulassende Rechtsprechung könne nicht herangezogen werden,

---

1 Vgl. BFH, Urteile v. 13.10.1983 - I R 187/79, BFHE 139, 406, BStBl II 1984, 115; v. 12.11.1985 - VIII R
282/82, BFH/NV 1986, 362.
2 BFH, Urteil v. 13.10.1983 - I R 187/79, BFHE 139, 406, BStBl II 1984, 115.
3 BFH, Urteil v. 12.11.1985 - VIII R 282/82, BFH/NV 1986, 362.
4 BFH, Urteil v. 8.3.1989 - X R 9/86, BFHE 156, 443, BStBl II 1989, 714.

weil sie noch von dem Gedanken der wirtschaftlichen Einheit von Besitz- und Betriebsvermögen getragen sei.

Nach dem Beschluss des GrS vom 25. 6. 1984[1] habe die Rechtsprechung mehrfach betont, dass Besitz- und Betriebsunternehmen getrennte Unternehmen seien. Beide ermittelten ihren Gewinn selbständig.

Die Auffassung des IV. Senats würde – wenn man sie als Grundsatz versteht – zu dem Ergebnis führen, Forderungen des Besitzunternehmens gegen die notleidend gewordene Betriebs-Kapitalgesellschaft nur deshalb mit dem vollen Wert anzusetzen, weil die Betriebs-Kapitalgesellschaft ihrerseits die Verpflichtung in voller Höhe passivieren müsse. Nicht zu überzeugen vermöge der Hinweis auf die Konsolidierungsvorschriften des § 331 Abs. 1 Nr. 4 AktG 1965 und des § 303 Abs. 1 HGB i. d. F. des BiRiLiG, wonach Forderungen und Verbindlichkeiten zwischen Konzernunternehmen weggelassen würden. Besitz- und Betriebsunternehmen bildeten keinen Konzernkreis. **1168**

Andererseits könne der einheitliche geschäftliche Betätigungswille der hinter dem Besitz- und Betriebsunternehmen stehenden Person oder Personengruppe bei der Bilanzierung nicht unbeachtet bleiben. So müsse z. B. die Nutzungsdauer eines Wirtschaftsguts in beiden Unternehmen übereinstimmend geschätzt werden. Widersprüchlich wäre es auch, ein Wirtschaftsgut beiden oder keinem Unternehmen zuzurechnen oder in einem Unternehmen eine Verpflichtung anzunehmen, aber den entsprechenden Anspruch in dem anderen Unternehmen zu leugnen. In diesem Rahmen sei eine korrespondierende Bilanzierung geboten. **1169**

Eine solche finde allerdings ihre Begrenzung in den zwingenden handelsrechtlichen und steuerrechtlichen Bilanzierungsvorschriften. Demzufolge sei z. B. auch ein Anspruch des Besitzunternehmens gegen das Betriebsunternehmen (im Streitfall ging es um einen Gewinnausschüttungsanspruch) erst dann zu aktivieren, wenn er in rechtlich oder zumindest wirtschaftlich gesicherter Form entstanden sei. **1170**

4. Die BFH-Urteile vom 17. 7. 1991 und vom 14. 1. 1998

Die vom X. Senat eingeleitete Rechtsprechungsänderung wird in den Urteilen vom 17. 7. 1991[2] und vom 14. 1. 1998[3] durch den Hinweis bestätigt, dass es bei der Betriebsaufspaltung keinen allgemeinen Grundsatz gibt, wonach Besitzunternehmen und Betriebsunternehmen korrespondierend bilanzieren müssen. **1171**

---

1   BFH, Beschluss v. 25.6.1984 - GrS 4/82, BFHE 141, 405, BStBl II 1984, 751.
2   BFH, Urteil v. 17.7.1991 - I R 98/88, BFHE 165, 369, BStBl II 1992, 246.
3   BFH, Urteil v. 14.1.1998 - X R 57/93, BFHE 185, 230, BFH/NV 1998, 1160.

1172–1174 *(Einstweilen frei)*

V. Buchwertfortführung – Buchwertübertragung

Literatur: *Märkle*, Die Betriebsaufspaltung an der Schwelle zu einem neuen Jahrtausend, IX. Übertragung von Einzelwirtschaftsgütern bei Betriebsaufspaltung vor und nach 1999, BB 2000 Beilage 7, 12 f.; *Pflüger*, Aufdeckung aller stillen Reserven bei Begründung einer Betriebsaufspaltung, GStB 2005, 14; *Pott/Rasche*, Ertragsteuerliche Rechtsfolgen der Einbringung von Einzelwirtschaftsgütern in eine Kapitalgesellschaft im Rahmen einer Betriebsaufspaltung – Zulässigkeit einer Buchwertverknüpfung oder Zwang zur Gewinnrealisierung?, DStZ 1997, 473; *Rödder*; Erfolgsneutrale Übertragung von Wirtschaftsgütern im Rahmen einer kapitalistischen Betriebsaufspaltung, DStR 1996, 414; *Schoor*; Bargründung einer GmbH und anschließende Betriebsaufspaltung, StSem 1998, 228; *Uelner*, Betriebseinbringung in eine Kapitalgesellschaft bei Betriebsaufspaltung oder Betriebsverpachtung, DB 1970, 2048; *o. V.*, Gewinnrealisierung bei Begründung einer Betriebsaufspaltung?, DB 1975, 2059; *o. V.*, Zur Betriebsteilung bei Veräußerung einzelner Wirtschaftsgüter an die Betriebs-GmbH, DB 1975, 2060.

1. Einführung

1175   Das Problem der Buchwertfortführung (Buchwertübertragung) tritt bei der Betriebsaufspaltung sowohl bei deren Begründung als auch während ihres Bestehens auf.

Wird eine echte Betriebsaufspaltung begründet, so betrifft das Problem die Frage, ob und inwieweit Wirtschaftsgüter des bisherigen Einheitsunternehmens zum Buchwert auf das neu gegründete Betriebsunternehmen übertragen werden können.

Während des Bestehens einer Betriebsaufspaltung besteht das Problem der Buchwertübertragung in der Frage, ob Wirtschaftsgüter des Besitzunternehmens ins Betriebsunternehmen oder vice versa zum Buchwert übertragen werden können.

1176   Bei der Beantwortung dieser Fragen müssen drei verschiedene Rechtslagen unterschieden werden, nämlich die Rechtslage bis 1998, also die Rechtslage vor dem Inkrafttreten des § 6 Abs. 5 EStG i. d. F. des StEntlG 1999/2000/2002, die Rechtslage in den Veranlagungszeiträumen 1999 und 2000, also die Rechtslage unter der Herrschaft des § 6 Abs. 5 EStG in der vorbezeichneten Fassung, und die Rechtslage ab 2001, also die Rechtslage nach dem Inkrafttreten des § 6 Abs. 5 Sätze 3 bis 6 EStG i. d. F. des StSenkG.[1]

---

[1] Vgl. § 52 Abs. 1 EStG i.d.F. des StEntlG 1999/2000/2001 und § 52 Abs. 16a EStG i.d.F. des StSenkG.

2. Buchwertfortführung bzw. Buchwertübertragung bei der Begründung einer echten Betriebsaufspaltung

a) Buchwertfortführung im Besitzunternehmen

Hinsichtlich der Wirtschaftsgüter des bisherigen Einheitsunternehmens, die bei der Begründung einer Betriebsaufspaltung nicht auf das Betriebsunternehmen übertragen werden, sondern in dem als Besitzunternehmen fortgeführten Restbetrieb des bisherigen Einheitsunternehmens verbleiben und von diesem an das Betriebsunternehmen vermietet werden, gilt hinsichtlich der Buchwertfortführung – unabhängig davon, ob die Betriebsaufspaltung vor 1999, vor 2001 oder nach 2000 begründet worden ist – Folgendes: Das Besitzunternehmen muss die Buchwerte fortführen, weil insoweit weder eine Veräußerung, noch eine Entnahme noch eine Betriebsaufgabe vorliegt.[1] Eine Buchwertaufstockung ist hier also nicht möglich.

1177

b) Buchwertübertragung ins Betriebsunternehmen

(1) Allgemeines

Schwieriger ist die Frage der Buchwertübertragung für die Wirtschaftsgüter zu beantworten, die im Rahmen der Entstehung einer echten Betriebsaufspaltung von dem bisherigen Einheitsunternehmen ins Betriebsvermögen des Betriebsunternehmens übertragen werden. Hier ist zu unterscheiden, ob die Übertragung vor dem 1. 1. 1999, nach dem 31. 12. 1998 und vor dem 1. 1. 2001 oder nach dem 31. 12. 2000 erfolgt ist.

1178

Teilweise muss ferner unterschieden werden, ob an der Betriebsgesellschaft dieselben Personen beteiligt sind wie am Besitzunternehmen (Sowohl-als-auch-Gesellschafter) oder ob im Zusammenhang mit der Aufspaltung des bisherigen Einheitsunternehmens in die neu entstehenden Betriebsunternehmen Gesellschafter aufgenommen werden, die am Besitzunternehmen nicht beteiligt sind (Nur-Betriebs-Gesellschafter).

1179

Und schließlich ergeben sich auch noch Unterschiede, je nachdem ob es sich bei dem Betriebsunternehmen um eine Kapitalgesellschaft oder eine Personengesellschaft handelt.

---

1 BFH, Urteil v. 16.4.1991 - VIII R 63/87, BFHE 164, 513, BStBl II 1991, 832.

(2) Rechtslage bis 1998

(2.1) Das Betriebsunternehmen war eine Personengesellschaft

1180 Sind bis Ende 1998 im Rahmen der Begründung einer Betriebsaufspaltung Wirtschaftsgüter aus dem bisherigen Einheitsunternehmen in die neu gegründete Betriebs-Personengesellschaft übertragen worden, war das bisherige Einheitsunternehmen ein Einzelunternehmen und erfolgte die Übertragung der Wirtschaftsgüter gegen Gewährung von Gesellschaftsrechten an der neu gegründeten Betriebs-Personengesellschaft, so war eine Übertragung zum Buchwert möglich.[1]

1181 Wurden Wirtschaftsgüter unentgeltlich – also nicht gegen Gewährung von Gesellschaftsrechten oder der Gewährung eines anderen Entgelts – von dem bisherigen Einzeleinheitsunternehmen auf die neu gegründete Betriebs-Personengesellschaft übertragen, so war eine Übertragung zum Buchwert zulässig, soweit der bisherige Einzelunternehmer nach der Übertragung anteilig an dem übertragenen Wirtschaftsgut noch beteiligt war. Soweit mit der Übertragung eine anteilige mittelbare Schenkung an die übrigen Gesellschafter erfolgte, lag eine Entnahme aus dem abgebenden Einheitsunternehmen und eine Einlage bei der aufnehmenden Betriebs-Personengesellschaft vor.[2]

1182 Folgt man dieser Ansicht, so war bis Ende 1998 eine unentgeltliche Übertragung von Wirtschaftsgütern zum Buchwert von dem bisherigen Einheitsunternehmen auf die neu gegründete Betriebs-Personengesellschaft auch dann zulässig, wenn das bisherige Einheitsunternehmen eine Mitunternehmerschaft war und die Mitunternehmer des bisherigen Einheitsunternehmens im gleichen Verhältnis wie an diesem auch an der neu gegründeten Betriebs-Personengesellschaft beteiligt waren. Bei unterschiedlichen Beteiligungsverhältnissen mussten entsprechende Entnahmen und Einlagen angenommen werden.

1183 War das bisherige Einheitsunternehmen eine Mitunternehmerschaft, so waren nach unserer Ansicht Übertragungen von einzelnen Wirtschaftsgütern zum Buchwert auf eine Betriebs-Personengesellschaft gegen Gewährung von Gesellschaftsrechten nicht möglich, weil das bisherige Einheitsunternehmen infolge der Übertragung keine Gesellschaftsrechte erhalten konnte; denn nicht das bisherige Einheitsunternehmen, sondern dessen Mitunternehmer wurden Mitunternehmer der neu gegründeten Betriebs-Personengesellschaft.

---

1 Rn. 24 und 56 des Mitunternehmererlasses.
2 *Schmidt*, in: Schmidt, EStG Kommentar, 18. Aufl., § 15, Rn. 666.

(2.2) Das Betriebsunternehmen war eine Kapitalgesellschaft

(2.2.1) Es waren nur Sowohl-als-auch-Gesellschafter vorhanden

(2.2.1.1) Allgemeines

Die Rechtsprechung und die Finanzverwaltung[1] hatten es in ständiger Praxis grundsätzlich zugelassen, dass bei der Begründung einer echten Betriebsaufspaltung die Buchwerte von der Betriebs-Kapitalgesellschaft dann fortgeführt werden konnten, wenn die steuerliche Erfassung der auf die Anteile an der Kapitalgesellschaft übergegangenen stillen Reserven infolge der Zugehörigkeit der Anteile zum Betriebsvermögen des Besitzunternehmens sichergestellt war.[2] Das war stets der Fall, wenn alle an der Betriebs-GmbH beteiligten Gesellschafter auch am Besitzunternehmen beteiligt waren; denn in diesem Fall gehörten alle GmbH-Anteile zu den (Sonder-)Betriebsvermögen beim Besitzunternehmen, und die stillen Reserven des Betriebsunternehmens blieben dadurch steuerlich verhaftet.   1184

> **BEISPIEL:** A und B waren Gesellschafter je zu ½ der X-OHG. Diese wurde in eine Betriebs-GmbH und eine Besitz-GbR aufgespalten. Das bewegliche Anlagevermögen (Buchwert 100, Teilwert 1.000) wurde zum Buchwert auf die GmbH gegen Gewährung von Gesellschaftsrechten übertragen.   1185

Lösung:

Eine solche Buchwertübertragung war zulässig, wenn nur A und B Anteilseigner der GmbH waren. Denn in diesem Fall mussten die auf die GmbH übergegangenen stillen Reserven von 900 von der GmbH bei der Veräußerung des übernommenen beweglichen Anlagevermögens und bei der Veräußerung der GmbH-Anteile, die bei der Besitz-GbR mit einem Buchwert von je 50 für A und B als Sonderbetriebsvermögen ausgewiesen wurden, versteuert werden.   1186

Zwar gab es für eine solche Buchwertübertragung bis 1998 keine gesetzliche Grundlage. Sie konnte es auch nicht geben, weil die Betriebsaufspaltung selbst gesetzlich nicht geregelt ist. Immerhin aber gab es bis 1999 auch andere Fälle, in denen eine Buchwertfortführung zulässig war, ohne dass es eine klare ausdrückliche gesetzliche Regelung dafür gab.   1187

Das galt z. B. für alle Fälle der unentgeltlichen Übertragung eines Betriebs, Teilbetriebs oder Miteigentümeranteils (§ 7 Abs. 1 EStDV – jetzt § 6 Abs. 3 EStG). Es   1188

---

1   U.a. BMF v. 22.1.1985, BStBl I 1985, 97.
2   BMF v. 22.1.1985, BStBl I 1985, 97; BFH, Urteile v. 14.1.1998 - X R 57/93, BFHE 185, 230, BB 1998, 1245; v. 16.6.2004 - X R 34/03, BFHE 207, 120, BStBl II 2005, 378; v. 12.12.2007 - X R 17/05, BFHE 220, 107, BStBl II 2008, 579; FG Köln, Urteil v. 25.8.2005, EFG 2005, 1841.

galt ferner für die Fälle der Übertragung von Wirtschaftsgütern aus einem Betrieb in einen anderen Betrieb desselben Steuerpflichtigen,[1] aus einem Sonderbetriebsvermögen in ein anderes Sonderbetriebsvermögen derselben Personengesellschaft[2] und für die Übertragung eines Wirtschaftsguts vom Gesellschaftsvermögen in einen anderen Betrieb eines Gesellschafters oder vice versa.

1189   In dem letztgenannten Fall hatte der BFH in dem sog. Einbringungsurteil vom 15. 7. 1976[3] die Überführung eines Wirtschaftsguts wahlweise zum Buchwert, Teilwert oder einem Zwischenwert gegen Gewährung bzw. Minderung von Gesellschaftsrechten zugelassen. Er hatte diese Wahlmöglichkeit mit der unterschiedlichen zivilrechtlichen und steuerrechtlichen Beurteilung der Personengesellschaft und damit begründet, dass sich die Einbringung von Wirtschaftsgütern aus einem anderen Betriebsvermögen des Gesellschafters in das Gesellschaftsvermögen als Fortsetzung der bisherigen Sachherrschaft in Form der gesamthänderischen Berechtigung, d. h. in der besonderen Form des Verbringens (der Übertragung) eines Wirtschaftsguts aus einem Betrieb in einen anderen Betrieb desselben Steuerpflichtigen darstellt. In einem solchen Fall waren die Buchwerte fortzuführen.

1190   Später war die Buchwertübertragung in den letztbezeichneten Fällen auch mit einer rechtsanalogen Anwendung der §§ 20, 24 UmwStG gerechtfertigt worden. Nach § 20 UmwStG kann ein Betrieb, Teilbetrieb oder Mitunternehmeranteil zum Buchwert, Teilwert oder einem Zwischenwert in eine GmbH gegen Gewährung von Gesellschaftsrechten eingebracht werden. Nach § 24 UmwStG ist die Buchwerteinbringung eines Betriebs, Teilbetriebs oder Mitunternehmeranteils in eine Personengesellschaft zulässig, wenn der Einbringende Mitunternehmer der Personengesellschaft wird.

1191   Es hat sich daher nach der bis Ende 1998 geltenden Rechtslage der in § 20 UmwStG zum Ausdruck kommende allgemeine Rechtsgedanke der Zulässigkeit der Buchwertübertragung aus einem Personenunternehmen in eine Kapitalgesellschaft gegen Gewährung von Gesellschaftsrechten auch auf die Fälle übertragen lassen, in denen im Rahmen der Begründung einer Betriebsaufspaltung Wirtschaftsgüter aus dem Betriebsvermögen des bisherigen Einheitsunternehmens gegen Gewährung von Gesellschaftsrechten in das Betriebsvermögen der neu gegründeten Betriebs-GmbH übertragen werden, wenn an der neu gegrün-

---

1   Vgl. z.B. BFH, Urteile v. 17.8.1972 - IV R 26/69, BFHE 107, 27, BStBl II 1972, 903; v. 9.12.1986 - VIII R 26/80, BFHE 148, 524, BStBl II 1987, 342.
2   BFH, Urteil v. 28.8.1974 - I R 18/73, BFHE 114, 180, BStBl II 1975, 166.
3   BFH, Urteil v. 15.7.1976 - I R 17/74, BFHE 119, 285, BStBl II 1976, 748.

deten Betriebs-Kapitalgesellschaft dieselben Personen beteiligt waren wie an dem Besitzunternehmen.

Zwar hat der X. Senat des BFH in seinem Urteil vom 16. 6. 2004[1] Zweifel am Vorhandensein einer Rechtsgrundlage in den vorbezeichneten Fällen geäußert, doch hat er im Hinblick darauf, dass aufgrund der Neuregelung in § 6 Abs. 6 Satz 2 EStG ein Buchwerttransfer in dem hier erörterten Sinn ab 1. 1. 1999 nicht mehr möglich ist, keine Veranlassung gesehen, von der bisherigen Rechtsprechung abzurücken.

1192

(2.2.1.2) Übernahme von Verbindlichkeiten

Eine Buchwertübertragung von Wirtschaftsgütern des bisherigen Einheitsunternehmens auf die Betriebs-GmbH war auch bei Personen- und Beteiligungsidentität schon vor dem 1. 1. 1999 **nicht möglich**, wenn gleichzeitig mit der Übertragung der Wirtschaftsgüter auch Verbindlichkeiten von dem bisherigen Einheitsunternehmen auf die Betriebs-GmbH übergingen.

1193

In einem solchen Fall war die Übernahme der Verbindlichkeiten durch die Betriebs-GmbH als (Teil-)Entgelt für die Übertragung der Wirtschaftsgüter anzusehen.[2] Die sog. **Einheitsbetrachtung** fand hier keine Anwendung, weil diese nur bei der teilentgeltlichen Übertragung eines Betriebs, Teilbetriebs oder Mitunternehmeranteils zum Zuge kommt. Bei der teilentgeltlichen Übertragung einzelner Wirtschaftsgüter hingegen ist die sog. **Trennungsmethode** anzuwenden, nach der der Übertragungsvorgang im Verhältnis des Veräußerungsentgelts zum Teilwert in ein vollentgeltliches und ein voll unentgeltliches Geschäft aufzuteilen ist. Die auf den entgeltlichen Teil entfallenden stillen Reserven sind stets zu realisieren.

1194

BEISPIEL: ▶ Im Rahmen einer Aufspaltung seines bisherigen Einzelunternehmens übertrug A auf die neu gegründete Betriebs-GmbH ein Wirtschaftsgut (Buchwert 1.000, Teilwert 2.500). Gleichzeitig übernahm die Betriebs-GmbH Verbindlichkeiten des bisherigen Einheitsunternehmens in Höhe von 800.

1195

Lösung:

Von dem übertragenen Wirtschaftsgut (Teilwert 2.500) war ein Teilwertanteil in Höhe von 800 (= 32 v. H.) entgeltlich übertragen worden. Dem entsprach ein anteiliger Buchwert von 320 (32 v. H. von 1.000). Mithin entstand ein Veräußerungsgewinn von 480. Der restliche Teil des Wirtschaftsguts (78 v. H.) konnte zum Buchwert übertragen werden (= 1.700).

1196

---

1 BFH, Urteil v. 16.6.2004 - X R 34/03 (unter II.2.d), BFHE 207, 120, BStBl II 2005, 378; vgl. auch *Pflüger*, GStB 2005, 14, der durch das Urteil den Reiz einer Betriebsaufspaltung als geschmälert sieht.
2 BMF v. 27.3.1998, DB 1998, 1060.

1197 Soweit bis zum Erlass des vorerwähnten BMF-Schreibens anders verfahren worden war, waren die vorstehend dargestellten Rechtsgrundsätze nach der in dem BMF-Schreiben enthaltenen Übergangsregelung erstmals auf Fälle anzuwenden, in denen das wirtschaftliche Eigentum nach dem 31. 12. 1997 auf die Betriebsgesellschaft übergegangen war.

1198 Wie zu verfahren war, wenn mehrere Wirtschaftsgüter vom Einheitsunternehmen auf die Betriebs-GmbH übertragen wurden, wurde in dem erwähnten BMF-Schreiben nicht gesagt.

BEISPIEL: ▶ Im Rahmen der Begründung einer Betriebsaufspaltung wurden vom bisherigen Einheitsunternehmen mehrere Anlagegüter (Buchwert 1.000, Teilwert 10.000) und das gesamte Umlaufvermögen (Buchwert = Teilwert 5.000) übertragen. Gleichzeitig übernahm die Betriebs-GmbH Verbindlichkeiten des bisherigen Einheitsunternehmens in Höhe von 5.000.

Lösung:

1199 Da man einem Steuerpflichtigen nicht vorschreiben kann, welche Teile seines Vermögens er entgeltlich veräußern und welche er zu Buchwerten übertragen will, ist das Entgelt von 5.000 nicht auf alle übertragenen Wirtschaftsgüter verhältnismäßig zu verteilen, wenn der Steuerpflichtige bestimmt, dass die von der Betriebs-GmbH übernommenen Verbindlichkeiten als Entgelt für bestimmte übertragene Wirtschaftsgüter anzusehen sind. Wurde im vorstehenden Beispiel also bestimmt, dass die übernommenen Verbindlichkeiten Entgelt für das übernommene Umlaufvermögen sein sollten, so konnte nach der bis zum 31. 12. 1998 geltenden Rechtslage das Anlagevermögen zum Buchwert gegen Gewährung von Gesellschaftsrechten übertragen werden.

1200–1202 *(Einstweilen frei)*

(2.2.2) Es waren auch Nur-Betriebs-Gesellschafter vorhanden

(2.2.2.1) Die Verwaltungsmeinung

1203 Wurden bei der Begründung einer Betriebsaufspaltung in die Betriebs-GmbH Gesellschafter aufgenommen, die nicht am Besitzunternehmen beteiligt waren, so kam nach Auffassung der Finanzverwaltung[1] eine Buchwertübertragung von Wirtschaftsgütern aus dem bisherigen Einheitsunternehmen in die Betriebs-GmbH insoweit nicht in Betracht, als an der neugegründeten Kapitalgesellschaft eine nahe stehende Person beteiligt wurde, die nicht am Besitzunterneh-

---

1 BMF v. 27.3.1998, DB 1998, 1060.

men beteiligt war und kein Aufgeld für die ihr zuwachsenden stillen Reserven zu leisten hatte.

Dies sollte nach Ansicht der Finanzverwaltung[1] der Fall sein, wenn **1204**

▶ die Besitzgesellschaft oder ihre Gesellschafter Anteile an der Betriebsgesellschaft auf eine nahe stehende Person zu einem Kaufpreis übertragen, der niedriger ist als der bei Veräußerung an einen fremden Dritten erzielbare Betrag (**Veräußerungsfall**), oder

▶ der Inhaber des Besitzunternehmens es der nahe stehenden Person ermöglicht, Anteile an der aus der Betriebsaufspaltung hervorgegangenen Kapitalgesellschaft gegen Leistung einer Einlage zu erwerben, die niedriger als der Wert der Anteile ist (**Einlagefall**), oder

▶ eine Betriebsaufspaltung mit einer zuvor durch Bargründung errichteten Kapitalgesellschaft begründet wird, an der Angehörige des Besitzunternehmers mit einer Einlage beteiligt worden sind, die niedriger ist als die Einlage, die ein fremder Dritter bei der Aufnahme in die Kapitalgesellschaft hätte leisten müssen (**Bargründungsfall**).

In all diesen Fällen soll nach Ansicht der Finanzverwaltung in Höhe des Unterschiedsbetrags eine Entnahme aus dem Besitzunternehmen vorliegen. Zwar fehle es – so die Finanzverwaltung – im Einlagefall und im Bargründungsfall an einer Entnahmehandlung. Eine Entnahme liege aber trotzdem vor, weil andernfalls stille Reserven von den Gesellschaftern der Besitzgesellschaft gehörenden Anteilen auf Personen übergingen, bei denen die Anteile nicht zum Betriebsvermögen der Besitzgesellschaft gehörten wodurch folglich die spätere steuerliche Erfassung der stillen Reserven nicht sichergestellt sei. **1205**

Die Auffassung der Finanzverwaltung beruht auf der folgenden Überlegung: Hätten in dem Beispiel vorstehend unter Rn. 1185 A und B im Rahmen der Betriebsaufspaltung ihre Ehefrauen mit je 24,5 v. H. an der Betriebs-GmbH ohne Aufdeckung der stillen Reserven beteiligt, so würden die Anteile der Ehefrauen nicht zu einem Betriebsvermögen, sondern zu deren Privatvermögen gehören. Da diese Anteile auch nicht unter § 17 EStG[2] fallen, würden die in ihnen enthaltenen stillen Reserven nicht mehr der Besteuerung unterliegen. **1206**

1 BMF v. 22.1.1985, BStBl I 1985, 97; OFD Münster v. 16.8.1990, DB 1990, 1797; OFD Frankfurt v. 6.9.1996, FR 1996, 762.
2 Im Zeitpunkt der Abfassung des BMF-Schreibens v. 22.1.1985 (BStBl I 1985, 97) war für die Anwendung des § 17 EStG noch eine Beteiligung von mehr als 25 v.H. erforderlich.

(2.2.2.2) Die Rechtsprechung des BFH

(2.2.2.2.1) Entnahmefälle

1207 Der BFH hat mit dem Urteil vom 16. 4. 1991[1] die Verwaltungsmeinung insoweit bestätigt, als eine Entnahme von Anteilen an der Betriebs-Kapitalgesellschaft aus dem Betriebsvermögen des Besitzunternehmens vorliegt.

1208 Dem Urteil lag – vereinfacht dargestellt – folgender Sachverhalt zugrunde:

A und B waren je zu ½ an der Betriebs-GmbH und der Besitz-GbR beteiligt. Die Anteile von A und B an der Betriebs-GmbH (stille Reserven insgesamt 1.272.200 €) sind Sonderbetriebsvermögen bei der Besitz-GbR. Die GmbH erhöht ihr Stammkapital von 20.000 € auf 100.000 €. Von den neuen Anteilen erhalten A und B je 30.000 € und je 10.000 € die Ehefrauen A und B. Jede Ehefrau leistete ihre Einlage von 10.000 €. Sonstige Leistungen mussten sie nicht erbringen. Nach der Kapitalerhöhung entfielen auf die Anteile von Frau A und Frau B je 127.220 € stille Reserven.

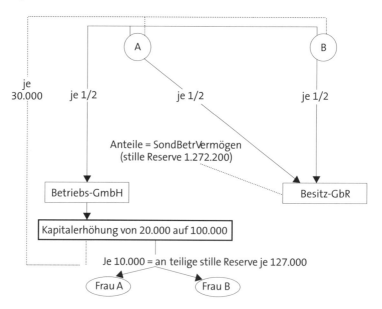

1209 Der BFH hat entschieden, dass insoweit (in Höhe von je 127.220 €) ein Entnahmegewinn zu Lasten von A und B entstanden ist, als sie die zu ihrem Sonderbe-

---

1 BFH, Urteil v. 16.4.1991 - VIII R 63/87, BFHE 164, 513, BStBl II 1991, 832.

triebsvermögen bei der Besitz-GbR gehörenden Anteile an der Betriebs-GmbH in Höhe von jeweils 10 v. H. entnommen und zum Nennwert auf ihre Ehefrauen übertragen haben.

Auf der gleichen Ebene liegt das BFH-Urteil vom 16. 6. 2004,[1] dem folgender Sachverhalt zugrunde lag: Die Klägerin (60 v. H.) errichtete zusammen mit ihrem Sohn (40 v. H.) im Wege der Bargründung eine GmbH. An diese veräußerte sie alle Aktiven und Passiven ihres bisherigen Einzelunternehmens mit Ausnahme des Grundbesitzes zum Buchwert. Der BFH hat insoweit, als der Sohn an der Betriebs-GmbH beteiligt wurde (40 v. H.) eine Entnahme der übertragenen Wirtschaftsgüter angenommen und dazu ausgeführt: Eine Entnahme sei im Streitfall darin zu sehen, dass der Besitzunternehmer (Mutter) die aus seinem Besitzunternehmen in die Betriebs-GmbH verdeckte (unentgeltlich) eingelegten Wirtschaftsgüter insoweit (teilweise) für private Zwecke verwendet habe, als die dadurch ausgelöste tatsächliche Vermögensmehrung quotal auf die GmbH-Anteile des Nur-Betriebsgesellschafters (Sohn) entfielen. Es handele sich dabei um eine disquotale Einlage des Besitzunternehmers (Mutter) in die GmbH, die in Höhe der GmbH-Beteiligungsquote des Nur-Betriebsgesellschafters (Sohnes) für dessen Rechnung geleistet worden sei. Die verdeckte disquotale Einlage von Wirtschaftsgütern des Besitzunternehmers (Mutter) in die Betriebs-GmbH stelle sich, insoweit es die GmbH-Beteiligungsquote des nahen Angehörigen (Sohnes) betreffe, in ertragsteuerlicher Sicht lediglich als eine Verkürzung des Leistungsweges dar, der sich in folgenden gedanklichen Schritten vollziehe: (1) Entnahme des verdeckt eingelegten Wirtschaftsguts in Höhe des Bruchteils der GmbH-Beteiligungsquote des Nur-Betriebsgesellschafters durch den Besitzunternehmer und entsprechende Schenkung an den Nur-Betriebsgesellschafter; (2) verdeckte Einlage des schenkweise erworbenen Bruchteilseigentums durch den beschenkten Nur-Betriebsgesellschafter in die Betriebs-GmbH.

(2.2.2.2.2) Nicht-Entnahmefälle

Das BFH-Urteil vom 12. 5. 1993

Abgelehnt hat der BFH mit seinem Urteil vom 12. 5. 1993[2] die Verwaltungsansicht insoweit, als keine Entnahmehandlung vorliegt, die Verwaltung aber trotzdem eine Entnahme annehmen will.

1210

1211

---

1 BFH, Urteil v. 16.6.2004 - X R 34/03, BFHE 207, 120, BStBl II 2005, 378; vgl. auch FG Köln, Urteil v. 25.8.2005, EFG 2005, 1841.
2 BFH, Urteil v. 12.5.1993 - XI R 58, 59/92, BFHE 171, 282, BB 1993, 1486.

1212   Dem Urteil lag folgender Sachverhalt zugrunde:

A betrieb ein Einzelunternehmen. Ende 1982 errichtete er zusammen mit seiner Ehefrau im Wege einer Bargründung eine GmbH, an der er mit 80 v. H., seine Ehefrau mit 20 v. H. beteiligt war. 1983 wurden beide Unternehmen durch eine echte Betriebsaufspaltung verbunden. Die GmbH wurde Betriebsunternehmen, das Einzelunternehmen Besitzunternehmen. Das bewegliche und unbewegliche Anlagevermögen des Einzelunternehmens wurde an die GmbH verpachtet. Das Umlaufvermögen wurde an die GmbH veräußert.

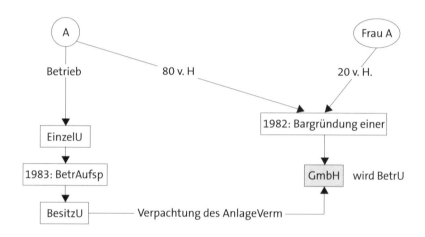

1213   Das FA vertrat die Ansicht, A hätte einen fremden Dritten nur dann in die GmbH aufgenommen, wenn dieser ein entsprechend hohes Aufgeld für die ihm aus dem Anteilserwerb erwachsenen Rechte und Ertragsaussichten geleistet hätte. Weil A auf ein solches Aufgeld verzichtet habe und die Anteile seiner Ehefrau in deren Privatvermögen verblieben seien, sei ein Entnahmetatbestand verwirklicht.

1214   Der BFH hat diese Verwaltungsansicht abgelehnt. Die Begründung des Urteils lautet im Wesentlichen: Die Beteiligung an der durch Bargründung neu entstandenen Betriebs-Kapitalgesellschaft habe nie zum Betriebsvermögen des Besitzunternehmens gehört. Daher habe es nicht zu einer Entnahme kommen können. Weder die Verpachtung von Anlagevermögen seitens des Besitzunternehmens an die Betriebs-Kapitalgesellschaft noch die Zugehörigkeit der Anteile der Nur-Betriebs-Gesellschafterin zu ihrem Privatvermögen, noch die mögliche Erhöhung des inneren Werts der Anteile an der Betriebs-Kapitalgesellschaft durch die nachfolgende Betriebsaufspaltung würden an diesem Ergebnis etwas ändern.

Das BFH-Urteil vom 14. 1. 1998 1215

Der X. Senat des BFH hat sich mit seinem Urteil vom 14. 1. 1998[1] der Auffassung angeschlossen, die der XI. Senat in dem vorstehend wiedergegebenen Urteil vertreten hat. Dem Urteil des X. Senats lag folgender Sachverhalt zugrunde: A betrieb bis zum 30. 6. 1985 eine Bäckerei als Einzelunternehmen. Zum 1. 7. 1985 gründete A zusammen mit seinen drei Kindern eine GmbH. Am Stammkapital dieser Gesellschaft waren A mit 70 v. H. und jedes Kind mit 10 v. H. beteiligt. Die GmbH führte den Betrieb der Bäckerei fort. Das gesamte Anlagevermögen des bisherigen Einzelunternehmens wurde an die GmbH verpachtet.

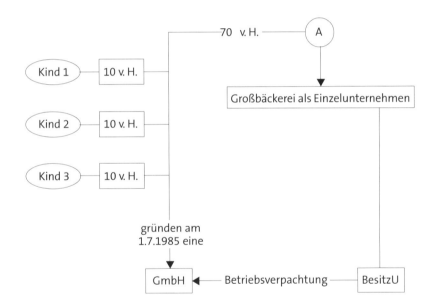

Die Finanzverwaltung hat beide Urteile nicht im Bundessteuerblatt II veröffentlicht. Es ist aber auch kein Nichtanwendungserlass ergangen. 1216

(2.2.2.2.3) Lösungsvorschlag

Die Lösung des Problems liegt auf einem ganz anderen Gebiet, nämlich dort, wo nach der Bargründung Wirtschaftsgüter von dem bisherigen Einzelunter- 1217

---

1   BFH, Urteil v. 14.1.1998 - X R 57/93, BFH/NV 1998, 1160.

nehmen auf die Betriebs-GmbH übertragen werden. Eine solche Übertragung zum Buchwert war – wie oben unter Rn. 1180 ff- dargelegt – bis zum 31. 12. 1998 nur in rechtsanaloger Anwendung des § 20 UmwStG, also nur dann möglich, wenn die Anteile an der Betriebs-GmbH, auf die die Wirtschaftsgüter übertragen wurden, steuerlich verhaftet bleiben. Dies ist im Fall des Urteils vom 12. 5. 1993 nur hinsichtlich eines Anteils von 80 v. H. der übertragenen Wirtschaftsgüter – wenn solche überhaupt übertragen worden sind – möglich, weil nur insoweit die GmbH-Anteile notwendiges (Sonder-)Betriebsvermögen beim Besitzunternehmen werden. Der auf die Ehefrau entfallende Anteil von 20 v. H. an den übertragenen Wirtschaftsgütern hingegen erfüllt diese Voraussetzung nicht, weil insoweit die GmbH-Anteile zum Privatvermögen der Ehefrau gehören. Insoweit war also eine Buchwertübertragung vom Einzelunternehmen auf die Betriebs-GmbH nicht zulässig. Die Übertragung der Wirtschaftsgüter musste also zur Gewinnrealisierung führen.

Zu einem anderen Ergebnis konnte man nur dann kommen, wenn die an die Ehefrau übertragenen Anteile als einbringungsgeborene Anteile behandelt worden wären.

(2.2.3) Teilwertübertragung

1218 Statt der Buchwertübertragung war bis zum 31. 12. 1998 in rechtsanaloger Anwendung der §§ 20, 24 UmwStG auch die Überführung von Wirtschaftsgütern aus dem bisherigen Einheitsunternehmen in das Betriebsunternehmen zum Teilwert (volle Gewinnrealisierung) oder zu einem Zwischenwert (teilweise Gewinnrealisierung) zulässig.[1]

1219–1221 *(Einstweilen frei)*

(3) Die Rechtslage von 1999 bis 2000

(3.1) Das Betriebsunternehmen war eine Kapitalgesellschaft

1222 Werden bei der Begründung einer echten Betriebsaufspaltung einzelne Wirtschaftsgüter von dem bisherigen Einheitsunternehmen auf die Betriebs-Kapitalgesellschaft übertragen, so liegt entweder eine Sacheinlage oder eine verdeckte Einlage vor.

1223 Bei einer Sacheinlage erhält der Steuerpflichtige für die übertragenen Wirtschaftsgüter Gesellschaftsrechte. Hier liegt also ein tauschähnlicher Vorgang vor. Nach dem durch das StEntlG 1999/2000/2002 neu eingeführten § 6 Abs. 6

---

1 Ebenso *Wendt*, Harzburger Protokolle 1982, 382; *Streck*, KÖSDI 1984, 5409; BMF v. 10.12.1985 (unter II.3. Satz 2), BStBl I 1985, 683, 684.

Satz 1 EStG waren, wenn ein einzelnes Wirtschaftsgut im Wege des Tausches übertragen wurde, die Anschaffungskosten nach dem gemeinen Wert des hingegebenen Wirtschaftsguts zu bemessen. D. h., die Betriebs-Kapitalgesellschaft musste das auf sie im Wege der Sacheinlage übertragene Wirtschaftsgut mit dem gemeinen Wert der Gesellschaftsanteile ansetzen, die der einlegende Steuerpflichtige erhalten hatte. Eine Buchwertübertragung war damit nicht mehr möglich.

Erfolgt die Übertragung einzelner Wirtschaftsgüter aus dem bisherigen Einheitsunternehmen in die Betriebs-Kapitalgesellschaft im Wege der verdeckten Einlage, so kam die durch das StEntlG 1999/2000/2002 neu eingeführte Regelung des § 6 Abs. 6 Satz 2 EStG zur Anwendung, wonach sich in einem solchen Fall die Anschaffungskosten der Beteiligung an der Kapitalgesellschaft um den Teilwert des eingelegten Wirtschaftsguts erhöhten. 1224

Daraus folgte, dass bei einer verdeckten Einlage eines einzelnen Wirtschaftsguts aus dem bisherigen Einheitsunternehmen in die Betriebs-Kapitalgesellschaft das eingelegte Wirtschaftsgut von dieser Gesellschaft mit seinem Teilwert anzusetzen war. 1225

Auch für den Fall einer verdeckten Einlage war also eine Buchwertübertragung im Rahmen der Begründung einer echten Betriebsaufspaltung ab 1. 1. 1999 nicht mehr möglich.

(3.2) Das Betriebsunternehmen war eine Personengesellschaft

Auch wenn das Betriebsunternehmen eine Personengesellschaft war, konnten bei in den Jahren 1999 und 2000 begründeten echten Betriebsaufspaltungen keine einzelnen Wirtschaftsgüter mehr zum Buchwert von dem bisherigen Einheitsunternehmen auf die Betriebs-Personengesellschaft übertragen werden. 1226

Das ergab sich für den Fall, dass das bisherige Einheitsunternehmen ein Einzelunternehmen war, aus dem durch das StEntlG 1999/2000/2002 neu geschaffenen § 6 Abs. 5 Satz 3 EStG. In dieser Vorschrift wurde bestimmt, dass die nach § 6 Abs. 5 Satz 1 EStG zulässige Buchwertübertragung nicht möglich ist, wenn ein Wirtschaftsgut aus einem Betriebsvermögen des Mitunternehmers in das Gesamthandsvermögen einer Mitunternehmerschaft übertragen wird. D. h., wenn im Rahmen der Begründung einer Mitunternehmerschaft der Inhaber des bisherigen Einheitsunternehmens ein einzelnes Wirtschaftsgut aus dem als Einzelunternehmen geführten Einheitsunternehmen in den Jahren 1999 und 2000 in das Gesellschaftsvermögen der Betriebs-Personengesellschaft übertrug, war eine solche Übertragung nicht zum Buchwert zulässig. 1227

1228 Für den Fall, dass das bisherige Einheitsunternehmen eine Personengesellschaft war, ergab sich das Verbot der Buchwertübertragung einzelner Wirtschaftsgüter in das Gesellschaftsvermögen der Betriebs-Personengesellschaft für die Jahre 1999 und 2000 aus dem durch das StEntlG 1999/2000/2002 eingeführten Abs. 4 des § 6 EStG. In dieser Vorschrift wurde bestimmt: „Wird ein einzelnes Wirtschaftsgut (...) unentgeltlich in das Betriebsvermögen eines anderen Steuerpflichtigen übertragen, gilt sein gemeiner Wert für das aufnehmende Betriebsvermögen als Anschaffungskosten."

Das bisherige Einheitsunternehmen und die Betriebs-Personengesellschaft sind verschiedene Steuerpflichtige im Sinne dieser für zwei Jahre geltenden Vorschrift.

1229–1231 *(Einstweilen frei)*

(4) Die Rechtslage ab 2001

(4.1) Allgemeines

1232 Der durch das StEntlG 1999/2000/2002 eingeführte § 6 Abs. 5 EStG ist durch das StSenkG wieder geändert worden. Durch die Änderungen ist das Verbot der Buchwertübertragung eines Wirtschaftsguts

▶ aus einem Betriebsvermögen eines Mitunternehmers in das Gesellschaftsvermögen der Mitunternehmerschaft und vice versa,

▶ aus dem Gesellschaftsvermögen einer Mitunternehmerschaft in das Sonderbetriebsvermögen eines Mitunternehmers bei derselben Mitunternehmerschaft und vice versa sowie

▶ zwischen den Sonderbetriebsvermögen der Mitunternehmer derselben Mitunternehmerschaft für Übertragungen nach dem 31. 12. 2000[1] in ein Buchwertübertragungsgebot umgewandelt worden.

1233 Diese Änderungen sind erst aufgrund eines Beschlusses des Vermittlungsausschusses[2] in das StSenkG aufgenommen worden. Es kann daher – erfahrungsgemäß – nicht ausgeschlossen werden, dass die Änderungen nicht mit der für eine ordentliche Gesetzgebung gebotenen Sorgfalt formuliert worden sind.

(4.2) Das Betriebsunternehmen ist eine Kapitalgesellschaft

1234 Infolge der Änderungen des § 6 Abs. 5 EStG durch das StSenkG hat sich hinsichtlich der Buchwertübertragung von dem bisherigen Einheitsunternehmen auf

---

1 § 52 Abs. 16a EStG i.d.F. des StSenkG.
2 BT-Drucksache 14/3760.

die neu gegründete Betriebs-Kapitalgesellschaft die Rechtslage nicht verändert, weil für diesen Fall der Übertragung von Wirtschaftsgütern sich das Verbot der Buchwertübertragung nicht aus § 6 Abs. 5 EStG i. d. F. des StEntlG 1999/2000/2002 ergab, sondern aus § 6 Abs. 6 EStG i. d. F. des StEntlG 1999/2000/2002 ergibt und diese Regelung durch das StSenkG nicht verändert wurde.

Hinzu kommt, dass § 6 Abs. 5 EStG i. d. F. des StSenkG nur die Übertragung von Wirtschaftsgütern zwischen dem Betriebsvermögen eines Mitunternehmers, Gesamthandsvermögen und Sonderbetriebsvermögen regelt, nicht aber auch Übertragungen zwischen einem Personenunternehmen und einer Kapitalgesellschaft.   1235

(Einstweilen frei)   1236–1238

(4.3) Das Betriebsunternehmen ist eine Personengesellschaft

Für die Übertragung von Wirtschaftsgütern von einem bisherigen Einheitsunternehmen auf eine Betriebs-Personengesellschaft im Zusammenhang mit der Begründung einer Betriebsaufspaltung nach dem 31. 12. 2000 ist zu unterscheiden, ob das bisherige Einheitsunternehmen ein Einzelunternehmen oder eine Personengesellschaft ist.   1239

Ist das bisherige Einheitsunternehmen ein Einzelunternehmen, so ist eine Buchwertübertragung nach § 6 Abs. 5 Satz 3 Nr. 1 EStG i. V. m. § 6 Abs. 5 Satz 1 EStG geboten, weil hier ein Mitunternehmer der Betriebs-Personengesellschaft ein Wirtschaftsgut aus seinem bisherigen Einheitseinzelunternehmen in das Gesamthandsvermögen der Betriebs-Personengesellschaft überträgt.   1240

Das gilt auch dann, wenn die Übertragung des Wirtschaftsguts gegen Gewährung von Gesellschaftsrechten der Betriebs-Personengesellschaft geschieht. Zwar wird in § 6 Abs. 6 Satz 1 EStG bestimmt, dass bei der Übertragung eines einzelnen Wirtschaftsguts im Wege des Tausches sich die Anschaffungskosten nach dem gemeinen Wert des hingegebenen Wirtschaftsguts, also bei der Übertragung gegen Gewährung von Gesellschaftsrechten nach deren Wert bemessen. Die Regelungen über die Buchwertübertragungen in § 6 Abs. 5 EStG sind aber wohl gegenüber der Grundsatzvorschrift in § 6 Abs. 6 EStG lex specialis, so dass sie § 6 Abs. 6 EStG vorgehen. Die Stellung des § 6 Abs. 5 EStG als lex specialis gegenüber § 6 Abs. 6 EStG dürfte sich aus der Entwicklung des § 6 Abs. 5 EStG i. d. F. des StSenkG (Wiedereinführung der bisher möglichen Buchwertübertragungsmöglichkeiten) und dem Zweck des § 6 Abs. 6 Satz 1 EStG (Abschaffung des Tauschgutachtens) ergeben.   1241

1242 Ist das bisherige Einzelunternehmen eine Mitunternehmerschaft, so findet auf die Übertragung von Wirtschaftsgütern im Rahmen der Begründung einer echten Betriebsaufspaltung von der bisherigen Einheits-Personengesellschaft auf die neu gegründete Betriebs-Personengesellschaft § 6 Abs. 4 EStG Anwendung; denn nach der heute herrschenden Einheitsbetrachtung sind die bisherige Einheits-Personengesellschaft und die neu gegründete Betriebs-Personengesellschaft zwei verschiedene Steuerpflichtige. Eine Buchwertübertragung ist daher auch nach dem 31. 12. 2000 hier nicht mehr möglich.

1243 Die unterschiedlichen Ergebnisse, je nachdem ob das bisherige Einheitsunternehmen ein Einzelunternehmen oder eine Mitunternehmerschaft ist, zeigen, dass die Regelungen in § 6 Abs. 4 bis 6 EStG nicht aufeinander abgestimmt und daher in einem hohen Maße reformbedürftig sind.

1244 Nach geltendem Recht bleibt es indes bei dem Befund, dass die Aufdeckung stiller Reserven im vorliegenden Fall bei Übertragung von Wirtschaftsgütern nicht vermieden werden kann. Dieses Ergebnis ist nur erzielbar, wenn alle wesentlichen Betriebsgrundlagen beim Besitzunternehmen verbleiben und im Rahmen einer **Betriebsverpachtung**[1] an das Betriebsunternehmen verpachtet werden. Gegebenenfalls kann dieses Modell so ausgestaltet werden, dass die verpachteten Wirtschaftsgüter fortlaufend durch Ersatzinvestitionen im Betriebsunternehmen ersetzt werden, so dass sich beim Besitzunternehmen das Anlagevermögen verringert und zu einem Betrieb schrumpft, der irgendwann lediglich Grundbesitz und Geschäftswert verpachtet (sog. **Schrumpfungsmodell**).[2]

1245–1247 *(Einstweilen frei)*

3. Buchwertübertragung während des Bestehens einer Betriebsaufspaltung

a) Allgemeines

1248 Wie oben unter Rn. 705 ff. dargelegt, kann u. E. eine Kapitalgesellschaft kein Besitzunternehmen sein. Es werden daher hier grundsätzlich nur diejenigen Fälle behandelt, in denen ein Wirtschaftsgut von einem Besitz-Einzelunternehmen oder einer Besitz-Personengesellschaft (Besitz-Gemeinschaft) auf eine Betriebs-Kapitalgesellschaft oder eine Betriebs-Personengesellschaft übertragen wird.

---

1 Siehe unten Rn. 1600 ff.
2 Vgl. *Nagel*, in: Lange, Personengesellschaften im Steuerrecht, 7. Aufl. 2008, Rn. 3408, m.w.N.

b) Die Rechtslage bis zum 31. 12. 1998

(1) Buchwertübertragung von einem Besitzunternehmen auf ein Betriebsunternehmen

(1.1) An beiden Unternehmen sind dieselben Gesellschafter beteiligt

Wie bereits erwähnt,[1] konnten bis zum 31. 12. 1998 – ohne dass es dafür eine gesetzliche Regelung gab – nach der Rechtsprechung des BFH Wirtschaftsgüter aus dem Gesellschaftsvermögen einer Personengesellschaft in einen anderen Betrieb eines Gesellschafters zum Buchwert überführt werden oder vice versa. Der BFH hat diese Buchwertübertragungsmöglichkeit wie folgt gerechtfertigt: | 1249

„Die Einbringung eines Wirtschaftsgutes aus einem anderen Betriebsvermögen des Gesellschafters stellt sich so gesehen dar als Fortsetzung der bisherigen Sachherrschaft in der Form der gesamthänderischen Berechtigung, d. h. als eine besondere Form des Verbringens (der Überführung) eines Wirtschaftsguts aus einem Betrieb in einen anderen Betrieb desselben Steuerpflichtigen." | 1250

Diese Formel ließ sich auch auf die Fälle der Übertragung von Wirtschaftsgütern des Besitzunternehmens auf eine Betriebs-Kapitalgesellschaft während des Bestehens einer Betriebsaufspaltung bis Ende 1998 anwenden, wobei zwischen beiden Bereichen einzig und allein der Unterschied bestand, dass an die Stelle der in den Einbringungsfällen durch Alleineigentum bzw. Gesamthandseigentum begründeten Sachherrschaft in den Betriebsaufspaltungsfällen die durch die personelle und sachliche Verflechtung begründete Sachherrschaft trat: | 1251

„Die Übertragung eines Wirtschaftsguts aus einem Besitzunternehmen ins Betriebsunternehmen stellt sich so gesehen dar als Fortsetzung der bisherigen Sachherrschaft in dem Betriebsunternehmen, d. h. als eine besondere Form des Verbringens (der Überführung) eines Wirtschaftsgutes aus einem Betrieb (dem Besitzunternehmen) in einen anderen Betrieb (das Betriebsunternehmen) desselben Steuerpflichtigen." | 1252

Der Umstand, dass es sich bei dem Betriebsunternehmen regelmäßig um eine Kapitalgesellschaft handelt, stand dem nicht entgegen; denn nach § 20 UmwStG ist bei der Einbringung in eine Kapitalgesellschaft ebenso wie bei der Einbringung in eine Personengesellschaft nach § 24 UmwStG eine Buchwertfortführung möglich. | 1253

---

1 Oben Rn. 1178 ff.

Es handelt sich also auch bei der Betriebsaufspaltung um einen speziellen Fall der Überführung eines Wirtschaftsguts aus einem Gewerbebetrieb in einen anderen Gewerbebetrieb desselben Steuerpflichtigen, jedenfalls dann, wenn am Besitz- und Betriebsunternehmen nur Sowohl-als-auch-Gesellschafter beteiligt sind.

1254 Damit aber kam man unter rechtsanaloger Anwendung des in den §§ 20, 24 UmwStG zum Ausdruck kommenden allgemeinen Rechtsgedankens der Buchwertfortführung bei der Übertragung eines Wirtschaftsguts von einem Betrieb in einen anderen Betrieb desselben Steuerpflichtigen zu dem Ergebnis, dass eine Buchwertübertragung bei der Betriebsaufspaltung an die gleichen Voraussetzungen gebunden war wie die Betriebsaufspaltung selbst und letztlich ihre Rechtfertigung nur darin fand, dass die heutige h. L. eine sachliche und personelle Verflechtung als ausreichend ansieht, um eine vermögensverwaltende Betätigung in eine gewerbliche umzuqualifizieren.

1255 Mithin gelten in den Fällen, in denen am Besitz- und Betriebsunternehmen nur Sowohl-als-auch-Gesellschafter beteiligt sind, für die Übertragung von Wirtschaftsgütern aus dem Besitzunternehmen ins Betriebsunternehmen zum Buchwert während des Bestehens einer Betriebsaufspaltung die oben unter Rn. 1178 ff. dargestellten Grundsätze entsprechend und zwar unabhängig davon, ob das Betriebsunternehmen eine Kapitalgesellschaft oder eine Mitunternehmerschaft war. Dies wurde durch das BMF-Schreiben vom 27. 3. 1998[1] bestätigt, das sich nicht nur auf Übertragungen im Zeitpunkt der Betriebsaufspaltung, sondern auch auf Übertragungen während des Bestehens einer Betriebsaufspaltung bezieht.

(1.2) Buchwertübertragung beim Vorhandensein von Nur-Besitz-Gesellschaftern

1256 Höchstrichterlich noch nicht entschieden ist, ob bei der Übertragung eines Wirtschaftsguts von einem Besitzunternehmen auf ein Betriebsunternehmen eine Buchwertübertragung bis zum 31. 12. 1998 auch hinsichtlich der Besitz-Gesellschafter möglich war, die am Betriebsunternehmen nicht beteiligt sind (Nur-Besitz-Gesellschafter).

1257 Zwar spricht vieles dafür, die Frage zu verneinen; denn Nur-Besitz-Gesellschafter sind mit der Betriebsgesellschaft nicht durch personelle Verflechtung verbunden. Andererseits könnte man – entsprechend Einheitsbetrachtung – die Besitz-Personengesellschaft als Einheit ansehen, die das Wirtschaftsgut überträgt. Hinzu kommt, dass es für die Ausdehnung der Umqualifizierung des Be-

---

1 BMF v. 27.3.1998, DB 1998, 1060.

sitzunternehmens in einen Gewerbebetrieb auch hinsichtlich der Nur-Besitz-Gesellschafter keine gesetzliche Grundlage gibt und diese Einbeziehung auch nicht mit den vom GrS des BFH in seinem Beschluss vom 25. 6. 1984[1] aufgestellten Grundsätzen vereinbar ist.[2]

Man könnte deshalb sagen, es bestünden auch keine Bedenken, wenn man die Auswirkungen dieses Fehlers dadurch abmilderte, dass man in der Systemwidrigkeit systemgerecht einen zweiten Fehler macht, indem man die Möglichkeit der Buchwertübertragung auch für die Nur-Besitz-Gesellschafter zulässt.   1258

Lässt man hingegen den Gedanken der Milderung eines Fehlers durch einen zweiten Fehler außer Betracht, so wird man kaum zu einem anderen Ergebnis kommen können als dem, dass eine Buchwertübertragung hinsichtlich der Nur-Besitz-Gesellschafter nicht möglich war, und zwar aufgrund folgender Überlegungen: 1259

▶ Liegt ein Fall der mitunternehmerischen Betriebsaufspaltung vor, so wird eine Buchwertübertragung hinsichtlich des Anteils des Nur-Besitz-Gesellschafters nicht möglich sein, weil eine Übertragung eines Wirtschaftsguts aus einem Betriebsvermögen eines Gesellschafters in das Gesellschaftsvermögen zum Buchwert nur gegen Gewährung von Gesellschaftsrechten, also nur dann möglich war, wenn ein Gesellschafter etwas überträgt. Nur-Besitz-Gesellschafter aber sind keine Gesellschafter der Betriebs-Personengesellschaft.   1260

▶ Ist die Betriebsgesellschaft eine Kapitalgesellschaft, dann wird durch die Übertragung eines Wirtschaftsguts vom Besitzunternehmen auf die Betriebs-Kapitalgesellschaft deren Vermögen um den Betrag der übergegangenen stillen Reserven erhöht. Diese – durch eine Buchwertübertragung nicht aufgedeckten – stillen Reserven werden später in der Kapitalgesellschaft und, da die Anteile der Sowohl-als-auch-Gesellschafter als deren Sonderbetriebsvermögen II zum Betriebsvermögen der Besitzgesellschaft gehören, hier noch einmal versteuert, nämlich dann, wenn dieser Anteil veräußert wird. Hinsichtlich eines Nur-Besitz-Gesellschafters kommt eine solche Besteuerung der stillen Reserven nicht in Betracht, so dass unter diesem Gesichtspunkt hinsichtlich seines Anteils an den auf die Betriebs-Kapitalgesellschaft übertragenen Wirtschaftsgütern eine Buchwertübertragung ausscheiden muss.   1261

---

1   BFH, Beschluss v. 25.6.1984 - GrS 4/82, BFHE 141, 405, BStBl II 1984, 751.
2   Vgl. oben Rn. 1180 ff.

1262 Nach dem vorerwähnten BMF-Schreiben vom 22. 1. 1985[1] dürfte diese Ansicht wohl auch von der Finanzverwaltung vertreten werden. Auf die hier entsprechend geltenden Ausführungen oben unter Rn. 1217 wird verwiesen.

(1.3) Buchwertübertragung beim Vorhandensein von Nur-Betriebs-Gesellschaftern

1263 Waren an der Betriebsgesellschaft Nur-Betriebs-Gesellschafter beteiligt, so stand einer Buchwertübertragung – unabhängig davon, ob die Betriebsgesellschaft eine Kapitalgesellschaft oder eine Personengesellschaft war – nichts entgegen. Ob aus dem BMF-Schreiben vom 22. 1. 1985[2] etwas Gegenteiliges zu entnehmen ist, lässt sich wegen dessen nicht klarer Abfassung nicht mit Sicherheit sagen. Entnahmen ohne Entnahmehandlung, worauf das BMF abstellt, gibt es nicht.

(2) Besitz- und Betriebsunternehmen sind Kapitalgesellschaften

1264 War sowohl das Besitzunternehmen als auch das Betriebsunternehmen eine Kapitalgesellschaft,[3] war es bis zum 31. 12. 1998 nach der bedenklichen Ansicht der Finanzverwaltung[4] sowohl bei der Begründung einer Betriebsaufspaltung als auch während der Zeit ihres Bestehens möglich, ein Wirtschaftsgut von der Besitz-GmbH (Muttergesellschaft) zum Buchwert auf die Betriebs-GmbH (Tochtergesellschaft) zu übertragen. Allerdings deuten die Klammerzusätze Tochtergesellschaft und Muttergesellschaft darauf hin, dass dies nur bei der sog. Einheitsbetriebsaufspaltung[5] gelten sollte.

1265 Nach der Verfügung der OFD Frankfurt sollte die beschriebene Buchwertübertragung selbst dann zulässig sein, wenn die Besitz-Kapitalgesellschaft neben der Überlassung von Wirtschaftsgütern an die Betriebs-Kapitalgesellschaft noch andere Tätigkeiten ausübt (sog. **überlagernde Betriebsaufspaltung**).

(3) Buchwertübertragung vom Betriebsunternehmen auf das Besitzunternehmen

1266 War die Betriebsgesellschaft eine Kapitalgesellschaft, so wäre nach der bisher hier vertretenen Ansicht eine Buchwertübertragung vom Betriebsunternehmen auf das Besitzunternehmen auch bis zum 31. 12. 1998 nicht möglich gewesen. Diese Ansicht dürfte heute überholt sein.

---

1 BMF v. 22.1.1985, BStBl I 1985, 97.
2 BMF v. 22.1.1985, BStBl I 1985, 97.
3 Nach der oben unter Rn. 705 ff. vertretenen Ansicht liegt in einem solchen Fall keine Betriebsaufspaltung vor.
4 OFD Frankfurt v. 23.7.1996, FR 1996, 650.
5 Siehe oben Rn. 305.

War das Betriebsunternehmen eine Personengesellschaft, dann kam eine Übertragung zum Buchwert nach den allgemeinen Grundsätzen, also gegen Minderung von Gesellschaftsrechten in der Betriebs-Personengesellschaft in Betracht.

(Einstweilen frei) 1267–1269

c) Die Rechtslage in den Veranlagungszeiträumen 1999 und 2000

Nach dem In-Kraft-Treten des StEntlG 1999/2000/2002 konnten während des Bestehens einer Betriebsaufspaltung keine einzelnen Wirtschaftsgüter mehr zum Buchwert vom Besitzunternehmer auf das Betriebsunternehmen oder umgekehrt übertragen werden. Dies gilt unabhängig davon, ob das Besitzunternehmen ein Einzelunternehmen, eine Gemeinschaft, eine Personengesellschaft oder eine Kapitalgesellschaft oder ob das Betriebsunternehmen eine Kapitalgesellschaft oder eine Personengesellschaft ist. Die Ausführungen oben unter Rn. 1184 ff. gelten entsprechend. 1270

d) Die Rechtslage ab Veranlagungszeitraum 2001

Buchwertübertragungen von Wirtschaftsgütern zwischen einem Besitzunternehmen und einem Betriebsunternehmen sind auch nach dem 31. 12. 2000 nicht mehr zulässig, wenn das Betriebsunternehmen eine Kapitalgesellschaft ist. Das Verbot der Buchwertübertragung ergibt sich hier aus dem durch das StEntlG 1999/2000/2002 eingeführten Abs. 4 des § 6 EStG. 1271

Ist hingegen das Betriebsunternehmen eine Mitunternehmerschaft, sind Buchwertübertragungen zwischen Besitzunternehmen und Betriebsunternehmen nach dem 31. 12. 2000 wieder möglich. Die Ausführungen oben unter Rn. 1239 ff. gelten auch hier. 1272

(Einstweilen frei) 1273–1275

VI. Zurechnung von Besteuerungsmerkmalen (Merkmalübertragung)?

Literatur: *Bundessteuerberaterkammer*, Erhöhte Investitionszulage und § 5 Abs. 2 Nr. 2 InvZulG 1993 bei Betriebsaufspaltung, DStR 1994, 1568; *Burger*, Die Gewährung von Sonderabschreibungen nach dem Zonenrandförderungsgesetz in Fällen der Betriebsaufspaltung, StBp 1997, 75; *Dötsch*, Betriebsaufspaltung: Sachliche Verflechtung durch Erbbaurecht – Gewerbesteuerfreiheit, INF 2002, 446; *Gosch*, Zur Gewerbesteuerbefreiung und zur sachlichen Verflechtung im Rahmen einer Betriebsaufspaltung, StBp 2002, 216; *Gschwendtner*, Zur Merkmalübertragung bei der Betriebsaufspaltung, DStR 2002, 896; *Hennerkes/Binz/Sorg*, Die Betriebsaufspaltung im Zielkonflikt zwischen Gewerbesteuerfreiheit und Investitionszulage, BB 1984, 1995; *Kaufmann, Jürgen*, Die Voraussetzungen des Verbleibens von Wirtschaftsgütern in einer Betriebsstätte im Zonenrandgebiet bei Betriebsverpachtungen für Sonderabschreibungen gem. § 3 ZRFG, DStR 1993, 1212; *Märkle*, Die Betriebsaufspaltung an der Schwelle zu einem neuen Jahrtausend, Tendenz zur Einheitsbetrachtung bei der Betriebsaufspaltung, BB 2000, Beilage 7, 3 f.; *Rosenau*, Kann ein Fabrikantenerfinder, der seine Erfindungen in der aus einer Betriebsaufspaltung hervorgegangenen Betriebs-GmbH verwertet, die Tarifvergünstigungen der Erfinderverordnung in Anspruch nehmen?, DB 1971, 1933; *Sauer*; Kann die Steuervergünstigung des § 9 Nr. 1 Satz 2 GewStG auch bei einer Betriebsaufspaltung vom Besitzunternehmen in Anspruch genommen werden?, StBp 1973, 42; *Seer*, Gewerbesteuerliche Merkmalübertragung als Sondergesetzlichkeit bei der Betriebsaufspaltung, BB 2002, 1833; *Seer/Söffing, G.*, Merkmalübertragung bei der Betriebsaufspaltung, DB 2003, 2457; *Söffing, Günter*, Dreijährige Bindungsvoraussetzung bei der Betriebsaufspaltung – BFH-Beschluss vom 26. 3. 1993 - III S 42/92, NWB Fach 3, 8739; *ders.*, Merkmalübertragung bei Betriebsaufspaltung: BFH-Urteil vom 16. 9. 1994 - III R 45/92, NWB Fach 3, 9317; *ders.*, Merkmalübertragung bei der Betriebsaufspaltung, BB 1998, 2289; *ders.*, Betriebsaufspaltung: Beherrschung einer GbR durch deren alleinigen Geschäftsführer? – Zugleich eine Besprechung des BFH-Urteils vom 1. 7. 2003 - VIII R 24/01, BB 2004, 1303; *Tiedtke/Wälzholz*, Betriebsaufspaltung und Investitionszulage – Zugleich eine Besprechung der Entscheidung des Niedersächsischen FG vom 16. 3. 1995, DStR 1996, 1551; *dies.*, Betriebsaufspaltung und Investitionszulage, DStR 1996, 1551; *Wehrheim*, Die Betriebsaufspaltung im Spannungsfeld zwischen wirtschaftlicher Einheit und rechtlicher Selbständigkeit; *o. V.*, Gewährung von Investitionszulagen im Fördergebiet in Fällen der Betriebsaufspaltung, GmbHR 1993, 279.

1. Einführung

1276   In einer Vielzahl von Fällen kann die Frage relevant werden, ob die Betriebsaufspaltung zur Folge hat, dass einkommen-, gewerbe- und grundsteuerliche Steuerbefreiungen und Steuervergünstigungen für zum Betriebsvermögen des Besitzunternehmens gehörende Wirtschaftsgüter auch dann zu gewähren sind, wenn die Voraussetzungen für die Steuerbefreiung oder Steuervergünstigung zum Teil im Bereich des Betriebsunternehmens, also einem anderen Unternehmen, erfüllt werden (kurz: **Merkmalübertragung**).

1277   **BEISPIEL:** Das Besitzunternehmen erwarb in einem Zeitpunkt, in dem das InvZulG a. F. noch zur Anwendung kam, eine Maschine, die an das Betriebsunternehmen vermietet wird. Das Besitzunternehmen will für die Maschine eine Investitionszulage haben.

Lösung:

1278   Die Gewährung einer **Investitionszulage** nach § 1 InvZulG setzte u. a. voraus, dass das Wirtschaftsgut drei Jahre im Betrieb des Investors **verbleibt**. Das ist in unserem Beispiel nicht der Fall; denn Investor ist das Besitzunternehmen, und die Maschine befindet sich im Betrieb des Betriebsunternehmens.

Trotzdem erhält nach Auffassung der Finanzverwaltung[1] das Besitzunternehmen eine Investitionszulage, weil die Finanzverwaltung das dreijährige Verbleiben im Betriebsunternehmen dem investierenden Besitzunternehmen zurechnet. Diese Rechtsansicht dürfte auf der Vorstellung beruhen, dass der gewerbliche Charakter des Betriebsunternehmens infolge des Vorhandenseins eines einheitlichen geschäftlichen Betätigungswillens und einer sachlichen Verflechtung auf das Besitzunternehmen ausstrahlt.

1279

(Einstweilen frei)

1280–1282

2. Das BMF-Schreiben vom 10. 12. 1985

In dem BMF-Schreiben vom 10. 12. 1985[2] hat die Finanzverwaltung die eben dargelegte für die Investitionszulage (auch § 4 Abs. 2 InvZulG und § 19 BerlinFG und § 4a Abs. 2 InvZulG) geltende Ansicht übertragen auf Sonderabschreibungen nach § 3 Abs. 2 ZRFG, erhöhte Absetzungen für Wirtschaftsgüter, die dem Umweltschutz dienen (§ 7d EStG), Sonderabschreibungen für Fabrikgebäude, Lagerhäuser und landwirtschaftliche Betriebsgebäude (§ 7e EStG), Sonderabschreibungen zur Förderung kleiner und mittlerer Betriebe (§ 7g EStG), erhöhte Absetzungen nach § 14 BerlinFG und Sonderabschreibungen für Anlagegüter, die der Forschung und Entwicklung dienen (§ 82d EStDV).

1283

Nach dem BMF-Schreiben soll dies sogar dann gelten, wenn das Besitzunternehmen eine **Kapitalgesellschaft** ist, obgleich in einem solchen Fall die Rechtsfolgen der Betriebsaufspaltung u. E.[3] überhaupt nicht zum Zuge kommen, weil eine Besitz-Kapitalgesellschaft bereits kraft Rechtsform gem. § 2 Abs. 2 GewStG ein Gewerbebetrieb ist.[4]

1284

(Einstweilen frei)

1285–1287

3. Die Rechtsprechung zur Investitionszulage, zum FördG und zur Zonenrandförderung

Der III. Senat des BFH hat in mehreren Entscheidungen[5] die Ansicht der Finanzverwaltung hinsichtlich der Investitionszulage geteilt und entschieden, dass

1288

---

1 BMF v. 5.5.1977, BStBl I 1977, 246, Tz. 104; BMF v .10.12.1985, BStBl I 1985, 683, Tz. II.
2 BMF v. 10.12.1985, BStBl I 1985, 683.
3 A.A. die Rechtsprechung des BFH: u. a. BFH, Urteil v. 16.9.1994 - III R 45/92, BFHE 176, 98, BStBl II 1995, 75; vgl. auch oben Rn. 705 ff.
4 Vgl. oben Rn. 705.
5 BFH, Entscheidungen v. 20.5.1988 - III R 86/83, BFHE 153, 481, BStBl II 1988, 739; v. 23.3.1993 - III S 42/92, BFHE 171, 164, BStBl II 1993, 723; v. 16.9.1994 - III R 45/92, BFHE 176, 98, BStBl II 1995, 75; v. 4.12.1997 - III R 23/94, BFH/NV 1998, 1991, 1992 (linke Spalte); v. 10.12.1998 - III R 50/95, BFHE 188, 176, BStBl II 1999, 607; v. 28.1.1999 - III R 77/96, BFHE 188, 194, BStBl II 1999, 610; siehe auch FG Thüringen, Urteil v. 20.2.2008, EFG 2008, 1142.

- ▶ hinsichtlich der Verbleibens- und Verwendungsvoraussetzungen (§ 1 Abs. 3 Satz 1 Nr. 1 InvZulG 1979, 1982 und 1986),

- ▶ hinsichtlich der Zugehörigkeits- und Verbleibensvoraussetzungen nach § 2 Satz 1 Nrn. 1 und 2 InvZulG 1991,

- ▶ hinsichtlich der Voraussetzung der Eintragung in die Handwerksrolle (§ 5 Abs. 2 Satz 1 Nr. 2 Buchst. a InvZulG 1993) und

- ▶ hinsichtlich der Verbleibensvoraussetzungen nach § 2 Nr. 2 FördG[1]

die bei einem Betriebsunternehmen erfüllten Voraussetzungen dem die Wirtschaftsgüter anschaffenden oder herstellenden Besitzunternehmen zuzurechnen sind, wenn zwischen beiden Unternehmen eine **betriebsvermögensmäßige Verflechtung** besteht.

1289 Gleiches gilt nach der Rechtsprechung[2] für Sonderabschreibungen nach § 3 Abs. 1 ZRFG, wonach die Verwendung des Wirtschaftsgutes zu eigenbetrieblichen Zwecken Voraussetzung für die Gewährung von Sonderabschreibungen im Rahmen der **Zonenrandförderung** ist.

1290 Die Voraussetzung der betriebsvermögensmäßigen Verflechtung ist nach der Rechtsprechung des BFH[3] dann erfüllt,

- ▶ wenn entweder – in Fällen einer „normalen" Betriebsaufspaltung – die Beteiligung der Besitz-Personengesellschafter an der Betriebs-Kapitalgesellschaft unmittelbar oder mittelbar (Sonder-)Betriebsvermögen der Besitz-Personengesellschaft ist oder

- ▶ umgekehrt – in den Fällen der sog. umgekehrten Betriebsaufspaltung – die Beteiligung der Betriebs-Personengesellschafter an der Besitz-Kapitalgesellschaft oder deren Anteile haltenden Obergesellschaft (Sonder-)Betriebsvermögen bei der Betriebs-Personengesellschaft ist.

1291 Die Zulässigkeit der Merkmalübertragung im Investitionszulagerecht hat der BFH wie folgt gerechtfertigt:

- ▶ Ließe man hier die Gewährung der Zulage unter dem formalen Gesichtspunkt, dass Besitzunternehmen und Betriebsunternehmen rechtlich selbständige Unternehmen sind, nicht zu, so wäre eine Zulage in den typischen

---

1 BFH, Urteil v. 13.12.2005 - X R 49/03, BFH/NV 2006, 1094.
2 BFH, Urteil v. 14.5.2009 - IV R 27/06 (unter II. 1. a), BFH/NV 2009, 1515; FG Hamburg, Urteil v. 8.3.2006, EFG 2006, 1388.
3 BFH, Beschluss v. 26.3.1993 - III S 42/92, BFHE 171, 164, BStBl II 1993, 723; Urteile v. 16.9.1994 - III R 45/92, BFHE 176, 98, BStBl II 1995, 75; v. 22.2.1996 - III R 91/93, BFHE 180, 293, BStBl II 1996, 428; v. 30.10.2002 - IV R 33/01, BFHE 201, 36, BStBl II 2003, 272; v. 14.5.2009 - IV R 27/06 (unter II. 1. a), BFH/NV 2009, 1515.

Fällen der Betriebsaufspaltung gänzlich ausgeschlossen. Denn die Besitzgesellschaft investierte hier zwar, aber sie nutzte die von ihr angeschafften oder hergestellten Wirtschaftsgüter nicht selbst im eigenen Betrieb, die Betriebsgesellschaft nutzte die Wirtschaftsgüter zwar, sie habe selbst aber nicht investiert. Dieses Ergebnis widerspräche der Rechtsnatur der Betriebsaufspaltung, die weit verbreitet und von der Rechtsprechung anerkannt sei. Ihr Sinn und Zweck bestehe gerade darin, dass die Funktionen eines normalerweise einheitlichen Betriebes bei ihr auf zwei Rechtsträger und damit zwei Betriebe aufgeteilt sind.

▶ Bei einer betriebsvermögensmäßigen Verflechtung zwischen Besitz- und Betriebsunternehmen sei es möglich und zulässig, die an sich gegebene rechtliche Selbständigkeit von Besitz- und Betriebsunternehmen zu vernachlässigen und dem Prinzip der **„wirtschaftlichen Einheit"** der verflochtenen Unternehmen, von dem das Rechtsinstitut der Betriebsaufspaltung geprägt sei, im Investitionszulagenrecht den Vorrang einzuräumen. Hierin liege kein Verstoß gegen den „Grundsatz der institutsfreundlichen Interpretation". | 1292

▶ Der in § 5 Abs. 2 Satz 1 Nr. 2 Buchst. a InvZulG 1993 verwendete Begriff des Betriebs sei nicht eindeutig. Wenn man entsprechend dem Sinn und Zweck des InvZulG im Falle der Betriebsaufspaltung Besitz- und Betriebsunternehmen als Einheit auffasse, sei das Betriebsunternehmen als Betriebsstätte des in unterschiedliche funktionelle Bereiche aufgeteilten einheitlichen Unternehmens aufzufassen. | 1293

▶ Der mit dem InvZulG erstrebte Förderungszweck werde bei Investitionen des Besitzunternehmens, das die angeschafften oder hergestellten Wirtschaftsgüter einem Betriebsunternehmen überlässt, in gleicher Weise verwirklicht, wie wenn ein einheitliches Unternehmen die Investitionen durchführe. | 1294

Kein Fall der Merkmalübertragung i. S. der Rechtsprechung zur Investitionszulage ist gegeben, wenn eine für die Gewährung der Investitionszulage erforderliche Voraussetzung nur beim Besitzunternehmen, nicht aber auch beim Betriebsunternehmen erfüllt ist. Aus diesem Grunde hat der BFH in dem Urteil vom 30. 9. 2003[1] die Gewährung einer erhöhten Investitionszulage abgelehnt, weil nur das Besitzunternehmen, das das begünstigte Wirtschaftsgut angeschafft hatte, nicht aber auch das Betriebsunternehmen in die Handwerksrolle eingetragen war. | 1295

(Einstweilen frei) | 1296–1298

---

1 BFH, Urteil v. 30.9.2003 - III R 8/02, BStBl II 2004, 248.

4. Die Rechtsprechung des BFH zu § 7g EStG

Literatur: *Grützner*, Anforderungen an die Bildung einer Ansparrücklage, StuB 2008, 479, *Kratzsch*, Betriebsaufspaltung: Anforderungen an die Bildung einer Ansparrücklage nach § 7g EStG, GStB 2008, 232; *Gosch*, Keine Zusammenrechnung der Einheitswerte von Besitz- und Betriebsgesellschaften im Rahmen des § 7g EStG, StBp 1992, 49.

1299   Erwähnt werden muss in diesem Zusammenhang auch das BFH-Urteil vom 17. 7. 1991,[1] in dem entschieden worden ist, dass es bei der Anwendung des § 7g EStG an einer rechtlichen Grundlage dafür fehle, den Einheitswert des Betriebsvermögens eines Besitzunternehmens dem des Betriebsunternehmens hinzuzurechnen, weil beide Unternehmen nicht als einheitliches Unternehmen zu behandeln seien.

1300   Zur Begründung wird in dem Urteil im Wesentlichen ausgeführt: Die sachliche und personelle Verflechtung zwischen Besitz- und Betriebsunternehmen führe nicht dazu, dass Wirtschaftsgüter und für die Besteuerung maßgebliche Verhältnisse des einen Unternehmens dem an der Betriebsaufspaltung beteiligten anderen Unternehmen zuzurechnen seien. Beide Unternehmen könnten auch ohne Zustimmung des FA abweichende Wirtschaftsjahre haben. Die Entscheidung, ob eine ausländische Besitzgesellschaft im Inland eine Betriebsstätte habe, sei allein nach den Gegebenheiten des Besitzunternehmens zu treffen. Der Sinn und Zweck des § 7g EStG, die Finanzierung kleiner und mittlerer Betriebe zu fördern, könne zu keinem anderen Ergebnis führen.

1301   Nach einer neueren Entscheidung des BFH sind **Ansparabschreibungen** (§ 7g EStG a.F.) bzw. **Investitionsabzugsbeträge** (§ 7g EStG n.F.) allerdings auch bei Betriebsaufspaltungen möglich, bei denen die Besitzgesellschaft das anzuschaffende Wirtschaftsgut dem Betriebsunternehmen überlässt.[2] Voraussetzung ist, dass Besitz- und Betriebsunternehmen betriebsvermögensmäßig miteinander verbunden sind, was auch dann der Fall ist, wenn lediglich eine mittelbare Beteiligung der Gesellschafter des Besitzunternehmens über eine Personengesellschaft an der Betriebs-GmbH gegeben ist.

1302   Zu beachten ist schließlich, dass sowohl das Besitz- als auch das Betriebsunternehmen den Investitionsabzugsbetrag bilden können.[3] Betriebsgrößenmerkmale sind dabei getrennt zu beurteilen.

1303–1310 *(Einstweilen frei)*

---

1   BFH, Urteil v. 17.7.1991 - R 98/88, BFHE 165, 369, BStBl II 1992, 246.
2   BFH, Urteil v. 29.11.2007 - IV R 82/05, BFHE 220, 98, BStBl II 2008, 471; vgl. dazu *Günkel/Winkels*, BB 2008, 1000.
3   FG Rheinland-Pfalz, Urteil v. 16.6.2004, EFG 2005, 297, 298; BMF v. 8.5.2009, BStBl I 2009, 633, Tz. 1; *Lambrecht*, in: Kirchhof, EStG KompaktKommentar, 8. Aufl. 2008, § 7g, Rn. 12.

5. Die ältere Rechtsprechung des BFH zum Gewerbesteuergesetz

Literatur: *O. V.*, Anm. zum BFH-Urteil vom 13. 10. 1983, I R 187/79, FR 1984, 128.

Im Gegensatz zu der Rechtsprechung des BFH zur Merkmalübertragung bei der Investitionszulage stand die ältere Rechtsprechung des BFH zur Übertragung der Gewerbesteuerfreiheit des Betriebsunternehmens auf das Besitzunternehmen. Der I. Senat des BFH hatte in seinem Urteil vom 13. 10. 1983[1] einem Besitzunternehmen, welches ein Sanatorium an die Betriebsgesellschaft verpachtet hatte, die Gewerbesteuerbefreiung nach § 11 GewStDV 1968 versagt, obgleich beim Betriebsunternehmen die Voraussetzungen für die Gewerbesteuererbefreiung vorlagen.

1311

Der BFH hatte Besitzunternehmen und Betriebsunternehmen als zwei getrennte Unternehmen angesehen und eine Merkmalübertragung abgelehnt. Diese Ansicht wurde damit begründet, dass ein Besitzunternehmen trotz seiner sachlichen und personellen Verflechtung mit der als Krankenanstalt tätigen Betriebs-Kapitalgesellschaft ein selbständiger, für sich gewerbesteuerrechtlich zu qualifizierender Verpachtungsbetrieb sei, der nicht dadurch eine Krankenanstalt werde, dass er mit einer solchen sachlich und personell verflochten sei. Die Gewerbesteuerbefreiung erstrecke sich nur auf das begünstigte Unternehmen und nicht auch auf andere Unternehmen, die mit jenem sachlich und personell verbunden seien.

1312

Mit der gleichen Begründung hatte der BFH[2] es abgelehnt, die Steuerbefreiung eines Betriebsunternehmens nach § 3 Nr. 20 GewStG auf das Besitzunternehmen zu übertragen. In dem Beschluss vom 18. 12. 1997[3] wurde zusätzlich ausgeführt, dass trotz der wirtschaftlichen Verflechtung zwischen Betriebs- und Besitzunternehmen zwei voneinander unabhängige Steuerschuldverhältnisse i. S. der §§ 37 ff. AO 1977 bestünden, nämlich eines zwischen dem Steuergläubiger und dem Besitzunternehmen und ein anderes zwischen dem Steuergläubiger und dem Betriebsunternehmen. Daraus folge, dass beide Steuersubjekte auch hinsichtlich der Verwirklichung abgabenrechtlicher Tatbestände (§ 38 AO 1977) grundsätzlich streng auseinander zu halten seien: Das gelte für den Regelungsbereich steuerbegründender Normen prinzipiell in gleicher Weise wie für das Eingreifen steuerbegünstigender oder steuerbefreiender Gesetzesbestimmungen.

1313

---

1 BFH, Urteil v. 13.10.1983 - I R 187/79, BFHE 139, 406, BStBl II 1984, 115; s. auch BFH, Urteil v. 17.7.1991 - I R 98/88, BFHE 165, 369, BStBl II 1992, 246.
2 BFH, Beschlüsse v. 30.9.1991 - IV B 21/91, BFH/NV 1992, 333; v. 18.12.1997 - X B 133/97, BFH/NV 1998, 743.
3 BFH, Beschluss v. 18.12.1997 - X B 133/97, BFH/NV 1998, 743.

1314   Und in dem BFH-Urteil vom 14. 1. 1998[1] hieß es:

„Wirtschaftsgüter und für die Besteuerung maßgebliche Verhältnisse des einen Unternehmens sind dem an der Betriebsaufspaltung beteiligten anderen Unternehmen nicht zuzurechnen."

1315   Der VIII. Senat bestätigte die Auffassung des I. Senats in dem Urteil vom 12. 11. 1985[2] hinsichtlich der Gewerbesteuerbefreiung einer Internatsschule und hielt in seinem Urteil vom 19. 3. 2002[3] an dieser Rechtsprechung in einem eine Gewerbesteuerbefreiung nach § 3 Nr. 20 GewStG (Krankenhaus) betreffenden Fall unter Wiederholung der bereits in den Vorentscheidungen enthaltenen Argumente fest. Auf die Kritik an dieser Rechtsprechung[4] wurde in dem Urteil nicht eingegangen.

1316   Im Gegensatz hierzu hatte das FG Baden-Württemberg in seinem das Aussetzungsverfahren betreffenden Beschluss vom 25. 6. 1997[5] in Bezug auf die Rechtsprechung zur Übertragung der Gewerbesteuerbefreiung des Betriebsunternehmens auf das Besitzunternehmen ausgeführt: „Mit dem Hinweis auf die rechtliche – auch gewerbesteuerrechtliche – Selbständigkeit zweier miteinander verflochtener Unternehmen und der Erkenntnis, dass die Verpachtung von für den Betrieb einer steuerbefreiten Einrichtung (...) wesentlichen Betriebsgrundlage etwas anderes sei, als der Betrieb einer solchen Einrichtung selbst, blendet der BFH die wirtschaftliche Verflechtung zwischen beiden Unternehmen letztendlich aus seiner Betrachtung aus, misst ihr jedenfalls keine entscheidungserhebliche Bedeutung zu. Es erscheint indessen zweifelhaft, ob eine solche formale Beurteilung dem Rechtsinstitut der Betriebsaufspaltung gerecht wird. Denn es geht in Fällen dieser Art nicht darum, ob das Besitzunternehmen mit seiner Verpachtungstätigkeit in vollem Umfang die Merkmale einer Steuerbefreiungsvorschrift erfüllt, sondern darum, ob dem Besitzunternehmen die steuerbefreite Betätigung des Betriebsunternehmens aus eben den Gründen zuzurechnen ist, aus denen es für geboten erachtet wird, eine bloße Verpachtung von – wenn auch wesentlichen – Betriebsgrundlagen als gewerbliche Betätigung zu qualifizieren."

1317   Zum gleichen Ergebnis kam erneut das FG Baden-Württemberg. Mit Urteil vom 6. 9. 2000[6] entschied es, dass auch bei der Gewerbesteuer im Rahmen einer Be-

---

1   BFH, Urteil v. 14.1.1998 - X R 57/93, BFHE 185, 230.
2   BFH, Urteil v. 12.11.1985 - VIII R 282/82, BFH/NV 1986, 362; s. auch BFH, Urteil v. 17.7.1991 - I R 98/88, BFHE 165, 369, BStBl II 1992, 246.
3   BFH, Urteil v. 19.3.2002 - VIII R 57/99, BFHE 198, 137, BStBl II 2002, 662.
4   Siehe unten Rn. 1326 ff.
5   FG Baden-Württemberg, Beschluss v. 25.6.1997, EFG 1997, 1250. Der BFH hob diese Entscheidung mit Beschluss v. 18.12.1997 - X B 133/97, BFH/NV 1998, 743, auf.
6   FG Baden-Württemberg, Urteil v. 6.9.2000, EFG 2001, 86.

triebsaufspaltung in folgendem Fall eine Merkmalübertragung zu erfolgen habe: Eine GmbH betrieb auf gepachtetem Grundbesitz ein psychiatrisches Wohn- und Pflegeheim. Zwischen der GmbH, welche die Voraussetzungen der Steuerbefreiung nach § 3 Nr. 20 Buchst. c GewStG erfüllte, und dem Verpachtungsunternehmen waren die Voraussetzungen der Betriebsaufspaltung erfüllt. Das FG vertrat hierzu die Auffassung, dass auch das Verpachtungsunternehmen als Besitzunternehmen gewerbesteuerfrei ist.

(Einstweilen frei)   1318–1325

6. Bedenken gegen die ältere Rechtsprechung des BFH zum Gewerbesteuergesetz

a) Grundsätzliche Bedenken

Ausgehend von der Tatsache, dass bei der Betriebsaufspaltung Besitzunterneh-   1326
men und Betriebsunternehmen zwei selbständige Unternehmen sind, wurde in dem Beschluss des BFH vom 18. 12. 1997 zutreffend ausgeführt, dass sich aus diesem Umstand ergäbe, dass zwischen Steuergläubiger und dem Besitzunternehmen einerseits und dem Steuergläubiger und dem Betriebsunternehmen andererseits – ungeachtet der wirtschaftlichen Verflechtung – zwei voneinander unabhängige, jeweils selbständig zu beurteilende Steuerschuldverhältnisse bestehen mit der weiteren Konsequenz, dass beide Steuerrechtssubjekte auch hinsichtlich der Verwirklichung abgabenrechtlicher Tatbestände (§ 38 AO) grundsätzlich streng auseinander zu halten sind und dass dies für den Regelungsbereich steuerbegründender Normen prinzipiell in gleicher Weise wie für das Eingreifen steuervergünstigender oder steuerbefreiender Gesetzesbestimmungen gilt.

Allerdings wurde in dem Beschluss aus dieser Erkenntnis nicht die zutreffende   1327
Konsequenz gezogen. Denn nach Ansicht des X. Senats wurde – in Übereinstimmung mit der ständigen Rechtsprechung des BFH – bei der Anwendung der steuerbegründenden Norm „Betriebsaufspaltung" die Selbständigkeit von Besitz- und Betriebsunternehmen durch deren wirtschaftliche Verflechtung in der Weise überlagert, dass die Gewerblichkeit des Betriebsunternehmens auf das Besitzunternehmen durchschlägt, während bei der Anwendung der Steuerbefreiungsvorschrift des § 3 Nr. 20 GewStG a. F., also bei der Anwendung einer steuerbefreienden Norm, die Gewerbesteuerfreiheit des Betriebsunternehmens nicht auf das Besitzunternehmen durchschlagen sollte.

Die Begründung des Beschlusses des X. Senats, nämlich die Beachtung der Selb-   1328
ständigkeit von Besitz- und Betriebsunternehmen bei allen steuerbegründen-

den, steuervergünstigenden oder steuerbefreienden Normen trotz bestehender wirtschaftlicher Verflechtung stimmte mit dem Ergebnis des Beschlusses also nicht überein.

1329   Waren die oben unter Rn. 1313 wiedergegebenen Ausführungen in dem Beschluss des BFH vom 18. 12. 1997 richtig, so musste man entweder – entgegen der bisherigen Betriebsaufspaltungs-Rechtsprechung – das Durchschlagen der Gewerblichkeit des Betriebsunternehmens auf das Besitzunternehmen verneinen oder man musste das Durchschlagen der Gewerbesteuerfreiheit gem. § 3 Nr. 20 GewStG a. F. bei vorhandener wirtschaftlicher Verflechtung auf das Besitzunternehmen zulassen.

1330   Für die Ansicht, dass die Gewerbesteuerfreiheit des Betriebsunternehmens auf das Besitzunternehmen durchschlägt, sprach auch, dass die Finanzverwaltung in dem BMF-Schreiben vom 10. 12. 1985[1] die eben dargelegte für die Investitionszulage geltende Auffassung auch auf Sonderabschreibungen nach § 3 Abs. 2 ZRFG, erhöhte Absetzungen für Wirtschaftsgüter, die dem Umweltschutz dienen (§ 7d EStG), Sonderabschreibungen für Fabrikgebäude, Lagerhäuser und landwirtschaftliche Betriebsgebäude (§ 7e EStG a.F.), Sonderabschreibungen zur Förderung kleiner und mittlerer Betriebe (§ 7g EStG a.F.), erhöhte Absetzungen nach § 14 BerlinFG und Sonderabschreibungen für Anlagegüter, die der Forschung und Entwicklung dienen (§ 82d EStDV a.F.) übertragen hatte.

b) Keine spezielle Zwecksetzung und tatbestandsmäßige Ausgestaltung bei der Investitionszulage

(1) Allgemeines

1331   Der X. Senat des BFH hatte in dem oben unter Rn. 1313 erwähnten Beschluss vom 18. 12. 1997[2] die unterschiedliche Behandlung der Merkmalübertragung bei der Investitionszulage und bei der Gewerbesteuerfreiheit mit folgenden Ausführungen begründet:

„Daraus, dass im Investitionszulagenrecht in Fällen der Betriebsaufspaltung bisweilen auf die wirtschaftliche Einheit abgestellt wird (...), können – entgegen der Meinung des FG und der Antragstellerin – schon wegen der speziellen Zwecksetzung und tatbestandsmäßigen Ausgestaltung der Investitionszulage keine allgemeinen, in Fällen der hier zu beurteilenden Art verwertbaren, Rückschlüsse gezogen werden."

---

1   BMF v. 10.12.1985, BStBl I 1985, 683.
2   BFH, Beschluss v. 18.12.1997 - X B 133/97, BFH/NV 1998, 743.

Dem war zunächst entgegenzuhalten, dass nicht nur im Investitionszulagen-recht in Fällen der Betriebsaufspaltung bisweilen auf die wirtschaftliche Einheit zwischen Besitzunternehmen und Betriebsunternehmen abgestellt wird, son-dern dass das gesamte Institut der Betriebsaufspaltung auf der Annahme einer wirtschaftlichen Einheit zwischen beiden Unternehmen beruht. Schon die Prä-misse in dem Beschluss des X. Senats konnte daher nicht überzeugen.

1332

Hinzu kam, dass es hinsichtlich der Investitionszulage weder eine spezielle Zwecksetzung noch eine besondere tatbestandsmäßige Ausgestaltung gibt, die es rechtfertigen würde, das Problem der Merkmalübertragung bei der Investiti-onszulage und den Steuervergünstigungen anders zu behandeln als bei Steuer-befreiungen nach dem GewStG.

1333

(2) Keine spezielle Zwecksetzung

(2.1) Zielsetzung der Investitionszulage

Die erste Investitionszulage wurde für Westberlin als § 14e des Gesetzes zur Förderung der Wirtschaft von Berlin (West)[1] durch das Gesetz zur Änderung und Ergänzung des Gesetzes zur Förderung der Wirtschaft von Berlin (West) und des Steuererleichterungsgesetzes für Berlin (West) vom 26. 7. 1962[2] eingeführt.

1334

Im Laufe der Zeit waren zu dieser Berliner Investitionszulage noch weitere In-vestitionszulagearten hinzugetreten, nämlich

1335

▶ die regionale Investitionszulage nach §§ 1 bis 3 InvZulG a.F.,

▶ die Zulage für Forschungs- und Entwicklungsinvestitionen nach § 4 InvZulG a.F.,

▶ die Energiezulage nach § 4a InvZulG a.F. und

▶ die Konjunkturzulage nach § 4b InvZulG a.F.

Ziel dieser Investitionszulagen war die Schaffung von Anreizen für Investitionen in bestimmten förderungsbedürftigen Gebieten oder in besonders förderungs-würdigen wirtschaftlichen Bereichen oder aber auch die Förderung der Gesamt-wirtschaft wie im Falle der Konjunkturzulage.

1336

---

1 Später § 19 BerlinFG.
2 BGBl I 1962, 481, BStBl I 1962, 986, 990.

Die gleichen Zielsetzungen werden auch durch Steuervergünstigungen – insbesondere durch Abschreibungsvergünstigungen[1] – und Steuerbefreiungen verfolgt.

Es besteht mithin kein Unterschied zwischen dem Ziel, das durch die Gewährung von Investitionszulagen verfolgt wird, und dem Ziel, das durch die Gewährung von bestimmten Steuervergünstigungen nach dem EStG verfolgt wird. Auch die Steuerbefreiung nach § 3 Nr. 20 GewStG a. F. diente dem Ziel, Anreize für Investitionen in einem bestimmten wirtschaftlichen Bereich zu schaffen.

1337 Mithin kann aus der Zielsetzung einer Investitionszulage keine spezielle Zwecksetzung dieser Förderungsmaßnahme hergeleitet werden, die eine unterschiedliche Behandlung der Merkmalübertragung bei der Investitionszulage und anderen Steuervergünstigungen oder Steuerbefreiungen rechtfertigen konnte.

1338 **(2.2) Die Investitionszulagenvorschriften sind keine Steuergesetze**

Es ist heute wohl unbestritten, dass die Vorschriften über die Gewährung einer Investitionszulage keine steuerrechtlichen Vorschriften sind;[2] denn es handelt sich bei der Investitionszulage nicht um Eingriffs-, sondern um Leistungsverwaltung.[3]

Aber auch aus diesem Umstand lässt sich keine spezifische Zwecksetzung herleiten, die es rechtfertigen konnte, nur bei der Investitionszulage und nicht auch bei steuerrechtlichen Vergünstigungen oder Befreiungen eine Merkmalübertragung zuzulassen. Denn der Unterschied zwischen Eingriffsverwaltung und Leistungsverwaltung besteht hier lediglich darin, dass dem Steuerpflichtigen bei der Erfüllung bestimmter Voraussetzungen ein Anspruch auf Auszahlung einer Zulage zusteht, während bei Steuervergünstigungen bei der Erfüllung bestimmter Voraussetzungen die Steuer gemindert wird oder bei Steuerbefreiungen überhaupt nicht entsteht. Der Zweck aller drei Maßnahmen aber ist der gleiche, nämlich Anreize zur Verwirklichung eines bestimmten vom Gesetzgeber gewünschten Verhaltens des Steuerpflichtigen zu schaffen.

(2.3) Anwendung steuerrechtlicher Grundsätze

1339 Für eine Gleichbehandlung des Problems der Merkmalübertragung bei den Investitionszulagen und anderen Steuervergünstigungen und bei Steuerbefreiun-

---

1 Z.B. Sonderabschreibungen nach dem Fördergebietsgesetz oder die früheren Abschreibungsvergünstigungen nach § 7b EStG (Einfamilienhäuser, Zweifamilienhäuser und Eigentumswohnungen), § 7d EStG (Umweltschutz), § 7e EStG (Fabrikgebäude, Lagerhäuser und landwirtschaftliche Betriebe), § 7f EStG (private Krankenhäuser), § 7g EStG (kleine und mittlere Betriebe).
2 A.A. noch BMF v. 5.5.1977 (Investitionszulageerlass), BStBl I 1977, 246, Tz. 1 Satz 3.
3 BFH, Urteil v. 25.6.1976 - III R 167/73, BFHE 119, 336, BStBl II 1976, 728.

gen spricht, dass unstreitig die im Investitionszulagenrecht verwendeten Begriffe nach steuerrechtlichen Grundsätzen auszulegen sind.[1]

Dem steht nicht entgegen, dass der III. Senat des BFH in seinem Urteil vom 16. 9. 1994[2] ausgeführt hat: 1340

„Nur unter diesen Voraussetzungen hält es der Senat für möglich und zulässig, die an sich gegebene rechtliche Selbständigkeit von Besitz- und Betriebsunternehmen zu vernachlässigen, und dem Prinzip der ‚wirtschaftlichen Einheit' der verflochtenen Unternehmen, von dem das Rechtsinstitut der Betriebsaufspaltung auch geprägt ist (...), im Investitionszulagenrecht den Vorrang einzuräumen."

Der III. Senat hat mit den Worten „im Investitionszulagenrecht den Vorrang einzuräumen" keineswegs zum Ausdruck bringen wollen, dass bei Steuervergünstigungen und Steuerbefreiungen im Einkommensteuerrecht andere Maßstäbe zu gelten hätten. Er hat vielmehr nur deshalb den Investitionszulagenbereich besonders erwähnt, um eine Divergenz zu der oben unter Rn. 1311 ff. dargestellten Rechtsprechung des BFH[3] und damit die Notwendigkeit der Anrufung des GrS des BFH zu vermeiden.   1341

(2.4) Gleichmäßigkeit der Begünstigung durch Investitionszulagen   1342

Die meisten anderen Steuervergünstigungen (z. B. erhöhte Absetzungen, Sonderabschreibungen, steuerfreie Rücklagen) bestehen darin, dass sie im Ergebnis die Bemessungsgrundlage für die Einkommensteuer, die Körperschaftsteuer und die Gewerbesteuer mindern. Das hat zur Folge, dass sie solchen Steuerpflichtigen nicht zugute kommen, die infolge von Verlusten keine Einkommensteuer, keine Körperschaftsteuer und auch keine Gewerbesteuer zu bezahlen brauchen. Entsprechendes gilt für Steuerbefreiungen.

Bei der Einkommensteuer kommt noch hinzu, dass sich gleichgestaltete Steuervergünstigungen infolge des progressiv gestalteten Einkommensteuertarifs unterschiedlich auswirken, je nachdem ob der Steuerpflichtige ein hohes oder ein niedriges Einkommen zu versteuern hat.   1343

Diese Unterschiede bestehen bei der Investitionsförderung durch Investitionszulagen nicht. Die Investitionszulage wird unabhängig von der Tarifprogression

---

1 Ständige Rspr., vgl. z.B. BFH, Urteile v. 25.1.1985 - III R 130/80, BFHE 143, 192, BStBl II 1985, 309; v. 15.11.1985 - III R 110/80, BFHE 145, 482, BStBl II 1986, 367; v. 21.7.1989 - III R 89/85, BFHE 158, 280, BStBl II 1989, 906.

2 BFH, Urteil v. 16.9.1994 - III R 45/92, BFHE 176, 98, BStBl II 1995, 75.

3 Vgl. § 11 Abs. 2 FGO.

und unabhängig von dem Vorhandensein von Gewinnen oder Verlusten jedem Investor in gleicher Höhe gewährt.

1344   Aus diesem Umstand lässt sich jedoch ebenfalls keine unterschiedliche spezielle Zwecksetzung zwischen Investitionszulage und Steuervergünstigungen oder Steuerbefreiungen herleiten. Alle diese Maßnahmen dienen dem Zweck, Anreize für Investitionen zu schaffen, die der Gesetzgeber für bestimmte Regionen oder bestimmte wirtschaftliche Bereiche für erforderlich hält.

Daran ändert auch die Tatsache nichts, dass der dargestellte Förderungszweck, nämlich die Anschaffung oder Herstellung von Investitionsgütern, durch Investitionszulagen zeitnaher und direkter als durch andere Maßnahmen erreicht wird.[1] Denn durch diesen Umstand entsteht keine spezielle Zwecksetzung der Investitionszulage, die es rechtfertigen würde, die Anwendung der Merkmalübertragung allein auf den Bereich der Investitionszulage zu beschränken.

(2.5) Öffentlicher Zuschuss

1345   Eine spezielle Zwecksetzung der Investitionszulage lässt sich auch nicht aus ihrer Ausgestaltung als öffentlicher Zuschuss herleiten. Diese Ausgestaltung hat lediglich zur Folge, dass die Investitionszulage nicht bei der Ermittlung der Einkommensteuer oder Körperschaftsteuer und der Gewerbesteuer berücksichtigt und auch nicht von einer dieser Steuern abgezogen wird, sondern unabhängig davon vom Finanzamt aus dem Aufkommen an Einkommensteuer bzw. Körperschaftsteuer an den Anspruchsberechtigten ausgezahlt wird. Durch sie wird jedoch gegenüber dem Zweck von Steuervergünstigungen und Steuerbefreiungen, nämlich der Förderung bestimmter Investitionen, kein spezieller Zweck geschaffen.

1346   Das Gleiche gilt für die Tatsache, dass durch die Investitionszulage – anders als bei Abschreibungsvergünstigungen – keine normale AfA vorweggenommen wird, sondern eine zusätzliche Vergünstigung gewährt wird; denn auch dadurch wird keine spezielle Zwecksetzung für die Investitionszulage geschaffen.

---

1   Vgl. die Ausführungen in der Begründung zum Entwurf eines Gesetzes zur Änderung des Investitionszulagegesetzes, des Fördergebietsgesetzes und des Umsatzsteuergesetzes vom 23.7.1997 (BT-Drucksache 13/8294). Dort heißt es unter I. der Begründung wörtlich: „Für Investoren wird mehr Planungssicherheit geschaffen, als dies bei der Gewährung von Sonderabschreibungen der Fall ist. Denn sie können bei der Anschaffung des Investitionsguts die Auszahlung der Investitionszulage in einer bestimmten Höhe berücksichtigen, während bei der Sonderabschreibung der konkrete Vorteil von weiteren Faktoren (Gewinn, Verlust, Steuersatz) abhängt."

(3)   Tatbestandsmäßige Ausgestaltung

Die tatbestandsmäßige Ausgestaltung bei der Investitionszulage weicht auch nicht in einer Art und Weise von der tatbestandsmäßigen Ausgestaltung vergleichbarer Steuervergünstigungen oder Steuerbefreiungen ab, die eine unterschiedliche Behandlung des Problems der Merkmalübertragung rechtfertigen könnte.

1347

(3.1)   Vergleichbarkeit der Bemessungsgrundlagen

Das gilt insbesondere für die Vergleichbarkeit der Bemessungsgrundlagen. Sowohl für die Bemessung der Investitionszulage als auch für die Bemessung von Steuervergünstigungen knüpft der Gesetzgeber grundsätzlich an die Anschaffungs- oder Herstellungskosten an. Soweit aus wirtschaftlichen Gründen gerechtfertigt, werden in beiden Bereichen auch schon Anzahlungen auf Anschaffungskosten oder Teilherstellungskosten begünstigt.

1348

Unterschiede bei den Bemessungsgrundlagen, die Nichtanwendungen der Merkmalübertragung im Bereiche der Steuervergünstigungen und der Steuerbefreiungen rechtfertigen könnten, sind nicht erkennbar.

(3.2)   Andere tatbestandsmäßige Ausgestaltungen

Auch andere tatbestandsmäßige Ausgestaltungen bei der Investitionszulage gegenüber den steuerrechtlichen Vergünstigungen, die eine Beschränkung der Merkmalübertragung auf den Bereich der Investitionszulage rechtfertigen könnten, sind nicht vorhanden. In dem Beschluss des X. Senats des BFH vom 18. 12. 1997[1] wurden auch keine Umstände genannt, die auf eine unterschiedliche tatbestandsmäßige Ausgestaltung hindeuten könnten.

1349

7.   Zusammenfassende Kritik der älteren Rechtsprechung

Unabhängig von der Art und Weise, wie das Rechtsinstitut der Betriebsaufspaltung gerechtfertigt wird,[2] ist nach der heute herrschenden Rechtsprechung die gewerbliche Tätigkeit des Betriebsunternehmens infolge seiner wirtschaftlichen Verflechtung mit dem Besitzunternehmen für die Umqualifizierung des Besitzunternehmens in einen Gewerbebetrieb von ausschlaggebender Bedeutung, ohne dass dem die rechtliche Selbständigkeit beider Unternehmen entgegensteht oder dadurch zerstört wird. Das Gleiche muss auch für den Fall gelten, dass das Betriebsunternehmen von der Gewerbesteuer befreit ist. Infolge der bestehenden wirtschaftlichen Verflechtung ist auch die gewerbesteuerfreie Tä-

1350

---

1   BFH, Beschluss v. 18.12.1997 - X B 133/97, BFH/NV 1998, 743.
2   Siehe oben Rn. 23 ff.

tigkeit des Betriebsunternehmens für die Umqualifizierung der Vermietertätigkeit in eine gewerbesteuerfreie Tätigkeit des Besitzunternehmens von ausschlaggebender Bedeutung, ohne dass dem die rechtliche Selbständigkeit beider Unternehmen entgegensteht.

1351 Entsprechendes gilt auch für die Fälle, in denen im Betriebsunternehmen Merkmale verwirklicht werden, die als Voraussetzungen einer Steuervergünstigung für das Besitzunternehmen erforderlich sind.[1] Die Gegenmeinung führt zu dem nicht überzeugenden Ergebnis, dass bei der Betriebsaufspaltung die wirtschaftliche Verflechtung zwischen Besitz- und Betriebsunternehmen nur zu Lasten der Steuerpflichtigen, nicht aber auch zu deren Gunsten von Bedeutung wäre. Das kann nicht Sinn und Zweck des Richterrechts „Betriebsaufspaltung" sein.

1352–1360 *(Einstweilen frei)*

8. Änderung der Rechtsprechung – Merkmalübertragung auch im Gewerbesteuerrecht

a) Der Vorlagebeschluss des X. Senats vom 12. 5. 2004

1361 Vor dem Hintergrund der dargelegten Bedenken gegen die ältere Rechtsprechung deutete sich bereits im Jahr 2004 eine Änderung der Sichtweise des BFH an: Mit Beschluss vom 12. 5. 2004[2] legte der X. Senat dem GrS des BFH die Rechtsfrage zur Entscheidung vor, ob sich die Befreiung der Betriebskapitalgesellschaft von der GewSt nach § 3 Nr. 20 Buchst. c GewStG bei einer Betriebsaufspaltung auch auf die Vermietungs- und Verpachtungstätigkeit des Besitzunternehmens erstreckt. Der X. Senat bejaht in dem Vorlagebeschluss diese Frage, weil nach seiner zutreffenden Ansicht die von der bisherigen Rechtsprechung des BFH angeführten Argumente nicht überzeugen. Zur Begründung seiner Auffassung führte der X. Senat folgende – im Einzelnen ausführlich dargelegten – Argumente an:

1362 Der Hinweis der bisherigen Rechtsprechung auf die Selbständigkeit von Besitzunternehmen und Betriebsunternehmen sei zwar zutreffend, rechtfertige für sich genommen aber nicht die Versagung der Merkmalübertragung.

Sinn und Zweck des in § 3 Nr. 20 Buchst. c GewStG enthaltenen Befreiungstatbestandes würden es gebieten, diesen auch auf den im Besitzunternehmen erzielten Ertrag anzuwenden.

---

1 So u.a. auch *Wehrheim*, BB 2001, 913.
2 BFH, Beschluss v. 12.5.2004 - X R 59/00, BFHE 206, 179, BStBl II 2004, 607.

Die Zulässigkeit der Merkmalübertragung finde ihre Bestätigung in der Rechtsprechung zur Investitionszulage.

Sie finde ferner ihre Bestätigung darin, dass die Finanzverwaltung[1] die von der Rechtsprechung entwickelten und in der Verwaltungspraxis angewendeten Grundsätze auch auf andere indirekte Subventionen (Steuervergünstigungen) ausgedehnt habe.

Die Zulässigkeit der Merkmalübertragung finde ihre Stütze nicht zuletzt in dem zur „Abfärberegelung" des § 15 Abs. 3 Nr. 1 EStG ergangenen BFH-Urteils vom 30. 8. 2001,[2] nach dem in den Fällen, in denen eine Personengesellschaft neben einer freiberuflichen Tätigkeit auch eine von der Gewerbesteuer befreite Tätigkeit ausübt, die Tätigkeit der Personengesellschaft insgesamt als eine von der Gewerbesteuer befreite gewerbliche Tätigkeit anzusehen ist.

b) Änderung der Rechtsprechung

Literatur: *Binnewies*, Zur Frage der Qualifizierung einer Gütergemeinschaft als Besitzunternehmen sowie der Erstreckung der Gewerbesteuerbefreiung auf das Besitzunternehmen, GmbHR 2007, 48; *Bitz*, Zur Frage der Erstreckung der Gewerbesteuerbefreiung der Betriebskapitalgesellschaft auf das Besitzpersonenunternehmen, GmbHR 2007, 778; *Fischer*, Gewerbesteuerbefreiung erstreckt sich auch auf Besitzunternehmen, NWB Fach 5, 1603; *Hagen/Lucke*, Gewerbe- und Grundsteuerbefreiung bei Betriebsaufspaltung, StuB 2006, 837; *Jost*, Betriebsaufspaltung im steuerfreien Bereich gemeinnütziger Körperschaften, DB 2007, 1664; *Kanzler*, Gütergemeinschaft als Besitzunternehmen; Gewerbesteuerbefreiung erstreckt sich auf das Besitzunternehmen, FR 2007, 242; *Kirnberger*, Durchgriff der GewSt-Befreiung auf das Besitzunternehmen, EStB 2006, 339; *Lemaire*, Voraussetzungen einer Grundsteuer-Befreiung für Krankenhauszwecke, EFG 2006, 1194; *Söffing*, Aktuelles zur Betriebsaufspaltung, BB 2006, 1529.

Ohne dass es auf eine Entscheidung des GrS noch ankam,[3] änderte der X. Senat des BFH mit Urteil vom 29. 3. 2006[4] mit gleicher Argumentation wie im Vorlagebeschluss seine Rechtsprechung und hielt fest, dass die Befreiung der Betriebskapitalgesellschaft von der Gewerbesteuer nach § 3 Nr. 20 Buchst. c GewStG sich bei einer Betriebsaufspaltung auch auf die Vermietungs- oder Verpachtungstätigkeit des Besitzpersonenunternehmens erstreckt. 1363

Die Kehrtwende der Rechtsprechung ist zu begrüßen. Zum einen ist auf die oben genannten Angriffsflächen der älteren Rechtsprechung zu verweisen.[5] Zum anderen argumentiert der X. Senat überzeugend mit dem Art. 3 Abs. 1 GG 1364

---

1 BMF v. 10.12.1985, BStBl I 1985, 583 (unter V).
2 BFH, Urteil v. 30.8.2001 - IV R 43/00, BFHE 196, 511, BStBl II 2002, 152.
3 Vgl. zur Zustimmung der übrigen Senate BFH, Beschlüsse v. 28.1.2004 - I ER −S- 3/03; v. 26.2.2004 - IV ER −S- 6/03; v. 17.1.2006 - VIII ER −S- 1/06.
4 BFH, Urteil v. 29.3.2006 - X R 59/00, BFHE 213, 50, BStBl II 2006, 661.
5 Vgl. oben Rn. 1326 ff.

zu entnehmendem verfassungsrechtlichen Gebot der folgerichtigen Umsetzung der einmal getroffenen Belastungsentscheidung.[1] Nimmt man dieses Gebot ernst, kann im Wege einer verfassungskonformen Rechtsanwendung tatsächlich nur in Betracht kommen, „den zur Begründung der Betriebsaufspaltung und damit zur Umqualifizierung der an sich vermögensverwaltenden Betätigung des Besitzunternehmens in eine gewerbliche Tätigkeit bemühten Gedanken der „wirtschaftlichen Verflochtenheit" ebenso bei Beantwortung der Frage heranzuziehen, ob sich die Gewerbesteuerbefreiung der Betätigung des Betriebsunternehmens auch auf das Besitzunternehmen erstreckt".[2]

1365 Im Anschluss an das Urteil des X. Senats entschied der IV. Senat am 19. 10. 2006,[3] dass die Gewerbesteuerbefreiung einer Betriebskapitalgesellschaft nach § 3 Nr. 6 GewStG sich auch auf das Betriebsunternehmen erstreckt. Zur Begründung hebt der erkennende Senat darauf ab, dass die Möglichkeit einer gewerbesteuerlichen Merkmalübertragung auch im Streitfall gewährt werden müsse. Die Steuerbefreiung für ein gemeinnütziges Altenheim (§ 3 Nr. 6 GewStG) könne nämlich nicht anders beurteilt werden als die Steuerbefreiung für ein Altenheim i. S. des § 3 Nr. 20 Buchst. c GewStG.

c) Konsequenzen der Rechtsprechungsänderung

(1) Merkmalübertragung bei sämtlichen gewerbesteuerlichen Befreiungstatbeständen

1366 Zwar betrafen die genannten Entscheidungen des BFH lediglich gewerbesteuerliche Befreiungen in Bezug auf Altenheime. Die gewerbesteuerliche Merkmalübertragung ist jedoch auf alle Gewerbesteuerbefreiungen in § 3 GewStG anzuwenden.[4] Hierfür spricht schon, dass der BFH in dem Urteil vom 29. 3. 2006[5] sich auch von älterer Rechtsprechung zu anderen Befreiungstatbeständen[6] distanziert hat. Entscheidend sind jedoch die grundlegenden Bedenken gegen die Versagung einer gewerbesteuerlichen Merkmalübertragung,[7] die nicht ausgeräumt werden könnten, wollte man eine Merkmalübertragung nur bei einzelnen Befreiungstatbeständen des § 3 GewStG gewähren.

---

1 Vgl. BVerfG, Urteil v. 27.6.1991 - 2 BvR 1493/89, BVerfGE 84, 239, 271; Beschluss v. 30.9.1998 - 2 BvR 1818/91, BVerfGE 99, 88, 94 ff.
2 BFH, Urteil v. 29.3.2006 - X R 59/00 (unter II. 3. d), BFHE 213, 50, BStBl II 2006, 661.
3 BFH, Urteil v. 19.10.2006 - IV R 22/02, BFHE 215, 268, BFH/NV 2007, 149.
4 *Söffing*, BB 2006, 1529, 1532; *Jost*, DB 2007, 1664, 1665.
5 BFH, Urteil v. 29.3.2006 - X R 59/00, BFHE 213, 50, BStBl II 2006, 661.
6 Vgl. BFH, Urteil v. 12.11.1985 - VIII R 282/82, BFH/NV 1986, 362, zu § 3 Nr. 13 GewStG (Internatschule).
7 Vgl. oben Rn. 1326 ff.

(2) Grundsteuerliche Befreiungen

Noch nicht abschließend geklärt ist, ob sich die Änderung der Rechtsprechung auch auf den Bereich der **Grundsteuer** auswirkt. 1367

BEISPIEL: ➤ Im Rahmen einer Betriebsaufspaltung vermietet das Besitzunternehmen der Betriebsgesellschaft ein Grundstück, das von der Betriebsgesellschaft für die Zwecke eines Krankenhauses (§ 4 Nr. 6 Satz 1 GrStG) genutzt wird. Ist das Besitzunternehmen, in dessen Eigentum sich das Grundstück befindet, von der Grundsteuer befreit?

Mit Urteil vom 1. 12. 2005[1] hat das FG Nürnberg die Steuerbefreiung nach § 4 Nr. 6 Satz 2 GrStG in dem Fall versagt, dass eine Klinik von einer GmbH & Co. KG betrieben wird, deren alleiniger Kommanditist und GmbH-Gesellschafter Eigentümer des Grundstücks ist. Das FG berief sich hier auf ein Urteil des BFH aus dem Jahr 2003.[2] Nach dieser sich auf ältere BFH-Rechtsprechung stützenden Auffassung kommt dem Besitzunternehmen also keine Grundsteuerbefreiung zugute. 1368

In der Literatur finden sich dagegen Äußerungen, wonach das Besitzunternehmen von der Grundsteuer befreit sein soll.[3] Insbesondere sei der Wortlaut des § 4 Nr. 6 GrStG nicht eindeutig in der Weise zu verstehen, dass der Befreiungstatbestand ausschließlich bei einer Identität zwischen dem Grundstückseigentümer und dem Betreiber des Krankenhauses in Betracht kommen kann. 1369

Maßgeblich ist mithin, wie die Voraussetzung des § 4 Nr. 6 Satz 2 GrStG auszulegen ist, wonach der Grundbesitz ausschließlich demjenigen, der ihn benutzt, zuzurechnen sein muss. Diese Voraussetzung wird zutreffend in dem Sinne verstanden, dass zwischen Betreiber und Grundstückseigentümer Personengleichheit bestehen muss.[4] Dies setzt indes nach dem insoweit offenen Wortlaut der Vorschrift nicht zwingend voraus, dass Eigentümer und Benutzer identisch sein müssen.[5] Der Zweck der Befreiungsvorschrift wird nämlich auch dann erfüllt, wenn der Eigentümer des Grundbesitzes in ausreichendem Maße Einfluss auf den Benutzer nehmen kann. Das ist aber gerade bei der im Rahmen einer Betriebsaufspaltung bestehenden personellen Verflechtung der Fall. Diese personelle Verflechtung erfüllt damit das Erfordernis der Personengleichheit. 1370

Hinzu kommt, dass die Grundsteuer ebenso wie die Gewerbesteuer zu den Objektsteuern rechnet. Die überzeugende Argumentation des BFH zu gewerbe- 1371

---

1 FG Nürnberg, Urteil v. 1.12.2005, EFG 2006, 1192; kritisch *Lemaire*, EFG 2006, 1194; vgl. auch FG Hessen, Urteil v. 3.9.2008 - 3 K 3934/03.
2 BFH, Urteil v. 26.2.2003 - II R 64/00, BFHE 201, 315, BStBl II 2003, 485.
3 *Hagen/Lucke*, StuB 2006, 837, 839 f.; *Lemaire*, EFG 2006, 1194.
4 *Halaczinsky*, Grundsteuer-Kommentar, 2. Aufl. 2005, § 4, Rn. 31, mit Beispielen aus der Rechtsprechung.
5 So aber *Troll*, Grundsteuergesetz, 7. Aufl. 1997, § 4, Rn. 18.

steuerlichen Befreiungstatbeständen greift also auch im Rahmen der Grundsteuer. Auch hier gebietet das aus Art. 3 Abs. 1 GG herzuleitende Gebot einer folgerichtigen Besteuerung, dass der grundsteuerliche Befreiungstatbestand über die Betriebsgesellschaft auf die Besitzgesellschaft abfärbt.

(3) Einfluss auf Bewertungsrecht, § 35 EStG und Organschaft

1372 Höchstrichterlich geklärt ist, dass ein an eine Betriebsgesellschaft entgeltlich überlassenes Grundstück **bewertungsrechtlich** (§ 146 Abs. 3 BewG) nicht als durch die Besitzgesellschaft „selbst genutzt" anzusehen ist.[1]

1373 Des Weiteren hat das FG Düsseldorf[2] eine Merkmalübertragung im Anwendungsbereich des § 35 EStG verneint. Die für die Betriebskapitalgesellschaft festgesetzte Gewerbesteuer kann danach nicht zu einer Anrechnung bei den Besitzunternehmern führen.

1374 Keinen Einfluss soll die neuere Rechtsprechung des BFH zur gewerbesteuerlichen Merkmalübertragung schließlich in Fällen der **Organschaft** haben. In diesem Sinne hat das FG Niedersachsen entschieden, dass die Gewerbesteuerbefreiung einer Organträgerin nach § 3 Nr. 20 Buchst. c GewStG sich nicht auf die Organgesellschaft erstreckt.[3] Dies gelte auch für den Fall, dass die Organgesellschaft nur gegenüber dem Organträger tätig wird. Die neue zur Betriebsaufspaltung ergangene Rechtsprechung des BFH stehe diesem Ergebnis nicht entgegen, da es bei der Organschaft anders als bei der Betriebsaufspaltung nicht darum gehe, eine an sich vermögensverwaltende Tätigkeit in eine gewerbliche umzuqualifizieren. Dem wird man sich anschließen müssen.

1375–1390 *(Einstweilen frei)*

VII. Phasengleiche Bilanzierung bei Ausschüttung der Betriebs-GmbH

Literatur: *Hildesheim*, Phasengleiche Aktivierung von Gewinnansprüchen – Änderung der (BFH-)Rechtsprechung, DStZ 1999, 551; *Hoffmann, Wolf Dieter*, Zum Zeitpunkt der Aktivierung von Dividendenansprüchen bei Betriebsaufspaltung, DStR 1993, 558; *ders.*, Zur phasenkongruenten Vereinnahmung von Dividenden, zugleich eine Konfrontation oberster Gerichtshöfe mit der Praxis der Rechnungslegung, BB 1995, 1075; *Kemmer*, Aktivierung von Gewinnansprüchen bei Betriebsaufspaltung, KFR F. 3 EStG § 5, 4/89, S. 253; *Märkle*, Die Betriebsaufspaltung an der Schwelle zu einem neuen Jahrtausend, X.2. Gewinnausschüttungen während der Betriebsaufspaltung für Zeiten vor der Betriebsaufspaltung und XII. Phasengleiche Aktivierung von Dividendenansprüchen – ein Dauerbrenner, BB

---

1 BFH, Urteil v. 2.2.2005 - II R 4/03, BFHE 208, 421, BStBl II 2005, 426.
2 FG Düsseldorf, Urteil v. 8.11.2006, EFG 2007, 685.
3 FG Niedersachsen, Urteil v. 19.3.2009 - 6 K 441/08, NWB DokID: MAAAD-28173.

2000 Beilage 7, 17 ff.; *Moxter*, Phasengleiche Dividendenaktivierung: Der Große Senat des BFH im Widerstreit zu den handelsrechtlichen GoB, DB 2000, 2333; *Weber*; Gewinnausschüttung für Zeitraum vor Begründung einer Betriebsaufspaltung, StSem 2000, 151; *o. V.*, Phasengleiche Bilanzierung des Gewinnanspruchs bei Betriebsaufspaltung?, Stbg 1997, 549.

1. Einführung

Schüttet eine Kapitalgesellschaft Gewinne aus, die in einem bereits abgelaufenen Wirtschaftsjahr erwirtschaftet worden sind, so fragt es sich, ob diese Gewinne bei den Anteilseignern phasengleich in dem Wirtschaftsjahr der Erwirtschaftung der Gewinne oder erst später als Kapitaleinkünfte der Anteilseigner zu versteuern sind.   1391

Auch bei der Betriebsaufspaltung entsteht, wenn das Betriebsunternehmen eine Kapitalgesellschaft ist, die Frage der phasengleichen Bilanzierung für den Fall, dass eine Betriebs-GmbH Gewinnausschüttungen vornimmt, die sich bei dem Betriebsunternehmen infolge der Zugehörigkeit der Anteile an der Betriebs-Kapitalgesellschaft zum (Sonder-)Betriebsvermögen des Besitzunternehmens in diesem Gewerbebetrieb als Betriebseinnahmen darstellen.   1392

> **BEISPIEL:** ▶ A und B sind je zu ½ Anteilseigner der Betriebs-GmbH AB. Sie sind auch Gesellschafter einer AB-GbR, die eine wesentliche Betriebsgrundlage an die AB-GmbH vermietet hat. Die AB-GmbH hat im Wirtschaftsjahr 01 einen Gewinn von 100 erzielt. Ihren Jahresabschluss hat sie am 30. 6. 02 aufgestellt. In ihm war eine Ausschüttung des Gewinns an A und B vorgesehen. Der Gesellschafterbeschluss hierzu und der entsprechende Gewinnverwendungsbeschluss sind erst im Dezember 02 gefasst worden. Das Besitzunternehmen AB-GbR hat seinen Jahresabschluss am 25. 6. 01 aufgestellt. Er ist durch Gesellschafterbeschluss vom selben Tag beschlossen worden.   1393

Die Frage ist, ob das Besitzunternehmen AB-GbR in seiner Bilanz zum 31.12.01 den Gewinnausschüttungsanspruch gegen die AB-GmbH aktivieren darf, aktivieren muss oder nicht aktivieren darf.   1394

2. Grundsätzliches zu Gewinnausschüttungen

a) Allgemeines

Der Anspruch eines Anteilseigners auf Auszahlung des von seiner Kapitalgesellschaft in einem Wirtschaftsjahr erwirtschafteten Gewinns (**Gewinnauszahlungsanspruch**) entsteht als selbständiges Gläubigerrecht des Gesellschafters erst mit dem Gewinnverteilungsbeschluss und nicht allmählich und pro rata temporis der Eigenkapitalnutzung durch die Kapitalgesellschaft. Mit dem Gewinnverteilungsanspruch spaltet sich der Gewinnanteil von dem übrigen Mitgliedschaftsrecht ab und erstarkt zu einer selbständigen Forderung. Vorher be-   1395 steht er nur im Sinne eines Gewinnbeteiligungsanspruchs als unselbständiger Teil des Mitgliedschaftsrechts des Gesellschafters.[1]

b) Versteuerung im Privatvermögen

1396 Gewinnausschüttungen einer Kapitalgesellschaft an ihre Gesellschafter sind einkommensteuerrechtlich erst dann zu erfassen, wenn sie diesen zugeflossen sind. Dabei können der Zeitpunkt, zu dem sich die Ausschüttung bei der Kapitalgesellschaft auswirkt, und der, zu dem die Ausschüttungen bei den Gesellschaftern zu erfassen sind, auseinander fallen; und zwar auch in der Weise, dass sich die Gewinnausschüttung bei der Kapitalgesellschaft in einem anderen Veranlagungszeitraum auswirkt als der Zufluss bei dem Gesellschafter.

c) Versteuerung im Betriebsvermögen

1397 Gehört die Beteiligung an einer Kapitalgesellschaft zu einem Betriebsvermögen und wird hinsichtlich dieses Betriebsvermögens der Gewinn durch Betriebsvermögensvergleich ermittelt, so ist regelmäßig der Gewinnausschüttungsanspruch gegenüber der Kapitalgesellschaft nach dem Realisationsprinzip erst in dem Wirtschaftsjahr zu aktivieren, in dem er entstanden ist. Das setzt einen Gewinnverwendungsbeschluss der Kapitalgesellschaft voraus; denn erst dadurch ergibt sich für den Anteilseigner ein verfügbarer Rechtsanspruch auf den Gewinnanteil in einer bestimmten Höhe.

d) Betriebsaufspaltungsfälle

1398 In den Fällen einer Betriebsaufspaltung gehört die Beteiligung des Besitzunternehmers bzw. gehören die Beteiligungen der Besitzunternehmer an einer Betriebs-Kapitalgesellschaft zum Betriebsvermögen des Besitzunternehmens. In den Fällen, in denen das Besitzunternehmen eine Besitz-Personengesellschaft ist, sind die Anteile an der Betriebs-Kapitalgesellschaft Sonderbetriebsvermögen der Gesellschafter bei der Besitz-Personengesellschaft.

Auch in diesen beiden Fällen sind im Prinzip Gewinnausschüttungsansprüche gegenüber der Betriebs-Kapitalgesellschaft erst von dem Zeitpunkt an beim Besitzunternehmen zu aktivieren, in dem bei der Betriebs-Kapitalgesellschaft ein Gewinnverwendungsbeschluss gefasst worden ist.

Die Rechtsfigur der Betriebsaufspaltung – für sich allein gesehen – führt zu keinem anderen Ergebnis.[2]

---

1 BFH, Urteile v. 21.5.1986 - I R 199/84, BFHE 147, 44, BStBl II 1986, 794; v. 14.9.1999 - III R 47/98, BFHE 190, 315, BStBl II 2000, 255.
2 BFH, Urteile v. 8.3.1989 - X R 9/86, BFHE 156, 443, BStBl II 1989, 714; v. 31.10.2000 - VIII R 85/94 (unter II.2.c.cc), BFHE 193, 532, BStBl II 2001, 185.

3. Die Ausnahme

a) Die Rechtsprechung des BGH

Von den dargestellten Grundsätzen hat der BGH[1] eine Ausnahme für den Fall gemacht, dass ein Konzern oder eine Holding-Gesellschaft mit Mehrheit an einer anderen AG (Tochtergesellschaft) beteiligt ist und beide Gesellschaften ein übereinstimmendes Geschäftsjahr haben. Nach Ansicht des BGH kann in einem solchen Fall die Muttergesellschaft (Obergesellschaft) ihren Gewinnausschüttungsanspruch gegenüber der Tochtergesellschaft (Untergesellschaft) zeitkongruent (phasengleich) schon in dem Jahr aktivieren, für das ausgeschüttet werden soll. Voraussetzung ist allerdings weiter, dass der Jahresabschluss der Tochtergesellschaft noch vor Abschluss der Prüfung bei der Muttergesellschaft festgestellt wird und dass ein entsprechender Gewinnverwendungsbeschluss oder -vorschlag gem. § 174 Abs. 1 Satz 1 AktG vorliegt.

1399

Mit seinem Urteil vom 12. 1. 1998[2] hat der BGH das vorstehend dargestellte handelsrechtliche Aktivierungswahlrecht in eine Aktivierungspflicht umgewandelt,[3] wenn ein am Bilanzstichtag rechtlich noch nicht entstandener Gewinnverteilungsanspruch eines an einer GmbH allein beteiligten Gesellschafters sich schon soweit konkretisieren lässt, dass er wirtschaftlich als Vermögensgegenstand qualifiziert werden kann. Das ist nach Ansicht des BGH der Fall, wenn die für die Entstehung des Gewinnausschüttungsanspruchs wesentlichen Ursachen bereits im abgelaufenen Geschäftsjahr gesetzt worden sind und der Eintritt der übrigen rechtlichen Entstehensvoraussetzungen mit Sicherheit erwartet werden kann.

1400

b) Die Rechtsprechung des BFH

Die neue Rechtsprechung des BFH folgt dieser Rechtsprechung des BGH grundsätzlich nicht. Der GrS des BFH hat vielmehr mit Beschluss vom 7. 8. 2000[4] entschieden, dass eine Kapitalgesellschaft, die mehrheitlich an einer anderen Kapitalgesellschaft beteiligt ist, Dividendenansprüche aus einer am Bilanzstichtag noch nicht beschlossenen Gewinnverwendung der nachgeschalteten Gesellschaft grundsätzlich nicht phasengleich aktivieren kann.

1401

Für den Fall, dass eine Beteiligung an einer Kapitalgesellschaft im Gesamthandsvermögen einer Mitunternehmerschaft oder in einem Sonderbetriebsver-

1402

---

1 BGH, Urteil v. 3.11.1975 - II ZR 67/73, BGHZ 65, 230; vgl. *Winnefeld*, Bilanz-Handbuch, 4. Aufl. 2006, Rn. M 746 f.
2 BGH, Urteil v. 12.1.1998 - II ZR 82/93, BB 1998, 635.
3 Vgl. hierzu auch *Hofmeister*, BB 1998, 637.
4 BFH, Beschluss v. 7.8.2000 - GrS 2/99, BFHE 192, 339, BStBl II 2000, 632.

mögen bei einer Mitunternehmerschaft oder in dem Betriebsvermögen eines Einzelunternehmers gehalten wird, gilt das Gleiche.[1] Die von der Entscheidung des GrS abweichende frühere Rechtsprechung ist ebenso wie Verwaltungsanweisungen, die mit dem Beschluss des GrS nicht vereinbar sind, gegenstandslos.

1403   Auch ein Besitzunternehmen darf daher Dividendenansprüche, die ihm oder seinem Inhaber oder seinen Gesellschaftern gegenüber der Betriebs-GmbH zustehen, grundsätzlich erst aktivieren, wenn bei der Betriebs-GmbH ein entsprechender Gewinnverwendungsbeschluss gefasst worden ist.[2]

1404   Der GrS des BFH hat seine Auffassung im Wesentlichen wie folgt begründet: Ein Dividendenanspruch dürfe erst aktiviert werden, wenn er durch Abspaltung von dem Beteiligungsrecht als Wirtschaftsgut entstanden ist. Diese Voraussetzung sei grundsätzlich erst dann erfüllt, wenn sich der Dividendenanspruch zumindest wirtschaftlich verselbständigt (realisiert) habe. Die bloße Abspaltbarkeit reiche nicht aus. Deshalb sei die Möglichkeit der Aktivierung einer Dividendenforderung vor Fassung des Gewinnverteilungsbeschlusses im Grundsatz zu verneinen. Dies gelte auch bei einer 100 %igen Beteiligung an der Kapitalgesellschaft.

1405   Nach dem Beschluss des GrS kann von diesem Grundsatz nur in äußerst seltenen Fällen abgewichen werden, wenn am Bilanzstichtag ein Bilanzgewinn der Kapitalgesellschaft (der Betriebs-GmbH) auszuweisen ist, der mindestens ausschüttungsfähige Bilanzgewinn den Gesellschaftern bekannt ist und für den Bilanzstichtag anhand objektiver Anhaltspunkte nachgewiesen ist, dass die Gesellschafter endgültig entschlossen sind, eine bestimmte Gewinnverwendung künftig zu beschließen. Nur unter diesen strengen Voraussetzungen ist eine phasengleiche Bilanzierung zulässig. Es liege – so der BFH – im Interesse der Rechtssicherheit, dass diese Prüfung nur anhand objektiver, nachprüfbarer und nach außen in Erscheinung tretender Kriterien vorgenommen werde.

1406   Die Kriterien müssten sich sowohl auf den ausschüttungsfähigen Bilanzgewinn als auch auf die feste Ausschüttungsabsicht der Gesellschafter beziehen. Sie müssten einen sicheren Schluss zulassen und könnten weder unterstellt noch vermutet werden. Könnten sie nicht nachgewiesen werden, trage die objektive Beweislast derjenige, der sich zu seinen Gunsten auf eine phasengleiche Aktivierung berufe.

---

1   BFH, Urteile v. 31.10.2000 - VIII R 85/94 (unter II.2.c.aa), BFHE 193, 532, BStBl II 2001, 185; v. 31.10.2000 - VIII R 19/94, BFH/NV 2001, 447, 448 (mittlere Spalte).
2   BFH, Urteil v. 31.10.2000 - VIII R 85/94 (unter II.2.c.aa), BFHE 193, 532, BStBl II 2001, 185.

Möglicherweise ist der VIII. Senat des BFH[1] der Ansicht, es sei noch nicht abschließend entschieden, ob die ausnahmsweise zulässige phasengleiche Bilanzierung nur von einem beherrschenden Gesellschafter in Anspruch genommen werden könne und ob bei der Betriebsaufspaltung infolge der hier geltenden Personengruppentheorie alle Gesellschafter als (mit-)beherrschend anzusehen sind. Die Grundsätze des GrS zur phasengleichen Bilanzierung und zu der Ausnahme hiervon sind auf alle Gesellschafter der ausschüttenden Kapitalgesellschaft anzuwenden, die ihre Beteiligung in einem Betriebsvermögen halten.

1407

Die neue Rechtsprechung des BFH gilt für alle noch nicht bestandskräftigen Fälle. Es wird daher der Finanzverwaltung kaum noch möglich sein, eine phasengleiche Bilanzierung zu verlangen, da die dafür von der Rechtsprechung verlangten strengen Voraussetzungen wohl nur dann erfüllt sein werden, wenn sie vom Steuerpflichtigen willentlich gesetzt werden.

1408

Andererseits aber besteht auf Seiten des Steuerpflichtigen in einem eingeschränkten Umfang ein tatsächliches Wahlrecht für eine phasengleiche Bilanzierung, nämlich dadurch, dass er die von der Rechtsprechung geforderten strengen Voraussetzungen erfüllt. Dies ist z. B. der Fall, wenn die Gesellschafter der Kapitalgesellschaft kurz vor Ablauf des Wirtschaftsjahres einen Beschluss fassen, aus dem sich ergibt, dass ein ausschüttungsfähiger Bilanzgewinn aufgrund des Ergebnisses der bisherigen Buchführung zu erwarten ist und dass sie sich gegenseitig zu einer Ausschüttung in einer bestimmten Höhe verpflichten.

1409

Nach dem BFH-Urteil vom 31. 10. 2000[2] setzt eine phasengleiche Bilanzierung voraus, dass am Bilanzstichtag entweder bereits eine Verpflichtung zu einer bestimmten Gewinnausschüttung besteht (z. B. infolge eines Ausschüttungsgebotes nach Gesetz oder Gesellschaftsvertrag, eines Vorabausschüttungsbeschlusses, einer Ausschüttungsvereinbarung etc.) oder doch zumindest die Meinungsbildung der Gesellschafter über die Höhe der späteren Ausschüttung am Bilanzstichtag bereits endgültig abgeschlossen ist.

1410

Es bestehen gewisse Zweifel, ob — unter Berücksichtigung des in § 5 Abs. 1 EStG gesetzlich verankerten Grundsatzes der Maßgeblichkeit der Handelsbilanz — diese Rechtsprechung des BFH mit dem BGH-Urteil vom 12. 1. 1998[3] zu vereinbaren ist.[4]

1411

(Einstweilen frei)

1412–1425

---

1 BFH, Urteil v. 31.10.2000 - VIII R 85/94 (unter II.2.c.aa), BFHE 193, 532, BStBl II 2001, 185.
2 BFH, Urteil v. 31.10.2000 - VIII R 85/94 (unter II.2.c.bb), BFHE 193, 532, BStBl II 2001, 185.
3 Siehe vorstehend Rn. 1399 f.
4 Vgl. *Moxter*, DB 2000, 2333.

VIII. Eintritt der weiteren Rechtsfolgen nur bei Umqualifizierung

1426 Aus dem, was bisher über die **Rechtsfolgen** der **Betriebsaufspaltung** ausgeführt worden ist, kann entnommen werden, dass es nicht nur eine, sondern mehrere Rechtsfolgen der Betriebsaufspaltung gibt. Neben der Umqualifizierung steht die korrespondierende Bilanzierung, die Buchwertfortführung und die Merkmalübertragung.

1427 Das Problem, das hier besteht und das in der Literatur bisher kaum erörtert worden ist, ist folgendes: Die Rechtsfolge der Umqualifizierung tritt – auch wenn die Voraussetzungen der Betriebsaufspaltung vorliegen, also wenn zwei Unternehmen sachlich und personell verflochten sind – nach der hier vertretenen Ansicht nicht ein, wenn das Besitzunternehmen von sich aus schon ein Gewerbebetrieb ist. Dadurch entsteht die Frage, ob die übrigen Rechtsfolgen, insbesondere die der Buchwertfortführung nur dann eintreten, wenn auch die Rechtsfolge der Umqualifizierung zum Zuge kommt, oder ob die übrigen Rechtsfolgen sich unmittelbar aus dem Vorliegen der Voraussetzungen der personellen und sachlichen Verflechtung herleiten.

1428 Die Finanzverwaltung[1] vertritt hinsichtlich der Merkmalübertragung letztere Ansicht, indem sie die Merkmalübertragung auch dann zulässt, wenn das Besitzunternehmen eine Kapitalgesellschaft ist, also überhaupt keine Umqualifizierung durch die Betriebsaufspaltung vorliegt.[2] Wir haben Zweifel, ob dies zutreffend ist.

1429–1440 *(Einstweilen frei)*

IX. Pensionsrückstellungen und Tätigkeitsvergütungen

Literatur: *Binz/Rauser*, Betriebliche Altersversorgung bei Betriebsaufspaltung, BB 1980, 897; *Hennerkes/Binz/Rauser*, Zur Übernahme von Ruhegeldverbindlichkeiten bei Unternehmensveräußerung und Betriebsaufspaltung, BB 1982, 930.

1441 Die Betriebsaufspaltung ermöglicht es, im Rahmen der Betriebs-Kapitalgesellschaft Pensionsrückstellungen gem. § 6a EStG für einen Gesellschafter-Geschäftsführer zu bilden. Das Betriebsvermögen der Besitzgesellschaft wird hierdurch nicht berührt. Die Möglichkeit der Pensionsrückstellung ist vorteilhaft, weil sie zugunsten der Betriebskapitalgesellschaft eine nicht unbedeutende Steuerersparnis bewirkt.

---

1 BMF v. 10.12.1985, BStBl I 1985, 683.
2 Vgl. oben Rn. 705 ff.

Abzuwägen ist dieser Vorteil mit außersteuerlichen Gefahren, insbesondere bei Betriebsveräußerung.[1] Des Weiteren muss die Pensionsrückstellung steuerlich anerkannt werden. Die Erfordernisse einer Probezeit, der Einhaltung des Zeitraums zwischen Abschluss des Anstellungsvertrages und der Beachtung des Zeitpunkts der Erteilung der Pensionszusage entfallen jedoch, wenn der Geschäftsführer in Fällen der echten Betriebsaufspaltung zuvor mehrere Jahre im jetzigen Besitzunternehmen tätig war.[2]   **1442**

Außerdem sind die an einen Gesellschafter-Geschäftsführer gezahlten **Tätigkeitsvergütungen** bei der Betriebs-Kapitalgesellschaft Betriebsausgaben und beim Gesellschafter-Geschäftsführer Einnahmen aus nichtselbständiger Arbeit. Dies ist ein wesentlicher Unterschied zur GmbH & Co. KG.   **1443**

Unangemessen hohe Tätigkeitsvergütungen können zu **verdeckten Gewinnausschüttungen** führen. Bei der Prüfung der Angemessenheit der Tätigkeitsvergütung bzw. Pensionszusage ist der Umstand zu berücksichtigen, dass Besitz- und Betriebsunternehmen selbständige Unternehmen sind. Umsätze und Umsatzrenditen sind daher grundsätzlich irrelevant für die Beurteilung der Angemessenheit.[3] Liegt eine verdeckte Gewinnausschüttung vor, ist das Einkommen der Betreibskapitalgesellschaft entsprechend zu erhöhen. Die Einkünfte des Gesellschafter-Geschäftsführers werden dann in gewerbliche Einkünfte umqualifiziert und sind als verdeckte Gewinnausschüttungen zu 50 bzw. (ab 2009) 60 v. H. (§ 3 Nr. 40 Satz 1 Buchst. d EStG) zu versteuern. Ein Gehaltsverzicht führt dagegen nicht zu einer **verdeckten Einlage**.   **1444**

Ist die Betriebsgesellschaft eine **Personengesellschaft**, so können keine Pensionsrückstellungen für die Gesellschafter-Geschäftsführer gebildet werden und deren Tätigkeitsvergütungen sind nach § 15 Abs. 1 Satz 1 Nr. 2 Satz 1 Halbsatz 2 EStG bei dem betreffenden Gesellschafter Gewinn aus Gewerbebetrieb.   **1445**

(Einstweilen frei)   **1446–1460**

X. Haftung

Literatur: *Bäcker*, Die Vermietung von Betriebsmitteln an die GmbH durch einen Gesellschafter als kapitalersetzende Rechtshandlung gem. § 32a Abs. 3 GmbHG, ZIP 1989, 681; *Braun, Eberhard*, Kapitalersetzende Maßnahme i. S. v § 32 Abs. 3 GmbHG durch Pachtverträge in der Betriebsaufspaltung?, ZIP 1983, 1175; *Drygala*, Betriebsaufspaltung und Haftungsausschluss doch keine Illusion?, NJW 1995, 3237; *Ebeling*, Keine Betriebsaufspaltung bei Pachtverträgen zwischen Kapitalgesellschaften, in: A Raupach (Hrsg.): Ertragsbesteue-

---

1 Vgl. *Gluth*, in: Herrmann/Heuer/Raupach, Einkommensteuer- und Körperschaftsteuergesetz Kommentar, § 15, Anm. 827.
2 BFH, Urteil v. 29.10.1997 - I R 52/77, BStBl II 1999, 318.
3 Vgl. BFH, Beschlüsse v. 21.8.2007 – I B 69/07, BFH/NV 2007, 2278; v. 9.11.2009 – I B 77/09, NWB DokID: DAAD-35171.

rung, München 1993; *Ebenroth/Wilken*, Kapitalersatz und Betriebsaufspaltung. Anm. zum BGH-Urteil vom 14. 12. 1992, BB 1993, 240 ff. und BB 1993, 305; *Heidemann*, Haftungsproblematik und Entflechtung bei Betriebsaufspaltung, INF 1993, 324; *Heinze*, Die (Eigenkapital ersetzende) Nutzungsüberlassung in der GmbH-Insolvenz nach dem MoMiG, ZIP 2008, 110; *Jestädt*, Haftung gemäß § 74 AO und Betriebsaufspaltung, DStR 1989, 243; *Junge*, Die haftungsrechtlichen Risiken der Betriebsaufspaltung, Festschrift für Franz Merz zum 65. Geburtstag, hrsg. von Gerhardt/Henckel/Kilger/Kreft, Köln 1992; *Kessler*, Zivilrechtliche Haftungsrisiken der Betriebsaufspaltung, GmbHR 1993, 541; *Knobbe-Keuk*, Die Verpachtung von Anlagevermögen des Gesellschafters an die GmbH und § 32a GmbH-Gesetz, BB 1984, 1; *dies.*, Eigenkapitalersetzende Gebrauchsüberlassung bei Begründung der Betriebsaufspaltung, DStR 1992, 823; *Mayer*, Der Einfluss der Rechtsprechung des BGH zur kapitalersetzenden Nutzungsüberlassung auf die Betriebsaufspaltung, DStR 1993, 206; *Mutter*, Kapitalersetzende Darlehen und Gebrauchsüberlassung bei der GmbH, Steuersituation, Betriebsaufspaltung und Konzernhaftung, Frankfurt 1992; *Raiser*, Betriebsaufspaltung und Haftungsausschluss eine Illusion?, NJW 1995, 1804; *Schmidt, Karsten*, Nutzungsüberlassung, Eigenkapitalersatz und materielle Unterkapitalisierung, ZIP 1993, 161; *Seiler*, Nutzungsüberlassung, Betriebsaufspaltung und Unterkapitalisierung im Licht von § 32a Abs. 3 GmbHG, Frankfurt/Main 1991; *Spoelgen*, Betriebsaufspaltung und Haftung gemäß § 74 AO, StLex 1992/II – 2 – 19 (zu AO § 69 bis 77); *Stahl*, Haftungsgefahren für den Betriebsaufspaltungsunternehmer, KÖSDI 1992, 9042; *ders.*, Aktuelle Entwicklung der Haftungsrisiken bei Betriebs-Aufspaltungsunternehmen, KÖSDI 1993, 9508; *Timm/Drygala*, Nutzungsüberlassung als Eigenkapitalersatz – insbesondere bei der Betriebsaufspaltung. Auswirkungen des BGH-Urteils vom 16. 10. 1989 – II ZR 307/88, NWB Fach 18, 3065; *Vonnemann*, Gebrauchsüberlassung als eigenkapitalersetzende Leistung, DB 1990, 261; *Wälzholz*, Aktuelle Probleme der Betriebsaufspaltung, GmbH-StB 2008, 304; *Weiss*, Zur Haftung der Besitzgesellschaft bei der Betriebsaufspaltung, insbesondere gegenüber Arbeitnehmern, München 1988; *Wellkamp*, Die Einheit von Betriebs- und Besitzgesellschaft – Zu den Rechtsfolgen eigenkapitalersetzender Nutzungsüberlassung, DB 1993, 1759; *ders.*, Die kapitalersetzende Gebrauchsüberlassung nach den „Lagergrundstück"-Urteilen III und IV des BGH, INF 1995, 499; *von Westphalen*, Die Betriebsaufspaltung und Produzentenhaftung, Festgabe für Felix, S. 559; *Wilken*, Betriebsaufspaltung, Finanzplanmittel und Kapitalersatzrecht, WiB 1996, 561; *Ziegler*, Kapitalersetzende Gebrauchsüberlassungsverhältnisse und Konzernhaftung bei der GmbH – unter besonderer Berücksichtigung der Betriebsaufspaltung, Baden-Baden 1989.

1. Zivilrechtliche Haftung

1461   Die Betriebsaufspaltung ermöglicht es, wesentliche Teile des Betriebsvermögens aus der Haftung für das mit einem laufenden Geschäftsbetrieb verbundene Risiko herauszuhalten.

1462   Das gilt hinsichtlich der einer Betriebs-Kapitalgesellschaft zur Nutzung überlassenen Wirtschaftsgüter selbst für den Fall einer **kapitalersetzenden Nutzungs-**

überlassung. Das ergibt sich aus der Rechtsprechung des BGH,[1] in der entschieden worden ist, dass eine eigenkapitalersetzende Nutzungsüberlassung im Konkurs bzw. in der Insolvenz der Gesellschaft keinen Anspruch des Konkurs- bzw. Insolvenzverwalters auf Übertragung des Eigentums an dem Grundstück oder auf dessen Herausgabe an den Konkurs- bzw. Insolvenzverwalter zum Zwecke der Verwertung durch Veräußerung begründet. Der Konkurs- bzw. Insolvenzverwalter ist lediglich berechtigt, das der Gemeinschuldnerin in eigenkapitalersetzender Weise überlassene oder belassene Grundstück zugunsten der Konkurs- bzw. Insolvenzmasse durch Weiternutzung innerhalb des Gesellschaftsunternehmens oder durch anderweitige Vermietung oder Verpachtung weiter zu verwerten.

Die eigenkapitalersetzende Nutzungsüberlassung ist durch das **MoMiG**[2] wesentlich geändert worden. Die eigenkapitalersetzende Nutzungsüberlassung wurde hierzu in veränderter Form in § 135 Abs. 3 InsO eingeflochten. Hiernach kann der Aussonderungsanspruch während der Dauer des Insolvenzverfahrens, höchstens aber für eine Zeit von einem Jahr ab der Eröffnung des Insolvenzverfahrens, nicht geltend gemacht werden, wenn dem Schuldner von einem Gesellschafter ein Gegenstand zum Gebrauch oder zur Ausübung überlassen wurde und der Gegenstand für die Fortführung des Unternehmens des Schuldners von erheblicher Bedeutung ist. 1463

Greift der Tatbestand des § 135 Abs. 3 Satz 1 InsO ein, so sieht § 135 Abs. 3 Satz 2 InsO einen **Ausgleichsanspruch** des Gesellschafters vor. Für seine Berechnung ist der Durchschnitt der im letzten Jahr vor Verfahrenseröffnung geleisteten Vergütungen in Ansatz zu bringen; bei kürzerer Dauer der Überlassung ist der Durchschnitt während dieses Zeitraums maßgebend.[3] Die Neuregelung bedeutet für die Betriebsaufspaltung mithin eine nicht unerhebliche Verbesserung im Vergleich zu der Rechtslage, die sich bei Anwendung der Vorschrift des § 32a GmbHG ergab. 1464

(*Einstweilen frei*) 1465–1480

2. Haftung nach § 74 AO

Neben der zivilrechtlichen Haftung ist die Haftung für Steuerschulden gem. § 74 Abs. 1 Satz 1 AO hervorzuheben. Danach kann der Eigentümer von Gegen- 1481

---

1 U.a. BGH, Urteile v. 11.7.1994 - II ZR 146/92, DB 1994, 1715; v. 31.1.2005 - II ZR 240/02, GmbHR 2005, 534; v. 28.2.2005 - II ZR 103/02, GmbHR 2005, 538; siehe hierzu auch *Hueck/Fastrich*, in: Baumbach/Hueck, GmbH-Gesetz, 18. Aufl. 2006, § 32a, Rn. 34 f.; *Bitz*, in: Littmann/Bitz/Pust, Das Einkommensteuerrecht, § 15, Rn. 310.
2 BGBl I 2008, 2026; vgl. auch die Übergangsvorschrift in Art. 103d EGInsO.
3 Zu weiteren Einzelheiten vgl. *Wälzholz*, GmbH-StB 2008, 304, 309 f.

ständen, die einem Unternehmen dienen, an dem der Eigentümer wesentlich beteiligt ist, mit diesen Gegenständen für die betrieblichen Steuern des Unternehmens, die während der wesentlichen Beteiligung entstanden sind, zur Haftung herangezogen werden. Durch die Regelung wird das von der Betriebsaufspaltung bezweckte Ziel der Haftungsbeschränkung für den Bereich von Steuerschulden des Betriebsunternehmens eingeschränkt.

1482   Dies ist jedenfalls in Fällen der Einmann-Betriebsaufspaltung zu bejahen. Gleiches gilt, wenn am Betriebs- und am Besitzunternehmen jeweils zwei oder drei Personen zu gleichen Teilen beteiligt sind.

1483   Problematisch ist jedoch, ob auch ein **Nur-Besitzgesellschafter** i. S. von § 74 Abs. 2 Satz 1 AO als „wesentlich beteiligt" an der Betriebsgesellschaft anzusehen ist. Die gleiche Frage stellt sich, wenn Sowohl-als-auch-Gesellschafter einzeln betrachtet nicht zu mehr als 25 v. H. (§ 74 Abs. 2 Satz 1 AO) an der Betriebsgesellschaft beteiligt sind (vorausgesetzt sie haben keinen beherrschenden Einfluss i. S. von § 74 Abs. 2 Satz 2 AO).[1]

1484   Rechtsprechung zu diesen Fragen liegt – soweit ersichtlich – noch nicht vor. Es sprechen jedoch die besseren Argumente dafür, eine Haftung in den dargestellten Fällen zu verneinen. Zum einen lässt der Wortlaut von § 74 Abs. 2 AO nicht erkennen, dass auch eine Person haften soll, die für sich genommen unwesentlich beteiligt ist. Dass sich eine solche Person Anteile anderer Gesellschafter zurechnen lassen muss (etwa über die Personengruppentheorie), lässt der Wortlaut ebenfalls nicht erkennen. Außerdem bezweckt das Erfordernis einer wesentlichen Beteiligung, nur solche Personen in die Haftung einzubeziehen, die Einfluss auf die Unternehmensführung nehmen können[2] bzw. eine nähere Beziehung zum Unternehmen haben.[3] Dies kann bei Nur-Besitz-Gesellschaftern oder solchen Gesellschaftern, deren Beteiligung unter 25 v. H. liegt, nicht angenommen werden.

1485–1500 *(Einstweilen frei)*

XI. Angemessener Pachtzins (Mietzins)

Literatur: *Grieger*, Anm. zum BFH-Urteil vom 8. 11. 1960, I 131/59 S, BB 1961, 84; *ders.*, Steuerliche Anerkennung eines ungewöhnlich niedrigen Pachtzinses bei der Betriebsaufspaltung, BB 1961, 83; *Hartmann*, Ertrag- und schenkungsteuerliche Probleme bei unangemessen gestalteter Nutzungsüberlassung im Rahmen einer Betriebsaufspaltung, FR 1999, 1925; *Kleineidam/Seutter*, Zur Angemessenheit der Entgeltvereinbarungen bei der

---

1   Vgl. *Jestädt*, DStR 1989, 243, 245.
2   *Loose*, in: Tipke/Kruse, AO, FGO, § 74 AO, Rn. 2; *Intemann*, in: Pahlke/Koenig, Abgabenordnung, 2004, § 74, Rn. 2.
3   *Schwarz*, in: Schwarz, Abgabenordnung, § 74, Rn. 8.

Betriebsaufspaltung, StuW 1989, 250; *Märkle*, Die Betriebsaufspaltung an der Schwelle zu einem neuen Jahrtausend, XI. Die Bedeutung der Höhe des Pachtentgelts, BB 2000 Beilage 7, 15 ff.; *Schiffler*, Die Pachtzinsermittlung bei Betriebsaufspaltung, GesRZ 1978, 112; *o. V.*, Betriebsaufspaltung: Vorläufige Entgelte an die Betriebs-GmbH, DB 1974, 849; *o. V.*, Pachtzins für Firmenwert bei Betriebsaufspaltung, GmbHR 1991, R 69/70; *o. V.*, Verzicht auf Pachtzins im Rahmen einer Betriebsaufspaltung, GmbHR 1993, 575.

1. Grundsätzliches

a) Unangemessen niedriger Pachtzins (Mietzins)

Ein im Rahmen einer Betriebsaufspaltung zwischen Besitzunternehmen und Betriebsunternehmen geschlossener Miet- oder Pachtvertrag, in dem aus gesellschaftsrechtlichen Gründen ein unangemessen niedriger Miet- oder Pachtzins vereinbart worden ist, ist steuerrechtlich grundsätzlich anzuerkennen.[1]   1501

Diese Rechtsprechung beruht auf folgenden Überlegungen: 1502

▶ Niemand ist verpflichtet, aus seinem Vermögen bestimmte Nutzungen zu ziehen.

▶ Nutzungen, die ein Berechtigter zulässigerweise nicht zieht oder nicht ziehen will, dürfen steuerrechtlich nicht als gezogen und zugeflossen unterstellt werden.

▶ Ein Gesellschafter – auch ein beherrschender Gesellschafter – darf seiner Gesellschaft Vorteile aller Art als verlorenen Gesellschafterzuschuss zuführen.[2] Er darf ihr daher jederzeit auch Nutzungen unentgeltlich oder teilentgeltlich überlassen.

▶ Unentgeltlich oder teilentgeltlich überlassene Nutzungen, die ein Gesellschafter seiner Gesellschaft überlässt, führen nicht zu Einkünften des Gesellschafters.[3]

▶ Die fehlende Gegenleistung der Gesellschaft lässt sich nicht durch eine Fiktion des Inhalts ersetzen, der Gesellschafter habe zunächst ein angemessenes Nutzungsentgelt vereinbart und nachträglich auf seine Ansprüche verzichtet oder aber das Entgelt erhalten und eingelegt.

Die Vereinbarung eines unangemessen niedrigen Pachtzinses war nach dem BFH-Urteil vom 8. 11. 1960[4] jedoch dann nicht zulässig, wenn dadurch bei der Personengesellschaft auf längere Sicht Verluste, bei der GmbH jedoch Gewinne   1503

---

1 BFH, Urteile v. 8.11.1960 - I 131/59 S, BFHE 71, 706, BStBl III 1960, 513; v. 14.1.1998 - X R 57/93, BFHE 185, 230, BFH/NV 1998, 1160.
2 BFH, Urteil v. 14.1.1998 - X R 57/93, BFHE 185, 230, BFH/NV 1998, 1160, m.w.N.
3 BFH, Beschluss v. 26.10.1987 - GrS 2/86, BFHE 151, 523, BStBl II 1988, 348.
4 BFH, Urteil v. 8.11.1960 - I 131/59 S, BFHE 71, 706, BStBl III 1960, 513.

entstehen. In diesen Fällen liege, so der BFH, in Höhe der Verluste eine gesellschaftsrechtliche Einlage der Personengesellschaft in die Betriebs-GmbH vor, die zu einer entsprechenden Erhöhung des Buchwerts der Beteiligung führe. Der Verlust sei bei der Personengesellschaft nicht anzuerkennen, der Gewinn der Betriebs-Kapitalgesellschaft sei entsprechend zu ermäßigen.

1504   Diese Einschränkung ist heute gegenstandslos, nachdem der GrS des BFH durch Beschluss vom 26. 10. 1987[1] entschieden hat, dass es keine Nutzungseinlagen gibt. Die Nutzungsvorteile sind mithin nicht einlagefähig und können somit nicht Gegenstand einer **verdeckten Einlage** sein.

1505–1510 *(Einstweilen frei)*

b) Unangemessen hoher Pachtzins (Mietzins)

1511   Wird zwischen Besitzunternehmen und Betriebsgesellschaft ein höherer Pachtzins vereinbart, als das Besitzunternehmen von einem Fremden fordern würde, kann dies im Umfang der durch das Überentgelt bewirkten Vermögensverschiebung zu einer **verdeckten Gewinnausschüttung** gemäß § 8 Abs. 3 Satz 2 KStG führen.[2]

2. Ausnahme beim Vorhandensein von Nur-Betriebs-Gesellschaftern

1512   Sind an der Betriebs-Kapitalgesellschaft gewinnberechtigte Nur-Betriebs-Gesellschafter beteiligt, dann kommen die Vorteile einer verbilligten Nutzungsüberlassung in Gestalt möglicher entsprechend höherer Gewinnausschüttungen nicht nur den Sowohl-als-auch-Gesellschaftern, sondern auch den am Besitzunternehmen und damit auch an den vermieteten oder verpachteten Wirtschaftsgütern nicht beteiligten Nur-Betriebs-Gesellschaftern zugute. Ist in einem solchen Fall ein Nur-Betriebs-Gesellschafter ein **naher Angehöriger** und ist das unangemessen niedrige Entgelt für die Nutzungsüberlassung aus privaten Gründen vereinbart worden (z. B. um den Nur-Betriebs-Gesellschafter höhere Ausschüttungen zukommen zu lassen), so ist nach dem BFH-Urteil vom 14. 1. 1998[3] infolge der Regelung in § 12 Nr. 2 EStG „beim Besitzunternehmen für Wirtschaftsgüter des Betriebsvermögens gebuchter Aufwand anteilig zu stornieren".

1513   **BEISPIEL:** ▶ An der Betriebs-GmbH sind der Vater V mit 51 v. H. und sein Sohn S mit 49 v. H. beteiligt. V hat der GmbH ein Grundstück vermietet. Der angemessene Mietzins

---

1   BFH, Beschluss v. 26.10.1987 - GrS 2/86, BFHE 151, 523, BStBl II 1988, 348.
2   BFH, Urteil v. 14.1.1998 - X R 57/93, BFHE 185, 230, BFH/NV 1998, 1160.
3   BFH, Urteil v. 14.1.1998 - X R 57/93, BFHE 185, 230, BFH/NV 1998, 1160.

beträgt 1.000 €. Vereinbart ist ein Mietzins von nur 200 €. Der Aufwand des V (Besitz-unternehmen) für das vermietete Grundstück beträgt 100 €.

Lösung nach dem BFH-Urteil vom 14. 1. 1998:

Infolge des um 800 zu niedrigen Mietzinses ist der Gewinn der Betriebs-GmbH um 800 höher. Davon entfallen bei einer möglichen Ausschüttung 49 v. H. = 392 auf S. Von dem auf das an die Betriebs-GmbH vermietete Grundstück beim Besitzunternehmen entstandenen Aufwand (100) entfallen auf die Differenz zwischen einem angemessenen Mietzins und dem vereinbarten Mietzins (800) 80. Von diesen 80 entfallen auf die an S mögliche höhere Gewinnausschüttung 49 v. H. = 39,2. Mithin ist der bei dem Besitzunternehmen (V) angefallene Aufwand von 100 in Höhe von 39,2 nach § 12 Nr. 2 EStG nicht als Betriebsausgabe abziehbar. 1514

Der X. Senat rechtfertigt dieses Ergebnis im Wesentlichen mit der Rechtsprechung zur Nutzungsentnahme. 1515

Ob diese neue Rechtsprechung auch dann Anwendung findet, wenn der Nur-Betriebs-Gesellschafter ein Fremder ist, hat der X. Senat dahingestellt sein lassen.

(Einstweilen frei) 1516–1526

3. Nutzungsentgelt und Abzugsverbot nach § 3c Abs. 2 EStG

Literatur: *Crezelius*, Finanzierungsaufwendungen in der Betriebsaufspaltung, DB 2002, 1124; *ders.*, Betriebsaufspaltung nach der Unternehmenssteuerreform, JbFfSt 2002/2003, 350; *Janssen*, Betriebsaufspaltung: Führt Mietverzicht zum Halbabzugsverbot?, GStB 2008, 314; *Schießl*, Abziehbarkeit von Aufwendungen bei unentgeltlicher Nutzungsüberlassung eines Wirtschaftsguts im Rahmen einer Betriebsaufspaltung, StuB 2009, 105; *o.V.*, Verlustabzug: Betriebsausgabenabzug bei Überlassung wesentlicher Betriebsgrundlagen für Gegenleistung unterhalb der eigenen Aufwendungen des Besitzunternehmens, GmbHR 2002, 846.

Erfolgt die Nutzungsüberlassung unentgeltlich oder ist das Nutzungsentgelt nach den beschriebenen Grundsätzen unangemessen niedrig, stellt sich des Weiteren die Frage, ob und inwieweit Aufwendungen für Wirtschaftsgüter, die im Rahmen der Betriebsaufspaltung dem Betriebsunternehmen überlassen werden, dem Abzugsverbot des § 3c Abs. 2 EStG unterliegen.[1] Höchstrichterlich ist diese Frage noch nicht entschieden und wird in der Literatur z. T. mit gewichtigen Argumenten verneint.[2] Es ist indes auf zwei finanzgerichtliche Entscheidungen hinzuweisen, die den Anwendungsbereich von § 3c Abs. 2 EStG im Fall 1527

---

1 Zum Eingreifen von § 12 Nr. 2 EStG bei privater Veranlassung vgl. oben Rn. 1514.
2 *Crezelius*, DB 2002, 1124; ebenso *Kaligin*, Die Betriebsaufspaltung, 6. Aufl. 2008, S. 228.

einer unentgeltlichen Nutzungsüberlassung bejahen.[1] Nimmt man diese Rechtsprechung, auf die sich auch die Finanzverwaltung stützen wird, ernst, müsste wie folgt differenziert werden:

a) Einzelunternehmen als Besitzunternehmen

(1) Unentgeltliche Nutzungsüberlassung

1528 Erfolgt eine unentgeltliche Nutzungsüberlassung durch ein Einzelunternehmen an eine Betriebskapitalgesellschaft, so entsteht bei Letzterer durch die unentgeltliche Nutzungsüberlassung ein höheres Ausschüttungspotential. Schüttet die Betriebskapitalgesellschaft aus, erzielt das Besitzeinzelunternehmen Einkünfte nach § 20 Abs. 1 Nr. 1 EStG, die wegen der Betriebsaufspaltung gem. § 20 Abs. 8 EStG als gewerblich zu qualifizieren sind. Sie unterliegen gem. § 3 Nr. 40d EStG dem Halb- bzw. (ab 2009) dem Teileinkünfteverfahren. Mit diesen Einkünften zusammenhängende Aufwendungen würden dem Abzugsverbot des § 3c Abs. 2 EStG unterliegen und könnten nur zu 50 v. H. bzw. 60 v. H. (ab 2009) abgezogen werden.

1529 **BEISPIEL:** ▶ A überlässt der Betriebs-GmbH, deren alleiniger Anteilsinhaber er ist, wesentliche Betriebsgrundlagen ohne Nutzungsentgelt. An Kosten fallen 50.000 € an.

Lösung:

1530 Diese Kosten könnte A nur hälftig bzw. (ab 2009) zu 60 v.H. zum Ansatz bringen.

(2) Teilentgeltliche Nutzungsüberlassung

1531 Erfolgt die Nutzungsüberlassung zu einem unangemessen niedrigen Pacht-/Mietzins, so wäre nach den vorstehenden Grundsätzen eine Aufteilung der Nutzungsüberlassung in einen entgeltlichen und einen unentgeltlichen Teil vorzunehmen.

1532 **BEISPIEL:** ▶ A verpachtet seiner Betriebs-GmbH wesentliche Betriebsgrundlagen für einen Pachtzins von 20.000 €, angemessen wären 30.000 €. Es fallen Kosten in Höhe von 24.000 € an.

Lösung:

1533 Die Verpachtung erfolgte zu $\frac{2}{3}$ entgeltlich und zu $\frac{1}{3}$ unentgeltlich. Hinsichtlich des unentgeltlichen Drittels würde wiederum § 3c Abs. 2 EStG eingreifen, so

---

1 FG Bremen, Urteil v. 27.4.2006, EFG 2006, 1234; FG Baden-Württemberg, Urteil v. 12.10.2006, EFG 2007, 568.

dass von einem Drittel der Kosten nur 50 bzw. 60 (ab 2009) v. H. abgezogen werden dürften. Insgesamt könnte A daher nur 20.000 € zum Abzug bringen.

b) Personengesellschaft als Besitzunternehmen

(1) Natürliche Personen als Gesellschafter

Bei natürlichen Personen als Gesellschaftern der Besitzpersonengesellschaft gelten die soeben aufgezeigten Grundsätze.   1534

(2) Kapitalgesellschaft als Gesellschafterin

Ist an der Besitzpersonengesellschaft dagegen eine Kapitalgesellschaft Gesellschafterin, so ist die Vorschrift des § 8b Abs. 5 Satz 2 KStG zu beachten, wonach der Anwendungsbereich von § 3c Abs. 1 EStG ausgeschlossen wird. Hier gilt gem. § 8b Abs. 5 Satz 1 KStG, dass 5 v. H. der Einnahmen nach § 8b Abs. 1 KStG (z.B. Dividenden) als nicht abzugsfähige Betriebsausgaben anzusetzen sind.   1535

> **BEISPIEL:** ▶ An der Besitz-GbR sind A und die B-GmbH zu jeweils 50 v. H. beteiligt. Die GbR überlässt unentgeltlich wesentliche Betriebsgrundlagen im Rahmen einer Betriebsaufspaltung an die Betriebs-GmbH. Hierfür fallen Kosten in Höhe von 24.000 € an. Die Betriebs-GmbH schüttet eine Dividende in Höhe von 10.000 € an die Besitz-GbR aus. Die Gewinnbezugsrechte entsprechen der Beteiligungshöhe.   1536

Lösung:

Weil es für Personengesellschaften bzw. natürliche Personen an einer § 8b Abs. 5 KStG vergleichbaren Regelung mangelt, ergeben sich unterschiedliche Ergebnisse auf Gesellschafterebene der Besitz-GbR: Bei der B-GmbH liegen nicht abzugsfähige Ausgaben in Höhe von 250 € vor (5 v. H. von 5.000 €). Für A hingegen gelten die oben dargestellten Grundsätze, so dass seine anteiligen Aufwendungen in Höhe von 15.000 € nur zu 50 bzw. 60 v. H. zu berücksichtigen sind.   1537

c) Kritik

Fraglich erscheint, ob die dargestellten Ergebnisse in dieser Allgemeinverbindlichkeit richtig sind. Dies bemisst sich zunächst am Wortlaut des § 3c Abs. 2 EStG. Danach muss es um Aufwendungen gehen, die mit Einnahmen i. S. des § 3 Nr. 40 EStG „im wirtschaftlichen Zusammenhang stehen". Stellt man sich auf den Standpunkt, dass hierzu jeder irgendwie geartete wirtschaftliche Zusammenhang genügt,[1] erscheint eine Anwendung von § 3c Abs. 2 EStG mit den aufgezeigten Besteuerungsfolgen geboten.   1538

---

1   FG Baden-Württemberg, Urteil v. 12.10.2006, EFG 2007, 568.

1539   Indes lässt sich nicht leugnen, dass die Betriebsaufspaltung durch eine Anwendung des § 3c Abs. 2 EStG gegenüber Gestaltungen benachteiligt würde, bei denen die wesentliche Betriebsgrundlage im Eigentum der Betriebsgesellschaft steht, weil hier eine Pacht erst gar nicht anfällt. Des Weiteren kann eine unentgeltliche bzw. teilunentgeltliche Nutzungsüberlassung ihren Grund in der Sanierung des Betriebsunternehmens haben. In diesem Fall lässt sich ein Zusammenhang mit (ungewissen) zukünftigen Dividendeneinnahmen schwer begründen. Aus diesen Gründen erscheint es konsequent, dass das FG Düsseldorf einen wirtschaftlichen Zusammenhang zumindest dann für ernsthaft zweifelhaft hält, wenn auf Pachtzahlungen verzichtet wird, um eine Überschuldung der Betriebskapitalgesellschaft zu vermeiden.[1] In diesen Fällen kann § 3c Abs. 2 EStG nicht eingreifen.[2]

1540–1542 *(Einstweilen frei)*

4.   Wann ist ein Nutzungsentgelt angemessen?

1543   Für die Ermittlung eines angemessenen Pachtzinses gibt es keine allgemeine Formel.[3] Berücksichtigt werden müssen bei der Ermittlung unter Ausgleich der Interessen von Verpächter und Pächter (Vermieter und Mieter) insbesondere folgende Umstände: Kapitalverzinsung, Vergütung für den Wertverzehr und Vergütung für immaterielle Wirtschaftsgüter, insbesondere den Geschäftswert.[4]

1544   Die Höhe der Kapitalverzinsung bestimmt sich nach dem jeweiligen Zinsniveau für langfristige Kapitalanlagen. Die Wertverzehrkomponente richtet sich entweder nach der möglichen steuerlichen AfA oder alternativ nach der Vereinbarung einer Substanzerhaltungspflicht des Pächters.[5] Schließlich muss der Betriebskapitalgesellschaft nach Abzug der Pacht eine ausreichende **Stammkapitalverzinsung** verbleiben.[6]

1545   Für diese Stammkapitalverzinsung ist wiederum entscheidend, von welcher Bedeutung die verpachteten Wirtschaftsgüter sind. Umfasst die Verpachtung etwa auch die Gesamtheit der immateriellen Wirtschaftsgüter einschließlich des Geschäftswerts, ist die ausreichende Stammkapitalverzinsung selbstverständlich höher als wenn nur einzelne Anlagegüter verpachtet werden. Das Risiko einer verdeckten Gewinnausschüttung bzw. der Anwendung von § 3c Abs. 2 EStG kann folglich durch Gestaltung des Miet- bzw. Pachtgegenstandes gesteu-

---

1   FG Düsseldorf, Beschluss v. 19.4.2006 - 15 V 346/06 A, NWB DokID: AAAAC-85804.
2   Ebenso *Crezelius*, DB 2002, 1124, 1126; a.A. *Schießl*, StuB 2009, 105, 106 f.
3   BFH, Urteil v. 14.1.1998 - X R 57/93, BFHE 185, 230, BFH/NV 1998, 1160.
4   BFH, Urteil v. 14.1.1998 - X R 57/93, BFHE 185, 230, BFH/NV 1998, 1160, m.w.N.
5   *Gluth*, in: Herrmann/Heuer/Raupach, Einkommensteuer- und Körperschaftsteuergesetz, § 15, Anm. 828.
6   Vgl. hierzu BFH, Urteil v. 4.5.1977 - I R 11/75, BStBl II 1977, 679; *Fichtelmann*, INF 1998, 431.

ert werden. Bei dieser Gestaltung sind indes dann auf der anderen Seite die gewerbesteuerlichen Hinzurechnungsvorschriften nach § 8 Nr. 1 Buchst. d bzw. e GewStG zu berücksichtigen, zumal die korrespondierende Kürzung nach § 9 Nr. 4 GewStG a. F. nicht mehr möglich ist.[1]

(*Einstweilen frei*) 1546–1548

XII. Der Geschäftswert

Literatur: *Schießl*, Übergang des Geschäftswerts auf die Betriebs-GmbH im Rahmen einer Betriebsaufspaltung, GmbHR 2006, 459.

Grundsätzlich ist eine isolierte Übertragung eines Geschäftswerts nicht zulässig, weil er die Gewinnchancen eines Unternehmens ausdrückt.[2] Hiervon ist der Fall zu unterscheiden, in dem ein Unternehmen den Betrieb eines anderen Unternehmens ganz oder teilweise übernimmt und hierbei geschäftswertbildende Faktoren von dem übertragenden Unternehmen auf das übernehmende übertragen werden.[3] In diesen Fällen geht der Geschäftswert weder notwendigerweise unter[4] noch verbleibt er immer bei dem übertragenden Unternehmen. Vielmehr folgt er denjenigen geschäftsbildenden Faktoren die durch ihn verkörpert werden. Dies gilt auch in den Fällen der Betriebsaufspaltung.[5] Demzufolge hat der BFH in ständiger Rechtsprechung[6] entschieden, dass die Begründung einer Betriebsaufspaltung nicht notwendigerweise den Übergang eines bei dem bisherigen Einzelunternehmen vorhandenen Geschäftswerts auf das Betriebsunternehmen nach sich zieht. 1549

Ob der Geschäftswert bei dem Rest des bisherigen Einheitsbetriebs, dem Besitzunternehmen, verbleibt oder auf das Betriebsunternehmen übergeht, ist von den Umständen des Einzelfalls abhängig.[7] Es ist denkbar, dass auch bei einer Betriebsaufspaltung geschäftswertbildende Faktoren – z. B. eine besondere qualifizierte Arbeitnehmerschaft oder eine spezielle betriebliche Organisation – nach der Aufspaltung des bisherigen einheitlichen Betriebs fortan nicht mehr 1550

---

1 Vgl. unten Rn. 1572.
2 U.a. BFH, Urteile v. 14.1.1998 - X R 57/93, BFHE 185, 230, BFH/NV 1998, 1160; v. 2.9.2008 - X R 32/05 (unter II. 4. a), BFHE 224, 217, BStBl II 2009, 634.
3 BFH, Urteil v. 27.3.2001 - I R 42/00 (unter II.1.b.bb), BFHE 195, 536, BStBl II 2001, 771.
4 BFH, Urteil v. 27.3.1996 - I R 60/95, BFHE 180, 548, BStBl II 1996, 576, 577, m.w.N.; FG München, Beschluss v. 15.7.1992, EFG 1993, 172.
5 BFH, Urteil v. 27.3.2001 - I R 42/00 (unter II.1.b.cc), BFHE 195, 536, BStBl II 2001, 771.
6 BFH, Urteile v. 28.6.1989 - I R 25/88, BFHE 158, 97, BStBl II 1989, 982; v. 12.5.1993 - XI R 58, 59/92, BFHE 171, 282, DStR 1993, 1174; v. 27.3.2001 - I R 42/00 (unter II.1.b), BFHE 195, 536, BStBl II 2002, 771.
7 BFH, Urteile v. 27.3.2001 - I R 42/00 (unter II.1.b.cc), BFHE 195, 536, BStBl II 2001, 771; v. 16.6.2004 - X R 34/03, BFHE 207, 120, BStBl II 2005, 378; FG Köln, Urteil v. 25.8.2005, EFG 2005, 1841.

dem fortbestehenden Besitzunternehmen, sondern der neu gegründeten Betriebsgesellschaft zur Verfügung stehen und von ihr sinnvoll genutzt werden.

1551 In einer solchen Situation kann der Geschäftswert zumindest dann auf die Betriebsgesellschaft übergehen, wenn diese ihrer Organisation und Struktur nach eigenständig am Wirtschaftleben teilnehmen kann und die Nutzungsmöglichkeit der Betriebsgesellschaft auf Dauer angelegt ist und ihr nicht vorzeitig entzogen werden kann.[1] Jedenfalls unter diesen Voraussetzungen kann der Geschäftswert auf die Betriebsgesellschaft übertragen werden.[2]

1552 Möglich ist auch, dass, statt einer Übertragung des Geschäftswerts nur eine Nutzungsüberlassung erfolgt, z. B. dann, wenn alle wesentlichen Betriebsgrundlagen an das Betriebsunternehmen nur verpachtet werden.[3] Wird hingegen der Betriebsgesellschaft nur eine wesentliche Betriebsgrundlage vermietet und werden alle anderen wesentlichen Betriebsgrundlagen auf sie übertragen, so kann ihr auch der Geschäftswert übertragen werden, sofern er nicht allein auf bestimmten Eigenschaften der zurückbehaltenen und vermieteten oder verpachteten wesentlichen Betriebsgrundlagen beruht.[4]

1553 Die für die Übertragbarkeit eines Geschäftswerts erforderliche Zuordnung der geschäftswertbildenden Faktoren zum Betriebs- oder Besitzunternehmen hängt weitgehend von den tatsächlichen Umständen des jeweiligen Einzelfalls ab und ist deshalb vorrangig Aufgabe des FG. Dieses muss feststellen, ob und inwieweit Gewinnaussichten von dem bisherigen Einheitsunternehmen auf die neu gegründete Betriebsgesellschaft übergegangen sind und ob und ggf. in welcher Höhe ein fremder Dritter hierfür – über die Preise der sonstigen übertragenen Wirtschaftsgüter hinaus – ein Entgelt gezahlt haben würde.[5]

1554 Ist der Geschäftswert beim Besitzunternehmen verblieben, verflüchtigt sich dieser nicht allein durch Zeitablauf. Vielmehr besteht er insbesondere dann fort, wenn

▶ die wesentlichen Betriebsgrundlagen einschließlich der immateriellen Wirtschaftsgüter vom Besitzunternehmen an das Betriebsunternehmen verpachtet worden sind,

---

1 BFH, Urteil v. 27.3.2001 - I R 42/00 (unter II.1.b.cc), BFHE 195, 536, BStBl II 2001, 771.
2 BFH, Urteil v. 27.3.2001 - I R 42/00 (unter II.1.b.cc), BFHE 195, 536, BStBl II 2001, 771.
3 BFH, Urteil v. 27.3.2001 - I R 42/00 (unter II.1.b.cc), BFHE 195, 536, BStBl II 2001, 771, m.w.N.; FG Düsseldorf, Urteil v. 25.9.2003, EFG 2004, 41.
4 BFH, Urteil v. 27.3.2001 - I R 42/00 (unter II.1.b.cc), BFHE 195, 536, BStBl II 2001, 771; v. 16.6.2004 - X R 34/03, BFHE 207, 120, BStBl II 2005, 378; v. 5.6.2008 - IV R 79/05 (unter II. 3. a. bb), BFHE 222, 20, BStBl II 2009, 15.
5 BFH, Urteil v. 27.3.2001 - I R 42/00 (unter II.1.c), BFHE 195, 536, BStBl II 2001, 771.

▶ die wesentlichen Betriebsgrundalgen ihrerseits maßgebend für die Bildung des Geschäftswerts sind und

▶ für den Fall der Beendigung der Betriebsaufspaltung die Fortführung des früheren Einheitsunternehmens und Besitzunternehmens gesichert ist.[1]

Wird ein Betriebsunternehmen veräußert, kann der beim Besitzunternehmen verbliebene Geschäftswert abgeschrieben werden.[2]

(Einstweilen frei)   1555–1557

XIII. Einzelne gewerbesteuerliche Aspekte

Literatur: *Baumert/Schmidt-Leithoff*, Die ertragsteuerliche Belastung der Betriebsaufspaltung nach der Unternehmensteuerreform 2008, DStR 2008, 888; *Braun*, Keine erweiterte Kürzung des Gewerbeertrags gem. § 9 Nr. 1 Satz 2 GewStG bei der Betriebsaufspaltung, EFG 2003, 1111; *ders.*, Anwendung der Kürzungsvorschrift des § 9 Nr. 1 Satz 2 GewStG bei Vorliegen einer Betriebsaufspaltung, EFG 2003, 336; *Butz-Seidl*, Chancen und Risiken einer Betriebsaufspaltung im Lichte der Unternehmensteuerreform, GStB 2007, 240; *Derlien/ Wittkowski*, Neuerungen bei der Gewerbesteuer – Auswirkungen in der Praxis, DB 2008, 835; *Fichtelmann*, Betriebsaufspaltung mit mehreren Besitzunternehmen, GmbHR 1996, 580; *Forst/Ginsburg*, Neue gewerbesteuerliche Hinzurechnung für Mietentgelte, EStB 2008, 31; *Günther*, Hinzurechnung von Finanzierungsaufwendungen: Auswirkungen und Gestaltungsmöglichkeiten, GStB 2008, 219; *Harle*, Die Auswirkungen der Unternehmensteuerreform 2008 auf die Rechtsformen, BB 2008, 2151; *Levedag*, Die Betriebsaufspaltung im Fadenkreuz der Unternehmensteuerreform 2008 und des Jahressteuergesetzes 2008 – eine Bestandsaufnahme, GmbHR 2008, 281; *Menkel*, Betriebsaufspaltung und Gewerbesteuer nach der Unternehmensteuerreform 2008, SAM 2008, 85; *Strahl*, Betriebsaufspaltung: Verflechtung, Auswirkungen der Unternehmensteuerreform und Entstrickung, KÖSDI 2008, 16027; *Wehrheim/Rupp*, Die Neuerungen bei der Gewerbesteuer im Zuge der Unternehmensteuerreform 2008 und deren Konsequenzen für die Betriebsaufspaltung, BB 2008, 920; *Wesselbaum-Neugebauer*, Die GmbH & Co. KG versus Betriebsaufspaltung – Vermeidung einer gewerbesteuerlichen Doppelbesteuerung, GmbHR 2007, 1300; *Weßling*, Nutzbarmachung der erweiterten Kürzung des Gewerbeertrags gem. § 9 Nr. 1 Satz 2 GewStG für gewerbliche Unternehmen mit eigenem Grundbesitz, DStR 1993, 266.

1. Behandlung von Miet- und Pachtzinsen sowie weiteren Nutzungsentgelten

Das für die Überlassung der **beweglichen wesentlichen Betriebsgrundlage** zu   1558
entrichtende Nutzungsentgelt wurde bis zum Veranlagungszeitraum 2007 nach
§ 8 Nr. 7 GewStG a. F. bei der Betriebsgesellschaft zur Hälfte hinzugerechnet,
sofern ein Betrieb oder Teilbetrieb verpachtet wurde und das Nutzungsentgelt

---

1   FG Rheinland-Pfalz, Urteil v. 24.10.2002, EFG 2003, 240.
2   FG Rheinland-Pfalz, Urteil v. 24.10.2002, EFG 2003, 240.

125.000 € pro Jahr überstieg.[1] Es musste mithin beurteilt werden, ob die vermietete bzw. verpachtete wesentliche Betriebsgrundlage einen Betrieb oder Teilbetrieb darstellte. Insoweit galten die Grundsätze, welche die Rechtsprechung für den Begriff des Teilbetriebs i. S. des § 16 EStG entwickelt hat.[2]

1559 § 8 Nr. 7 GewStG a. F. wurde durch Art. 3 Nr. 1 Buchst. b des Unternehmensteuerreformgesetzes 2008 vom 14. 8. 2007[3] mit Wirkung ab dem Veranlagungszeitraum 2008 aufgehoben. Nachfolgebestimmung ist § 8 Nr. 1 Buchst. d GewStG. Hiernach werden die Miet-/Pachtzinsen dem Gewinn des Betriebsunternehmens zu 5 v. H. ($\frac{1}{4}$ von $\frac{1}{5}$) wieder hinzugerechnet, wenn sie dessen Gewinn gemindert haben. Um einen Verstoß gegen den EG-Vertrag zu vermeiden, ist diese Hinzurechnung abweichend von der Rechtslage in den Veranlagungszeiträumen vor 2008 unabhängig davon, ob die Mieten/Pachten beim vermietenden/verpachtenden Besitzunternehmen der Gewerbesteuer unterliegen oder nicht. Hierdurch kann es zu Mehrfachbelastungen mit Gewerbesteuer kommen.[4]

1560–1562 *(Einstweilen frei)*

1563 Für die Überlassung **unbeweglicher wesentlicher Betriebsgrundlagen** gilt der durch das Unternehmensteuerreformgesetz 2008 neu eingefügte § 8 Nr. 1 Buchst. e GewStG. Soweit die Miete/Pacht den Gewinn des Betriebsunternehmens gemindert hat, wird sie diesem zu 16,25 v. H. ($\frac{1}{4}$ von $\frac{13}{20}$) hinzugerechnet. Auch insoweit kann es zu Mehrfachbelastungen kommen, auch wenn diese durch das **WachstumsBG** vom 22.12.2009[5] abgemildert worden sind: Mit Wirkung vom Veranlagungszeitraum 2010 wurde der Hinzurechnungssatz nämlich auf ½ reduziert. Eine Hinzurechnung kommt damit nur noch zu 12,5 v. H. zum Tragen.

1564–1566 *(Einstweilen frei)*

1567 Überlässt das Besitzunternehmen dem Betriebsunternehmen bestimmte **Rechte** (insbesondere **Konzessionen** und **Lizenzen**), ist schließlich die Regelung des § 8 Nr. 1 Buchst. f GewStG zu beachten, wonach die hierfür vom Betriebsunternehmen in Ansatz gebrachten Aufwendungen zu 6,25 v. H. seinem Gewinn hinzuzurechnen sind. Nach richtiger Auffassung ist der Geschäftswert kein „Recht" im Sinne dieser Vorschrift.[6] Hierfür spricht zunächst der Wortlaut. Denn ein Recht beinhaltet das Vorliegen zumindest eines Anspruchs. Bei dem Geschäfts-

---

1 Vgl. BFH, Urteil v. 24.4.1991 - I R 10/89, BStBl II 1991, 771.
2 BFH, Urteil v. 12.9.1979 - I R 146/76, BStBl II 1980, 51; *Sarrazin*, in: Lenski/Steinberg, Gewerbesteuergesetz, § 8 Nr. 7, Rn. 81; *Güroff*, in: Glanegger/Güroff, GewStG, 6. Aufl. 2006, § 8 Nr. 7, Rn. 20.
3 BGBl I 2007, 1912, BStBl I 2007, 630.
4 *Hofmeister*, in: Blümich, EStG, KStG, GewStG, § 8 GewStG, Rn. 200.
5 BGBl I 2009, 3950.
6 *Wesselbaum-Neugebauer*, GmbHR 2007, 1300, 1302; *Levedag*, GmbHR 2008, 281, 291.

wert handelt es sich dagegen um einen Wert. Auch in systematischer Hinsicht lässt sich der Geschäftswert nur schwerlich in eine Reihe mit Konzessionen oder Lizenzen stellen.

(Einstweilen frei)   1568–1570

Zu beachten ist des Weiteren die **Freibetragsregelung** in § 8 Nr. 1 GewStG   1571
(Schlusssatz). Danach sind die von der Hinzurechnung erfassten gewinnmindernden Aufwendungen bei der Berechnung des Hinzurechnungsbetrages nur zu berücksichtigen, soweit ihre Summe 100.000 € übersteigt. Zu Recht wird an dieser Regelung kritisiert, dass die Entlastung kleinerer und mittlerer Unternehmen hierdurch nur ungenügend erreicht wird.[1]

Erschwerend kommt bei der Betriebsaufspaltung hinzu, dass wegen der ersatz-   1572
losen Streichung von § 9 Nr. 4 GewStG durch das Unternehmensteuerreformgesetz 2008 bei der Besitzgesellschaft **keine korrespondierende Kürzung** mehr erfolgt. Die bis zum Veranlagungszeitraum 2007 geltende Norm vermied die aus § 8 Nr. 7 GewStG a. F. resultierende Doppelbelastung, indem sie die Kürzung der beim Vermieter/Verpächter erfassten Miet- bzw. Pachtzinsen im Umfang ihrer Hinzurechnung beim Mieter bzw. Pächter vorsah.[2]

Zur Vermeidung der beschriebenen gewerbesteuerlichen Doppelbelastung der   1573
Nutzungsentgelte für die Überlassung der wesentlichen Betriebsgrundlage kann an die Bildung einer **Organschaft** gedacht werden: Da die Miet- und Pachtzinsen bereits in vollem Umfang im Gewerbeertrag der Besitzgesellschaft (Organträger) enthalten sind, unterbleibt bei Bestehen einer Organschaft bei der Betriebsgesellschaft (Organgesellschaft) eine Hinzurechnung nach § 8 GewStG bei der Betriebsgesellschaft.[3]

(Einstweilen frei)   1574–1576

2. Behandlung von Darlehenszinsen

Wegen der rechtlichen Selbständigkeit sind Forderungen und Verbindlichkeiten   1577
zwischen Besitz- und Betriebsunternehmen wie zwischen fremden Dritten zu behandeln.[4] Auch hier kann eine gewerbesteuerliche Doppelbelastung eintreten, wenn das Besitzunternehmen dem Betriebsunternehmen ein **Darlehen** gewährt. Denn die dafür anfallenden Zinsen sind einerseits gewerbesteuerpflichtiger Ertrag beim Besitzunternehmen, andererseits werden sie zu 25 v. H. bei der Ermittlung des Gewerbeertrags der Betriebsgesellschaft gem. § 8 Nr. 1 Buchst.

---

1 *Hofmeister*, in: Blümich, EStG, KStG, GewStG, § 8 GewStG, Rn. 312.
2 Vgl. *Gosch*, in: Blümich, EStG, KStG, GewStG, § 9 GewStG, Rn. 228.
3 *Jacobs*, Unternehmensbesteuerung und Rechtsform, 4. Aufl. 2009, S. 319 f.
4 BFH, Urteil v. 7.9.2005 - I R 119/04, BFH/NV 2006, 606.

a GewStG hinzugerechnet. Dies kann wiederum durch die Bildung einer Organschaft vermieden werden.[1]

1578   Anders verhält es sich bei sog. **Renditedarlehen**, bei denen es an einer betrieblichen Veranlassung fehlt und eine Zuordnung zum betrieblichen Bereich unterbleibt. Die hierfür anfallenden Zinsen sind zu 25 v. H. im Gewerbeertrag der Betriebsgesellschaft enthalten und sind auf Ebene des Darlehensgebers als Einkünfte aus Kapitalvermögen gewerbesteuerfrei.[2]

1579   Bei **wechselseitiger Darlehensgewährung** zwischen Besitz- und Betriebsunternehmen ist wiederum zu berücksichtigen, dass es sich um selbständige Unternehmen handelt. Die Zinsaufwendungen sind bei Ermittlung des Gewerbesteuerermessbetrags deshalb nur dann zu saldieren, wenn die Darlehen demselben Zweck dienen und regelmäßig miteinander verrechnet werden.[3]

1580   Schließlich ist nach der Rechtsprechung des BFH ein vom Besitzunternehmen aufgenommenes Darlehen, dessen Gegenwert an das Betriebsunternehmen zur Modernisierung der vom Besitzunternehmen gepachteten Wirtschaftsgüter weitergereicht wurde, kein **durchlaufender Kredit**.[4] Die Zinsen sind damit nach § 8 Nr. 1 Buchst. a GewStG hinzuzurechnen.

1581–1583 *(Einstweilen frei)*

3. Nutzung von Freibeträgen nach § 11 GewStG

1584   Der Freibetrag des § 11 Abs. 1 Satz 3 Nr. 1 GewStG kann wegen des Objektsteuercharakters der Gewerbesteuer **mehrfach** gewährt werden, wenn der Steuerpflichtige mehrere Gewerbebetriebe unterhält. Voraussetzung ist, dass es sich um mehrere selbständige Gewerbebetriebe handelt. Daher ist bei der mitunternehmerischen Betriebsaufspaltung der Freibetrag jeweils dem Besitz- und dem Betriebsunternehmen zu gewähren.[5] Denn wie bereits erörtert, hat der BFH zur mitunternehmerischen Betriebsaufspaltung entschieden, dass diese die Regeln des § 15 Abs. 1 Satz 1 Nr. 2 EStG zum Sonderbetriebsvermögen verdrängt.

1585–1587 *(Einstweilen frei)*

---

1   Vgl. oben Rn. 1573.
2   *Jacobs*, Unternehmensbesteuerung und Rechtsform, 4. Aufl. 2009, S. 320.
3   BFH, Urteile v. 7.7.2004 - XI R 65/03, BStBl II 2005, 102; v. 9.7.2005 - I R 119/04, BFH/NV 2006, 606; siehe auch BFH, Urteile v. 6.6.1973 - I R 257/70, BFHE 109, 465, BStBl II 1973, 670; v. 10.11.1976 - I R 133/75, BFHE 120, 545, BStBl II 1977, 165.
4   BFH, Urteil v. 7.7.2004 - XI R 65/03, BStBl II 2005, 102.
5   *Gosch*, in: Blümich, EStG, KStG, GewStG, § 11 GewStG, Rn. 9.

4. Anwendung von Kürzungsvorschriften

a) Kürzungen nach § 9 Nr. 1 GewStG

Gemäß § 9 Nr. 1 Satz 1 GewStG wird die Summe des Gewinns und der Hinzu- 1588
rechnungen gekürzt um 1,2 v. H. des Einheitswerts des zum Betriebsvermögen
des Unternehmens gehörenden und nicht von der Grundsteuer befreiten Grundbesitzes. Diese Kürzung ist unstreitig vorzunehmen, wenn die Besitzpersonengesellschaft oder einer ihrer Gesellschafter der Betriebskapitalgesellschaft
Grundstücke gegen Nutzungsentgelt zur Verfügung stellt.

Bei der Anwendung der **erweiterten Kürzung** nach § 9 Nr. 1 Satz 2 GewStG ist 1589
zwischen zwei Fällen zu unterscheiden, nämlich dem, dass das Besitzunternehmen eine Personengesellschaft ist, sowie dem Fall einer kapitalistischen Betriebsaufspaltung.

Überlässt eine Besitzpersonengesellschaft der Betriebsgesellschaft lediglich die 1590
in ihrem Eigentum befindlichen Grundstücke, ist auf den ersten Blick der Tatbestand des § 9 Nr. 1 Satz 2 GewStG erfüllt, da sich die Besitzgesellschaft auf Verwaltung und Nutzung ihres Grundbesitzes beschränkt. Trotzdem lehnen Rechtsprechung und Finanzverwaltung die erweiterte Kürzung in diesem Fall ab.[1]
Begründet wird das damit, dass durch die Anwendung der Betriebsaufspaltungsgrundsätze die Vermietungs- bzw. Verpachtungstätigkeit in eine gewerbliche Tätigkeit umqualifiziert wird und der Anwendungsbereich von § 9 Nr. 1
Satz 2 GewStG grds. ausgeschlossen ist, wenn die Grenze zur Gewerblichkeit
überschritten wird.

Diese Grundsätze gelten jedoch nicht bei der kapitalistischen Betriebsaufspal- 1591
tung.[2] Der Grund dafür liegt darin, dass der Besitzkapitalgesellschaft wegen des
Durchgriffverbots weder die von ihren Gesellschaftern gehaltenen Anteile an
der Betriebsgesellschaft noch die mit diesem Anteilsbesitz verbundenen Be-
herrschungsfunktionen zugerechnet werden können.[3] Anders liegt der Fall jedoch wiederum, wenn die Besitzkapitalgesellschaft sich nicht auf eine bloße
Vermietungs- bzw. Verpachtungstätigkeit beschränkt, sondern weitere kür-
zungsschädliche Aktivitäten vornimmt oder an der Betriebsgesellschaft selbst
beteiligt ist.

(Einstweilen frei) 1592–1594

---

1 BFH, Urteile v. 29.3.1973 - I R 174/72, BStBl II 1973, 686; v. 22.2.2005 - VIII R 53/02, BFH/NV 2005,
   1624; v. 22.1.2009 - IV R 80/06, BFH/NV 2009, 1279; R 60 Abs. 1 Nr. 3 Sätze 4–5 GewStR.
2 BFH, Urteil v. 1.8.1979 - I R 111/78, BStBl II 1980, 77.
3 *Gosch*, in: Blümich, EStG, KStG, GewStG, § 9 GewStG, Rn. 62.

b) Kürzungen nach § 9 Nr. 2a GewStG (Schachtelprivileg)

1595 Bei Gewinnausschüttungen der Betriebskapitalgesellschaft an die Besitzpersonengesellschaft wird eine erneute Besteuerung der ausgeschütteten Gewinne auf der Ebene der Besitzpersonengesellschaft unter den Voraussetzungen des **Schachtelprivilegs** gem. § 9 Nr. 2a GewStG vermieden. Erforderlich ist hierfür zunächst, dass die Anteile an der Betriebskapitalgesellschaft entweder von der Besitzpersonengesellschaft oder ihren Gesellschaftern gehalten werden.[1] Die Beteiligung muss nach aktueller Rechtslage mindestens 15 v. H.[2] der Anteile umfassen. Diese Quote ist bei einer Betriebsaufspaltung immer erreicht, weil zu ihrer Berechnung die Anteile, die von den Gesellschaftern der Besitzpersonengesellschaft gehalten werden, zusammenzufassen sind.[3]

1596 Liegen die Voraussetzungen des § 9 Nr. 2a GewStG vor und führen die Ausschüttungen der Betriebskapitalgesellschaft im Rahmen einer Betriebsaufspaltung zu Einkünften aus § 15 EStG bei dem Besitzunternehmern, fehlt es an der für die Steuerermäßigung nach § 35 EStG erforderlichen tatsächlichen Belastung mit Gewerbesteuer.[4]

1597–1599 *(Einstweilen frei)*

---

1 Vgl. *Jacobs*, Unternehmensbesteuerung und Rechtsform, 4. Aufl. 2009, S. 323.
2 Die Mindestbeteiligungsgrenze wurde durch das Unternehmensteuerreformgesetz 2008 von bislang 10 v.H. auf 15 v.H. angehoben, was sich erstmals im Veranlagungszeitraum 2008 auswirkt.
3 Vgl. *Jacobs*, Unternehmensbesteuerung und Rechtsform, 4. Aufl. 2009, S. 323, m.w.N.
4 FG Düsseldorf, Urteil v. 8.11.2006 - 7 K 3473/05 E; OFD Frankfurt v. 19.2.2009 - S 2240 A-28-St 219, Tz. 8.2.

H. Betriebsaufspaltung und Betriebsverpachtung

Literatur: *Claßen*, Wiederaufleben eines Verpächterwahlrechts nach Beendigung der Betriebsaufspaltung, EFG 2005, 358; *Erhart/Ostermayer*, Die Betriebsverpachtung im Ganzen, StB 2005, 50; *Feißt*, Gewerbesteuer, Betriebsverpachtung, Betriebsaufspaltung, Zerlegung, LSW 1998, G4/148.1–12; *Fichtelmann*, Anm. zum BFH-Urteil vom 31. 3. 1971, I R 111/69, FR 1971, 492; *ders.*, Der Pachtvertrag bei der Betriebsaufspaltung, INF 1994, 366, 396; *Görden*, Betriebsaufspaltung und Betriebsverpachtung, GmbH-StB 2002, 222; *Knoppe*, Betriebsverpachtung, Betriebsaufspaltung, 7. Aufl., Düsseldorf 1985; *Neufang*, Der Pachtvertrag bei der Betriebsaufspaltung, INF 1989, 56; *Pflüger*, Die Betriebsverpachtung im Ganzen als Alternative zur Betriebsaufspaltung, GStB 2005, 407; *Schmidt, Ludwig*, In den Grenzbereichen von Betriebsaufgabe, Betriebsverpachtung, Betriebsaufspaltung und Mitunternehmerschaft, DStR 1979, 671 und 699; *Tillmann*, Betriebsaufspaltung und Betriebsverpachtung als steuerliche Gestaltungselemente, StKongrRep 1990, 131; *Wendt*, Einkünfteermittlung: Keine Zwangsbetriebsaufgabe bei erneuter Verpachtung eines ganzen Betriebs nach Beendigung einer unechten Betriebsaufgabe, FR 2002, 825; *Winter*, Betriebsverpachtung und Betriebsaufspaltung, GmbHR 1995, 34.

I. Betriebsverpachtung

Literatur: *Geiger*, Verpachtung von wirtschaftlichen Geschäftsbetrieben bei Vereinen als Betriebsaufgabe oder Betriebsaufspaltung?, DB 1983, 2489; *Schoor*, Beratungsaspekte und Gestaltungsmöglichkeiten bei einer Betriebsverpachtung im Ganzen, INF 2007, 110; *Schopp*, Pacht- und Mietrechtliches bei der Betriebsaufspaltung, ZMR 1979, 290.

Nach der Rechtsprechung des BFH[1] setzt eine Betriebsverpachtung voraus, dass der Betrieb im Ganzen verpachtet worden ist, d. h. es müssen – vom Standpunkt des Verpächters aus gesehen – **alle** wesentlichen Grundlagen des Betriebs als einheitliches Ganzes verpachtet worden sein, und der Pächter muss im Wesentlichen den vom Verpächter betriebenen Gewerbebetrieb fortsetzen. **1600**

Sind diese Voraussetzungen gegeben, kann der Verpächter eines Gewerbebetriebs **wählen**, ob er die Betriebsverpachtung als Betriebsaufgabe mit der sofortigen Versteuerung der stillen Reserven behandeln will oder ob er den Betrieb nicht als aufgegeben, sondern in der Form eines verpachteten Betriebs als fortgeführt ansehen will, mit der Konsequenz, dass die stillen Reserven nicht aufgedeckt werden.[2] Im ersten Fall ist beim Verpächter das Pachtentgelt als Ein- **1601**

---

1 BFH, Urteile v. 13.11.1963 - GrS 1/63 S, BFHE 78, 315, BStBl III 1964, 124; v. 4.11.1965 - IV 411/61 U, BFHE 84, 134, BStBl III 1964, 49; v. 16.11.1967 - IV R 8/67, BFHE 90, 329, BStBl II 1968, 78; v. 17.4.1997 - VIII R 2/95, BFHE 183, 358, BStBl II 1998, 388; v. 11.5.1999 - VIII R 72/96 (unter II.2.), BFHE 188, 397, BStBl II 2002, 722.
2 BFH, Urteile v. 23.4.1996 - VIII R 13/95, BStBl II 1998, 325; v. 17.4.2002 - X R 8/00, BFHE 199, 124, BStBl II 2002, 527; vgl. zu Einzelheiten Senator für Finanzen Bremen (koordinierter Ländererlass) v. 17.10.1994, BStBl I 1994, 771.

künfte aus Vermietung und Verpachtung, im letzten Fall als Einkünfte aus Gewerbebetrieb zu versteuern. Gewerbesteuer fällt jedoch auch im letzten Fall nicht an, da die einkommensteuerlichen Folgen des Verpächterwahlrechts nicht auf die Gewerbesteuer abfärben.[1]

II. Betriebsaufspaltung mit und ohne Betriebsverpachtung

1. Allgemeines

1602   Hinsichtlich des Verhältnisses zwischen Betriebsaufspaltung und Betriebsverpachtung sind zwei Grundfälle zu unterscheiden:

Der erste Fall betrifft die Gestaltung, dass im Rahmen der Entstehung der Betriebsaufspaltung der gesamte Betrieb des bisherigen Einheitsunternehmens (= alle wesentlichen Betriebsgrundlagen des bisherigen Einheitsunternehmens) an das Betriebsunternehmen vermietet oder verpachtet werden. Man kann diese Gestaltung als **betriebsverpachtende Betriebsaufspaltung** oder als qualifizierte Betriebsaufspaltung[2] bezeichnen.

1603   Im zweiten Fall werden nicht alle wesentlichen Betriebsgrundlagen, sondern nur eine oder einige der wesentlichen Betriebsgrundlagen des bisherigen Einheitsunternehmens an das Betriebsunternehmen vermietet oder verpachtet. Hier könnte man im Unterschied zur betriebsverpachtenden Betriebsaufspaltung von einer **nur wirtschaftsgutüberlassenden Betriebsaufspaltung** sprechen.

2. Die betriebsverpachtende (qualifizierte) Betriebsaufspaltung

Literatur: *Herff*, Erwünschte und unerwünschte Betriebsaufgabe, KÖSDI 2000, 12453, 12462; *Kaligin*, Fiskalische Konsequenzen des Umkippens einer Betriebsaufspaltung in eine Betriebsverpachtung, BB 1996, 2017.

1604   Bei der betriebsverpachtenden Betriebsaufspaltung, also in den Fällen, in denen sowohl die Voraussetzungen der Betriebsverpachtung als auch die der Betriebsaufspaltung vorliegen, ist das dem Steuerpflichtigen aufgrund der Betriebsverpachtung zustehende **Wahlrecht** nicht gegeben, weil in einem solchen Falle das Richterrecht Betriebsverpachtung von dem Richterrecht Betriebsaufspaltung überlagert wird.

---

1   FG Köln, Urteil v. 12.3.2009 - 10 K 399/06 (Revision wurde zugelassen).
2   BFH, Urteil v. 17.4.2002 - X R 8/00 (unter II.1.), BFHE 199, 124, BStBl II 2002, 527.

Der Verpächter kann – solange die Voraussetzungen der Betriebsaufspaltung erfüllt sind – keine Betriebsaufgabe erklären, und er muss auch weiterhin Gewerbesteuer zahlen. Entfallen die Voraussetzungen der Betriebsaufspaltung, dann lebt das Wahlrecht wieder auf, und der Verpächter kann das Wahlrecht ausüben.[1] Wählt er nicht die Betriebsaufgabe, bleibt das Besitzunternehmen als Verpachtungsbetrieb ein Gewerbebetrieb.[2] Erklärt er dagegen die Betriebsaufgabe, gehen die Wirtschaftsgüter seines Betriebsvermögens grundsätzlich in das Privatvermögen über, so dass die in den Buchwertansätzen ruhenden stillen Reserven aufgedeckt und unter Gewährung der Vergünstigungen der §§ 16 Abs. 4 und 34 Abs. 1 EStG versteuert werden.[3]   1605

Zu berücksichtigen ist, dass eine Betriebsaufgabe auch dann anzunehmen ist, wenn diese zwar nicht ausdrücklich erklärt wird, jedoch nicht die wesentlichen, dem Betrieb das Gepräge gebenden Betriebsgegenstände verpachtet werden.[4] Zur Beantwortung der Frage, was unter den wesentlichen Betriebsgegenständen zu verstehen ist, kommt es auf die Verhältnisse des verpachtenden und nicht auf diejenigen des pachtenden Unternehmens an.[5] Dem Verpächter muss dabei objektiv die Möglichkeit verbleiben, den „vorübergehend" eingestellten Betrieb als solchen wieder aufzunehmen und fortzuführen.[6] Erforderlich ist eine umfassende Berücksichtigung der tatsächlichen Umstände des Einzelfalls unter Berücksichtigung der spezifischen Verhältnisse des betreffenden Betriebs.[7]   1606

Nach diesen Grundsätzen bildet bei einem **Einzelhandelsbetrieb** regelmäßig das Betriebsgrundstück die alleinige wesentliche Betriebsgrundlage, wenn ihm durch seine Lage, den hierdurch bedingten örtlichen Wirkungskreis und den dadurch bestimmten Kundenkreis im Verhältnis zu den übrigen Wirtschaftsgütern   1607

---

1 BFH, Urteile v. 23.4.1996 - VIII R 13/95, BFHE 181, 1, BStBl II 1998, 325; v. 6.3.1997 - XI R 2/96, BFHE 183, 85, BStBl II 1997, 460; v. 2.2.2000 - XI R 8/99, BFH/NV 2000, 1135 (rechte Spalte); v. 15.3.2005 - X R 2/02, BFH/NV 2005, 1292; FG Schleswig-Holstein, Urteil v. 17.11.1999, EFG 2000, 302.

2 BFH, Urteile v. 17.4.2002 - X R 8/00 (unter II.3.c.aa m.w.N. und unter II.3.c.bb), BFHE 199, 124, BStBl II 2002, 527; v. 5.2.2003 - VIII B 134/01, BFH/NV 2003, 909; v. 30.11.2005 - X R 37/05, BFH/NV 2006, 1451; v. 11.10.2007 - X R 39/04 (unter II. 3.), BFHE 219, 144, BStBl II 2008, 220.

3 BFH, Urteile v. 17.4.1997 - VIII R 72/96 (unter II. 2. a), BFHE 183, 385, BStBl II 1998, 388; v. 11.5.1999 - VIII R 72/96 (unter II. 2.), BFHE 188, 397, BStBl II 2002, 722; v. 28.8.2003 - IV R 20/02 (unter II. 1. b), BFHE 203, 143, BStBl II 2004, 10; v. 11.10.2007 - X R 39/04 (unter II. 3.), BFHE 219, 144, BStBl II 2008, 220.

4 BFH, Urteile v. 17.4.1997 - VIII R 2/95, BFHE 183, 385, BStBl II 1998, 388; v. 15.3.2005 - X R 2/02 (unter I. 3. c. bb), BFH/NV 2005, 1292; v. 6.11.2008 - IV R 51/07, BStBl II 2009, 303.

5 BFH, Urteile v. 15.12.1988 - IV R 36/84 (unter 4. a), BFHE 155, 538, BStBl II 1989, 363; v. 15.3.2005 - X R 2/02 (unter I. 3. c) bb), BFH/NV 2005, 1292; v. 11.10.2007 - X R 39/04 (unter II. 3.), BFHE 219, 144, BStBl II 2008, 220.

6 BFH, Urteile v. 15.10.1987 - IV R 66/86, BFHE 152, 62, BStBl II 1988, 260; v. 26.3.1991 - VIII R 73/87, BFH/NV 1992, 227, 228; v. 15.3.2005 - X R 2/02 (unter I. 3. c. bb), BFH/NV 2005, 1292.

7 BFH, Urteile v. 24.8.1989 - IV R 135/86 (unter 5. a), BFHE 158, 245, BStBl II 1989, 1014; v. 11.10.2007 - X R 39/04 (unter II. 3. b), BFHE 219, 144, BStBl II 2008, 220; v. 6.11.2008 - IV R 51/07, BStBl II 2009, 303..

besondere Bedeutung zukommt.[1] Demgegenüber gehören Inventar und Warenbestand bei einem Einzelhandelsbetrieb grds. nicht zu den wesentlichen Betriebsgrundlagen.[2]

1608–1610 *(Einstweilen frei)*

3. Nur wirtschaftsgutüberlassende Betriebsaufspaltung

1611   In der Regel werden bei einer Betriebsaufspaltung jedoch nicht gleichzeitig auch die Voraussetzungen einer Betriebsverpachtung vorliegen, sondern es wird **nur eine** oder es werden **nur einige** wesentliche Betriebsgrundlagen des bisherigen Einheitsunternehmens dem Betriebsunternehmen zur Nutzung überlassen. Das Besitzunternehmen hat demzufolge regelmäßig der Art seiner Tätigkeit nach keinen Gewerbebetrieb. Ein solcher wird bei ihm infolge der Betriebsaufspaltungs-Rechtsprechung nur fingiert.

1612   Aus diesem Grund hat der IV. Senat in seinem Urteil vom 15. 12. 1988[3] bei einer Betriebsaufspaltung für den Regelfall das Vorliegen der Voraussetzungen der Betriebsverpachtung auch deshalb verneint, weil das Besitzunternehmen bei Beendigung der Pacht den Betrieb nicht fortsetzen kann. In gleichem Zusammenhang steht das BFH-Urteil vom 5. 12. 1996.[4]

1613   Mit den vorstehenden Ausführungen übereinstimmend hat der VIII. Senat des BFH bereits in seinem Urteil vom 13. 12. 1983[5] entschieden, dass keine Betriebsverpachtung vorliegt, wenn einer Kapitalgesellschaft im Rahmen einer Betriebsaufspaltung nicht sämtliche Betriebsgrundlagen des bisherigen einheitlichen Unternehmens zur Verfügung gestellt werden, sondern sich die Verpachtung nur auf die Überlassung einer wesentlichen Betriebsgrundlage beschränkt.

1614   Auf der anderen Seite sind gerade in der neueren Rechtsprechung aber auch großzügigere Tendenzen auszumachen: So wird mitunter betont, dass jedenfalls bei **Groß- und Einzelhandelsunternehmen** sowie **Hotel- und Gaststättenbetrieben** – im Gegensatz zum produzierenden Gewerbe – die gewerblich genutzten Räume regelmäßig den wesentlichen Betriebsgegenstand bilden, welche dem Unternehmen das Gepräge geben.[6]

---

1   BFH, Urteile v. 29.10.1992 - III R 5/92, BFH/NV 1993, 233; v. 6.11.2008 - IV R 51/07, BStBl II 2009, 303.
2   BFH, Urteile v. 14.12.1979 - IV R 106/75, BFHE 127, 21, BStBl II 1979, 300; v. 7.8.1979 - VIII R 153/77, BFHE 129, 325, BStBl II 1980, 181; v. 6.11.2008 - IV R 51/07, BStBl II 2009, 303.
3   BFH, Urteil v. 15.12.1988 - IV R 36/84, BFHE 155, 538, BStBl II 1989, 363.
4   BFH, Urteil v. 5.12.1996 - IV R 83/95, BFHE 182, 137, BStBl II 1997, 287.
5   BFH, Urteil v. 13.12.1983 - VIII R 90/81, BFHE 140, 526, BStBl II 1984, 474.
6   BFH, Urteile v. 28.8.2003 - IV R 20/02 (unter II. 1. f)), BFHE 203, 143, BStBl II 2004, 10; v. 20.12.2000 - XI R 26/00, BFH/NV 2001, 1106; v. 11.10.2007 - X R 39/04 (unter II. 3. c), BFHE 219, 144, BStBl II 2008, 220.

Es erscheint daher sachgerecht, in den Wirtschaftsbereichen außerhalb des produzierenden Gewerbes keinen allzu strengen Maßstab an den Begriff der wesentlichen Betriebsgrundlage anzulegen. Hier muss es – unter Berücksichtigung von Besonderheiten des Einzelfalls – in aller Regel für die Annahme einer Betriebsverpachtung genügen, wenn Immobilien mit den notwendigen Betriebsvorrichtungen zurückbehalten werden. Hierfür spricht auch der Gesichtspunkt, dass der Begriff der sachlichen Verflechtung bei der Betriebsaufspaltung recht großzügig beurteilt wird. Dann erscheint es auf der anderen Seite aber nur folgerichtig, wenn den Voraussetzungen der Betriebsverpachtung ein nicht allzu enger Rahmen gesetzt wird.

1615

Dementsprechend hat der BFH in einem überzeugenden Urteil aus dem Jahr 2007 festgehalten, dass bei einem **Autohaus** das speziell für dessen Betrieb hergerichtete Betriebsgrundstück samt Gebäuden und Aufbauten sowie die fest mit dem Boden verbundenen Betriebsvorrichtungen im Regelfall die alleinigen Betriebsgrundlagen darstellen.[1] Demgegenüber gehörten die beweglichen Anlagegüter, insbesondere die Werkzeuge und Geräte, regelmäßig auch dann nicht zu den wesentlichen Betriebsgrundlagen, wenn diese im Hinblick auf die Größe des Autohauses ein nicht unbeträchtliches Ausmaß einnehmen.

1616

Folge dieser großzügigen Sichtweise ist des Weiteren, dass auch der mit einer branchenfremden Verpachtung verbundene Verlust des **Goodwill** und des bisherigen Kundenstamms keine entscheidende Rolle für die Frage spielen kann, ob eine Betriebsverpachtung anzunehmen ist.[2]

1617

Dies ist eine Konsequenz der überzeugenden neueren Rechtsprechung des BFH, wonach die Annahme einer Betriebsverpachtung nicht stets bereits daran scheitern muss, dass das mietende Unternehmen einer **anderen Branche** angehört.[3] Demgegenüber hatte die ältere Rechtsprechung noch angenommen, dass die Verpachtung/Vermietung eines Betriebsgrundstücks an ein branchenfremdes Unternehmen stets zu einer Betriebsaufgabe führt, auch wenn diese nicht erklärt worden war.[4]

1618

Schwierigkeiten werden sicherlich dann auftreten, wenn in dem Miet- oder Pachtvertrag nur einzelne Wirtschaftsgüter als vermietet oder verpachtet bezeichnet werden und nicht zum Ausdruck kommt, dass ein Betrieb, also eine

1619

---

1 BFH, Urteil v. 11.10.2007 - X R 39/04, BFHE 219, 144, BStBl II 2008, 220.
2 BFH, Urteil v. 11.10.2007 - X R 39/04 (unter II. 3. d), BFHE 219, 144, BStBl II 2008, 220; vgl. noch BFH, Urteil v. 14.1.1998 - X R 57/93, BFHE 185, 230, BFH/NV 1998, 1160.
3 BFH, Urteile v. 28.8.2003 - IV R 20/02, BFHE 203, 143, BStBl II 2004, 10; v. 30.11.2005 - X R 37/05, BFH/NV 2006, 1451; v. 11.10.2007 - X R 39/04 (unter II. 3. d), BFHE 219, 144, BStBl II 2008, 220; v. 6.11.2008 - IV R 51/07, BStBl II 2009, 303.
4 BFH, Urteile v. 26.6.1975 - IV R 122/71, BFHE 116, 540, BStBl II 1975, 885; v. 2.2.1990 - III R 173/86, BFHE 159, 505, BStBl II 1990, 497.

organisatorische Zusammenfassung von personellen und sachlichen Mitteln verpachtet werden soll. Denn bei Betriebsverpachtungen unter Fremden ist es üblich, dass der Vertrag als solcher über eine Betriebsverpachtung bezeichnet wird.

Ist eine Betriebsaufspaltung erfolgt, ohne dass gleichzeitig die Voraussetzungen einer Betriebsverpachtung vorliegen, ist es nicht möglich, diese Voraussetzungen später nachträglich zu schaffen.

1620 Bei der unechten Betriebsaufspaltung ist ein Zusammentreffen der Voraussetzungen von Betriebsaufspaltung und Betriebsverpachtung nur in dem seltenen Fall denkbar, dass bei bestehender personeller Verflechtung ein Betrieb an einen bereits bestehenden anderen Betrieb verpachtet wird (unechte qualifizierte Betriebsaufspaltung). Damit wohl übereinstimmend hat der BFH in dem Urteil vom 17. 4. 2002[1] ein Zusammentreffen von Betriebsaufspaltung und Betriebsverpachtung angenommen, wenn das Besitzunternehmen der Betriebsgesellschaft eine komplette funktionsfähige Autowerkstatt nebst Betriebsgrundstück als geschlossenen Organismus verpachtet hat. Bemerkenswert an dem Urteil ist, dass die Autowerkstatt vor ihrer Verpachtung noch nicht als solche tätig war. Als entscheidungserheblich hat der BFH lediglich den Umstand angesehen, dass der Besitzunternehmer den an das branchengleich tätige Betriebsunternehmen verpachteten Betrieb nach Beendigung dieses Pachtverhältnisses „identitätswahrend" entweder als eigenes „genuin" gewerbliches Unternehmen fortführen oder – unter Wiederaufnahme der früheren Betätigung als unechtes Besitzunternehmen – eine neue Betriebsaufspaltung mit einer neuen Betriebsgesellschaft begründen kann.

1621–1623 *(Einstweilen frei)*

---

1   BFH, Urteil v. 17.4.2002 - X R 8/00, BFHE 199, 124, BStBl II 2002, 527.

I. Beginn und Beendigung der Betriebsaufspaltung

Literatur: *Honert*, Willentliche Beendigung der Betriebsaufspaltung, EStB 2003, 310; *Schoor*, Bilanzierung bei zunächst fälschlich nicht erkannter Betriebsaufspaltung, StSem 1998, 253; *ders.*, Begründung einer GmbH und anschließende Betriebsaufspaltung, StSem 1998, 228; *o. V.*, Beteiligungsverhältnisse sowie Beginn und Ende von Besitzunternehmen, DB 1970, 1350; *o. V.*, Nachträgliche Erfassung von Besitzunternehmen, DB 1971, 1138.

I. Beginn der Betriebsaufspaltung

Literatur: *Märkle*, Die Betriebsaufspaltung an der Schwelle zu einem neuen Jahrtausend, X.1. Gewerbesteuerlicher Betriebsbeginn des Besitzunternehmens, BB 2000 Beilage 7, 13.

1. Allgemeines

Die **echte Betriebsaufspaltung** beginnt in dem Zeitpunkt, in dem die Existenz des bisherigen Einheitsunternehmens steuerrechtlich endet und an seine Stelle das Betriebsunternehmen und das Besitzunternehmen treten. Für den Beginn der sachlichen Verflechtung kommt es allein auf die **tatsächliche Überlassung** von wesentlichen Betriebsgrundlagen an. Dabei spielt es keine Rolle, ob diese Überlassung (zunächst) unentgeltlich geschieht. Gleichgültig ist auch, ob sie auf einer schuldrechtlichen oder dinglichen Rechtsgrundlage beruht.[1]

1624

Zu berücksichtigen ist ferner, dass die Begründung einer echten Betriebsaufspaltung durch Vermietung wesentlicher Betriebsgrundlagen an eine GmbH die vorangehende steuerbegünstigte Aufgabe eines **land- und forstwirtschaftlichen Betriebs** nicht ausschließt, zu dessen Betriebsvermögen die zur Nutzung überlassenen Wirtschaftsgüter gehörten.[2] Dies setzt voraus, dass der Steuerpflichtige zuvor seine landwirtschaftliche Betätigung beendet hat.

1625

Im Rahmen der sog. **unechten Betriebsaufspaltung** sind nach der Rechtsprechung des BFH[3] an den Beginn des Besitzunternehmens strenge Anforderungen zu stellen, weil die Vermieter-/Verpächtertätigkeit bei der Aufspaltung von Betrieben generell nur ausnahmsweise, bei Vorliegen besonderer Umstände (personeller und sachlicher Verflechtung), als gewerbliche Tätigkeit qualifiziert wird und es bei einer unechten Betriebsaufspaltung an einem augenfälligen, für alle

1626

---

1 BFH, Urteile v. 15.1.1998 - IV R 8/97 (unter II. 3.), BFHE 185, 500, BStBl II 1998, 478; v. 19.3.2002 - VIII R 57/99 (unter II. B. 2.), BFHE 198, 137, BStBl II 2002, 662; v. 12.12.2007 - X R 17/05 (unter II.1. b), BFHE 220, 107, BStBl II 2008, 579.
2 BFH, Urteil v. 30.3.2006 - IV R 31/03, BFHE 212, 563, BStBl II 2006, 652.
3 BFH, Urteil v. 12.4.1991 - III R 39/86, BFHE 165, 125, BStBl II 1991, 773.

Fälle gleichermaßen verbindlichen Zeitpunkt des Beginns des Besitzunternehmens fehlt.

1627 Daher beginnt der gewerbliche Betrieb des Besitzunternehmens bei der unechten Betriebsaufspaltung regelmäßig mit dem Beginn der Vermietung, Verpachtung oder unentgeltlichen Nutzungsüberlassung. Zu einem früheren Zeitpunkt liegt der Beginn der Betriebsaufspaltung, wenn der spätere Besitzunternehmer schon vor dem Beginn der Nutzungsüberlassung mit Tätigkeiten beginnt, die eindeutig und objektiv erkennbar auf die Vorbereitung der endgültig beabsichtigten Überlassung von mindestens einer wesentlichen Betriebsgrundlage an die von ihm beherrschte Betriebsgesellschaft gerichtet sind.[1]

1628 Diese Voraussetzungen sind z. B. gegeben, wenn ein Grundstück in der Absicht erworben wird, es mit Gebäuden zu bebauen, die nach Fertigstellung den Betrieb des Betriebsunternehmens aufnehmen sollen. Gleiches gilt, wenn ein Architekt mit der entsprechenden Planung für ein bereits seit längerem vorhandenes Grundstück beauftragt wird.[2] Wird hingegen vom Besitzunternehmen an das Betriebsunternehmen ein unbebautes Grundstück vermietet, das zunächst für das Betriebsunternehmen keine wesentliche Betriebsgrundlage war, sondern zu einer solchen erst durch eine **Nutzungsänderung** geworden ist, so beginnt die Betriebsaufspaltung mit der Nutzungsänderung.[3]

1629 Aus dem Urteil des FG Münster vom 11. 5. 1995[4] kann entnommen werden, dass in dem Fall, in dem sich die Gesellschafter einer GbR im Gesellschaftsvertrag einer GmbH verpflichten, dieser Gesellschaft die von ihnen persönlich gehaltene Funktaxenkonzession pachtweise zur Verfügung zu stellen, dadurch eine sachliche Verflechtung zwischen der GmbH und der GbR begründet wird, und damit auch die GbR als Besitzunternehmen entsteht.

1630–1632 *(Einstweilen frei)*

2. Bewertung bei Beginn der Betriebsaufspaltung

Literatur: *O. V.*, Nachträgliche Erfassung von Besitzunternehmen und Eröffnungsbilanz, DB 1974, 503.

1633 Bei Beginn einer echten Betriebsaufspaltung hat das Besitzunternehmen die Buchwerte des bisherigen Einheitsunternehmens fortzuführen.[5] Ist für ein Besitzunternehmen zu Beginn der Betriebsaufspaltung **keine Bilanz** aufgestellt

---

1 BFH, Urteil v. 12.4.1991 - III R 39/86, BFHE 165, 125, BStBl II 1991, 773.
2 BFH, Urteil v. 12.4.1991 - III R 39/86, BFHE 165, 125, BStBl II 1991, 773; a.A. *Gluth*, in: Herrmann/Heuer/Raupach, Einkommensteuer- und Körperschaftsteuergesetz, § 15, Anm. 835.
3 BFH, Urteil v. 19.3.2002 - VIII R 57/99 (unter II. B.3), BFHE 198, 137, BStBl II 2002, 662, m.w.N.
4 FG Münster, Urteil v. 11.5.1995, EFG 1996, 434.
5 Siehe oben Rn. 1175 ff.

worden und kann mit steuerlicher Wirkung auch rückwirkend auf den Eröffnungszeitpunkt keine Bilanzaufstellung mehr erfolgen, ist auf den Beginn des ersten noch offenen Jahres eine Anfangsbilanz aufzustellen. In dieser sind die zu erfassenden Wirtschaftsgüter mit den Werten anzusetzen, die sich bei ordnungsmäßiger Fortführung einer gedachten Eröffnungsbilanz auf den Zeitpunkt des Beginns der Betriebsaufspaltung ergeben hätten.[1]

Bei der **unechten Betriebsaufspaltung** sind die Wirtschaftsgüter mit den Anschaffungs- oder Herstellungskosten anzusetzen, wenn sie mit der Begründung der unechten Betriebsaufspaltung angeschafft oder hergestellt werden. Wurden die Wirtschaftsgüter vor Begründung der unechten Betriebsaufspaltung erworben und zunächst im Privatvermögen gehalten, sind die Grundsätze einer Betriebseröffnung anzuwenden, sobald die Voraussetzungen einer unechten Betriebsaufspaltung erfüllt sind. Zu diesem Zeitpunkt sind die Wirtschaftsgüter dann zu ihrem Teilwert einzulegen. `1634`

Hat das FA eine unechte Betriebsaufspaltung einige Jahre zu Unrecht als Vermietung und Verpachtung behandelt, dann sind nach einer Änderung der rechtlichen Qualifikation die an das Betriebsunternehmen vermieteten oder verpachteten Wirtschaftsgüter nicht mit dem Teilwert im Zeitpunkt der Erstellung der Eröffnungsbilanz, sondern mit den Anschaffungs- oder Herstellungskosten, vermindert um die AfA, anzusetzen.[2] `1635`

(Einstweilen frei) `1636–1638`

II. Beendigung der Betriebsaufspaltung

Literatur: *Autenrieth*, Ansatzpunkte für die Beendigung der Betriebsaufspaltung, DStZ 1989, 99; *ders.*, Probleme bei Beendigung der Betriebsaufspaltung, DStZ 1990, 125; *Bordewin*, Gewinnrealisierung bei Beendigung einer Betriebsaufspaltung, NWB Fach 18, 2731; *Böth/Busch/Harle*, Die Betriebsaufspaltung – Teil II: Steuerliche Konsequenzen und Beendigung der Betriebsaufspaltung, SteuerStud 1992, 131; *Brandenberg*, Betriebsaufspaltung und Behandlung des Firmenwerts, JbFStR 1990, 235; *Carle*, Die Betriebsaufspaltung im Erbfall, ErbStB 2006, 155; *Centrale-Gutachtendienst*, Beendigung der Betriebsaufspaltung, GmbH-Praxis 1998, 135; *Diers*, Die Veräußerung von Betriebs- und Besitzgesellschaft im Rahmen einer Betriebsaufspaltung, DB 1991, 1299; *ders.*, Rückabwicklung einer Betriebsaufspaltung, GmbHR 1992, 90; *Döllerer/Thurmayr*, Beendigung der Betriebsaufspaltung – Konsequenzen für die Anteile an der Betriebskapitalgesellschaft, DStR 1993, 1465; *Fichtelmann*, Probleme der Gewinnrealisierung bei der Betriebsaufspaltung, GmbHR 1991, 369, 431; *ders.*, Beendigung der Betriebsaufspaltung durch Konkurs der Betriebskapitalgesellschaft?, DStZ 1991, 257; *ders.*, Beendigung einer Betriebsaufspaltung bei meh-

---

1. BFH, Urteil v. 30.10.1997 - IV R 76/96, BFH/NV 1998, 578, 579 (rechte Spalte).
2. FG Nürnberg, Urteil v. 7.11.1995, EFG 1997, 152, bestätigt durch BFH, Urteil v. 30.10.1997 - IV R 76/96, BFH/NV 1998, 578.

reren Betriebsgesellschaften, StSem 1997, 115; *Gluth*, Betriebsaufspaltung: Verpachtung des gesamten Betriebs an einen Dritten, GmbHR 2007, 1101; *Haritz*, – Beendigung einer Betriebsaufspaltung durch Umwandlung – Zugleich Besprechung des Urteils des BFH vom 24. 10. 2000 VIII R 25/98, BB 2001, 861; *Höhmann*, Liegen bei Beendigung der Betriebsaufspaltung durch Wegfall der personellen Verflechtung grundsätzlich die Voraussetzungen einer Betriebsverpachtung vor?, DStR 1998, 61; *Heuermann*, Betriebsunterbrechung und Betriebsaufspaltung, StBp 2006, 269; *Hoffmann*, Steuerfallen bei der Beendigung der Betriebsaufspaltung, GmbH-StB 2005, 282; *Korn*, Steuerproblematik der Beendigung der Betriebsaufspaltung und optimale Beratung, KÖSDI 1992, 9082; *Lemm*, Zu Döllerer/Thurmayer, Beendigung der Betriebsaufspaltung – Konsequenzen für die Anteile an der Betriebskapitalgesellschaft (DStR 1993, 1465), DStR 1993, 1904; *Lempenau*, Ist die Betriebsaufspaltung noch empfehlenswert?, Steuerschonende Wege zu ihrer Beendigung, StbJb 1995, 169; *Märkle*, Die Betriebsaufspaltung an der Schwelle zu einem neuen Jahrtausend, XIV. Wegfall bzw. irrtümliche Unterstellung der personellen Verflechtung – Betriebsaufgabe, BB 2000 Beilage 7, 22 f.; *Niemeyer*, Billigkeit gegen sich selbst? – Anmerkung zum BFH-Urteil vom 15. 12. 1988 - IV R 36/84 -, BB 1989, 2452; *Patt*, Das Ende einer Betriebsaufspaltung, sj 2008, Nr. 16/17, 20; *Paus*, Beendigung einer Betriebsaufspaltung in Fällen der Lizenzvergabe, DStZ 1990, 193; *Pollmann, Erika*, Aufdeckung stiller Reserven bei Beendigung einer Betriebsaufspaltung, NWB Fach 3, 9601; *Pott*, Zur Behandlung von Anteilen an der Betriebskapitalgesellschaft bei Beendigung der Betriebsaufspaltung, DStR 1997, 807; *Schmidt, Ludwig*, Anm. zum BFH-Urteil vom 13. 12. 1983 - VIII R 90/81, FR 1984, 320; *Slabon*, Die Betriebsaufspaltung in der notariellen Praxis, NotBZ 2006, 157; *Steinhauff*, Betriebsunterbrechung im engeren Sinne bei vormaligem Besitzunternehmen, NWB Fach 3, 14321; *Tiedke/Heckel*, Die Beendigung der Betriebsaufspaltung aufgrund einer Änderung der Rechtsprechung, DStZ 1999, 725; *Tiedtke/Szczesny*, Gesetzlicher Vertrauensschutz bei Beendigung einer Betriebsaufspaltung – BMF-Schreiben vom 7. 10. 2002 zur Bedeutung von Einstimmigkeitsabreden bei Besitzunternehmen, DStR 2003, 757; *Thissen*, Beendigung einer Betriebsaufspaltung, StSem 1995, 227; *Wälzholz*, Aktuelle Probleme der Betriebsaufspaltung, GmbH-StB 2008, 304; *Wendt*, Einkünfteermittlung: Keine Zwangsbetriebsaufgabe bei erneuter Verpachtung eines ganzen Betriebs nach Beendigung einer unechten Betriebsaufgabe, FR 2002, 825; *ders.*, Betriebsunterbrechung beim vormaligen Besitzunternehmen, FR 2006, 828; *Wilde/Moritz*, Beendigung der grundstücksbezogenen Betriebsaufspaltung beim Unternehmenskauf, GmbHR 2008, 1210; *Winter*, Beendigung der Betriebsaufspaltung, GmbHR 1994, 313; *o. V.*, Besitzunternehmen und ruhende Betriebs-GmbH, DB 1971, 652; *o. V.*, Besitzunternehmen und ruhende Betriebs-GmbH, DB 1974, 1793; *o. V.*, Zur Beendigung einer Betriebsaufspaltung, DB 1975, 2013; *o. V.*, Rückübertragung von Anlagevermögen bei (teilweiser) Beendigung einer Betriebsaufspaltung, GmbHR 1991, R 21; *o. V.*, Beendigung der Betriebsaufspaltung durch Konkurs der Betriebs-GmbH, GmbHR 1997, 162; *o. V.*, Beendigung einer Betriebsaufspaltung, GmbHR 1998, 135; *o. V.*, Beendigung der Betriebsaufspaltung durch Beitritt atypisch stiller Gesellschafter, GmbHR 1998, 1030.

1. Allgemeines

1639   Eine Betriebsaufspaltung kann auf verschiedene Weise enden:

▶ Die Voraussetzungen der Betriebsaufspaltung, also die sachliche und/oder die personelle Verflechtung, fallen weg;

▶ das Besitzunternehmen wird veräußert; oder

▶ das Betriebsunternehmen wird veräußert oder aufgegeben.

In allen diesen Fällen sind die stillen Reserven der zum Betriebsvermögen des Besitzunternehmens gehörenden Wirtschaftsgüter gem. § 16 Abs. 3 Satz 1 EStG zu versteuern. Verbleiben Wirtschaftsgüter, die zum bisherigen Betriebsvermögen des Besitzunternehmens gehört haben, im Eigentum des Besitzunternehmens (der Besitzunternehmer), so werden sie aus rechtlichen Gründen **Privatvermögen**. Werden diese Wirtschaftsgüter weiterhin einem Dritten zur entgeltlichen Nutzung überlassen, erzielt der Eigentümer (erzielen die Eigentümer) hieraus fortan Einkünfte aus Vermietung und Verpachtung.[1]

1640

Die Aufdeckung der stillen Reserven betrifft auch die Anteile an der Betriebs-GmbH, da sie zum notwendigen Betriebsvermögen des Besitzunternehmens gehören. Der anlässlich der Beendigung der Betriebsaufspaltung realisierte Gewinn unterliegt indes nicht der **Gewerbesteuer**.[2] Die Gewinne aus der Veräußerung i. S. des § 16 EStG einer 100%igen Beteiligung an der Betriebs-GmbH unterliegen im Grundsatz dem Halb- bzw. (ab 2009) Teileinkünfteverfahren. Da der Teil eines Aufgabe- bzw. Veräußerungspreises, der dem Halb- bzw. Teileinkünfteverfahren unterliegt, nicht begünstigt ist (§ 3 Nr. 40 EStG, § 34 Abs. 2 Nr. 1 EStG), wird in der Literatur zutreffend die Ansicht vertreten, dass dem Steuerpflichtigen ein Wahlrecht zukommt, auf welchen Teil des begünstigten Gewinns der Freibetrag nach § 16 Abs. 4 EStG anzuwenden ist.[3]

1641

Die Aufgabe führt des Weiteren zur **Beendigung** der **umsatzsteuerlichen Organschaft**. Eine Geschäftsveräußerung im Ganzen i. S. des § 1 Abs. 1a UStG liegt hingegen nicht vor.[4]

1642

Eine **Aufgabe des Besitzunternehmens** bei Fortbestand des Betriebsunternehmens und Fortbestand der sachlichen und personellen Verflechtung ist nicht denkbar.[5] Denkbar aber ist die **Aufgabe eines Teilbetriebs des Besitzunternehmens**. So hat das FG Münster[6] entschieden, dass im Rahmen einer Betriebsaufspaltung sowohl beim Betriebsunternehmen als auch beim Besitzunternehmen

1643

---

1 BFH, Urteil v. 25.8.1993 - XI R 6/93, BFHE 172, 91, BStBl II 1994, 23, m.w.N.
2 BFH, Urteil v. 17.4.2002 - X R 8/00, BStBl II 2002, 527.
3 *Nagel*, in: Lange, Personengesellschaften im Steuerrecht, 7. Aufl. 2008, Rn. 3535, m.w.N.
4 *Gluth*, in: Herrmann/Heuer/Raupach, Einkommensteuer- und Körperschaftsteuergesetz, § 15 EStG, Anm. 838.
5 Vgl. auch FG Nürnberg, Urteil v. 12.11.1997, EFG 1999, 330, 331 (linke Spalte).
6 FG Münster, Urteil v. 27.6.1997, EFG 1998, 737; siehe auch BFH, Beschluss v. 27.9.1993 - IV B 125/92, NWB DokID: CAAAA-98438.

Teilbetriebe bestehen können. Allerdings führt nach demselben Urteil die Aufgabe eines Teilbetriebs des Betriebsunternehmens nicht zwangsläufig zu einer Teilbetriebsaufgabe bei dem Besitzunternehmen. Vielmehr muss dort ein einzelner, organisatorisch abgrenzbarer (Verwaltungs)Komplex und damit ebenfalls ein Teilbetrieb vorgelegen haben, der entnommen wird. Ein solcher Komplex kann nach Ansicht des FG Münster auch ein einzelnes Grundstück sein.

1644   Im Gegensatz hierzu hat das FG Baden-Württemberg[1] die Annahme einer **Teilbetriebsveräußerung bei einem Besitzunternehmen** hinsichtlich eines einzelnen Grundstücks selbst für den Fall abgelehnt, dass für dieses eine eigene Gewinnermittlung vorliegt. Dem ist im Grundsatz zuzustimmen.[2] Etwas anderes kann nur dann angenommen werden, wenn das einzelne Grundstück für sich gesehen einen abgrenzbaren, organisatorischen (Verwaltungs)Komplex bildet.

1645   **BEISPIEL:** A ist Alleinanteilseigner der A-GmbH. Er hat dieser GmbH eine patentierte Erfindung und ein Grundstück zur Nutzung überlassen. Für beide Bereiche (Erfindung und Grundstück) werden im Besitzunternehmen des A getrennte Gewinnermittlungen durchgeführt.

1646–1648 *(Einstweilen frei)*

2. Wegfall einer Voraussetzung der Betriebsaufspaltung

Literatur: *Offerhaus*, Anm. z. BFH-Urteil vom 13. 12. 1983 - VIII R 90/81, StBp 1984, 238; *Pietsch*, Wegfall der personellen Verflechtung bei einer Betriebsaufspaltung, StSem 1994, 182; *Schoor*, Steuerfolgen einer Anteilsübertragung bei Betriebsaufspaltung, DStZ 1992, 788; *Voss*, Ertragsteuerliche Behandlung der Veräußerung von Anteilen an einer Betriebskapitalgesellschaft, DB 1991, 2411; *Woerner*, Anm. zum BFH-Urteil vom 13. 12. 1983 - VIII R 90/81, BB 1984, 1213; *o. V.*, Vermeidung und Wegfall eines Besitz-Personenunternehmens, DB 1972, 361; *o. V.*, Betriebsaufgabe bei Wegfall der personellen Verflechtung einer Betriebsaufspaltung, StBp 1984, 238.

1649   Verlieren die dem Betriebsunternehmen überlassenen Wirtschaftsgüter ihre Eigenschaft als eine wesentliche Betriebsgrundlage oder fällt die personelle Verflechtung weg, dann verliert das Besitzunternehmen automatisch seinen Charakter als Gewerbebetrieb. Der VIII. Senat des BFH hat in dem Urteil vom 13. 12. 1983[3] entschieden, dass hier in der Regel eine **Betriebsaufgabe** anzunehmen ist mit der Folge, dass die im Betriebsvermögen des Besitzunternehmens

---

1   FG Baden-Württemberg, Urteil v. 3.3.1993, EFG 1993, 512.
2   Vgl. auch BFH, Urteil v. 20.1.2005 - IV R 14/03, BFHE 209, 95, BStBl II 2005, 395.
3   BFH, Urteil v. 13.12.1983 - VIII R 90/81, BFHE 140, 526, BStBl II 1984, 474; ebenso Beschluss v. 19.12.2007 - I R 111/05 (unter II. 2.), BFHE 220, 152, BStBl II 2008, 536.

enthaltenen stillen Reserven versteuert werden müssen.[1] Der IV. Senat des BFH ist mit Urteil vom 15. 12. 1988[2] dieser Auffassung gefolgt und zwar selbst für den Fall, dass eine der Voraussetzungen der Betriebsaufspaltung ohne oder gegen den Willen der Beteiligten wegfällt.

BEISPIEL: ▶ A ist an einer Besitz-GbR mit 51 v. H. und an einer Betriebs-GmbH mit 60 v. H. beteiligt. Die restlichen 40 v. H. gehören dem B. C ist an der Besitz-GbR mit 49 v. H. beteiligt. Die stillen Reserven der Besitz-GbR sollen 1 Mio. € betragen, so dass auf C 490.000 € stille Reserven entfallen. A verkauft 10 v. H. seiner GmbH-Beteiligung an X, so dass er nur noch mit 50 v. H. an der GmbH beteiligt ist.

1650

Nach der Betriebsaufspaltungs-Rechtsprechung war die Besitz-GbR zunächst ein Gewerbebetrieb. Durch die Veräußerung der GmbH-Anteile an X verliert A in der GmbH seine beherrschende Stellung. Dadurch fallen die Tatbestandsvoraussetzungen für die Betriebsaufspaltung mit der Folge weg, dass die Besitz-GbR ihren Charakter als gewerbliches Unternehmen verliert, obwohl weder C noch die GbR irgend eine Handlung vorgenommen haben, die auf die Beendigung der gewerblichen Tätigkeit der Besitz-GbR hindeuten könnte.

1651

Der IV. Senat hat in seinem Urteil vom 15. 12. 1988[3] das Vorliegen einer Betriebsaufgabe beim Wegfall einer Voraussetzung der Betriebsaufspaltung wie folgt begründet: Obgleich eine Betriebsaufgabe regelmäßig einen nach außen in Erscheinung tretenden Aufgabeentschluss des Steuerpflichtigen erfordere, sei nach der Rechtsprechung des BFH eine Betriebsaufgabe auch dann anzunehmen, wenn ein Betrieb als wirtschaftlicher Organismus zwar bestehen bleibe, aber durch eine Handlung oder einen Rechtsvorgang so verändert werde, dass die Erfassung der stillen Reserven nicht mehr gewährleistet sei.

1652

Dies sei beim Wegfall einer Voraussetzung der Betriebsaufspaltung aufgrund der folgenden Überlegungen der Fall:

1653

▶ Die Voraussetzungen einer Betriebsverpachtung seien in der Regel nicht erfüllt; denn das Besitzunternehmen als Verpächter könne bei Beendigung der Pacht den Betrieb regelmäßig nicht fortsetzen, weil gleichzeitig mit Pachtende die sachliche Verflechtung und damit die Gewerblichkeit der Vermietertätigkeit entfalle.

---

1 BFH, Urteile v. 13.12.1983 - VIII R 90/81, BFHE 140, 526, BStBl II 1984, 474; v. 15.12.1988 - IV R 36/84, BFHE 155, 538, BStBl II 1989, 363; v. 22.3.1990 - IV R 15/87, BFH/NV 1991, 439; v. 26.5.1993 - X R 78/91, BFHE 171, 476, BStBl II 1993, 718 a.E.; v. 25.8.1993 - XI R 6/93, BFHE 172, 91, BStBl II 1994, 23; v. 6.3.1997 - XI R 2/96, BFHE 183, 85, BStBl II 1997, 460; siehe auch BFH, Urteil v. 18.9.2002 - X R 4/01, BFH/NV 2003, 41, 43 (mittlere Spalte).
2 BFH, Urteil v. 15.12.1988 - IV R 36/84, BFHE 155, 538, BStBl II 1989, 363.
3 BFH, Urteil v. 15.12.1988 - IV R 36/84, BFHE 155, 538, BStBl II 1989, 363.

1654 ▶ Die Grundsätze, die für einen Strukturwandel vom Gewerbebetrieb zur Landwirtschaft entwickelt worden seien, könnten auf die Fälle des Wegfalls einer Voraussetzung der Betriebsaufspaltung nicht übertragen werden, weil bei der Beendigung einer Betriebsaufspaltung hinsichtlich des Besitzunternehmens kein Betrieb bestehen bleibe.

1655 ▶ Nicht anwendbar seien auch die von der Rechtsprechung entwickelten Grundsätze für den Übergang eines land- und forstwirtschaftlichen Betriebs zur Liebhaberei, wonach eine Versteuerung der stillen Reserven erst bei ihrer späteren Realisierung verlangt werde; denn eine Ausdehnung dieser Grundsätze auf die Beendigung der Betriebsaufspaltung würde die Rechtsfigur des ruhenden Gewerbebetriebs wiederbeleben, die vom GrS aufgegeben worden sei.

1656 ▶ Die Fortführung des Vermögens des bisherigen Besitzunternehmens als Betriebsvermögen könne auch nicht mit der Begründung angenommen werden, dass als Betriebsaufgabe nur die willentliche Einstellung des Betriebs und die willentliche Realisierung seiner Vermögenswerte anzusehen sei. Dies stehe nicht im Einklang mit der BFH-Rechtsprechung über die Voraussetzungen und Folgen der Betriebsaufgabe.

1657 ▶ Es werde nicht verkannt, dass durch die Betriebsaufgabe beim Besitzunternehmen Steuerlasten entstehen könnten, die den Bestand der Betriebsgesellschaft gefährden könnten, was insbesondere dann bedenklich erscheine, wenn eine Betriebsaufgabe durch vom Steuerpflichtigen nicht beeinflussbare Umstände einträte. Deshalb könne es angezeigt sein, dass die Möglichkeit eröffnet werde, bei bestimmten Gestaltungen im Billigkeitswege die Grundsätze der Betriebsverpachtung anzuwenden.

1658 Da sich der IV. Senat mit dem vorstehend wiedergegebenen Urteil der Entscheidung des VIII. Senats des BFH vom 13. 12. 1983[1] angeschlossen hat und nachdem auch der XI. Senat mit seinen Urteilen vom 25. 8. 1993[2] und vom 6. 3. 1997[3] dem gefolgt ist, besteht keine Hoffnung mehr, der BFH werde in Änderung seiner Rechtsprechung die Annahme einer Betriebsaufgabe bei Wegfall der personellen oder sachlichen Verflechtung auf die Fälle beschränken, in denen ein Betriebsaufgabewille vorliegt. Der XI. Senat hat zusätzlich ausgeführt, dass die Entnahmehandlung (Aufgabemaßnahme) in den hier besprochenen Fällen durch das Einwirken außersteuerrechtlicher Normen auf den steuerrechtlich relevanten Sachverhalt ersetzt werde.

---

1   BFH, Urteil v. 13.12.1983 - VIII R 90/81, BFHE 140, 526, BStBl II 1984, 474.
2   BFH, Urteil v. 25.8.1993 - XI R 6/93, BFHE 172, 91, BStBl II 1994, 23.
3   BFH, Urteil v. 6.3.1997 - XI R 2/96, BFHE 183, 85, BStBl II 1997, 460.

Betriebsaufgabe liegt damit auch in dem folgenden Fall vor: 1659

BEISPIEL: ➤ E betreibt als Einzelunternehmer eine Maschinenfabrik. Das Fabrikgrundstück gehört in Bruchteilsgemeinschaft ihm zu 60 v. H. und seiner Frau zu 40 v. H. E spaltet seinen Betrieb auf. Die Maschinenfabrik wird in der Rechtsform einer GmbH fortgeführt. Das Fabrikgrundstück verpachten E und Frau E an die GmbH. Da E erhebliche private Schulden hat, werden ihm eines Tages 55 v. H. seiner GmbH-Anteile gepfändet und gehen auf Z über.

Lösung:

Im Einzelunternehmen des E war der 60 v. H.-Anteil des E an dem Fabrik- 1660 grundstück notwendiges Betriebsvermögen. Mit der Aufspaltung des Betriebs entstand eine sachliche und personelle Verflechtung zwischen der Grundstücksgemeinschaft und der Betriebs-GmbH. Damit wurde die gesamte Grundstücksgemeinschaft, also auch hinsichtlich der 40 %igen Beteiligung der Ehefrau, gewerbliches Besitzunternehmen. Die Ehefrau musste im Zeitpunkt der Betriebsaufspaltung ihren 40-%-Grundstücksanteil mit dem Teilwert in das Besitzunternehmen einlegen. Der Übergang von 55 v. H. der GmbH-Anteile des E auf den Z führt zum Wegfall der personellen Verflechtung und damit, bei der aus E und seiner Ehefrau bestehenden Grundstücksgemeinschaft, zur Betriebsaufgabe. Frau E, die mit dem Übergang der GmbH-Anteile an Z nichts zu tun hat, muss die auf ihren 40-%-Anteil entfallenden stillen Reserven versteuern.

Ein Wegfall der sachlichen Verflechtung und damit eine Betriebsaufgabe liegt 1661 hingegen noch nicht vor, wenn das Wirtschaftsgut, das als wesentliche Betriebsgrundlage durch die Betriebsgesellschaft genutzt wird, lediglich zum **Verkauf angeboten** wird.[1] Es bleibt bis zur Veräußerung im Anlagevermögen des Besitzunternehmens.

Eine Betriebsaufspaltung endet auch mit der Eröffnung des **Insolvenzverfahrens** über das Vermögen des Betriebsunternehmens, weil damit die Voraussetzung der personellen Verflechtung wegfällt.[2] Das ergibt sich daraus, dass mit der Eröffnung des Insolvenzverfahrens die Gesellschafter des Besitzunternehmens ihren Willen im Betriebsunternehmen nicht mehr durchsetzen können, weil der Insolvenzverwalter die alleinige Verwaltungs- und Verfügungsbefugnis über das Vermögen des Betriebsunternehmens – vornehmlich im Interesse der Gläubiger – kraft Amtes auszuüben hat. 1662

---

1 BFH, Urteil v. 14.12.2006 - III R 64/05 (unter II. 3. b), BFH/NV 2007, 1659; vgl. auch *Bitz*, in: Littmann/Bitz/Pust, Das Einkommensteuerrecht, § 15, Rn. 417.
2 Vgl. BFH, Urteile v. 6.3.1997 - XI R 2/96, BFHE 183, 85, BStBl II 1997, 460; v. 30.8.2007 - IV R 50/05 (unter II. 2. b), BFHE 218, 564, BStBl II 2008, 129; vgl. auch FG Münster, Urteil v. 19.9.1995, EFG 1996, 771.

1663 Etwas anderes gilt nur dann, wenn die durch die Eröffnung des Insolvenzverfahrens zerstörte personelle Verflechtung später wieder auflebt, nachdem das Insolvenzverfahren aufgehoben oder eingestellt und die Fortsetzung der Gesellschaft beschlossen wird. Dann treten die Rechtsfolgen der (lediglich unterbrochenen) Betriebsaufspaltung erneut ein mit der Folge, dass die Erfassung der stillen Reserven des Besitzunternehmens gewährleistet bleibt.[1]

1664 Endet die mitunternehmerische Betriebsaufspaltung durch Insolvenz, so müssen die stillen Reserven der der Betriebsgesellschaft überlassenen Wirtschaftsgüter noch aus einem anderen Aspekt nicht notwendig aufgedeckt werden: Zu prüfen ist nämlich stets, ob diese Wirtschaftsgüter nicht unter dem Gesichtspunkt der Sonderbetriebsvermögenseigenschaft weiterhin Betriebsvermögen sind.[2] Mit Wegfall der Betriebsaufspaltung fällt nämlich auch die **Bilanzierungskonkurrenz** weg, so dass die Eigenschaft als **Sonderbetriebsvermögen** wieder aufleben kann, das betreffende Wirtschaftsgut also wieder als Sonderbetriebsvermögen bei der Betriebsgesellschaft zu bilanzieren ist. Dies kann indes nur dann gelten, wenn die Betriebsgesellschaft im Augenblick des Wegfalls der Betriebsaufspaltung noch einen Betrieb unterhält und nicht ebenfalls ihren Betrieb aufgegeben hat.

1665–1667 *(Einstweilen frei)*

3. Veräußerung des Besitzunternehmens

Literatur: *O. V.*, Veräußerung eines Mitunternehmeranteils unter Fortbestehen der Betriebsaufspaltung, GmbHR 1989, 69.

1668 Wird das Besitzunternehmen veräußert oder aufgegeben, so findet § 16 EStG Anwendung. Der entstehende Veräußerungsgewinn ist zu versteuern.

Allerdings ist dabei zu bedenken, dass eine Betriebsaufgabe so lange nicht angenommen werden kann, wie eine an das Betriebsunternehmen verpachtete wesentliche Betriebsgrundlage noch nicht veräußert worden ist und eine personelle Verflechtung noch besteht; denn das Wesen der Betriebsaufspaltung verbietet eine Überführung einer an das Betriebsunternehmen verpachteten wesentlichen Betriebsgrundlage ins Privatvermögen. Denkbar ist eine Betriebsaufgabe des Besitzunternehmens also nur durch Wegfall der sachlichen und/oder personellen Verflechtung.

1669 Die Auflösung der Besitzgesellschaft führt noch nicht zu einer Gewinnrealisierung bei den in ihrer Hand befindlichen **Anteilen an der Betriebskapitalgesellschaft**. Dies tritt erst ein bei der Veräußerung dieser Anteile an dritte Personen,

---

1 BFH, Urteil v. 6.3.1997 - XI R 2/96, BFHE 183, 85, BStBl II 1997, 460.
2 BFH, Urteil v. 30.8.2007 - IV R 50/05 (unter II. 2. c), BFHE 218, 564, BStBl II 2008, 129.

die nicht zu den Gesellschaftern der Besitzgesellschaft gehören.[1] Die bloße Einräumung einer Kaufoption betreffend Anteile an der Betriebsgesellschaft bewirkt hierbei noch keine personelle Entflechtung, weil wirtschaftliches Eigentum des Optionsberechtigten noch nicht begründet wird.[2]

(Einstweilen frei)   1670–1672

4. Das Betriebsunternehmen wird veräußert oder aufgegeben

Literatur: *Doege*, Abgrenzungsfragen zur Betriebsveräußerung/Betriebsaufgabe und den Steuerermäßigungen gem. §§ 16, 34 EStG, DStZ 2008, 474; *Schmidt, Ludwig*, In den Grenzbereichen von Betriebsaufgabe, Betriebsverpachtung, Betriebsaufspaltung und Mitunternehmerschaft, DStR 1979, 671 und 699.

Die Voraussetzungen einer Betriebsaufspaltung können auch dadurch wegfallen, dass das Betriebsunternehmen veräußert oder aufgegeben wird. Es müssen hier die gleichen Grundsätze zur Anwendung kommen, wie in den anderen Fällen des Wegfalls der Voraussetzungen der Betriebsaufspaltung.[3]   1673

Bisher nicht abschließend geklärt ist die Frage, welche Auswirkungen es auf ein Besitzunternehmen hat, wenn die Betriebs-Kapitalgesellschaft ihre **betriebliche Tätigkeit einstel**lt, was nicht schon damit begründet werden kann, dass ein mit dem Management der Betriebs-Kapitalgesellschaft betrauter Dritter sich vertraglich dazu verpflichtet, etwaige Verluste der Betriebsgesellschaft auszugleichen.[4] Entscheidend für eine generelle Lösung des Problems ist wohl, ob man die Rechtfertigung für die Betriebsaufspaltung darin sieht, dass sich die Besitzgesellschaft über die Betriebsgesellschaft am allgemeinen wirtschaftlichen Verkehr beteiligt, oder ob man sich für eine andere Rechtfertigung entscheidet. Entschließt man sich trotz der hiergegen bestehenden erheblichen Bedenken für die erste Version, so dürfte gleichzeitig mit der Einstellung jeder gewerblichen Tätigkeit des Betriebsunternehmens auch die gewerbliche Prägung der Besitzgesellschaft wegfallen und eine Betriebsaufgabe im Sinne von § 16 Abs. 3 Satz 1 EStG anzunehmen sein.   1674

Dies gilt jedoch nicht, wenn bei dem (vormaligen) Besitzunternehmen die Voraussetzungen einer vorübergehenden **Betriebsunterbrechung (Ruhenlassen des Betriebs)** vorliegen. Die Betriebsunterbrechung kann darin bestehen, dass der Betriebsinhaber die wesentlichen Betriebsgrundlagen an einen anderen Unter-   1675

---

1 BFH, Urteil v. 24.3.1959 - I 205/57 U, BFHE 69, 72, BStBl III 1959, 289.
2 Vgl. BFH, Urteil v. 25.8.1993 - XI R 6/93, BStBl II 1994, 23, m.w.N., FG Nürnberg, Urteil v. 22.8.2007, DStRE 2008, 970.
3 Vgl. FG Niedersachen, Urteil v. 20.6.2007, EFG 2007, 1584.
4 BFH, Urteil v. 19.8.2009 – III R 68/06, NWB DokID: TAAAD-34788.

nehmer verpachtet.[1] Außerdem liegt sie vor, wenn die gewerbliche Tätigkeit ruhen gelassen wird.

1676 Wird **keine Aufgabeerklärung** abgegeben, so geht die Rechtsprechung davon aus, dass die Absicht besteht, den unterbrochenen Betrieb künftig wieder aufzunehmen, sofern die zurückbehaltenen Wirtschaftsgüter dies ermöglichen.[2] Diese Grundsätze sind bei der Beendigung der Betriebsaufspaltung gleichermaßen zu beachten.[3]

1677 Folgende **Fallgruppen** kommen hierbei als Betriebsunterbrechung in Betracht: *vorübergehender* Wegfall der personellen Verflechtung wegen Eröffnung des Insolvenzverfahrens über das Vermögen der Betriebsgesellschaft;[4] beabsichtigte, aber mangels personeller Verflechtung fehlgeschlagene Betriebsaufspaltung.[5] Des Weiteren hat der BFH deutlich gemacht, dass die Annahme eines ruhenden Gewerbebetriebs voraussetzt, dass die Absicht des Steuerpflichtigen besteht, den Betrieb später fortzuführen und dass die zurückbehaltenen Wirtschaftsgüter es erlauben, den Betrieb innerhalb eines überschaubaren Zeitraums in gleichartiger oder ähnlicher Weise wieder aufzunehmen.[6]

1678 Werden nur die Betriebsgrundstücke zurückbehalten, so kann eine Betriebsunterbrechung nur dann vorliegen, wenn die Grundstücke die alleinige wesentliche Betriebsgrundlage darstellen.[7] Unschädlich ist nach der Rechtsprechung, wenn das vormalige Besitzunternehmen im Zeitraum des Ruhens die Grundstücke an **verschiedene Gewerbetreibende** zu verschiedenen **Laufzeiten** vermietet.[8] Schließlich hat der BFH die Festlegung einer Obergrenze für diese Laufzeiten stets abgelehnt. Hierzu passt, dass auch eine Laufzeit von 13 Jahren der Annahme einer Betriebsunterbrechung nicht im Wege stehen soll.[9]

1679 Für Schwierigkeiten sorgen Fälle der **schleichenden Betriebsaufgabe**, in denen der Zeitpunkt der Aufgabeabsicht anhand der äußeren Umstände nicht eindeu-

---

1 Vgl oben Rn. 1600 ff.
2 BFH, Urteile v. 13.11.1963 - GrS 1/63 S, BFHE 78, 315, BStBl III 1964, 124; v. 28.8.2003 - IV R 20/02, BFHE 203, 143, BStBl II 2004, 10; v. 22.9.2004 - III R 9/03, BFHE 207, 549, BStBl II 2005, 160; FG Niedersachsen, Urteil v. 20.6.2007, EFG 2007, 1584.
3 BFH, Urteile v. 14.3.2006 - VIII R 80/03, BFHE 212, 541, BStBl II 2006, 591; v. 8.2.2007 - IV R 65/01 (unter II. 2. c), BFHE 216, 412, BFH/NV 2007, 1004; FG Hessen, Urteil v. 19.9.2007, EFG 2008, 448.
4 Vgl. zur Möglichkeit einer Betriebsunterbrechung BFH, Urteile v. 6.3.1997 - XI R 2/96, BFHE 183, 85, BStBl II 1997, 460; v. 8.2.2007 - IV R 65/01 (unter II. 2. c), BFHE 216, 412, BFH/NV 2007, 1004; vgl. bereits oben Rn. 1663.
5 BFH, Urteil v.11.5.1999 - VIII R 72/96, BFHE 188, 397, BStBl II 2002, 722.
6 BFH, Urteile v.11.5.1999 - VIII R 72/96, BFHE 188, 397, BStBl II 2002, 722; v. 20.6.2000 - VIII R 18/99, BFH/NV 2001, 31; FG Niedersachsen, Urteil v. 20.6.2007, EFG 2007, 1584; vgl. auch *Bitz*, in: Littmann/Bitz/Pust, Das Einkommensteuerrecht, § 15, Rn. 420.
7 BFH, Urteile v. 17.4.1997 - VIII R 2/95, BFHE 183, 385, BStBl II 1998, 388; v. 14.3.2006 - VIII R 80/03, BFHE 212, 541, BStBl II 2006, 591.
8 BFH, Urteil v. 14.3.2006 - VIII R 80/03, BFHE 212, 541, BStBl II 2006, 591.
9 BFH, Urteil v. 14.3.2006 - VIII R 80/03, BFHE 212, 541, BStBl II 2006, 591.

tig zu bestimmen ist. In dieser Konstellation kann eine Betriebsaufgabe nur angenommen werden, wenn der Steuerpflichtige sie ausdrücklich erklärt.[1]

Wird eine Betriebsaufspaltung dadurch beendet, dass die Betriebs-GmbH auf eine AG verschmolzen und das Besitzunternehmen in die AG eingebracht wird, kann dieser Vorgang gewinnneutral gestaltet werden, wenn das Besitzunternehmen nicht nur wegen der Betriebsaufspaltung gewerblich tätig war. Anderenfalls führt die **Verschmelzung** zur Aufgabe des Gewerbebetriebs mit der Folge, dass dieser nicht mehr zu Buchwerten in die AG eingebracht werden kann. **1680**

(*Einstweilen frei*) 1681–1683

5. Der Veräußerungs- oder Aufgabegewinn

Wird eine Betriebsaufspaltung beendet, so ist der dadurch beim Besitzunternehmen entstehende Veräußerungs- oder Aufgabegewinn nach §§ 16, 34 EStG **tarifbegünstigt.**[2] **1684**

Wird die Betriebsaufspaltung in der Weise beendet, dass die verpachteten Wirtschaftsgüter veräußert werden, so sind gem. § 16 Abs. 3 Satz 6 EStG die Veräußerungspreise anzusetzen. Das darf aber erst dann geschehen, wenn der Veräußerungsgewinn realisiert ist, also in dem Zeitpunkt, in dem das wirtschaftliche Eigentum (§ 39 AO) an den Wirtschaftsgütern übergeht. Hierfür genügt nach überzeugender Ansicht des BFH nicht die Einräumung einer Auflassungsvormerkung, da diese dem Vormerkungsberechtigten noch kein wirtschaftliches Eigentum vermittelt.[3] **1685**

In den Fällen, in denen eine Betriebsaufspaltung dadurch beendet wird, dass die personelle Verflechtung wegfällt, weil einem Dritten (Nur-Betriebs-Gesellschafter) an der Betriebsgesellschaft eine Mehrheitsbeteiligung eingeräumt wird, gehört zum Aufgabengewinn auch das von dem Dritten für die Einräumung der Mehrheitsbeteiligung an den ehemaligen Mehrheitsgesellschafter der Betriebsgesellschaft gezahlte Entgelt.[4] **1686**

(*Einstweilen frei*) 1687–1689

---

1 BFH, Urteile v. 20.6.2000 - VIII R 18/99, BFH/NV 2001, 31; v. 8.2.2007 - IV R 65/01 (unter II. 2. d. dd), BFHE 216, 412, BFH/NV 2007, 1004; FG Hessen, Urteil v. 11.7.2005, EFG 2005, 1765.
2 BFH, Urteil v. 15.3.2005 - X R 2/02 (unter I. 3. c. aa), BFH/NV 2005, 1292; Beschluss v. 19.12.2007 - I R 111/05 (unter II. 3.), BFHE 220, 152, BStBl II 2008, 536; FG Bremen, Urteil v. 19.9.2002, EFG 2003, 319.
3 BFH, Urteil v. 15.3.2005 - X R 2/02 (unter II. 2.), BFH/NV 2005, 1292.
4 FG Bremen, Urteil v. 19.9.2002, EFG 2003, 319.

6. Möglichkeiten zur Vermeidung der Besteuerung der stillen Reserven des Besitzunternehmens bei Beendigung der Betriebsaufspaltung

Literatur: *Bitz,* Zur Frage der Betriebsverpachtung oder Betriebsunterbrechung trotz Veränderung des einem eingestellten Betriebsteil dienenden Gebäudes, GmbHR 2007, 548; *Butz-Seidl,* Optimale „Entsorgung" einer Betriebsaufspaltung, GStB 2007, 444; *von Elsner,* Gestaltungsspielräume und Zwänge für Nachfolgeregelungen unter Lebenden und von Todes Wegen – Einkommensteuer: Erhaltung der Betriebsaufspaltung, SbFf St 1994/95, 550; *Hoffmann, Wolf Dieter,* Gestaltungen bei der Beendigung einer Betriebsaufspaltung, GmbHR 1994, 865; *Kanzler,* Betriebsverpachtung oder Betriebsunterbrechung trotz Veräußerung des einem eingestellten Betriebsteil dienenden Gebäudes, FR 2007, 800; *ders.,* Zum neutralen Übergang von einer Betriebsaufspaltung auf eine Betriebsverpachtung, FR 2008, 427; *Roser,* Folgen einer (unbeabsichtigten) Betriebsaufspaltung, EStB 2005, 191; *Schwedhelm/Wollweber,* Typische Beratungsfehler in Umwandlungsfällen und ihre Vermeidung, BB 2008, 2208; *Stamm/Lichtinghagen,* Steuerneutrale Beendigung der Betriebsaufspaltung, StuB 2007, 205.

a) Allgemeines

1690   Die mit dem Wegfall einer Voraussetzung der Betriebsaufspaltung verbundene Konsequenz der Versteuerung der stillen Reserven des Besitzunternehmens kann vermieden werden, wenn die Gewerblichkeit des Besitzunternehmens auch ohne das Institut der Betriebsaufspaltung erhalten werden kann. Dazu sind teilweise bestimmte Konstruktionen erforderlich, deren Zweckmäßigkeit von Fall zu Fall geprüft werden muss.

1691   Zu berücksichtigen ist zunächst, dass die Versteuerung der stillen Reserven nicht dadurch mit Rückwirkung beseitigt werden kann, dass die Gesellschafter der Besitzgesellschaft eine Veräußerung der wesentlichen Betriebsgrundlage **zivilrechtlich rückgängig** machen.[1] Dies ist darin begründet, dass der Steuerpflichtige auf einen entstandenen Steueranspruch grundsätzlich nicht rückwirkend Einfluss nehmen kann.[2] Des Weiteren spielt es keine Rolle, ob die Veräußerungen einem **Fremdvergleich** standhalten oder nicht, da ein Fremdvergleich nur insoweit anzustellen ist, als aus dem Vereinbarten steuerliche Vorteile in Anspruch genommen werden.[3] Hingegen bieten sich die folgenden Konstruktionen zur Erhaltung der Gewerblichkeit des Besitzunternehmens an:

---

1   FG Mecklenburg-Vorpommern, Urteil v. 29.5.2008, EFG 2008, 1699.
2   BFH, Urteil v. 18.9.1984 - VIII R 119/81, BFHE 142, 130, BStBl II 1985, 55.
3   BFH, Beschluss v. 29.9.1998 - VII B 107/98, BFH/NV 1999, 342; FG Köln, Urteil v. 9.6.1999, EFG 1999, 1288; FG Mecklenburg-Vorpommern, Urteil v. 29.5.2008, EFG 2008, 1699.

b) Zusammentreffen von Betriebsaufspaltung und Betriebsverpachtung

Liegen in einem Fall sowohl die Voraussetzungen der Betriebsaufspaltung als auch der Betriebsverpachtung vor, dann führt – wie oben unter Rn. 1604 ff. dargestellt – der Wegfall einer Voraussetzung der Betriebsaufspaltung nicht zur Betriebsaufgabe, sondern zum Wiederaufleben des mit der Betriebsverpachtung verbundenen Wahlrechts.[1]   1692

Um diese Möglichkeit zu haben, empfiehlt es sich bei der Neugestaltung einer echten Betriebsaufspaltung, die Dinge so zu regeln, dass gleichzeitig die Voraussetzungen einer Betriebsverpachtung vorliegen.

Wie bereits erörtert,[2] müssen die stillen Reserven des Weiteren in dem Fall nicht aufgedeckt werden, in dem eine bloß vorübergehende Betriebsunterbrechung vorliegt.   1693

c) Einbringung in eine GmbH

Literatur: *Haritz*, – Beendigung einer Betriebsaufspaltung durch Umwandlung – Zugleich Besprechung des Urteils des BFH vom 24. 10. 2000 VIII R 25/98, BB 2001, 861.

Vermieden werden kann eine Besteuerung der stillen Reserven des Besitzunternehmens bei Beendigung der Betriebsaufspaltung in jedem Fall dadurch, dass das Besitzunternehmen gem. § 20 UmwStG in eine GmbH zum Buchwert eingebracht wird. Die Einbringung ist sowohl in die Betriebs-GmbH als auch in eine andere GmbH möglich.   1694

Bei einer solchen Gestaltung müssen die Anteile an der Betriebs-GmbH, die beim Besitzunternehmen als Sonderbetriebsvermögen II behandelt worden sind, nicht mit in die GmbH eingebracht werden, es sei denn, man würde auch die Wirtschaftsgüter des Sonderbetriebsvermögens II als wesentliche Betriebsgrundlage des Besitzunternehmens ansehen.

Allerdings müssen bei einer Nichteinbringung der Anteile an der Betriebs-GmbH diese entnommen und damit die in ihnen enthaltenen stillen Reserven versteuert werden, soweit deren steuerrechtliche Verhaftung nicht anderweitig sichergestellt ist.

Zu beachten ist, dass die Einbringung zwar die Aufdeckung der stillen Reserven vermeiden kann. Auf der anderen Seite fällt bei der Einbringung jedoch **Grunderwerbsteuer** an, wenn Grundstücke zum Betriebsvermögen des Besitzunter-   1695

---

1 BFH, Urteile v. 15.3.2005 - X R 2/02, BFH/NV 2005, 1292; v. 30.11.2005 - X R 37/05, BFH/NV 2006, 1451.
2 Vgl. oben Rn. 1675 ff.

nehmens gehören, was in den meisten Betriebsaufspaltungsfällen der Fall ist. Dies ist ein wesentlicher Nachteil des Einbringungsmodells.

1696 Als Alternative bietet es sich daher an, die Betriebskapitalgesellschaft auf das Besitzpersonenunternehmen zu **verschmelzen**, wenn die unternehmerische Tätigkeit in der Rechtsform des Besitzpersonenunternehmens fortgeführt werden soll. Eine Verschmelzung kommt jedoch wiederum dann nicht in Betracht, wenn sie zu einem **Übernahmeverlust** führt, also die Anschaffungskosten der Anteile an der Betriebskapitalgesellschaft die Buchwerte der Wirtschaftsgüter der übertragenden Kapitalgesellschaft überschreiten.[1] Der in diesem Fall entstehende Übernahmeverlust bliebe nämlich nach § 4 Abs. 6 UmwStG außer Ansatz, was zu einer Vernichtung tatsächlich getragener Anschaffungskosten führen würde.

d) Schaffung einer gewerblich geprägten Personengesellschaft

1697 Möglich ist auch der Weg, das Besitzunternehmen in eine gewerblich geprägte Personengesellschaft i. S. von § 15 Abs. 3 Nr. 2 EStG umzuwandeln.

Zu diesem Zweck muss das Besitzunternehmen – wenn möglich – die Rechtsform einer KG oder zumindest einer GbR erhalten, soweit es diese noch nicht hat. An der KG wird die Betriebs-GmbH oder eine andere GmbH als persönlich haftender Gesellschafter beteiligt. Damit liegen die Voraussetzungen des § 15 Abs. 3 Nr. 2 EStG vor.

1698 Dies muss jedoch rechtzeitig geschehen. Die Handelsregistereintragung der GmbH muss nämlich *vor* Beendigung der Betriebsaufspaltung vorliegen.[2]

1699 Kann die Rechtsform einer KG aus handelsregisterlichen Gründen nicht erreicht werden,[3] so ist wohl eine gewerblich geprägte Personengesellschaft auch dann anzunehmen, wenn bei einer GmbH & Co. GbR nach außen hinreichend in Erscheinung tritt, dass alle Gesellschafter, bis auf die GmbH, wie Kommanditisten nur beschränkt haften und von der Geschäftsführung ausgeschlossen sind.

Wird das Besitzunternehmen bei Wegfall einer Voraussetzung der Betriebsaufspaltung in eine gewerblich geprägte Personengesellschaft umgewandelt, dann brauchen die stillen Reserven bei Beendigung der Betriebsaufspaltung nicht versteuert zu werden. Die Besteuerung tritt erst bei der Veräußerung oder Entnahme der einzelnen Wirtschaftsgüter ein, oder wenn die Voraussetzungen des § 15 Abs. 3 Nr. 2 EStG etwa dadurch beseitigt werden, dass ein Kommanditist

---

1 Vgl. dazu *Strahl*, KÖSDI 2008, 16027, 16038 f.
2 FG Köln, Urteil v. 15.6.2004, DStRE 2005, 74 (nicht rechtskräftig; Az des BFH: X R 39/04).
3 Vgl. hierzu *Schwedhelm/Wollweber*, BB 2008, 2208, 2209.

zusätzlich zur GmbH aufgrund eines Arbeitsverhältnisses mit der KG oder GbR zum Geschäftsführer bestellt wird.

e) Schaffung der Voraussetzung des § 15 Abs. 3 Nr. 1 EStG

Ist das Besitzunternehmen eine Personengesellschaft, so ist eine Versteuerung der stillen Reserven bei Wegfall einer Voraussetzung der Betriebsaufspaltung auch noch durch die Aufnahme einer geringfügigen gewerblichen Tätigkeit durch das Besitzunternehmen vermeidbar. Denn dadurch wird die Personengesellschaft gem. § 15 Abs. 3 Nr. 1 EStG in toto unabhängig von der Betriebsaufspaltung zum Gewerbebetrieb. Der Anteil der gewerblichen Tätigkeit darf jedoch nicht völlig unwesentlich sein.[1]   **1700**

Ist das Besitzunternehmen ein Einzelunternehmen oder eine Gemeinschaft, besteht diese Möglichkeit nicht; denn § 15 Abs. 3 Nr. 1 EStG gilt nur für Personengesellschaften, hingegen nicht für Gemeinschaften.   **1701**

f) Änderung der Stimmrechtsverhältnisse

In manchen Fällen wird man eine drohende Betriebsaufgabe beim Besitzunternehmen auch durch eine rechtzeitige Änderung des Stimmrechtsverhältnisses vermeiden können.   **1702**

BEISPIEL: ▶ An der Betriebs-GmbH und an der Besitz-GbR sind jeweils A mit 80 v. H. und B mit 20 v. H. beteiligt. In der GbR werden die Gesellschafterbeschlüsse einstimmig gefasst.   **1703**

Wenn B seinen GbR-Anteil auf seinen Sohn überträgt, so hat dies hinsichtlich der Besitz-GbR eine Betriebsaufgabe zur Folge. Vereinbaren jedoch A und B vor dieser Übertragung, dass in Zukunft für Gesellschafterbeschlüsse in der GbR eine Mehrheit von 75 v. H. ausreichen soll, dann wird durch die Übertragung des Anteils des B die personelle Verflechtung nicht zerstört. Denn A kann in einem solchen Fall, auch nach dem Ausscheiden des B in der GbR, seinen einheitlichen geschäftlichen Betätigungswillen mit Hilfe seiner Stimmrechtsmacht durchsetzen.

g) Besonderheiten im Erbfall

Vor dem Erbfall ist dafür Sorge zu tragen, dass identische Personen in die Beteiligung am Besitz- und Betriebsunternehmen einrücken. Insbesondere müssen testamentarische und gesellschaftsrechtliche Regelungen synchron aufeinan-   **1704**

---

1 *Bitz*, in: Littmann/Bitz/Pust, Das Einkommensteuerrecht, § 15, Rn. 420; vgl. auch oben Rn. 1071.

der abgestimmt sein.[1] Nach dem Erbfall kann innerhalb einer Sechsmonatsfrist durch Erbauseinandersetzung die personelle Verflechtung „gerettet" werden.[2]

h) Billigkeitsmaßnahme

1705 Und schließlich kann eine Versteuerung der stillen Reserven auch noch dann vermieden werden, wenn – auf diese Möglichkeit wird in dem Urteil des IV. Senats vom 15. 12. 1988[3] hingewiesen – die Finanzverwaltung es im Billigkeitswege zulässt, dass das Besitzunternehmen bei Beendigung der Betriebsaufspaltung wie ein verpachteter Betrieb behandelt wird. Konkretisierend hebt die Finanzverwaltung hervor, dass dies in Betracht kommt, wenn bei einer Betriebsaufspaltung die personelle Verflechtung durch Eintritt der **Volljährigkeit bisher minderjähriger Kinder** wegfällt.[4]

Allerdings müssen dann die allgemeinen Voraussetzungen für die Anwendung von Billigkeitsmaßnahmen vorliegen.

1706–1708 *(Einstweilen frei)*

---

1 *Bitz*, in: Littmann/Bitz/Pust, Das Einkommensteuerrecht, § 15, Rn. 420.
2 BMF v. 14.3.2006, ErbStB 2006, 120, Tz. 3.8.
3 BFH, Urteil v. 15.12.1988 - IV R 36/84, BFHE 155, 538, BStBl II 1989, 363.
4 R 16 Abs. 2 Satz 4 EStR.

J. Betriebsaufspaltung: Ja oder Nein?

Literatur: *Brandmüller*, Betriebsaufspaltung – die derzeit günstigste Unternehmensform, Steuerbriefe, Quartalsmagazin IV/1982, S. 36; *ders.*, Betriebsaufspaltung – die aktuelle Rechtsform, Freiburg 1983/1993; *ders.* Betriebsaufspaltung – eine attraktive Gesellschaftsform, Freiburg 1983/1996; *ders.*, Betriebsaufspaltung heute – planmäßige Entsorgung?, DStZ 1989, 4; *Baumert/Schmidt-Leithoff*, Die ertragsteuerliche Belastung der Betriebsaufspaltung nach der Unternehmensteuerreform 2008, DStR 2008, 888; *Binnewies*, Aktuelles zur Betriebsaufspaltung, in: Festschrift für Spiegelberger 2009, 15 ff.; *Brandmüller*, Die Betriebsaufspaltung nach der Unternehmensteuerreform 2008 und dem Jahressteuergesetz 2008, in: Festschrift für Spiegelberger 2009, 45 ff.; *Butz-Seidl*, Chancen und Risiken einer Betriebsaufspaltung im Lichte der Unternehmensteuerreform, GStB 2007, 240; *Derlien/Wittkowski*, Neuerungen bei der Gewerbesteuer – Auswirkungen in der Praxis, DB 2008, 835; *Felix*, Steuervorteilhafte „Umwandlung" einer Familien-KG in eine Familienbetriebsaufspaltung, DStZ 1988, 621; *ders.*, Erwünschte Betriebsaufspaltung bei Einbringung von Einzelunternehmen unter Zurückbehaltung der Betriebsgrundstücke, DStZ 1992, 247; *ders.*, Steuerrechtliches Nachdenken über Betriebsaufspaltung, StB 1997, 145; *Felix/Söffing/Carlé/Korn/Stahl*, Betriebsaufspaltung: Vorteile und Risiken im Steuer- und Zivilrecht an der Schwelle zur Steuerreform 1990, Köln 1988; *Forst/Ginsburg*, Neue gewerbesteuerliche Hinzurechnung für Mietentgelte, EStB 2008, 31; *Förster/Brinkmann*, Die Vorteilhaftigkeit „zusammengesetzter Rechtsformen" nach der Unternehmersteuerreform, III.3. Umgekehrte Betriebsaufspaltung, BB 2002, 1289, 1293; *Gehring*, Belastungsvergleich: Reine GmbH/Betriebsaufspaltung, GmbHR 1983, 74; *Geiser, Fritz*, Betriebsaufspaltung. Die Eignung der Doppelgesellschaft für mittelständische Unternehmen, Neuwied 1984; *Günther*, Hinzurechnung von Finanzierungsaufwendungen: Auswirkungen und Gestaltungsmöglichkeiten, GStB 2008, 219; *Harle*, Die Auswirkungen der Unternehmenssteuerreform 2008 auf die Rechtsformen, BB 2008, 2151; *Herzig/Kessler*, Steuerorientierte Wahl der Unternehmensform GmbH, OHG, GmbH & Co. und Betriebsaufspaltung, GmbHR 1992, 232; *Hesselmann/Hüfner/Pinkwart*, Betriebsaufspaltung und Insolvenzrisiko, Stuttgart 1990; *Hinke*, Neue Möglichkeiten der Steuerersparnis durch Betriebsaufspaltung, Kissing 1979; *Institut „Finanzen und Steuern" e. V*, Die Steuerbelastung bei Betriebsaufspaltung nach der Körperschaftsteuerreform im Vergleich zur Steuerbelastung bei der Personengesellschaft und der Kapitalgesellschaft, Bonn 1980; *Kessler/Teufel*, Die klassische Betriebsaufspaltung nach der Unternehmensteuerreform, BB 2001, 17; *Kiesel*, Die „richtige" Betriebsaufspaltung ist sehr zeitgemäß, DStR 1998, 962; *Korn*, Unerwünschte und erwünschte Betriebsaufspaltung, KÖSDI 1992, 9077; *Lakies*, Betriebsaufspaltung als Ertragsteuerfalle – gewerbesteuerliche Organschaft als Gegenmaßnahme, bilanz & buchhaltung 1989, 375; *Lempenau*, Ist die Betriebsaufspaltung noch empfehlenswert?, Steuerschonende Wege zu ihrer Beendigung, StbJb 1995, 169; *Levedag*, Die Betriebsaufspaltung im Fadenkreuz der Unternehmensteuerreform 2008 und des Jahressteuergesetzes 2008 – eine Bestandsaufnahme, GmbHR 2008, 281; *Märkle*, Die Betriebsaufspaltung an der Schwelle zu einem neuen Jahrtausend, I. Die Bedeutung der Betriebsaufspaltung im Wandel der Zeit, BB 2000 Beilage 7, 3; *Mannhold*, Die Betriebsaufspaltung als optimale Rechtsform auch für Familienunternehmen, BB 1979, 1813; *Menkel*, Betriebsaufspaltung und Gewerbesteuer nach der Unternehmensteuerreform 2008, SAM 2008, 85; *Mitsch*, Fallstricke bei der Unternehmensnachfolge im Falle einer Betriebsaufspaltung, INF 2006, 749; *Mohr*, Aktuelle Gestaltungsfragen zur Betriebsaufspaltung, GmbH-StB 2009, 134;

Richter, Unternehmensteuerreformgesetz 2008: Gewerbesteuerliche innerorganschaftliche Leistungsbeziehungen, FR 2007, 1042; *Rose*, Die Betriebsaufspaltung – eine ideale Rechtsformkonstruktion für mittelständische Unternehmungen? – Festschrift „Unternehmung und Steuer" zur Vollendung des 80. Lebensjahres von Peter Scherpf, hrsg. von Lutz Fischer, Wiesbaden 1983; *Schneeloch*, Steuerplanerische Überlegungen zur Betriebsaufspaltung, DStR 1991, 955 und 990; *Seithel*, Die steuerlichen Vorteile der Betriebsaufspaltung, LSW, Gr. 5 S. 471 (1977); *Slabon*, Probleme der Betriebsaufspaltung im Erbfall und Lösungsmöglichkeiten, ZErb 2006, 49; *Strahl*, Betriebsaufspaltung: Verflechtung, Auswirkungen der Unternehmensteuerreform und Entstrickung, KÖSDI 2008, 16027; *Wehrheim/Rupp*, Die Neuerungen bei der Gewerbesteuer im Zuge der Unternehmensteuerreform 2008 und deren Konsequenzen für die Betriebsaufspaltung, BB 2008, 920; *Wälzholz*, Aktuelle Probleme der Betriebsaufspaltung, GmbH-StB 2008, 304; *Weilbach*, Die Betriebsaufspaltung – ein realökonomisches Erfordernis, BB 1990, 829; *Wesselbaum-Neugebauer*, Die GmbH & Co. KG versus Betriebsaufspaltung – Vermeidung einer gewerbesteuerlichen Doppelbesteuerung, GmbHR 2007, 1300; *Wien*, Betriebsaufspaltung quo vadis? Chancen, Gestaltung und Tendenzen, DStZ 2991, 196; *Zartmann*, Überblick über die steuerliche Situation bei der Betriebsaufspaltung und ihre Vor- und Nachteile in heutiger Sicht, RWP-Blattei 14 Steuer-R D Betriebsaufspaltung I Überblick; *ders.*, Die Betriebsaufspaltung, eine attraktive Gestaltungsform, Stuttgart-Wiesbaden 1980.

I. Einführende Bemerkung

1709　Die Frage, ob eine Betriebsaufspaltung zu empfehlen ist oder nicht, lässt sich allgemein weder mit Ja noch mit Nein beantworten, weil es stets auf die Verhältnisse des einzelnen Falls ankommt. Dabei spielen u. a. der Umfang der vorhandenen stillen Reserven, die Größe und die Art des Betriebs, die familiären Verhältnisse, Haftungsfragen und arbeitsrechtliche Fragen[1] eine Rolle. Allgemein ist – ohne Anspruch auf Vollständigkeit – auf die folgenden Punkte hinzuweisen.

II. Haftungsbeschränkung

1. Allgemeines

1710　Mit dem Betrieb eines gewerblichen Unternehmens sind nicht unerhebliche Haftungsrisiken verbunden. Sie ergeben sich aus der Produktion, dem Produkt selbst, der Finanzierung, aber auch aus der Beschäftigung von Arbeitnehmern.

Durch die Betriebsaufspaltung wird im Prinzip die Haftung für diese Risiken auf das Betriebsunternehmen – regelmäßig eine GmbH – beschränkt.[2] Die im Besitzunternehmen verbleibenden Anlagegegenstände (in der Regel die Grund-

---

1　Siehe dazu Bitz, in: Littmann/Bitz/Pust, Das Einkommensteuerrecht, § 15, Rn. 311, und *Kaligin*, Die Betriebsaufspaltung, 6. Aufl. 2008, S. 54 ff.
2　Eine Ausnahme bildet die Haftung für Betriebssteuern nach § 74 AO; vgl. hierzu oben Rn. 1481 ff.

stücke) sind grundsätzlich der Haftung entzogen. Die vertragliche Ausdehnung der Haftung auf das Besitzunternehmen durch Einzelverträge, Bürgschaften oder Sicherungsübereignungen ist besser steuerbar.[1]

2. Besitzunternehmen als haftende Konzernspitze

a) Qualifiziert faktischer Konzern

Allerdings ist in diesem Zusammenhang zunächst die ältere Rechtsprechung des BGH zur Haftung im sog. qualifiziert faktischen Konzern[2] zu beachten. Drei BGH-Entscheidungen waren hier bedeutsam: Das **Autokranurteil**,[3] das **Videourteil**[4] und das **TBB-Urteil**.[5]   1711

Haftungsvoraussetzungen sind beim qualifiziert faktischen Konzern – bezogen auf die Betriebsaufspaltung –:   1712

▶ Die Betriebs-GmbH muss – was nur bei der Einheitsbetriebsaufspaltung der Fall ist – vom Besitzunternehmen abhängig sein, oder mehrere Unternehmer müssen hinsichtlich der Betriebs-GmbH durch Vertrag oder eine Abrede einen Beherrschungswillen begründen;

▶ der beherrschende Gesellschafter muss Unternehmer sein; und

▶ der beherrschende Gesellschafter muss seine Leitungsmacht in einer Weise ausüben, die keine angemessene Rücksicht auf die Belange der abhängigen Betriebs-GmbH nimmt, ohne dass sich der ihr insgesamt zugefügte Nachteil durch Einzelausgleichsmaßnahmen kompensieren ließe.[6]

Derjenige, der bei einer Betriebsaufspaltung eine Haftung der hier erörterten Art geltend machen wollte, musste die Umstände darlegen und Beweise vorlegen, die die Annahme nahe legen, dass keine angemessene Rücksicht auf die Belange der Betriebs-GmbH genommen worden war.   1713

Beherrschte das Besitzunternehmen die Betriebs-GmbH, was nur bei der sog. Einheitsbetriebsaufspaltung möglich ist, so haftete das Besitzunternehmen mit seinem ganzen Vermögen. Wird hingegen die Beherrschung – wie dies der Normalfall bei der Betriebsaufspaltung ist – von dem Besitzunternehmern oder den Betriebsgesellschaftern ausgeübt, so wurde über den Umfang der Haftung   1714

---

1 Vgl. *Bitz*, in: Littmann/Bitz/Pust, Das Einkommensteuerrecht, § 15, Rn. 310, der jedoch auch auf Haftungsvorteile bei der GmbH & Co. KG hinweist.
2 BGH, Urteil v. 29.3.1993 - II ZR 265/91, DB 1993, 825.
3 BGH, Urteil v. 16.9.1985 - II ZR 275/84, DB 1985, 3241.
4 BGH, Urteil v. 23.9.1991 - II ZR 135/90, DB 1991, 2176.
5 BGH, Urteil v. 23.9.1993 - II ZR 265/91, DB 1993, 825.
6 BGH, Urteil v. 23.9.1993 - II ZR 265/91, DB 1993, 825.

nicht entschieden. Der BGH[1] hatte die Frage ausdrücklich offen gelassen. In der Literatur[2] wurde eine Beschränkung der Haftung auf das unternehmerisch genutzte Vermögen gefordert.

1715   Unseres Erachtens war bei einer Betriebsaufgabe die Gefahr der Inanspruchnahme im qualifiziert faktischen Konzern nicht sehr groß. Sie konnte jedoch nicht völlig ausgeschlossen werden.

b) Existenzvernichtender Eingriff

1716   Gleiches gilt für das Institut des **existenzvernichtenden Eingriffs**, welches die Prinzipien des qualifiziert faktischen Konzerns abgelöst hat und sich nach neuer Rechtsprechung unmittelbar aus § 826 BGB ergibt.

1717   Nach der früheren Rechtsprechung des BGH begründete eine existenzvernichtende Entnahme oder Abschöpfung von Vermögenswerten eine Durchgriffshaftung der Gesellschafter gegenüber den Gläubigern. Erforderlich war ein gezielter, betriebsfremden Zwecken dienender Entzug von Vermögenswerten, welche die Gesellschaft zur Begleichung ihrer Verbindlichkeiten benötigt.[3] Nicht ausreichend waren danach **bloße Managementfehler** bei dem Betrieb der Betriebs-GmbH, weil eine GmbH keinen Anspruch auf „Bestandsschutz" hat.[4]

1718   Seit der sog. **Trihotel-Entscheidung** des BGH gilt nunmehr ein Konzept der reinen Innenhaftung.[5] Voraussetzung für die Haftung ist ein Eingriff in das Vermögen der Gesellschaft, durch den deren Insolvenz herbeigeführt oder vertieft wird, und zwar durch Entzug von Vermögenswerten, welche die Gesellschaft zur Erfüllung ihrer Verbindlichkeiten benötigt, für gesellschaftsfremde Zwecke und ohne angemessenen Ausgleich. Des Weiteren muss ein entsprechender Schaden bei der Gesellschaft eintreten und seitens der Gesellschafter Vorsatz in Bezug auf Eingriff und Schaden vorliegen. Diese Voraussetzungen werden in Fällen der Betriebsaufspaltung nur in äußerst seltenen Ausnahmefällen gegeben sein.

3. Kapitalersetzende Nutzungsüberlassung

1719   In diesem Zusammenhang muss auch beachtet werden, dass unter bestimmten Voraussetzungen die Nutzungsüberlassung von Wirtschaftsgütern durch das

---

1   BGH, Urteil v. 23.9.1993 - II ZR 265/91, DB 1993, 825.
2   *Wiedmann*, DB 1993, 141, 153; *K. Schmidt*, ZIP 1993, 549, 554; *Priester*, ZIP 1986, 146, 147; *Ehlke*, DB 1986, 523, 524.
3   BGH, Urteile v. 17.9.2001 - II ZR 178/99, ZIP 2001, 1874; v. 24.6.2002 - II ZR 300/00, ZIP 2002, 1578; v. 13.12.2004 - II ZR 206/02, DB 2005, 218.
4   Vgl. OLG Köln, Urteil v. 13.4.2006, DB 2007, 158.
5   BGH, Urteile v. 16.7.2007 - II ZR 3/04, NJW 2007, 2689; vgl. *Sprau*, in: Palandt, BGB Kommentar, 68. Aufl. 2009, § 826, Rn. 35.

Besitzunternehmen an die Betriebs-GmbH als **eigenkapitalersetzende Gesellschaftsleistung** behandelt werden kann.[1]

(Einstweilen frei) 1720–1725

III. Geschäftsführergehalt und Pensionsrückstellung

Wird – was regelmäßig der Fall ist – das Betriebsunternehmen in der Rechtsform einer GmbH geführt, so hat dies im Vergleich zu dem vorher als Personenunternehmen geführten Einheitsbetrieb den Vorteil, dass der oder die Betriebsinhaber sich Geschäftsführergehälter und rückstellungsfähige Pensionszusagen gewähren können.[2] Das hat zur Folge, dass die entsprechenden Beträge nicht der Gewerbesteuer unterliegen, was dann von Bedeutung ist, wenn eine volle Anrechnung nach § 35 EStG nicht erreicht werden kann. 1726

IV. Übertragung des Unternehmens auf die nächste Generation

Die Betriebsaufspaltung kann auch bei Wechsel eines Unternehmens auf die nächste Generation in Erwägung gezogen werden. 1727

Häufig kommt es vor, dass der Vater die Führung seines Unternehmens auf die Kinder überträgt, sich aber von seinem Anlagevermögen aus Gründen der Alterssicherung noch nicht trennen will. Dieses Ziel kann durch eine Betriebsaufspaltung erreicht werden.

V. Vermeidung von Publizitätspflichten

Durch die Aufteilung von Funktionen auf Besitz- und Betriebsunternehmen kann u. U. das Eingreifen von Publizitätspflichten vermieden werden. Denn diese Aufteilung kann es ermöglichen, die entsprechenden Größenmerkmale so zu steuern, dass sie im Einzelfall nicht erfüllt sind. 1728

(Einstweilen frei) 1729–1730

---

1 OLG Schleswig, Urteil v. 3.5.2007 - 5 U 128/06, ZIP 2007, 1217; vgl. auch oben Rn. 1462 ff.
2 Vgl. oben Rn. 1441 ff.

VI. Steuerliche Vor- und Nachteile – Attraktivitätsverlust durch Unternehmensteuerreform?

1. Vorbemerkung

1731   Auch die Frage, ob die Betriebsaufspaltung aus steuerlicher Sicht lohnend ist, kann nicht allgemein, sondern nur für den Einzelfall beantwortet werden. Dabei sind ihre Vor- und Nachteile[1] gegeneinander abzuwägen. Stets ist hierzu ein Belastungsvergleich mit anderen Gestaltungsmöglichkeiten, insbesondere dem Einheitsunternehmen, vorzunehmen.

2. Vorteile

1732   Die echte Betriebsaufspaltung kann dazu eingesetzt werden, steuerliche Vorteile eines Personenunternehmens mit steuerlichen Vorteilen einer Kapitalgesellschaft zu kombinieren. Zu Ersteren rechnen z. B. die unmittelbare Verlustnutzung (im Vergleich zu einer Einheits-GmbH) und Vergünstigungen des § 34 Abs. 3 EStG, zu Letzteren die gewerbesteuerliche Abzugsfähigkeit der Gesellschafter-Geschäftsführervergütungen, Rückstellungen für ihnen gegenüber gemachte Pensionszusagen (im Vergleich zur Einheits-Personengesellschaft)[2] sowie die Anwendung des Körperschaftsteuertarifs i.V.m. dem Teileinkünfteverfahren (keine Kirchsteuer). Bei der Betriebsaufspaltung besteht gegenüber einer einheitlichen Personengesellschaft außerdem, wie bereits erläutert, der Vorteil eines doppelten Freibetrags gem. § 11 GewStG.[3]

3. Nachteile

1733   Die unechte Betriebsaufspaltung hat den Nachteil, dass Wirtschaftsgüter des Privatvermögens zu Wirtschaftsgütern im Betriebsvermögen werden. Die Steuerfolgen gehen damit deutlich über die des § 23 EStG hinaus. Im gleichen Kontext steht die Tatsache, dass Anteile an der Betriebs-Kapitalgesellschaft notwendiges Betriebsvermögen des Besitzunternehmens sind. Ein Nachteil gegenüber einer Einheits-GmbH kann jedoch nur bei unwesentlicher Beteiligung (unter 1 v. H., § 17 EStG) entstehen.

1734   Des Weiteren kann sich nachteilig auswirken, dass die Miet- bzw. Pachtzinsen der Gewerbesteuer unterliegen. Das ist dann der Fall, wenn eine volle Anrechnung nach § 35 EStG wegen hoher kommunaler Hebesätze nicht möglich ist

---

1   Instruktiv *Wacker*, in: Schmidt, EStG Kommentar, 28. Aufl. 2009, § 15, Rn. 804; *Bitz*, in: Littmann/Bitz/Pust, Das Einkommensteuerrecht, § 15, Rn. 313 ff.; *Nagel*, in: Lange, Personengesellschaften im Steuerrecht, 7. Aufl. 2008, Rn. 3302 ff.
2   Vgl. oben Rn. 1726.
3   Oben Rn. 1584 ff.

(**Unterkompensation**).[1] Auf der anderen Seite können aber auch Steuervergünstigungen, die nur gewerblichen Einkünften vorbehalten sind (z. B. Investitionszulagen), in Anspruch genommen werden.

Nachteilig für die Betriebsaufspaltung dürfte außerdem sein, dass bei der Neugründung einer echten Betriebsaufspaltung Wirtschaftsgüter von dem bisherigen Einheitsunternehmen infolge der Neufassung des § 6 Abs. 5 und 6 EStG nicht mehr zum Buchwert auf eine Betriebs-Kapitalgesellschaft übertragen werden können. Der Nachteil ist aber deshalb nicht besonders groß, weil es sich heute bei der Neugründung einer echten Betriebsaufspaltung auch aus anderen Gründen empfiehlt, keine Wirtschaftsgüter auf die Betriebs-Kapitalgesellschaft zu übertragen, sondern den gesamten bisherigen Einheitsbetrieb an die Betriebsgesellschaft zu verpachten.   **1735**

(Einstweilen frei)   **1736–1740**

4. Auswirkungen der Unternehmensteuerreform 2008

Zu berücksichtigen sind schließlich die Auswirkungen der Unternehmensteuerreform 2008.[2] Diese hat u. a. zu weitreichenden Änderungen in Bezug auf die Gewerbesteuer geführt, wodurch deren Bedeutung im Vergleich zur Körperschaftsteuer gestiegen ist. Wesentliche Änderungen sind der Wegfall des Betriebsausgabenabzugs der Gewerbesteuer (§ 4 Abs. 5b EStG), die Einführung einer für alle Unternehmen einheitlichen Gewerbesteuermesszahl von 3,5 v.H. des Gewerbeertrages (§ 11 Abs. 2 GewStG) und die 3,8-fache Anrechnung des festgesetzten (anteiligen) Gewerbesteuermessbetrags auf die Einkommensteuerschuld von Einzel- und Personenunternehmen (§ 35 Abs. 1 EStG). Außerdem sind die Hinzurechnungs- und Kürzungsvorschriften der §§ 8, 9 GewStG dergestalt geändert worden, dass eine deutlich höhere Gewerbesteuerpflicht ausgelöst wird.   **1741**

Besondere Relevanz für die Betriebsaufspaltung hat § 8 Nr. 1 Buchst. e GewStG.[3] Des Weiteren trifft die Abschaffung des Korrespondenzprinzips zur Vermeidung der mehrfachen gewerbesteuerlichen Erfassung desselben wirtschaftlichen Vorgangs durch Streichung des § 9 Nr. 4 GewStG die Besitzgesellschaft. Dies stellt einen bedeutenden Nachteil für die Betriebsaufspaltung dar, da eine mehr   **1742**

---

1 Vgl. hierzu *Gosch*, in: Kirchhof, EStG KompaktKommentar, 8. Aufl. 2008, § 35, Rn. 22.
2 Unternehmensteuerreformgesetz 2008, BGBl I 2007, 1912; zu Konsequenzen für steuerliche Belastungen der Betriebsaufspaltung siehe *Strahl*, KÖSDI 2008, 16027, 16030 ff.; *Harle*, BB 2008, 2151, 2162 ff.; *Wehrheim/Rupp*, BB 2008, 920 ff., *Levedag*, GmbHR 2008, 281, 283 ff.; *Baumert/Schmidt-Leithoff*, DStR 2008, 888 ff., jeweils mit Berechnungsbeispielen.
3 Vgl. dazu Rn. 1563.

als einmalige gewerbesteuerliche Erfassung einer Mietzahlung zwischen den beteiligten Gesellschaften bewirkt wird (**Doppelbelastung**).[1]

1743 Diese Doppelbelastung kann durch die Bildung einer ertragsteuerlichen Organschaft zwischen Besitzpersonengesellschaft als Organträger und Betriebskapitalgesellschaft als Organgesellschaft bekämpft werden. Der dazu nach § 14 Abs. 1 KStG i.V.m. § 291 Abs. 1 AktG erforderliche Gewinnabführungsvertrag verlangt jedoch gem. § 302 AktG den Ausgleich eines etwaigen Verlustes bei der Organgesellschaft durch den Organträger. Eine Haftungstrennung zwischen Betriebs- und Besitzunternehmen kann dann also nicht mehr erreicht werden,[2] so dass die Bildung einer Organschaft immer noch zweifelhaft erscheint.

1744 Schließlich gelangt auf **Gewinnausschüttungen der Betriebskapitalgesellschaften** ab dem Veranlagungszeitraum 2009 nicht der besondere Steuersatz von 25 v. H. gem. § 32d Abs. 1 EStG (**Abgeltungssteuer**), sondern das Teileinkünfteverfahren zur Anwendung, weil die Ausschüttungen nicht in das Privatvermögen eines Gesellschafters, sondern in das Betriebsvermögen des Besitzunternehmers erfolgen. Dies führt bei einem Grenzsteuersatz von mehr als 41,67 v. H. zu einer höheren steuerlichen Belastung als die Anwendung des besonderen Steuersatzes.[3]

1745 Zusammenfassend dürfte festzuhalten sein, dass bei höchstem steuerlichem Einkommensteuersatz der Besitzgesellschafter die **höchstmögliche Thesaurierung** von Gewinnen in der Betriebs-GmbH vorteilhaft ist, während der private Lebensunterhalt der Besitzgesellschafter über Geschäftsführergehälter und Pachtzinsen (unter Berücksichtigung von § 35 GewStG) gestaltet werden kann.[4] Hierbei sind indes wiederum die Grundsätze zu verdeckten Gewinnausschüttungen zu beachten.[5]

1746 Im Hinblick auf die beschriebenen Rechtsfolgen der gewerblichen Hinzurechnungstatbestände bezüglich der Nutzungsentgelte ist ferner daran zu denken, diese so gering wie möglich auszugestalten bzw. das Nutzungsentgelt für den Geschäftswert[6] relativ hoch zu veranschlagen. Dies stellt keinen Gestaltungsmissbrauch i. S. von § 42 AO dar.[7] Indes müssen dann aber wiederum die Gren-

---

1 *Wehrheim/Rupp*, BB 2008, 920, 924; *Richter*, FR 2007, 1042, 1044; siehe oben Rn. 1572 f.
2 *Wehrheim/Rupp*, BB 2008, 920, 925; siehe aber auch *Richter*, FR 2007, 1042, 1046.
3 *Strahl*, KÖSDI 2008, 16027, 16030; *Baumert/Schmidt-Leithof*, DStR 2008, 888, 890.
4 *Bitz*, in: Littmann/Bitz/Pust, Das Einkommensteuerrecht, § 15, Rn. 315; *Levedag*, GmbHR 2008, 281, 285.
5 Vgl. oben Rn. 1444.
6 Vgl. oben Rn. 1543 ff, 1552.
7 Überzeugend *Levedag*, GmbHR 2008, 281, 290.

zen der §§ 3c Abs. 2, 12 Nr. 1, 2 EStG im Blick behalten werden.[1] Möglicherweise können die einkommensteuerrechtlichen Nachteile aber durch die gewerbesteuerlichen Vorteile überkompensiert werden, was wieder eine Frage des Einzelfalls ist.

---

1 *Levedag*, GmbHR 2008, 281, 289; siehe oben Rn. 1527 ff.

STICHWORTVERZEICHNIS

Die Ziffern verweisen auf die Randnummern.